中国银行业前瞻性研究

——中国工商银行博士后报告集

（2013）

中国工商银行博士后科研工作站管理办公室　编

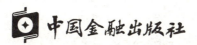

中国金融出版社

责任编辑：张翠华　王雪珂
责任校对：潘　洁
责任印制：陈晓川

图书在版编目（CIP）数据

中国银行业前瞻性研究（Zhongguo Yinhangye Qianzhanxing Yanjiu）：中
国工商银行博士后报告集：2013/中国工商银行博士后科研工作站管理办
公室编 . —北京：中国金融出版社，2014.2
　ISBN 978 - 7 - 5049 - 7237 - 8

　Ⅰ.①中⋯　Ⅱ.①中⋯　Ⅲ.①工商银行—银行管理—研究报告—中
国—2013　Ⅳ.①F832.33

中国版本图书馆 CIP 数据核字（2013）第 291013 号

出版
发行　**中国金融出版社**

社址　北京市丰台区益泽路 2 号
市场开发部　（010）63266347，63805472，63439533（传真）
网 上 书 店　http：//www.chinafph.com
　　　　　　（010）63286832，63365686（传真）
读者服务部　（010）66070833，62568380
邮编　100071
经销　新华书店
印刷　利兴印刷有限公司
尺寸　169 毫米 ×239 毫米
印张　35
字数　663 千
版次　2014 年 2 月第 1 版
印次　2014 年 2 月第 1 次印刷
定价　60.00 元
ISBN 978 - 7 - 5049 - 7237 - 8/F. 6797
如出现印装错误本社负责调换　联系电话（010）63263947

编 委 会

主　编　詹向阳

编　委　魏国雄　丛　林　樊志刚

编　务　黄　旭

序 言

金融危机没有使全球经济去全球化，而是更加凸显出全球金融稳定与经济可持续发展的紧密关系。在全球经济整体迈入复苏进程的同时，我们也应看到发达经济体的政策变数以及部分新兴市场的金融动荡将会延续，全球经济不稳定、不确定性因素仍然存在。中国经济在面对复杂的外部形势的同时，内部也面临着下行压力加大、社会负债高企、房地产泡沫困境、产能严重过剩等多重考验，经济运行的脆弱性颇为突出，实体经济迫切需要金融业提供强有力的支持与保障。

中国银行业作为中国金融体系的中坚力量，在经历股改上市、盈利能力高速增长、资产质量显著提高、治理结构不断完善的辉煌时期后，2012 年开始出现了利润增幅下滑、信贷风险集聚、不良率反弹等不利情况，2013 年总体形势更为严峻。但我们认为，只有经历过完整周期的中国银行业才有可能真正完成"由大到强"的转变。党的十八大报告明确提出要全面深化金融体制改革，健全促进宏观经济稳定、支持实体经济发展的现代金融体系。可以预见，中国的金融改革将明显提速，中国银行业虽然处于后危机时代的深刻调整期，但也恰逢改革发展的重要战略机遇期。面对利率市场化、金融脱媒和全球竞争的全面挑战，中国大型商业银行迫切需要通过集团化、综合化、国际化"三化"发展，推进信贷管理和风险管控的转型变革，方能在促进、实现中国经济转型升级的同时，保持领先优势，继续屹立于世界金融机构前列。

深耕实践拓前沿，研究只有立足实践才能生根发芽。中国工商银行博士后科研工作站十多年来始终围绕工商银行的经营管理实践，致力于研究行业的前瞻性、战略性重大课题，努力以丰硕成果贡献工行、报效社会。本书收录的四篇报告由工商银行四位 2011 级博士后人员撰写，报告紧扣中国银行业的集团化发展和战略转型、信贷结构调整与风险防控等核心议题，尝试通过深入的理论探索及扎实的实证研究，以获得一些对理论有贡献、对实践有益的研究结论，为工商银行的经营管理和改革创新提供有价值的参考建议。

针对中国银行业的集团化发展问题，我们有三位博士后人员分别从业务协同、组织结构、母子公司一体化等角度展开了深入研究。刘洋博士的出站报告《中国工商银行集团管理框架研究——业务协同的视角》，在成本效益理论的基础上，建立了理论模型，分析了银行集团业务协同的边界；通过借鉴各大国际金融集团的管理模式实践，立足工商银行集团的特征和战略发展目标，提出了工商银行集团走向业务协同的战略设想及具体实施建议。李茜博士的出站报告《中国工商银行集团管理框架研究（子公司、海外机构）——组织结构的视角》重点探讨了大型金融集团如何构建多元化子公司和海外机构的组织结构，报告基于组织结构和多元化战略等理论，提出了基于资源特点的多元化——结构匹配模型；通过对汇丰、花旗、美国银行、富国、摩根大通等成熟银行集团近十几年的组织结构及演进过程的多案例比较分析，为工商银行实现综合化、国际化发展提供结构建设上的参考。吕振艳博士的出站报告《从工银租赁发展看母子公司一体化机制建设》以工商银行全资子公司、同时也是金融租赁行业领导者的工银租赁为具体研究对象，借鉴战略管理和组织管理相关理论和研究，通过案例研究的方法，总结出母子公司一体化与子公司发展的演进模型，对工银租赁目前发展过程中的一体化机制建设进行了专题研究，并为工商银行在综合化和国际化背景下的集团一体化管理实践提供了参考思路。而胡召平博士的出站报告《商业银行信贷结构调整与信用风险控制研究》重点针对工商银行的信贷风险管控问题。报告在对行业进行系统分析的基础上，结合工商银行外部经营形势、国际同业信贷结构现状、工商银行的风险偏好和经营战略指出工商银行未来信贷结构的调整方向，建立了基于信贷资源配置视角的行业四维分析框架以及基于行业四维分析的贷款匹配配置法，并提出了小微企业贷款信用风险控制的新思路。

当前，中国经济发展的传统模式已不可持续，发展转型迫在眉睫；而市场化改革是中国经济改革35年来快速发展的重要原因。未来唯有坚定不移地依靠市场化导向推进改革，方能激发中国经济的活力；也只有坚持市场化导向，开拓创新，进一步释放金融体系的活力、提升金融体系的国际竞争力、有效分散金融风险，才能为实体经济转型和发展提供更有力的金融支持。金融业的发展离不开金融研究的支持，金融研究不仅需要国际性和前瞻性的研究，更需要扎根本土的踏实研究。本书作为《中国银行业前瞻性研究——中国工商银行博士后报告集》系列文集的第九册，收录的四篇报告是对上述思想的坚守和落实，希望能激发读者对相关主题思考和研究的兴趣，共同关注中国银行业的转型和发展，也期待读者对本书提出宝贵意见。

詹向阳
2013 年 2 月

目　录

中国工商银行集团管理框架研究

——业务协同的视角

刘　洋

中国工商银行集团管理框架研究（子公司、海外机构）

——组织结构的视角　　　　　　　　　　　　　　李　茜

从工银租赁发展看母子公司一体化机制建设

吕振艳

商业银行信贷结构调整与信用风险控制研究

胡召平

中国工商银行集团管理框架研究

——业务协同的视角

刘　洋

博士后研究人员姓名　　刘　洋
企业博士后工作站单位　　中国工商银行
流动站(一级学科)名称　　中国人民大学应用经济学
专业（二级学科）名称　　金融学

流动站指导老师　　庄毓敏
工作站名誉指导老师　　姜建清
工作站指导老师　　詹向阳

作者简介

刘洋，男，1985 年生，吉林白城人。

2011 年 7 月至 2013 年 6 月，中国工商银行博士后科研工作站、中国人民大学博士后科研流动站，博士后；2008 年 9 月至 2011 年 7 月，中国人民大学财政金融学院，金融学博士；2010 年 1 月至 2011 年 4 月，美国丹佛大学，访问学者；2006 年 9 月至 2008 年 7 月，吉林大学，经济学硕士；2002 年 9 月至 2006 年 7 月，东北师范大学，经济学学士。

摘　　要

　　中国工商银行集团正朝着构建国际一流金融企业的宏伟目标跨越式前进，但全行对于集团业务协同关系尚处于探索与研究阶段。面对国内市场格局的急速演变，金融行业竞争与改革的迅猛推进，特别是银行业综合化、国际化运营浪潮的不断逼近，工商银行集团需要将集团整体的业务协同上升到战略层面。

　　本报告从历史的角度出发对大型银行集团营销的市场环境、营销观念、营销理论的变迁进行了回顾与分析，并分析了大型银行集团业务协同的制度依托。

　　在经营多元化的背景下，本报告使用交易成本理论构筑了业务协同的边界模型。通过模型分析，说明在银行集团业务协同的模式选择中，交易成本扮演了重要的角色。市场交易成本与企业管理成本的高低决定了银行集团采取何种业务协同的模式。但这种"内部化"或"多元化"也是有边界约束的，因为多元化在带来收益的同时也伴随着多元化成本的增加。制度、环境是变化的，交易成本同样是变化的，因此银行集团的业务协同边界也处于动态变化之中。

　　业务协同体系的建设是一个实践的课题。本报告通过对大型银行集团的案例分析来考察业务协同在银行集团中的现实发展，得到以下启示：（1）要有清晰的战略规划和详尽的推动计划；（2）强大的执行力是战略有效实施的保障；（3）要提前做好组织及人员的调整；（4）成立专门项目组织，快速整合资源；（5）流程设计和 IT 技术要紧密结合；（6）建立全球客户经理制度及全球产品经理制度等。

　　业务协同是一个系统的工程，在实施过程中不可避免地会出现问题与冲突，本报告对工商银行集团业务协同的概况与问题进行了分析。工商银行集团管理体系现状特征是，已建立起庞大的、覆盖境内外主要地区和国家的分行网络；子公司体系逐步形成，集团业务功能体系初步建立；以总分行、横向管理为主要管理架构；正探索建立新的管理机制，包括启动了利润中心改革等；形成了集团内部风险管理体系的雏形。工商银行集团业务协同中存在的问题包括：（1）战略管理职能弱化；（2）过多的管理层级和区域主导的管理制度是业务协同的重要瓶颈；（3）CRM 系统的建立并不代表业务协同的必然成功；（4）业务资源整合度低，"部门本位"问题突出极大地制约了业务协同；（5）集团基础性、共享性资源管理机制不健全使得业务协同缺少发展基础；（6）支持集团运作的管理技术体系仍需改进与完善；（7）各种分销渠道难以实现无缝衔接；（8）一线员工在业绩压力下容易出现"不恰当销售"。

最后，综合全文，结合工商银行实际，借鉴国内外的先进经验，提出了工商银行实现业务协同的机制设计和步骤设计。机制设计包括：（1）组织上以客户为中心，客户应居于组织结构的核心位置，中后台实现集中共享；（2）整合信息资源，实现 IT 战略和商业战略的协调统一，实现信息的集团化运营；（3）整合营销渠道，实现业务协同，以客户为中心进行流程整合和优化；（4）实现零售业务线下的协同、公司业务线下的协同，最终实现"集团零售"；（5）建立合理的激励机制，并形成整体的业务协同战略。建立起跨部门、跨渠道的客户推荐文化，以团队的形式开展业务协同，鼓励为机构尽可能地创造业务协同的可能性。步骤设计包括：短期，在现有制度框架下寻求战略协同、体制协同和机制协同；中期，打破现有的制度瓶颈，进行较为深入的改革；长期，利用改革带来的先发优势，实现规模经济，形成核心竞争力。构建一套全面覆盖集团总部、境内分行、境外分行、子公司等所有机构，以及包括所有业务线的统一的集团管理框架和集团运营机制。

关键词：工商银行　管理框架　业务协同　案例研究

Abstract

ICBC is going forward to reach the grand goal of constructing the international first-class financial enterprises. However, the cooperative relationshipof the group business of the whole banks still lays in the stage of exploration and research. In the face of the rapid evolution of the market structure, the competition and revolution in the domestic financial industry is swiftly and violently being advanced, especially the continuous approach of the wave of the banking integration and internationalization operation. ICBC needs to advance the whole cooperative group business to the strategic level.

This report reviews and analyzes the change of the market environment, marketing concepts and marketing theories of the large banking group from the historical aspect. And it analyzes the system support of the large-scale cooperative banking group business.

In the background of diversified operation, this report makes use of transaction costs theory to build the boundary model of cooperative business. By the analyses of the model, it explains that in the banking group business collaboration, transaction cost plays a significant role. The costs of the market transactions and enterprise management determines the business collaboration model of the bank group. But, there is a collaboration constraint of the "internalization" and "diversification". Because diversification brings not only benefits but also an increase of costs. Systems, environment and transaction costs change as well. Therefore, the business collaboration boundary of the bank group also changes dynamically.

The construction of the transaction collaboration system is a practical task. By analyses of the cases of the large-scale bank groups, this report investigates the actual development of the transaction collaboration of the bank group and gets enlightenments as follows. (1) Vivid strategic planning and detailed promoting plans are necessary; (2) Powerful executive force is the guarantee for effective implementation of the strategies; (3) Adjust the organization and staffs in advance; (4) Establish professional project organization and integrate the resources rapidly; (5) Tightly combine the design process and IT technology; (6) Establish the institutions of the global customer managers and product managers and so on.

Business collaboration is a systemic project. In theimplementing process, there will be problems and conflicts which are impossible to avoid. This report analyzes the general situation and problems of business collaboration in ICBC. The characteristics of the present situation on the management system of ICBC is as follows: Have built up branch network which covers home and abroad main areas and countries; The system of the subsidiaries is gradually being formed and business function system of the group has been taken shape initially; Make head office and branches and horizontal management as the main management structure; Explore to establish the new management system, which includes that starting the revolution of the profit centers and making progress of the business joint management mechanism of the parent-subsidiary corporations; Form the rudiment of the group internal risk management system. The existing problems of the ICBC business collaboration includes that: (1) The reduction of the strategic management; (2) It is an important bottleneck of business collaboration that there are too many managerial levels and management systems which are led by the regions; (3) The establishment of CRM system does not mean the necessary success of the business transaction; (4) The integration degree of business resources is low and the issue of "department of the standard" extremely limits business transaction; (5) The imperfect group foundation and sharing resource management mechanism make business transaction lack of development foundation; (6) The management technology system which supports the group operation still needs to be advanced and perfected; (7) It is hard for different kinds of channels of distribution to achieve seamless connection; (8) It is easy for the workers at the production line to have " inappropriate marketing " under the outstanding achievement pressure.

Finally, by integrating the whole thesis, combining the advance experience and according to the status quo of our bank, I put forward the mechanism and procedure design of the business collaboration of our bank, which includes that (1) Make a customer-centric organization, and make sure that the customers occupy the core location of the organization structure and achieve centralized share in the background; (2) Integrating the information resources to make the realization of the IT strategies and business strategies coordinating and unifying and achieve the collectivize opera-tion; (3) Integrate the marketing channels and achieve business collaboration. Make customer-centric process integration and majorization; (4) Achieve the collaboration of retail business line, the company's business line and finally the " collectivize retail"; (5) Establish appropriate incentive mechanisms and form integral business collaboration strategies. Establish trans-department and trans-channel customer recommendation culture, develop business collaboration as a group of team and encourage the possibility to create business collaboration for the institutions as much as we can. In a short period, it seeks the strategy collaboration, mechanism collaboration and system collaboration in the present institutional framework; in the medium term, it will break the present system bottleneck and develops a deeper revolution; in the long term, it will take the advantage of the first mover advantage which is brought by the revolution to achieve economies of scale and form core competitiveness. It will build a set of unitive group management framework and collectivize operation mechanism to entirely cover the group head office, domestic branches, abroad branches subsidiaries and all the institutions which also include all the business lines.

Key Words: ICBC, Management Framework, Business Collaboration, Case Studies

1 导　　论

1.1　问题的提出和研究背景

全球资本的自由化运营和世界经济的一体化趋势，已经使经济与金融高度发展的产物——商业银行不可避免地进入了无国界竞争的时期。银行业的全球化，已经且仍将继续把中国商业银行推上国际化经营的道路。实施国际化发展战略，提高综合竞争能力已成为社会经济发展对于中国商业银行提出的必然要求。商业银行要想提升金融的综合实力，力争在后金融危机时代激烈的国际竞争中把握主动权，就必须进一步拓展海外市场，并推进金融综合经营体制的变革。

中国工商银行集团正朝着构建国际一流金融企业的宏伟目标跨越式前进，全行组织架构、运营体制和管理机制也正在发生深刻变革。尤其是随着工商银行对于综合化和国际化经营路径践行步伐的加快，工商银行业已形成了涵盖总、分、支、子多层次经营实体，覆盖境内与境外不同国家地区，包括商业银行、投资银行、基金证券、金融租赁等多元业务种类的综合型、立体型经营体系，已经具备大型金融集团的一切特征和要件。在这样的背景下，全盘和深入探索如何构建工商银行集团管理体系，意义已不只停留在理论层面，它将回答我们的改革方向和改革路径是什么的问题，从而为工商银行下一步的改革发展提供一份切实可行的行动指南。

作为大型金融集团，我们应该看到，母公司的银行控股公司，如果是一家纯粹的控股公司，它所拥有的仅仅是金融子公司的股份。在此种情况下，控股公司对子公司发挥的作用有限，主要表现为从子公司向控股公司转移股息和红利的能力。未来的金融控股公司除了管理在子公司投资的股权之外，还必须依托明确的集团发展战略，通过对整个集团的人力资源、财务资源、业务线、营销渠道、信息技术系统、客户信息平台的有效整合，提高整个集团综合运作的能力，依托门类齐全的各类金融业务协同作战，占领中外金融机构竞争的制高点。因此，在集团经营体制建设过程中，必须重视其作为母公司的重要作用：加强集团内部不同业务单位之间的互动和协同效应；强化在公司总部和各业务单位之间的共享功能性或关联性服务；确定集团的发展战略等。

国外金融集团的成功经验表明，遵照流程银行的要求，建立起完善的业务条线系统，是我国银行集团改革和强化管理的方向。流程银行是相对于传统的"部门银行"而言的，通过重新构造银行的业务流程、组织流程、管理流程以及文化理念，形成以流程为核心的全新银行经营管理模式。与部门银行相比，流程银行具有四个明显的特征。第一，流程银行以客户为中心，组织和流程设计从客户需求出发，将全行业务分设成一系列能够快速反应和满足客户需求的业务流程；第二，流程银行实现前、中、后台分离，使集团业务得以流程化和标准化，集团分支机构只具有比较单一的功能，这样就能形成规模效应、提高资源和使用效率，并能降低运营成本和操作风险；第三，流程银行管理上的特点是以纵向为主，横向为辅，实现扁平化、集中化和垂直化管理机制，减少管理环节，从而明确职责、提高决策效率；第四，流程银行将经营决策直接定位于业务流程执行的地方，使信息和决策完美结合，提高决策的及时性和针对性。

我们应该看到，在工商银行的运作体系之中，相比总分支机构之间庞大复杂的业务关系，集团整体业务联系规模很小、全行对于集团业务协同关系尚处于探索与研究阶段。面对国内市场格局的急速演变，金融行业竞争与改革的迅猛推进，特别是银行业综合化、国际化运营浪潮的不断逼近，工商银行集团不仅需要加快研究如何促进母子公司业务发展，更需要将集团整体的业务协同上升到战略层面。

1.2　业务协同的相关理论及文献综述

1.2.1　业务协同的理论综述

（1）协同的本质

协同（Synergy）原本是自然科学名词，德国著名物理学家赫尔曼·哈肯首先明确提出"协同"理念并建立起一门学科——"协同学"，他认为"协同"是系统的各部分之间相互协作，使整个系统形成微个体层次所不存在的新质的结构和特征。

传统上对协同概念的理解更加强调整体和部分的关系，强调的是整体的组合效能大于个体的功能，而没有对整体效能大于个体效能之和的原因进行严格区分。实际整体效能的提高包含两个层次的含义。

第一层次，不同个体的组合使某些个体中没有被充分利用的资源得到了更加充分地利用，即通过扩大资源的使用范围而增加了整体效能。实际上这种方式并没有增加单位资源的效能。

第二层次，不同个体的组合使个体之间实现了知识和技能的充分共享，即通过提高资源的使用效率而提高了个体创造效能的能力，从而提高了整体效能。这种方式使单位资源的效能得到了提高。

① 实体资产与隐性资产

为了更好地理解协同，首先分析一下企业的实体资产和隐性资产。有关公司资源论的观点认为，不应把公司看做是一系列具体业务的集合，而应把公司看做是一组有形和无形资产，或者说资源的集合。

实体资产是指不能同时用于两个价值增值活动并且使用后不能再生的资产。主要以实物的形式存在，如固定资产（固定资产使用后虽然可以继续使用，但它用于价值增值活动的部分已经在生产过程中被消耗掉并分摊到相应的产品中）、流动资产、金融资产和作为生产要素的劳动力。隐性资产是指能够同时用于两个以上的价值增值活动并且不发生损耗可以重复使用的资产。

从定义可以看出，隐性资产本质上是一种信息和知识资产。它既可以是商标、顾客认知度或是技术专长，也可能是一种可以激发员工强烈认同感的企业文化。而这种隐性资产才是公司竞争优势不竭的资源，因为它是公司所独有的。这种资产不能买到，却可以通过不同的方式为企业群内的所有企业服务，它可以按照新的方式进行组合和应用，从而提高公司的发展潜力。例如，优秀的企业文化使那些掌握了企业价值观和信念宗旨本质的人能够主动地推导出无数的具体规则和目标，以适应不断变化的情况。这样既控制了人们对问题做出反应的方式，又取得了它们之间的协调。而这种文化是在企业的长期发展和挫折中积累形成的，是竞争对手难以模仿的。它以知识的形式存在于企业中，如企业品牌、商标、声誉、企业文化，企业的外部关系（如顾客忠诚度、营销渠道），企业内部积累的知识和技能，作为知识的创造者、传播者和使用者的劳动力的素质。很明显，隐性资产可以被同时用于不同的价值增值活动，而其本身的价值却丝毫不会降低。

将企业的资产划分为实体资产和隐性资产并不是要割裂实体资产和隐性资产的关系，因为许多隐性资产并不是独立存在的，它是附着在实体资产之上的，划分的目的是为了更好地理解协同，是为了更明确地理解协同效应的真正来源，以便为企业制定战略时提供理论上的指导，使企业更好地获得协同效应，从而创建企业的竞争优势。

② 互补效应和协同效应

通过对实体资产和隐性资产的定义，可以很容易地区分互补效应和协同效应。

互补效应就是通过扩大实体资产的使用范围而使实体资产得到充分利用所产生的效应。互补效应本质上是一种数量上的增加，是通过组合挖掘出没有得到利用的实体资产并充分利用而提高了整体的效能。

协同效应则是在实体资产得到充分利用的基础上，通过整体的隐性资产的相互共享和重用，使整体和个体提高对实体资产的利用效率而产生的效应。协同效应本质上是一种质量上的提高，是通过对整体以及各个组成部分的隐性资产的利用，而使单位实体资产能够创造出更多的价值。

通过对实体资产与隐性资产、互补效应与协同效应的分析和定义，可以将互补定义为，不同个体组成整体后，个体中实体资产的利用范围发生变化，从而使整体产生量的变化，这个变化过程就是互补。类似地，协同是指不同个体组成的整体所拥有的隐性资产的共享使整体的质发生改变的过程。协同使整体或者个体的效能发生变化，就是协同效应。协同比互补更具战略高度。

③ 企业中存在的协同类型

协同的定义强调的也是整体与个体的关系，因而协同不仅仅在企业的多元化和不同企业间的整合与购并的过程中才能发生，在同一战略业务单元内部，也存在业务流程不同环节的协同。除此之外，同一职能部门的不同职能小组之间、两个员工之间均存在协同。协同的主体可以是企业群中的战略业务单元、企业、人，也可以是同一战略业务单元或者企业中不同的职能部门或者子公司、分公司或者事业部等单位。协同效应主要是由隐性资产创造的，隐性资产的本质是信息和知识，而人就是信息和知识的创造者、传播者和使用者，而不是一个战略业务单元或者价值链中的一个环节。

因此，可以按照协同的主体之间关系和地位的不同，将协同分为横向协同、纵向协同和交叉协同。

横向协同是指具有平行关系的主体之间的协同，如企业群中不同战略业务单元之间的协同、同业战略业务单元不同业务单元（如事业部、分公司）之间的协同、同一职能部门内不同职能小组之间的协同以及同一职能小组内不同人员之间的协同。

纵向协同则是同一功能链不同环节上的主体之间的协同，如企业群中供应企业与需求企业间的协同（假如存在）、一个战略业务单元中同一价值链上的设计部门与制造部门的协同。

交叉协同是指处于两个企业或者战略业务单元中价值链环节不同位置的两个主体之间的协同，如甲战略业务单元的销售部门与乙战略业务单元的制造部门的协同。

通过对协同的上述分析理解，可以更加准确地把握协同存在的范围并充分利用协同效应获取企业的竞争优势。

（2）业务协同的理论基础

① 战略协同理论

公司内部的战略协同（Strategic Synergy）是指具有两个以上业务部门或子公司的公司，在确定长期目标、发展方向和资源配置的战略管理过程中，其拥有的技能、资源在企业内部通过沟通和交流方式形成核心竞争力，核心竞争力在各个业务单位之间转移和共享，从而获得公司整体业绩的提升。"1+1>2"就是对战略协同概念最通俗的解释。战略协同包含两个相互联系的内涵：一是协同效应，即因为协同作用而获得的好的结果；二是通过资源和能力的整合，识别和实现协同效应获得竞争优势的动态过程。战略协同具有"静态的横向协同、动态的进程协同"特性，战略协同效应使有限资源发挥最大的效用。实现战略协同是银行内部不同业务条线发挥合力的前提，为合理配置企业资源提供战略方向。

不同业务条线或部门之间各类不同形式的相互联系都有可能使整个银行取得协同效应。银行可以实行前向整合或后向整合的战略，通过优化和提升产品或服务提供渠道获取协同效应；银行也可以利用交叉销售扩大市场覆盖，提升规模经济，使不同业务条线在渠道利用、产品研发或其他服务等方面，通过资源共享、降低成本等方式取得协同效应。通过专有知识或客户群的共享或相互转让，使各不同业务条线在产品开发、市场营销或其他领域获得新的或更好的运作手段，使各相对独立的业务条线从银行良好的整体形象、卓著的产品质量和信誉中受益的战略是一种协同；通过协调各业务条线的经营战略，实现单一业务条线所不能实现的利益，也是一种协同。业务条线之间所有这些横向联系的方式都属于协同的范畴。

② 成本效益理论

成本效益原则是经济学中一个最基本的概念，表现为理性的经济人总是以有限的成本去获得更大的效益，所有行动所带来的边际效益应大于或等于边际成本。成本效益原则一般也被认为是经济活动中的普遍性原则和约束条件，也是业务条线协调联动的结果和目的，坚持成本效益原则使业务协调联动产生实际意义。

业务条线协调联动的最终目的是将现有资源的投入予以充分利用，发挥所有功效，以达到效益产出最大化。在存在多个业务条线时，各条线均需要资源投入和配置，以满足业务条线发展的需要。一方面，要通过科学合理的业务条线设置，来避免对同一客户重复投入，减少资源浪费和无谓损耗；另一方面，要合理确定各业务条线的资源数量，使得各业务条线资源投入的边际收益相等或接近。成本效益理论的运用还在于推行业务条线协调联动过程中的业务流程设计、绩效评价方案和资源配置决策等方面。从国际大型银行的组织架构、业务分类以及产品配置等的具体设计和实施中，都看到了成本效益理论的贯彻。

③ 权责对等理论

所谓权责对等也就是权责一致，是指组织中的管理者拥有的权力应当与其承担的责任相适应。权责对等原则的内涵应包括如下几方面：a. 管理者拥有的权力与其承担的责任应该对等；b. 向管理者授权是其履行职责的必要条件；

c. 正确地选人、用人；d. 严格监督、检查。除了上述内涵之外，在业务条线联动中的权责对等，更多地涵盖了资源支配与运用和经营业绩之间的正向关联。权责对等原则与绩效管理有着密切的关系。权责对等理论在业务条线协调联动中的运用，在于业务部门所获得的资源配置与其承担的收入职责对等，所拥有的管理权限与其职责对等，所拥有的客户资源与其市场职责对等，所获取的收益资源与其承担的成本职责对等。

④单线管理理论

单线管理是相对于矩阵管理而言的。矩阵管理的本质是双线管理。一方面要考虑纵向管理，另一方面要考虑横向管理。运用单线管理并非否定多元化的各业务部门之间势必存在的矩阵管理模式。单线管理强调的是在特定条件和范围内，在管理过程中直线管理不受干扰，从而避免多头管理、多头目标、多头报告造成的目标混乱。业务部门的目标集中与否关系到管理者管理措施的制定和执行效果。

单线管理要求特定业务部门或条线的管理者、管理对象、管理通道和管理目标的协调统一。业务条线协调联动的一大功能就是解决同一市场资源的多头管理，同一客户群体的多头管理，同一产品资源的多头管理，以及最终由以上多头管理导致的同一业务单位的多头管理，通过业务条线协调联动可使处在局部和特定范围内的单线管理达到矩阵管理与单线管理的有机结合，整合管理资源，发挥整体效益。

国际大型银行管理中采取了一对一的单线管理和汇报模式，即每个管理层级仅设一名具体负责人，原则上不设置副职，汇报关系明确，岗位设置非常精简。这种模式结合明确的分级授权管理体制，上级管理人员可以通过电子文件等方式对下级实施精细化管理，具有信息传导速度快、管理成本低等优势。

⑤流程再造理论

所谓业务流程再造，就是针对竞争环境和客户需求的变化，对企业的业务流程进行根本性再思考和彻底的再设计，从而在成本、质量、服务和速度等各项至关重要的绩效标准上取得显著改善。企业流程再造是以首尾相接、完整的整合性过程来取代以往被各部门割裂的、不易看见也难以管理的支离破碎的过程。其主要理论原则体现在以下几个方面：a. 实现从职能管理到面向业务流程管理的转变；b. 注重整体流程最优的系统思想；c. 理顺业务流程建立扁平化组织；d. 充分发挥每个人在整个业务流程中的作用；e. 面向客户和供应商整合企业业务流程；f. 利用 IT 手段协调分散与集中的矛盾。

流程再造着眼于按业务需要的自然顺序来设计"流程"或"程序"，而不是着眼于现有部门、岗位的职能分工。"企业流程"既是再造的对象，也是再造的关键，同时是再造的难点所在，以流程为核心是流程再造理论的精髓。国际大型银行的业务流程都经过了若干阶段的演进和再造，通过六西格玛管理对其业务流程进行改善、衡量与控制。流程的合理、高效是业务条线协调联动的前提，要达成不同业务条线之间更好的协调联动，必须从业务流程上进行设计，使得业务流程、管理流程符合协同联动的需要。

1.2.2　银行集团业务协同的类型

（1）产品联动

拥有丰富的金融产品是业务协同的基础。国际大型商业银行正是利用其混业经营的优势，以丰富的金融产品满足不同客户的多样化金融需求，从而形成业务条线之间的联动。例如，富国银行可以向客户提供融资、投资、保险、按揭、消费金融等80种以上的金融产品。多样化的金融产品还帮助银行提高了交叉销售的层次，减少了盈利的波动性。通过产品组合营销，2009年富国个人产品包（一个支票账户外加3个以上其他产品）销售量较2008年增长了21%，79%的支票账户新客户购买了富国产品包；2009年企业服务产品包（企业支票账户和3种以上的其他对公产品）销量较上年增长25%，57%的企业支票账户新客户购买了产品包，全年企业客户的产品交叉销售量达到3.77个。在富国银行发源地美国西部地区，其商业银行业务平均可以向每个客户交叉销售7.8个金融产品。建立统一的新产品开发平台，形成贴近市场的新产品开发机制，向前台提供符合市场需求、附加值较高的产品。例如，汇丰集团建立的全球共享产品平台，负责向各业务条线提供金融产品。

（2）营销联动

营销联动是业务协同的核心内容。营销联动的主要形式是捆绑营销，根据客户的需求，将同一业务条线的金融产品以及不同业务条线的金融产品搭配在一起向客户进行营销。例如，在向公司客户营销批发产品的同时，可以向其联动营销银行卡、保险、养老计划等零售产品；同时，在发展私人银行及财富管理业务关系时，可以利用这些业务建立的关系帮助本行建立对公业务关系，并通过零售业务密切与公司高管及员工的关系，起到绑定对公客户的作用。营销联动要突出"以客户为中心"的经营理念，自上而下建立垂直管理的业务条线，强化业务条线的市场拓展功能。营销多元化，即根据客户的不同，分成若干业务条线，分别向各类客户开展营销；营销个性化，即针对不同客户群体的金融需求，制订整套产品和服务方案；服务标准化，即同一类别客户在全球各地均可享受相同标准的服务；营销深度化，即对大客户的营销由从总行到支行的整个业务条线承担。

（3）风险联动

风险联动是业务条线与风险控制部门之间的联动，要求业务条线要考虑风险控制，风险控制需要兼顾业务发展，避免出现"重业务营销、轻风险控制"

或"过分强调风险控制、制约业务发展"的问题。例如，花旗银行的市场营销与风险控制体系平衡，在其信贷审批上体现得最为明显。花旗银行的审贷体制非常简捷，体现为：①通过两条线独立上报，市场人员向其上级汇报，审贷人员也向其上级汇报，最后集中于 CEO。②一笔典型的业务一般需经过业务人员和风险管理人员的双签审批，超越权限或者意见不统一的，则向上一级双签。对于在核定限额控制下的交易业务，交易人员可以自主进行，无须风管人员审批；反之对大额承销、新产品、股权贷款等相对高风险或大金额的业务，则采用委员会制审批。③审批人员的奖金部分与所在业务线的盈利挂钩，同时对贷款损失的责任追究视情况而定，一般只有在存在严重人为因素时，才会追究到个人，这样，在对审批人员放权的同时，促进了审贷人员有平衡风险和创利的积极态度。

由于业务协同的末端表现为协同营销，而且联动营销是业务协同的核心内容，所以本报告主要从联动营销的角度对业务协同进行论述。

1.2.3　业务协同的文献综述

1965 年，美国战略理论研究专家依戈尔·安索夫（Ansoff）首先将"协同"理念引入企业管理学界。他在《公司战略》一书中，把协同作为公司战略四要素之一，并阐述了基于协同理念的战略如何像"纽带"一样把公司多元化的业务联结起来，从而使公司得以更充分地利用现有的优势开拓新的发展空间，并以此确立了协同的经济学含义。他将"协同效应"定义为"一种使公司的整体效益大于各独立组成部分总和的效应"，"通过相互的合作而导致的 2 + 2 = 5 的效应"。在战略联盟中，协同效应表现为合作大于个体的总和，合并后的企业经营表现优于原企业经营表现之和。

安索夫在企业管理领域中提出的协同概念引起了企业界和学术界高度关注，并引发了相当热烈的讨论。尽管有些论者以个别成功企业为例子，认为它们的成功并非基于发挥协同优势的结果，并不接受或完全不接受协同理念的普遍价值，但大多数论者从实践的层面，特别是通过大量案例研究，证实了协同理念对企业集团或大企业不容忽视的作用。四十年来，相当多的著名学者认同了这种理念并对其有所发展。

管理战略问题权威迈克尔·波特在《竞争优势》一书中明确指出，对公司各下属企业之间的相互关系进行管理是公司战略的本质内容。他建议经理们要仔细分析各下属企业的价值链，识别出其中相似的业务行为以及它们之间的相互关系，并据此构造公司的竞争优势。波特认为协同是一个非常好的概念，针对一些案例研究中怀疑协同是否可行的问题，他说："协同的失败主要源于（这些作为案例的）公司没能真正理解和正确地实施它，并不是因为概念本身存在缺陷。"

霍夫和斯卡奈德尔认为，协同就是各个独立组成部分汇总后产生的"共同效应"。他们强调协同要素之间相互配合的重要性。

罗伯特·巴泽尔（Robert Buzzel）认为，"协同是相对于对各独立组成部分进行简单汇总而形成的业务表现而言的企业群整体的业务表现（企业群可以是指一个公司组合，也可以指一个大的企业集团里一组相互关联的企业）"。

哈佛大学教授、公司创新与变革专家罗莎贝丝·莫斯·肯特对什么样的企业文化或价值观可以鼓励多元化企业资源共享进行研究之后，结论性地指出：多元化公司存在的唯一理由，就是获得协同效应，亦即通过奇妙的业务组合使公司的整体实力和盈利能力高于企业各自为政时的状况。

加里·哈默和 C. K. 普拉哈拉德在其著名的《企业的核心竞争力》一文中，论述了多元化公司培育具有竞争优势的资源并使之在各下属企业里得以应用的必要性，强调发展不同下属企业可以共享的技术或其他方面的竞争力是成功企业的主要战略目标。他们敦促经理们去识别和培育对各类业务均至关重要的知识和技能，并通过协同把这些竞争力应用到企业不同的终端产品上去。

特别值得一提的是日本著名的管理战略专家、一桥大学教授伊丹广之。他不但认同安索夫的观点，而且发展了协同概念。他对协同进行了比较严格的界定，明确指出协同是一种发挥企业资源最大效能的方法。他把安索夫的协同效应分解成了"互补效应"和"协同效应"两部分，又把资源划分为"实体资产"和"隐性资产"两大类。伊丹广之认为，"互补效应"主要是通过对"实体资产"的使用来获得的，而"协同效应"却是通过对"隐性资产"的使用来实现的。他非常强调使用隐性资产的重要性，认为只有当公司开始使用它独特的资源——隐性资产时，才有可能产生真正的协同效应，其成本可能比通过使用实体资产获得互补效应的成本低得多，而效益却可能高得多。例如，一家公司利用已有的商标品牌成功地推出一款新的产品时，协同效应便出现了，因为公司利用隐性资产创造出了一些新东西。按照伊丹广之的说法，协同就是"搭便车"，因为公司某一局部发展出来的隐性资产可以被用于其他领域，并且不会被损耗掉。

20 世纪末，英国的两位管理战略学者安德鲁·坎贝尔和 K·S. 卢克斯，将 30 多年来人们对协同问题的研究成果汇编成书，书名便叫《战略协同》，这是迄今为止综合有关战略协同研究最全面的一本书。该书一开头便开宗明义地说，协同是一个十分值得公司经理们关注的话题。协同公式 2 + 2 = 5 表达了这样一种理念，公司整体的价值大于公司各独立组成部分价值的简单总和。这种理念为公司实行多元化经营战略提供了理论基础，为公司进行多元化经营决策提供根据，为公司管理不同类型的业务提供帮助。如果公司经理们期望从协同效应中获得最大的收益，他们就必须真正理解协同的概念，并且掌握实现协同的有效手段。

马克·L. 赛罗沃在《协同效应的陷阱》一书中提出了协同效应产生的基本条件，即战略透视、经营战略、系统整合、权力和文化四大主要因素。另外，还应做好以下几方面的工作：获取高层支持与设定共同的战略目标，准确识别协同的机会，选择恰当的协同方式，形成切实的组织保障。

中国学者赵灵章（2004）认为，协同效应使得分解的各项战略活动实现有机整合，促使企业成本降低，创新能力增强，从而使企业长期处于竞争优势，以期实现其整个价值系统的价值增加。由企业内部各活动的功能耦合而成的企业整体性功能将远远超出企业各战略活动的功能之和。企业整体协调后所产生的整体功能的增强，称之为协同效应，即公司的整体价值大于各部分的价值之和。正是这种隐性的、不易被识别的价值增值，为企业带来了竞争优势。一方面，企业的采购、生产、营销以及人力资源管理的协调统一，各分支机构在资源上的共享、资金上的互补、人员的合理流动等，都使成本降低。另一方面，各项战略活动的协调互补可以使一项新的管理经验得以不断推广和创新，也能够使一项新的技术应用于相关或相似的活动中去，从而使产品不断创新，还可以使有相似顾客的业务单元实现销售量的同时增加。这种无形的协同使一种创新不断推广，从而产生更多的创新。

陈明（2001）对如何获取协同效应进行了研究，他认为可以通过优化组织结构与优化业务结构两个途径来获取协同。优化组织结构包括组织结构的外向优化与内向优化两个方面；优化业务结构可以通过相关多元化经营、纵向一体化及业务投资组合战略来实现。

1.3 研究方法、创新之处与不足之处

1.3.1 研究方法

比较分析的研究方法。比较研究是论文采用的最主要的分析方法，在本课题的研究中，拟采用中国商业银行集团之间的比较，中国商业银行同世界大型银行集团的比较；银行集团管理理论比较，国际化发展的实践比较。通过定性和定量比较的方式，清晰地描绘中国工商银行集团总体布局和战略推进。

案例分析的研究方法。案例研究是一种经验主义的探究，通过大量运用事例证据来回答"是什么"和"怎么样"的问题。由于商业银行集团国际化发展是一个世界性的事件，在对这一事件进行深入研究时，必须对某些已经发生且比较典型的案例进行分析，以便得出归纳性且具有指导性的结论或经验。

定性分析和定量分析相结合的研究方法。本课题拟对中国工商银行集团调整发展战略的必要性和可行性方面，以及业务协同的整体战略部署和管理等方

面的研究大量运用定量与定性分析相结合的研究方法。

动态分析与静态分析相统一的研究方法。中国工商银行集团的发展及管理是动态的概念，在同一时点和一定时期对商业银行集团的发展及管理进行研究分析，都具有重要的现实意义。因此，既从同一时点上对商业银行的发展及管理进行横向的静态分析，又对商业银行的不同时期进行纵向的动态跟踪分析，以期能更准确地研究中国工商银行集团管理的特点与趋势，并提出切实可行的管理框架建议。

1.3.2 创新之处

（1）全面总结大型银行集团的业务协同情况

现有业务协同方面的文献主要着眼于数据挖掘技术方面，这些文献对业务协同交叉销售的识别起到了重要的作用。但是业务协同机会并不意味着实施业务协同必然会成功，而成功实施了业务协同也并不意味着能给银行集团带来利润。业务协同是一个综合的问题，是关系营销、整合营销和数据库营销的具体体现。业务协同是一个系统性的工程，需要多个环节的密切配合：首先，组织设计上要为业务协同服务；其次，要在产品设计与组合上以业务协同为取向；再次，要对业务协同的实施过程进行有效的管理；最后，还要争取处理业务协同中的矛盾和冲突。因此，本报告从多个方面全面总结业务协同，建立一个相对整体的研究框架，从跨国银行业务协同的实践中发现规律，为工商银行集团的营销与发展提供有益借鉴。

（2）建立理论模型，分析银行集团业务协同的边界

本报告结合成本效益理论，建立理论模型，从多元化的视角分析银行集团业务协同的边界——解释其金融产品什么时候应该生产内部化，什么时候应该外部化，从一定程度上填补了理论空白。以往的研究对这一问题涉及很少，或者只是进行了一些简单的描述性分析，缺乏理论支撑和深入探讨。

（3）立足工商银行的实际情况，提出意见与建议

本报告在现有研究的基础上，通过对大型银行集团业务协同的模式选择、实施过程、营销渠道、资源整合等问题的阐述，结合工商银行集团实际情况，提出了自己的一些见解。

1.3.3 不足之处

（1）大型银行集团披露的数据有限

目前来说，各个大型银行集团对业务协同都十分重视。但是，由于大多数银行没有业务协同方面的信息和指标，我们只能根据各银行集团披露公开的年报中的零散信息进行整合分析。

（2）缺乏全面的客户数据支持

就我行业务协同的研究来说，需要我行内部的客户资料作为研究对象。但

是，目前难以获得有关客户的全部资料。因此，作者的研究是在现有资料和数据的基础上进行的。就资料来说具有一定的局限性。

（3）对业务协同的风险管理有待进一步探讨

由于时间和能力限制，本报告对业务协同带来的风险管理涉及较少，没有进行深入的研究。在今后的研究中，笔者会侧重考虑如何选取恰当的指标和原则以测量业务协同带来的风险。

2 银行集团营销的历史回顾与业务协同的制度依托

相比其他工商企业，商业银行市场营销行为产生较晚。其营销观念、营销策略、营销理论随着环境的变化而变化，反映了金融企业发展的需要。在一定程度上，银行营销行为的变迁反映了市场和制度的发展与变化。如今，在以客户为中心的营销理念的指导下，大型银行集团更加重视整合营销、关系营销和数据库营销，业务协同成为其重要的获利方式。业务协同可以帮助银行集团实现规模经济、范围经济并提高效率。

2.1 银行集团销售的演变与发展

2.1.1 银行营销观念的演变

在金融业发展初期（13 世纪到 17 世纪），客户需求较为单一，因此业务结构单一（存贷款、贸易贷款、结算），以银行为代表的金融机构的组织结构和产权结构也较为单一。在产权结构上主要是私人银行，所有权和经营权统一，银行的内部管理结构简单，金融机构规模较小。此时，银行与客户之间属于一种自然选择，即不同业务的银行对应不同类别的客户，银行没有营销意识，更谈不上协同营销意识。随后，全球金融大发展时期（17 世纪初至 20 世纪初）到来，工业和科技加速发展，客户对金融业务的需求大大增加，同一客户往往存在多种金融产品的需求，金融机构的经营范围也随客户需求而大大拓展。无论是英美的金融市场主导模式，还是欧洲的银行主导模式，金融机构都能提供多样化的金融产品和服务。

银行的营销观念也随着市场与客户的发展而改变。银行营销观念是指银行建立的以市场为导向、以客户需求为中心的营销活动的指导思想。

银行营销观念的演变主要经历了以下几个阶段。

第一阶段：以生产为中心的观念。20 世纪 30 年代以前，由于当时严重的卖方市场，工商企业普遍推行"以生产为中心"的营销观念。在"以生产为中心"观念的指导下，以银行为代表的金融机构和工商企业一样，能够生产什么就卖什么，因此，并不重视客户的需求。此时的金融产品单一，营销渠道较少，市场竞争有限，客户对银行产品有较强的需求。银行的员工缺乏客户服务意识，有极强的优越感；银行的硬件设施豪华，给客户一种望而生畏的

"神秘感"。在"生产观念"指导下，银行往往不重视产品开发和服务质量的改善，形成了银行以自我为中心的营销模式。

第二阶段：以推销产品为中心的观念。20 世纪 50 年代，随着经济环境的变化，市场逐步转化为买方市场，工商企业纷纷转向"以推销为中心"的营销观念，企业投入大量精力进行产品推销，扩大销售。从其代表性的口号"我卖什么，人们就会买什么"可以看出，这种观念是以生产为中心的延伸，区别在于开始重视产品的推销，但实质仍然是"以产定销"。西方银行在 20 世纪 50 年代末也同样普遍存在这样的观念，重视金融产品的开发和销售，如重视员工的培训、改善办公环境等。这些措施虽然增强了客户对银行的信赖感，有助于银行产品推广，但由于这种营销理念指导下的营销行为具有高度一致性和可模仿性的特点，并不利于银行的持续发展。

第三阶段：以客户为中心的观念。20 世纪 60 年代，"以客户为中心"营销观念的提出，对银行的营销实践产生了重大影响。原因是市场竞争日趋激烈，消费者的需求向多样化、复杂化方向发展，银行要吸引并保持客户必然确立"以市场为导向、以满足客户需求为中心"的营销观念。这种以客户为中心的营销观念把创造客户关系作为银行营销的基本使命，一方面要求银行的营销活动要以满足客户需求为重点，最大限度地提高客户的满意度；另一方面银行通过有效的客户关系策略来提升客户关系价值。在此阶段，银行将客户需求贯穿于银行营销的全过程，各部门也都围绕客户需求进行合作，并为此进行银行组织结构和业务流程上的重组。银行还以营销为目的进行资源上的整合，协同一切营销要素，全方位满足银行不同客户的整体需求，实行整合营销。在营销过程中银行不但立足于当前，而且更加关注未来的长远利益。自此，如何提高客户满意度、树立银行的良好形象、巩固客户资源、激励客户重复购买、优化客户资源的关系营销几乎贯穿银行营销的始终。

2.1.2　银行营销理论的变迁

以 4Ps、4Cs、4Rs 为代表的营销理论变迁清晰地反映了金融机构营销从产品、客户到关系营销的转变过程。

4Ps 理论的核心是产品营销，营销以产品为中心。该理论自 Mc Carthy 提出以来，对营销实践产生了重大影响，至今仍然是企业市场营销的基本方法。但是随着市场竞争的加剧，如何吸引并保持更多的客户成为竞争制胜的关键，因而如何满足客户需求成为市场营销面临的问题。20 世纪 90 年代 Lauterborn 提出 4Cs 理论，客户成为营销的中心，企业需要根据客户需求来生产和定价。4Cs 理论虽然相比 4Ps 理论有了较大的发展和进步，但仍然在满足客户需求问题上存在被动性，而且没有从理论上解决如何与客户建立长期合作关系。而以 4Rs 为代表的关系营销理论的出现，使金融机构的市场营销过渡到关系营销时

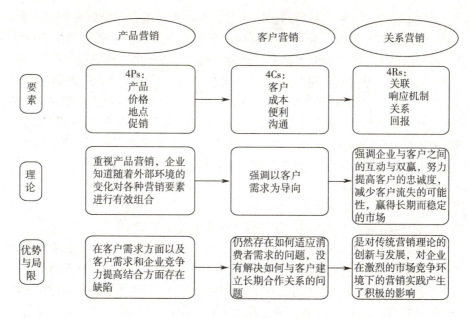

图 2 – 1　银行营销理论的变迁

代。"关联"是指金融机构与客户在利益上是密切相关的，金融机构应该将建立、维持、发展与客户的"长期关系"作为经营活动的内容；"响应机制"强调金融机构不应只将注意力集中在自身经营上，更应该充分考虑客户需求，并据此及时、积极地做出反应；"关系"是指企业要想在竞争中立于不败之地，必须与客户建立长期而稳固的关系，而不局限于短期利益。"回报"是指金融机构营销的最终目的是为了获取收入，为企业提供经济、忠诚、合作方面的回报，增加企业的利润。关系营销将以客户为中心的营销理念进一步深化。

2.1.3　银行营销管理的产生与发展

（1）银行营销管理的产生

在很长时间内，金融市场的产品供不应求，属于典型的卖方市场，因而该时期的商业银行并没有营销需求。美国营销大师 Philip Kotler 曾如此描述：主管贷款的银行高级员工，面无笑容地把借款人安排在大写字台前比自己低得多的凳子上，居高临下，颐指气使。阳光透过窗子照在孤立无援的客户身上，他正努力地诉说着借款理由，而冰冷的银行大楼宛如希腊的神殿。

20 世纪 50 年代后，随着金融市场环境的变化，银行间争夺客户的竞争日趋激烈。在这样的背景下，银行逐渐产生了营销需求，希望借助营销策略为银行开拓市场，争取客户。什么是银行营销管理呢？1972 年 8 月 1 日英国《银行家》杂志对银行营销管理下了定义："所谓银行营销管理是指把可盈利的银行服务引向经过选择的客户的一种管理活动。"

参照上述定义，根据目前的营销实践，本报告给银行营销管理的定义为：以实现银行盈利为目的，有效整合并利用银行自身资源，实施营销组合的手段，通过提供银行产品和服务来满足金融市场客户需求的一种管理过程。从某种意义上来说，银行营销管理分为三个层次：第一，银行营销管理是一种理念，用以指导所有的银行活动，并满足客户需求；第二，银行营销管理是一种战略，通过包括组织结构、经营方式、产品设计、销售过程等方面的整体战略部署来实现银行的盈利目标；第三，银行营销管理在实践中体现为不同策略，如依据市场的信息资料，把握和寻求能为银行提供最好盈利机会的目标市场，在此基础上形成银行的营销组合。

（2）银行营销管理的发展

根据 Philip Kotler 的观点，银行营销的发展经历了五个阶段。

第一阶段：银行营销的萌芽阶段（20 世纪 50 年代后期）。这一阶段的营销手段主要是广告促销。20 世纪 50 年代末，美国的一些金融企业开始借鉴工商企业的经验，在竞争激烈的业务领域采用了广告与促销手段，如通过赠送礼品来吸引客户。1958 年的全美银行联合会议，第一次提出市场营销在银行的应用。当时，银行业实行的"以客户为中心"的市场营销理论主要是以广告和推销为手段。国际金融市场由卖方市场转向买方市场的情况催生了"银行零售革命"。

第二阶段：友好服务阶段（20 世纪 60 年代中后期）。这一阶段中，银行实行了"以优质服务为特征，以取悦客户为核心"的市场营销理论。当广告促销带来的优势很快被竞争者效仿和抵消时，银行才发现客户对银行忠诚度的重要性。因此，金融业开始对职工进行培训，推行微笑服务，移走出纳员窗前的栏杆，在营业大厅摆上茶水，增设休息楼，营造一种温暖、友好的气氛。但服务态度上的改进仍然是易于模仿的。在这一阶段，绝大多数银行都改变了以往冷漠和高高在上的态度，使人们很难再从服务态度的角度来挑选银行了。

第三阶段：金融营销创新阶段（20 世纪 70 年代）。在这一阶段，金融业逐渐意识到他们所经营的业务本质上是满足客户不断发展的金融需求，于是，产品创新成为这一时期金融营销发展的主流。为了获得新的差别优势，银行业在金融工具、金融市场以及金融服务项目等方面进行创新，希望能够向客户提供新的有价值的服务，如信用卡、共同基金、货币互换等。通过金融创新，金融机构扩展了自己产品线的长度和宽度，以满足更多客户的更深层次的金融服务要求。这一阶段也称为"多角化营销"阶段。但是银行家并未从根本上认识到营销是一个系统工程，而不仅仅是产品创新。与此同时，由于金融产品专利法尚未出台，金融产品的创新因没有法律保护、易被模仿，从而缩短了其产品的生命周期。

第四阶段：市场定位阶段（20 世纪 80 年代）。当所有银行都注重广告促销、微笑服务和创新时，他们又回到了竞争的起点。而在这一阶段，银行开始重视自身特有的、难以被竞争对手模仿的特殊优势。每个银行根据自己的专长，在行业中寻找适合自己目标的市场，突出自己在某些业务上的优势和特色，从而在客户心目中树立起良好的银行形象，最大限度地争取客户的支持和合作。在这一阶段银行业实行的是"公关形象"的市场营销理论。许多银行通过确立自己的形象与服务重点，将客户定位于大客户、大公司或定位于中小企业。银行营销也逐渐脱离零星的策略层次，进入战略竞争阶段。

第五阶段：系统营销阶段（20 世纪 80 年代后）。随着金融市场竞争的日趋激烈，银行逐渐意识到金融业营销应该是由分析、计划、控制等组合而成的一个系统工程。银行长期的成功是建立在制度、组织和人力资源管理之上的。即便某些银行在广告、服务、产品等方面比较有优势，但就其整体来说缺乏各环节、各局部间的协调，没有健全的计划、控制管理体系，也很难保证长远的成功。因此，由策略转化为战略导向，使得营销管理贯彻于银行经营活动的整个过程，才是实现营销目的的切实保障。这一时期，许多金融组织成为跨国公司，特别是美国和日本的银行，海外业务成为其经营的重要领域。

经过几十年的探索和发展，银行的营销已经逐步走向成熟。银行营销的观念也由原来的产品营销、品牌营销、定位营销逐步走向服务营销和整合营销。他们认识到要获得良好的业绩、保持持久的优势地位，必须加强对金融营销环境的调研和分析，整合企业的所有资源，培养企业的核心竞争力，以谋求创立和保持与客户之间长期互利的合作关系，实现本企业的战略目标。银行营销的重点由战略转向关系，国际营销和网络营销成为新的热点。掀起营销创新，如产品创新、组织结构创新和方法创新的热潮；零售银行更加受到关注；一对一的营销服务受到重视。

2.2 银行集团营销的特征与业务协同的制度依托

本课题的研究对象为中国工商银行集团，比照对象主要为多元化的金融集团，其内涵包括以下几点：在集团内部实现产品和业务的多元化经营，其多元化形式主要为横向多元化；集团规模大，即集团的资本和资产规模较大；在经营区域上从事跨国性的经营；以产权为纽带或其他多种纽带将下属的多个经营实体连接在一起，形成多元化的企业集团；集团内部实现某种程度的资源共享，如客户资源、信息、技术、销售渠道、品牌、研究开发等；企业集团内部存在多个法人，呈现出股权分离管理状态，从而在集团内部形成"内部资本市场"。随着银行集团的崛起和银行营销的发展，银行集团的市场营销越来越呈现出以下几个特点。

2.2.1 银行集团营销的特征

（1）整合营销受到越来越多的重视

整合营销（Integrated Marketing）就是为了建立、维护和传播品牌，以及加强客户关系，而对品牌进行计划、实施和监督的一系列营销工作。整合就是把各个独立的营销综合成一个整体，以产生协同效应。这些独立的营销工作包括广告、直接营销、销售促进、人员推销、包装、赞助和客户服务等。金融客户对产品和服务的认知是从银行开始的，因此，在银行集团营销的过程中，银行需要以一个完整的形象出现，客户只有在对银行整体认同和信任的基础上，才会选择该银行的产品和服务。银行集团在全球范围内进行营销，营销的成功不取决于某些银行销售人员，而是直接或间接地涉及每一位银行员工。无论是前台、中台还是后台人员都需要为营销业务提供相应支持，各个部门、各个环节需要以一种整体的、有效的方式来满足客户需求，同时实现银行的营销目标。

（2）关系营销被赋予更多的意义

所谓关系营销（Relationship Marketing）是指银行以吸引和保留长期客户、忠诚客户为目的，通过综合运用市场营销学、管理与商务沟通、信息管理、客户管理等多方面的理论和方法，将产品质量、为客户服务、营销活动和情感有机结合在一起，专注于发展、维护、增进与客户的信任关系，建立客户忠诚的营销活动过程。银行集团通过与客户建立"关系"，进一步获取客户信息并根据这些信息来满足客户需求，提高客户满意度和忠诚度。实践和研究不断证明，客户与银行关系的长短与客户的价值往往呈正相关，银行保持一个老客户的费用往往低于争取一个新客户的费用。当老客户对使用的银行产品或服务感到满意时，也很容易接受该银行其他的产品或服务，银行就实现了业务协同；反过来，业务协同也能够进一步巩固银行和客户的关系。在银行中，同样存在"关系创造价值"。

（3）积极实施数据库营销

随着信息技术的发展，数据库营销（Database Marketing）受到越来越多的银行重视。各大银行纷纷对 CRM（Customer Relationship Management）即客户关系管理投入巨资，希望通过客户信息的搜集和挖掘来发掘销售机会，精准销售目标。数据库营销是与信息技术的发展紧密结合的，使营销升级为一种"技术"。银行越来越依赖数据库搜集客户信息、跟踪客户交易、发现客户需求、发掘未来综合营销的机会。数据库营销不但将信息管理与营销结合起来，还连接了各种营销渠道，提高了营销渠道的效率。

（4）业务协同成为重要的获利方式

在竞争日趋激烈的金融市场上，更多的金融机构变被动营销为主动营销。

银行获取新客户的成本越来越高，且随时面临被竞争对手挖走的危险。在某些已经饱和的市场中，竞争使得客户的争夺成为零和游戏。因此，金融机构将目标转向现有客户群。向现有客户群销售不但能够降低成本，且客户价值会随着所购买产品数量的提高而不断增加，客户流失率也随之降低。由此，利用业务协同，针对原有客户利用交叉销售取代市场扩张，成为银行获取增长的重要方式。

从大环境看，20世纪90年代后期以来，金融混业趋势渐强，以1999年美国《金融服务现代化法》为代表的制度变革为金融业的多元化经营打开了大门。银行集团积极通过兼并收购来获取资源、实施多元化，很多金融机构间的并购也多以未来的一篮子服务为目标。如此多元化的经营使以银行集团为代表的金融机构能够提供多元化的产品，为业务协同、交叉销售提供了主观基础。同时，整合组织资源、优化流程设计、与客户建立长期关系、提高客户满意度和忠诚度也是金融机构提高企业竞争能力，更好地实现业务协同的重要方式。由此，上述的整合营销、关系营销、数据库营销成为业务协同的理论基础和技术基础。

2.2.2 银行集团业务协同的制度依托

业务协同是制度变迁的产物，同时也是制度变迁的动力。20世纪90年代以来，金融机构在更大空间实施交叉销售，一定程度促进了金融混业制度的发展。而混业趋势的加剧也为进一步的业务协同创造了更加完备的条件。

（1）业务协同是基于制度创新的营销创新

业务协同需要具备两个前提条件：一是客户对产品或服务的多元化需求；二是金融机构对产品或服务的多元化供给。就产品供给的多元化来说，伴随着金融机构组织结构的制度变迁，特定的制度安排能给人带来收益。而制度安排是可变的，当人们对现有制度不满意，或当现有制度安排无法实现人们的潜在利益时，就产生了对新制度安排的需求。当新的制度安排没有实现时，就会出现制度的非均衡。当然，只有制度变迁所得到的实际边际收益大于边际成本时，才会产生新的制度供给。

金融业的业务协同是一种金融创新的产物，其发展从最初的销售渠道创新到产品设计创新再到组织和经营模式的创新，是金融一体化的制度变迁过程。业务协同的初级模式——交叉销售协议通过渠道的拓展来实现交叉销售。随着战略联盟、兼并收购、全能银行等模式的出现和发展，业务协同模式从简单的渠道拓展发展到资本渗透，其组织结构制度变迁的内容也逐步深化，并向更高级的金融一体化方向迈进。一方面，金融机构间的并购多以未来的交叉销售潜力为主要目的；另一方面，大型的金融控股集团可以通过复杂的组织结构同时运营商业银行、保险、投资银行、财富管理等业务，为客户提供一站式的金融服务，通过业务协同推动利润的增长。可见，业务协同推动了组织结构的制度变迁，而制度变迁又进一步促进了业务协同。

（2）业务协同是经济制度变迁的自然反应

① 客户需求促使了银行集团经营的多元化

随着经济的发展、金融脱媒市场竞争的加剧，金融机构不得不逐渐从以产品为中心，过渡到以客户为中心。就公司客户来说，除了传统的贷款产品，还在投资银行业务、投资理财业务、套期保值业务、保险业务、资金结算业务、现金管理等方面存在广泛的需求。对于个人客户来说，除了普通的存贷款服务，还在人寿保险、投资理财、养老保险、财富管理等方面存在普遍需求，而且个人客户的金融需求会随其生命周期的变化而变化。因此，客户需求的多元化催生出以银行集团为代表的金融服务机构对分业经营制度变迁的需求。

② 分业经营下金融体系的低效率促使银行集团向混业经营过渡

分业经营、分业监管制度的目的在于防范金融风险、维护金融体系的稳定。但是，也使得金融市场存在明显的市场分割和地理分割，不利于金融机构实现规模经济和范围经济，不利于金融体系效率的提高。金融体系的效率表现为配置效率和运行效率。配置效率考察的是对金融工具的风险其他特征的差异进行调整后，资金是否能被引导到产生最高效益的部门。运行效率考察的是资金转移是否在维系市场正常运作所需要的最低成本下进行。成本越低，市场越有效率，每个单位的投入得到的产出就越高①。为了提高利润并获得更高的效率，银行集团积极拓展经营领域、扩大市场，力图通过多元化经营来提高运行效率，实现资源共享。但是分业经营的制度限制了银行集团经营的多元化，出现了制度的非均衡。金融体系的低效率促使银行集团向混业经营过渡。

③ 业务协同是制度安排由非均衡走向均衡的必然要求

在银行集团扩展经营范围、实施更高层次业务协同的内在需求受到制度限制时，就出现了制度供给与制度需求的不一致，而银行与保险公司或投资银行的合并就是针对这种不均衡的反应。银行通过新建、成立合资公司，并购等手段进入证券业、保险业、信托业，即微观金融机构通过自身和相关因素的调整达到新的均衡，其目的直指交叉销售。而业务协同也从最初的交叉销售协议，经历了战略联盟、成立合资公司，再到金融控股集团的过程，也就是分业制度向混业制度逐步演变进化的过程。如花旗集团、汇丰集团、安联集团等大型金融控股集团，无一不是经过一系列的重组和并购，最终实现集团在商业银行、保险公司、投资银行等领域的多元化业务拓展，改变了原有的分业经营的制度结构。在新的制度结构下，金融控股集团可以在信息、技术、管理、营销渠

---

① 王大用：《金融交叉创新提高金融服务效率》，载《上海保险》，2004（1）。

道、客户资源等方面建立共享平台，在产品开发和创新方面加大各个子公司的合作力度，优化配置资源，实施跨领域的交叉销售，为集团创造更多利润，使制度由非均衡过渡到更高层次的均衡。1998 年花旗集团与旅行者集团的并购在一定程度上促成了 1999 年《金融服务现代化法》的颁布，结束了 1993 年《格拉斯—斯蒂格尔法》所规定的分业经营格局，实现了混业经营制度的变迁和过渡。

随着分业经营制度向混业经营制度过渡，银行集团可以在更大的市场经营和拓展业务，可以生产出更多样化的产品来满足客户的需求。1989 年"欧洲第二号银行指令"颁布后，欧洲放松了金融部门的监管，致使很多欧洲银行介入保险业务。而在此制度变迁的背景下，银行业通过关系定价等策略[1]，引导客户在银行购买保险等多种产品。因此，在欧洲出现了银行保险公司，并如火如荼地发展起来。仅 1985—1990 年银行保险的并购案金额就达到了 232 亿美元，引领了全球银行保险的发展模式。[2] 可见，制度变迁推动了银行集团交叉销售的进一步发展。

---

[1] 购买很多金融服务的客户将比购买单一产品的客户获得更多的价格优惠。

[2] 胡浩：《银行保险》，中国金融出版社，2006。

3 银行集团业务协同的边界分析
——多元化的视角

在全球化和综合化经营趋势下，大多数银行集团在组织模式上选择了金融控股集团模式，包括银行保险公司、综合银行、金融控股公司等。这些集团拥有一体化的产品平台，利用集团内部的协同效应，通过交叉销售，为客户提供多元化的一站式服务。对于业务协同来说，所销售的产品究竟应该来自集团内部自产，还是采用非集团模式？该问题的实质就是跨国以后集团经营多元化的边界或内部化的度在哪里。诚然，"规模"和多元化对金融机构的竞争实力来说非常重要，但是，金融机构也并非规模越大、业务条线越多就越好。那么什么时候应当将所销售的产品的生产内部化（体现为银行集团的并购），而在什么时候又应当外部化（体现为银行集团的剥离）？业务协同、交叉销售的目的推动了银行集团一浪又一浪的并购潮，但是，能掌控市场、在多元化业务中游刃有余的机构毕竟还是少数。

3.1 金融控股集团模式业务多元化的边界

实际上，即便是花旗、汇丰这样的大型银行集团，其业务向来也有主从之分。从银行业务起家的汇丰控股视银行业务为核心业务，且个人金融业务发展较快，2012 年，对税前利润的贡献率占 48%。花旗集团尽管一度与旅行者合并，但保险业务始终不是其主业。因此，在 2002 年出售旅行者旗下的保险业务，2005 年将寿险和年金公司以及集团几乎所有的国际保险业务出售，最终退出直接经营的寿险业务。安联保险尽管通过并购德累斯顿银行加入了银行行业，但保险收入仍然是集团的主要收入来源。银行集团的这种"血统"特征，在一定程度上说明了银行集团内部资源整合仍然是围绕其传统主业进行的，处于从业地位的其他行业子公司发展往往会受到限制，银行集团以集团化形式进行多元化经营是有边界的。

3.2 建立模型

银行集团进行协同销售，所销售的产品既可以由集团内部化生产，又可以代销其他机构市场的产品。那么，什么时候应当将产品的生产内部化，又应当在什么时候以外部化的方式来经营是本模型要解决的问题。建立模型的目的在于以经济学的方法来解释银行集团业务范围与效率边界变动的问题。

Teece（1982）以交易费用理论和企业资源理论为基础提出了一个多产品理论，认为当企业内部产生了过剩的管理资源时，由于交易费用的存在，利用市场机制进行资源最优配置是不可行的，因此，企业具有利用这些过剩管理资源进行多元化经营的内在激励和根据。他同时对两点问题进行了强调：一是并非所有管理资源都适宜在企业内部继续经营；二是企业内部资本市场可能具有更高的效率。此两点构成了决定或者影响企业多元化绩效的关键因素。

当多元化的效益超过多元化的成本时，才能通过多元化给企业带来净价值，多元化才是有效的；多元化的收益无法弥补多元化的成本，就会落入"多元化陷阱"。银行应该根据环境和组织能力进行多元化边界的动态调整。

3.2.1 集团内部多元化的成本

$$C(N,K) = \alpha(N) + \beta(N) + \delta(N) + \gamma(N) + \phi(K)$$

N 为纳入集团内部多元化的金融产品或服务的数量，K 为资产专用程度。$\alpha(N)$ 为资源集中与整合的成本；$\beta(N)$ 为风险控制成本；$\delta(N)$ 为多元化引起的组织复杂程度提高所造成的官僚化成本；$\gamma(N)$ 为规模不经济成本；$\phi(K)$ 为资产专用性引起的合作成本。

一般来说，资源集中与整合成本 $\alpha(N)$、风险控制成本 $\beta(N)$ 和多元化引起的组织复杂程度提高所造成的官僚化成本 $\delta(N)$ 是 N 的增函数，且二阶导数大于0，也就是说这些成本会随着集团内部多元化产品生产的数量增多而呈加速上升趋势。而规模不经济成本 $\gamma(N)$ 对 N 的一阶导数和二阶导数都大于0。在一般情况下，规模经济会随资产专用性提高而提高，但资产专用性所引起的合作成本 $\phi(K)$ 会上升。

3.2.2 集团内部多元化的利益

多元化的收益包括规模经济、范围经济以及客户关系所导致的收益和心理效应。

$$R(N,K) = \theta(N,K) + \lambda(N,K) + \rho(N)$$

$\theta(N,K)$ 是多元化带来的规模经济，$\dfrac{\partial \theta(N,K)}{\partial N} > 0$，$\dfrac{\partial \theta^2(N,K)}{\partial N^2} < 0$；

$\lambda(N,K)$ 是多元化带来的范围经济，$\dfrac{\partial \lambda(N,K)}{\partial K} > 0$，$\dfrac{\partial \lambda^2(N,K)}{\partial K^2} < 0$；

$\rho(N)$ 是多元化导致客户关系增强、客户转换成本上升、对银行信任增加而带来的收益，$\dfrac{\partial \rho(N)}{\partial K} > 0$，$\dfrac{\partial \rho^2(N,K)}{\partial N^2} < 0$；

随着资产专用性的提高，范围经济 $\lambda(N,K)$ 会降低。为了分析简便，这里先不考虑资产专用性的影响。

3.2.3 分析

$V(N)$ 为银行集团内部多元化经营的净价值。

$$V(N) = R(N) - C(N)$$
$$= \theta(N) + \lambda(N) + \rho(N) - \alpha(N) - \beta(N) - \delta(N) - \gamma(N)$$
$$= [\theta(N) - \gamma(N)] + \lambda(N) + \rho(N) - [\alpha(N) + \beta(N) + \delta(N)]$$

当 $V(N) > 0$ 时，有银行集团内部生产产品进行交叉销售才是有效率的。否则，多元化带来的成本将大于多元化的收益，产生无效率即所谓的"多元化陷阱"。

随着 N 不断增加，$R(N)$ 中的规模经济 $\theta(N)$ 和 $C(N)$ 中的规模不经济的效果是互相抵消，即随着 N 不断增加，由于 $\theta(N)$ 的二阶导数小于 0，规模不经济的负面效应最终会抵消规模经济的积极效应，使得 $[\theta(N) - \gamma(N)]$ 由正转负。

据此，我们取 $V(N)$ 的一阶导数，将 $V'(N)$ 定义为银行集团内部多元化经营的边际价值，即

$$V'(N) = \frac{dV}{dN} = \left(\frac{d\theta}{dN} - \frac{d\gamma}{dN}\right) + \frac{d\lambda}{dN} + \frac{d\rho}{dN} - \left(\frac{d\alpha}{dN} + \frac{d\beta}{dN} + \frac{d\delta}{dN}\right)$$

各个变量的符号变化：$(+ \rightarrow -)$ $(+)$ $(+)$ $(+)$

再对 $V(N)$ 取二阶导数：

$$\frac{dV^2}{dN} = \left(\frac{d^2\theta}{d^2N} - \frac{d^2\gamma}{dN^2}\right) + \frac{d^2\lambda}{dN^2} + \frac{d^2\rho}{dN^2} - \left(\frac{d^2\alpha}{dN^2} + \frac{d^2\beta}{dN^2} + \frac{d^2\delta}{dN^2}\right) < 0$$

各个变量的符号变化：$(-)$ $(-)$ $(-)$ $(+)$

由此得出，银行集团内部多元化经营的边际价值曲线图如图 3-1 所示。

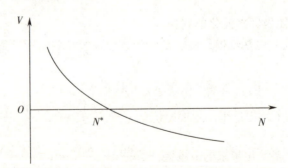

图 3-1　银行集团内部多元化经营的边际价值曲线

可见，存在这样的一个均衡点 N^*。当多元化产品的数量小于 N^* 时，多元化的边际收益大于边际成本，多元化的价值会增加；而当多元化的产品数量超过 N^* 时，多元化的边际成本会大于边际收益，造成多元化价值的下降。N^* 即是银行集团内部多元化经营的效率边界。

也就是说，当企业管理成本较低时，银行集团通过并购来获取更多的产品线，通过集团内部化模式来提供产品。而企业规模持续扩大、管理层次增加将会使其运营成本增加。当企业管理成本超过市场交易成本，银行集团就会拆分非核心业务，缩减规模。

3.3 影响金融控股集团多元化边界的因素

3.3.1 核心能力对银行集团多元化经营效率边界的影响

自然，该曲线描述的是银行集团内部多元化经营的边际价值曲线的一般形状，而不同的金融机构的竞争能力、管理能力、成本控制能力等各不相同，因而曲线形状会有所差异。尤其是，不同金融机构的核心能力差异会对多元化经营的边际价值曲线产生影响。普拉哈拉德和哈默（1990）提出企业的核心能力的概念，他们认为核心能力是企业向客户提供附加价值的一组独特技术和技能。核心能力对金融机构来说是一种创新能力和管理能力，它有助于金融机构在多个业务领域拓展，并对金融机构在其他领域中的业务产生一定的带动作用，还可以获得比较成本。因此，核心能力越强，跨国银行内部多元化经营的边际价值曲线越平缓，否则就会越陡峭。生产性知识和能力的异质性决定了企业不可能拥有全部生产的核心能力范围。反过来，核心能力约束着企业的边界。

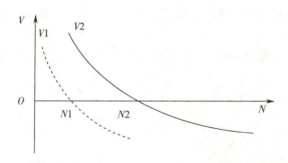

图 3 - 2　核心能力差异对银行集团多元化经营效率边界的影响

图中，$V1$、$V2$ 分别为两个不同机构的多元化经营效率的边际价值曲线，机构 2 的核心能力大于机构 1 的核心能力，因此 $V2$ 比 $V1$ 要平缓，机构 2 的经营范围也更广。

最近几年，基于对多元化模式的反思，金融业开始重新关注核心业务，剥离一些相关性不强、专业化要求高的业务线。这种现象在保险业务方面体现最明显。显然很多机构看到银行销售保险产品所创造的价值，但也意识到保单和银行投资组合的风险相关性。因此，一些机构已经转而采取单纯"销售"策略，或者将保险子公司全部剥离，或者和第三方保险公司成立合资企业，将保险产品的开发工作交给保险公司去做。2001 年 11 月德意志银行将其下属保险控股公司 75.9% 的股权与在意大利、葡萄牙和西班牙的寿险公司的全部股权，出售给苏黎世金融服务集团，交易价值达到 15 亿欧元。同样，由于盈利不高且占用大量资本，2004 年丰泰保险寿险和非寿险部门的税前净收入仅占整个集团的 9% 和 3%，瑞士信贷集团也计划适时将其剥离上市。这种趋势在英国特别明显，在那里拥有内部保险公司的银行的数量从 1995 年的 15 家降到 2007 年的 5 家（2009 年只有 4 家承保新单）。

3.3.2 资产同质化对银行集团多元化经营效率边界的影响

自威廉姆森提出资产专用性概念之后，资产专用性被广泛用于分析企业的专业与多元化决策。资产专用性越强，市场交易费用越高，市场治理结构成本越大，企业治理结构成本相对较低。近期，金融领域的资产专用性对金融业务多元化的影响受到关注。刘波认为，金融业的要素不外乎资本、信息、企业家才能三种，所谓资产专用性就是上述三方面要素的专业性程度。王常柏、纪敏（2002）却提出与资产专用性相对的概念——资产同质性。资产同质性越强，变更经营领域的成本越低，越容易进入。金融行业中的资产，不论是资本、信息还是企业家才能，对于所有金融企业来说都具有较高的同质性。所以，金融行业内不同业务之间相互进入和退出的成本较低，不同金融部门之间要素替代性强，金融部门规模扩张时的平均成本曲线是一个很平的 U 形曲线，经营更多的金融业务就可以获得规模经济和范围经济效益，这也是金融集团主要的效率来源。

我们仍然使用前面的银行集团经营多元化价值的函数，并将资产专用性的影响考虑进去：

$$V(N,K) = R(N,K) - C(N,K)$$
$$= \theta(N,K) + \lambda(N,K) + \rho(N) - \alpha(N) - \beta(N) -$$
$$\delta(N) - \gamma(N) - \phi(K)$$

并分析资产专用性（资产同质性）的影响。资产同质性越强，则资产专用性越弱。对 $V(N)$ 取 K 的一阶导数，有

$$\frac{\mathrm{d}V}{\mathrm{d}K} = \frac{\mathrm{d}\theta}{\mathrm{d}K} + \frac{\mathrm{d}\lambda}{\mathrm{d}K} - \frac{\mathrm{d}\phi}{\mathrm{d}K}$$

可见，随着资产同质性增强，规模经济 $\dfrac{\mathrm{d}\theta}{\mathrm{d}K}$ 和范围经济 $\dfrac{\mathrm{d}\lambda}{\mathrm{d}K}$ 都会增加，同时资产专用性所引起的合作成本 $\phi(K)$ 会下降。可见资产同质性越强对多元化经营的价值越大，交叉销售所能获得的协同效应越高。随着资产同质化的增加，银行集团多元化经营的边际价值曲线会变得更加平缓，金融机构多元化经营的边界随之扩大。

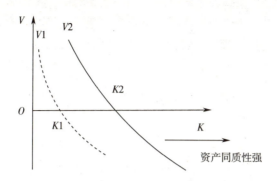

图 3 - 3　资产同质化对银行集团内部多元化的影响

3.3.3　客户关系对银行集团多元化经营效率边界的影响

王国刚（2006）指出，除了上述的资产专用性之外，还存在另一类资产专用性——关系型投资，这里指的是金融机构与一般企业（金融机构的客户）之间的关系型投资。王国刚认为，这种关系型投资具有不同程度的排他性，而且只有双方积极合作时，这种投资的效用或者价值才会充分得以发挥。关系型投资专用性主要受社会文化、法律等因素以及双方偏好的影响。

在这里我们把客户关系作为影响多元化的一个因素进行分析。这种"关系"对金融机构的影响是深远的，从普通的客户关系（如美国），到具有股权关系的客户关系（如德国），都会对金融机构的业务开展、收益增加、信息获取等方面产生影响。因此，现代金融业的营销中非常重视"关系"，因而导致关系营销的提出。我们认为，随着银行集团向客户提供产品数量的增加，客户选择余地的增加，客户关系会随之增强，银行集团从内部多元化经营所获取的价值越大。

综上所述，银行集团进行协同销售，其实质是销售多元化的产品，尤其是银行、证券、保险、财富管理等业务的融合对交叉销售来说是一个大的宏观背景。银行集团的内部多元化经营，金融业相对于其他行业的资产同质性，使这种多元化经营更加具有可行性。但是多元化并非万能，金融机构从多元化获取的利益因人而异。核心能力越强的机构可以通过核心业务带动其他业务的销售，客户关系也会因客户对其核心能力、核心产品的认可而更加稳固，因而能够从多元化经营中获取更大的价值。当然，随着银行集团内部产品条线的增加，集团内部的协调成本增加，管理成本、官僚化成本增加，资源整合的难度加大，集团内部多元化经营的成本就会逐步增加，一旦其超过多元化的收益，集团内部多元化经营的边际价值就会下降。可见，对于银行集团来说，集团内部多元化的生产和经营是存在边界的。如果多元化超过了这个边界，就会带来多元化的不经济，甚至落入多元化陷阱。当然，集团内部的多元化经营指的是多元化产品的生产。当内部生产多元化产品遭遇不经济的时候，就可以选择另一种形式，即通过交叉销售协议、战略联盟等非集团内部化形式来获取其他机构的产品，以更低的成本拓展业务品种，以市场交易代替企业内部交易。

3.4 从次贷危机看金融控股集团的多元化边界——银行集团的拆分潮

次贷危机对金融体系产生了巨大的冲击。从2008年初道格拉斯国民银行的破产，到美国最大储蓄银行——华盛顿互惠银行被摩根大通收购，加上印地麦克银行、诚信银行、银州银行等共25家银行破产，仅2009年一年，美国破产的银行已高达140家，其中大多是中小银行。在危机中，倒闭的机构往往具备两个特征：要不是规模较小，要不就是业务单一。前者如中小银行，后者如投资银行。而那些巨型化、多元化的金融控股集团即使损失巨大，也没有遭遇生存危机，例如花旗集团和瑞士银行等。原因有两方面：一方面，多元化的业务可以帮助这些机构抵消损失；另一方面，由于对大型机构破产带来的社会影响的顾虑，政府被迫对受困机构实施救助，因而呈现出"大而不倒"（Too Big to Fail）的现象，可以说政府也在一定程度上被这些巨型机构所"挟持"。从这个角度来说，规模小和单一经营模式应对危机的能力要比综合化、全能化的混业经营模式更低。

当然，大型的金融机构也受到了极大打击。五大独立投资银行应声倒地，其中三家或被收购或被瓜分，只有高盛和摩根士丹利转型为银行控股公司；而大型"金融超市"如花旗集团也风雨飘摇，曾一度沦为证券市场的垃圾股，公司市值缩水幅度达到98%，市价从2006年下半年的每股55.7美元下跌到2009年3月的不足0.97美元。

2009年在政府的敦促下，花旗银行被迫一分为二：花旗银行保留了该集团在100多个国家的传统银行业务，花旗控股则收纳了一些"非核心"的资产管理、消费金融业务和经纪业务等。同时花旗正筹划将人寿保险公司Prime-rica分拆上市。

次贷危机后，在政府敦促下，欧洲银行业纷纷"瘦身"，分拆非核心业务。荷兰政府持股的荷兰银行已开始为一系列拆分步骤做好准备。英国政府在对诺森罗克银行进行拆分之后，先后与苏格兰皇家银行、劳埃德银行集团达成《金融稳定协议》，两家巨型银行也"被迫瘦身"。以后四年内，苏格兰皇家银行将出售318家分支机构，劳埃德银行集团将出售600多家分支机构。

次贷危机后，各金融巨头也纷纷表示要回归核心业务，回到关注客户需求、加强风险管理的经营模式中来。次贷危机不过是一个契机，危机后的分拆潮体现了巨型金融机构多元化边界的收缩，毕竟依靠扩张式的外延发展是有限度的。

3.5　小结

通过本章分析，结合第 2 章的内容，我们可以发现这样的规律：竞争环境变化导致营销观念变化，而营销观念变化又导致经营范围（业务结构）变化，经营范围的变化自然会致使组织和管理结构变化。竞争环境和客户需求的变化推动银行销售导向的变化。银行的营销观念从以产品为中心到以客户为中心。随着金融市场竞争的加剧，争取更多的客户并保持这些客户成为金融机构长远发展的必需。以银行集团为代表的金融机构的营销意识的觉醒，在关系营销、整体营销活动的中心，还成为组织管理设置的中心。银行的经营范围也面临多元化，以期更好地满足客户、整合资源、实现协同效应。

通过本章的分析论证我们还可以看出，在银行集团业务协同的模式选择中，交易成本扮演了重要的角色。市场交易成本与企业管理成本的高低决定了银行集团采取何种业务协同模式。但这种"内部化"或"多元化"也是有边界约束的，因为多元化在带来收益的同时也伴随着多元化成本的增加。制度、环境是变化的，交易成本同样是变化的，因此银行集团的多元化边界也处于动态的变化之中。

4 大型银行集团业务协同的案例分析

4.1 业务协同的领军人物——汇丰集团业务协同体系的建设

本节以汇丰集团为研究对象，以其 2007 年开始的名为"One HSBC"的业务协同体系建设项目作为研究案例，研究汇丰集团业务协同体系建设的背景、管理思路和操作实践。

4.1.1 汇丰集团业务协同体系建设的背景

从外部竞争环境来看，全球金融市场的竞争十分激烈，金融产品层出不穷，银行的利润率一般较低。汇丰银行除了在国际市场上要面对多家大型跨国金融机构的竞争，还要面对各个国家本地市场中当地银行的竞争。汇丰银行的研究表明，在其开展业务的 85 个国家和地区中，仅在如中国香港和英国等不超过 5 个国家和地区中拥有相对明显的竞争优势。在这种市场环境下，如何通过业务协同建设来降低银行运营成本，提供不断创新的流程，成为汇丰银行生存和不断发展的必由之路。

从银行内部的运营状况来看，业务协同体系建设也是势在必行的。汇丰主要通过兼并达到全球化的规模，相应地也产生了过多的业务流程。同一银行业务，在各地域之间存在较大的差异，除了带来管理和协调成本的上升，也无法经济有效地处理跨境交易，更是与其全球统一品牌和致力于发展国际间交易业务的业务发展方向相违背。据内部统计数据显示，2003 年，汇丰银行共有 170 多个信息系统支持着全球范围内的银行业务，包括有 55 个核心银行业务系统，24 个信用卡系统和 41 个网上银行系统。许多业务系统存在着功能重叠，带给客户不一致的汇丰银行品牌体验，而且这些系统的维护费用是十分昂贵的。独立的业务系统各自发展，带来总体的银行运营成本持续上升，从 2003 年到 2007 年，每年总体的运营成本增长率是 13%。

此外，同一银行产品在不同地区的不同业务流程是与汇丰的统一品牌战略相违背的。不同的业务流程直接给客户带来不同的体验和感知。汇丰银行的战略目标是成为全球顾客的首选银行，必定要求其能为顾客带来独一无二的用户体验，才能使其在各个国家和地区的银行业务都能创造出一致的品牌感知。故在各个国家和地区必须要采用整齐划一的业务流程。

综上所述，汇丰银行开展业务协同系统建设项目，统一不同国家和地区间的业务流程，并做到业务流程的标准化，是实现其战略目标的必要途径。

4.1.2 汇丰集团业务协同体系建设介绍

汇丰银行在 2007 年启动了一个名为"One HSBC"（简称为 OH）的银行业务协同建设项目，提出"一个集团，一个目标，一个汇丰"的口号，计划从 2007 年到 2012 年，用 5 年的时间打造统一的银行业务流程。该项目涵盖汇丰银行的所有领域，目标是要统一汇丰集团在全球各地的分支机构的业务流程，实现业务流程的标准化，为客户带来统一和一致的用户体验，并塑造全球独一无二的银行品牌。该集团对 OH 项目设定的目标是在全球范围内再造汇丰的业务流程和产品，塑造一个同时满足顾客、股东和员工需求的单一的和现代化的商业品牌。该项目通过在全球范围内建立一套单一的标准化业务流程和业务系统集，达到加强客户对汇丰银行单一品牌的感知和体验，以及节约运营成本和提高系统效率等目标。

OH 项目的总体计划如图 4-1 所示。

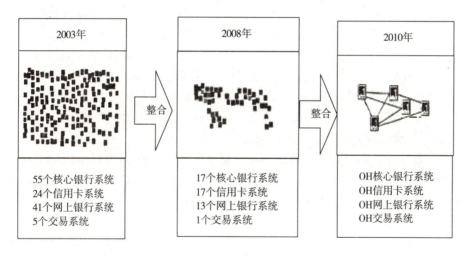

图 4-1 OH 项目总体计划图

汇丰银行集团的行政总裁指出，为了改革汇丰银行作为一个集团的运营方式，以及为客户服务的方式，OH 的目标是令全球的汇丰银行业务流程及围绕客户所需的产品更有效率。这个项目有三个主要目标：（1）提升客户体验，全面反映汇丰银行品牌的承诺；（2）在全球规模上对科技、产品及程序予以标准化，加速节约成本；（3）充分利用集团的全球网络，协助全球各组成部分达成目标。

OH 项目计划为银行带来的收益主要来自三个方面：（1）业务运作的成本节约，如业务人员的缩减、顾客投诉的减少、纸张的节省等；（2）信息系统费用投入的节约，主要来自新业务系统的开发和维护费用的减少；（3）业务增长带来的收益，包括更好地保留老客户和提高销售的效率等。在衡量项目绩效的财务指标方面，主要采用内部回报率（IRR）以及投资回收期（Payback）。

4.1.3　汇丰集团业务协同体系建设的阻力

（1）利益及文化方面的阻力

从实质上说，企业进行流程再造意味着企业内部的权利、利益和资源的调整或再分配，因此，必然会触动多数人的切身利益，进而形成不满和阻力。业务部门的员工习惯于照章办事、按部就班，并不希望改变多年的工作方式和行为习惯，更不愿意为新业务系统的实施进行额外的测试工作，以及与客户沟通的工作。另外，OH项目带来流程的简化和自动化，必定会缩减业务部门的规模，例如全球信用卡部门，项目开始的计划是到2012年减少20%的人力资源，总数达1 600人。大规模的组织变动和机构精简，通常会在地方上遇到较大的抵触。

作为对业务协同建设提供技术支持的技术部门，特别是各个地区的技术部门也并不是全部都全力支持这项改革计划。例如由于其业务的特殊性要求，一直以来都较独立运作的私人银行部门，虽然也被划入了该项目的计划之内，但具体的实施时间表仍未确定。技术部门往往不愿意承担过大的风险，不愿意看到过于激进的变革。特别是对于一些专门为维护陈旧的银行"遗留系统"（Legacy Systems）所设立的部门来说，由于这些遗留系统的专用性太强，新系统的推出便会带来整个维护部门的撤销。

汇丰银行的公司文化以稳健著称，彻底的变革比较难得到全体员工的认同，因此在公司高层管理部门出现"改进而非改革"的声音。而员工也习惯于按照已有的规章制度办事，导致在创新方面缺乏动力。

（2）创新的阻力

商业银行的业务流程都是建立在信息系统之上的，业务流程对信息技术有很强的依赖性。如果信息系统只是单纯为业务流程实现自动化，那么并不能为流程再造带来最大的价值，也难以最大限度地降低银行运营成本，甚至使银行陷入"IT黑洞"。因此，如何创新地使用信息技术，构建与OH项目目标一致的信息系统，直接影响到OH项目的成败。

流程再造是一项创新的系统工程，对支持业务流程运行的信息系统也是如此。对于汇丰银行来说，创新的阻力之一来自其占全球员工总数三分之一的信息技术服务部门的组织架构。

首先，从全球范围来看，其信息技术部门的设立是以地区为单位的。各地区拥有相对独立的信息技术部门为该地区的业务服务，包括系统的研发、实施和日常运营支持等。不同地区的信息技术部门根据当地的业务需求，包括规模和政府管制的要求等，建立了独立的信息系统。而各自的信息系统通常只能支持本地的业务流程，彼此之间无法兼容。这与 OH 项目建立跨国家和地区的统一和标准的业务流程目标是相违背的。如中国香港的核心银行业务系统是建立在大型计算机系统上，单独为中国香港地区的银行业务服务的。这套系统设立了专门的功能以适应中国香港的业务流程特点，如过去每周五天半的工作制度和银行核算系统。而马来西亚的核心银行系统是建立在中型计算机系统上的，除了支持马来西亚的银行业务，同时还提供对新加坡和泰国等地的业务支持。大型计算机和中型计算机系统几乎没有共用性，相互之间的通讯也较困难且成本较高。因此，长期分而治之的银行信息部门和信息系统，是创新地使用信息技术、实现 OH 项目目标的阻力之一。

其次，业务协同体系建设需要公司的全员参与，创新的设计往往来源于自下而上的思考方式，而汇丰银行信息部门员工原有的工作模式和公司文化也是为流程再造提供创造性贡献的阻碍。旧有的"一线为客户，二线为一线"的工作方式，使信息部门往往只关注内部业务部门的需求，最终客户的需求通过转化和翻译，往往存在失真。同时，由于业务部门对于技术认识的局限，难以提出更好地利用信息技术的创新流程。

4.1.4 汇丰集团业务协同体系建设的策略

（1）项目监管

业务协同体系建设需要创建变革的组织动力。特别对于一家跨国的商业银行来说，独立存在于各地的现有业务流程根深蒂固，利益和文化等方面的因素，对流程再造的实施带来阻力。此外，在全球范围内实施流程再造项目，如何监管和控制是成功的关键。缺乏监管和全局的统筹，会使流程改造成为局部的流程改进，达不到预期目的，而且无法回收庞大的成本支出。过于严格的监管，会令流程改造丧失一定的创新性，无法做到流程的最优化。汇丰银行为成功推行 OH 项目，努力为之建立组织动力，制定适当的监管制度。

OH 项目由集团管理局制定项目策略，设立 OH 项目督导委员会。项目督导委员会成立并领导 OH 项目管理委员会，并由这两个委员会负责决定项目的优先任务、业务目标、核心的可完成事项，以及实施工作的时间表等。项目督导委员会每月向集团管理局汇报。具体的管理机构如图 4-2 所示。

创建变革的组织动力还体现在 OH 项目管理机构的人事任命上。OH 项目由集团首席执行官直接任命一位集团董事总经理，原银行集团个人金融服务部门经理担任项目总监。该项目总监直接向集团的金融服务部主管和工商业务部门主管汇报。项目督导委员会由六名集团董事总经理组成，由 OH 项目总监，

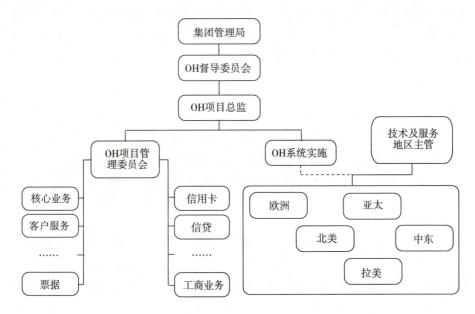

图 4-2　OH 项目监管组织结构图

金融服务部主管和工商业务主管同时出任主席。OH 项目委员会由集团高级行政人员组成，包括两个项目管理办公室（PMO）：一个位于欧洲，主要负责业务流程的统一设计；另一个位于美国，负责与业务流程相应的 IT 系统的设计、开发和实施。

总的来说，汇丰银行自上而下地为 OH 项目创建了组织推动力，这对于业务协同体系建设在跨国跨部门之间的实施是至关重要的。而且，管理机构的设置也利用了地区优势，如分别在全球金融系统最发达的欧洲，以及拥有技术优势的美国设立 PMO。

可以看到，直接向集团管理局汇报的 OH 督导委员会可以起到平衡各方利益的作用，消除部分源自利益方面的阻力。OH 督导委员会的成员既有统领整个项目的 OH 项目总监，也有因为 OH 项目而带来巨大变革的各业务部门主管。这样在制作再造路线图和在遇到问题做决策的时候，可以有综合均衡的考虑以及达成一致的决定。

（2）项目实施策略

由于银行业务的复杂性，以及银行内部各职能单元、流程、网点和系统的相互依赖性，银行流程再造必须采用综合渐进的实施方法，从单个流程开始，逐渐延伸到所有的银行业务流程。对于跨国商业银行而言，流程再造项目的实施更要考虑国家和地区间的差异，从成本和地域的角度采用综合渐进的实施方法。

OH项目的实施策略是从某一特定的业务流程入手，在某国家和地区实施，然后逐步发展到其他国家和地区的所有业务流程。另外，OH项目的实施蓝图与汇丰重点发展新兴国家市场的战略是一致的。最初的实施一般从新兴国家开始，逐渐在发达国家展开。

以信用卡业务为例，其项目实施计划如图4-3所示。

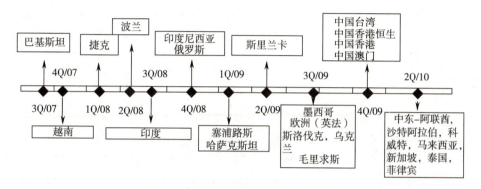

图4-3 OH项目信用卡实施计划图

这种从新兴国家入手的实施策略的好处是，第一，可以尽快建立和加强汇丰在新兴国家的竞争优势，迅速占领市场并取得领导地位。汇丰银行在多数新兴国家的业务发展并未达到十分成熟的领导者地位，再造后的流程都是高效和低成本的流程，如果迅速进入新兴国家，可以尽快地发挥成本优势和高效性，在该国家的金融市场赢得竞争优势。第二，可以暂时维系汇丰银行在发达国家已取得长足发展的现有业务的稳定性，而后根据在新兴国家的实施经验和改进策略，更稳妥地在发达国家实施，从而达到OH项目在全球范围的成功实施。

（3）项目策略与企业战略的一致性

首先，汇丰银行的长期战略目标是OH项目的驱动因素之一。汇丰银行的长期战略目标是要成为"全球领先的金融服务机构，成为顾客的首选银行，以及员工的首选雇主"。企业的生存和发展是要为客户创造价值，只有不断满足顾客需求的企业才能不断壮大其规模。汇丰银行为了实现"全球领先的金融服务机构"这一长期战略目标，需要建立全球领先的业务流程，其实现手段必须是在全球范围内对现有的业务流程进行彻底的重新设计。

其次，OH项目的设立是为了达成汇丰的中期企业战略目标。汇丰于2007年制定的"5年战略"是"Management for Growth"。实现这一战略，需要增加银行收入和降低银行运营成本。从本质上降低企业运营成本是要加大直接为客户创造价值的工作，减少甚至消灭非增值的管理和协调工作，建立以流程为中心的企业。如保罗·阿伦所指出，银行五大成本支柱之一是流程的成本。OH

项目提出重新设计业务流程，新流程将消灭手工处理，甚至消灭银行后台部门的处理流程，达到最直接为客户创造价值的目标。优秀的银行流程除了降低银行运营成本外，也可以帮助银行增加营业收入。汇丰银行的 OH 项目把提高客户满意度作为主要目标之一，要求业务系统为客户提供的不仅是产品，而是各种可选项，客户可自行定制所需服务；且业务系统也必须简单易用，甚至不需要用户手册的存在；规定新业务流程通过不同渠道为客户提供服务，如分行、网络或手持设备等，必须使客户体验一致。随着这些流程改造的具体目标的实现，客户的满意度将会得到提高，不但可以直接提高现有客户的忠诚度，还可以吸引更多的新客户。因此，OH 项目是汇丰达到其保持增长的中期战略目标的直接动力。

最后，OH 项目是与汇丰银行的业务战略相一致的。第一，汇丰银行致力于发展新兴国家市场业务的战略目标，可以通过 OH 项目的实施来帮助实现。通过 OH 项目建立的统一和标准的业务流程，可以成功地降低汇丰银行进入新兴国家市场的门槛。在新的国家和市场开展金融服务业，从业务流程的角度，主要的门槛来自业务流程设计、系统实施、定制和维护费用。OH 项目为汇丰银行打造统一的标准化流程，提供该业务领域的最佳实践集，建立单一的适用于各国家和地区的业务系统，大大增加了业务流程的有效性和效率，降低了维护成本，最终降低进入新兴国家市场的门槛。第二，汇丰银行的另一个业务目标是发展跨境交易业务。全球统一的业务流程必定能提供不同国家和地区间业务的互通性，标准化的流程也会带来交易费用的最小化。

4.1.5　流程的统一性和标准化

（1）国家和地区间的统一流程

OH 项目要求在全球不同国家和地区之间统一业务流程，以便达到世界各地的客户对汇丰品牌协调一致的用户体验，并最大限度地发挥企业内部的协同效应，降低企业运营成本。

以个人金融服务为例，"卓越理财"是汇丰的个人财富管理服务，客户只需在一个国家或地区成为汇丰卓越理财客户，即可获得全球身份认可，享受"无国界"理财，一个账号联通世界，享受包括海外开户预约、应急现金服务、信贷记录共享等在内的一系列增值服务；同时，汇丰在全球的约 300 间卓越理财中心遍及世界主要城市，另外，超过 6 000 个分支行设有卓越理财服务点，客户无论在何处生活工作，或是出差旅行，都可前往当地汇丰卓越理财网点，享受同等水准的个人财富管理服务。能够为全球客户提供统一水准的卓越理财服务，必定要求此项业务流程在不同国家和地区都保持高度的统一。此外，相同银行业务流程在不同国家和地区之间的统一也是跨国银行实现成本效益的必要步骤。标准化的银行产品必定会带来成本上的节约：①系统可以整合、合并，或者重用，减少了系统开发和维护的费用；②业务人员的培训标准化，节约培训成本；③拥有相同技能的员工可以在不同国家和地区的部门之间有效地调配，能更有效地利用现有资源，以及发挥多元化带来的效应；④不同国家和地区的部门之间可以有一致的绩效评估机制和尺度，更有效地激励员工。

综上所述，OH 项目在不同国家和地区实施统一的业务流程，是与银行的业务战略一致的，有助于提升客户满意度以及增加银行营业收入，而且能带来最大化的成本效益。

（2）业务流程的标准化

为了达到客户高度一致的对品牌的感知，除了统一不同国家和地区之间的同一业务流程外，也需要对不同业务流程有统一的标准。

实现流程自动化只能带来 20% 的好处，改变客户的行为方式能带来剩下 80% 的好处。汇丰银行管理局为 OH 项目制定了一套应用于全球范围的项目策略，该策略定义了新流程设计的守则以及成功再造后业务流程应达到的基本要求。这些标准都是从用户使用的角度来制定的。

业务流程的标准化，能加强客户对汇丰银行品牌的一致认识。虽然提供的是不同的业务，但其标准是统一的，带来的用户体验也是统一的。以此带来的客户对品牌的感知的提高，正是 OH 项目的三大目标之一。

（3）标准化的设计原则

OH 项目规定了业务流程设计所应该遵循的原则和标准，主要有以下几个方面。

① 毫无保留的挑战现有流程。这一点是指流程再造的彻底性，鼓励和坚持创新。在金融全球化的环境下，赢得市场需要充分理解、鼓励和坚持创新。对于汇丰银行这样一家拥有过百年历史的跨国银行来说，旧的业务流程由来已久，为旧业务流程服务的职能部门繁多，且已达到高度的专业分工，因此变革的阻力是非常大的。业务创新往往会变成简单的业务改进，达不到预期效果。例如中国香港的核心银行业务系统是 70 年代发展起来的，其按职能划分成储蓄、存款、外汇、信贷等业务部门。客户若需要同时享用多种服务，需要在不同的系统开设不同的户口，使用不方便。内部后勤部门处理流程烦琐，且存在重复设置和功能重叠的部门。流程改进的方法是设立"综合户口"，并成立一个新的业务部门联系协调储蓄、存款、外汇和信贷等部门的工作，但后台的业务流程照旧。这样带来的成本增加是客观的，且对客户和市场的需求响应过慢。OH 的做法是要彻底挑战现有流程，按客户细分来设计不同的流程，如个人理财、工商服务、投资银行和私人银行等，以此带来成本效益，也可以最直接地响应客户需求和市场变化。再如在 OH 项目中，对分行各项业务设计的目

标是把分行变成销售和客户关系处理的场所，而非客户集中办理业务的地方。因此，毫无保留地挑战现有流程，坚持创新，是·OH 项目对新业务流程提出的首要标准。

② 在第一时间第一地点为客户提供解决方案。这需要银行打破职能部门的疆界，以流程为中心，让客户体验到及时的银行服务，准确地响应客户需求。

③ 零意外处理流程。这是指把意外处理分离出流程的边界，只关注为客户创造价值的流程，去掉烦琐而不为客户创造价值的处理。

④ 不需要后勤部门的支持。这是指业务流程的驱动全部由客户完成，而不需要后勤部门提供例如资料输入等服务。实现流程自动化只能带来 20% 的好处，改变客户的行为方式能带来剩下 80% 的好处。

⑤ 为客户提供选择，而并非产品。这是指为客户提供最大的定制服务的可能，利用单一的流程为客户提供不同的定制化服务，而定制的过程全部由客户控制和操作。这对支持该业务流程的信息系统提出了简单易用的要求，而且信息需要高度透明。

（4）业务流程的设计步骤

标准化的设计步骤是实现标准化流程的第一步，OH 项目规定的业务流程设计步骤主要有以下几个方面。

① 业务流程的定义。

② 需求分析：分别从客户和银行的角度考虑客户需要通过此项业务获得什么，银行的业务目标是什么。

③ 定义业务的范围和边界：清晰划定可能涉及的部门和业务，划定此项业务不应涉及的流程。

④ 找出流程不能自动化的因素。

⑤ 提出整体业务流程，明确整体的流程图，明确流程中各个步骤的功能。

⑥ 各个步骤的细化流程设计，包括步骤的定义、输入和输出、例外处理、能否自动化和可变部分等。

⑦ 各种可能情形的描述（Scenario Notes），包括在一定假设前提下，对不同真实情形应该有不同的处理情况，且对于每种不同的情形，都应该有其特殊的处理流程。

⑧ 列举创新点和最佳实践。

4.1.6　信息系统的支持

（1）信息技术部门的机构变革

为突破流程再造中信息创新的阻力，汇丰银行信息技术部门实施了适当的机构变革。

首先是在各地区相对独立的信息部门之上，设立环球技术部门。环球技术部门主要负责 OH 项目业务流程系统的设计和研发；而地区的技术部门负责日常银行运营支持和 OH 项目系统在该地区的实施。环球技术部门设立 OH 技术检查委员会（Technical Review Commitee），负责检查业务系统设计和项目实施进度等，并直接向 OH 技术监督委员会汇报。这个 OH 技术监督委员会由财务和计划部门、IT 运营部门等组成。其下属机构包括以各业务流程系统为导向，所设立的不同的业务系统设计和研发部门。由此可见，环球技术部门内部的机构设立也是遵循以流程为中心的原则，为信息技术向跨国统一的流程再造输出创新动力提供组织动力。其部门架构如图 4 - 4 所示。

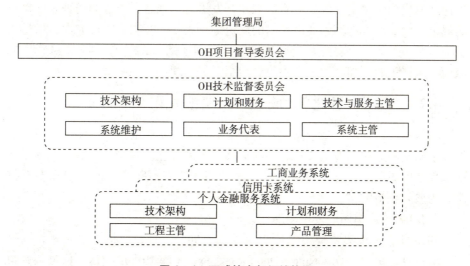

图 4 - 4　环球技术部门结构图

（2）标准化信息系统

为支持业务流程的标准化，业务系统也必须是标准化的，不同国家和地区都使用统一的单一信息系统集，不同信息系统均采用标准化的设计。业务流程的设计标准，也是信息系统的设计目标和衡量标准。

首先，只有遵循同样的标准，建立在信息系统之上的业务流程才能达到其自身的设计标准。例如，业务流程需要在第一时间第一地点为客户提供解决方案，需要信息系统迅速有效地整合来自各后台系统的信息和数据，为业务系统提供决策支持。业务流程需要为客户提供选择而非单一的产品，需要信息系统提供的解决方案能够充分地定制、简单易用、数据信息要充足、信息的显示要简单明了。

其次，技术人员面对与业务流程设计同样的设计标准，能更准确全面地理解业务流程的需求，更多地发挥技术上的创新。信息系统的设计人员打破传统的只直接为业务部门服务的思维方式，直接把业务流程的目标作为信息系统的目标。为实现业务流程的目标，信息系统的设计要求做到：①简单而直观；②为自助服务提供一周7天24小时的能用性。

最后，为设计出标准化的业务流程系统，信息系统的建设要求运用统一的标准化工具和技术，以及统一的项目管理流程。工具和信息技术是构建信息系统的材料，项目管理是构建系统的过程。只有运用统一的工具和技术，使用统一的管理方法，才能更好地规范系统的设计和研发，达到标准化的要求。汇丰银行的技术部门在 OH 项目之前已做了充分的准备。第一，制定了一套名为 R2 的技术准则。R2 对不同的业务范畴和规模，应该采用何种技术和工具作出了详细而明确的规定。例如对系统程序开发语言的规定，对选取何种硬件设备的规定，以及对采用哪些通讯技术的规定等。第二，在项目管理方面，信息系统项目必须采取一套名为基于风险的项目管理守则。此守则对 IT 项目管理的流程、应提供的文档和注意事项等做出了详尽的规定。

4.2 "银行一体化"的先驱——瑞银集团

瑞银集团（UBS）是全球领先的金融机构，在发展过程中，瑞银集团逐渐形成了明确的志向和业绩文化，不断创新、拓展技艺。其雄心勃勃、业绩驱动的工作氛围吸引并留住了市场上的金融精英，依靠不断增长的客户和专有技术，为股东创造财富。

4.2.1 瑞银集团的发展战略

2005 年，瑞银集团提出"同一个信念，同一个团队，同一个目标，同一个 UBS（One belief, One team, One focus, now, One UBS）"。这不仅是瑞银集团的一次品牌推广，更是瑞银集团的成功之道。

瑞银的发展概况如下。

1997 年，瑞士联合银行（UBS）与同样历史悠久的瑞士银行公司（SBC）进行合并，从此诞生了既有悠久的历史传承、又有崭新品牌形象的瑞银集团（UBS AG）。当时，新的瑞银集团的总资产达到 10 160 亿瑞士法郎，员工总数 27 611 人，分行 357 家，分布在全球 50 多个国家，管理的客户资产达到 13 200 亿瑞士法郎，奠定了其全球最大的私人银行和全球最大的资产管理机构的地位。

1998 年，瑞银集团的董事会首先完成了对业务部门的改组，最终形成私人和公司客户管理（UBS Private and Corporate Clients）、资产管理（UBS Asset Management）、私人银行（UBS Private Banking）、投资银行（UBS Investment Banking）和私人产权（UBS Private Equity）5 大部门，放弃 SBC 品牌，统一使用 UBS 品牌。

1999 年，为发挥比较优势，瑞银集团加大了私人银行和资产管理业务的投入，收购了美洲银行的欧洲和亚洲私人银行业务，并扩充了旗下华宝公司（UBS Warburg Dillon Read）的交易大楼，还收购了百慕大有名的全球资产管理公司（Global Asset Management），并将其并入私人银行。

之后的几年，瑞银集团的主要工作重心是加大自身具有比较优势的私人银行和资产管理等业务的投入，同时扩大代理外汇交易和债券交易的市场份额。风险管理机制的完善和围绕其产品和服务的第三方分销基础设施（Bank for Banks）的建立也是近几年管理层关注的重点。

2005 年 6 月，瑞银集团正式宣布，所有业务采用统一品牌，包括瑞银普惠和瑞银华宝在内的多个品牌都将划归单一的 UBS 品牌名下。原有的四大业务品牌：瑞银华宝（UBS Warburg）（投资银行业务）、瑞银普惠（UBS Paine Webber）（投资银行业务）、瑞士银行私人银行（UBS Private Banking）（私人银行和资产管理业务）、瑞银环球资产管理（UBS Global Asset Management）（国际业务）将重组为以瑞银（UBS）命名的三大业务：瑞银财富管理（UBS Wealth Management）、瑞银环球资产管理（UBS Global Asset Management）及瑞银投资银行（UBS Investment Bank）。瑞银集团在全球发起了题为"四个同一"的公司形象广告。

瑞银集团追求的目标是成为最好的全球性金融服务公司。支撑其集团价值的五大支柱是：以客户为中心、人员、投资方案、服务、技术，见图 4-5。

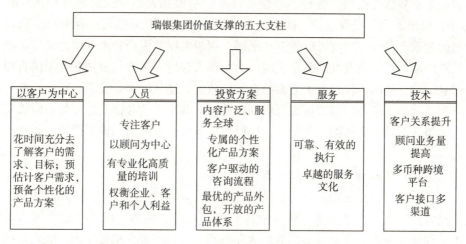

图 4-5　瑞银集团价值支撑的五个支柱

4.2.2　瑞银集团一体化业务模式

与大多数银行集团建立各自为政的业务单元的发展模式不同，瑞银集团采用"One Firm"模式，即将整个集团整合为财富管理、投资银行、资产管理三大业务线，并集中统一中后台支持，整合的业务模式要比各自为政的业务单元更能创造价值。通过 One Firm 模式，客户无论在伦敦，还是纽约，无论背后是哪个部门在支撑其需要的服务，客户都能及时、高效、快捷地获得"整齐划一"的服务。

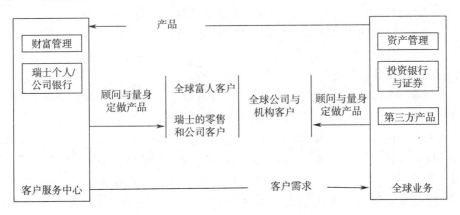

图 4 - 6   瑞银集团的一体化业务模式

如图 4 - 6 所示，独特的一体化业务模式使瑞银集团可以重复利用内部已有资源，并通过各业务部门之间的互动，挖掘更多机会，从而实现最大增加值。比如，在为投资客户提供咨询服务的时候，可以利用瑞银华宝公司的研究和证券交易能力；私人银行客户也可以通过瑞银私人股权投资部（UBS Capital）做出不同的投资选择；而瑞银私人银行股权投资部把其持有股权的公司推向股票市场时，华宝可以做 IPO 承诺。瑞银集团的资产管理不仅为其客户做投资决策、管理所有互助基金，同时为其私人银行、零售与公司业务提供有用信息。瑞银集团不仅在收入方面挖掘协同效应，还从成本、技术、后勤、业务流程及其他支持部门等方面充分做到各业务线共享。业务部门之间的协同效应大大提高了瑞银集团的竞争优势，协同效应最大化也成为瑞银集团的主要战略目标。

4.2.3   One Firm 模式的优点

成功地在财富管理部门与集团其他部门之间搭建起良好的内部伙伴关系，通过客户介绍、产品交换、业务配送服务实现跨区销售，撬动和放大智力资本，促使私人银行业务优势得到巩固和发展，大幅度提高瑞银集团的收入。例如，投资银行和资产管理帮助瑞银成功地获取了财富管理客户对结构金融产品和替代投资产品的需求信息，私人客户投资于替代投资和结构产品的资产持续增长，从 2002 年的 250 亿瑞士法郎增加到了 2012 年的 2 060 亿瑞士法郎，增长 8.24 倍。

足以支撑瑞银在新的地域开展业务，使瑞银从证券经纪商快速向无可匹敌的财富管理人转变。例如，瑞银集团在瑞士商业银行业务单元中形成的可靠的借贷实践和国库券业务得到了广泛的推广；2003 年在犹他州成立的 UBS Bank USA（瑞银美国分部），业务发展极为迅速，成为美国前 50 家大银行中的一员。

第一，在对客户升降级管理方面，One Firm 模式不涉及财富管理部门与其他部门的利益冲突。瑞银注重客户感受，建立了相应的制度保障，特殊情况下由高层介入完成客户升降级的平滑过渡。例如，当零售银行的客户符合私人银行客户标准时，零售银行会主动将客户推荐给私人银行部，而当客户不再满足私人银行业务标准时，则由私人银行介绍给零售银行，在私人银行和零售银行间没有利益的再分配。对客户而言，升级意味着可以得到更专业、更个性化的服务，降级意味着从高端客户群中的低端客户成为低端客户群中的高端客户，受关注程度发生改变。

第二，One Firm 模式帮助消除了大量冗余的基础设施、服务、管理和控制。一个成功的例证就是瑞银集团的中心型国库券流程，确保瑞银集团内部的现金流在通过一个出口进入货币市场之前，能够集中在一起获取利润。

第三，专业的财富管理精英团队。瑞银集团私人银行通过专家顾问间的相互协作，为客户量身定制投资方案，进而实现风险与收益平衡的个性化投资分配。瑞银集团私人银行客户服务团队可分为客户经理团队、财富经理团队、专家团队三个层面。

第一个层面，客户经理团队由客户经理主管、客户经理和客户经理助理组成，主要负责私人银行客户的日常维护，客户经理需具备良好的专业教育背景、丰富的客户资源及相关从业经验等，KPI（关键业绩指标）考核指标主要为客户净新增及收入贡献、客户满意度。客户经理收入包括基础工资和绩效工资两部分，其中绩效工资占比过半。

第二个层面，财富经理团队负责配合客户经理为客户提供高效、专业的财富管理解决方案，要求财富经理具备投资、金融等专业教育背景及相关执业资格，如国际注册金融分析师（CFA）等，KPI 考核指标包括客户经理工作支持度（如见客户次数、参加客户沙龙次数等）、客户经理满意度、解决方案被采纳程度等。

第三个层面，专家团队主要为客户经理团队和财富经理团队提供及时的专业支持，该团队的财富专家在税务、遗产、艺术品收藏等非金融方面具有一定的造诣，有较高的知名度，多采取外聘方式。

第四，客户细分基础上的优质客户关系管理。优质的客户关系是私人银行业务的关键价值驱动因素，优质的客户关系管理使瑞银成功地保留了客户。瑞士境内的财富管理客户中，90%的客户关系在瑞银集团保留超过10年。更具价值的是，客户经理从现有客户那里获得推荐，成为瑞银获得财富管理客户的主要渠道，达到新增客户的37%，且远比从其他渠道获得客户的成本低。

表4-1　　　　　　　　　　瑞银集团私人银行客户细分

资产金额（万瑞士法郎）	资产金额（万元人民币）	客户细分
50～200	325～1 300	核心富裕客户
200～5 000	1 300～32 500	高净值客户
5 000 以上	32 500 以上	关键客户

首先，根据客户层次匹配对应的客户经理。瑞银集团对不同资产标准的客户进行了严格界定，资产金额在50万～200万瑞士法郎之间的为核心富裕客户，资产金额在200万～5 000万瑞士法郎之间的为高净值客户，资产金额在5 000万瑞士法郎以上的是关键客户。并根据客户层次匹配对应的客户经理，便于客户经理掌握该层次客户的共性，顺利开展日常业务维护。

其次，充分发挥客户经理的纽带作用，加强与客户和专家团队的沟通。瑞银集团专门设立四步工作流程并在全球统一执行：第一，了解客户需求，分析客户特征；第二，甄选最好的产品，设计出符合客户自身特点的投资方案；第三，与客户达成共识，确定最优投资策略；第四，投资人实际运作，及时向客户反馈信息及检测实施效果。通过执行该流程，客户经理可就客户需求及时与各领域的专家团队进行沟通，将专家意见及时准确地反馈给客户，最大限度地尊重客户的感受。

最后，重视服务细节，提高服务品质。瑞银集团设置了统一的私人银行服务标准，使得客户在世界各地都能享受到规范统一的高品质服务。如根据客户偏好不同设计风格各异的会议室，并配备专业设备方便客户沟通及决策。

第五，个性化的财富管理产品体系。瑞银为了向私人银行客户提供种类更多的产品与服务，采取了"开放产品模式"，其产品既可以来自于集团内部各部门，又可以来自于第三方供应商。瑞银财富管理产品体系涵盖了投资、资产组合管理、财务规划、全球资产托管、不动产咨询管理、关键俱乐部、艺术品投资等服务，通过个性化的方案设计帮助客户实现财富积累、保护和转移的全过程。在丰富的财富管理产品体系基础上，瑞银建立了更加模块化的投资平台，根据不同客户的财富水平进行管理，以人性化的尺度细分客户、细分产品供给。

4.3 交叉销售之王——富国银行

4.3.1 富国银行的经营模式及战略

（1）统一品牌下多元化的产品结构

2000 年，富国银行将原有西北银行的品牌下架，全线采用"富国"品牌；把原来的社区银行、批发银行、西北抵押贷款、西北金融四大业务线改成社区银行、批发银行、富国抵押贷款、富国理财四大业务板块。2001 年，富国银行抵押贷款部分并入了富国理财，业务线变成了三条。

富国银行的社区银行集团为个人和中小企业（销售收入 2 000 万美元以下）提供多元化的产品和服务，包括信贷、资产抵押贷款、融资租赁、国际贸易融资、外汇交易、现金管理、商业房贷、保险经纪等。社区银行集团旗下设有地区银行部、兼并收购部、企业市场部、多元化产品部，其中地区银行部分成 6 个大区银行，每个大区银行分管几个州分行。富国理财集团主要包括富国住房抵押贷款、消费者信贷、银行卡和富国理财四部分。批发银行集团主要包括 11 个部分，即商业、房地产及专业金融服务（商业银行、商业房地产、专业金融服务），信贷管理部，国际与保险业务部，资产抵押贷款部，担保，资产管理部，财富管理/网络业务，批发业务，Norwest 私募股权业务，Norwest 风险投资和公司产权部。富国抵押贷款主要从事抵押贷款的发起或销售。2008 年，集团将公司信托业务从社区银行转移到批发银行。

除了集团自有业务外，富国银行还与其他金融机构签订战略联盟协议来拓展业务范围和市场范围。如 1989 年富国银行与汇丰银行签订战略联盟协议，汇丰银行为富国银行的客户提供海外服务，而富国银行则为汇丰银行在加州的零售客户提供服务。

从收入结构看，以零售客户为主的社区银行是富国银行的主要收入来源。1999—2006 年，社区银行对净收入的贡献度约为 70%。近两年，批发银行业务和理财业务也持续发展，分别由 2004 年的 23.3% 和 5.3% 上升到 24.6% 和 10.2%；社区银行在净收入中的占比则由 2004 年的 71.3% 下降到 2007 年的 63.4%。受次贷危机影响，2008 年富国理财损失严重，并且相应提取的拨备也有所增加。2008 年社区银行净收入同样也受次贷危机影响，比 2007 年下降了 43%。净利息收入为 16.19 亿美元，比 2007 年的 13.1 亿美元增长了 23.6%；非利息收入为 11.57 亿美元，比 2007 年的 11.83 亿美元下降了 2.2%。净收入之所以下降是因为 2008 年的拨备从 2007 年的 3.19 亿美元增加到 9.56 亿美元，且抵押银行的收入和信托投资收费又大幅下降。但从图 4-7 可见，社区银行仍然是收入的最主要、最稳定的来源。

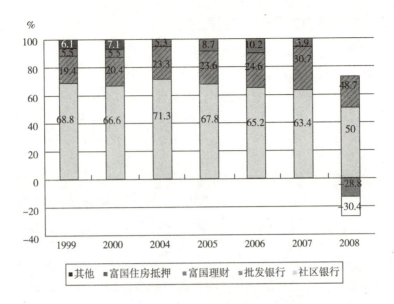

图4-7　富国银行净收入的业务机构变化

（2）"抓大不放小"的客户定位

和花旗零售、批发兼顾的模式不同，富国银行是零售主导型银行，非常重视零售客户和零售产品。富国银行的零售板块是社区银行，社区银行是集团收入的主要部分。尤其是次贷危机后，社区银行的收入为集团总收入的50%～70%。

虽然肯定高端客户的价值，但中端客户仍然是富国银行的主要服务对象和未来利润的增长来源。在客户定位上，富国银行提出建设"基础广泛的银行"，其产品目标是其零售客户群的投资产品和传统商业银行产品，销售目标是获得客户100%的业务（包括个人和企业）。

因为在美国金融市场，独立的经纪商是银行强有力的竞争者，那些投资额在100万美元以上的客户是银行与经纪商激烈争夺的对象。但投资额在10万美元以下的中端客户群体基数较大，通过交叉销售仍然可以为银行带来良好的利润。随着客户的成长，这些中端客户的一部分会成长为高净值客户。因此富国银行在客户关系管理时对中端客户同样关注，希望通过优质服务和交叉销售与这些客户建立长期稳固的客户关系，收获未来客户成长的回报。其CEO Kovacevich认为："虽然要更长的时间才能达到100万美元，但五年我们就能看到效果。"这样的经营理念也同样体现在中小企业客户方面。

中小企业是富国社区银行的重要客户群。虽然中小企业存在风险大、风险管理实施难等问题，但富国银行却看到了中小企业客户群巨大的、多样化的金融需求。因此，富国银行依托社区为中小企业提供多元化的服务。富国银行的中小企业贷款以每年30%～40%的速度连续增长，而美国的行业平均水平仅为10%。根据贷款金额计算，富国银行是通过小企业署发放贷款的第二大贷款公司。现在富国银行的小企业贷款占美国市场份额的15%，在富国银行设有分支机构的23个州内，市场份额占25%。

尽管富国银行开展的业务大多为面向普通消费者和中小企业的大众业务，但基于成功的交叉销售，其经营效率一直较高，2008年效率比为54.1%。

（3）多层次的分销渠道

富国银行的分销网络非常发达，是美国分支机构最多的银行。与美联银行合并后，富国银行的分销渠道更加广泛和完备，目前有10 000多家金融商店，其中包括6 653家银行商店，2 200家抵押贷款商店以及设在超市里的700家金融店和880家理财金融店，此外还有7×24小时全天候服务的电话银行和12 353台ATM。

表4-2　　　　　　　　　　　　　富国银行的分销渠道

国内排名	分销渠道	数量	分布地区
第一	银行商店	6 653	—
第一	抵押贷款商店	2 200	单独设立或在其他金融店中
第一	超市商店	700	超市
全美最大之一	电话银行	一年呼叫超过2.5亿次	—
第三	ATM	12 535台	—
	金融咨询商店	1 372台	美国48个州及加拿大
—	全部金融店	10 471台	

数据来源：富国银行官方网站的相关资料。

富国银行的在线金融服务非常先进，通过网络为个人、中小企业和大型公司提供全面的银行资金转移、资产管理、投资和其他金融与风险管理产品服务。2009年7月，富国银行被《环球金融》杂志评选为全球最佳的个人网上银行。富国银行也积极支持客户采用自助的方式办理30多种银行业务，目前有1 620万名客户是活跃的网络银行客户。

在经营方面，富国银行强调其形象上的"整体性"，即希望客户将它视做一个整体——不是单独的银行、抵押贷款公司或财富管理公司，而是拥有80多项业务、多种渠道的一个有机整体。在客户管理方面，富国银行也强调客户是"富国银行的客户"，而不是某个子银行、抵押贷款或保险经纪商的客户。为此，富国银行非常关注通过流程优化来加强各个部门、各个环节之间的协调配合，以使客户获得更加优质、便利的服务。

（4）谨慎的经营理念

和其他美国的大型银行一样，富国银行也受到了次贷危机的冲击，但其业绩表现却优于其他大型银行，2008 年成为美国唯一一家同时获得穆迪和标准普尔 AAA 级评级的商业银行，其原因有二。

一是富国银行以零售业务为主，所持有的结构性工具较少，并且出于对风险的警惕，富国银行没有发放浮动利率贷款（option ARMs）和反向摊销（negative amortization），这两种产品正是此次危机中杀伤力最大的金融产品。虽然这一决定使富国银行在住房抵押贷款市场上的份额在 2004—2006 年下降了 2% ~4%。

二是富国银行的住房抵押贷款总额虽然巨大但占总资产的比重较低，且大多是优质房贷。富国银行在危机前曾是美国第二大住房抵押贷款发行机构，也是最大的次贷发放机构之一，2007 年在美国住房抵押贷款发行市场占 13.7% 的份额。2005—2006 年次贷发行额从 326 亿美元上升到 742 亿美元，发行额和增速均居前列。虽然富国银行房贷总额大，但在全部资产中占比相对较低，住房贷款余额占全部资产的 25%，住房贷款相关收入占全部收入的 17%，远低于全国金融公司、华盛顿互惠等机构。2004—2007 年，在其他银行大量发放次贷和投资 COD 等结构性产品时，富国银行仅发行了有限的非优级房贷，并且将主要部分出售给房贷证券投资者，仅保留其中最优质的部分。另外，富国银行的不动产贷款呈现高度的区域分散化，贷款余额最多的 10 个州，除富国银行总部所在地加利福尼亚以外，其他各州的发放比例都小于 5%。商业贷款的投放对象也呈现高度的行业分散化，发放贷款额最多的 10 个对象中，比例最高的小企业贷款也仅仅占 11.4%，其余均低于 5%。

4.3.2 富国银行灵活多样的交叉销售策略

丰富的客户资源是推动富国银行增长的第一生产力，2009 年美国三分之一的家庭都与富国银行有业务往来。其客户又分为三类：个人、中小企业、大型企业。而交叉销售是富国银行持续增长商业模式的基石与核心。

富国银行是明确以交叉销售为最重要战略的大型银行。与竞争者不同的是，富国银行并不单纯强调交叉销售，而是将交叉销售作为实现收入增长、利润增长的渠道和方法（见图 4 - 8）。其战略目标是每年通过交叉销售使收入增长 10% 以上，使利润增长比收入增长高出 50%。由此，交叉销售策略转变为整个集团全面和立体的战略体系。

除此以外，富国银行还认识到，交叉销售还可以巩固客户关系，并形成销售的良性循环——向客户销售越多的产品，就会越了解客户，越了解客户就越容易销售更多产品。某种意义上，富国银行采取的是"中间路线"：一方面，富国银行比那些小型的、以社区为基础的地区银行拥有更广泛的渠道、更好的

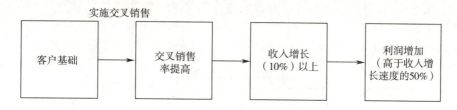

图4-8 富国银行的商业模式

产品、更先进的技术、更多元化的产品线，由此能够更多地得到客户的青睐；另一方面，富国银行比一般的大型、全国性银行更加"亲民"，更贴近社区和理解客户需求，能够提供专业化、个性化的及时服务。

1999—2006年，富国银行的总资产从1 126亿美元增加到4 820亿美元，年平均复合增长率为12.8%；净收入从16.42亿美元上升到84.82亿美元，年均复合增长率为14.7%。与美联银行合并后，2009年的资产规模达到12 000亿美元，为全美第四位。虽然合并之前与其他大型银行集团相比，富国银行的资产规模并不突出，但富国银行的资产回报率却是最高的，原因就是交叉销售。以2003年和2006年为例，富国银行的资产回报率分别是2.47%和2.64%，而花旗集团和美国银行同期的资产回报率分别为2.08%、1.57%以及2.16%和1.19%。其股东回报率也保持两位数的增长。

从收入结构看，富国银行仍然以净利息收入为主。2001—2006年的净利息收入占比基本稳定在56%~57%，2007年和2008年分别为53.2%和60%。富国银行还维持了较高的净利差，2008年净利差为4.83%，领先于美国市场同业水平，这与富国银行以个人和小企业为主的存款和贷款结构有关。富国银行在美国大型银行中拥有最大的核心存款基础，2007年和2008年其核心存款分别占融资来源的88%和82%。

就业绩看，富国银行的交叉销售率是行业平均水平的两倍，自1998年已经保持了11年的持续增长。1998年西北银行时期个人客户的平均交叉销售率为3.2个产品，而2009年12月，平均每个家庭所拥有的产品为5.95个，与富国银行建立关系在三年以上的客户大约为6个或更多，批发客户大约向富国银行购买6.4个产品。中端市场交叉销售的表现最为突出，说明中端市场客户对富国银行的满意程度和信赖程度较高。购买8个产品以上的客户占全部客户的比例达到了25%。每个零售员工每天销售的核心产品数量从2005年的4.9个增加到2009年的5.88个。一些地区的商业银行网点平均向每个客户销售大约10个产品。富国银行的目标是向每个客户平均销售8个产品，而一般银行客户所需要的金融产品或服务为16个左右。这又从实践上证明了银行客户关系与客户购买的产品数量、客户价值之间存在较强的正相关关系。

由表4-3可见，个人客户和批发客户的交叉销售实施情况较好，尤其是中端市场是富国银行最坚实巩固的客户基础。虽然企业客户（中小企业）的交叉销售率低于其他客户群，2009年为3.72，但意味着未来有较大的发展潜力。

表4-3　　　　　　　　　　富国银行的交叉销售业绩

年份	个人客户	批发客户	企业	中端市场	购买8个产品以上的客户占比
2009	5.95	6.4	3.72	8	25
2008	5.73	6.4	3.6	7.6	24
2007	5.5	6.1	3.5	7	20
2006	5.2	6	3.3	—	20

（1）立足于核心产品适时实施交叉销售

富国银行的交叉销售策略是以两大核心产品——支票账户（活期存款账户）和住房抵押贷款为基础的。富国银行是全美抵押贷款第一大发起商和第二大服务商，该银行也将交叉销售很好地定位于这些核心产品，如通过往来账户销售信用卡、保险、基金等产品，结果使交叉销售指标持续走好。

富国银行非常重视通过销售产品组合来实施交叉销售，在客户开立支票账户时一并销售产品组合是其实施交叉销售的重要方式。2007年有70%的个人客户在开立支票账户的同时购买产品组合，2009年这一数字增加到78%；2007年有40%以上的企业客户在开立支票账户时购买含4个产品以上的产品组合，2009年这一数字增加到55%；约92%和70%的个人客户和企业客户拥有富国银行的借记卡；抵押贷款占到全美1/6的市场。富国银行还考察每个产品在每个地区的渗透度，并在低渗透度产品上投入精力使其达到平均的销售水平。

表4-4　　　　　2009年第三季度富国银行的财务状况与同业对比

净利差		效率比	
富国银行	4.36%	富国银行	52.0%
PNC金融服务集团	3.76%	PNC金融服务集团	58.8%
合众银行	3.67%	合众银行	48.9%
摩根大通	3.10%	摩根大通	50.5%
花旗银行	2.93%	花旗银行	59.6%
美洲银行	2.61%	美洲银行	62.6%

续表

资产回报率		股权回报率	
富国银行	1.03%	富国银行	12.0%
PNC 金融服务集团	0.81%	PNC 金融服务集团	8.7%
合众银行	0.90%	合众银行	10.0%
摩根大通	0.71%	摩根大通	9.0%
花旗银行	0.02%	花旗银行	-12.2%
美洲银行	-0.71%	美洲银行	-4.5%

资料来源：Presentation by John Stumpf in the Banc Analysts Association of Boston 28th Annual Conference, November 6, 2009.

（2）精简流程、简化产品、加强沟通，以客户为中心提供优质服务

富国银行客户关系管理和相应的流程设计强调客户信息共享并以此拉近银行与客户之间的距离。例如，以前在网上开立支票和储蓄账户的流程需要历经15 个界面和18 个域，需提供大量的资料，如今只需5 个界面和4 个域就可以完成。流程精简后新的账户申请增加三倍。

除此以外，富国银行非常重视使用清晰易懂的语言与客户沟通，避免专业术语给客户带来困惑（见表4－5）。富国银行有80 多种产品，复杂的产品会给销售带来障碍。因此富国银行对产品分类进行简化，如将20 多种支票产品简化为6 种支票和储蓄账户产品组合，使客户更容易理解产品。为了提高客户满意度，富国银行呼叫中心对客户服务进行跟踪，争取第一时间解决客户问题。

表4－5　　　　　　富国银行在客户沟通中避免使用专业术语

银行内部用语	客户用语
贷记	存款
借记	取款
资金不足	您的账户上没有足够的钱
未授权交易	未经您允许的付款要求
拖欠	过期
延期使用	您的资金将在（某时）可以使用

资料来源：富国银行年报（2007）的相关资料。

在2006 年的年报中，富国银行总结了数十年经营的经验，得出的"十大主动策略"中的第三条就是"为客户做正确的事情"，"我们把客户置于我们

所做的一切事情的中心，给他们提供卓越的服务和建议，那么，他们也会将他们所有的业务交由我们来完成，而且还会将他们的其他家庭成员、朋友和生意伙伴介绍给我们"。可见，以客户为中心、为客户提供优质服务是交叉销售背后的实质。

此外富国银行非常重视交叉销售的信息建设，每年支出 5 亿美元建设数据库并进行信息整合，促进交叉销售与客户服务。

（3）培养整个集团的交叉销售文化

富国银行是销售文化驱动策略的全球典范，该策略产生了巨大的经济效应。富国银行在 CEO——Kovacevich 的带领下自 1998 年以来就对整个富国银行的业务和文化进行销售导向性的塑造，尤其强调交叉销售的重要性。富国银行与西北银行的合并，以及随后的小型收购目标都是指向建立以客户为中心的机构，并以文化的转型来巩固并购成果及实施进一步整合，把"交叉销售、收益增长"的文化贯彻到新的组织中。

强烈的销售导向性文化在富国银行占据重要地位，交叉销售是富国银行战略的重要组成部分，也是其竞争实力的重要体现。与其他银行不同，富国银行将自己的分支机构和网点都改称为"商店"，并在店面设计上吸纳了零售和超市的概念。在宣传材料中，富国银行毫不隐晦地将交叉销售作为"服务客户、回馈客户"的手段，其每一期季报中都会详细公布交叉销售业绩的变化，这在大型银行集团中是非常罕见的。

销售与服务是分不开的，优质的服务是销售成功的前提。富国银行一贯倡导"银行以服务立足"。如果仅有好的产品而不能提供优质的服务是远远不够的，保持客户与获得客户一样重要。为了长期保持客户、获取更多业务，除了重视客户关系外，还需建立有活力的销售团队。在管理方面，银行会考察销售人员的客户约会数量和员工流失率。销售团队数量越高，客户满意度越高，而客户满意度和交叉销售是以员工满意度为基础的，降低员工流失率可以提高客户保持率。

（4）通过收购美联银行，创造更多的交叉销售机会

美联银行和富国银行的业务条线和经营理念较为相似：二者都是以零售业务为核心、以美国本土为主要市场的大型银行；美联银行的四条核心业务条线与富国银行的三大业务条线能够形成较好的优势互补；二者都有较高的客户满意度和服务客户的企业文化。

合并后，社区银行业务未来的交叉销售机会被看好。如图 4 - 9 所示，富国银行在抵押贷款和信用卡方面的渗透率要高于美联银行，这种差距意味着向原美联银行客户实施交叉销售的潜力巨大。此外富国银行还能因合并获得 15 个州以上的所有抵押贷款客户的全部银行业务，并获得美联银行所有个人客户

的抵押贷款业务。合并还能给富国银行的资产管理业务带来更多交叉销售的机会。富国银行的共同基金资产数量为 2 470 亿美元，是美国银行所属的第二大基金公司，拥有市场份额的 21.1%；同时，美联银行拥有最大的零售股票经纪部门。银行业务和股票经纪业务间的潜在交叉销售潜能巨大，合并能带来更多的客户资源，并在更大的平台上共享渠道、获得规模经济，带来收入大幅增长。

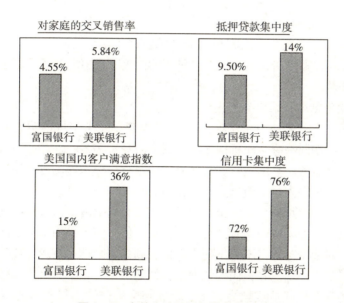

图 4 - 9　合并为社区银行带来的机会

美联银行是代理银行和交易服务的全球领导者，其国际业务客户包括金融机构和开展跨国业务的美国公司，其服务种类包括全球支付、贸易、国际收单、司库和资本市场服务。这些客户和业务线的注入将为富国银行的交叉销售注入"强心针"。

4.3.3　小结

（1）依靠交叉销售实现内生增长是更加可持续的业务模式

综观富国银行的销售业绩我们可以发现，虽然富国银行并没有像花旗银行那样兼顾批发业务与零售银行业务，而是向零售金融"一边倒"，所销售的产品也并非高附加值的产品，但是，这种内敛的发展模式更注意现有客户的维护和挖潜，通过向客户提供优质服务，巩固客户关系，因而销售更多的产品，降低客户流失率，使每个客户对银行的贡献增加。这种"精耕细作"的经营模式使富国银行获得骄人的业绩，为了排除次贷危机的影响，我们以危机前的数据为例，如表 4 - 6 所示。

表4-6　　　　　　富国银行与同规模竞争对手的资产回报率比较　　　　单位：%

年份	富国银行	花旗集团	美联银行	摩根大通	汇丰控股
2004	2.47	2.08	2.16	1.30	1.24
2006	2.64	1.57	2.19	1.47	1.19

资料来源：The Banker 的相关资料。

（2）零售业务、中端市场是交叉销售实施的沃土

1999 年至今，以零售业务为主的社区银行收入始终在富国银行的净收入中占 65% 以上，尤其是个人客户的交叉销售逐年增长，而中端市场客户的交叉销售率最高。在不否认高净值客户价值的前提下，中端市场是更现实、更可靠的增长来源。

（3）销售欲增长，服务需先行

交叉销售实际上是一种"双向选择"，客户是交叉销售成功的关键。为什么客户会选择在同一家金融机构连续购买产品呢？答案就是，这家机构能够为他提供满意的服务。富国银行和其他成功的银行一样深谙此道。如果没有满意的服务，即便销售人员实施再多努力也是徒劳。

当然，也需要承认，富国银行的经营模式会面临两个来自外部的威胁。一是竞争。其他金融机构同样看到交叉销售的价值，随着机构间竞争的激烈，富国银行的产品或服务价格不得不随之降低，利润也会随之减少。二是有关法规的改变，影响客户信息在集团各业务条线间的共享，这将对富国银行以交叉销售为核心的商业模式造成致命打击。如联邦金融监管当局发布的《公平和准确信贷交易法案》（*Fair and Accurate Credit Transactions Act*）的一些规则将使集团等待客户信息共享的时间延长，降低交叉销售的效率。

4.4　中国大型银行集团业务协同的代表——平安集团

4.4.1　平安集团资源共享体系、业务协同平台建设的背景[①]

中国平安保险集团股份有限公司（以下简称平安或平安集团）是一家经营区域覆盖全国、以保险业务为核心、以统一品牌向客户提供包括银行、证券、信托等多元化金融服务的全国领先的全牌照综合性金融服务集团。

早在 20 世纪 90 年代，平安就提出了"构建综合金融服务集团"的战略目标，并于 1995 年聘请国际著名咨询公司麦肯锡指导公司在成长策略、组织架构、业务流程等方面展开全方位改革。1998 年，麦肯锡改革方案全面推出，平安在产、寿、证、投、内控、人力资源六大领域进行了全面深刻的改革。经

---

① 本部分资料来源于平安集团网站中的平安大事记与平安年报。

过长达 5 年的内部改革，平安完成了分业重组，并于 2003 年获得监管机构的批准，成立了中国平安保险（集团）股份有限公司。集团成立之时下设平安产险、平安寿险、平安信托和平安海外投资四家专业子公司，平安信托依法持有平安证券股份。至此，中国平安形成了以保险为主，融证券、信托、投资和海外业务为一体的金融保险集团架构（见图 4－10）。

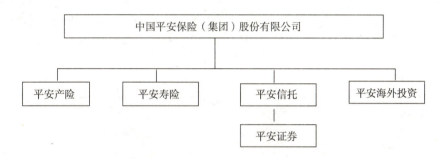

图 4－10　平安集团成立之初的组织架构

2004 年上市以后，平安加快推进集团综合金融战略，先后收购福建亚洲银行更名为平安银行，收购深圳商业银行和深圳发展银行，进一步充实壮大平安银行，并组建成立了平安养老险公司、平安健康险公司、平安资产管理公司（上海、香港）、平安大华基金公司等多家专业化子公司，这种集团控股、专业子公司分业经营的业务模式与经营架构得到不断充实和完善，综合金融服务能力进一步提升（见图 4－11）。

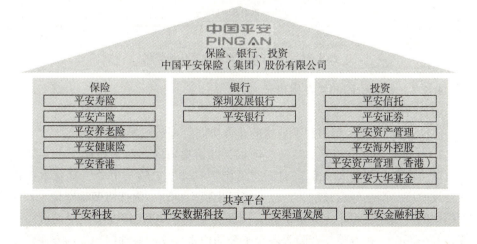

图 4－11　平安集团当前的组织架构

在完善综合金融服务架构的过程中平安意识到，要构建一体化的综合金融服务平台，必须要有强大的资源整合与共享能力，而平安原先的业务运营与管理体系无法满足整个集团的战略目标。为实现集团资源的整合与共享，发挥集团各业务线之间的协同效应，真正实现"一个客户、一个账户、多个产品、一站式服务"的综合金融战略新目标，平安从 21 世纪初就推行两大核心项目：一是交叉销售，二是后援大集中。历经 10 余年的探索与实践，平安通过整合集团的客户、渠道、产品及管理资源，搭建起集团资源共享体系和综合金融服务架构（见图 4 – 12），前、中、后台得到有效对接，各业务线之间的协同效应逐步显现，综合金融服务能力显著提升。

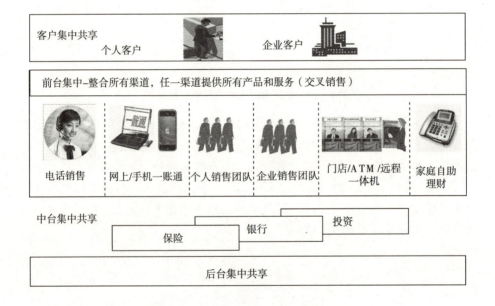

图 4 – 12　平安集团资源共享体系架构

4.4.2　业务协同的主要举措及成效

（1）主要举措

① 搭建并完善从集团到子公司的业务协同管理组织架构

2000 年，平安启动了交叉销售项目，并由集团的"智囊机构"——"发展改革中心"负责推动。但当时的交叉销售只涉及产险与寿险，且基本停留在自发阶段，高层号召鼓励，产品方自己出钱去推动，内部协调难度较大，交叉销售的规模始终很小。为解决这一问题，平安于 2005 年在集团层面成立了综合开拓部，并在寿险、产险等各个子公司内也设立相应部门，成为专职负责公司内部交叉销售的"组织协调员"。

集团综合开拓部主要负责集团多产品交叉销售制度体系的建立，搭建交叉销售后援支持平台，并定位为产品方的总代理。其主要职责是从客户的特性及需求出发，统筹各产品方提供的产品，根据各渠道方销售队伍的特色及能力，规划渠道方适宜销售的综合开拓产品，并推动综合开拓销售模式转型，逐步实现"一个客户、多个产品"的目标。集团综合开拓部对交叉销售业务的保费收入、品质及利润达成负责。

在各子公司综合开拓部门中，负责提供交叉销售产品、协助其他系列开展交叉销售业务的，简称为"产品方"；负责销售其他系列交叉销售产品的，简称为"渠道方"。"产品方"主要负责交叉销售产品的规划、设计、开发及考核，"渠道方"主要负责交叉销售产品的销售。

随着集团整体综合金融战略的深入推进，平安根据客户市场需求及自身业务架构的变化不断完善交叉销售的组织架构。2010年，平安对原有综合开拓架构进行了进一步调整。

首先，在集团层面组建了高层次的交叉销售（综合开拓）领导小组。领导小组成员由集团 CEO、CFO、CIO、人力资源总监等集团高管组成，是集团交叉销售的最终决策机构，负责审议确定交叉销售的年度预算、考核指标、资源分配等。领导小组的组建表明，平安已将交叉销售作为集团重大战略，并赋予集团高管层促进各业务线之间的协同与联动的重要职责。

其次，在领导小组下设立跨专业子公司的专门协调议事机构。基于客户导向，平安在集团总部分别设立了综合开拓个人业务管理委员会（简称综个会）、综合开拓团体业务管理委员会（简称综团会）、综合开拓银行业务管理委员会（简称综银会）、综合开拓重点客户业务管理委员会（简称综重会），专门负责集团个人客户、团体客户、银行同业、重点客户交叉销售业务的管理指导与沟通协调工作（见图 4 – 13）。

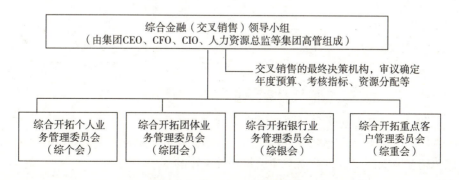

图 4 – 13 平安集团交叉销售体系的组织架构

以综个会为例①（见图 4 - 14），它是集银行、保险、证券等所有个人业务为一体的管理委员会。委员会主任由集团副总承担，副主任由寿险公司董事长承担，执行秘书是寿险分管综合开拓的副总，秘书包括各专业子公司分管综合开拓的副总，秘书处常设在寿险公司，负责日常工作。综个会按不同职能又划分为三个组，分别为：企划功能组（负责集团个人业务交叉销售的经营分析、预算、指标下达、业绩跟踪等）、产品功能组（负责推动个人业务交叉销售产品研发资源的整合、加强产品开发的沟通合作、研发组合型产品等）和业务功能组（负责集团个人业务交叉销售的产品、业务规划，工作方案制定，信息、系统整合等）。这三个组的组长均由集团副总来承担，成员由各专业子公司相关负责人兼职担任。组长每月审查专业子公司交叉销售的业绩，并确保不同专业子公司之间实现有效协调。

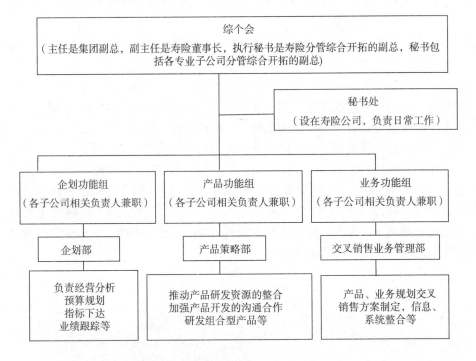

图 4 - 14　平安集团综个会组织架构

最后，在各专业子公司内部设立负责交叉销售的专职部门。上述三个功能组在每个专业子公司都会有专职部门负责本公司的企划、产品策略和业务管理等的相关职能部门，以推动交叉销售相关工作的落地实施。

---

① 四大业务管理委员会组织架构基本一致。

② 建立激励考核、沟通协调等促进交叉销售的相关机制

就激励与考核机制来看，平安将"交叉销售业务增长率高于单个业务线增长率"作为考核体系中的一条"铁律"，激励各专业子公司在业务的经营管理过程中更加重视对其他业务线产品的交叉销售与综合开拓。

具体的做法包括：设置了客户渗透率①、产品渗透率②和渠道渗透率③等交叉销售管理的系列指标，将该系列指标纳入旗下各专业子公司的考核体系中；交叉销售的年度计划和数据指标由集团下达各专业公司，并对系列指标进行日常监控，考核时兼顾业务总量和交叉销售指标的达成情况；将奖励、资源配置等政策与本业务单元的交叉销售增长率挂钩，与业务人员创造的交叉销售机会以及实现的交叉销售额挂钩；将短期推动和长期业绩发展结合；将不同产品的交叉销售业绩折算成业务人员在自身销售单位的考核指标，纳入该业务人员晋升晋级的量化指标体系中，并内化到业务人员所在业务单位的日常经营活动中。

此外，平安还建立了推动交叉销售的相关沟通协调机制。由于交叉销售经营涉及集团公司内部不同的销售渠道和产品单位，会出现不同业务单位服务于同一个客户的情况，牵涉集团内部不同业务单位和业务人员的利益分配和不同单位之间的沟通协调问题。为此，在集团层面，平安建立产品方和销售方的常规沟通机制，协调解决产销双方的日常沟通和利益分割问题。比如，在集团公司层面，建立产销双方月度的联席会议制度，通报业绩进展，讨论交叉销售活动中出现的关键问题，牵头解决落实不同销售渠道出现的客户冲突和利益分配等问题；在各子公司层面，实行综合开拓产寿险总经理联席会、产寿险综合开拓部联合督导制度及例会制度，建立顺畅的沟通机制，协调解决交叉销售中出现的各种问题。

③ 其他相关举措

除通过体制、机制的改革与创新来推动交叉销售之外，平安还在软环境和硬件基础设施建设等方面采取了诸多举措。

在软环境方面，平安集团进行了各种形式、各级层面的宣导，使各级人员都能从集团持续发展和永续经营的高度来认识交叉销售的重要性和积极意义，特别是集团公司高层领导的重视将有助于集团内部员工充分认识交叉销售的重要性，有助于全面理解交叉销售这一创新营销方式。把各销售渠道分享优质客户有利于集团公司持续健康发展的理念灌输到每一个员工的头脑中。通过推行

---

① 指客户平均拥有的集团跨系列产品数。

② 客户平均拥有某专业公司的系列产品数。

③ 指客户通过集团渠道平均拥有的集团跨系列产品数。

协作文化，使员工的思考方式和行为模式得到改变，以适应集团化经营的需要。

在完善相关基础设施方面，除了后援大集中项目的实施外，平安在集团内部构建起统一的客户数据库。通过建立完整、准确的客户数据库，实施客户关系管理（CRM），存储和加工客户信息数据。通过数据挖掘技术，分析交叉销售机会，制定正确的交叉销售策略。同时，利用后援中心快速强化销售管理，通过现代科技手段创新推出移动展业新模式（Mobile Integrated Terminal，MIT），全面展开"E"化营销，把车险、意外险、健康险、产险等个人客户感兴趣的金融产品，都放到电子化的系统上，建立标准化销售支持体系，并确保公司对销售渠道的控制。

（2）成效

通过数十年交叉销售的实施与推动，平安集团的交叉销售业务稳步增长（见图 4-15）。目前已实现产寿险交叉销售养老险、健康险的产品，银行、证券、信托等业务系列交叉销售保险产品，拓展到提供信用卡和财富管理等系列银行产品的交叉销售，并不断增强银行、保险、证券、信托等多种业务交叉销售能力。根据平安内部数据显示，目前，在寿险销售队伍中，30%的业务员同时获取了财产险的保单，5%的业务员同时销售了养老险产品；另外，超过60%的信用卡用户同时也是寿险和产险的客户，信托公司25%的客户同时也是银行的存款客户，银行20%左右的存、贷款业务来自其他专业公司的介绍。2012年上半年年报数据显示，平安15%的产险业务收入、41.6%的养老险团体短期险销售、18%的信托计划业务、13.5%的银行零售存款、41.5%的信用

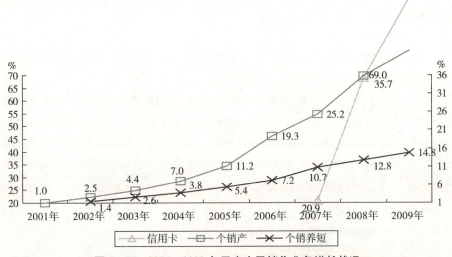

图 4-15　2001—2009 年平安交叉销售业务增长状况

卡发卡量来自于交叉销售渠道的贡献，通过交叉销售获得新业务的规模和占比逐年攀升（见图4-16）。

通过交叉销售获得的新业务	（人民币百万元）金额	渠道贡献占比
产险业务		
保费收入	7 264	14.9%
养老险团体短期险		
销售规模	1 457	41.6%
信托业务		
信托计划	58 473	17.9%
银行业务		
零售业务存款（年日均余额增量）	3 652	13.5%
信用卡（万张）	77	41.5%

图4-16　2012年上半年平安交叉销售业绩

4.4.3　后援大集中项目的实施与成效

（1）整体规划

平安的后援集中主要是为实现"一个客户、一个账户、多个产品、一站式服务"的战略目标，提供强大的技术支持和运营保障。在其规划中，包含着保险、银行、资产管理等各系列公司的所有后台作业。

平安运营集中的架构主要是实现前、中、后台的完整切割，整合客户接触渠道、产品规则设计、共享作业、专业作业、第三方外包等模块，应用影像流、工作流、客户关系管理等最新科技的IT平台，体现高度的标准化、自动化，突出安全、高效和便捷。图4-17清晰地表达出平安前、中、后台的切割及运营集中作业平台的整体战略框架。

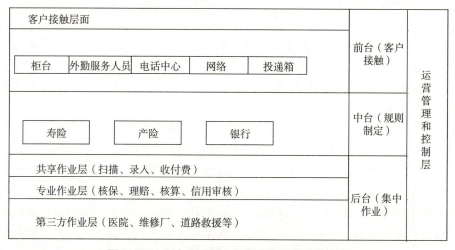

图4-17　平安集团集中运营管理模式整体框架

前台是客户接触层，是直接与公司终端客户接触的部门。他们通过柜台、网络、电话、自助终端等各种渠道为客户提供各种服务，同时更好地支持交叉销售。

中台则是产品的设计和规则的制定者，设计丰富多样、随时满足客户需求的产品，并提供相应的规则，达到为前台支持的目的。

后台的作用是从根本上为前台客户提供集中、高效、快捷、低成本的服务，分为共享作业、专业作业和第三方服务作业三类。共享作业层是各类业务共用的作业部门，包括扫描和录入等文档作业，以及会计作业等。专业作业层通过专业能力做出专业的判断，包括核保、理赔、信用审核等，主要目的是把分散的专业作业集中起来，达到规模化作业和风险的有效控制。第三方作业层则是通过对外部资源（如医院、维修厂等机构）的有效整合，实现其与公司后台作业的链接，增强客户服务的连贯性。

运营管理和控制层对各类型作业进行分析和管理控制，通过预测规划、预算控制、生产计划、过程监控和绩效评估等管理动作，优化后台资源管理，提高成本控制水平。

集中运营体系建成后，一方面，公司各分支机构接受客户的业务或服务需求，通过影像系统等技术传输到后援中心相关作业单位，随后通过数据处理、风险审核等各个环节，完成对客户需求的执行；另一方面，公司向集团提出所需客户的类型，集团按类型在后援中心提取客户相关信息并提供给各个公司。在此作业模式下，公司各分支机构专注于业务的拓展和对客户面对面的服务。大部分标准化的事务统一由后援中心处理，客户资源在集团内也得到最大化的利用。由此达到资源共享、专业化分工和最大的规模效应。

（2）实施和推行

① 流程再造

共享平台的建设，首先要做到前、中、后台的切割和分离，而这样的切割意味着对业务流程进行大规模的再造。平安的运营体系就是充分研究和学习了汇丰的经验，利用流程再造技术，对所有的业务流程进行了端到端的全面改造。

首先，平安的运营集中引入了客户导向的流程设计理念，充分考虑客户的需求和体验。服务业的流程从客户提出申请到最后的需求满足，往往需要经历多个部门的操作才能完成，而如果仅仅从某个部门和环节去考虑，那这个流程将是片面和割裂的，必须要以端到端的角度去检视整个流程。例如，要降低新契约的退件率，不光要提高核保部门人员的技能和水平，更关键的是，前端受理客户申请时要把各项信息填写完整，并按要求提供资料。因此，平安的运营集中强调全流程的分析和改造，以达到最佳的客户体验和最合理的公司利益。

其次，平安引入了先进的流程再造技术，如 PDCA、六西格玛、精益生产等方法及技术。以寿险为例，平安先是对大大小小数十个流程进行了梳理，最后整理出以核保、理赔和保全三大流程为主，辅以其他补充流程的流程体系。同时，应用六西格玛 DMAIC 和精益的 Kaizen 方法，对流程中存在的重要问题和主要环节进行了深入分析和研究，并取得一些创新的突破，设计出前、中、后台彻底分离的流程，达到集中作业的目的。

最后，建立了持续改进和优化流程管理机制。任何一个流程，在实际运作中总是会与理想中的设计产生偏差，而且随着市场竞争的加剧、现代技术的发展、客户的期望不断提高，需要建立一种对流程进行持续改进和优化的管理机制。在这种机制下，平安定期对流程的过程及 KPI 进行诊断和评估，根据流程的实际表现进行必要的优化和改造，以满足客户的需求，并最终建立控制体系以确保流程高效、稳健的运行。因此，在平安，流程不是一成不变的，而是不停地持续优化和完善的。

② IT 系统改造

服务业与制造业最大的不同是，服务提供的是无形产品。作为服务业的一种，保险公司给客户提供的也是各种无形的保险服务。现代 IT 的快速发展为服务业的流程再造提供了坚实的基础。平安的运营集中就是利用了最新的影像流、工作流、互联网、客户管理等 IT 技术。如一个新契约案件，在柜面受理后，通过扫描把原始申请书及相关资料传至后台集中作业。共享的文档录入部门接收到这个扫描上来的申请书影像，就会利用切割字段和双人背对背的录入技术把相关的书面信息转化成电子信息。在这个过程中，一个申请书的信息会被切割成 10 多个字段，每个字段分别由两个人在互不干扰的情况下分别录入，这样既可以保证效率，又可以提高准确率。而与此同时，工作流会把录完的信息和其他资料传递给后续的专业核保岗位进行审核。这样，影像流、工作流、客户关系管理系统等 IT 技术的应用可以把整个流程高效地组织起来。

③ 建立完善的风险管理体系

作为金融保险业来说，风险控制是一个非常重要的议题。一个好的风险控制体系不仅需要一些风险控制政策和制度，而且需把这些政策和制度建立在流程上。经过多年的改革，平安深切体会到把制度建立在流程上的重要性，于是在运营集中的基础上，建立了适于集团管理的风险管理体系。

首先，建立庞大的数据库，采集历史数据，并在对历史数据进行分析和研究的基础上，建立风险预测模型。这个风险预测模型，可以对所有类型的业务数据进行分析，判断整个行业的风险程度，能够对某类业务进行风险预测，同时也可以对某个业务进行事前的风险预警。

其次，在业务的处理过程中，一方面对整体业务进行实时监控，遇到风险实时报警；另一方面利用 IT 技术对单个业务进行跟踪分析，发现问题当场纠错和报警。

最后，建立一个完整的集中事后监督和反馈系统。同时，实现现场与非现场相结合的互动检查机制，对于所有的业务来说，既有可能在处理过程中被实施监控，也有更大可能在事后被远程集中监督平台进行抽查和审计，以确保所有的业务风险可以有效控制。

④ 有计划的试点和推广

平安的运营集中，涉及寿险、产险、养老险、银行、信托、证券六个系列，几十个作业系统，3 000 个机构和 3 万名运营人员，是一个相当庞大的系统工程，无法一蹴而就。所以，平安花了整整 10 年时间，对寿险、产险、银行等各系列的集中作了长期的实现规划，在实际过程中每个系列都经历了有计划的试点和推广。

以寿险为例，这是平安最早实现运营集中的专业子公司。为了确保改革的成功和顺利进行，寿险先是 2004 年在浙江分公司进行了小规模试点，在试点过程中解决了一系列实际过程中产生的问题，同时也用实际的效果回答了许多人的疑惑：保险业的运营集中是一种趋势。在浙江试点成功后，2005—2006年，专门成立推广小组，按不同片区和分公司的实际情况，进行了全国推广。直至 2006 年底，平安寿险的运营集中才算真正全面完成。

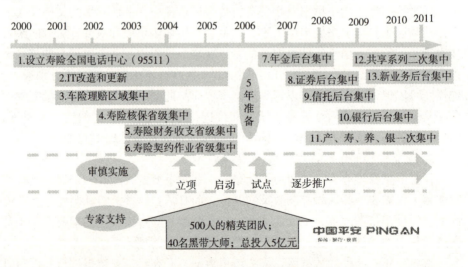

图 4 - 18　平安集团集中运营体系建设时间图

（3）公司化、市场化运作

按照最高公司治理准则的要求，平安将后援集中运营平台实行公司化、市场化运作，成立了平安科技（深圳）有限公司、平安数据科技（深圳）有限公司、深圳平安渠道发展咨询服务有限公司、深圳平安财富通咨询有限公司等4 家子公司（见图 4 - 19）。这 4 个公司作为独立法人，和集团内的其他机构平行，通过签订服务协议，有偿为集团内部的其他公司提供作业服务。

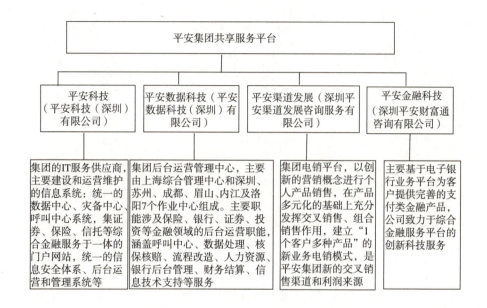

图 4 - 19 平安集团共享服务平台

（4）成效

平安后援中心整合了全国 800 多个城市的后台运营，统一了各地的运营和服务标准，共享整个集团的资源和专业技能，不仅降低了成本、控制了风险，还提升了服务、强化了专业化经营能力。在业务操作上，后援平台整合了平安原有的业务流程和人员分布，更多的后勤人员转向前台开拓业务，后台支持则集中到几个有限的分中心运营，大幅度提高了人均产能和效益；将个人化的一些知识和技能固化在业务流程和计算机平台中，系统中的员工可以共享这些专业经验和知识；减少了业务差错率，单证录入差错率由超过 1% 降低到0.04%；理赔 5 日内结案率由 30% 提高到 96%；保险平均出单时间由 2.7 天降低到 2.2 天；车险理赔成本由 67.1 元降低到 27.6 元；会计核算单件成本由11.0 元降低到 4.7 元（见图 4 - 20）。在风险管理上，后援平台将原来分散在各个省级分公司的风险审计权集中，减少了道德风险和操作风险，极大地提高了平安的风险管理能力。在客户服务上，后援平台通过多元化的服务内容、一致性的服务标准、一站式的服务流程，为平安快速响应客户需求、推介不同产品和优质高效服务提供了极大可能；让平安实现了产品的全方位供应，以及最有效地利用客户服务资源，真正让客户享受到服务的无缝对接，让客户在一个公司、一个文化、一个品牌和一个系统下，享受到全方位服务。

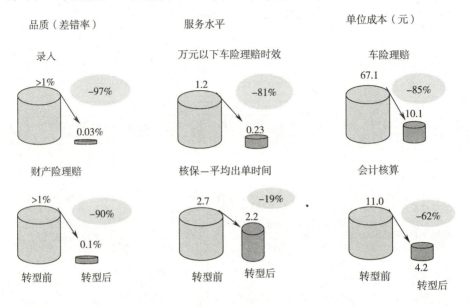

品质（差错率）　　　　服务水平　　　　　　　　单位成本（元）

图4-20　平安集团共享服务体系建设成效

4.5　案例的启示

以汇丰集团、瑞银集团、富国银行和平安集团等为代表的国际知名银行集团在逾百年的经营历程中探索形成了较为成熟的集团管理制度体系，通过对其相关的考察，我们可以得到以下一些启示。

4.5.1　要有清晰的战略规划和详尽的推动计划

汇丰银行制定了清晰的中、长期战略规划和详细的推动计划，并按部就班地执行，使其可以成为业务协同的领军人物。富国银行的交叉销售之所以能在业界列为典范，最为关键的是它将交叉销售的理念贯穿始终。一方面，在尚未实施交叉销售营销之前，它就致力于员工交叉销售理念的树立；另一方面，在交叉销售的实践中，它又注重强化与传播交叉销售文化，例如传统卖场的店面设计、每日销售绩效报表，无形中强化了交叉销售的意识。平安集团起步较晚，为了实施综合金融战略，聘请了全球最知名的管理咨询公司——麦肯锡来统筹整个战略规划的实施，同时平安还多次走访国际同业，比如汇丰在巴西的后援中心，邀请汇丰的专家一起参与规划和设计。在借鉴了业界最先进经验的基础上，在麦肯锡带领下，平安结合自身实际情况，做出了清晰的战略规划，包括最终的模式选择、技术上如何实现、项目如何划分、人员如何调整、如何分阶段推广、如何克服推行过程中的困难等，做了充分的研究和准备。以至于汇丰的专家在参观平安后援中心的时候，都由衷赞叹："你们做的已经超过了我们！"

4.5.2 强大的执行力是战略有效实施的保障

汇丰集团与平安集团在推行业务协同项目的过程中，都遇到了非常大的阻力。这个阻力不来自技术层面，更多的来自内部人员观念上的冲突。在这种情况下，除了想办法去说服，汇丰与平安更多地依靠强大的执行力去推动。汇丰与平安都成立了相关的专项小组，推动项目的进展。平安集团甚至在 2010 年，推动实施声势浩大的"万佛朝宗计划"①，平安集团陆续从产险、寿险、银行、养老险等子公司抽调数十名高管，强调"理解了要执行，不理解在执行中理解"的执行力理念，克服了实施过程中的无数困难。事后的经验表明，没有这样强大的执行力，汇丰与平安的业务协同建设项目难以得到有效实施，强大的执行力是成功的重要保障。

4.5.3 要提前做好组织及人员的调整

业务协同的改革，必然涉及组织及人员的调整和变动。由于各大银行集团的机构遍布各地，而要实施后援集中则意味着分散在世界各地的作业全集中到总部某个地方，各地的人要么跟着集中、要么转成其他岗位，这项工作动辄涉及近万人。有不少优秀人才会因为家庭或者其他原因不愿被集中到异地工作，从而选择离开集团，导致人才的流失。同时，由于各分支机构的财务、人事、行政和 IT 等部门都被剥离集中至总部，相关负责人的权力上收，原来拥有的权力现在一下子被剥夺了一大半，这不免会使其产生失落感，部分员工的工作积极性因此降低。针对这些情况，各大集团都做了充分的宣传和引导，针对公司的组织架构及人员调整做了各种紧急预案，既防止了人员的大量流失，又保证了日常业务的稳定运行。

4.5.4 成立专门项目组织，快速整合资源

业务协同的建设，都会涉及诸多机构与部门之间的沟通与协调。比如，在实行后台集中之后，许多职能都被集中与统一。对于某一产品条线来说，原来部门之间的工作联系变成了不同业务单元之间的联系，而这种组织结构的变更往往会带来整个运营体系信息传递的失真和沟通的低效，降低企业对市场的反应灵敏性。为解决这类问题，各大银行集团无一不成立了专门的项目组织，建立联席会议机制，起到了快速整合资源、降低协调成本、增强沟通效率、提高执行效果的作用。

---

① "万佛"就是平安所有业务单位、改革项目与系统，"朝宗"就是集合公司最好的资源、所有团队的力量，共同完成"一个客户、一个账户、多个产品、一站式服务"的目标。

4.5.5　流程设计和 IT 技术要紧密结合

服务业的流程改造，与生产企业的流程改造有所不同，特别是对于金融服务业来说，所有的流程都是建立在 IT 系统的基础之上。没有了 IT 系统的支持，手工作业的流程效率低下，无法满足海量的客户需求及业务分析。各大银行集团都拥有一支非常优秀的 IT 队伍，他们与项目推动方一起把各种方案付诸 IT 系统，保证了整个系统改造的实现及运营的稳定。

4.5.6　建立全球客户经理制度及全球产品经理制度

我们发现，同一类别客户营销部门内部的异地推荐是大型银行集团跨区域业务转介的首要途径。全球客户经理制度是国际银行服务企业集团客户的基本制度安排，全球客户经理不但是国际银行与集团客户关系维护的中枢人物，也是统筹协调国际银行分支机构和集团客户分支机构业务关系的关键人物。另外，大型银行集团更强调产品和业务条线的垂直管理，每一类别产品均设置有统一的全球产品经理和多个本地产品经理，这一行之有效的产品条线制度安排，是有效避免区域产品"重复研发"问题、最大化提高产品研发规模经济效应的合理路径。

5 中国工商银行集团业务协同的概况与问题

近年来，基于内外部改革形势要求，工商银行加大了集团管理体系建设的力度，取得了一定成效。但总体来看，由于起步较晚，集团在业务协同管理体系方面仍有待进一步完善。

5.1 工商银行集团盈利结构、组织管理架构和业务体系现状

5.1.1 工商银行集团盈利结构分析

我们以2012年末的数据来分析工商银行集团盈利结构的现状。

（1）横向区域结构

从横向的区域结构看（见表5－1），资产、营业收入和税前利润在境内分行、境外及其他（包括所有并表的境外机构及境内子公司）以及总行这三大板块的分布呈现出极度不平衡的布局特征，其中境内分行优势较为明显，三项指标的占比均在60%以上，资产占比达61.3%，营业收入占比达91.4%，税前利润占比达86.2%，而境外及其他这三项指标的占比分别仅为5.1%、2.8%、4.1%，总行这三项指标的占比分别为33.7%、5.9%和9.7%。

表5－1　　　2012年末工商银行资产、收入、盈利分布情况　单位：亿元，%

		境内分行	境外及其他	总行
资产	余额	149 795	12 344.2	82 241.4
	占比	61.3	5.1	33.7
营业收入	余额	5 369.5	165.7	340.9
	占比	91.4	2.8	5.9
税前利润	余额	2 952.6	141.1	330.7
	占比	86.2	4.1	9.7

注：资产在境内分行与总行有重复计入。

具体到各个板块内部：

首先，就境内分行板块而言，资产、收入和利润在六大区域分行的分布格

局与所在地经济金融在全国经济金融的布局地位相匹配，其中长三角、环渤海和珠三角地区行是工商银行收入和利润的最主要来源，占比超过60%（见表5-2），符合工商银行区域发展的战略导向。从盈利梯队的分布情况看，利润已超百亿元的第一盈利梯队有6家分行，资产和利润占据了全部境内分行的半壁江山，已成为全行盈利增长的"稳定器"；下一个规划期末利润有望突破百亿元的第二盈利梯队有14家分行，资产和利润在全部境内分行的占比达30%以上，逐步成为接续第一盈利梯队的实现利润持续增长的"中坚力量"，可以看出，工商银行正在形成区域分行分梯次的盈利增长格局①（见表5-3）。

表5-2　　　　2012年末境内分行资产、收入、利润区域分布情况

单位：亿元，%

		长三角	珠三角	环渤海	中部	西部	东北
总资产	余额	32 941.5	22 966.0	39 026.6	20 954.4	24 668.9	9 237.7
	占比	22.0	15.3	26.1	14.0	16.6	6.2
营业收入	余额	1 081.1	698.2	1 047.9	705.5	831.8	299.1
	占比	23.2	15.0	22.5	15.1	17.8	6.4
税前利润	余额	737.9	457.4	712.3	398.3	486.8	159.9
	占比	25.0	15.5	24.1	13.5	16.5	5.4

表5-3　　　　　　2010年末境内分行资产、利润盈利梯队分布情况

单位：亿元，%

		第一盈利梯队	第二盈利梯队	其他
总资产	余额	60 584	39 412	21 765
	占比	50.6	32.9	16.6
拨备后利润	余额	1 224	755	408
	占比	52.4	32.3	15.2

其次，从非银子公司板块看，近年来，工商银行积极稳健推进综合化经营，通过兼并收购逐步扩充子公司非银业务，并逐步加大对非银子公司的投入力度，非银子公司对集团的利润贡献稳步提升。工银租赁、工银瑞信、工银国际和工银安盛4家非银子公司净资产在集团净资产的占比从2011年的0.93%升至2012年的1.37%，利润占比从2011年的0.51%升至2012年的1.36%，利润贡献度翻了一番（见表5-4）。

————————

① 由于相关数据涉密，作者只取得2010年有关盈利梯队的相关数据。

表 5 −4 　　　　　　　　　　　4 家非银子公司资产、利润情况　　　　　　单位：亿元，%

	2011 年		2012 年	
	余额	集团占比	余额	集团占比
总资产	856.98	0.60	1 318.65	4.7
净资产	82.81	0.93	151.72	1.37
净利润	10.58	0.51	32.38	1.36

最后，就境外机构板块而言，目前工商银行境外机构覆盖的国家和地区已达 30 多个，搭建了在亚洲、欧洲、美洲、非洲和大洋洲的全球金融服务网络。截至 2012 年末，境外机构总资产达 1 627.2 亿美元，在集团的占比为 5.8%；净资产达 54.2 亿美元，在集团的占比为 4.36%；净利润达 10.2 亿美元，对集团的贡献为 4.07%。从境外机构的区域分布看，中国港澳地区机构的资产、净资产和利润占比均超过 30%，其中净资产占比超过 70%，而其他地区的占比基本上没有超过 10%（见表 5 −6），这表明中国港澳地区是工商银行境外的主要盈利来源地。

表 5 −5 　　　　　　　　　　　　境外机构资产、利润情况　　　　　　　　单位：亿美元，%

	2011 年		2012 年	
	余额	集团占比	余额	集团占比
总资产	1 247.3	5.1	1 627.2	5.8
净资产	34.2	3.46	54.2	4.36
净利润	7.6	4.02	10.2	4.07

表 5 −6 　　　　　　　　2012 年境外机构资产、利润区域分布情况

单位：亿美元，%

	总资产		净资产		净利润	
	余额	占比	余额	占比	余额	占比
中国港澳地区	781.89	30.6	68.85	71.9	13.19	86.4
亚太地区（除港澳）	304.31	11.9	9.34	9.8	0.77	5.0
欧洲	168.66	6.6	10.96	11.4	1.06	6.9
美洲	465.92	18.2	6.58	7.2	0.25	1.6
非洲（含南标联营投资）	5 244	2.1	NA	NA	NA	NA

（2）纵向业务条线结构

从资产、收入和利润在三大纵向业务板块的分布情况看，公司银行业务的资产占比虽然仅为 37%，低于资金营运业务的 49.0%，但营业收入和税前利

润贡献均超过 50%，分别为 53.1% 和 52.4%，是个人银行业务和资金营运业务收入和利润贡献的 2 倍左右，这表明公司银行业务依旧是我行最主要的收入和盈利板块。其中，营运收入的净利息收入在公司、个人和资金三大业务板块的占比分别为 53%、27% 和 20%，手续费及佣金净收入的占比分别为 62.2%、37.5% 和 0.3%（见表 5 - 7）。

表 5 - 7　　　　　2012 年纵向业务板块资产、收入、利润分布情况

单位：亿元，%

	公司银行业务		个人银行业务		资金营运业务		其他业务		合计
	余额	占比	余额	占比	余额	占比	余额	占比	余额
总资产	64 959.1	37.0	23 205.3	13.2	85 918.01	49.0	1 339.7	0.8	175 422.2
营业收入	2 853.3	53.1	1 540.4	28.7	909.5	17.0	66.28	1.2	5 369.5
净利息收入	2 186.3	52.4	1 142.5	27.3	848.8	20.3	0.7	0	4 178.3
手续费及佣金净收入	661.6	62.2	398.9	37.5	4.0	0.3	0	0	1 064.5
税前利润	1 958.9	57.2	769.2	22.5	689.0	20.1	7.2	0.2	3 424.3

2009 年为加强纵向业务条线的管理，培育新的利润增长点，我行将金融市场、资产托管、票据、贵金属四个部门改革为利润中心。经过三年的发展，持续推进利润中心改革，将公司业务二部、养老金、资产管理部、投资银行部纳入改革范围，使利润中心增加至 8 个。2012 年，利润中心实现税前利润合计 589.21 亿元。可见，我行多元化的盈利格局正初步形成。

5.1.2　工商银行集团组织管理架构和业务体系

一是工商银行股份有限公司作为控股母公司，行使集团管理职责。

二是工商银行已建立起庞大的、覆盖境内外主要地区和国家的分行网络。截至 2012 年末，工商银行拥有境内一级（直属）分行 36 家，已覆盖除台湾地区以外的所有省（市）区；一级分行下辖 26 家分行营业部和 400 家二级分行；市及以下地区一级支行数目达到 3 069 家，管理基层网点 13 520 家；工商银行有境外机构 383 个。从职能看，境内外各分行从事商业银行业务，由母公司直接管辖。

三是子公司体系逐步形成。21 世纪以来，特别是股改后，工商银行通过兼并收购，逐步扩充了子公司体系，截至 2012 年末，拥有境内主要控股子公司 3 家、境外控股子公司 15 家、参股公司 1 家。目前我行子公司业务仍以商业银行业务为主，只有工银瑞信、工银租赁、工银国际和工银安盛持有非银行业务牌照。各子公司直接由母公司（总行）管辖，但作为独立法人，子公司

依据公司法建立了治理体系，设立了董事会、监事会或类似的管理机构，董事会、监事会主要负责人及部分高管由总行选派。

四是集团业务功能体系初步建立。首先，母公司与各分支机构各层级均形成了4大功能模块。营销及产品部门，包括公司、个金、结算、国际业务、电子银行等；风控部门，包括信贷管理、审批、授信、内控等；综合管理部门，包括办公室、财务会计、管理信息、人力资源、战略管理等；支持保障部门，包括研究、信息科技、运行管理、工会、保卫等。其次，多元业务体系初步形成。截至目前，工商银行业务结构基本具备了集团多元业务体系的特征。除传统存贷汇、资金营运等传统商业银行业务外，通过总分行内设职能部门的形式，建立了资产管理、投资银行（非牌照类）、资产托管、养老金、贵金属等新兴业务线，通过工银瑞信、工银租赁、工银国际和工银安盛，建立了基金管理、金融租赁、保险和牌照类投行业务条线。

5.2 工商银行集团业务协同运作管理机制建设现状

5.2.1 以总分行、横向管理为主要管理架构

受中国政治体制、财政体制、人口规模、银行发展阶段、银行发展历史及核算技术能力等因素影响，工商银行现有的集团管理体制和架构是以总分行制、横向管理为主要管理架构。这一架构有如下特征。

第一，分级管理。根据行政建制，工商银行形成了总行——一级（直属）分行——一级分行营业部及二级分行——一级支行—二级支行及县支行的5级甚至更多级别的管理层级。一般情况下，管理指令和资源沿着"管理树""逐级"下达和分配；具体业务管理的模式也相同，除部分需要集中管理运作的业务外，从总行到各分支机构层层建立对应的职能部门，分解落实上一级下达的任务。在分级管理体制下，上级对下一级机构的管理工具主要有四项：一是经营考核；二是业务授权或转授权；三是人事任免权；四是资源配置权，每一级机构对于管理工具的使用和资源如何向下一级分配具有一定程度的自主权。

第二，区域管理为主导，业务管理为辅助。从核算考核和资源配置机制看，各境内一级分行、二级分行、支行，各境外机构、子公司都是相对独立的核算单位和利润单元；依据核算考核结果，上级行向下级行进行相应的资源配置。从经营授权机制看，在分级授权制度下，总行对各省分行经营授权，省分行再对二级分行转授权，各级分支机构的各项经营决策必须在授权范围内进行，超过权限必须上报上级行审批，但各级行如何向下一级行授权与转授权均具有一定程度的自主权。从汇报机制看，每一业务部门要向上级行对应部门和本级行行长汇报业务，业务线汇报是次要汇报线，向行长的汇报是主要线路。

5.2.2 探索建立新的管理机制

第一，启动了利润中心改革。从2009年开始，相继将金融市场、资产托管、票据、贵金属、公司二部、养老金六个部门作为利润中心改造试点，在经营授权、资源分配、考核激励和人员管理方面均执行有别于当前部门和分行管理的特殊制度，有效提升了这些业务条线的专业化运作管理能力。

第二，母子公司业务联动管理机制探索不断推进。一是建立了母子公司交叉营销考核机制。2009年5月，总行下发了《中国工商银行工银瑞信产品销售业务考核实施细则》和《租赁业务考核实施细则》，为工商银行母公司与工银瑞信、工银租赁两家子公司的联动建立了考核机制基础①。二是母公司不断加大对子公司资本、渠道、系统、人员等资源的支持力度，支持子公司快速发展。例如，工银瑞信各只基金首发时通过工商银行渠道的销售占比均在55%以上，最高的占比达到92%。三是母子公司正在积极探索业务联动新办法。如2009年工银亚洲建立了母子公司联动的归口部门，每年确定联动的客户和产品目标，各部门随时汇报联动进展情况，每月报送联动需求。2010年初总行出台了《境内外机构与工银国际控股有限公司业务联动指引》，为进一步拓宽工银国际与境内机构的联动通道建立了基础。

第三，逐步形成公司金融综合化。2000年以前中国工商银行的公司业务部门主要按信贷业务种类设置，分为工商信贷部、项目信贷部、住房信贷部及营业部，部门设置基本是按产品线进行，按业务品种归口管理，形成了多头对外的格局，不利于客户统一服务和市场竞争。

5.2.3 形成了集团内部风险管理体系的雏形

目前，工商银行为适应综合化经营管理需要，切实防范相关风险，积极研究和推动了相关机制和制度规范建设。

首先，建立了集团并表管理制度。工商银行根据银监会《银行并表监管指引》规定，已制定出《并表管理办法》、《信用风险并表管理办法》、《市场风险并表管理办法（试行）》、《法律风险并表管理办法》等一系列内部管理规程，并将并表管理内部控制体系覆盖至各附属机构，将跨行业、跨境机构的综合经营业务风险纳入统一控制体系进行规管。

其次，为适应综合化经营管理要求，工商银行出台了《内部交易管理办法（试行）》、《中国工商银行与控股、参股金融机构间资金往来管理办法（试

---

① 两份细则一是采取了"全面指标考核"方法，对子公司业务发展进行年度考核，并将考核结果计入境内分行行长经营绩效和业务发展考评得分；二是引入了"模拟中间业务收入还原考核方法"，将分行销售子公司产品创造的中间业务收入通过模拟计价方式计入分行经营绩效和业务发展考评指标，并与分行营业费用、营销费用和工资费用挂钩。

行)》、《关联交易基本规范》、《一般关联交易备案管理办法》、《关联交易制度（2010）》等一系列文件，对关联交易、大额风险暴露、跨境风险暴露等综合化经营中可能出现的风险环节进行了一系列制度规范，有利于推动集团经营的安全、稳健和合规开展。

最后，全面风险管理体系建设稳步推进，为建立适用于集团复杂业务网络下的风险管理体系创建了基础平台。

5.3 中国工商银行集团业务协同所出现的问题与冲突

5.3.1 银行集团业务协同过程中的主要冲突

（1）子公司、部门利益与集团整体利益的冲突

金融机构在集团总体层面上，利用集体共有的平台推动和实施业务协同，实现集团整体利益。各个子公司/部门确是业务协同中必需的参与者和协助者。如果在利益分配问题上不能处理好各个子公司/部门之间的关系，业务协同效率是不可能提高的。如何建立顺畅的利益分配机制将是业务协同顺利开展的关键。从国外大型银行集团的发展经验看，哪个国家、哪个金融集团的利益分配问题处理得当，其业务协同的效率就能提高，运行也较为规范。

利益分配机制，是指在业务协同的过程中，如何在商业银行、投资银行、保险公司、财富管理公司等下属子公司或事业部之间合理分配利益，从而促进业务协同能够正常顺利地开展。

商业银行一直被认为是金融集团实施业务协同的核心，很多产品都是通过商业银行推荐给客户的。很多情况下，商业银行在客户与其他子公司（保险、财富管理等）之间扮演了媒介的角色。当然，也不排除反向的过程。参与利益分配的主体包括各相关子公司、部门与客户。如何分配利益、平衡各个主体之间的关系，并使这种关系具有稳定性，这就需要在各主体之间的利益分配上体现平等，以平等的利益来维系子公司之间、子公司与客户之间的利益。如果任何一方的利益高于其他方，就会出现"不稳定"，帕累托效应会对这种不平衡进行调整。也就是说，子公司/部门通过互相协作促进交叉销售，而交叉销售所带来的好处由各方共享。交叉销售带来的规模经济、范围经济使成本降低，也可以给客户带来好处，使客户分享业务协同的效益。

合理的内部激励机制是解决交叉销售利益分配问题的重要方面。如激励银行的员工销售保险产品，就需要解决银行与保险公司员工之间的利益分配问题。银行与保险公司具有不同的企业文化和薪酬方式。除了促进银行与保险员工之间的沟通，增强对统一集团的认同感之外，还需要将保险的销售额作为评价银行营业网点业绩表现的指标，并将其与银行员工的收入挂钩。

(2) 客户信息共享与隐私保护的冲突

业务协同建立在客户信息共享的基础上。1974 年美国颁布的《个人隐私法案》规定，在使用个人信息时应当妥善保护个人隐私。根据这一法案，企业可以在客户允许的情况下使用客户的数据开展交叉销售。因此，美国公司为了进行交叉销售而相互合法地传递客户数据成为一种十分普遍的做法。

但是，如何对客户隐私权进行有效保护、避免滥用仍然是一个重大课题。一方面，以美国为代表的西方国家对隐私保护的意识较强；另一方面，金融机构也不遗余力地搜集客户信息。出于法律、伦理、道德等多方面的限制，金融集团对客户信息的利用，要受到客户隐私权的诸多方面限制。违反这种隐私权的行为，必将招致客户的反感和市场声誉的损失，甚至违法。很多国家的法律规定了对客户隐私权内涵的社会理解。金融机构对客户信息的利用，必须遵守"保密"、"自愿"的原则。有关交叉销售的一个主要问题就是如何既能合法地使用客户数据又能保护公民的隐私。如美国《1970 年公平信贷报告法》、《1978 年金融隐私权利法》、《金融服务现代化法》都涉及了对客户隐私的保护。

《1970 年公平信贷报告法》为那些因贷款评估机构报告发布过时的、不准确的信息而受到损害的个人提供了一些保护措施，这些个人因不准确的信息影响了贷款申请、保险或求职。法案规定个人有权用更准确的资料来替代那些过时的、不完整的数据；一旦发现金融机构的工作纰漏，违反了相关法案规定，就要根据实际损失及代理费实施民事行为。这项法案旨在敦促金融机构要慎重提供客户相关的金融信息。《1978 年金融隐私权利法》规定，当政府机构向个人索取其银行或金融机构的记录时，一旦涉及法律执行，需要有正当的传票或调查许可证。《金融服务现代化法》打破了分业经营、分业监管的框架，在信息上也为跨业务共享客户信息打开了窗口，使金融控股集团能够全面掌握客户的私人信息。对此，很多消费者和消费者协会表示担心，金融控股集团可能会滥用客户私人信息。因此，《金融服务现代化法》在最后通过时，加强了对客户隐私权的保护，禁止金融机构将客户信息泄露给其他公司，并且规定要在这方面补充立法。

金融机构在集团共享客户信息时，必须订立相关的保密协议来维护客户隐私、限制资料的用途。金融控股集团及附属子公司应按规定向客户披露保密措施，包括金融控股集团的子公司取得和保存客户资料的方式；金融控股集团的子公司有关信息防火墙的设置方式和效果；资料分类、使用范围和项目；依照资料分类披露的对象；客户有更改资料的需求时，应提供客户修改的申请途径；行使退出选择权方式。披露保密措施应以书面和电子邮件的方式通知客户，并且在机构网页、营业场所向大众公开，或者使用其他主管当局认可的公开披露方式。

（3）业务协同利益与风险的冲突

业务协同出于银行的利益驱动，体现银行业务的发展。但在业务发展与风险管理的天平中，金融机构无疑倒向了前者。

业务协同努力使更多高风险的产品销售给客户。根据 Haberfield 对上百家金融机构在 1982—2003 年的表现的研究，常规产品的渗透率并没有大的变化，如 50% 的家庭拥有储蓄账户，12% 拥有 CD 等；唯一有重大变化的就是住房净值贷款，目前有 28% 的家庭拥有该产品。而次贷危机证明该产品是高风险产品。

有研究认为，业务协同能使银行降低风险管理的审查，并且对风险和收益产生较为复杂的效应。Stefania Cosci 和 Valentina Melician（2007）发现，当业务协同和银行的审查行为之间没有信息协同效应时，业务协同将降低最优审查水平，来自业务协同的收入将诱使银行变得懒散并对贷款申请人的审查变得不充分。Christian Laux 和 Uwe Walz（2009）认为，交叉销售产生的效应是复杂的，因为它使商业银行进入承销业务市场，但代价是工商银行将以更低的价格进行竞争，所对应的获利也较低，风险往往较高。事实上，迫于激烈的市场竞争，在抢夺客户资源、维持现有客户方面，银行往往忽视了风险，一味追求业务增长。次贷危机的源头就是银行忽视风险管理，向高风险的客户销售抵押贷款，推动超前消费。银行为了追求利润，也向低端客户敞开信用大门。

5.3.2　中国工商银行集团业务协同所面临的问题

通过对工商银行盈利结构和管理架构的现状进行分析可以看出，工商银行已初步形成了多元化的盈利结构，"以块为主"的管理架构也随着经营环境的变化在发生变革，但结构失衡问题依然突出，而造成这一问题的根源在于集团管理架构与业务发展架构不匹配。根据调查研究，影响业务协同成功实施的因素中，最重要的就是是否根据交叉销售的需要来设计银行的组织结构以及组织结构是否落实到"以客户为中心"。复杂的组织结构使得工商银行在客户资源共享、流程设计、利益分配等方面产生问题，极大地制约了跨产品、跨部门的协同合作。因此，制定有效的激励机制，鼓励部门之间和部门内部人员之间的协作，使各部门利益同银行整体利益相统一，建立不同部门之间、不同员工之间业务协同的利益分配机制，进而调动银行内部各个部门协作进行交叉销售的积极性是非常重要的。

（1）战略管理职能弱化

一方面，工商银行的战略的制定与执行职能虽然由一个部门来完成，但是战略制定与分解部门不负责对战略落地所需的资源进行统筹和配置，导致战略的制定职能被虚化，战略指挥力被弱化。现有的战略职能分配使得最终汇总形成的战略规划常常以部门战略为主，形成资源配置与战略脱节、政策导向与战略脱节的情况，无法保证全局利益的最大化。

另一方面，战略执行层面对战略意图理解不清，战略执行标准不一，战略执行流程不连贯的现象时有发生，致使工商银行整体战略目标难以实现，严重阻碍了总部管理水平的进一步提升和整体效能的发挥。

（2）过多的管理层级和区域主导的管理制度是业务协同的重要瓶颈

在工商银行集团组织体系日益扩充、业务种类不断增多的背景下，现在的总分行管理体制已显现出管理效率较低和管理成本较高的弊端。主要原因在于以下几个方面。

第一，多层级和区域主导模式下每一层级的分支行都对本层级和下层级的机构及业务发展具有实际影响力，影响力大小主要取决于该层级分支行当期业绩考虑。因此，分支行在发展具体业务时可能面对"双重目标"：一重目标来源于上级行下达的业务任务；另一重目标来源于本级行的整体业绩目标。区域主导模式下，后者具有更大权重。所以一旦两项目标存在分歧，分支机构在执行上级行的业务发展策略时，可能更多根据本行利益，行使一定的"执行选择权"或"执行调整权"，使得业务发展战略和指令在传导执行过程中出现信息的逐级漏损，机构层次越多、业务门类越多，分支行"相机调整"的选择权影响就越大，业务发展战略偏离预设轨道的可能性也就越大。

第二，多层级和区域主导的管理体制带来"本级本位"和"区域本位"问题，导致集团内部协作难度较大。集团化对集团内业务和机构协同提出很高要求，要实现有效协同，一方面各方要利益互享，另一方面也要尽可能减少独立的利益单元。但在多层级和区域主导管理体制下，数量庞大的各分支行之间都是相对独立的利益实体关系，这就使得各机构合作过程中，业务导向居于次位，利益导向成为促成协调的主要因素，在未形成公允合理的利益分成机制的情况下，不仅跨区域业务协同受区域分支机构利益驱动影响很大，而且即便两家区域分行达成合作协议，在实施过程中，也会受到各自下级分支机构利益博弈的影响。此外，在庞大的利益关系网中，即便能够区别不同机构的利益取舍，通过协商形成多方共赢的利益分成机制，但从集团整体来看，内部协调成本可能高到足以抵消"集团化"的优势。

第三，多层级和区域主导的管理体制可能导致各业务部门和各分支机构职能定位不清晰，重管理、轻市场的问题突出。其原因有两方面：一是上级行和上级业务部门能够很方便地通过管理权限将业务经营压力向下转移；二是在区域主导的体制下，上级业务部门把业务压力向下转移后，其工作重心就转变为监督目标任务能否在分支行得以贯彻执行，因此，大量精力将牵扯在与其他业务部门争夺分支行资源和与分支行的利益博弈中，而无暇顾及市场营销、产品创新等发展性问题。

（3）CRM 系统的建立并不代表业务协同的必然成功

工商银行目前还没有建立起属于自己的 CRM 系统，目前，工商银行在业务协同中使用 IT 系统的主要障碍是：现有的管理信息系统割裂，且主要用于数据处理而不是提供客户信息；IT 只针对大众营销和标准化产品；垂直组织下构建的产品库不利于客户层面的交流。

另外，开发系统的 IT 部门与其他业务部门的沟通也存在很多问题，并且，IT 系统对于一线员工来讲仍过于复杂。我们需要认识到，高效的系统只是提供了可能存在的业务协同机会，真正的业务协同需要销售人员、部门之间的进一步努力才能实现。

（4）业务资源整合度低，"部门本位"问题突出，极大制约了业务协同

工商银行集团每一项业务都在国内市场具有很强的竞争力，但整体竞争优势并不非常突出。譬如在 2009 年一份关于银行卡的市场调查中①，招商银行"一卡通"品牌的市场认可度达到 32%，而工商银行牡丹卡的认可度只有18%；在赛迪顾问 2008 年发布的银行卡市场竞争力排名中，尽管工商银行以92 分位居第一，但与建行、招行等的差距很小（见图 5 - 1）。导致工商银行业务整体竞争力较低的原因在于业务整合度较低，不能形成拳头合力。

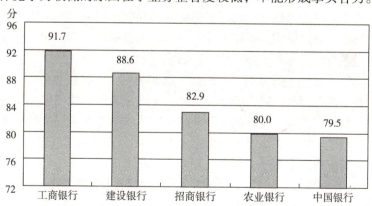

资料来源：赛迪顾问，2008 年 3 月报告。

图 5 - 1　5 家银行卡品牌排名情况

由于业务之间缺乏整合，集团内部业务条线数量较多，彼此之间存在一定程度上的功能重叠，但各业务管理和考核却又相对独立，管理责任和权限均分

① 资料来源：搜智调查网，www.idea360.net。

散在不同部门。这样，每项业务一套班子、一套流程、一套系统、一套机制，业务整合需要的内部协调成本高、协调难度大，使得集团对于功能关联的业务难以实行一体化的管理，制约了业务发展和集团金融服务能力的提升。譬如企业贷款、结算汇兑、现金管理、投资银行、对公理财、代发工资、企业年金等都属于公司金融范畴，但工商银行目前尚不能做到通过一次营销、一个产品套餐为客户提供一揽子服务，部门之间协作意识较弱，经常发生不同部门对同一客户重复营销，甚至内耗竞争的问题。

（5）集团基础性、共享性资源管理机制不健全使得业务协同缺少发展基础

渠道、信息等是集团基础性、共享性的资源，但目前工商银行尚未对这些资源建立完善有效的集团管理机制，仍表现为资源分割管理甚至"部门所有"的特征。

第一，由于缺乏完善的管理和使用机制，集团内对基础性、共享性资源实行的是"谁实际管理、谁获得权利"的管理机制，从而使公共资源表现出"专有"特征。例如，网点资源由分支机构具体管理，所以各分支行对于辖内网点销售什么产品、销售多少产品、怎么销售产品具有实际上的控制权，网点资源成为分支行的"专属资产"；同时由于大部分基层网点主体客户是个人客户，所以网点资源的实际管理部门是零售部门，在网点负荷能力不足以支持各项业务发展任务时，零售部门具有更强的博弈和要价能力。再比如信息资源也实行分割管理，集团未能完全建立统一的客户信息视图，分、支、子机构，不同业务部门各自掌握客户的部分信息，尚未实现信息的有效共享。

在基础性、共享性资源的"部门化"管理机制下，各级业务部门"争夺"基础性、共享性资源的一种重要途径是施加考核压力，譬如增加产品销售数量等硬性考核指标，确保分支行的资源能够更多支持本业务发展，但对于考核指标设置是否科学、资源负载是否合理、整体利益是否兼顾等问题却少有考虑，这势必导致资源内部配置不合理和使用效率降低。

第二，加剧总行各部门向下逐级建立对口部门的冲动。由于"区域主导"的管理体制和基础性、共享性资源的"分行化"管理体制，总行各部门要确保发展策略在分支机构得到有效贯彻执行，要实现分支机构的资源能够更多支持本专业的发展，要力争具备不低于其他部门的博弈能力，最好的办法就是通过在各级机构建立对口部门，形成一套完整建制，并通过分支行行长或副行长分管的形式，使得总行部门的发展目标最终内化为各级分支机构自身的要求。这种体制的优点在于能够较好渗透"分行壁垒"，加强分支机构执行总行部门发展战略的积极性，但问题在于在总行业务资源尚未很好整合的情况下，各部门纷纷往下设机构建队伍，将形成功能单一、规模庞大的机构和人员队伍，增

加管理成本，加大各级机构的部门之间的协调难度。同时，也将对在分支机构没有"腿"的部门或子公司形成更大程度的"资源排挤"效应，该效应在子公司利用分行渠道资源方面表现得尤为突出。

（6）支持集团运作的管理技术体系仍需改进与完善

第一，分产品、分部门、分机构核算体系有待完善。尽管工商银行已搭建起分产品、分部门和分机构的核算体系框架，但总行绝大多数部门都是成本中心，且该摊计的也没有摊计，分行利润也有虚计的部分。同时，原体系主要建立在现有业务架构和管理体制基础上，并不完全适于集团化发展与管理的要求，因此必须对原有的体系进行大幅度的充实与改进。当然，这套核算体系能否真正建立并推动集团内部实现精细化管理，关键还取决于能否解决上述一系列体制性问题。

第二，集团资源定价技术亟待完善。目前，工商银行集团内分、支、子机构业务联动不畅，以及基础性、共享性资源管理效能较低，除来源于上述体制性、机制性原因外，也与集团资源定价技术不成熟有关。由于无法对网点资源、信息资源、系统资源等进行合理定价，因此集团内各部门、各机构在使用资源和利益分成方面难以达成一致，直接影响集团业务联动发展。

第三，集团考核体系有待建立。当前工商银行尚未形成适应集团化管理要求的考核体系，一方面，对于非银业务的考核体系仍不完善；另一方面，缺乏对集团内各分、支、子机构和各业务部门联动协作贡献的考核标准，导致集团内部分支机构业务联动贡献不能清晰和完整体现在经营业绩中。

第四，集团风险控制体系仍需进一步充实改进。目前，工商银行集团风险控制体系仍主要表现为单一业务风险控制特征，对于集团管理框架下多元业务风险传导、不同机构风险传导、境内外机构风险传导等仍未能建立起完备的防火墙体系；仍未能建立针对集团运作特征的战略风险、法律风险、声誉风险防控机制。

（7）各种分销渠道难以实现无缝衔接

工商银行利用多种渠道来为客户提供服务，但却并没有将各种渠道有效地整合在一起。所谓的渠道整合，不但要发挥各个渠道的成本优势，并且要引导不同类别的客户根据自己的需要来选择渠道，实现各个渠道在服务的过程中取长补短、密切配合。根据 BIA 的研究，大概70%的交叉销售发生在开户后3个月。而某些事件，如客户地址更换、激活信用卡、来电询问或存入大量新资金，是实施交叉销售最佳的切入点。在客户开立账户之后，呼叫中心就可以介入，还可以通过直邮、手机银行等渠道实施销售，渠道整合还可以配合价格导向策略一起使用。但是，对工商银行来说，由于利益与成本冲突，渠道间的无缝衔接还停留在理想层面。

（8）一线员工在业绩压力下容易出现"不恰当销售"

在客户对产品的收益与风险并不完全了解的前提下，银行将不恰当的零售产品销售给客户，就会产生不恰当的销售。"不恰当销售"问题在工商银行较为突出。由于考核指标、银行业绩等限制，一线销售人员往往先考虑销售有考核任务的产品，而不去考虑交叉销售、集团利益最大化。另外，在利润相对较高的复杂产品上，也应该引起注意。通常这些产品的风险与结构也较为复杂，错误销售将对客户关系产生致命的影响，对银行声誉带来严重的负面效应。

5.4 小结

业务协同是一个系统工程。大型银行集团在整合资源、发掘协同效应的同时，不可避免地出现各种问题与冲突，妥善地解决问题缓和冲突是顺利实施业务协同的保障。其中，利益冲突更是较为突出。要实现成功的业务协同不仅仅是硬件方面的建设，如信息系统的升级、渠道的完善，更需要软环境的培养，解决战略协同。当然，业务协同是为银行的长远利益服务的，因此在制定业务协同策略时要将业务协同的收入和成本结合起来，并且还要有效地控制业务协同的风险，避免因错误销售所带来的声誉和客户方面的损失。

6 中国工商银行集团业务协同机制设计与步骤设计

业务协同的成功除了企业拥有或控制的资源（产品线、销售渠道等）外，更加重要的是组织内部的协同效应。实际上，业务协同在终端的表现是一种整合营销。所谓整合营销是 20 世纪 90 年代产生并流行的市场营销学概念，很多学者从各自的角度对其进行阐述和定义，但直到目前为止尚没有一个公认的、权威的定义。本报告中，作者认为业务协同包括两个层次：一是资源整合，如组织结构、营销渠道、交易流程等方面的协调与优化；二是在资源整合的基础上，实施全面的、互动的营销。对大型银行集团来说，只有实施整合营销才能真正通过业务协同获取效益。

6.1 中国工商银行集团业务协同的机制设计

6.1.1 组织上以客户为中心

"企业是一系列资源和能力组成的资源束，其长期竞争优势来自于企业拥有并控制的以无法复制、难以交易为特征的特殊资源"，企业资源是"企业所控制的、能提高运行效率的所有资产、组织程序、企业品质、信息与知识等"（Barney，1991）。自有资源是企业获取利润的前提和必要条件，但不是充分条件。而为了实现利润最大化，则需要在资源的基础上，培养企业的核心竞争力。核心竞争力除了专门的技术和技能之外，还包括组织程序、所处位置和演进路线（Teece 等）。后者在很大程度上包括的是对企业内部资源的重组、配置、协调的组织能力，是企业在市场竞争中取得竞争优势和经济租金最大化的重要来源。

由于业务协同营销是一种以客户为导向的销售方式，它的实施可以满足客户的不同方面的需求，如果金融机构的组织结构是按照产品导向型建立的，将会出现多个部门服务于一个客户的情况，多个部门之间的协调和利益分割问题也就出现了。如果不能有效解决这些问题，就会产生各个部门对于各自在业务协同过程中所承担的职责不清、角色定位不明确的问题，严重影响业务协同的实施。因此，业务协同要求银行具有一个客户导向型的组织结构，并根据机构的整体利益重新设计组织结构，采用某种协调机制来调解各部门之间、各个团队之间的利益分割和协调问题，使业务协同成为整个组织共同的目标。

（1）客户居于组织结构的核心位置

对于大型银行集团来说，具有不同层次的客户群、多元化的产品线，进行跨国运营，面对的是客户、产品、地域三方面的问题。很多银行采用了多维度的矩阵式组织结构，如花旗银行就是最早采用矩阵式管理的金融机构。近年来全球市场的动态变化，使该银行认识到，产品线概念和全球地域业务之间的协调和有效控制是未来银行成功的关键，因为它将确保产品在每一地区对每一客户群都是第一流的，同时也可以使股东更彻底地了解银行的全球业务。客户在该组织结构中处在中心地位，产品只是服务客户的手段。矩阵式组织的管理，依照"一仆二主"的方式来运作，也就是地区分行业务和职能部门主管必须同时向当地/集团国际主管和集团相应部门/业务线主管报告并负责。这种矩阵模式，确保了集团业务战略、业务/产品线在各地得到贯彻；同时兼顾各区域的市场本土特征，使集团的业务产品符合各地要求；产品业务方面集中于集团标准化品牌产品的提供，而地域方面则集中于根据各市场特征从事多元化分销。这就在组织结构上为以客户为中心的交叉销售搭起了平台。

（2）中后台支持实现集中共享

目前银行业普遍采用的前台—中台—后台模式，反映了金融业将产品或服务的生产、分销和处理功能分离的管理趋势。为了支持前台业务，中线主要功能有风险控制、业务决策、财务管理、资产/负债管理、资产组合管理、研究开发等；后线主要功能有集中收集、分析、提供客户数据，从事技术服务、操作处理，制定 IT 标准和政策，公司对外交流，人力资源管理等。

6.1.2　信息资源整合

IT 支撑着银行所执行的每一个流程，是银行运营中不可或缺的组成部分。此外，银行往往具有复杂的运营结构，通常包含许多品牌、分行和产品组合。在这样复杂的环境下，银行通过信息资源共享有效发挥协同效应，服务客户，并在内部各方之间实现协调平衡。如果信息系统不能实现有效整合将会束缚业务发展、给客户造成不便，业务协同也难以实现。

（1）使 IT 战略和商业战略实现协调统一

业务协同的技术基础就是信息资源共享。虽然在理论上易行，但在实践上达到高层次的信息资源共享并非易事。运营规模并不意味着成本优势，对 IT 上的不断投入也不必然意味着信息资源建设的提高，更不意味着银行能从信息资源上获得更多的收益。

成功的银行并不盲目在 IT 项目上进行投资，而是致力于把 IT 投资应用于业务。在这些银行身上可以发现，IT 投资和盈利能力存在相关性，并且这些银行能够将自己的 IT 投资转化为实际的业务价值。研究发现，IT 运营规模并不能确保成本效益。许多大型银行至今仍未从其庞大的 IT 运营系统中获得可持续的成本优势，尤其是当银行规模随并购变得日益庞大时，就会产生整合困难。规模较小的银行也能通过"外包"（如外包 IT 服务台而非整个 IT 运营）等方法获得规模效益。

利用信息资源共享实现业务协同，最重要的就是对口进行有效的管理并将其与业务功能整合在一起。在确保各个部门任务完成的前提下，瑞士信贷集团将私人银行业务、投资银行业务和资产管理业务三个独立的 IT 部门整合在一起，整合目的就是要利用三块业务之间的协同效应。如投资银行客户刚刚通过首次公开上市，就向其高管推荐集团的私人银行业务。另外，通过组织合并，消除系统和组织职能上的重叠，实现成本节约、提高效率。怎么实现 IT 与业务的紧密联系呢？这就需要在管理上使 IT 部门与业务部门合作，使 IT 建设参与到业务中去，使 IT 建设给银行带来更多的价值增长。

（2）实现信息的集团化集中

很多银行集团通过兼并收购的方式获得某些子公司，这些子公司各自都曾建立了自己独立的信息技术平台，如网上银行、网上保险、网上基金等，各个子公司之间的信息技术系统在技术水平和功能设置上存在较大的差距。因此，为了在集团内部实现充分的信息协同效应，就应该建立集团统一的信息平台。

① 实现客户信息共享

信息资料是大型银行集团的核心竞争要素。各个子公司和事业部只有实现客户信息共享才能提高业务协同效率，因此需要建立统一的数据仓库，进行"以客户为中心"的信息数据整合。目的是：充分利用来自各个机构的信息；发现业务协同的机会，为客户提供个性化产品和服务；实现集团信息同步化和资源共享；增强集团对客户需求和市场动向的反应能力；降低信息成本和经营成本。如作为主营银行和保险业务的富通集团的客户资料（包括个人客户和企业客户的相关信息）都存储在中央电脑系统中，每个银行网点与总行电脑系统相连。销售人员只需输入客户代码、账号、姓名或出生日期就可以查到唯一对应的客户资料。在集团的理财中心，根据对客户的风险偏好、投资意向和资产实力进行理财顾问分析，系统就可以自动生成包括银行和保险产品的理财建议书。在处理健康保险时，由富通银行保险后台中央集中处理核保，并将信息反馈到银行网点，由系统自动打印体检通知书，通知客户体检。整个系统除了业务功能模块外，还有一个"帮助"模块，提供查询、在线援助、电话咨询和保密支持等功能。

② 实现信息管理集中化、客户界面统一化、产品/服务综合化

统一的客户界面使客户对集团品牌有一个整体统一的认知，使客户能够接受集团统一的操作模式和服务模式。将金融产品和服务综合到统一的用户界面，向客户提供包括商业银行、证券、保险、资产管理等各种产品和服务，任

何客户都可以通过集团的多元化渠道（如人工服务、呼叫中心、网络等）获得安全高效的服务。并且通过信息、渠道和服务的对接来增加收入、提高业务协同率、降低运营成本，密切客户关系。如富国银行通过这些策略使 2002 年到 2003 年的收入增加了 54%。客户能够按自己的计划在线办理业务，而不需要经常给银行打电话，节约了运营成本，为客户提供了便利，同时还使员工有更多时间专注于客户。

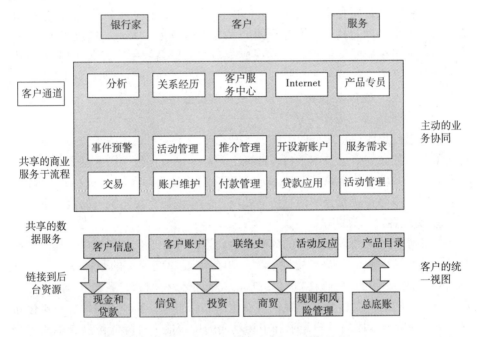

图 6 - 1 批发银行业务的信息、服务整合

③ 建立高效的银行客户关系管理系统

银行客户关系管理（CRM）是一个涉及大型银行集团内部各个部门的整体性的商业和管理概念，是以客户为中心的商业模式。CRM 是以信息技术为支持，通过优化银行内部组织结构和业务流程，开展系统的客户研究，进行富有意义的交流沟通，最终实现提高客户获得、客户保留、客户忠诚和客户创利目的的一整套互动和过程。

客户关系管理是关系营销、数据库营销、整合营销的具体体现。通过建立有效、统一的 CRM 系统可以更好地了解客户、实现与客户的交流与互动，提高交叉销售能力，并降低相应的服务成本，实现银行前台与后台系统的整合。自 20 世纪 90 年代美国的研究机构 Gartner Group 率先提出 CRM 以来，CRM 成为迄今为止规模最大的 IT 概念，将客户概念从独立分散的单个部门提升到了企业或集团整体的层面，是整合营销在银行管理中的具体化。CRM 的核心思想就是从客户细分和客户生命周期管理两方面入手，对客户资源进行价值管理。发达国家的大型银行集团都建立了完善统一的 CRM 系统，以实现销售渠道整合、客户资源整合、产品整合，并以此提高销售效率，整合集团资源，发挥协调效应。

通过客户信息管理系统产生的客户标识码就可以识别客户种类、身份、资产状况以及在银行的投资组合情况。文献研究发现，"子公司之间的相似性"因素被认为是影响集团内部信息传递的主要决定性因素。对于偏重零售业务的银行集团，在客户信息整合方面，银行子公司和保险子公司有很大的协同效应；对于偏重批发业务的集团，商业银行子公司与投资银行子公司的客户信息整合能带来较多的协同效应。

以汇丰集团的 CRM 系统为例。汇丰集团是在全球拥有 7 000 多家分支机构的大型跨国银行集团。汇丰集团首先通过 CRM 系统实施业务数据整合，通过客户信息集中获得客户偏好、客户需求和投资组合方面的信息，并通过数据挖掘发现交叉销售机会，同时根据客户需求设计新产品。其次是进行客户细分，提供差别化服务。CRM 系统帮助汇丰进行客户分类，并列出最有可能购买产品的客户名单作为营销目标，优化实施交叉销售。同时，银行利用"峭壁原理"——80% 的利润来自 20% 的高端客户，为 VIP 客户提供特别的银行服务——HSBC Premier，通过个人的客户关系经理或专门的执行团队，使客户无论身在何处都可以获得优质的金融服务。最后通过 CRM 挖掘客户需求，发现重要客户，为集团创造更多的利润。

6.1.3　营销渠道整合与流程化

业务协同的目的是获取更多利润，利润的多少取决于两个方面：收入增加和成本节约。这两方面都与营销渠道整合、流程优化有重要关系，而营销渠道整合与流程优化本身也相互影响和相互制约。

（1）以营销渠道整合实现的业务协同

① 营销渠道整合的基础是以客户为中心的后台资源共享

营销渠道整合是大型银行集团资源整合和管理优化的一部分，在营销渠道整合的过程中必然伴随着组织结构、综合业务系统的变革与整合。在各个业务板块和渠道之间实现后台资源共享有助于通过 IT 的统一规划、设计和管理来减少基础建设的重复投资，促进各个业务模块间的客户资源、销售网络以及内部管理资源的共享，使银行作为一个整体服务于客户，避免客户辗转于机构不同的部门和不同的渠道。各个银行非常重视的营销渠道间的无缝衔接就建立在这种后台资源共享基础之上，其出发点就是要让客户获得一种完整、连续的体验：客户可以在一个交易渠道中开始某个交易，而在另一个交易渠道中完成这个交易，当然这需要渠道间共享客户信息并且完全清楚客户所采取的交易路径。比如一个在线申请抵押业务的客户突然中断了申请，尽管他要填的表单还没有填完。那么下次当他打电话给银行时，客户服务代表就需要看着电脑屏幕所显示的那位客户在线申请的信息，并及时传递给关系经理，由关系经理通过电话追踪那位客户。通过这样一种跨交易渠道的协作，某一家商业银行使得大约10%的在线抵押服务浏览者成为了线下抵押服务的购买者。

② 根据产品、客户来进行营销渠道的匹配

成功的银行大多以物理渠道作为产品销售的主渠道，并辅以客户经理、网上银行、呼叫中心、直邮等渠道，来满足不同客户的需要，在渠道之间实现客户资源共享，发挥多渠道共同营销的协同效应。

不同渠道的成本不同，与客户的互动程度不同，所能销售的产品获利程度不同。往往那些互动程度高的渠道才能销售复杂的金融产品，这些复杂的金融产品往往也是获利程度较高的产品。所以，在满足客户渠道多元化需求的同时，应该把渠道整合与客户、产品相匹配，提高客户满意度，同时降低成本、提高利润。

③ 客户关系管理与客户的渠道来源相结合

渠道是银行与客户进行沟通的桥梁，也是银行与客户建立良好关系的纽带。但是，来自银行不同渠道的客户的保持度和忠诚度不同，客户渠道来源对客户关系有影响（Blattberg，Getz&Thomas，2001；Thomas，2001）。客户保持度是度量客户关系的指标，业务协同则同样可以用来衡量客户关系的发展。Bolton（2004）把交叉购买视做客户关系宽度的度量指标，而客户保持度是客户关系长度的指标。Verhoef（2005）则通过实证研究证实渠道来源不同的客户，在产品的忠诚度和交叉购买（交叉销售）方面有不同的表现。因此，应该将客户关系管理和客户的渠道来源结合起来，因为来源于不同渠道的客户价值不同。银行应该根据渠道来源来评估客户预期价值，并提供差别化的管理，对那些"可盈利的客户"施加更多的营销努力来增加"客户价值"，实现交叉销售，降低成本。

④ 由交易型营销渠道向关系型营销渠道转变

随着金融市场竞争的加剧，获得新客户的成本增加，研究证明，获得一个新客户的成本是保持一个老客户成本的5倍。可见，与客户建立更直接和更持久的关系才是银行生存与获利的长久之计。这就意味着，作为沟通桥梁的营销渠道要从传统的交易型向关系型转变，将建立、发展客户关系作为银行营销的核心任务，在客户关系发展的过程中实现银行和客户利益的双赢。

当然，在进行渠道整合、共享客户时，很容易遭遇"客户归属"的问题——许多机构和管理者会认为，向其他部门或渠道推荐自己的客户会夺走本该属于自己渠道的销售额和相关佣金，如呼叫中心和银行网点就存在这样的冲突。为了尽可能化解渠道冲突，一家北美零售银行，设计了一套佣金系统，让呼叫中心坐席代表与银行分支机构业务员共同分享电话客服中心的销售收益。借助这个系统，呼叫中心坐席代表可以为客户与银行业务员安排预约。如此一来，客户就可以获得优质服务体验了。

（2）以客户为中心进行流程整合和优化

业务流程是一组共同为客户创造价值而又相互关联的活动，银行通过业务流程进行管理和运作，好的流程能提高银行的经营绩效，同时增加客户对银行的满意度。随着大型银行集团经营多元化和复杂性增加，所面对的客户类型也更加多样，组织规模更加庞大与复杂，因此需要设计出更加优化的流程打破各个部门、业务板块的界限，使银行集团成为一个整体来服务于客户，提高客户体验质量，降低经营成本。根据波士顿咨询公司的研究，如果银行有效地改善自己的流程，就可以使自己的成本降低 20% ~ 40%，彻底改善自己的竞争地位。

① 客户是流程优化的中心和最终评价者

银行的业务流程可分为直接创造价值的客户服务流程和为直接创造价值活动服务的后台支持流程。金融机构的组织结构调整是以客户为中心的，在流程设计上客户同样应是主导和中心。但银行传统的流程模式是以每个产品为中心而产生的一整条完整的价值链（服务、产品管理和客户数据存储等任务），以成本进行考核；而流程优化则是对整个系统的重新设计，以实现部门之间、业务板块之间的良性互动。在对客户提供服务时，通过优化后的流程可以使客户通过一个窗口获得整体的服务，摆脱多头联系、分头审批的效率损失，使客户在整个组织之内获得整体的一致性服务。因而流程设计应以客户为中心，客户是流程运行和绩效考核的最终评价方。

② 通过结构扁平化、模块化来支持和配合流程优化

银行先设计好各项业务的流程，再根据流程来设置职能部门，进行组织结构的调整和部门之间的归并整合。结构扁平化可以缩短管理环节并通过事业部来集中资源服务客户，提供针对性、专业性的服务。通过模块化将特定产品流程中的相似步骤进行集合归类，在各个步骤的集合中寻求共性，如跨产品、跨渠道，或在整个流程中寻求共性；对共同的任务进行标准化处理，并将这些合并到流程模块中去；在各个模块之间也可以进一步挖掘战略上、操作上的相关性。如商业银行的抵押贷款业务和信用卡业务，都需要对客户的违约风险进行评估。如果把现在分别从属于抵押贷款产品和信用卡产品的风险评估整合为一个模块，就可避免对客户进行重复的风险评估，提高业务效率。通过模块化还可以把分散在各个部门的业务集中起来，由同一群工作人员来处理，有助于提高业务处理的一致性和连贯性，减少客户办理业务的程序。

③ 流程标准化和多样化结合，组织结构和流程设计结合

在流程优化的过程中，一方面，要将重复的多道工序进行合并、减少不必要的环节，同时也要将分产品的业务流程改为一揽子业务流程，实现流程的标准化；另一方面，针对不同的客户群设计不同的流程，实现业务流多样化，提高消费者的客户体验并满足客户灵活性要求。比如，在风险管理方面，对于低风险的业务或环节，在风险评估的基础上合理简化审批流程，最大限度地减少冗余控制环节，提高流程效率；对于高风险业务，应制定统一的信贷审批标准，引入专职审批人制度，统一风险偏好。如花旗银行就是一个在亚洲和其他地区使用这种模式的例子，尽管对于所有客户群仍沿用"City"的名称和蓝色商标，但对于每个客户群都有一个副牌：例如"CityGold"销售渠道就是专门为资产超过 10 万美元的客户设计的。不同银行的组织结构不同，不同的银行应采用不同的方法来对其流程进行模块化和标准化。没有一个模式能实现所有银行的不同需求，毕竟没有一种万能的解决方案。

④ 以信息建设支持流程改革

银行的流程优化必须以先进的信息技术为依托，并借助于强大的数据库支持。为此，银行必须对 IT 平台重新设计，使其与业务流程一致。第一，要建设一个高效的客户信息平台，向前台员工和客户提供最新的信息（如怎样与客户联系、客户使用账户的情况、持有产品的情况，以及客户与客户经理互动的情况）。第二，要使客户信息平台和发起系统紧密整合，使产品创新可以有效地利用客户相关数据。第三，要通过信息建设来提供特定的功能，如风险评估最好以专用模块的方式来提供。第四，要对数据进行有效的存储，将客户数据从产品数据中分离出来，使有价值的客户信息实现跨产品共享。第五，要通过设计特定的 IT 工具支持每个流程模块。

6.1.4　各种业务互动协同

业务协同还可以采用整合营销、关系营销、联盟营销等多种现代营销方法，企业客户交叉销售零售金融产品，或者向零售客户中的中小企业交叉销售商业金融产品，可在更多层面上与团体、个人客户建立关系，增加交叉销售的机会；通过现有的客户关系数据库，直接或间接地与客户的家人、亲戚、朋友、同事以及邻居等各个层面建立关系，寻找新的销售机会；也可通过战略联盟的形式与其他机构进行资源整合，提供金融及非金融需求产品一条龙服务，满足客户的多种需求。这些营销方式，不但能有效地降低销售成本，还可更好地方便客户，迎合其需要，从而提高市场竞争力及产品的附加价值。

（1）零售业务中的业务协同

① 进行合理的客户分类是制定交叉销售策略的前提

合理的客户分类是实施有效销售的前提，但市场中并不存在统一的分类标

准。银行根据情况运用不同的分类方法：第一，按客户贡献度进行分类，即按照客户的财富、收入与增长潜力进行客户分类；第二，按客户/行为需求进行分类，如根据客户对销售渠道的偏好进行分类；第三，按客户在银行购买的产品数量（客户忠诚度）或客户特征分类。除此以外，生活水平、生活方式、性别等外部标准也被叠加在这三类指标上。

对大多零售银行来说，不得不正视事实上的"二八定律"——80%的利润来自20%的客户，因此，很多银行将交叉销售努力主要集中在高端客户群上。西班牙金融集团（Bankinter）交叉销售和银行收入的增加都来自部分高端客户。银行对高端客户可以销售更多获利较高的产品，如长期投资产品、咨询服务等。当然，除巩固现有高端客户之外，有些银行（如富国银行）同样看重客户价值的成长性，着力发展与潜在客户的关系，谋求未来的业务增长。某些银行选择特定客户群建立联系并将其作为集中的销售目标，为其量身定做特定的产品组合，如 Banco Popular Espanol 就通过为特定客户群设计针对性的产品组合，实现了骄人的交叉销售业绩（每个客户 7—8 个产品）。这些特定的客户群包括牙医/药剂师、律师、教师和其他国家协会等。

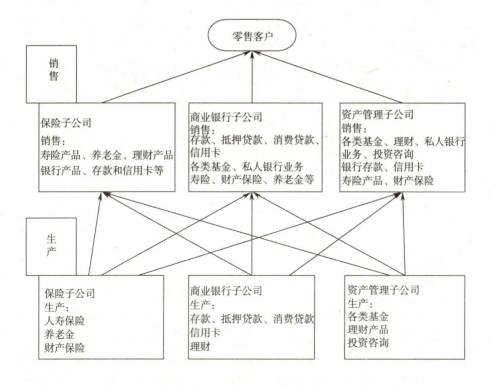

图 6-2　零售业务中的业务协同

② 优质的客户服务是业务协同成功的基础

对零售银行业务来说，通过优质服务提高客户满意度、客户忠诚度、巩固客户关系非常重要，是业务协同成功的前提。大多银行都设立反映客户满意度的指标来对员工或部门进行考核。有关美国社区银行、储蓄银行和其他欧洲地区金融机构的研究显示，中小型银行能提供更为优质的服务，其交叉销售业绩也比大型银行要好。研究发现，满意度对交叉购买意愿只有很弱的影响，良好的现有服务评价和客户重购意愿虽然与客户交叉购买意愿有一定联系，但不是重要刺激因素。因为其他金融机构可以提供更好的服务来满足客户。但很显然，不能满足客户自然会流失客户，永久性地丧失销售机会。

当然，各银行在"优质服务"的努力方向上有所差异。有的银行侧重于提供差别化服务，有的银行侧重于某项服务的专业度，还有的银行侧重于交易的便利性等。

③ 使用不同的产品定价方法促进业务协同

业务协同建立在客户忠诚的基础上，客户忠诚往往可以通过客户使用产品的多少来反映。北欧地区很多银行根据客户的产品使用量将客户分为金牌客户、银牌客户、铜牌客户，不同客户类别所对应的价格不同。这样的差别定价策略使那些最忠诚的客户获益，即客户购买的产品越多则所获得的折扣和优惠越多，因而寻求价格折扣的金牌客户不断增加。而过去，价格往往由客户的讨价还价能力决定，最忠诚的客户未必能获得最大的折扣。另外还有一些银行通过对产品组合中的一个或多个产品提供折扣的方式引导客户购买捆绑的产品组合，实现交叉销售。

④ 以"核心产品"带动交叉销售

选择哪些产品优先销售对于交叉销售策略来说极为重要，因为所选择的这些"前端产品"或"核心产品"不但要考虑产品本身的获利能力，还要考虑该产品对客户关系和未来潜在销售的影响。在选择核心产品时，银行往往从以下几方面考虑：一是产品潜在的获利能力，即产品在产品生命期内对营业收入的贡献；二是两个或多个产品间的功能关系，其中最显著的就是消费贷款或抵押贷款这样的贷款产品与绑定在贷款上的保单——信用人寿保险、意外保险、房屋保险等之间的关系。很多分析家认为，与工资相关（大部分的人员费用被支付）的活期账户和储蓄账户是业务协同策略的最好基础。三是产品的"黏性"，即产品在建立和保持长期客户关系方面的能力。长期投资产品和储蓄产品就是典型的"黏性"产品，这些产品的获利能力较强，如寿险、共同基金、可变动年金、保本的投资产品等。Bank Administration Institute 的研究发现，核心的储蓄关系直接或间接地产生了金融机构 60%的利润。

各银行根据条件选择不同的核心产品。如富国银行立足于抵押贷款、长期投资产品和咨询产品。核心产品不但为银行增加收入还带动其他产品的销售，因此银行非常注重其核心产品在客户中的渗透度。有的银行将网上支付与某些产品捆绑在一起，效果非常显著。富国银行和美国银行都承认，拥有网上银行和网上支付的客户的流失率非常低。

另外，往来账户（或支票账户）是信息搜集的重要来源，是客户与银行关系的重要体现，也是银行实现业务协同的重要渠道。像往来账户和信用卡这样的交易型账户提供了丰富的客户管理数据，尤其是现金流信息（工资和投资收入以及账单支付等）。这些信息可以用来预测未来客户的需求并评估客户的风险。往来账户在各个市场的重要性有所差异，很多国家往来账户是主要的交易账户，利用往来账户所提供的信息，可以成功预测对客户交叉销售的机会。

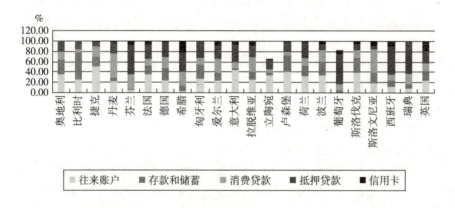

资料来源：Europe Commission's，"Retail Banking Survey"。

图6－3　往来账户在交叉销售中的基础作用

⑤ 设计能为客户带来好处的产品组合

业务协同旨在向现有客户销售更多的产品。如果银行设计特定的产品组合，能够给客户带来好处或便利，交叉销售就很容易实现。如英国银行推行的"灵活抵押贷款产品"，这个组合将活期存款账户（或支票存款账户）、储蓄账户与借款人基本住房抵押贷款限额连接在一起，通常包括信用卡和借记卡、住房贷款、寿险以及个人贷款。该产品组合的持有者通常使用贷款限额购买住房，以信用卡购物、购买汽车和其他大型消费品。对于首笔抵押贷款和其他信用购物，客户只需支付与市场相同或者接近市场的单一利率，根据英国税法，借款利率从所得税中扣除，储蓄存款和支票存款上的余额可以抵消抵押贷款所欠余额，因此，客户只需要支付总信贷和储蓄余额之间差额部分的利息。通过这样的产品组合为客户提供了便利，节约了利息支出。

⑥ 开发并完善 CRM 为业务协同提供数据和技术支持

CRM 系统，可以使银行了解客户的个人信息、交易信息、客户对银行的贡献度等，同时，数据挖掘技术可以寻找客户购买规律并发掘交叉销售机会。相关研究发现，客户购买金融产品往往具有由普通产品到高级产品的购买顺序。相对低端产品来说，客户满意度对高级金融服务需求的潜在影响更大，高级金融服务需要与不同的销售渠道相匹配，较为标准化的低端服务可以更加广泛地使用电子渠道，而专业化要求更高的高端服务则更多以网点渠道面对面进行。有效的 CRM 不仅使银行的业务协同过渡到以信息为基础的数据库营销上来，而且使营销更具有目的性和精准性。因此，各个银行争先恐后地在 CRM 方面投入巨资。

⑦ 以团队激励拉动业务协同

为了引导员工积极实施业务协同，就必须通过相应的激励机制鼓励员工在与客户的每一次接触中，形成"相互推荐"意识，为公司其他部门创造销售机会，提高公司整体的销售额。业务协同这种"我为人人、人人为我"的实施过程往往要求在激励补偿中以团队业绩指标代替个人业绩指标进行考察，将个人目标和团队目标相结合。所有的激励补偿都以销售结果为基础，团队中某个人向另一个人介绍业务将会因此而受到补偿，部门管理人员奖金发放不取决于部门增长率，而是用公司销售增长率作为计算基准。

（2）公司客户的交叉销售

与零售客户不同，企业客户由于行业、规模、经济情况差异，银行很难通过设计模型，用数据挖掘的方法来预测和挖掘交叉销售机会。而银行向某个企业销售产品或服务的数量往往取决于银行与企业所建立的"关系"。

① 与企业的"关系"是业务协同的基础

企业与银行所建立的关系主要依托两类产品——贷款和现金管理。现有文献对企业客户交叉销售的研究大多从企业与银行的"关系贷款"出发，研究关系贷款对交叉销售的其他产品，尤其是投资银行服务的影响，但对现金管理在交叉销售中扮演的角色没有足够重视。实际上，无论贷款业务还是现金管理业务都是具有"黏性"的产品，企业在某个银行购买了某类产品或服务之后，与银行往来关系密切，转换银行的成本也较高。银行可以从贷款业务获取企业大量资料、了解企业的需求。传统贷款业务，并不一定能够为银行带来利润，需要通过交叉销售来弥补。

麦肯锡全球企业银行业务对欧洲超过 35 家主要银行的产品收入结构、销售模式、激励结构和授信流程效率进行了详细比较，发现前五大绩优银行不仅在业务协同活动的利润率上远高于其竞争对手（高出 50 ~ 60 个基点），而且它们的核心贷款业务也在盈利。而其他银行如果没有业务协同的"补贴"，则

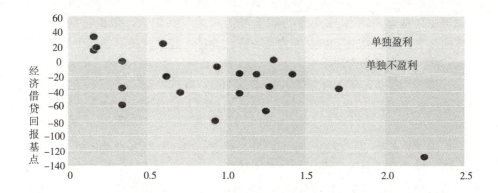

资料来源：Jan Philipp Gillmann，Helmut Heidegger，and Ralph Heidrich. Coping with the Credit Crunch：Opportunities for Corporate Banking in Europe，Mickinsey Quarterly。

图6-4　欧洲主要银行对中型企业客户贷款的回报与风险

不能从贷款业务中赚取利润。可见，贷款业务是企业与银行建立关系的第一步，银行是否能够获利则需看"关系"发展——交叉销售如何。

　　和贷款业务一样，银行在进行现金管理服务时，同样可以通过账户的收支、转账、缴税等业务了解企业动向和信息，并与企业建立较为长期的关系，并且大多数企业都不愿在现金管理上更换银行。调查发现大多数企业已经与银行建立了主要业务关系，平均时间跨度可达14年。不同层次的企业对现金管理业务均有广泛的需求，不仅大型企业广泛使用现金管理服务，中小企业的需求增长和利润也更为可观。

　　②不同类型的企业客户对产品或服务的需求不同

　　银行为客户提供服务时，要根据客户需求结合自身产品情况，制定解决方案。因此，对客户进行分类非常重要。分类的标准是企业的规模、行业和行为，然后根据分类设计并提供相应的产品组合。

　　规模是银行对企业客户进行分类的重要基础，不同规模的企业对产品或服务的需求广泛程度和偏好不同。大型企业往往具有较广泛的产品需求，包括最基本的存贷款、现金管理，到贷款、租赁、贸易融资、票据贴现、保理业务和避险业务（衍生工具），再到投资银行业务（债券、股票的承销、购并咨询等）。而广大的中小企业的产品需求往往处于金字塔的最基层，部分行业的企业对中间层的产品有需求。居于金字塔顶端的业务往往是复杂程度和获利程度同时较高的业务，只有大型企业具有这类需求，且需求的差异性强，要求银行提供个性化服务，而其他产品设计较为简单和标准化。虽然次贷危机后很多企业客户从结构化产品领域撤出，但为了规避利率、汇率波动所带来的风险，企业客户对避险金融工具有着更多的需求。同时，存在广泛客户基础的租赁、贸易融资、票据贴现和保理业务的需求可能扩大。例如，大型银行向 30% ~ 40% 的客户销售租赁融资和跟单贸易融资，并且将这些产品集成到产品组合套装中，同时提供顾问和服务。

当然，为了更清晰地了解客户需求，还可以对客户类型进一步细分，如中型企业中的下层和上层企业所需的产品并不相同。很自然，上层企业对复杂产品更感兴趣。

根据客户行为也可以将企业客户分为两类，向这两类客户销售的主打产品也有所不同。第一种类型的客户是严重依赖信贷的客户，借贷关系对于能否抓住这些客户是至关重要的，能够在适当的时间提供适当贷款的银行通常能够赢得它们的现金管理业务。第二种类型的客户是那些借贷需求有限但有大量现金管理活动的企业，如 IT 公司和一些特定的医疗卫生企业，还有建筑、工程和法律方面的专业事务所。对于这些有大量现金活动的客户，主要的产品就是现金管理本身，而难题就在于确定哪些服务最具有吸引力。企业客户的规模和所在行业可以帮助银行确定这些需求。

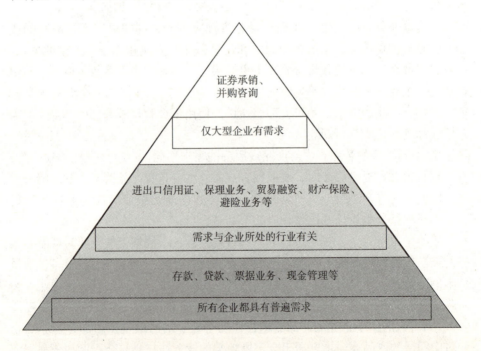

图 6-5　不同层次企业对金融产品的需求

③ 中小企业成为业务协同服务的热点

业务协同是否成功取决于两个方面：一是客户需求具有多样性，二是银行产品供给多样性。在众多的客户分类中，中小企业之所以成为很多银行交叉销售的重点目标，是因为中小企业客户在零售存贷款、转账、私人银行和财富管理等方面都有广泛的需求。向客户销售的产品数量往往与客户需求的广度呈正相关，银行可以以产品组合的形式向其销售包括汇款、信用卡、存款和金融咨询等服务。另外，中小企业业务对银行来说是具有"黏性"的，因此成为很多银行利润增长的亮点，如美国的银行（如美联银行和美国银行）以及英国的银行（如苏格兰皇家银行）发现它们的中小企业客户能促使其 ROE 在税后提高30%。

④ 针对不同类别企业实施不同销售模式

不同类型企业的需求和价值是不同的，因此要求银行在企业客户细分的基础上，针对不同企业，进行差别化的客户管理和销售模式。

大型企业客户是银行的重点业务目标。那些绩优银行往往在客户经理制的框架下，鼓励客户经理应尽可能地让产品专家参与销售流程，并鼓励二者之间的经常性互动。在中小型企业客户领域，那些业绩最佳的银行采取预先设计的结构化方式，主要依赖客户关系经理作为基础的、标准化产品的单一联络点，在必要时才求助产品专家。

不过，为了取得竞争优势，银行单靠开发一两个"拳头产品"是不行的，必须设计多种系列的标准产品和服务，满足各类中端市场客户的需求。当然对于某些复杂程度、个性化程度较高的产品或服务，银行也需要对中小型客户提供特殊的销售支持。如一些欧洲银行成功地为中型企业客户设计了专业化风险对冲业务，并通过三方面为销售提供支持：首先，利用系统化工具（如全面的贸易流分析和脆弱性评估）评估客户的内在真实需求；其次，通过现成的销售文件和模拟工具帮助客户经理向客户说明企业风险规避产品的好处；最后，通过可定制化的产品结构，提高外汇、利率和商品价格风险管理的效率。

客户经理是企业客户管理的枢纽。为了提高销售和服务的效率，银行需要为不同类别的企业配备不同层次的服务。根据麦肯锡公司的调查，银行间的服务覆盖率差异很大，但中型企业客户的最佳服务比例是平均每位客户经理30～40 名客户。覆盖率处于这一范围的银行似乎在两个方面都表现最好：相对高效的销售运作和中等以上的交叉销售产品收入。对于大型企业客户而言，最佳比例似乎是每位客户经理 10～25 名客户。

不同类型的企业客户的资源和管理方式不同。中小型企业由于资源有限，更注重服务和渠道的便利性，因此直观、一体化的企业网上银行非常有必要。如美国富国银行的网上银行门户，既提供丰富而有层次的功能，能让用户访问所有服务，又具有直观的界面，可以帮助客户快速轻松地找到自己所要的东西。

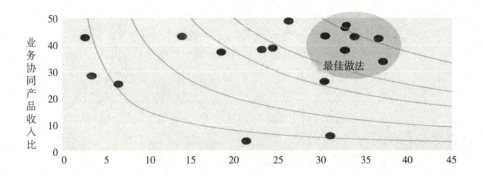

资料来源：Jan Philipp Gillmann, Helmut Heidegger, and Ralph Heidrich. Coping with the Credit Crunch: Opportunities for Corporate Banking in Europe, Mickinsey Quarterly。

图 6－6　欧洲主要银行中型企业客户

⑤ 集中核心产品的业务协同模式更能确保银行利润

业务协同着重于少数核心产品可以使银行取得更好的业绩。如图 6－7 所示，中等以上的经济利润率与将交叉销售精力放在少数精选产品类别的银行之间存在明显的关联性。

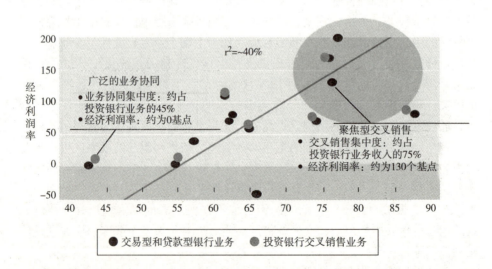

资料来源：Jan Philipp Gillmann, Helmut Heidegger, and Ralph Heidrich. Coping with the Credit Crunch: Opportunities for Corporate Banking in Europe, Mickinsey Quarterly。

图 6－7　欧洲主要银行中型企业客户

业绩最好银行的客户经理通过产品的交叉销售赚取 800 万欧元（或更

多）。而在业绩不佳的银行，客户经理人均创造收入仅为 200 万～400 万欧元。在中型企业客户领域，最佳银行和最差银行之间的差距是 6 倍。另外值得注意的是，当银行与企业进行沟通时应确定单一的联系人（如客户经理）去解决问题，必须使客户始终感到自己是在和一个完善的机构打交道。

（3）零售业务与公司业务互动，建立"集团零售"概念

一些银行正在以一种所谓"集团零售"的方式开展业务协同，即银行与其他一些金融机构、零售机构或者教育团体签订排他性协议，要求这些机构的雇员、客户或者学生的相关信息可以彼此共享，或者根据对方的要求，银行和保险公司为这些机构及其掌握的客户提供服务，为其开发个性化的产品和服务。集团零售概念成为连接零售业务与公司业务的纽带，通过向机构客户的员工、客户等个人客户提供零售产品和服务，进一步深化和拓展了银行与企业等机构客户的关系。

集团零售在金融服务领域发展非常迅速。如西班牙的互联银行已经在一些专业服务公司的办公场所开设了分支机构，为这些专业服务公司及其员工提供更加便捷的服务。这种主动出击的做法极大地提高了互联银行的交叉销售业绩，使单位客户的产品购买种类数由不久前的 2.5 个迅速提高到目前的 6 个。荷兰银行与瑞典 LF 保险集团签订的管理资产合同中就包括这样的条款：瑞典 LF 保险集团要向荷兰银行推荐其优质客户，荷兰银行可以向这些客户销售共同基金产品。

6.1.5　建立合理的激励机制并形成整体的业务协同战略

有效的业务协同可以带来可观的利润，不少银行为此拓展了多元化的产品和多种服务渠道。可是，对于大部分的银行来说，交叉销售业绩并不理想，零售客户仍然只购买银行所提供的 8～10 个产品中的 2 个。其中一个重要的原因就是银行往往把太多的精力与资源放到技术改进上，如对客户关系管理系统 CRM 和数据仓库的建设与升级。虽然这些工作非常重要，但显然，光依靠技术并不能解决所有问题。业务协同是现有组织结构下的"人与人"的沟通与合作。建立合理的激励机制并形成整体的业务协同战略对银行业绩的改善至关重要。

（1）建立起跨部门、跨渠道的客户推荐文化

所谓推荐，就是指公司的不同部门识别各自的优质客户，并系统地将这些客户转移到其他部门。主动、及时的推荐是业务协同关键的一步。为了能够使不同的部门互相推荐各自的优质客户，就必须改变员工的行为模式，使他们愿意并且习惯于彼此分享各自的优质客户。这个问题看似容易，但在实践中并不容易实现。销售人员在行为过程中会自然遭遇"客户归属问题"。一些机构试图采用财务激励手段来改变员工的这种意识，但是效果并不理想。某些情况

下，采用组织结构上的调整有助于该问题的解决。如波士顿咨询公司提供了这样一个案例，一家在业内比较著名的全球性金融机构，试图在它的投资银行事业部和财产保管事业部之间实现尽可能多的业务协同。对于这家金融机构来说，财务激励手段是很难奏效的，那些高薪的投资银行客户代表，很难为了些许的物质激励就把自己的优质客户与其他部门共享。所以，这家金融机构决定对现有组织结构进行变革——成立了一个优质客户管理小组，确保投资银行事业部向财产保管事业部推荐客户。同时，该机构还注重"强协作文化"的培养，向员工灌输"坚持不懈分享优质客户将有利于整个公司的发展，因而也有利于每一个员工"的观念。目前，在个人客户业务方面，这家金融机构的工作效率得到了业界的认可，被认为是效率最高的金融机构。另一种客户共享的方式是多种销售渠道之间的相互推荐。

（2）以团队形式开展业务协同

当针对客户的交叉销售需要专业的产品与技术支持时，"组建团队"将会对推动业务协同十分有效。如某家保险公司，最初把自己的寿险业务和非寿险业务分成两个相互独立的业务单元，这两个业务单元分别有自己独立的销售队伍，可是两个业务单元之间的交叉销售并不理想。为了提高业绩，保险公司将这两个业务单元的销售人员组合成团队，每一个寿险部的销售人员都和多个非寿险部的销售人员组合成团队关系；反之，每一个非寿险部的销售人员也和多个寿险部的销售人员组成团队；同时，每一个客户的资料由一个团队统管。这种组织形式是为了确保一个销售人员不用仅依靠另一个销售人员来实现跨部门交叉销售。不仅如此，这家保险公司还将它的交叉销售目标与激励政策紧紧捆绑在一起，最终使交叉销售业绩大幅提高。

（3）鼓励为机构尽可能地创造业务协同可能性

在机构内创造更多的业务协同机会，要求销售人员学习新的知识和技能，以便销售那些原本不熟悉的产品。在产品类别简单化的条件下，销售人员通过提高销售技巧来满足客户需要。例如，某家大型的欧洲银行保险集团，它的普通销售团队（针对银行产品）与专门销售团队（针对保险产品）是分开的，而集体的目标是推动保险产品的销售。其中，普通销售团队只销售很少几个保险产品，同时也不愿把优质客户与专门销售团队分享；而专门销售团队仅对公司客户的保险业务感兴趣，却忽略了集团定位的大众个人客户市场，结果造成了集团保险销售目标未能实现。为了解决这个问题，集团决定把普通销售团队与专门销售团队结合起来，针对大众个人客户市场共同销售保险产品。公司先对这些销售人员进行培训，还把保险产品简化，以方便销售人员理解和销售，并精选了一些产品让普通销售团队销售。除此之外，集团还采取了一些与保险销售相关的激励措施，为普通销售人员设计了每个礼拜销售两个寿险产品和一个非寿险产品的指标，并使销售目标的完成成为销售人员职务晋升的重要因素。而后，这家集团在大众市场上的保险销售业绩蒸蒸日上，银行和保险业务总体收益的增长连续两年超过50%。

当然，客户最终决定业务协同策略是否有效。如果该集团的上层客户需要的是更具有针对性的复杂结构的产品，那么普通的销售团队就无法胜任上述的交叉销售工作。

6.1.6　小结

本节主要讨论了工商银行在资源整合的前提下的业务协同实施策略。因为业务协同的主要依据是协同效应，协同效应在一定程度上又是建立在资源整合基础上的。所以，对于想要在业务协同方面取得成功的银行来说，组织设计、信息整合、渠道整合、流程优化都是必需的。除此以外，还要实现战略协同——形成共识性的业务协同文化。通过资源整合才能形成核心竞争力，并真正地发挥协同效应。在资源整合的基础上，实施各项业务的互动，提高业务协同的效率。在各种资源中，银行除了需要对硬件资源如信息资源、渠道资源进行建设和完善之外，更要注意软资源的建设，如企业文化、战略协同、团队激励等。

6.2　中国工商银行集团走向业务协同的步骤设计

基于前文的分析，本报告提出中国工商银行集团走向业务协同的步骤设计。

6.2.1　中国工商银行集团走向业务协同的总体目标、战略方向与原则

（1）总体思想、发展目标

以客户为中心，市场为导向，紧密围绕全行战略，立足外部环境和工商银行改革发展实际，充分吸收借鉴国际大型银行集团管理的前沿理论和实践经验，以价值创造和内涵提升为驱动，明确工商银行的战略管理定位，打造"战略决策清晰、管理指挥有力、组织机构精简、部门协作高效"的银行集团，力争建设成为国际一流现代金融企业。

（2）指导原则

①契合于战略与文化

依据全行经营发展战略，稳步推进工商银行管理体系改革，形成战略推动、文化引导的良性互动。

②服务于客户与市场

统一客户营销服务界面，围绕客户需求和市场竞争需要设计组织架构，致力打造整合客户、市场、产品、风险和技术等核心要素的灵敏高效的业务流程体系。

③立足于价值创造

立足价值创造设计组织架构和业务流程，既要有利于节约财务成本和管理成本，更要有利于经济和社会价值创造。要着眼全局、统筹规划，实现银行价值最大化。

④领导带头推动

改革应自上而下推动，集团各级机构负责人应对改革进度与成效承担相应的领导责任。

⑤改革要统筹兼顾

要尽可能兼顾客户、股东、员工、社会等各方利益，减少改革阻力。

⑥及时跟踪检查

要建立对改革策略的跟踪检查和评价机制，及时发现和解决问题，根据新情况新要求，及时对改革方案进行修订与完善。

⑦遵循于风险控制

合理有效的风险管理是银行经营的永恒主题和发展基石，改革要有利于审慎稳健原则的强化，有利于风险管理流程的改进和完善，有利于风险管控效率、质量的提高以及管理成本的降低。

6.2.2　中国工商银行集团走向业务协同的步骤设计

（1）短期（0—5年）：在现有制度框架下寻求战略协同、体制协同和机制协同

① 战略设计上：制定明确、具体的发展路径和目标

工商银行集团管理体系建设是要对原有管理体制进行深层次的改革，是关系工商银行生存与发展的重大战略抉择。改革涉及集团内外大量利益关系者的切身利益，也势必面对巨大阻力。因此，必须制定改革时间表和具体实施方案，通过战略层面的指引，明确改革的方向与步骤，有助于深化集团各利益主体对于改革进程的认识，消除误解和统一思想。另外，还应由一个专注于战略决策、宏观规划和统筹管理的部门，对总体战略从制定到分解、执行、反馈、修正进行全流程管理。

② 顶层设计上：建立业务协同委员会

目前，工商银行的业务协同还处在非常初级的层次，仅能够暂时实现一些业务的联动，但是无法从根本上调动经营一线业务联动的积极性，没有形成业务联动的长效机制。在没有形成长效的业务协同机制的初期，借鉴国际大型银行集团的普遍做法，在集团内部自上而下地建立专业协同专职机构及其议事制度和流程，是一个相对高效的方法。

委员会负责业务协同的联络、沟通、仲裁等，使业务协同问题的处理流程化、定期化。委员会应该由一个行级领导负责，且领导的权力应略高于其他分

管具体部门的副行长。

③ 机制设计上：进一步梳理各个业务的职能和边界，尝试性地进行整合

应尽快对集团各部门的职能进行梳理，对于重叠、交叉职能应予以尝试性地重整合并，廓清各部门的职能边界。

依据集团各业务客户对象的性质和业务之间的关联度两个维度，实施各业务管理资源的整合。譬如整合大中型公司、机构、投行、票据和租赁业务，建立公司及投行业务中心；整合个金、小微企业、信用卡、私人银行等业务，建立零售银行业务中心；整合资产托管、现金管理、养老金、资产管理、贵金属等业务，组建资产管理中心等。开始培养全能客户经理。

④ 资源共享上：提升中后台的集约化程度，打破部门所有制、专业所有制，在一定程度上达到资源共享

一方面，近年来，随着业务迅速拓展和监管日渐强化，总行中后台管理部门数量不断增多，分工日趋细化，虽然对于完善内部控制体系、防范业务风险起到了积极正面的作用，但是也使中后台运营流程更趋复杂。提升中后台业务运营的集约化程度，不但有益于解决 IT 系统重复开发、简单和标准化劳动重复操作等问题，也有助于简化新旧业务系统的衔接问题。随着集团综合化经营程度提高，系统开发和中后台运营的压力越来越大，对于具有普遍适用性的业务系统和可以标准化、流程化处理的中后台操作，可以考虑运用集中、统一的方式"打包"处理。

另一方面，在合规的范围内，尝试建立资源共享平台，包括集团范围内共享资源信息发布平台、集团范围内统一的内部资源市场等。

⑤ 考核导向上：在现有的制度框架下建立粗犷的有利于业务协同的考核激励机制

进一步完善管理会计考核体系，结合利润中心改革，率先实现对利润中心成本、收入的清晰核算。在初期若难以对利润中心使用的基础性、共享性资源进行合理定价，可只对利润中心的核心业务资源（可控资源）进行实际成本核算（即核算可控成本）；对于同分、支、子以及外部机构的合作成本，可通过作业成本管理的办法予以模拟核算，无法归集的成本统一纳入集团账目。利润中心收入可根据产品销售情况等量化指标与产品集团内部定价（协商价）确定。并在此基础上，有步骤地推动其他业务的精细化核算。

⑥系统平台建设上：进一步优化 IT 系统建设

进一步优化集团 IT 系统平台建设。首先，使 MOVA 系统能够尽快实现产品、部门、客户、机构和员工五个维度的精细计量。其次，进一步完善工商银行数据仓库建设，并加大数据挖掘的力度，对一部分高端客户群实施精准营销。最后，优化 MOVA 系统，丰富产品。

(2) 中期（5—10 年）：打破现有的制度瓶颈，进行较为深入的改革

① 战略设计上：对改革方案进行及时修订与完善

由一个专注于战略决策、宏观规划和统筹管理的部门，来对总体战略从制定到分解、执行、反馈、修正进行全流程管理。并在分解、执行和接受反馈的过程中，不断优化改革方案。

② 顶层设计上：业务协同委员会成熟运行，形成常态化的机制

业务协同委员会专门负责新业务、子公司与母公司和分行间协同联动的推进与沟通协调。经过五年的运转，已经形成联席会议制度，通过不定期召开联席会议，协调解决跨机构的业务协作问题；制定了针对重点客户、重点项目的协调制度，较为高效地解决重点客户、重点营销过程中存在的跨机构协作问题。业务协同委员会使业务协同问题的处理流程化、定期化。大部分的业务协同问题已经得到解决并形成了一套行之有效的管理办法，形成业务联动的长效机制。

③ 机制设计上：进一步整合业务部门，捋顺业务流程，分离前、中、后台，建立专一客户经理制度

经过五年来对集团各部门职能的梳理，廓清了各部门的职能边界。接下来进一步以客户为中心梳理、整合和拓展业务板块。围绕客户类型整合业务条线，将业务拓展板块整合为三大业务线：零售业务线、公司及投行业务线、投资及资产管理业务线。强化三大业务线的纵向管理能力，在三大业务线整合之后，在时机成熟时使其转制为利润中心或事业部，实行独立核算考核，各业务线享有人、财、物等资源的分配决策权，要能够调动本业务条线掌握的各类资源。

彻底分离前、中、后台，建立专一客户经理制度，实现一个客户、一个账户、多个产品、一个客户经理的综合金融体验。

④ 资源共享上：建立以客户为中心的资源共享体系

进一步推动业务集中处理改革，建立集交易处理、账务核算、业务管理和客户服务功能于一体的全集团共享服务式的后台业务处理中心。其服务对象不仅仅是单个部门或机构，而是要面向集团内各个业务线、各个机构和客户，通过提供规模化、标准化、专业化的集中处理服务，将各产品线、专业线、各渠道、各地区的业务处理流程集中起来，实施业务处理跨产品线、跨渠道、跨地域的共享。完善客户资源、渠道资源、产品资源、人力资源和信息资源的共享机制。

⑤ 考核导向上：改进和完善考核激励机制

建立成熟的管理会计考核体系，在实现集团业务、资源较好整合以及区域协调机制较好建立的基础上，根据集团内部各方达成的合作协议等进行成本、

收入的准确核算。创新考核技术与方法，通过内部转移价格、影子计价、捆绑考核、成本分摊、利润分成等制度，解决不同利益主体联动发展的利益分配问题，促进跨部门、跨机构业务联动与协作的积极性；强化对集团各成员单位协作态度与协作能力的考核，尤其要注重将业务联动考核落实到营销一线，将跨机构协作的态度与满意度加入到对各机构的定性考核指标体系中，并建立相应的定量考核指标体系。

⑥ 系统平台建设上：完善的 IT 服务体系

进一步完善 MOVA 系统的功能，使其能够更为准确地记录和度量各地区、各业务条线、各项目小组、个人、各个客户，直至每个微观单位的资源占有、收入创造以及价值贡献，完善以价值贡献指标为核心的分产品、分部门预算评价体系，并能够在此基础上构建科学的利润分成机制、内部计价机制和激励约束机制，实现利润中心与境内外分行、总行成本中心等主体之间收益成本的准确核算。

拓展完善全球信息资讯系统、一体化的数据仓库和管理信息系统，使集团的各种信息资源能够充分地共享，任何管理人员，只要打开电脑，对其主管的业务信息，包括客户资料最新信息、与银行往来记录都能完整、准确地反映出来，能够及时采集与分析。

（3）长期（10 年以后）：实现规模经济，形成核心竞争力

依托不断改革的先发优势，使现有成果实现规模经济进而形成核心竞争力。构建一套全面覆盖集团总部、境内分行、境外分行、子公司等所有机构，以及包括所有业务线的统一的集团管理框架和集团运营机制；构建一个产品服务齐全、专业分工明确、核算考核清晰、资源配置优化、激励约束有效、业务管理高效、合作协同通畅、风险控制有力的现代集团经营管理体系；构建一个"条块结合、纵横平衡"的盈利结构和管理架构；真正实现"ONE ICBC"。

参 考 文 献

[1] 奥利弗·威廉姆斯、斯玛特·马斯腾：《交易成本经济学经典名篇选读》，北京：人民出版社，2008。

[2] 陈友滨：《银行跨国并购战略与整合管理研究》，载《金融论坛》，2007（12）。

[3] 陈友滨：《银行跨国并购 IT 系统整合管理研究》，载《金融论坛》，2009（1）。

[4] 段洪生、陈志延：《当前我国金融控股公司优势与模式选择分析》，载《珠江经济》，2005，（9）：81－84。

[5] 弗里德赫尔姆. 施瓦茨，杨轩译：《德意志银行》，北京：华夏出版社，2008。

[6] 傅巧玲：《跨国银行交叉销售问题研究》，北京：中国金融出版社，2011。

[7] 葛兆强：《银行并购、商业银行成长与我国银行业发展》，载《国际金融研究》，2005（2）。

[8] 韩福荣：《国际企业管理》，北京：北京工业大学出版社，2006。

[9] 胡浩：《银行保险》（第1版），北京：中国金融出版社，2006。

[10] 姜建清：《商业银行国际化：环境与体制》，北京：中国金融出版社，2009。

[11] 交通银行总行课题组：《西方商业银行组织架构主流模式研究》，载《新金融》，2003（9）。

[12] 李静：《多元化战略》，上海：复旦大学出版社，2002。

[13] 连建辉、孙焕民：《走近私人银行》，北京：社会科学文献出版社，2006。

[14] 刘安学：《跨国银行经营管理》，西安：西安交通大学出版社，2007。

[15] 刘诗平：《汇丰帝国》，北京：中信出版社，2010。

[16] 陆晓明：《银行全球业务发展的新组织结构——三维战略业务单位（SBU）模式初探》，载《国际金融研究》，2004（2）。

[17] 陆晓明：《与全球战略相匹配——跨国银行组织结构和管理模式的

调整与发展》，载《国际贸易》，2005（4）。

[18] 潘功胜等：《国际大型银行成长之路》，北京：中国金融出版社，2008。

[19] 尚煜：《国外商业银行组织架构改革对我国的借鉴》，载《前沿》，2009（12）。

[20] 施维明：《我国发展金融控股公司的制约因素及对策分析》，载《哈尔滨商业大学学报（社会科学版）》，2006，（2）：37－39，42。

[21] 王志军：《当代国际私人银行业发展趋势分析》，载《国际金融研究》，2007（11）。

[22] 王光宇：《全球金融危机后国际金融监管改革的实践与启示——以欧美金融监管改革为例》，载《中央财经大学学报》，2011（3）。

[23] 王佳佳：《发展中国家的外资银行：竞争、效率与稳定》，北京：人民出版社，2007。

[24] 王俊寿：《汇丰银行应对金融危机的经验与启示——汇丰银行总部考察报告》，载《银行家》，2009（3）。

[25] 吴念鲁：《中国银行业海外发展战略的思考》，载《金融研究》，2006（10）。

[26] 吴成良：《SBU 模式在商业银行组织结构创新中的应用研究》，载《国际银行业》，2005（2）。

[27] 希拉·赫弗兰：《现代银行业》，傅晓青等译，北京：中国金融出版社，2007。

[28] 希尔、琼斯、周长辉：《战略管理》，北京：中国市场出版社，2007。

[29] 徐文彬：《金融业混业经营的范围经济分析》，北京：经济科学出版社，2006：153－178。

[30] 朱武祥、杜丽虹、姜昧军：《商业银行突围》，北京：机械工业出版社，2008：5。

[31] 曾国军：《跨国公司在华子公司战略角色演变——以业务范围和竞争能力为框架》，载《南开管理评论》，2005（8）。

[32] 詹向阳、樊志刚、邹新：《国有商业银行海外经营的战略框架及配套措施》，载《管理世界》，2003（4）。

[33] 周菁：《美国花旗银行和荷兰银行组织结构变革模式及启示》，载《时代经贸》，2008（9）。

[34] 张军：《合作团队的经济学：一个文献综述》（第 1 版），上海：上海财经大学出版社，1999。

［35］张维迎：《博弈论与信息经济学》（第 1 版），上海：上海人民出版社，2007。

［36］《关于国际大型金融机构跨国经营管理模式的调研报告》，工商银行总行国际业务部，2010。

［37］《国际大型银行集团业务条线联动研究》，2009—2010 年工商银行赴伊利诺伊大学研究小组专题研究，2010。

［38］《中国工商银行集团管理体系建设问题研究》，2010 年工商银行改革发展重点课题。

［39］《工商银行全球授信体系建设研究》，2010 年工商银行改革发展重点课题。

［40］《金融集团公司治理研究》，2011 年工商银行改革发展重点课题。

［41］《中国工商银行国别风险评估课题欧洲调研报告》，城市金融研究所课题组，2011。

［42］《"条块结合、纵横平衡"的盈利结构和管理架构研究》，城市金融研究所课题组，2011。

［43］《中国工商银行总部组织架构优化改革研究》，人力资源部课题组，2011。

［44］Aoki, The Cooperative Game Theory of the Firm, Oxford：Oxford Press, 1984.

［45］Aaker, David S., Donald E. Bruzzone. 1985. Causes of irritation in advertising. J. Marketing, 49 (2)：47 – 57.

［46］Ansari, Asim, Carl F. Mela. 2003. E – customization. J. Marketing Res. , 40：131 – 145.

［47］Bauer, Raymond A., Stephen A. Greyser. 1968. Advertising in America; The Consumer View. Harvard University, Boston, MA.

［48］Birkinshaw, J. M., & Hood, N. 1997. An empirical study of development processes in foreign – owned subsidiaries in Canada and Scotland. Management International Review, 37 (4)：339 – 364.

［49］Barkema, H. G., Bell, J. H. J., & Pennings, J. M. 1996. Foreign entry, cultural barriers, and learning. Strategic Management Journal, 17：151 – 166.

［50］Bartlett, C. & Ghoshal, S. 1988. Organizing for worldwide effectiveness：The transnational solution. California Management Review, 31 (3)：54.

［51］Birkinshaw, J. M., Hood, N., & Jonsson, S. 1998. Building firm – specific advantages in multinational corporations：The role of the subsidiary initiative. Strategic Management Journal, 19 (3): 221 –241.

［52］Birkinshaw, J. , Morrison, A. , & Hulland, J. 1995. Structural and competitive determinants of a global integration strategy. Strategic Management Journal, 16 (8): 637 –655.

［53］Birkinshaw, J. , Toulan, O. , & Arnold, A. 2000. Global account management in multinational corporations: Theory and evidence. Paper presented at Academy of Management Meetings, Toronto, August.

［54］Brock, D. M. , & Birkinshaw, J. M. 2004. Multinational strategy and structure: A review and research agenda. Management International Review, 44 (1): 5 –14.

［55］Burns, L. , & Wholey, D. 1993. Adoption and abandonment of matrix management programs. Academy of Management Journal, 36: 106 –139.

［56］Business Week. 2003. A look at the leaders. , (July 28) 56.

［57］Clemons, Eric, Il – Horn Hann, Lorin M. Hitt. 2002. Price dispersion and differentiation in online travel. Management Sci. , 48 (4): 534 –549.

［58］David C, and Paul W. Density and extra – pair fertilizations in birds: a comparative analysis. , 1997.

［59］Dunning, J. H. 1981a. International production and the multinational enterprise. London: Allen & Unwin.

［60］Egelhoff, W. , Gorman L, & McCormick S. 1998. Using technology as a path to subsidiary development. In J. M. Birkinshaw & N. Hood (Eds.), Multinational Corporate Evolution and Subsidiary Development. New York: St Martins Press, 213 –238.

［61］Gates, S. R. , & Egelhoff, W. G. 1986. Centralization in headquarters – subsidiary relationships. Journal of International Business Studies, 17 (2): 71 –92.

［62］Garbarino, E. , M. S. Johnson. 1999. The different roles of satisfaction, trust and commitment in customer relationships. J. Marketing, 63: 70 –87.

［63］Gefen, David. 2002. Reflections on the dimensions of trust and trustworthiness among online consumers. The Database Adv. Inform. Systems, 33 (3): 38 –53.

［64］Ghose, Anindya, Tridas Mukhopadhyay, Uday Rajan. 2002. Strategic benefits of referral services. Rev. Marketing Sci. Working Papers 2 (2).

［65］Ghoshal, S. & Nohria, N. 1993. Horses for courses: Organizational forms for multinational corporations. Sloan Management Review, 34 (2): 23.

［66］Harris Interactive Survey. 2002. http://www. harrisinteractive. com/ news/ allnewsbydate. asp? NewsID =429（February 20）.

［67］Hedlund G. 1981. Autonomy of subsidiaries and formalization of head-quarters – subsidiary relationships in Swedish MNEs. In The Management of Head-quarters – Subsidiary Relationships in Multinational Corporations, Otterbeck L （ed. ）. Gower: Aldershot, 25 – 78.

［68］Hedlund, G. 1994. A model of knowledge management and the N – form corporation. Strategic Management Journal, 15: 73 – 90.

［69］Hitt, M. A. , Dacin, M. T. , Tyler, B. D. , & Park, D. 1997. Un-derstanding the differences in Korean and U. S. executives' strategic orientations. Strategic Management Journal, 18: 159 – 167.

［70］Hirschman, Kenneth. 2003. Prepared Testimony before the House Ener-gy and Commerce Committee, the Subcommittee on Telecommunications and the In-ternet, and the Subcommittee on Commerce, Trade and Protection on July 9, Wash-ington, DC.

［71］Hitt, M. A. , Harrison, J. S. , & Ireland, R. D. , 2001. Mergers and Acquisitions: A Guide to Creating Value for Stakeholders. Oxford Univ. Press, New York.

［72］Hulbert, J. M. , Brandt, W. K. & Richers, R. 1980. Marketing plan-ning in the multinational subsidiary: practices and problems. Journal of Marketing, 44 （3）: 7 – 16.

［73］Kamakura, Wagner A. , Michel Wedel, Fernando de Rosa, Jose Afonso Mazzon. 2003. Cross – selling through database marketing. Internat. J. Res. Mar-keting, 20: 45 – 65.

［74］Kogut, B, & Singh, H. 1988. The effect of national culture on the choice of entry mode. Journal of International Business Studies, 19 （3）: 411.

［75］Levitt, T. 1983. The globalization of markets. Harvard Business Re-view, May – June: 92 – 102.

［76］Lu, T. , Chen, L. & Lee, W. 2007. Subsidiary Initiatives in subsidiary role changing—In the case of the Bartlett and Ghoshal Typology. Journal of American Academy of Business, 11 （1）: 280 – 284.

［77］Lyn Bicker. Private Bankingin Europe, Routledge, 1996.

［78］Milne, George R. , Marie – Eugenia Boza. 1999. Trust and concern in consumers' perceptions of marketing information management practices. J. Interactive Marketing, 13 （1）: 5 – 24.

［79］ Pan, Xing, Venkatesh Shankar, Brian Ratchford. 2002. Price competition between pure play versus bricks – and – clicks E – tailers: Analytical model and empirical analysis. Adv. Appl. Microeconomics: Econom. Internet E – Commerce, 11: 29 – 61.

［80］ Phelps, J., G. Novak, E. Ferrell. 2000. Privacy concerns and consumer willingness to provide personal information. J. Public Policy Marketing, 19 (1): 27 – 41.

［81］ Siegel, Tara. 1991. Citigroup is ready to receive the benefits of cross – selling. Wall Street Journal, (March 15) 1.

［82］ Shim, Soyeon, Mary Ann Eastlick, SherryL. Lotz, Patricia Warrington. 2001. An online prepurchase intentions model: The role of intention to search. J. Retailing, 77 (3): 397 – 416.

［83］ Statistical Fact Book. 2000. Primary barriers to catalog purchasers. Direct Marketing Association, New York, 62.

［84］ The Wall Street Journal. 1999. Citigroup is ready to realize the benefits of cross – selling, (March 15) 1.

［85］ The Economist. 2000. Privacy on the Internet, (May 27) 65 – 67.

［86］ Zaheer, S. 1995. Overcoming the liability of foreignness. Academy of Management Journal, 38 (2): 341 – 363.

［87］ Zahra S, Ireland, D., & Hitt, M. 2000. International expansion by new venture firms: International diversity, mode of entry, technological learning, and performance. Academy of Management Journal, 43 (5): 925 – 950.

中国工商银行集团管理框架研究（子公司、海外机构）

——组织结构的视角

李　茜

博 士 后 研 究 人 员 姓 名　　李　茜

企业博士后工作站单位　　中国工商银行

流动站(一级学科)名称　　北京大学应用经济学

专业(二级学科)名称　　金融学

流 动 站 指 导 老 师　　曹凤岐

工 作 站 名 誉 指 导 老 师　　姜建清

工 作 站 指 导 老 师　　樊志刚

作 者 简 介

李茜，女，1982 年生，四川成都人。

2011 年 7 月至 2013 年 6 月，中国工商银行博士后科研工作站、北京大学博士后科研流动站，博士后；2005 年 9 月至 2011 年 7 月，北京大学光华管理学院，管理学博士；2008 年 8 月至 2009 年 6 月，美国伯克利加州大学 Haas 商学院，中美联合培养福布赖特访问学者；2001 年 9 月至 2005 年 7 月，北京大学光华管理学院，管理学学士。

摘　　要

随着金融业的开放与发展，中国工商银行正朝着综合化、国际化的金融集团方向快速迈进。组织结构是金融集团最重要的支撑之一，理论研究和国际经验可以提供参考与借鉴。报告在组织结构、多元化战略等相关管理学理论的基础上提出了多元化—结构匹配的理论模型与建设金融控股公司组织结构的应用模型，通过案例研究的方法，验证与丰富了模型，最后就工商银行如何构建多元化经营（子公司、海外机构）的银行集团组织结构进行探讨。

报告首先对组织结构及其变革的理论进行了回顾，并梳理了企业多元化的相关理论及逻辑演进，指出组织结构与多元化的匹配是实现企业战略的关键。根据资源基础观，本文提出了基于资源特点的多元化—结构匹配的理论模型。对于正在进行多元化扩张的金融集团而言，构建金融控股公司（经营型或纯粹型）是未来发展的趋势，分阶段的多元化—结构匹配的应用模型则是构建金融控股公司的可能路径。

报告对经营型金融控股公司的代表汇丰集团和纯粹型金融控股公司的代表美国四大银行集团（花旗集团、美国银行、富国公司以及摩根大通）的组织结构进行了历史分析。通过研究成熟银行集团的组织结构及其演进过程，报告探讨了金融企业组织结构演进的原因，并结合基于资源特点的多元化—结构匹配模型，分析了各银行集团的结构及演进的特点和异同。研究发现，成熟银行集团的组织结构形态日益趋同。

报告接下来回顾了中国工商银行多元化与组织结构的发展历史，归纳了多元化的结构特点，并用理论模型进行了分析。同时，报告指出工商银行当前多元发展所构建的组织结构存在的三大问题：高度模仿总部、结构形态单一以及系统平台支持不足。最后，报告结合理论与应用模型，参考成熟银行集团的经验，提出了工商银行如何解决当前问题，以及如何构建金融控股公司组织结构的路径建议，按照短期（1—2 年）、中期（3—5 年）和长期（5 年以上）分别提出了不同的关注重点和构建方案。

关键词：组织结构　多元化　资源特点　工商银行　案例研究

Abstract

Accompany with the opening and development of financial industry, Industrial and Commercial bank of China (ICBC) now changes towards a diversified and international financial group. Organizational structure is essential for a financial group. Theoretical research and international cases may supply as enlightenments and references. Based on management theories of organizational structure and diversification strategy, this study proposes a theoretical model of diversity-structure fit, as well as an implementation model for establishing organizational structures of financial holding corporations. With multiple case studies, the model is enriched. Finally, the report discusses how to found the organizational structures of a banking group, especially for management of its subsidiaries and overseasinstitutions.

The report starts with literature review of organizational structure and structural change, and then it reviews diversification theory and itslogic evolutions. The fit between strategy and structure is critical. With resource based view, this study proposes a theoretical model of diversity-structure fit based on resources characteristics. For financial groups with diversification strategy, a multi-stage diversity-structure fit model is possibly applicable.

Then the report historically analyzes organizational structures of two types of financial holding corporations: HSBC Holdings for operational financial holding corporation and U. S. Big Four (Citig roup, Bank of America, Wells Fargo and JPMorgan Chase) for pure financial holding corporation. The analysis focuses on the evolutions of group structures, discusses the reasons for evolutions, and explains their differences and similarities in structures and changes. The findings indicate the isomorphism of organizational structures of mature banking groups. Such isomorphism is due to similarities of resource characteristics.

Subsequently, the study reviews the evolutions of ICBC, its diversified development and structural change. The characteristics are summarized and analyzed with diversity-strucutre fit model. Then the study points out three problems of organizational structures of subsidiaries and overseas institutions: highly imitate the structure of head office, single and simple structural form, and limited supports from systematic platform. Finally, the report combines theoretical and application model with references of mature banking groups. It proposes suggestions for ICBC to deal with current problems, specifically for short-term (1-2 years), mid-term (3-5 years) and long-term (more than 5 years).

Key Words: Organizational structure, Diversification, Resources characteristics, Industrial and Commercial Bank of China, Case Study

1 绪　论

1.1　研究的现实背景

随着中国金融市场的深入改革和全球经济金融的一体化，中国银行业进行综合化、国际化的多元发展逐渐成为一种不可逆转的潮流。各大中资商业银行纷纷开展了各自的多元化经营。图1显示，在五大国有商业银行（工行、农行、中行、建行、交行）和两大股份制商业银行（招商银行、民生银行）2009—2011年年报中，提到有关多元化的字眼（包括"综合化"、"多元化"、"国际化"）的次数相当多，其中最为积极的是中国工商银行，提及次数多达103次，而上市较晚的中国农业银行也提及15次之多。可见各大商业银行发展多元化经营的积极性相当高。

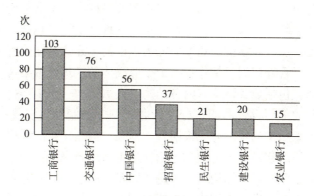

资料来源：各大商业银行2009—2011年年报的相关数据。

图1-1　七家中资大型商业银行2009—2011年年报中与多元化有关词汇的频次

作为中国最大的商业银行，中国工商银行经历了近三十年的改革，一步步从国家专业银行、国有商业银行转变成为股份制上市公司。工商银行的经营范围也从单一的存贷款业务扩展到商业银行、投资银行、基金管理、金融租赁等综合性业务，经营的地域早已超出中国大陆的疆界，延伸到全世界三十多个国家和地区。在综合化、国际化的多元化经营上，工商银行已搭建起以商业银行为主体、跨市场的经营框架。图1-2显示，2007—2011年，工商银行的中间业务收入占营业收入的比重逐年上升，由2007年的15%升至2011年的21%，尽管比较缓慢，但趋势明显；海外收入占营业收入的比重有所上升，但占比较小，不到4%。

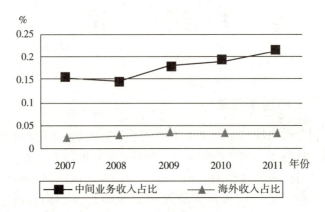

资料来源：中国工商银行2007—2011年年报的相关数据。

图1－2　中国工商银行的中间业务收入和海外收入占营业收入的比重（2007—2011年）

随着工商银行多元化战略的推进以及多元化经营结构的成型，如何管理综合经营的子公司和海外机构，如何构建集团管理框架，逐渐成为管理层必须面对的严峻问题。其中，组织结构是决定企业管理水平、影响企业绩效的一个关键因素。因此，从组织结构的角度研究大规模的多元化企业的管理框架十分迫切。在本文中，管理框架是指作为一个企业整体的管理体系架构，涉及企业管理的各个方面，包括业务结构、财务结构、人员结构、组织结构。而组织结构主要涉及企业的部门设置和职责分配，通过一定的制度性安排来实现资源配置。本文从组织结构的角度研究集团管理框架。当然，组织结构与其他方面存在必然的、广泛的联系，这也会在下面论述中表现出来。

从我国大企业的组织结构的演进趋势以及国际顶尖多元化经营的银行集团的组织结构特点看，事业部结构和控股公司结构被广泛采用。表1－1是我国学者对大企业组织结构的抽样调查结果。从中可见，在我国的大企业中，事业部结构和控股公司结构逐渐扩散，传统职能层级结构的比例快速下降。

表1－1　　　　　　　　　我国大企业的组织结构比例　　　　　单位：个，%

调查年份	样本总数	职能层级结构	事业部	控股公司	其他
1997	105	63.81	1.90	19.05	15.24
2000	5 075	54.30	11.10	24.80	9.70
2005	333	20.12	26.43	32.13	21.32

资料来源：宋旭琴和蓝海林：《我国多元化企业组织结构与绩效的关系研究》，2008年。

表1-2是根据2012年《银行家》杂志的千家大银行的资料，作者自行整理的世界排名前十大银行集团多元化经营与组织结构情况。

表1-2　　　　2012年世界前十大银行的多元化经营与组织结构

银行	母国	业务*	经营地区+	组织结构#
美国银行	美国	综合化	地区性	事业部
摩根大通	美国	综合化	地区性	事业部
中国工商银行	中国	专业化	本土	职能层级结构
汇丰控股	英国	综合化	国际性	控股公司
花旗集团	美国	综合化	国际性	事业部
中国建设银行	中国	专业化	本土	职能层级结构
三菱UFJ金融集团	日本	综合化	本土	控股公司
富国银行	美国	综合化	本土	事业部
中国银行	中国	专业化	地区性	职能层级结构
中国农业银行	中国	专业化	本土	职能层级结构

注：*主营业务，按照各业务收入占营业总收入的比重确定。根据Rumelt（1970）的营业收入占比法划分，如果单一业务收入占总收入的比重超过70%，则为专业化公司；如果单一业务收入占总收入比重低于70%，则为综合化公司。

+经营地区，与Rumelt（1970）划分方法类似，本研究的划分方法为，该银行在某一国内的收入占比超过70%，为本土银行；某一地区（包括若干近邻国家）的收入占比超过70%，为地区性银行；单一地区收入占比低于70%，为国际性银行。地区划分来源于各银行自己的划分方法，未采用统一划分。

#组织结构是作者根据各银行2011年年报的组织结构图和相关信息判断。

资料来源：根据《银行家》杂志2012年公布的数据，按照一级资本排序；业务与地区多元化特点主要根据各银行年报确定。

从表1-2可见，在2012年一级资本排名前十的大银行集团中，我国四大国有银行占据4席，美国的银行占4席，英国的银行1家，日本的银行1家。从业务上看，除中国的4家银行以外，其他银行全部实现综合化经营。从地域上看，美国银行、摩根大通主要专注北美市场，富国银行和三菱集团则着重国内的本土经营，真正的国际性银行只有汇丰控股和花旗集团。我国的商业银行以本土经营为主，工行、农行和建行的大陆收入占比均超过95%，中行进行地区经营，但内地和香港的业务总和占比也超过了95%。

从组织结构看，美国的4家银行全部采用事业部结构，主要按照客户/业务划分事业部；汇丰和三菱采用了控股公司结构；而国有商业银行全部是职能层级结构。由此可见，从资产规模上，我国的大型商业银行已经和世界顶尖的商业银行并驾齐驱。但在组织结构上，我国的商业银行与综合化的国际银行集团仍有很大的不同。根据国内外的理论研究和我国大企业发展的实际经验，职能层级结构难以适应大企业的多元化经营。换言之，我国商业银行现有的职能层级制的组织结构与其世界顶级大银行的集团规模不相匹配，更难适应多元化发展的战略要求，建设事业部和控股公司组织结构迫在眉睫。

从中国工商银行的现实看，随着银行的规模扩张、多元化持续推进，组织结构改革滞后，事业部和控股公司的结构建设和管理发展缓慢，已经成为工商银行推进业务综合化和地域国际化的瓶颈。因此，从组织结构的角度研究工商银行集团的子公司和海外机构的管理架构十分重要。

1.2 研究的理论背景

组织战略与组织结构的关系是学者和经营者都非常关心的问题，因为战略和结构通常被认为是影响企业绩效的关键因素，特别是结构与战略的匹配，在理论上受到了广泛的关注和研究（例如，Chandler，1962；Williamson，1985；Fligstein，1990）。

多元化是组织成长的一种主要战略。大多数组织成立之初主要从事一种活动，随着组织规模的扩大，由于技术的局限（杨蕙馨和刘明宇，2002，如规模制造技术不适合快速变化的市场）、市场的变化（Chandler，1962，如客户需求的变化）或政策的原因（Fligstein，1990，如政府的反垄断法案），单一产品的生产和销售的规模效应可能会达到极限，这使得企业逐步走向了多元化。多元化的发展需要与之匹配的组织结构。学术研究揭示了战略与结构存在相关关系。例如，Scott（1973）用组织发展的模型来描述企业的发展历程，他认为组织发展分为 3 个阶段：第一个阶段是单一产品与非正式结构；第二个阶段是单一产品与职能层级结构；第三个阶段是多产品与多分部结构。Fligstein（1990）的历史研究也展现了类似的企业发展过程：横向合并与直接控制结构，垂直一体化与职能层级结构，多元化与事业部结构。许多国内外的实证研究也证实了上述的企业发展路径。随着组织复杂性的增加以及技术的进步，20 世纪七八十年代出现了矩阵结构（Galbraith，1971；2005）。矩阵结构是在职能层级结构和事业部结构的基础上衍生出来的，可以看做是在这两种基本结构框架下对职能部门和业务部门的优化组合。此外，控股公司结构也是大型多元化企业的一种重要的组织结构形式。母子公司通过股权关系联系在一起，形成集团公司。在此基础上，20 世纪八九十年代出现了网络结构（Ghoshal 和 Bartlett，1990）。

随着我国经济的飞速发展，中国企业的规模与盈利增长很快，多元化经营已经成为了大企业主要的扩张战略（顿日霞和薛有志，2007；宋旭琴和蓝海林，2008）。国有大型商业银行在经过了重大体制改革和经营转型之后，组织规模逐渐攀升，经营实力与日俱增，多元化发展也成为其必然选择。银行多元化面临的首要问题就是要构建相应的管理框架，其中组织结构的设计十分关键。特别是国内缺乏相关历史经验、制度保障和人力资源，更需要我们深入研究与探讨。

然而，现有研究对大型银行多元化与组织结构的关系的关注不足。理论界的研究过于泛泛，主要关注大样本的跨行业的企业多元化、组织结构与绩效之间的关系，在理论检验和定量分析上苛求完美，却忽视了现实中的实际情况，结果往往是对西方理论的验证或补充，而没有发展或突破，对实践也缺乏指导价值。实务界对于大型银行的组织结构的研究和探讨多为简单描述，关注细节而无法深入原因，流于现状而忽略历史演进，且无法与理论对话，也难以提出具有现实性和操作性的结构建设建议。

本文旨在理论和实务研究上寻求结合与平衡，在综合现有理论的基础上，提出匹配多元化战略的组织结构模型，同时分析若干大银行集团的组织结构发展历史与现状，利用模型进行解释，并提出实践上的价值与意义。特别针对中国工商银行的多元化业务、地区经营与组织结构建设的问题，在理论和案例的基础上，提出比较详细的、具有实际操作性的建议。

1.3 研究问题的提出

随着国有商业银行的快速发展，多元化战略已经被确立为各大银行的经营战略，近几年各大商业银行也纷纷进入了许多新业务领域和新地区。由于国内外经济环境和金融政策的不确定性，以及各大商业银行自身管理经验的不足，在新业务和新地区的管理上，各大银行既表现出高度的一致性，又呈现出相当的多样性。例如，在国内新兴业务的经营上，工行、农行、中行、建行均倾向于采用职能部门结构或成立独资/合资子公司，而在拓展海外市场上，工商银行倾向于设立分行，建设银行更多采用控股公司，中国银行两者并重，农业银行刚刚起步。在这样的情况下，本文尝试研究以下几个问题。

（1）在理论上，什么样的组织结构适合多元化的大企业？

（2）在理论上，什么样的组织结构适合多元化发展中的大型银行？

（3）在实践中，成熟国际银行集团采用了怎样的组织结构？他们的组织结构是如何演变的？如何从理论上解释结构及其演进特点？

（4）在实践中，中国工商银行的多元化发展采用了怎样的组织结构？目前存在什么样的问题？

（5）结合理论与实践，中国工商银行如何构建匹配多元化战略的组织结构？本文主要围绕以上五个问题展开讨论。

1.4 研究内容、意义和方法

本文通过研究多元化战略与组织结构之间的关系，探讨适合业务多元化和地区多元化的组织结构，并提出相应的理论模型和实现路径。在模型的基础上，本文研究了多家国际成熟银行集团的案例，总结了他们组织结构发展的特点与经验，同时采用理论模型对结构的特点与异同进行了分析。本文进一步梳理了中国工商银行多元化发展与组织结构建设的历史与现状，分析当前的不足与困难。最后，本文对中国工商银行构建多元业务与海外经营的组织结构的实现路径提出短期（1~2年）、中期（3~5年）与长期（5年以上）的建议。本文的意义主要有以下两个方面。

（1）理论上的发展。本文并不局限于验证西方关于组织结构研究的理论，而是综合了战略、结构和资源基础理论，提出了基于资源特点的多元化—结构匹配的理论模型。在理论的基础上，针对多元化发展中的大型银行集团，提出以资源特点为基础，分阶段构建金融控股公司的应用模型。

（2）实践上的参考。本文研究了若干成熟银行集团的组织结构及其演进的案例，并结合理论模型进行综合分析与异同比较，对实践者具有一定的启发性。同时，本文具体分析了中国工商银行的多元化发展与组织结构建设的历史和现状，提出了构建适合多元化战略的组织结构的实现路径，具有一定的实用性与操作性。

本文主要采用案例研究的方法。案例方法适用于研究在特定情境中的现象，可以帮助我们更加深入地理解"某种单一情境下的动态过程"（Eisenhardt，1989）。本文的案例研究运用了大量的二手资料，包括各大银行的年报、网站信息、新闻材料等公开信息。同时，本文也搜集了大量出版物资料，包括《中国工商银行行史》、《中国工商银行年鉴》、《中国金融年鉴》等。

1.5 全文结构

本文由7章组成，各章之间的关系如图1-3所示。除绪论以外，每一章或两章都旨在回答以上提出的某一个问题，各章简要内容如下。

第1章绪论。绪论部分主要介绍了本文的现实背景和理论背景，提出研究问题，对研究内容、意义和研究方法和本文的结构进行了说明。

第2章文献综述与理论模型，主要回答第一个问题。本章基于管理学理论，首先对组织结构及其变革的一般理论进行了回顾。之后，本章回顾了企业多元化的理论及其理论逻辑的演进，指出构建与多元化匹配的组织结构对于实现企业战略至关重要。基于资源基础理论，匹配企业多元化的组织结构实际上

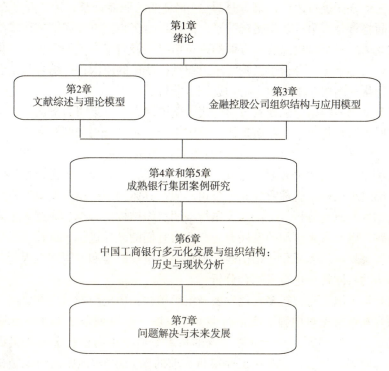

图 1-3 本文结构

是按照多元化的资源特点所设计的组织结构。最后，本章提出了基于资源特点的多元化—结构匹配的理论模型。

第 3 章金融控股公司组织结构与应用模型，主要回答第二个问题。本章首先提出，在金融自由化和全球化的大趋势下，金融行业混业经营和金融企业集团化发展势在必行，金融控股公司是金融集团最可能的实现方式。之后，本章分析了金融控股公司的两种基本形态（经营型和纯粹型）及其差别。然后，本章结合理论模型提出应用模型，即对于正在进行多元化发展的大型银行而言，需要分阶段构建金融控股公司。不同阶段的多元化的资源特点不同，对组织结构的要求也不同，因而需要构建相应的组织结构以促进长期发展。

第 4 章和第 5 章是成熟银行集团案例研究，主要回答第三个问题。

第 4 章以经营型金融控股公司的代表汇丰集团为案例。通过分析汇丰 1991—2011 年年报，发现 20 年来汇丰组织结构经历了点—面—线的演进过程。1991—1995 年，汇丰组织结构着重于子公司管理；1996—1999 年，汇丰组织结构着重于地区管理；2000 年以后，汇丰组织结构着重于业务线管理，并从以产品为基础的业务线划分转变为以客户群为基础的业务线划分，形成结合业务线、地区和功能的三维矩阵结构。在组织结构转变的过程中，汇丰集团主要从三个方面进行改革，第一是母公司/总部的职能调整，第二是子公司的业务和品牌整合，第三是集团统一平台的建设与实施。本文详细描述了汇丰组织结构变革的三个阶段以及三方面的改革情况。最后本章从外界环境、集团战略与领导人三个层次分析了影响汇丰组织结构演进的原因，并结合基于资源特点的多元化—结构匹配模型进行动态综合分析。

第5章以纯粹型金融控股公司的代表美国四大银行集团为案例。本章分析了美国四大银行集团——花旗集团、美国银行、富国公司和摩根大通——从建立集团控股母公司开始至2011年的组织结构演进过程，着重从集团高层结构和集团事业部结构两个方面进行分析。研究发现，尽管美国四大银行集团都采用事业部组织结构来管理业务和子公司，但在具体的结构设置及演进路线上差别很大。本章研究分析了美国四大银行集团组织结构的特点、演进的原因、存在的问题，以及未来可能的发展方向，并对它们的差异进行了比较。最后，结合基于资源特点的多元化—结构匹配模型，本章对汇丰和美国四大银行集团的组织结构的共同特点进行了综合分析。

第6章中国工商银行多元化发展与组织结构：历史与现状，主要回答第四个问题。本章首先对中国工商银行多元化发展（包括业务多元化与地区多元化）的历史进行回顾，并从资源特点的角度分析了工商银行多元化组织结构的特点与原因。之后，本章对工商银行当前的多元业务/地区的组织结构现状进行了详细分析。在此基础上，本章指出工商银行多元化的组织结构存在三大问题，包括高度模仿总部、结构形态单一以及系统平台支持不足。

第7章问题解决与未来发展，主要回答第五个问题。结合理论模型与应用模型，参考成熟银行集团的经验，针对工商银行现有的多元化发展中组织结构存在的不足，本章提出了工商银行如何解决当前问题，以及如何发展金融控股公司组织结构的路径建议。本章路径将按照短期（1~2年）、中期（3~5年）和长期（5年以上）划分，分别分析不同时期内需要关注的重点，提出较为详细的解决方案。

综上所述，除绪论以外，本文每一章都带着一个问题，结合理论与实践、模型与案例，旨在进行深入且有实用价值的分析，希望本课题对工商银行集团化发展具有一定的参考价值。

2 文献综述与理论模型

2.1 组织结构理论回顾

2.1.1 组织结构的定义与变革

组织结构是指组织的框架体系（Robbins，1996）。组织结构根据不同标准把人分配到不同的社会岗位上（Blau，1974），是对完成组织目标的各种资源所作的制度性安排。同时，组织结构也是行使权力的载体、组织的决策和活动的场所（Hall，2004）。组织结构决定了任务分配、报告关系、协调机制和互动模式等（Robbins，1983）。

组织结构包括一系列的要素。朱晓武和阎妍（2008）总结了13种不同的结构要素，并在 Hall（2004）的基础上将这些要素归并为4个维度：复杂性、规范化、权力分配和协调机制（见表2-1）。其中，复杂性是指组织内部的活动或者子系统的数量；规范化程度是指组织内部的规则、程序、指示、命令、控制系统等的标准化水平；权力分配是指组织权力配置情况，或者称为"分权"；协调机制则是指复杂组织部门之间沟通和协作的机制。

表2-1　　　　　　　　　　　　组织结构关键维度归纳

组织结构的定义	组织结构的维度	归纳总结
产生组织输入并实现组织目标	复杂性、控制跨度、垂直幅度、人员比例、差异化、专门化	复杂性
使个人差异对组织的影响最小化	规范化、标准化、职业化	规范化
行使权力的载体、决策场所	自治度、权力分配、授权	权力分配
组织的活动场所	协调机制	协调机制

资料来源：朱晓武和阎妍：《组织结构维度研究理论与方法评介》，载《外国经济与管理》，2008（30），57-61页。

组织结构决定了企业目标和战略能否实现。适当的组织结构可以契合企业的战略目标（Chandler，1962），提高企业的竞争力，改善企业的整体业绩（Child，1984）。相反，不适宜的组织结构则会造成战略与管理脱节、员工士气低下、整体绩效下滑等严重的问题。

企业战略目标的变化、外部环境的不同以及生产技术的创新，都是影响组织结构变革的重要因素。Chandler（1962）在其经典著作《战略与结构》中详细分析了美国四家大型企业组织结构变革的原因和过程。他发现，企业为了充分利用自身资源、满足自身成长和市场变化的需求，纷纷开始了多元化扩张。杜邦公司为了解决战后产能过剩的问题，通用汽车公司由于市场竞争而谋划满足更多的消费者需求，新泽西石油公司为了管理不断增加的国内外业务单元，西尔斯公司则是因为出现了新的市场形势——美国人口从农村向城市转移，于是，这些大企业在各自不同经营领域都选择了多元化发展的道路。然而在多元化之下，各企业的原有结构出现了一定程度上的冲突和混乱，导致战略在执行过程中困难重重，并出现了经营和管理的危机。为了应对危机，各公司开始重新设计组织结构，其结果就是产生了事业部制。Chandler 的研究结果得出了一个经典的结论：组织结构跟随组织战略，战略的改变决定了结构变革。

与 Chandler 不同的是，Fligstein（1990）提出了组织结构的变革受到经济和政治因素的双重影响。Fligstein 对 1885—1985 年 100 家美国大企业的历史研究发现，影响组织结构的关键因素是经济危机和政府政策。19 世纪末 20 世纪初的经济危机导致卡特尔的出现。随着联邦政府禁止企业间合谋，大企业转向纵向一体化。1930 年前后的经济危机及政府的反托拉斯法案，导致大企业放慢了纵向一体化，转向扩大市场需求、建设营销渠道、进行相关多元化，事业部制结构随之出现。1950 年，Cellar - Kefauver 法案限制企业进行相关行业并购，以阻止垄断行为，但该法案却意想不到地刺激了大企业对非相关行业的并购。为了有效管理相关性很低的产品，财务指标的重要性凸显出来，于是，财务部门日益成为核心结构。Fligstein 的研究直接证明了外部的制度因素对结构变革的推动作用。

技术也是引起组织结构变革的重要原因。杨蕙馨和刘明宇（2002）的综述性研究指出，在不同的技术条件下，由于规模经济、分工经济、合作经济发挥作用的程度不同，组织会采用不同结构形式。采用大规模制造技术的企业以规模经济为主导，组织结构倾向于职能层级结构。柔性制造技术以分工经济为主导，组织结构演变为矩阵式。以创新为主的企业，主要依靠合作效应，组织结构形式更加松散灵活，成为团队式的有机组织。同时，随着信息技术的发展，内部的沟通与控制更加有力，对中间层进行了压缩，因而企业的组织结构更加扁平化。

总结而言，在内外部因素的共同作用下，企业的组织结构不断变革。一个总的趋势是，组织结构的复杂性提高、多样性增加（楼园，韩福荣和徐艳梅，2005）。本文主要基于 Chandler（1962）的结构跟随战略的理论，讨论如何构建匹配企业多元化发展的组织结构。

2.1.2 大企业组织结构的基本类型①

对于大企业而言，组织结构的设计与变革都面临更大的压力。一方面，大企业面对的外部环境，包括市场竞争、宏观经济和政治监管等环境都更加多样；另一方面，大企业的内部管理、协调与整合更加困难，结构变革的阻力较大。因此，大型企业的组织结构相对复杂，往往多种组织结构并存，甚至相互嵌套。但不论企业整体结构多么复杂，主体结构都可以被归纳为三种基本类型：职能层级结构、事业部制结构和控股公司结构。任何复杂的组织结构，都是从这三种基本结构衍生而来，例如，矩阵结构结合了职能层级和事业部结构的特点，网络结构更多基于控股公司结构的特点。

从概念上来看，职能层级结构是指企业按一定的职能专业分工，划分各个职能部门。同时，根据员工的职业技能，划分到各职能部门中从事各方面的管理工作，这样便于职能专家之间的交流，以获得规模经济优势。

事业部制结构是指企业按照所经营的事业，包括产品、地区、客户和市场等来划分与设立二级经营单位。这些经营单位是受总部控制的利润中心，实行独立经营、独立核算。各事业部拥有经营自主权，对企业的日常生产和运营负责。总部是战略决策中心，拥有对重大事项，如投资、兼并、出售以及高管任免等活动的决策权。

不同类型的事业部制结构决定了总部与事业部之间的不同关系。合作型事业部的总部更加集权，战略与经营决策没有完全分离，总部承担部分职能任务；竞争型事业部的总部更加分权，主要进行战略指挥，而将大多数职能授权给事业部。但总的来说，事业部制结构明确地将战略决策与日常运营分开，增加了分部权力。

控股公司结构是指母公司通过产权方式进行控制，各下属公司具有独立的法人资格。在各自的业务领域，子公司拥有较大的独立性和自主权，分别寻找最佳的投资渠道和生产方式，追求各自利益最大化。控股公司结构可以降低总部直接管理的成本，降低整体经营的风险，同时提高子公司的自治权，促进子公司的灵活性和经营绩效。

从本质上看，不同类型的组织结构实际上是对企业资源的不同分配方式。职能层级机构倾向于将所有资源都集中起来，总部通过控制资源来实现对各部门、各层级的控制。因此，职能层级结构的资源流动方式基本上是单向的，即从总部层层下放。但与此同时，总部需要花费更多的成本将各种资源集中起来。这样的好处是有利于资源的集中管理和组织的整体经营，但却可

---

① 此处主要探讨规模较大的企业的组织结构的基本类型，不包括处于初创期的简单结构，也不包括由基本结构衍生出来的矩阵结构和网络结构。

能对资源配置效率产生不利影响。

事业部结构对部分资源进行集中管理，对部分资源进行分散管理。总部与事业部分别承担一定的职责。正是对不同资源不同的分配方式构成了总部与事业部之间分权与集权的关系。比起职能层级结构，事业部结构的资源流动方式更加多样，既可以自上而下也可以自下而上，有利于提高资源配置的效率。

控股公司结构倾向于将大部分资源都分散到各子公司中。母公司以控股股东的身份参与决策，但不直接管理资源。子公司自身拥有大量资源，实现自主经营。因此，各子公司可以按照自身最优的方式建设企业能力，子公司内的资源配置效率得到大大提升。但这样不利于总部的控制，同时，由于受到政府部门和法律政策的监管，资源的上下流动和横向流动都更加困难。

总之，不同的组织结构特点不同，决定了企业资源的分配方式的不同。而分配方式的不同大大影响了资源配置的效率和资源的流动方式，进一步影响到企业战略目标的实现。

2.2　组织结构与企业多元化

2.2.1　企业多元化

最早关注并对多元化问题进行实证研究的学者 Ansoff（1957）对多元化的定义为企业"为寻求长期发展而采取的成长扩张性行为"。他指出开发新产品和开发新市场属于多元化战略。Gort（1962）认为"多元化指单个企业活动的异质市场数目的增加"。从产品的角度来看，产品数量的增加（Rumelt，1974）、产品线的增加（Chandler，1962）、跨行业生产（Gort，1962；康荣平，1999）等都是企业多元化的重要标志。从地理的角度来看，开发新的地理市场（Ansoff，1957），特别是跨国生产和经营（Matraves 和 Rodrigues，2005；薛有志和周杰，2007）则是企业进行地区多元化的主要表现。

自第二次世界大战以来，多元化战略成为企业成长和扩张的重要方式。西方企业经历了多次多元化的并购浪潮，表现为西方大企业在多元化经营上的不断转型。20世纪六七十年代的大量的不相关多元化热潮，80年代的剥离不相关产业和强调"归核"的相关多元化经营，以及90年代后以核心能力为中心，进行"强强联合"的相关多元化发展（李肃、周放生、吕朴和邵建云，1998）。随着企业界实践的丰富和学术界研究的深入，多元化战略的逻辑经历了一系列转变。王生辉和施建军（2002）总结了西方实践和理论中多元化经营的逻辑，指出了三个阶段的演变过程（见表2-2）。

第一阶段，基于资产组合的理论，多元化将企业的业务分散到不同的领域，旨在平衡现金流波动，分散企业经营风险。

第二阶段，基于协同效应的理论，多元化将业务分散到相关的领域，旨在促进企业内部的协同与共享，包括有形资产和无形资产的共享，以及知识和技能的转移与扩散。

第三阶段，基于资源基础观，围绕核心能力，多元化旨在提升企业可持续的竞争优势。

表 2 - 2   企业多元化经营的逻辑演变

	阶段一：资产组合	阶段二：协同效应	阶段三：核心能力
理论基础	资产组合理论	协同效应理论	资源基础理论
经营目标	平衡现金流、分散风险	经营协同与资产共享	持续的竞争优势
实现路径	不相关多元化	基于共享的相关多元化	基于能力的相关多元化

这三个阶段的多元化逻辑的发展，实际上是前人在探索多元化的优势、避免多元化的不足上不断进步的结果。一开始，多元化强调资产组合的逻辑，其关键是平衡现金流以达到分散风险的目的。但这样却产生了两个问题，第一是容易忽视产生富余现金流业务本身的经营与发展问题；第二是忘记了多元化企业不仅仅依赖内部资金的分配，更多需要部门、子公司、母公司之间业务和文化的整合，单纯的资产组合显然无法实现有效整合。继而，协同效应成为企业关注的重点。可是在现实中，许多表面上相关的业务并不存在内在的协同，即便存在协同也不一定对提升企业整体竞争力具有战略价值。此外，经营上的协同往往易于观察和模仿，难以形成企业独特的竞争优势。之后，基于企业核心能力的多元化逻辑逐渐兴起。因为核心能力直接决定了企业的竞争力，所以以核心能力为中心的多元化具有明显的优势，例如，难以模仿，能够形成多元化的良性循环，具有持续性等。但核心能力本身比较抽象和复杂，企业的自我分析和辨识比较困难，在实践和操作上具有相当的难度。即便如此，以核心能力为中心的企业多元化战略已然成为今天大企业多元化的主流逻辑。

企业的核心能力是指企业利用资源以有效实现目标的能力。核心能力是企业内部的积累性知识，特别是关于如何协调不同的生产技能和整合多种技术流的知识（Prahalad 和 Hamel，1990）。核心能力既有关于技术流之间的协同，又有关于组织工作和价值分配的方式，还包括了沟通、参与以及工作承诺。它是企业提供稳定的产品和服务、快速的市场反应、生产的灵活性等的可靠保障。

核心能力不会因为使用而减少，相反，核心能力的分享和采用反而会更进一步提升核心能力。核心能力的形成需要经过企业内部一系列资源的复杂组合和互动，因而比较复杂也相对抽象。同时，核心能力分布在企业的多个部门（例如，生产、营销、研发等），往往难以观察和整合。正是因为这些难度，核心能力才难以被竞争对手学习和模仿，促成企业可持续的竞争优势。

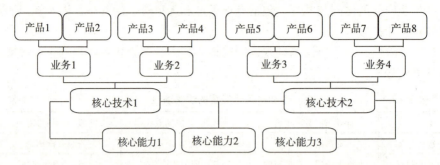

资料来源：作者根据王生辉和施建军（2002）与 Prahalad 和 Hamel（1990）的研究综合绘制。

图 2-1　围绕企业核心能力的多元化战略

从图 2-1 可见，核心能力的组合构成了企业的核心技术，核心技术是核心能力的具体呈现。核心技术有助于企业开发新的业务、开辟新的市场，继而形成多元业务与多元市场。在多元业务/市场中，企业提供不同的产品。在基于核心能力的多元化经营的逻辑框架下，整个企业好比是一棵大树，核心能力就是企业粗壮健康的树干，在树干上生长的大树枝是企业的核心技术，大树枝生发的小树枝是业务单位，而树叶、花和果实是最终产品。

企业的核心能力是建立在企业资源的基础上的。多种资源的不同组合方式构建了不同的核心能力。以核心能力为中心的多元化经营，帮助企业集中资源开发核心技术，生产具有竞争优势的业务和产品，这些业务和产品带来的收益进一步扩大了企业的资源池，进而强化和提升了企业核心能力。实际上，以核心能力为中心的多元化能够帮助企业形成提升可持续竞争优势的良性循环（见图 2-2）。

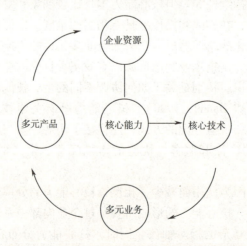

图 2-2　围绕企业核心能力的多元化良性循环

2.2.2 多元化与组织结构匹配

企业多元化战略与企业的组织结构存在一定的匹配关系，尤其是事业部结构被认为是最适合多元化战略的组织结构形式（Chandler，1962；Williamson，1975；1985）。这是因为，事业部结构将经营与战略职责分开，各个事业部从事具体的日常管理，而高管人员则可以专注于对企业产生长期影响的战略性活动（Chandler，1962）。Williamson（1975；1985）进一步延伸了 Chandler 的观点，他认为，由于事业部分离了战略与经营职责，有利于交易成本最小化。总部专注于战略规划、资源配置和绩效监管，提高了整体资源的有效性；而分部对产品和市场十分熟悉，有利于提升单元决策的效率。进一步，各事业部可以在企业内部形成一个资本市场，解决了因信息不对称和控制不足而产生市场失效的问题。因此，对于那些规模和多元化程度都在增长的企业而言，事业部更加适合。

然而，实证研究的结果却产生了不少分歧。

部分研究发现了支持性的结果。例如，Palmer 等人（1987）发现那些进行行业多元化经营的企业更可能采用事业部结构。Teece（1980）发现，采用事业部结构的多元化企业绩效往往比采用职能层级结构的企业更好。Hoskinsson，Harrison 和 Dubofsky（1991）采用资本市场的数据来检验多元化与事业部结构对企业的影响，证实投资者对事业部结构是肯定的。Victor 和 Habib 研究发现战略—结构的匹配有利于制造业的跨国公司。Hoskisson，Hill 和 Kim（1993）则发现，大型的、复杂的跨国企业应当选择事业部结构，尽管事业部制不一定给企业带来超额利润，但未采取事业部结构的企业绩效会低于正常利润水平。我国的一些实证研究也发现，采用事业部结构的多元化企业绩效优于采用职能层级结构或控股公司结构（宋旭琴和蓝海林，2008）。

另一部分研究却未能证实多元化—事业部制的结合必定会带来高绩效。例如，Hoskinsson（1987）对 20 个行业 62 家企业的纵向数据分析发现，事业部结构增加了不相关多元化企业的回报率，但降低了采取垂直一体化战略的企业回报率，而对于相关多元化企业来讲，事业部结构的影响不显著。同时，采用事业部结构以后，不相关多元化企业和垂直一体化企业的风险降低，但相关多元化企业仍不显著。Fligstein（1985）的研究指出，那些较晚进行事业部改革的大企业，组织结构与绩效关系不大。Fligstein（1990）的研究进一步发现，1969—1979 年，因为各种原因（破产、被兼并、成长缓慢甚至缩减）被淘汰出全美排名前 100 家大企业名单的公司中有 75% 的企业采用了事业部结构。

对于规模特别大、形成多元化集团公司的企业而言，事业部结构不一定是最合适的。李维安和武立东（1999）专门讨论了控股公司结构的规模起点。他们认为，企业是否采取控股公司的组织结构取决于企业的治理成本和管理成本之间的比较。他们假设管理成本是一条凸向横轴的递增曲线，治理成本是一条凹向横轴的递增曲线。随着企业规模的增长，管理成本的上升快于治理成本，当规模增长达到一定的程度，管理成本高于治理成本，企业应当选择公司治理，即通过成立控股公司的组织结构进行管理。

理论和实证会产生这些矛盾，可能存在两个原因。第一，不少研究忽视了多元化战略背后的逻辑，单纯地按照产品/行业的不同来进行相关研究或实际经营。如果从多元化旨在建设企业持续竞争优势、提升企业核心能力的角度来看，那么多元化战略—组织结构的匹配就不是简单的、表面上的产品/行业分类与不同结构的相关关系，而是涉及那些决定企业核心能力的资源要素对组织结构的要求。第二，研究者缺乏动态分析的过程，忽视了组织结构形成和演进的过程。他们在研究中采用"一致性"假设，如多元化企业彼此相似、事业部结构已经存在且相似、多元化企业只能采取一种组织结构形式等，忽视了多元化和组织结构的差异。这两个原因带来的结果就是简单的"显著"或"不显著"，以至于在多元化战略与组织结构的关系上长期的莫衷一是。

本文尝试从两个方面来弥补以上研究的不足。首先，本文强调基于企业核心能力的多元化战略，从资源的角度深入探讨多元化与组织结构的匹配。通过分析资源的特点，提出基于资源特点的多元化—结构匹配模型。其次，由于资源特点可能变化，本文提出需要用动态的视角来讨论多元化—结构的匹配。资源基础观为我们从资源的角度分析和研究多元化与组织结构的关系提供了很好的理论基础。

2.3 基于资源特点的多元化—结构匹配模型

2.3.1 资源基础观

资源基础观将企业看做其拥有或控制的一系列资源要素的组合（Werner-felt，1984；Amit 和 Schoemaker，1993）。企业资源是企业实现战略的关键力量（Porter，1981），它包括了企业所有的资产、能力、流程、特点、信息、知识等。由于这些资源在不同的企业中的分布具有差异，从而构成了企业不同的竞争优势（competitive advantage）；同时，由于资源的差异可能长期稳定存在，从而构成了企业的可持续的竞争优势（sustainable competitive advantage）。Bar-ney（1991）指出了构成可持续竞争优势的资源的四个特点，分别是：资源具有相当的价值、资源稀缺、资源不易被模仿、资源不易被替代。

企业资源的类型有不同的划分方法。Barney（1991）归纳了三种资源类型：物质资本资源、人力资本资源和组织资本资源。物质资本资源包括所有的有形资产，例如资金、设备、厂房等有形资产，人力资本资源包括培训、评估等相关的人力资源，组织资本资源包括组织流程、汇报结构、非正式关系等组织系统。本文在前人的基础上，根据本研究的需要划分了四种资源，沿用了物质资源和人力资源，但将组织资本资源进行了细分。将组织结构从组织资本资源中独立出来，考察组织结构与其他资源之间的关系。同时，本文提出制度资源和信息资源，制度资源是指组织已有的正式和非正式制度体系以及企业文化，信息资源是指组织拥有的各种产品、技术、客户信息和知识，这两种资源是企业的无形资产，十分关键且不与其他资源重合①。

2.3.2 基于资源特点的多元化—结构匹配模型

对于多元化发展的企业而言，构建适合多元化的组织结构非常重要。然而，由于多元化的特点、发展的成熟度以及企业的管理能力等多方面的差异，可能造成多元化在资源特点上的差异。因此，本文提出，应根据资源特点构建匹配多元化的组织结构。

资源特点可以分为两类：资源的共享性和资源的依赖性。

- 资源共享性：资源共享是指不同的主体共同使用某种资源，既包括了资源在不同主体之间的配置，又包括了资源在不同主体之间的转移。在同一个企业中，资源共享主要关系到资源在各部门之间的横向流动。资源共享性越高，对分部门之间的交流与协调的要求就越高。

- 资源依赖性②：资源依赖是指不同主体依赖彼此资源的程度。因为资源的依赖，形成了依赖—控制关系，依赖者提出对资源的需求，而控制者主导资源的分配。在同一个企业中，资源依赖主要关系到资源从总部向分部门的纵向流动。资源依赖性越强，要求总部对分部进行的管理与控制就越多。

由于不同的组织结构实质上是对资源的不同组合，因此，按照资源的共享与依赖特点，可以将适用的组织结构进行如下的划分（见图2-3）。

---

① 不同类型的组织结构实际上就是对以上四种资源的不同配置方式。职能层级结构集中所有资源。事业部结构集中部分资源。在物质资源上，事业部往往负责管理厂房、设备等固定资产，并拥有一定的财权，但总部决定全局性战略投资。在规则和文化等制度资源方面，总部拥有最高权威。事业部管理大量的信息资源，对业务、客户和产品等进行专业化经营。在人力资源上，总部与事业部分别承担一定的职责，一般是高层人员由总部负责，其他人员归事业部负责。控股公司结构倾向于将大部分资源都分散到子公司中，总部只负责具有战略重要性的资源管理。

② 必须指出，本文提到的资源依赖，是受到资源依赖理论（Pfeffer 和 Salancik，1978）的启发。该理论主要研究组织之间的资源依赖程度。本文借鉴其研究成果，运用在组织内分部与总部之间。实际上，从单个部门的角度来看，总部和企业整体也是最接近它的一个外部环境。类似地，分部门也有想要摆脱控制的动机。不同的是，对于不同组织而言，它们的战略目标可能千差万别，同时，平衡依赖—控制关系应是自主的、有意识的。对于同一组织而言，其战略目标相对统一，同时，随着技术/业务/产品日益成熟，分部门的依赖可能自然而然地减少。本文没有正式地提出资源依赖理论，但必须指出其中的关系。

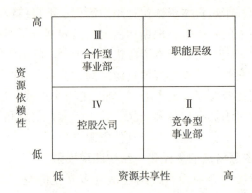

图 2-3 基于资源特点的多元化—组织结构匹配模型

- 象限Ⅰ：资源共享性高，资源依赖性高的部门，适用于职能层级结构。在职能层级结构下，总部具有很大的权力，集中了大部分资源。通过总部的分配和安排，可以促进资源自上而下的流动。同时，总部具有权威促进分部门之间的资源共享，通过总部的协调减少利益纠纷。
- 象限Ⅱ：资源共享性低，资源依赖性高的部门，适用于合作型事业部。由于资源的共享性比较低，各分部可以独立经营，而不会产生较大的资源冲突，因此采用事业部结构。由于各分部依赖总部的部分资源，因此采用合作型事业部结构，由总部承担一些职能，保证重要资源自上而下的流动。
- 象限Ⅲ：资源共享性高，资源依赖性低的部门，适用于竞争型事业部。分部之间的资源共享可以通过事业部之间自主的谈判与协商实现。由于分部对总部的资源依赖性比较低，因此在总部与分部之间充分分权，分部得到更大的自主权，保证分部对资源的充分控制与运用。
- 象限Ⅳ：资源共享性低，资源依赖性低的技术、业务和产品，适用于控股公司结构。控股公司结构是高度分权的组织结构方式，因而更加适合资源共享性和依赖性都比较低的部门。

象限Ⅰ往往是许多进行多元化扩张的企业组织结构的起点。随着多元化的资源依赖性或资源共享性降低，企业开始有选择性地建设事业部结构，即向象限Ⅱ、象限Ⅲ变化。随着多元业务/地区的进一步成熟，资源依赖性/共享性的程度进一步降低，象限Ⅱ和象限Ⅲ可能向象限Ⅳ发展。反向的发展亦可能。例如，随着交叉业务的增多，部门之间的资源共享性提升，因而组织结构转向象限Ⅰ或象限Ⅱ；随着信息技术的发展，集团建成的技术平台可能提升分部门对总部的集团资源依赖性，组织结构转向象限Ⅰ或象限Ⅲ。总之，由于资源特点的不同，匹配多元化的组织结构可能变化演进。

该模型显示了在企业多元化扩张的过程中，可能存在多种不同的组织结构方式。因为多元业务/地区的资源特点不同，相应的组织结构应当有所差异。当然，组织应当具有一个相对稳定的主体组织结构，在此基础上，发展适宜多元化的相应结构。

2.4　总结

本章首先回顾了组织结构理论和分类，继而回顾了企业多元化的理论与逻辑演进，整理了多元化与组织结构的关系的实证研究，指出了其中的矛盾与症结，最后提出了基于资源特点的多元化—结构匹配模型。该理论模型建立在结构跟随战略、围绕企业核心能力的多元化逻辑以及资源基础观等一系列管理学理论的基础上。本质上，该模型认为，资源联系了多元化与组织结构，资源特点是决定结构如何与多元化匹配的关键。

对于任何进行多元化经营的企业而言，这个模型都有一定的启发。通过这个模型，我们将多元化与组织结构的关系更进一步地推向资源特点的要求上。同时，这个模型并没有忽略多元化对资产协同和风险降低的要求。资源的共享性本身就暗示了资源上的协同程度，而资源的依赖性则暗示了分隔风险的可能性。除此以外，这个模型具有一定的动态性。对于从职能结构起步的企业而言，通过分析资源特点，选择匹配多元化的组织结构，并从资源特点变化的可能性上促进结构改革，无疑是推进多元化发展的一条切实的路径。

3 金融控股公司组织结构与应用模型

20 世纪 80 年代以来，随着金融自由化和全球化趋势的明显加强，整个国际金融环境发生了剧烈的变化：金融服务业的三个基本部门（银行、证券、保险）之间的界限趋于模糊，金融创新层出不穷，行业竞争日益激烈。世界主要的发达国家逐渐放宽了对银行经营业务的管制，混业经营成为金融业的发展趋势。1999 年《金融服务现代化法》的颁布为美国金融控股公司的发展提供了法律依据，也开创了世界金融控股公司发展的新时代。

目前，在我国金融业分业经营、分业管理的框架内，金融控股公司的法律地位尚未明确。在现实中，一些企业实际已经开始向金融控股公司的方向发展。特别是资产规模最大的银行、保险企业均已开始打造自己的金融集团。工行、农行、中行、建行、交行均已经涉足信托、租赁、保险、证券等行业，国家开发银行已经拥有证券、租赁等多家子公司。中国人寿保险股份有限公司也已入股广东发展银行和杭州银行，平安集团旗下不仅有保险、证券、信托，其控股的深圳发展银行也已经更名为平安银行，实现了集团整合。中信集团则在集团层面上努力打造"金融超市"。可以预见，我国未来主导金融行业的主流企业将无一不是金融控股公司。

对于国有大型商业银行而言，建设金融控股公司类的银行集团也成为当前深化体制改革、提升市场地位的重要途径。由于中国金融市场的逐步开放，国有大型商业银行迎来了前所未有且日益激烈的挑战，特别是外资金融机构的大量涌入和业务范围的扩大，国内的各种金融机构蓬勃发展，都迫使国有商业银行必须进行快速的多元化发展。相应地，在组织结构上，则须尽快建成金融控股公司，实现综合化、国际化的银行集团经营。

本章在前一章理论模型的基础上，特别针对国内大型银行如何构建金融控股公司的组织结构提出应用模型。结合现实情况，一方面可以增加理论模型的应用价值，另一方面也可以为大型中资银行组织结构改革的实践活动提供参考。

3.1 一个目标：金融控股公司

依据由巴塞尔银行监管委员会、国际证券联合会、国际保险监管协会三大国际监管组织支持设立的金融集团联合论坛，1999 年发布的《对金融控股集团的监管原则》中的定义，金融控股公司是指在同一控制权下，完全或主要在银行业、证券业、保险业中至少两个不同的金融行业大规模地提供服务的金融集团公司。根据国际惯例，大多数金融集团都以金融控股公司的形式存在。从组织结构上看，其主要特征有三点：母公司控股经营，子公司分业经营，集团公司合并报表。

第一，母公司控股经营。控股经营是一种相对松散、扁平化的组织结构。金融控股公司与子公司都是具有独立法人资格的经营实体，有各自的董事会和利益相关群体。金融控股公司对子公司的责任限于出资额，通过产权的纽带，母公司掌握着子公司的控制权。子公司的重大经营决策须由控制其董事会的金融控股公司决定，子公司的经营活动、人事变动等重大事项必须体现控股公司的意志，并受控股公司各种规范和章程的制约。

金融控股公司通过控制权可以对子公司的不同金融业务和各种资源进行有效整合，影响和决定子公司的投融资决策。同时，子公司是自主经营、自负盈亏的经营实体，具有相当大的自主权和灵活性。

第二，子公司分业经营。子公司分业经营是指子公司的金融业务有明确的界限，子公司在各自范围内从事经营，避免交叉经营。金融控股公司在集团层面实现综合经营，而不同的金融业务则由具有独立法人资格的子公司分业经营。子公司在一定程度上享有金融集团的信息、客户、资金等资源。换言之，在金融控股公司结构下，母公司是多元化的，子公司是专业化的。

第三，集团公司合并报表。金融控股公司是通过"资本控制"关系而形成的一个经济主体，母公司是子公司的所有者。编制合并报表可以反映共同控制下的金融控股公司的财务状况、经营成果和现金流等总体情况，满足报表使用者对控股公司的财务信息需求。通过合并财务报表，一方面，能够有效防止因关联交易而导致的资本和利润的虚增现象，避免资金的重复计算；另一方面，合并财务报表能够抵消各子公司的盈亏，降低应税基础，合理避税，这也是金融控股公司的一大经营优势。

从表面上看，金融控股公司实际上是一种法律关系，这种法律关系规定了母子公司在法律上的权利与义务。母子公司的法律框架是企业经营的形式，而企业的具体经营则需要实质性的组织结构支撑。换言之，在类似的金融控股公司的法律结构下，每个金融控股公司可以建设独特的管理框架。

3.2 两种模式：金融控股公司的组织结构——纯粹型和经营型

在具体的经营管理架构上，金融控股公司一般可分为纯粹型控股公司和经营型控股公司两种类型。经营型金融控股公司一般是以银行作为母公司，非银行作为子公司，建立的混合性金融控股集团。集团母公司负有相当的业务经营任务，并通过银行控股的证券、保险和其他业务的子公司从事其他金融业务。纯粹型金融控股公司是指母公司不直接从事业务经营，通过银行、证券、保险等子公司经营金融业务。

3.2.1 经营型金融控股公司

在经营型控股公司模式下，银行从事具体的商业银行业务，不能直接拥有工商企业的股票，银行与非银行子公司之间有严格的法律限制。证券业务、保险业务或其他金融业务分别由银行控股的证券、保险、信托和其他金融业务的子公司进行经营。各子公司之间建有"防火墙"。

这种模式的典型代表是汇丰控股。由于英国没有成文法的限制，以清算银行为主体的商业银行对证券、保险领域的渗透没有受到太大的法律阻碍。同时，英国金融体制的自律式特征也大大降低了银行实现混业经营的阻力。1991年，汇丰银行成为了集团母公司——汇丰控股有限公司。1992年6月，汇丰控股收购了米德兰银行50%以上股份，当年汇丰成为全球资产排名第一的大型跨国银行。1999年，汇丰控股有限公司又收购了美国纽约共和公司及其欧洲姐妹机构SRH公司的股份，进一步拓展了商业银行、私人银行的业务。2000年后，汇丰开始涉足外汇市场领域的业务。

3.2.2 纯粹型金融控股公司

纯粹型金融控股公司同时拥有银行、证券、保险等金融业务子公司，用明显的"防火墙"把各金融业务子公司的管理和运行分开，限制商业银行与证券等业务部门的一体化程度。母公司不直接从事业务经营，由不同的子公司从事不同种类的金融业务，每个子公司都有自己独立的资本金管理团队、会计记录等。各子公司的运作相对独立，但在诸如风险管理和投资决策等方面以母公司为中心。

纯粹型金融控股集团的典型代表是花旗集团。美国20世纪30年代以后，禁止银行经营非银行业务，禁止商业银行购买股票，并且也严格限制开设分支行。1968年，花旗银行成立银行控股公司——花旗公司，作为花旗银行的母公司。这样，花旗有效地避开了法律的制约，便于经营其他金融领域。当时的花旗公司便拥有从事综合化金融业务的13个子公司：银行、证券、信托、保险、租赁等。1998年花旗银行与旅行者集团通过合并组成了花旗集团，并在业务机构上进行了整合。1998年，美联储监管机构正式批准了花旗集团的成立。1999年出台的《金融服务现代化法》，意味着在美国从法律上已经正式认可了花旗集团的组织制度和发展方式。

以上是对两种模式的金融控股公司的简介。在第4章和第5章的案例分析中，本文将对汇丰控股和包括花旗集团在内的美国四大银行集团近20年的组织结构演变进行案例分析。

3.3 三个阶段：金融控股公司组织结构的实现路径

金融控股公司的组织结构建设需要相当长的时间。例如，花旗公司成立于1968年，花旗集团成立于1998年；汇丰银行20世纪50年代即开始集团化运作①，1991年成立汇丰控股。从开始多元化经营到成立控股集团，这些跨国银行集团普遍经历了30~40年的时间。而在成立银行集团以后，他们的组织结构仍在不断变化。例如，花旗集团2005年剥离了保险业务，汇丰控股则在2009年收缩了美国的消费融资业务。因此，从大型商业银行到多元化的金融控股公司，需要较长的时间进行组织结构建设，而结构的调整与优化则永不间断。本文将金融控股公司的组织结构建设路径分为如下三个阶段。

- 起步阶段。在起步阶段，企业开始进行一些多元业务/地区发展，现有结构逐渐成为阻碍多元化发展的障碍。因而，企业开始关注结构改革，并将金融控股公司结构作为发展目标。
- 成长阶段。在成长阶段，企业的多元化进一步推进。企业对内部结构进行了实质性的改革，并取得了一定的成效。在成长阶段中，企业将正式成立金融控股公司。
- 成熟阶段。在成熟阶段，多元业务/地区发展比较成熟，组织结构基本定型，企业继续对结构进行优化。

这三个阶段最明显的差异是组织结构的稳定性②，即组织结构面临整体性变革的可能性（见图3-1）。当前的结构越可能阻碍多元化发展，人们对变革的预期越高，变革的可能性就越大，组织结构就越不稳定。反之，当前结构适

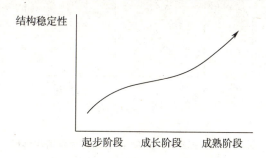

图 3-1　组织结构稳定性与阶段性

---

① 在汇丰总经理特纳的带领下，汇丰20世纪50年代开始了集团化运作，以收购友利银行和中东英格兰银行为标志。参见刘诗平：《汇丰帝国》，中信出版社，2010年，第168页。

② 此处的"稳定性"结合了结构的实际影响和人们的主观预期，并非结构的实际情况。例如，一个僵化的组织结构，表面上看是相当稳定的，但它严重阻碍了组织发展，人们普遍期待改革。如果不改革，结构可能面临全面崩溃的危险。这样的结构实际上是"不稳定"的。

合多元化发展，人们对结构变革的预期就不高，结构变革的可能性就较低，组织结构就相对稳定。

在不同的发展阶段，资源特点会呈现出明显的差异。因此，必须分析多元化发展在不同阶段具体的资源特点，从而选择适合的组织结构，促进金融控股公司组织结构的形成和完善。

3.4　四类资源：各阶段资源特点及多元化—结构匹配

任何业务/地区经营的发展都需要物质资源、制度资源、信息资源和人力资源，但在不同的发展阶段，多元业务/地区呈现出的资源特点不同。

在起步阶段，尽管企业已经确定了多元化发展战略，并且进入了新业务/地区经营，但由于多元业务/地区尚不成熟，在发展上可能高度依赖原有资源，特别是总部在资金上的支持和政策上的帮助。同时，新的业务/地区发展缺乏足够的技术、客户等信息资源，在人力资源上也非常匮乏，因而对资源分享的需求很大。所以，在起步阶段，应当以职能层级结构为主（见图3-2），以满足多元业务/地区的资源依赖和资源分享的特点[①]。

图3-2　金融控股公司起步阶段的组织结构选择

在成长阶段，随着多元化的发展，不同部门的资源特点出现分化。在物质资源上，发展较好的部门逐渐能够自负盈亏，甚至开始盈利，对总部的依赖渐

---

① 必须指出，这里提到以职能层级结构为主的起步阶段，主要是针对企业有机增长（organic-growth）的方式，而对于通过并购实现的多元业务/地区，不一定适用职能层级结构。从第4章和第5章的案例来看，金融控股公司较少通过有机增长实现多元化，并购是快速且有效的方式。因此，在现实中，较少出现职能层级结构的多元业务/地区管理。此处主要是理论分析的逻辑结论。

渐降低。在制度资源上，一些部门开始具备能力制定具有针对性的政策，制度的依赖性也会降低。同时，一些部门也逐渐积累了技术信息和客户信息，在实际经营与管理上能够独立自主，降低了对其他部门资源分享的需求。在人力资源上，某些部门也有能力选拔和培养专门人才，能够自己"造血"补充"新鲜血液"，而不依靠别的部门的"输血"。在这样的情况下，根据多元化发展的不同情况，构建事业部或控股公司结构都是可能的选择（见图3-3）。

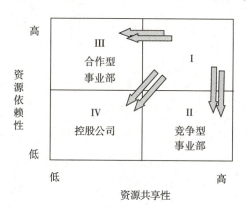

图3-3 金融控股公司成长阶段的组织结构选择

在成熟阶段，多元化发展更加完善，资源特点出现新的变化，需要进一步优化组织结构。在物质资源上，长期发展仍然依赖总部支持的部门，可以考虑撤销或合并到其他部门。在制度资源上，可以根据多元化的资源特点，适当调整总部与分部之间的权力大小，既保证控制力也兼顾灵活性。在信息资源上，既可能因为业务线条的清晰、业务重合减少而降低分享的需求，又可能因为交叉业务的增加、技术平台的完善而提高分享的需要，所以应根据实际情况予以分析调整。类似地，在人力资源上，专业人才与通用人才的需求可能随着多元化的发展而出现资源特点的新变化。因此，在成熟阶段，组织结构仍需不断优化，没有任何一种组织结构能够完全满足多元化发展的需求。

在经历了起步阶段、成长阶段和成熟阶段后，企业可以实现经营和结构的彻底转型。在经营上，大型银行从地区性、主营商业银行业务的专业企业变为跨地区、经营多元金融业务的综合企业；在组织结构上，大型银行从职能结构转变为结合事业部和/或控股公司的复杂结构。

3.5 总结

总结而言，对于国有大型银行而言，建设金融控股公司是未来发展金融集团，构建国际化、综合化的银行集团的必然选择。不论是选择成为经营型金融控股公司还是纯粹型金融控股公司，国有大型银行都要经历起步、成长和成熟的三个阶段，才可能建成具有国际竞争力的银行集团。在不同阶段，在物质资源、制度资源、信息资源和人力资源上，多元化可能呈现出相当不同的资源特点，因而需要动态地看待与之匹配的组织结构，同时根据资源特点改革、调整和优化组织结构。最后建成的金融控股公司，一定是组织结构比较复杂，以事业部结构和/或控股公司结构为主的银行集团。

4 成熟银行集团案例研究一：
汇丰集团组织结构二十年[①]

汇丰集团是一家相对成熟的国际银行集团，也是经营型金融控股公司的代表，其发展过程对于国内大型银行建设金融集团颇具启发（詹向阳、张兴胜和王祺，2004）。特别是经历了 2008 年前后的全球金融危机，汇丰集团实力有增无减，其经验更弥足珍贵，具有重要的参考价值（谷澍和张红军，2009）。本章以汇丰集团为案例，通过分析 1991—2011 年的年报，研究最近二十年组织结构变化的过程。之后，本章结合第 2 章提出的基于资源特点的多元化—结构匹配的理论模型和第 3 章提出的建设金融控股公司组织结构的应用模型，对汇丰集团组织结构的演进过程进行详细分析。

4.1 汇丰集团组织结构演进二十年

汇丰控股有限公司（HSBC Holding plc）[②] 成立于 1991 年 4 月，是由香港和上海银行有限公司[③]（下文用"香港汇丰"）及其子公司、附属公司重组成立的，其股票同时在香港和伦敦交易。汇丰控股自成立即是拥有多元金融业务的集团企业，业务范围包括商业银行、资本市场、消费金融、证券、投资和保险等。1991 年，汇丰在全球有超过 5 万名员工，在 50 多个国家拥有 1 400 家机构。

经过 20 年的发展，截至 2011 年底，汇丰的业务已经延伸至全球 85 个国家

---

① 本章是作者的研究成果，资料来源于汇丰集团 1991—2011 年的年报。由于年报中没有组织结构图，所有组织结构图均是作者根据年报信息自行绘制。因为年报采用英文，所有内容均为作者自行翻译。部分翻译与汇丰在香港发布的中文年报略有出入。本章采用自行翻译，主要基于两方面的考虑：第一，汇丰中文年报是意译，在对照中英文年报时，可能给读者造成一定的困难；第二，香港的语言习惯和内地有所区别，可能给读者造成一定的误解。作者在参考汇丰中文年报的基础上自行翻译，尽量克服这些问题。

② 汇丰控股有限公司（HSBC Holding plc）既代表了整个汇丰集团（HSBC Group），又是汇丰集团的母公司，这一点在汇丰的年报中体现出来。一方面，集团以汇丰控股的名义发布年报，公布合并报表；另一方面，年报也单独公布汇丰控股（HSBC Holding）的报表，同时汇丰控股也有专设的 CEO。这一点充分体现了汇丰集团是经营型金融控股公司的性质：母公司有自己的一套财务报表。在本文中，"汇丰控股"、"汇丰"或"汇丰集团"均是指整个集团，而用"母公司"、"总部"专指作为独立法人的汇丰控股有限公司。

③ 本文将 HongKong Bank 翻译为香港汇丰，而 HSBC 则是汇丰。

的 7 200 家机构，员工数量超过 28 万人。同时，汇丰在伦敦、香港、纽约、巴黎和百慕大五地上市。图 4 - 1 是汇丰集团 1991—2011 年的总资产增长情况。

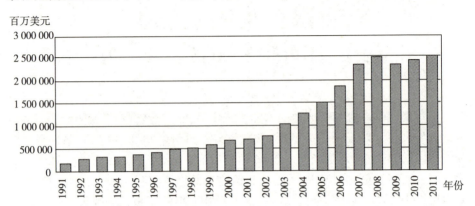

百万美元

资料来源：《汇丰控股有限公司年报》（1991—2011 年）的相关数据。

图 4 - 1　1991—2011 年汇丰控股有限公司总资产的变化

1991 年，汇丰控股的总资产是 1 605 亿美元；2011 年，汇丰控股的总资产超过 2 万亿美元。不考虑通货膨胀的因素，汇丰总资产 20 年翻了 4 番。特别是 2003—2008 年，资产规模增长很快。2008 年金融危机，汇丰的总资产略有下降，近两年缓慢回升。

随着集团资产规模的扩张，汇丰也在不断调整组织结构，经历了点（子公司）—面（地区）—线（业务线）的管理模式演进。1991—1995 年，汇丰组织结构着重于子公司管理；1996—1999 年，汇丰组织结构着重于地区管理；2000 年以后，汇丰组织结构着重于业务线管理，并从以产品为基础的业务线划分转变为以客户群为基础的业务线划分，形成结合业务线、地区和功能的三维矩阵结构。在组织结构转变的过程中，汇丰集团主要从三个方面进行改革，第一是母公司/总部的职能调整，第二是子公司的业务和品牌整合，第三是集团统一平台的建设与实施。本章详细描述了汇丰组织结构演进的三个阶段以及三方面的改革情况，在每一阶段的末尾进行讨论与小结。

4.1.1　汇丰集团组织结构：1991—2011 年

4.1.1.1　汇丰控股早期的组织结构：点的管理（1991—1995 年）

1991 年，汇丰控股成立，并收购了英国的米特兰银行。此时的汇丰处于从分散的子公司向一个集团过渡的过程中，集团结构的重点放在对子公司的"点"的管理上。图 4 - 2 是 1992 年汇丰控股的组织结构图①。

---

① 此处以 1992 年汇丰控股的组织结构图为例。1991—1995 年，汇丰对其内部的子公司进行了较多整合，各年汇报的内容不太一样，但整体的以子公司为管理重点的组织结构并未改变。

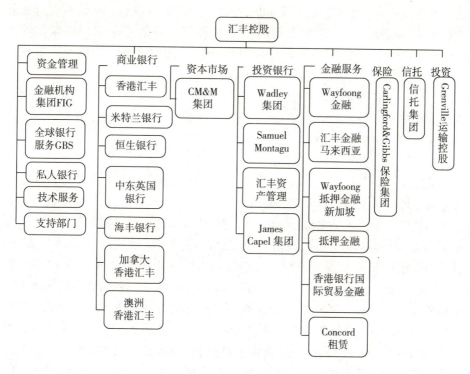

图4-2 1992年汇丰控股有限公司组织结构图

（1）汇丰母公司/总部①

汇丰母公司/总部是集团的战略设计、财务规划、风险控制的中心，同时承担集团整体的功能性职能管理，主要是一些功能性支持部门，如人力资源、法律服务等。

从图4-2可见，汇丰总部还负责直接经营一些业务，包括：资金管理、金融机构集团（FIG，主要负责协调集团对金融机构的产品与服务，包括账户、交易、证券和财富服务）、全球银行服务（GBS，主要负责在全球推进金融产品和服务）和私人银行业务。这些直属的业务部门，由总部进行整体协调和管理，在各个子公司进行运营。例如，资金管理业务主要负责掉期交易和银行间往来，由集团总部指派总经理（general manager）管理，在纽约、伦敦、东京等地设有交易厅。其中，纽约和东京的交易厅合并，以"米特兰"的名义经营，伦敦的交易厅则在子公司James Capel下经营。类似地，私人银行业务也由总部指派经理整体负责，在子公司Wardley集团下进行专业化运

① 1993年，汇丰正式在伦敦建立总部，员工346人。同年，汇丰总部从香港迁到伦敦。

营，业务点分布于汇丰银行、Wardley 公司、中东英国银行、米特兰银行的分支机构下。同时，汇丰还有专门经营私人银行业务的子公司，如苏黎世的 Guyerzeller 银行，德国的 Trinkaus&Burkhardet，伦敦的米特兰国际私人银行和 Samuel Montagu 私人银行等。

此外，总部为全球业务提供整体的技术支持，主要任务是建设信息平台。在总部管理下，汇丰在全球设立了 4 个技术支持中心，分别位于香港、谢菲尔德（英国）、布法罗（美国）以及温哥华（加拿大）。

（2）汇丰子公司

从图 4-2 可见，汇丰集团大量的业务，包括商业银行、投资银行和保险等业务，均由子公司负责经营和管理。其中主要的子公司是：以商业银行业务为主的香港汇丰、米特兰银行、恒生银行、中东英国银行、海丰银行、加拿大汇丰、澳洲汇丰以及一系列的附属公司；经营资本市场业务的 CM&M 集团；经营投资银行业务（商人银行、资产管理和证券）的子公司包括 Wadley 集团、Samuel Montagu、汇丰资产管理和 James Capel 集团；经营资本市场业务的 CM&M 集团；经营金融公司业务的 Wayfoong 金融有限公司、汇丰金融马来西亚、Wayfoong 抵押金融新加坡、抵押金融有限公司、香港汇丰国际贸易金融有限公司以及 Concord 租赁；经营保险业务的 Carlingford&Gibbs 保险集团；经营信托业务的信托集团；以及汇丰的一项重要投资：Grenville 运输控股有限公司。

在图 4-2 中，各子公司都归类于相应的主营业务范畴下。但这些子公司并非平行的关系，其中一些公司实际上是香港汇丰或米特兰银行控股的子公司（即集团"孙公司"）①，例如，Wardley 集团和澳洲汇丰是香港汇丰的全资子公司；恒生银行是香港汇丰绝对控股的子公司，香港汇丰持有其 61.48% 的股份；Samuel Montagu 是米特兰银行的子公司等。此外，汇丰的子/孙公司之间也发生了相当多的重组、合并关系，例如，1992 年米特兰 Montagu 资产管理并入了集团资产管理，Greenwell Montagu 经纪公司并入 James Capel 集团，汇丰在欧洲所有的商人银行全部并入 Samuel Montagu。Wardley 的商人银行则在 Wardley 控股旗下进行重组。

从人员规模上来看，1992 年在完成对米特兰银行收购以后，汇丰集团总人数达到 99 148 人。作为汇丰的左膀右臂，米特兰银行和香港汇丰占据重要地位。1992 年，米特兰银行 46 008 人，占集团总数的 46.4%；香港汇丰

---

① 图 4-2 的组织结构图没有显示母—子—孙公司的关系，这是因为 1992 年的年报未能详细汇报完整、详细的子—孙公司关系，只是简单列示了在不同主营业务下子公司的名称和经营业绩。本文此处描述的子—孙公司关系是在年报中提及的，但并非全部的子—孙公司关系。

23 348 人，占集团总数的23.5%，这两家公司占集团总人数约70%。从税后利润来看，1992—1995 年香港汇丰和米特兰银行的盈利总和几乎相当于汇丰集团的总利润。米特兰和香港汇丰均以商业银行业务为主，控股和经营多元化的子公司（见图4-3）。

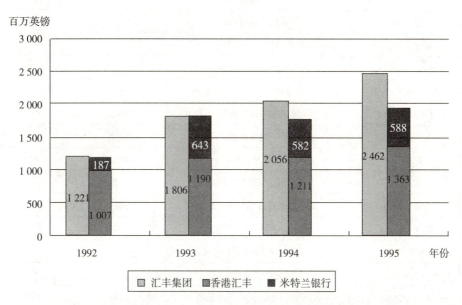

百万英镑

图4-3　1992—1995 年汇丰集团、香港汇丰和米特兰银行税后利润情况

从集团总经理的职位分配上看（见表4-1），子公司的 CEO 和总经理占绝对多数，其余是母公司的功能性职能部门和业务总经理。由此同样可见，在汇丰集团中，子公司的地位非常重要，是组织结构中的重点。

表4-1　　　　　　　　　　1994 年汇丰集团高层管理团队

姓名	职位	主管部门	年龄
W Purves	集团主席	集团	63
J R H Bond	集团董事；集团 CEO	集团	53
A Metha	汇丰控股①主席和 CEO	母公司	48
K R Whitson	集团董事；米特兰银行 CEO 和董事	子公司	51
J M Gray	集团董事；香港汇丰主席与 CEO	子公司	60
C P Langley	马来西亚汇丰 CEO	子公司	50
J H Cleave	海丰银行主席和 CEO	子公司	52

---

① 此处是指母公司汇丰控股有限公司。

续表

姓名	职位	主管部门	年龄
W R P Dalton	加拿大汇丰主席和 CEO	子公司	51
A Dixon	香港汇丰总经理	子公司	50
D G Elton	香港汇丰执行总裁	子公司	49
R M J Orgill	米特兰银行执行代表	子公司	56
J C S Rankin	香港汇丰总经理	子公司	53
P E Selway-Swift	香港汇丰和中国大陆执行总裁	子公司	50
J E Strickland	集团服务执行董事	职能	55
R Delbridge	集团财务董事	职能	52
D Beath	集团总经理（审计）	职能	56
C Carr	集团总经理（法律）	职能	57
F J French	集团总经理（信用和风险）	职能	56
R A Tennant	集团总经理（人力资源）	职能	52
B H Asher	集团董事；投资银行执行董事	业务	58
S K Green	集团资产管理总经理	业务	46
T W O'Brien	私人银行和信托集团总经理	业务	47

资料来源：《汇丰控股有限公司年报》（1994 年），这是汇丰控股第一次详细公布包括集团总经理在内的集团高管人员的信息，该表包括所有的执行董事和集团总经理。该表不包括每个人的所有职位头衔，主要列示了最高职位。

（3）汇丰的集团技术平台

20 世纪 60 年代晚期，汇丰就已开始建设支持集团业务的计算机系统。除了在香港、谢菲尔德（英国）、布法罗（美国）以及温哥华（加拿大）设立四个技术支持中心以外，汇丰还开发了一套叫做 HUB（汇丰全球银行系统，HongKong Bank Universal Banking System）的小型电脑操作系统。针对交易厅的资产管理业务，汇丰开发了 TREATS（资产交易系统，Treasury Trading System）。针对个人电脑，汇丰从 1984 年开始开发 Hexagon，主要应用于全球的公司客户。1995 年，汇丰与微软合作，将微软的 MONEY 系统与 Hexagon 联通，为全球个人客户提供服务。

同时，集团高层专门任命 John Strikland 为"集团服务执行董事"负责集团整体的信息系统和通讯政策，以保证全球系统的效率和兼容性。

（4）小结与讨论

总的来说，20 世纪 90 年代前期的汇丰控股有限公司是整合了汇丰银行和米特兰银行所有业务的金融集团。汇丰控股旗下拥有大量的子公司，特别是香港汇丰和米特兰银行，这样形成了以商业银行业务为主，多元化经营的经营型金融控股公司组织结构。

在初始的结构中，总部承担了较多的职能和责任，既有战略规划任务，又有功能性职能服务，还有经营责任，同时还要管理大量的子公司。这样带来的问题是，总部的管理负担很重，分散了其作为集团首脑关注长期的、战略性任务的精力，也降低了总部为集团整体提供战略指引的能力。因此，总部首先剥离了对具体业务的经营管理职责。例如，1994 年总部将资金管理与资本市场的业务下放到子公司经营。在交易厅的管理上，汇丰成立了汇丰市场（HSBC Market），整合了香港汇丰和 Wardley 资本市场的资源。1995 年，汇丰又将私人银行业务并入汇丰投资银行（HSBC Investment Banking）。

汇丰集团成立早期，子公司的管理是组织结构的重点，这体现在汇丰将各子公司详细的经营收益/损失作为年报披露的主要内容，且汇丰集团的高级经理团队以子公司的领导人为主。

以子公司为管理重点的组织结构存在一些问题。

第一是子公司、孙公司数量众多，分布广泛，加上重组、合并、交叉持股等造成了汇丰集团整体的组织结构过于复杂、关系模糊。在很大的程度上，汇丰内部的资源整合、业务协同和集团管理受到制约。

为了加强集团控制，应对子公司过于分散的问题，汇丰集团设置了一些辅助性结构。一方面，汇丰对集团业务进行了粗线条划分，主要分为两条业务线：商业银行业务和投资银行业务。商业银行业务包括保险、租赁、信托等，因为经营这些业务的子公司大多属于米特兰银行和香港汇丰。投资银行业务包括商人银行、资金管理和资本市场、资产管理、证券四大部分，这些业务既有独立的子公司，如 James Capel，也有米特兰或香港汇丰下属的子公司，如 Samuel Montagu。另一方面，汇丰设立了地区管理结构。集团将全球业务分为五大区域：英国、中国香港、欧洲大陆、亚太地区和美洲地区。此外，特别针对米特兰银行和香港汇丰的商业银行业务，集团专门成立了另一套地区办公室：设于香港的亚太办公室、设于纽约的美国办公室、设于迪拜的中东办公室和设于伦敦的欧洲办公室。这样，汇丰在以子公司为经营重点的组织结构以外，初步建设了业务和地区的辅助管理框架。

第二是汇丰各子公司采用了不同的品牌进行多元业务的经营，由此带来了品牌管理上的困难，降低了集团的整体辨识度，影响了集团的竞争合力。仅从图 4-2 的组织结构图中就可看见，汇丰旗下的品牌包括汇丰、米特兰、恒生、CM&M、Wardley、Wayfoong 等。显然，汇丰集团也意识到这个问题，在 1995 年的年报中，集团 CEO Bond 专门讨论了"全球和地方名称"，他指出：

汇丰集团汇聚了众多著名的商业银行的名称。我们相信，这些
"品牌"名称在我们全球不同的客户的眼中具有相当大的价值。——
它们被客户看做是当地的银行，它们的名字代表了服务的质量和卓越
的价值。——我们相信应对本地业务保留当地的名称，应对全球业务
采用"汇丰"品牌。

同时，Bond专门指出"商业胶水"是黏合众多汇丰子公司成为"一个金
融服务大家庭"的关键。他列举出一系列的数字来证明集团内部存在很多业
务协同，比如，香港汇丰70%的出口业务流向了集团内部其他部门，米特兰
银行65%的交易业务流向了其他集团成员等。可见品牌众多的问题实际已经
受到投资者和客户的质疑，以至于需要专门说明，恰似"此地无银三百两"。
从实际情况来看，汇丰并没有如1995年报所言"保留当地的名称"，反而从
1994年开始整合各大品牌，突出汇丰"HSBC"的标志。例如，1994年，
Wardley集团更名为汇丰投行亚洲（HSBC Investment Bank Asia Limited）；1995
年海丰银行更名为美国汇丰银行（HSBC Americas）（兼并了Concord租赁）。

从系统的技术平台上来看，汇丰无疑走在了世界前列，而这样的技术平台
也为汇丰下一步的集团资源整合和组织结构建设提供了有力支持。

总结而言，1991—1995年，汇丰集团的组织结构以子公司管理为重点，
总部承担较大的职责，系统平台建设初现成效。由于这种以"点"为主的组
织结构存在较大的问题，汇丰集团将进行一系列的长期调整。

4.1.1.2　汇丰集团组织结构调整：面的管理（1996—1999年）

从1996年开始，汇丰的组织结构的重心转移到地区管理上，即关注汇丰
集团在区域/国家中的收益情况。图4-4是1997年的组织结构图①。

（1）汇丰母公司/总部

从汇丰总部的职能来看，集团总部剥离了具体的业务经营职能以后，更加
专注于战略决策。20世纪90年代后期，汇丰着力推进全球布局，进行了大量
的兼并和收购活动。表4-2为1997—1999年汇丰集团的重要收购活动。此
外，总部依然承担相应的集团范围内的功能性职能，包括集团人力资源管理、
法律支持、风险控制以及技术平台服务等。

（2）汇丰地区管理

汇丰将经营业务按地区划分为五大区域：中国香港地区、亚太地区（除香港
以外的亚太地区，还包括中东和非洲）、英国地区、欧洲大陆地区和美洲地区。

---

①　1996年和1997年的组织结构图是按照汇丰传统的四大地区进行汇报的，1998年和1999年重
新划分了地区，并且细化到国家进行汇报。

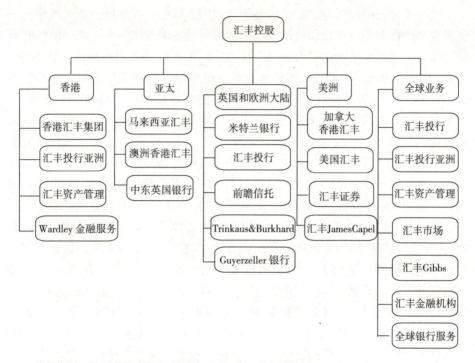

资料来源：《汇丰控股有限公司年报》（1997 年）的相关数据。

图 4 – 4　1997 年汇丰控股有限公司组织结构图

表 4 – 2　　　　　　汇丰控股有限公司 1997—1999 年的重要收购

时间	目标	地区	价格 （百万美元）	购入股权 （%）	目标行业
1997 年 4 月	Banco Bamerindus do Brasil	巴西	1 000	100	商业银行
1997 年 8 月	Roberts SA de Inversiones	阿根廷	688	100	商业银行
1997 年 12 月	Grupo Financiero Serfin SAde	墨西哥	174	19. 9	其他金融机构
1998 年 12 月	Guyerzeller Bank AG	瑞士	133	25	商业银行
1999 年 12 月	利宝银行集团	美国	7 703	100	商业银行
1999 年 12 月	Safra Republic Holidings SA	卢森堡	2 591	51	商业银行

资料来源：潘功胜等：《国际大型银行成长之路》，中国金融出版社，2008 年，97 – 98 页。

按照子公司的注册地，汇丰将各子公司归入以上五大区域。各区域均有一些较重要的商业银行子公司，例如，中国香港地区的香港汇丰，英国地区的米特兰银行，美洲地区的加拿大香港汇丰、美国汇丰以及之后收购成立的 Banco HSBC Bamerindus 等。此外，各地区也有一些经营非商业银行金融业务的子公司，例如，香港的汇丰资产管理公司，英国的汇丰投行，美洲的汇丰证券等。汇丰又对经营全球业务的子公司进行了汇总管理，所以在组织结构图上可能出现两次，例如，汇丰投行亚洲、汇丰投行、汇丰资产管理。这些地区注册的子公司之间不是平行的关系，一些地区的子公司可能是另一地区的子公司下的孙公司，例如澳洲香港汇丰实际上是香港汇丰的全资控股公司。由于汇丰子公司这种地区注册、全球经营的模式，造成了子公司之间的业务重叠和竞争。

随着汇丰的全球扩张，特别是在拉美地区进行了一系列收购活动以后，汇丰集团的地区规模结构和区域盈利结构发生了改变（见图4-5）。因此，1998年汇丰重新调整了地区划分，将英国地区与欧洲大陆合并为"欧洲地区"，将美洲地区分为"北美地区"和"拉美地区"。1998年，汇丰员工总人数为136 433人。按照新的划分，从地区规模来看（见图4-5），欧洲地区的员工人数最多，49 798人，占集团总人数的36.5%；其次为拉美地区26 572人，占集团总人数的19.5%；中国香港地区、亚太其他地区以及北美地区分别为24 447人、21 116人和14 500人，分别占集团总人数的17.9%、15.4%和10.6%。从区域盈利结构来看（见图4-5），1998年汇丰税前总利润为6 571百万美元，其中欧洲地区盈利水平最高，为2 884百万美元，占集团总利润的43.9%；其次为中国香港地区，盈利2 427百万美元，占集团总利润的36.9%；其余地区加总不足20%。因此，总的来看，汇丰集团的员工规模在

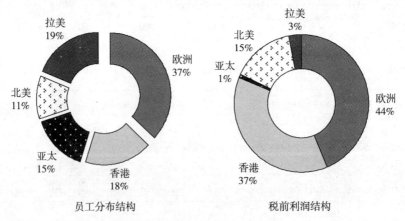

员工分布结构　　　　　　税前利润结构

资料来源：《汇丰控股有限公司年报》（1998年）的相关数据。

图4-5　1998年汇丰集团地区结构

全球五大地区分布相对均衡，但区域盈利水平相差很大，汇丰的传统经营地区仍占主导。

从集团高管人员的配置看（见表4-3），汇丰的执行董事和集团总经理的总人数和职能配置结构保持稳定，依然是22人。集团和母公司的领导共3人；来自子公司的主管占绝大多数，为11人；来自业务的主管最少，3人；其余5人为集团功能性职能部门主管。子公司的主管更加分散，香港汇丰的主管人数从5个减少到3个，米特兰银行的主管从2个减少到1个。这多出来的3个名额分配给了代表亚太地区的新加坡香港汇丰和中东英国银行以及代表拉美地区的 Banco HSBC Bameridus。由此可见，地区平衡是汇丰集团此阶段组织结构的一个重要特点。

此外，集团高管还包括了汇丰三位全球业务主管：投资银行与市场、保险、公司与机构银行。这主要是为了协调汇丰相关业务子公司的全球经营与协作。

表4-3　　　　　　　　　　1998年汇丰集团执行董事及集团总经理

姓名	职位	主管部门	年龄
J R H Bond①	集团主席	集团	57
K R Whitson	集团董事；集团 CEO	集团	56
D G Elton	集团董事；公司执行董事	母公司	53
W R P Dalton	集团董事；米特兰银行 CEO 和董事；前瞻信托集团主席	子公司	55
A Metha	香港汇丰 CEO	子公司	52
C P Langley	香港汇丰执行董事	子公司	54
V H C Cheng	香港汇丰执行董事；恒生银行 CEO	子公司	50
J C S Rankin	新加坡香港汇丰 CEO	子公司	57
T W O'Brien	马来西亚汇丰代主席和 CEO	子公司	51
I M Burnett	美国汇丰总经理；美国汇丰银行主席和 CEO	子公司	51
Y S Nasr	加拿大汇丰主席和 CEO	子公司	44
M F Geoghegan	Banco HSBC Bamerindus 主席和 CEO	子公司	45
A Dixon	中东英国银行代主席	子公司	54

---

① 1998年，Bond 接替退休的 Purves 成为汇丰主席。

续表

姓名	职位	主管部门	年龄
S K Green	投资银行和市场执行董事	业务	50
A P Hope	集团保险总经理	业务	52
R M J Orgill	集团总经理； 公司与机构银行全球首脑	业务	60
A W Jebson	集团技术服务总经理	职能	49
D J Flint	集团财务董事	职能	53
D Beath	集团总经理（审计）	职能	60
R E T Bennett	集团总经理（法律）	职能	43
M B McPhee	集团总经理（信用和风险）	职能	57
R A Tennant	集团总经理（人力资源）	职能	56

资料来源：《汇丰控股有限公司年报》（1998 年）的相关数据。

（3）汇丰的集团技术平台

20 世纪 90 年代下半期，汇丰面临着两个重大的集团性技术问题，第一是千年虫问题，第二是随着互联网的兴盛而推广的电子商务，后者的重要性更加突出。为了应对这两个问题，汇丰在集团平台上投资巨大，仅 1999 年即投资约 17 亿美元，超过集团总体费用的 15%。

为了实现金融电子商务，汇丰建设了一系列的系统平台。例如，汇丰与 IBM 合作开发了交互财务系统（Interactive Financial Services，IFS）。通过该系统，汇丰可以将内部的系统与客户广泛使用的技术进行联通，包括网络、交互电视、手机和个人数码设备，实现了通过多样的媒体与客户随时随地地联系。1998 年汇丰首次在年报中公布了网站 hsbc.com①，将其作为服务客户的品牌进行建设，并将电子业务的主要目标定位为个人客户和中小企业客户。此外，汇丰旗下恒生银行与 Cheung Kong 控股有限公司即 Hutchison Whampoa 公司组建了 iBusinessCorporation.com。

在内部技术平台上，汇丰建设了新的数据中心，于 1999 年 12 月开设了统一的呼叫中心，并计划采用新的汇丰集团系统实现内部信息系统标准化。

（4）小结与讨论

总的来说，汇丰集团 20 世纪 90 年代后半期进行了较大规模的地域性扩张，特别是收购了拉美地区的大型商业银行，汇丰真正实现了全球布局。

---

① 1997 年之前汇丰未公布网站，1997 年公布为 hsbcgroup.com。显然，对于客户来说，1997 年的网址比起 hsbc.com 显得过于复杂。

汇丰总部承担的职责更加明确。在战略决策、收购、重组以及之后的融合工作上，汇丰总部投入了大量的精力，其业绩相当不错。同时，汇丰总部为集团提供整体性的职能服务，保证了集团的统一。其中有三点成绩特别显著，第一是汇丰高层人力资源的建设，第二是汇丰技术平台的建设，第三是集团品牌HSBC的建设。

在高层人力资源建设上，对比汇丰高管1994年和1998年的情况（见表4-1和表4-2），汇丰的集团高管层不仅保持了数量和结构的稳定，而且保持了人员的相对稳定（接近一半的人在两个名单上同时出现）。同一职位基本上是由上级退休、下级提升而来，被提升的人员也基本是汇丰内部成长的老员工。此外，高管层以50多岁的为主，60岁以上的较少，兼有若干个40~50岁的。由此可见，汇丰的高管人员接续情况较好，没有断层。

在集团技术平台的建设上，汇丰投入巨大，且广泛地与世界顶尖的IT公司进行合作，在集团层面上的合作者包括微软和IBM。同时，汇丰的子（孙）公司也与外界有不少合作。例如，恒生银行与香港中文大学合作，推出了亚洲第一张多功能芯片卡；恒生与惠普合作，开发在线支付系统等。此外，汇丰在全球布局其数据中心、呼叫中心，并积极推进系统标准化。

集团品牌建设作为集团战略计划的一部分，汇丰不断宣传和强化"HS-BC"及其六边形符号。汇丰认为"品牌不只是一个简单的名称识别，它是绩效的承诺，帮助HSBC赢得回头业务"。因此，1999年汇丰通过了各地区相关的法律批准，将其大多数的全资商业银行、子公司更名为HSBC，并在商业广告、媒体信息、宣传材料上进行推广。此外，汇丰积极建设网络平台hsbc.com，进一步强化汇丰标志。在1999年年报中，集团CEO Whiston谈道：

> 将HSBC完整地识别为世界最大的和最成功的金融服务公司是（我们的）主要初衷。我们希望HSBC成为一个强有力的消费者品牌，（它）等同于诚实、信赖和卓越的客户服务。

这一时期，汇丰的组织结构重点关注地区情况，通过对地区范围内的子公司的管理，实现集团内部区域性的相对平衡与协调。以地区的面上的管理取代对子公司的点上的管理有许多好处。第一，在集团层面上扩大了管理的视野，避免了在小范围的点上的管理过于细碎，而忽视了更大范围的问题。特别是在集团的内部协同上，地区管理至少有助于提高区域内的合作。第二，按地区管理可以反映各个地区不同的宏观经济状况和背景，有利于集团经营管理决策的制定和执行。例如，1997年，香港和亚太地区受到亚洲经济危机的影响较大，因此业绩有所下滑，而集团其他地区受影响则相对较小。

然而，地区管理的劣势也比较明显。第一，地区本身不是盈利的直接来源，五大区域的划分过于宽泛且缺乏重点。为了解决地域管理宽泛的问题，汇丰将地区管理精确到国家或地区，按照汇丰在该国或地区的客户数量，分为三大类：汇丰大业务（客户数量超过 100 万，包括英国、中国香港、巴西和美国）；汇丰主要业务（客户数量超过 20 万，阿根廷、加拿大、印度、马来西亚、新加坡、沙特阿拉伯和中东）；汇丰全球业务（主要是支持大业务和主要业务的业务，未来可能成为大业务，包括德国、埃及、阿拉伯等国）①。显然，这样的划分并没有解决集团管理缺乏重点的问题，1999 年以后也就放弃了。

地区管理的第二个问题是，无法解决集团内部的协作问题。地区管理将同一个地方的子公司放在一起，可以增强区域意识。特别是在区域经济状况相似，甚至是遭遇经济危机的情况下，加强区域管理可以促进区域内子公司之间的同舟共济。但从本质上来看，地区管理仍是对子公司的管理，尽管整合了本地/本国的子公司，但跨区域之间的协作依然困难重重。在前文已经提到，由于一些汇丰的子公司是区域注册、全球经营的，其业务存在一定的重叠和冲突。例如，汇丰投行亚洲、汇丰投行和汇丰资产管理均经营全球的投行业务，提供财务咨询与公司理财，收取相关费用。为了协调它们在全球的业务，汇丰控股专门设立了集团投资银行与市场总经理进行管理。类似地，汇丰还设立了公司与机构银行以及保险的业务总经理。因此，在地区管理之外，汇丰也通过业务线的辅助管理，一定程度上实现集团层面的协调与平衡。然而，在这三条业务线以外的业务如何进行全球平衡与协同？如何为同一客户提供全球统一标准的服务？如何整体性提高集团的实力？这些问题，是地区管理无法解决的。

在对内的技术平台上，汇丰集团已经完成内部平台的基础建设，开始在全球的汇丰子公司中推广与标准化。在对外的技术联通上，汇丰也与高科技机构（高校或企业）合作，努力构建面向客户的技术平台。在统一平台的建设上，汇丰一直走在世界前列。

1998 年，汇丰集团首次全部采用美元披露年报，并同时提出"管理您的价值"（manage your value）的五年战略（1998—2003 年）。这也是汇丰在集团层面上统一货币和统一战略的重要举措。加上汇丰在品牌整合、技术平台的投入，汇丰正在努力构造综合化的集团竞争力。

4.1.1.3　汇丰集团组织结构更新：线的管理与矩阵结构（2000—2011 年）

从 2000 年开始，汇丰的组织结构开始向业务线管理转变，这也是汇丰理清业务线的过程。在整个过程中，汇丰不断地调整、修正，大致可以分为两个阶段：第一阶段是按产品划分业务线的组织结构；第二阶段是按客户群划分业

---

① 同时，汇丰也汇报了三条跨区域的业务线：公司与机构银行，投资银行与市场，保险。

务线的组织结构。同时，汇丰的矩阵管理结构更加明晰和复杂化。早期的矩阵结构以业务线为主，以地区管理为辅（见图 4 - 6）；随着汇丰集团国际技术平台的完善，其矩阵结构逐渐转变为以业务线为主，以地区和功能管理为辅的三维结构（见图 4 - 7）。二者对比可以看出汇丰在理清业务条线、构建矩阵结构上持续地演进。

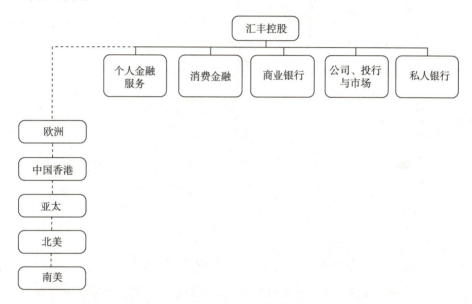

资料来源：《汇丰控股有限公司年报》（2004 年）的相关数据。

图 4 - 6　2004 年汇丰控股有限公司组织结构图

（1）汇丰母公司/总部

2000 年以后，汇丰母公司在集团战略规划上的作用更加鲜明。一方面，母公司需要保证集团对战略口号的贯彻和落实，实现战略目标；另一方面，母公司需要不断提出新的集团战略，并将其贯彻落实。

1998 年，汇丰提出"管理您的价值"的同时，指出具体的操作目标为：五年内股东回报翻倍，且超过竞争对手的平均股东回报。2002 年（4 年以后）汇丰的战略目标达成。

2003 年，汇丰提出新一轮的五年战略"管理谋增长"（manage for growth），其意图在于"识别并参与到最具增长潜力的经济中"。具体操作方式为：加快收益增长的速度；更加客户驱动（customer - driven）；提高生产率的可持续性；在高度竞争的市场中更好地管理成本。五年计划最后一年的 2008 年发生了全球金融危机，汇丰认为"管理谋增长"的战略具有优越性：

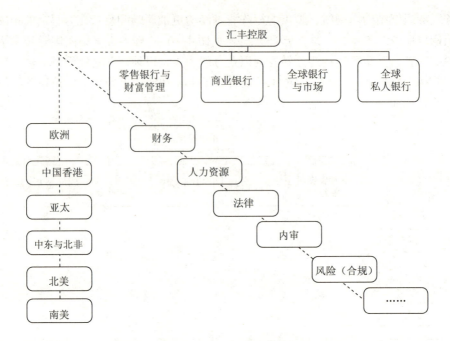

资料来源：《汇丰控股有限公司年报》（2011 年）的相关数据。

图 4-7　2011 年汇丰控股有限公司组织结构图

　　当前金融危机加快全球经济中心的转移；换言之，全球经济中心将会加速东移，印证汇丰在过去几年不断加速发展高速度增长地区的业务，实属明智。①

　　2009 年，汇丰提出了新的战略口号"环球金融　地方智慧"。该战略旨在继续开拓发展中国家市场的银行业务，扩大全球客户基础，同时发挥汇丰的国际网络、经济实力以及经营技巧，使之融会贯通。具体的操作方式为：在增长较快的市场增加投资；在成熟市场，发展国际业务和客户层。

　　在以上集团战略的指导下，汇丰加快了对发展中国家的大型商业银行的收购活动，并对发达国家的多元化金融业务进行投资。表 4-4 是汇丰控股2000—2011 年的收购活动。

　　除决定集团战略的职能以外，汇丰母公司将包括财务、人力资源、法律、业务风险（合规）等功能性职能全部剥离。这些支持性的功能全部放入"全球功能"的线条上，各个功能模块负责构建和管理全部的政策、流程和实现平台，并为自身在全球运营的成本和费用负责。

---

① 汇丰 2008 年年报。

表4－4 汇丰控股2000—2011年的重要收购

时间	目标	地区	价格 （百万美元）	购入股权 （%）	行业
2000年7月/ 9月	Credit Commercial de France	法国	11 100/142	98.6/1.4	信贷机构
2001年4月	Egyptian British Bank	埃及	141	50	商业银行
2001年8月	中国证券投资信托	中国	103	52.87	经纪
2001年9月	DemirBank TAS	土耳其	350	100	信贷机构
2002年11月	Grupo Financiero Bital CA	墨西哥	1 135	99.59	商业银行
2003年3月	Household International	美国	15 294	100	信贷机构
2003年12月	Lloyds TSB Group PLC 的 消费者业务	巴西	815	100	信贷机构
2004年2月	百慕大银行	百慕大	1 199	100	商业银行
2004年12月	Marks and Spencer Retail Financial Service Holdings Limited	英国	763	100	消费金融
2004年8月	交通银行	中国	2 100	19.9	商业银行
2004年9月	Indusval Multistock Group 的消费者金融业务	巴西	124	100	消费金融
2004年11月	玛莎百货的零售金融服 务业务	英国	1 418	100	消费金融
2002年11月/ 2005年8月	平安保险	中国	600/1 040	10.0/9.91	保险
2005年12月	Metris Companies Inc.	美国	1 593	100	消费机构
2006年4月	Banca Nazionale del Lavoro SA	阿根廷	155	100	商业银行
2006年8月	西太平洋银行的保管业 务	澳洲	114	100	商业银行
2006年11月	Grupo Banistmo S. A.	巴拿马	1 781	100	商业银行
2008年3月	中华商业银行	中国台湾	—	100	商业银行
2009年5月/ 8月	PT Bank Ekonomi Raharja Tbk	印度尼西亚	6.8亿美元	98.96	商业银行

资料来源：结合潘功胜等：《国际大型银行成长之路》，中国金融出版社，2008年：98页和《汇丰控股有限公司年报》（2008—2011年）。统计不完全。

汇丰母公司进一步理清了自己与子公司的关系。根据 2011 年年报披露，汇丰母公司以各子公司的主要权益人身份出现，而非各子公司的最终贷款人，也不为子公司提供核心融资。

（2）汇丰以业务线为主的矩阵结构

① 以产品为基础的业务线

2000 年以后，汇丰的业务线在组织结构中的地位日益凸显，从辅助性地位提升到核心地位。

早期的以业务线管理为主的矩阵结构，主要按照汇丰实际的产品划分。以 2004 年的业务线设置为例（见图 4-6），汇丰业务线分为 5 条：个人金融服务，包括抵押贷款、离岸银行业务、网上银行服务、汇丰各种银行卡业务、汇丰的保险业务、养老金业务、个人资产管理服务等；消费金融，以各营业网点的服务为主的零售银行服务，包括抵押贷款、汽车贷款、银行卡等一系列业务；商业银行业务，主要是为中小企业提供金融服务；公司、投行与市场业务主要为公司和机构客户提供金融服务，包括全球市场、公司和机构银行、全球交易银行和全球投资银行；私人银行业务，为高净值人群及其家庭提供金融服务。

从 2004 年的业务线的设置来看，产品是划分的主要依据。例如，业务线一和业务线二就是将产品进行粗略的归类，两条业务线之间的区别相当模糊，经营渠道也有很大重叠。在业务线内部也是按产品进行分别管理的。例如，业务线四公司、投行和市场业务主要针对公司和机构客户，其中，全球市场负责外汇交易，公司和机构银行负责关系管理、财务咨询和借贷业务，全球交易银行负责对外支付和现金管理、交易服务、供应链、安全服务和发钞业务，全球投资银行主要负责投资银行咨询和融资业务。

② 以客户群为基础的业务线

2007 年前后，汇丰重新整合了业务线，将主要业务划分为两大客户群和两大全球业务线。两大客户群是个人金融服务[①]和商业银行业务[②]，两大全球业务线为全球银行和市场[③]以及私人银行。个人金融服务将 2004 年的消费金融业务线纳入其中，全球银行和市场是从公司、投行和市场业务转变而来的。

2011 年，汇丰进一步整合业务线条，将全球资产管理业务从全球银行和市场业务线划出，与个人金融服务业务线合并，形成新的四大全球业务线：零

---

① Personal Financial Service，汇丰中文年报翻译为：个人理财。考虑到香港的语言习惯和内地有所区别（特别是内地存在"理财产品"这样的特殊概念），且这样的意译还可能造成读者在回顾资料上的困难，因此，本文作者自行翻译，在脚注中进行说明。

② Commercial Banking，汇丰中文年报翻译为：工商业务。

③ Global banking and market，汇丰中文年报翻译为：环球银行和资本市场。

售银行和财富管理（包括原个人金融服务和全球资产管理）、商业银行、全球银行和市场以及全球私人银行（见图4-7）。这样的变更，使得相似客户更加集中，突出了以客户群为划分基础的业务线的重要性。

在业务线内部，汇丰也进行了整合，形成了可以对特定客户群提供一揽子服务的产品平台。例如，在零售银行和财富管理的业务线下，主要有：针对一般客户的日常银行产品与服务；针对富裕客户的 HSBC Premier 和 HSBC Advance；以及为客户提供量身定制的财富方案和理财计划的平台，主要由汇丰资产管理、汇丰资本市场、汇丰保险等共同支持。全球银行和市场主要经营两类服务：全球资本市场（主要针对投资者的资产管理和资本市场业务）和全球银行（主要针对公司客户的融资、咨询和交易服务）。不同的服务各自包含多种金融产品，为相应的客户提供全套产品和服务方案，满足客户多样化的需求。

③ 辅助结构：地区和功能

2000年以后，地区管理成为汇丰集团的辅助管理结构。汇丰认为，全球各地区经济在发展规模、发展速度、风险、法律监管等方面存在巨大差异，这些差异在金融危机以后呈现出扩大的趋势，因此集团在不同国家和市场必须采取不同的战略，并通过有差异性的地区管理来落实。针对发展中国家，汇丰延续了"增长"的战略。在高速成长的发展中国家，特别是中国、印度、马来西亚、巴西和阿根廷，汇丰不断增加业务，获得了丰硕的盈利。

2011年，汇丰五大区域的划分为：欧洲、中国香港、亚太其他地区、中东和北非、北美和南美。汇丰的地区管理主要负责执行各业务线所制定的地区战略。面对客户、监管者、雇员和股东，地区代表了集团。同时，地区负责当地的资本分配、风险控制、流动性和融资管理，并负责业务线在当地的盈利和损失。从地区的角度来看，汇丰集团的结构如同地区银行和当地法人银行实体的网络。这些银行既要满足当地的监管和披露要求，又要满足汇丰集团的风险控制要求。

图4-8是这五大区域2011年的税前利润和资产分布。在发展中的地区，如南美、亚太、中东和北非，总资产占比较小，但税前利润贡献较大；在发达地区，如欧洲、北美和中国香港，总资产占比大，但税前利润占比却未达到相应水平，尤其是北美地区，资产占比达到18%，但税前利润贡献占比几乎为0。

汇丰的全球功能（global functions）结构是汇丰集团的另一种辅助管理结构，提供支持性职能。2011年之前，这些支持性职能在集团组织结构中的位置一直比较模糊。2011年，汇丰在"全球领先银行"的战略下，重建了全球功能模块。各个功能模块成立事业部，负责构建和管理相关政策、流程和实现平台，同时为自身的运营成本和费用负责。例如，汇丰实施了 IT 功能的流程化，包括将一些数据中心、服务中心合并，将一些面对客户的流程和后台办公

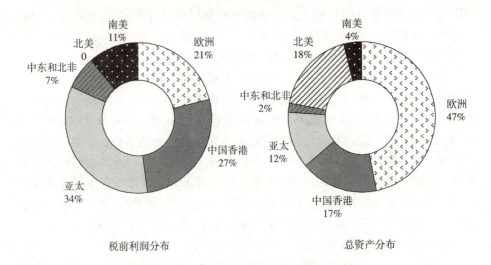

税前利润分布　　　　　　　　　　　总资产分布

资料来源：《汇丰控股有限公司年报》（2011 年）的相关数据。

图 4 - 8　2011 年汇丰集团五大区域的税前利润和资产分布

室进行重组，实现公司房地产效率的提升等。结果是，汇丰的成本效率大大提高，当年实现了 9 亿美元的成本节约，并计划在 3 年内实现 1/3 的成本节约（25 亿~35 亿美元）。

④ 集团高管

以业务线为主，地区管理为辅，加上功能性部门的支持，汇丰集团构建了一个清晰完整的三维矩阵组织结构。以客户群为基础的业务线管理，整合了汇丰庞杂的产品和服务，实现了一揽子解决方案。正如前文所述，地区管理的本质仍是子公司管理，各地区和各子公司是具体落实业务线战略与方案的主体。功能性部门的平台建设是实现全球业务线管理与跨地区管理的重要支持。这样的矩阵结构，落实到人的头上，就是高管层的设置。表 4 - 5 是 2011 年汇丰高管层的情况。

表 4 - 5　　　　　　　　　　　**2011 年汇丰集团高管人员**

姓名	职位	主管部门	年龄
D J Flint[1]	集团主席	集团	56
S T Gulliver	集团行政总裁	集团	51
A Assaf	全球银行及市场行政总裁	业务线	51

① 2006 年，Green 接替 Bond 成为汇丰主席，时年 58 岁；2010 年，Flint 接替 Green 成为汇丰主席，时年 55 岁。

续表

姓名	职位	主管部门	年龄
A M Keir	商业银行全球主管	业务线	53
P A Thurston	零售银行及财富管理行政总裁	业务线	58
A A Flockhart	执行董事；英国汇丰银行有限公司主席，汇丰中东董事，拉美汇丰主席，澳洲汇丰董事	子公司	60
B Robertson	英国汇丰银行有限公司行政总裁	子公司	57
P T SWong	香港汇丰银行有限公司行政总裁	子公司	60
I J Mackay	执行董事；集团财务董事	职能	50
A Almeida	集团人力资源和公司持续性主管	职能	55
R E T Bennett	集团总顾问	职能	60
S A Levey	法律总监	职能	48
M M Moses	集团风险总监	职能	54
S P O'Sullivan	集团运营总监	职能	56

资料来源：《汇丰控股有限公司年报》（2011年）的相关数据。

从表4-5来看，矩阵中的业务线、地区线（子公司）和功能线（职能）均反映到高管层的设置上。对比1994年和1998年的高管人员设置，最明显的是地区子公司的主管进入集团高管层的数量降低了，只有英国汇丰和中国香港汇丰两家的主管进入了高管层（其中，A A Flockhart还兼任多地汇丰子公司的董事）。由此可见，地区子公司管理的重要性已经下降。尽管业务主管在高管团队中一直是3人，但仅从其职位名称即可以看出，业务主管不再像过去只负责某些单一的产品，而是权力扩大，先是囊括多条产品线，最终按照客户群划分业务线。多年以来，职能部门的主管在高管层中一直占据6个职位。尽管这些功能性部门不是盈利部门，但他们的中后台支持作用至关重要，保证了集团在全球的整体性、稳定性和持续性。

（3）汇丰的集团技术平台

越是全球化的经营和管理，越要求跨国、跨产品以及跨业务经营，对技术平台的要求也就越高。汇丰自"管理谋增长"战略即开始整合集团资源，特别是技术平台的整合。

2004年前后，汇丰已在加拿大、美国、中国香港、印度和英国建成了5个IT中心，负责汇丰集团在各个国家运营系统的开发工作。汇丰还在印度、马来西亚、中国和斯里兰卡设立了7个集团服务中心，负责后台业务的流程和电话中心，包括开户、销户、客户服务和销售电话、支付、信用卡和贷款流程等。此外，汇丰还不断引入其他金融机构的现金系统，以改善和支持汇丰现有业务。例如，2003 年汇丰斥巨资收购了 Household and GFBital 公司，并将 Household 的领先的系统和技术引入汇丰的信用卡、消费贷款、风险管理和销售部门。

汇丰 2007 年年报中提到"公司联合起来"[①]（joining up the company）的战略，旨在全集团范围内推行通用产品（common product）和通用系统（common system）。例如，在个人金融服务中的 Premier 平台，在商业银行业务中的 Global Links 系统，以及将整套集团系统转变为 One HSBC 系统，同时巩固了 HSBC Universal Banking System 的银行系统。其中，Premier 和 Global Links 均是面向客户的系统平台。One HSBC 系统则整合了集团内部的中后台。One HSBC 从 2006 年开始推行，将汇丰在全球的产品、流程和技术标准化，同时以较低成本向集团内各部门提供 IT 和营运服务。One HSBC 系统有力地支持了汇丰在全球各地为个人和企业客户提供一致的标准服务，同时改善了集团中后台运营的成本效益。2008 年汇丰年报中明确提出"运用科技促成整合组织"。2011 年，汇丰又将 IT 流程化设定为其提高成本效益的关键项目。

汇丰也为科技平台设定了衡量指标，例如，集团检测系统处理的交易宗数和服务可用率指标。2008 年公布的检测结果显示，汇丰的科技平台超过 98% 的时间达到指标要求。

总的来说，汇丰一直努力在全球范围内推行通用系统，对于传统的子公司，汇丰不断进行整合与重构，使系统平台标准化、流程化、集约化；对于新收购的公司，汇丰则迅速地植入通用平台，使其从技术上"汇丰化"。从某种程度上来说，汇丰的集团技术平台不仅仅帮助其整合资源，支持矩阵结构，实现全球范围内的规模经济，更是承载和传递了汇丰的能力与文化，是"汇丰帝国"全球统一的关键。

（4）讨论与小结

从 2000 年开始，汇丰的组织结构从地区管理为重心转向业务线管理。经历了以产品划分为基础的业务线管理向以客户为基础的业务线管理的转变，今天的汇丰的组织结构呈现出清晰的三维矩阵结构：以基于客户群的业务线为主，以地区和功能管理为辅。

随着汇丰集团的功能性职能的剥离，汇丰母公司/总部的职能更进一步地明确，战略职能成为汇丰总部最核心和最突出的任务。汇丰总部从三个方面来实现战略职能。第一，制定具有前瞻性和稳定性的集团整体战略，并适时更新

---

① 汇丰自己译为"整合组织"战略。

战略，为集团下一步发展提出目标。第二，为实现集团整体战略制定大大小小的操作性战略。一方面，各业务线需要制定自身的经营战略，集团母公司必须对这些子战略进行讨论与审核，保证其与集团战略的一致性；另一方面，为了提供相应的平台支持业务实现，母公司必须制定中后台建设的操作性战略，例如，"公司联合起来"的系统通用化战略和提高成本效益的战略。第三，集团进行了大量的收购、兼并等活动，直接执行了集团的增长扩张战略。正是由于汇丰母公司在战略制定和实施上的努力，汇丰集团能够在规模扩张的同时，实现集团的内部整合，并在金融危机后快速恢复。

2000 年以后，业务线的管理是汇丰集团组织架构的重点。早期的业务线管理是产品线的整合。按产品划分业务线的好处是有利于产品线的流程管理，形成流畅的前中后台关系。但按产品划分存在一定的不足，一方面，不同的产品可能在具体功能和实现流程上存在重叠，造成营销、管理和核算上的模糊或冲突；另一方面，产品线之间的交叉销售也存在较大困难，特别是当客户需要多样化金融服务时，产品之间如何协同就成了问题。

近期的业务线管理更加注重客户群，形成以客户群为基础的业务线划分。这样有效地克服了产品线的重叠和分割的问题，实现了跨产品协同。但按客户群构建的业务线结构对企业的管理能力要求很高。首先，"客户群"的概念不像"产品"、"地区"或"子公司"那样具有相对清晰的流程和边界。"客户群"的划分本身具有相当大的可变性，要求管理者深入理解客户需求及其变化，并适时调整客户群归类。其次，按照"客户群"进行管理是建立在基础产品成熟、操作流程顺畅、跨产品平台完善的条件下，这要求企业很大的前期投入。最后，按"客户群"划分在业绩核算、员工激励、风险控制等方面都存在相当大的困难，要求企业具备强大的综合实力。对于汇丰集团而言，以客户群为基础的业务线管理，很大程度上是汇丰多年经营全球业务、深入研究客户特点、成功构建技术平台，以及内部管理比较完备的情况下，水到渠成的结果。

在集团技术平台方面，汇丰完成了基础建设工作，大力推进标准化、统一化工作。这项工作卓有成效，有效地支持了汇丰的内部沟通和整体性，同时也是汇丰实现全球的矩阵结构的基础。

今天的汇丰集团的综合竞争力不容置疑，但汇丰仍在不断改进和调整自己的组织结构，保证并提升其全球领先的国际银行地位。

4.2 汇丰组织结构演进分析

进入 21 世纪的汇丰集团，在组织结构上与 20 世纪最后十年的汇丰集团迥异。从表面上看，汇丰仍然是由在英国的母公司——汇丰控股有限公司和在世界各地持有当地经营牌照的子公司所组成，汇丰称之为 subsidiarization（子公司化）。但从本质上看，汇丰已经基本完成了集团整合，从品牌形象到服务与产品，再到中后台的处理，汇丰业已构建起统一化、标准化、流程化的全套系统和平台。汇丰的组织结构也由简单的对子公司或地区的控制演进为以业务线为主，以地区和功能为辅的三维矩阵结构。在这个过程中，我们看到，汇丰母公司/总部的职能一点点清晰化，战略性职能日益重要，功能性职能逐渐剥离；我们也看到，汇丰的组织结构不断调整，管理重心越来越接近利润的源泉——客户；同时，集团的整体性也随着品牌建设、技术平台的推广得到有效提升。

4.2.1 汇丰集团组织结构演进的原因分析

是什么原因促使了汇丰组织结构的演进呢？本章从三个层面进行分析：第一是外部环境层面；第二是集团层面；第三是领导人层面。

从外部环境来看，经济的一体化，政治的区域化和社会的差异化，是促使汇丰集团不断改进组织结构的根本原因。经济的一体化给汇丰带来全球业务的同时，也使得金融行业的竞争更加激烈。大范围的市场竞争是促使企业不断努力寻求利润最大化和成本最小化的根本动力。因此，汇丰的组织结构改革一直遵循着规模经济和成本效益的原则。然而，政治的区域化，即政府监管与法律规制的地区性间隔，却阻碍了企业实现全球范围的规模经济和成本效益。因此，汇丰的集团结构建设从解决区域性问题开始，在子公司和地区管理上颇费周章，且集团的组织结构从未放松过地区管理。在经济与政治环境之外，汇丰还面临着当地社会的巨大差异。社会的差异性直接导致了汇丰客户的差异性，不仅是不同地区的客户需求不同，即使是国际化的客户需求也千差万别。因此，汇丰的组织结构改革最终指向客户，满足差异性需求的解决途径不是提供具有差异化的单一产品，而是提供标准化产品的不同组合方案。

从集团层面来看，集团战略及战略下的规模扩张是促使组织结构变革的直接原因。结构跟随战略的原则在汇丰集团的组织结构演变过程中体现得非常明显。在汇丰成立控股集团的早期，整体战略比较模糊，以子公司管理为主的组织结构也呈现出品牌多、管理散、缺乏整合的特点。1998 年，汇丰提出"管理您的价值"的战略，这是集团清晰表述的第一个五年战略，其目的在于提升整体价值。因此，伴随战略的是整合品牌、建设技术平台、转变组织结构。以地区管理为主的组织结构即是汇丰为提升整体价值，促进集团内部协同而进行的努力。2003 年左右，汇丰提出了新的五年战略"管理谋增长"，即以增长战略取代价值战略。汇丰的增长战略以并购扩张的方式实现。该战略的核心在于识别、获得并控制新的机构，将新的机构纳入集团范畴。然而，不论是子公司还是地区管理都具有当地特殊性，唯有业务线可以实现跨地区、标准化管理。因此，向业务线的组织结构转变是汇丰全球管理的必然选择。

从个人层面来看，集团领导人的个人作用不容忽视。1991—2011年，汇丰经历了4个集团主席，包括 Purves（1991—1998年），Bond（1998—2006年），Green（2006—2010年）和 Flint（2010年至今）。Bond 和 Green 都是从集团 CEO 提拔至集团主席，Flint 是从集团财务总监提升至集团主席。在升任主席之前，他们在汇丰的工作年限都相当长。Bond 于1961年进入汇丰，Green 于1982年进入汇丰，Flint 于1995年进入汇丰。长时间的融入与共事，有利于新的领导人充分理解前任的政策，保证了政策具有一定的延续性和稳定性。但这些新的领导人又必须带领汇丰集团更新战略和组织结构（见图4–9）。

图4–9　汇丰集团领导人、战略与组织结构的变革时间点

在 Purves 以后，Bond 在任八年，主导了汇丰的价值战略与增长战略，同时开启了汇丰以产品为基础的业务线组织结构建设。Green 在任四年，一方面延续了 Bond 的增长战略，强化了汇丰在发展中地区的投入；另一方面提出了"世界银行，本地智慧"的集团战略，并将组织结构更新为以客户群为基础的业务线组织结构。在 Bond 和 Green 任下，汇丰完成了集团品牌和技术平台的整合工作。由于2008—2009年的全球金融风暴，汇丰2009年遭到亏损，继而于2010年更换了主席，提升财务总监 Flint 为主席。Flint 接任以后，仍然强调集团增长，但却增加了对成本效益的关注。此外，Flint 明确了汇丰业务线＋地区＋功能的三维矩阵结构。由此可见，集团的领导人以及以领导人为代表的高管团队是决定集团战略和变革组织结构的直接力量。

综上所述，外部环境是导致汇丰组织结构演进的根本原因，集团战略是引导结构演进的直接原因，而集团领导人则是推动演进的实现力量。这三股力量共同作用，推动了汇丰集团组织结构的演进。

4.2.2　汇丰集团组织结构演进的特点分析：匹配多元化的组织结构

环境、战略与领导人促使汇丰集团必须持续改进组织结构，但这些都无法直接决定各部分组织结构的具体形态。实际上，各部分的具体形态取决于多元化的资源特点（资源依赖性和资源共享性）。换言之，环境、战略和领导人决定了动机、方向和目标，资源特点则决定了企业选择采取何种形态来设置具体结构。

由于汇丰集团是由多家子公司联合组成的集团公司，其结构一开始是以控股公司结构形态出现的。但从管理上来看，特别在职能和业务上，汇丰集团的内在组织结构的设置和调整一直与资源特点密切相关；那些无法满足资源特点的结构逐渐消失，被更加适宜的结构取代。下面对功能性职能部门和业务部门的结构及演进特点进行分析。

4.2.2.1 功能性职能部门的资源特点和组织结构演进

汇丰集团的功能性职能部门，主要包括技术部门、人力资源、法律、内控、财务等一系列的支持性功能。职能部门的组织结构演进主要是从职能层级结构转变为共享型事业部结构，并可能向控股子公司转变（见图4－10）。下面以技术部门为例进行分析。

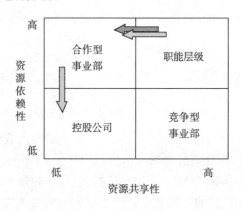

图4－10 汇丰集团功能性职能部门的组织结构演进

技术部门是汇丰建设技术平台、统一集团标准的关键职能部门。尽管汇丰的技术（主要是计算机系统）研发起步很早，但进步较慢。1995年前后，汇丰集团的技术仍处于开发、建设阶段。各地的技术支持中心分别开发具有当地应用价值的科技系统，集团负责开发针对客户或业务的系统，如TREATS和Hexagon。从资源依赖性上看，技术部门高度依赖母公司提供的各种资源。在物质资源上，由于技术开发成本高、长期价值和收益尚不稳定，必须依靠集团提供源源不断的资金。在制度资源上，由于计算机和互联网技术在金融领域的应用比较有限，同行的参考性不足，因此，汇丰的技术部门必须依靠集团提供制度性支持，包括各种规章制度和汇丰文化的支持。在人力资源上，由于集团系统处于初创阶段，尽管具体的技术开发可以招募工程师，但在设定技术目标、设计具体业务接口、选择合作公司等方面，仍需要依靠集团提供相应的人员支持。在信息资源上，主要是技术服务的对象的信息，包括客户信息、产品信息等均需要集团提供或通过集团协调获取。因此，1995 年前后，汇丰技术部门对集团的资源依赖性很强。

从资源共享性来看，1995 年的汇丰技术部门与其他部门之间的资源共享性较高。一方面，这是因为计算机技术在金融领域的应用尚未普及，且集团技术仍在开发阶段，因而对技术的应用性需求高于专业性需求。为了提高应用性，技术部门自然提高了与其他部门之间的沟通、共享。另一方面，各地的开发技术特别针对本地市场，在当地的技术共享性较好；针对客户和业务的技术，与特定客户和业务部门的共享性较好。但就集团而言，汇丰缺乏统一的系统平台，因而跨地区、跨业务的技术共享性不足。

总的来说，1995 年前后汇丰的技术部门与其他部门之间的资源共享性较高。此时，汇丰技术部门是高资源依赖、高资源共享的部门，其组织结构设置是在母公司的集团总经理领导下的职能层级结构，由集团的"技术服务"部门统一资源配置，各地技术中心执行技术开发任务。

1996 年之后，汇丰开始考虑统一技术平台的问题。特别是 1998 年之后，汇丰明确提出价值管理的战略，随之进行了大规模的集团资源整合。加强了集团系统平台的建设，包括进一步建设 HUB 系统、与 IBM 合作、建设 hsbc.com 集团网站，以及设置各大数据中心等。从资源依赖性上来看，技术部门仍需要大量依靠集团提供的资金运行，其费用占集团总体费用的比例较高。在制度上仍需要集团提供部分支持，主要是操作性战略上必须与集团战略统一，以及汇丰文化的认同。但在具体的科技政策上，随着计算机和互联网技术的普及、技术专业性水平的提高，同业、专业机构以及监管部门也能够为汇丰的技术部门提供较多的制度参考，因此，制度资源的依赖性有所下降。在人力资源上，由于前期的建设与发展，已经有一批既了解技术又了解金融业务的通用人才成长起来。同时，随着信息技术专业水平的提升，技术平台建设更需要专家人才而非通用人才，所以对集团内部提供人力资源的需求有所降低。在信息资源上，随着多个数据中心的建成，数据采集、分析、存储以及产品流程等工作逐步常规化，技术部门成为信息管理者，不再需要向集团索取信息。因此，1996 年以后，汇丰的技术部门的资源依赖性下降了。

从资源共享性上看，1996 年以后，随着集团平台的建成与完善，汇丰内部的标准化、流程化过程和全球一体化的水平大大提高，资源共享水平也相应提升。

总之，1996 年以后的技术部门的资源依赖性逐步降低、资源共享性依然较高，在组织结构的设置上倾向于合作型事业部制，终于在 2011 年前后成立了事业部。

从汇丰技术部门组织结构的演进可见，不同的资源特点决定了功能性职能部门的具体结构。早期，各职能部门主要采用职能层级结构；近期，各职能部门转向共享型事业部结构。进一步参考 2011 年的组织结构图（见图 4 - 6）和高管团队设置（见表 4 - 5）可见，集团为了提高成本效益，已将职能部门全部重组为"全球功能"结构，各部门为自己的费用负责。集团鼓励各部门在新产品、新流程和新技术，甚至在缓冲监管与通胀费用上自筹资金，这无疑将进一步降低功能性职能部门的资源依赖。此外，由于对职能部门提出的"成本效益"要求，可能会大大降低各部门之间低成本甚至无成本的资源共享。换言之，"成本"和"效益"有可能成为集团资源共享的"障碍"。因此，从中短期来看，包括汇丰技术部门在内的职能部门仍然会以共享型事业部为主；但从长期来看，不排除某些职能部门成为一些独立子公司的可能性，为业务部门提供更具经济效益的服务。

4.2.2.2 业务部门的资源特点和组织结构演进

汇丰的业务部门的组织结构建设也与其资源特点密切相关。汇丰的传统主营业务，如商业银行业务，在各子公司（如中国香港汇丰和英国汇丰）体系内运营良好，对集团的依赖性低，与其他业务之间的资源共享性也不高，因此长期采用控股子公司的组织结构进行管理。而一些多元化的业务，如投资银行、私人银行、保险等业务，则更多经历了资源特点变化与组织结构演化的过程。下面以私人银行业务为例进行具体分析（见图 4 - 11）。

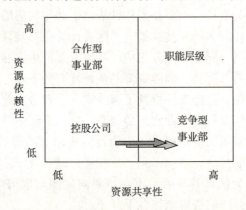

图 4 - 11 汇丰集团私人银行业务的组织结构演进

1995 年以前，汇丰的私人银行业务在全球不同地方以不同的品牌进行经营，例如，在中国香港和新加坡是香港汇丰和 Wardley 集团，在伦敦和日内瓦是米特兰银行，在苏黎世是 Guyerzeller，在德国是 Trinkaus&Burthardt。由于品牌分散、地区差异大以及客户特点不同，私人银行对集团的资源依赖性比较低，与其他业务或其他子公司的资源共享性也较低，相应的组织结构是控股公司制。即便在子公司旗下，仍有以孙公司形式存在的私人银行业务，如 Wardley 是香港汇丰旗下的、Guerzeller 和 Trinkaus & Burthardt 属于米特兰银行。尽管集团层面为了促使各子（孙）公司的私人银行业务协调发展，设立了专门的私人银行业务线总经理，但他的任务主要是沟通与协调，而不进行资源分配。

1996 年前后，汇丰对集团的品牌进行了大规模整合，并加大了技术平台建设的力度。在统一的品牌和平台下，私人银行的资源共享程度大大提高。特别是在信息资源上，私人银行业务可以从集团平台上获得丰富的客户信息和多样化的产品信息，从而提高业务水平和绩效。因此，在管理上，私人银行业务逐渐成为竞争型事业部。在汇丰集团组织结构以地区管理为主的阶段，私人银行是各子公司下的竞争型事业部；在组织结构转变为以业务线管理为主的阶段，私人银行成为集团直接管理的竞争型事业部。

不可否认的是，从资源特点的角度来看，并非汇丰所有业务的组织结构设计都是合理的。一些业务的组织结构设置经历了不少曲折，例如汇丰的保险业务。汇丰的保险业务主营人寿保险、财产保险、汽车保险、养老保险等，与汇丰的其他业务，如个人金融服务、商业银行、私人银行等业务有着天然的资源共享关系，但保险业务具有相当的专业性，资源依赖性较低，应该采用竞争型事业部结构。但在汇丰集团早期，保险业务主要在 Carlingford & Gibbs 集团下运营，按照控股公司结构管理。集团总部设立了保险业务的总经理，负责协调和监督。1996 年以后，在组织结构调整的过程中，集团缩减了 Carlingford & Gibbs，将保险业务转移到商业银行（如米特兰银行、香港汇丰、恒生银行等）旗下，成立保险孙公司。2000 年以后，随着汇丰的组织结构调整，业务线的管理凸显，保险业务又被划分到多条业务线下，继续以控股公司形式存在。这种分散管理造成了汇丰的保险业务长期以来无法有效增长。直至 2007 年前后，汇丰形成了以客户为中心的业务线组织结构体系，保险业务才有所改观。

综上所述，资源特点影响了汇丰各功能性职能、各业务部门的组织结构设置。汇丰组织结构演进的过程，实际上就是基于资源特点的多元化—结构匹配的调整过程。

5 成熟银行集团案例研究二：
美国四大银行集团组织结构研究

20世纪80年代中期之前，美国的金融行业实行分业经营。随着经济和行业的情况变化，美国逐渐修改了限制混业经营的《格拉斯—斯蒂格尔法案》第20条（禁止会员银行与任何从事有价证券业务的机构进行联营），并于1999年颁布了《金融服务现代化法案》，彻底废除了《格拉斯—斯蒂格尔法案》第20条，从法律上消除了银行、证券、保险等各个金融机构在业务范围上的界限，允许商业银行以金融控股公司的形式从事全面金融服务。

此前一年，即1998年，花旗集团（Citi Group Inc.）、美国银行公司（Bank of America Corporation）、富国公司（Well Fargo&Company）纷纷通过合并或收购成立。花旗集团是由花旗银行与旅行者集团合并成立的，当年资产规模为6 686亿美元，是美国第一个完全混业经营的银行集团（陈柳钦，2005）。美国银行公司是由美国银行与国民银行（National Bank Coporation）合并成立的，当年总资产为6 177亿美元[①]，是美国最大的全国性银行集团。富国公司是由富国银行与西北公司（Norwest Corporation）合并成立的，当年资产为1 910亿美元[②]。2000年，大通曼哈顿兼并了摩根公司，成立了摩根大通公司（J. P. Morgan Chase&Co.）；2004年，摩根大通又与美国第一银行（Bank One Corporation）合并，资产规模达到1.12万亿美元，成为与花旗集团、美国银行公司比肩的大银行[③]。

尽管从资产总量来看，富国公司稍显逊色，但从集团市值和一级资本排名来看，富国公司、花旗集团、美国银行和摩根大通共同构成了美国四大银行集团。本章着重研究这四家美国大银行从成立集团公司开始到2011年的组织结构演进及特点。总的来说，这四家银行集团均是通过金融机构合并而来。作为纯粹型金融控股公司的典型代表，从法人结构来看，这四家银行集团的母公司

---

① 实际上是国民银行收购美国银行，这是当时美国历史上最大的一宗收购案，合并以后统一采用美国银行的品牌。

② 实际上是西北银行以350亿美元收购了资产达930亿美元的富国银行，合并之后仍采用富国的品牌。

③ 2004年，花旗集团、美国银行、富国银行总资产分别为：1.19万亿美元、1.11万亿美元和4 106亿美元。摩根大通当年超过美国银行，仅次于花旗集团。

自身不经营业务，控股子公司经营多元金融业务。在实际管理中，子公司主要是为了满足监管要求而设立的机构，具体的管理以事业部结构为主。各事业部拥有很大的自主权，直接负责管理和经营业务。具体研究美国四大银行集团的组织结构及其演进过程，可以发现各大银行集团的事业部设置差异很大，组织结构的发展路径与侧重点也各不相同。基于各家年报，本章对美国四大银行集团分别作了深入的研究，发掘其特殊的结构演进路径，并进行总结与分析。

本章内容安排如下：首先对花旗集团、美国银行、富国公司和摩根大通的组织结构演进过程进行研究，并对每家特点做出小结。之后进行四家的整体比较，指出其中的异同及产生的原因。最后，结合基于资源特点的多元化—结构匹配模型对美国四大银行集团和汇丰集团进行综合分析。

5.1　花旗集团：1998—2011 年

花旗集团是 1998 年由花旗公司（Citicorp）和旅行者集团（Travelers Group）合并成立的。成立后，采用花旗的"Citi"和旅行者的"红伞"作为集团标志。作为全球最大的金融服务机构之一①，花旗集团的业务遍布全球 140 个国家，拥有约 16 000 个办公室，超过 2 亿客户账户。花旗集团成立以后，经历了一系列的整合、变革、剥离、重整，又遭受了 2008 年经济危机的重大打击，依靠美国政府的经济援助才免于破产，而近期又发生了重大的高层人事变革，可谓是命运跌宕起伏。图 5 – 1 是花旗集团 1998—2011 年总资产变化情况。

图 5 – 1　花旗集团 1998—2011 年总资产规模的变化

---

① 2012 年，根据《财富》世界 500 强企业的名单，J. P. Morgan Chase 排名 16 位，为全球第一大银行；花旗集团排名 20 位，为全球第二大银行。

从图 5 - 1 可见，1998—2001 年，花旗集团的总资产以 10% 左右的速度快速增长。2002 年，花旗剥离了旅行者财险和意外险保险承保业务；当年资产增幅极小，约为 4.3%。2003 年和 2004 年又恢复两位数的增长。2005 年，花旗集团将寿险和年金承保业务卖给 MetLife，当年资产增幅仅为 0.7%。之后花旗继续销售保险产品，但不再经营承保业务。2007 年，花旗将其标志中的"红伞"卖给 St. Paul Travelers 公司，恢复"Citi"标志。2008 年，花旗遭受金融危机重创，资产下降超过 10%，2009 年进一步下降，近两年趋于平稳。在这个资产增长速度忽快忽慢甚至大幅下降的过程中，花旗对组织结构进行了大量的调整。结合图 5 - 1 和下文的组织结构分析，可以将花旗集团组织结构演进的过程分为三个阶段：第一阶段是 1998—2005 年，这一阶段花旗的规模逐步上升，并购的同时也不断剥离，集团总体整合不足，组织结构不断增删、修改；第二阶段是 2005—2007 年，花旗开始进行结构整合，将相关业务归并到统一部门进行管理，在很大的程度上有利于组织规模的快速上升；2008 年之后，由于遭受金融危机的打击，花旗的整体规模减小，集团加快了整合的脚步，资产规模渐趋平稳。下面从集团高层结构和集团事业部结构两方面具体分析花旗组织结构的演进。

5.1.1 花旗集团高层结构

花旗集团的高层结构由董事会和执行高管团队两部分构成。

董事会的基本结构比较稳定，包括审计委员会，提名、治理及公共事务委员会，人事和薪酬委员会，风险管理和财务委员会，以及执行委员会五个下设委员会（见图 5 -2）。董事会负责监管公司的活动，同时对全球运营提供指引。

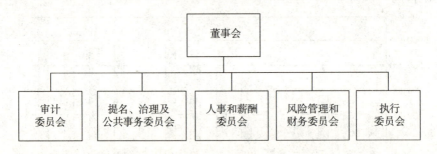

图 5 -2 花旗集团董事会结构（2011 年）

花旗董事会的规模变化与其组织结构变化的三个阶段密切相关，总体趋势是规模减小。2005 年及之前，花旗的董事会规模常年维持在 18 人左右，其中 2 ~ 3 人为内部董事，1 人为名誉董事①，其余为独立董事；2005 年以后，花旗

---

① 花旗的名誉董事为美国前总统福特。

的董事会规模下降到 15 人左右，其中仍是 2～3 人的内部董事，不再设名誉董事，其余为外部董事。尽管董事会总体规模下降，但内部董事的人数并未下降。特别是在损失最大的 2008 年，花旗董事会规模为 15 人，但内部董事的人数高达 4 人①，占了董事会人数的 1/4 强，可见管理层在董事会的影响力保持稳定甚至有所上升。

从花旗董事会两职分设的情况来看，2003 年，Weill 退休之前，花旗的董事会主席和 CEO 是两职兼任的；2003 年以后，由 Weill 继续担任主席，由 Prince 担任 CEO，实现两职分设；2006 年，Weill 卸任主席后，Prince 短暂地两职兼任了 1 年；2007 年以后，主席和 CEO 分设，2008 年及之后，花旗的董事会主席为 Parsons，CEO 为 Pandit。

花旗集团的外部董事成员比较稳定，对比 1998 年和 2011 年的董事会名单即可发现，Belda 和 Parsons（2008 年之后为集团董事会主席）均名列其中，其他的如 Armstrong、Derr、Deutch、Thomas 等在董事会服务超过 10 年。

与稳定的董事会及其成员形成鲜明对比的是，花旗的执行高管团队的变动较大，且外部高管比例很高。

花旗的执行高管团队按照职能设置分为四种：第一种是集团层面的高管，对集团整体活动负责，例如，集团董事会主席、集团 CEO、集团副主席等；第二种是业务板块的高管，负责相关业务在全球的经营，例如，全球消费者银行 CEO、花旗银行 CEO、机构客户集团 CEO 等；第三种是地区板块的高管，负责当地所有业务的经营，例如，亚太地区 CEO、北美地区 CEO 等；第四种是功能性部门的高管，负责集团支持性职能的管理，例如，首席运营和技术官、首席风险官等。1998—2011 年，集团层面的高管人数下降；随着业务的整合，业务高管的数量也有所下降；地区性高管人数增加；功能性部门高管人数相对稳定。图 5-3 显示了 1998 年、2003 年和 2011 年按比例执行高管职能配置结构情况。

花旗执行高管团队中有大量的人员是从外部而来，即在花旗集团的工作时间不超过 5 年。1998—2011 年，花旗集团外部高管比例平均约为 35%。以 2011 年花旗高管团队为例（见表 5-1），12 人中有 5 人（包括 CEO Pandit）是从外部进入的，比例超过 40%。外部高管的引入，可以为危机中的花旗集团带来新鲜血液，促进集团的改革与创新。但这同时也带来一定的风险，即新进入的高管缺乏集团内部长期稳定的影响力，导致集团缺乏整合的动力。毕竟，集团整合是一个缓慢的过程，需要很多年才能有成效，期间甚至会出现反复或倒退。如此艰巨的工作，外部高管很难完成。

---

① 其中 Robert Rubin 为花旗前高级顾问。

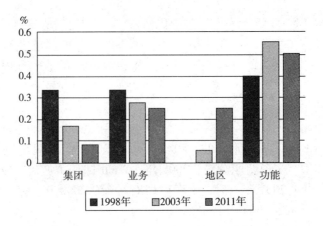

注：1998 年未设地区高管。

图 5 - 3　花旗集团高管职能配置结构（按比例计算）

表 5 - 1　　　　　花旗集团执行官（截至 2012 年 2 月 24 日）

姓名	年龄	职位	进入花旗时间
Vikram S. Pandit	55	首席执行官	2007 年
Stephen Bird	45	亚太地区 CEO	
Michael L. Corbat	51	欧洲、中东和非洲地区 CEO	
William J. Mills	56	北美 CEO	
John Havens	55	主席和首席运营官 机构客户集团 CEO	2007 年
Manuel Medina - Mora	61	全球消费金融 CEO 全球消费委员会主席	
Eugene M. McQuade	63	花旗银行 CEO	2009 年
Don Callahan	55	首席行政官 首席运营和技术官	2007 年
John C. Gerspach	58	首席财务官	
Brian Leach	52	首席风险官	2008 年
Jeffery R. Walsh	54	控制和首席会计官	
Michael S. Helfer	66	总咨询和公司秘书	

资料来源：《花旗集团年报 2011 年》的相关数据。

5.1.2　花旗集团的事业部组织结构

花旗集团的组织机构以事业部管理为主，事业部内存在多个子公司。从花旗集团 1998 年的组织结构图（见图 5 - 4）可见，集团下设五个一级事业部，包括三个经营事业部、一个投资活动事业部和一个公司/其他事业部。经营事业部的划分以业务线为主，同时结合客户群特点，下设多个子公司。全球消费者主要服务零售客户，下设包括花旗银行、保险部、国际部等二级事业部。其中，花旗银行、旅行者和 Primerica 都是事业部下的控股公司，花旗银行覆盖了包括存借款、卡服务等大量的零售业务，旅行者和 Primerica 主营保险业务。全球公司与投资银行主要针对政府、机构和企业客户，下设 Saloman Smith Barney、旅行者、新兴市场和全球关系银行等二级事业部。其中，Salomon Smith Barney 和旅行者是控股公司。资产管理主要包括基金和信托等资产管理产品，主要在子公司中进行实际经营，并按照不同的子公司设立了三个二级事业部。投资活动事业部主要管理集团自身的风险投资活动，包括与企业和保险相关的一些投资。公司/其他事业部覆盖了集团支持性部门的员工和管理费用，无法分割的费用，以及公司资产经营的结果。

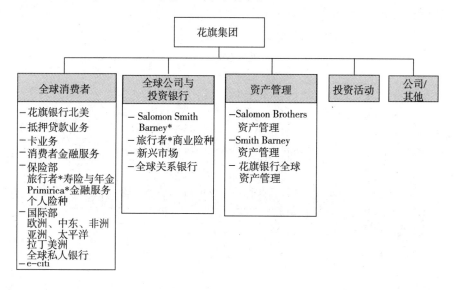

注：*代表子公司。

图 5 - 4　花旗集团组织结构图（1998 年）

这种结合事业部与子公司，按照业务线划分的结构设置方式，也是花旗用于集团整合的方式。例如，2000 年，花旗收购了联合第一资本公司（Associates First Capital Corporation，经营金融、租赁、保险及相关业务），同年，花旗增加了一个名为"联合"（Associates）的一级事业部。2001 年花旗收购了Banamex（墨西哥一个主要的金融机构），同年花旗在全球消费者事业部下的国际部增加了墨西哥分部，并保留 Banamex 的品牌。这样的整合方式，可以将新的业务快速纳入到集团组织结构中，但在品牌、业务和流程上并不能完全实现集团一体化。同时，这也造成了集团结构变动频繁，业务重叠严重等问题。缺乏整合的集团结构导致一些业务部门一旦遭遇亏损，不经重整就直接被剥离。例如，受2001年"9·11"事件的影响，花旗集团的保险业务遭受了2亿美元的损失，次年花旗立刻剥离了旅行者财险和意外险保险承保业务，并将自有的保险产品（包括Primerica等）并入全球消费者部门下的零售银行业务中。2005年，花旗又进一步剥离了全球投资管理部门下的寿险和年金业务。无疑，组织结构的频繁变动对花旗的业务发展和员工士气都会带来较大的不良影响。

2005年，在剥离了保险业务[①]之后，花旗开始认真进行集团整合与结构改革的工作。在品牌上，花旗减少了其他的品牌，例如，前面提到的Associates、Banamex等品牌，开始统一采用Citi的名称。2006年花旗提出了One Citi的口号，以期构建一个统一的公司。同时，花旗对组织结构进行了较大的调整。2005年前后，花旗形成了新的三大业务事业部，包括全球消费者、公司与投资银行和全球财富管理（见图5-5）。

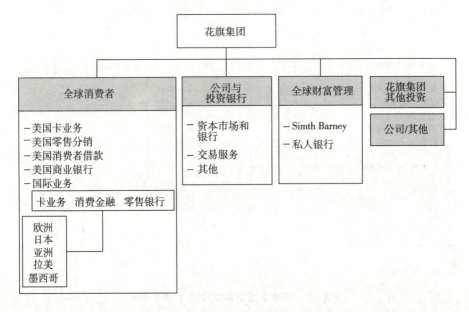

图5-5　花旗集团组织结构图（2005年）

全球消费者事业部下设美国零售分销（物理网点的消费者业务和Primerica金融服务）、美国消费者借款、美国卡业务、美国商业银行业务和国际业务五大二级事业部。国际业务部门初步形成了业务与地区的矩阵结构，业务上分

---

① 花旗与旅行者的分道扬镳在全球都引起了广泛关注，可参见2005年的一篇中文的新闻报道：http://finance.sina.com.cn/money/bank/bank_hydt/20050228/16581390238.shtml。

为卡业务、消费金融和零售银行，地区上分为欧洲、日本、亚洲、拉美和墨西哥五大区域。公司与投资银行事业部整合了花旗在资本市场的主要业务，分为资本市场与银行业务、交易服务两大板块。全球财富管理事业部主要管理Smith Barney和私人银行，为富裕的个人客户提供投资管理方面的咨询意见和解决方案。这些整合对花旗集团的整体发展产生了积极作用，2005—2007年是花旗集团总资产增速最快的时期（见图5-1，三年平均增速为21%）。

然而，2008年的金融危机打乱了整合的进程。2008年，花旗亏损超过270亿美元。集团不得不加快了整合的进程，即使当年亏损巨大，花旗仍耗资超过17亿美元进行结构重整。重整之后，形成了4个经营事业部和公司/其他，主要是将全球消费者部门分为卡业务和消费者银行两个部门，将集团投资部门合并到公司/其他中。2009年，花旗再次对结构进行了重大调整，将一级经营事业部分散到两个大部门中——花旗公司（Citicorp）和花旗控股（Citi Holdings），过去的一级事业部降格为二级事业部。花旗公司下设立地区消费者银行和机构客户集团，主要为零售客户和机构客户提供服务。花旗控股下设立经纪与资产管理、当地消费者借款和特殊资产池三大二级部门，其中既有资产管理服务（例如，Morgan Stanley Smith Barney公司），又有一般银行业务（例如，消费借款、学生贷款、银行卡）等。2009—2011年，这两大业务板块及其下属业务部门基本稳定。图5-6是花旗集团2011年组织结构图。

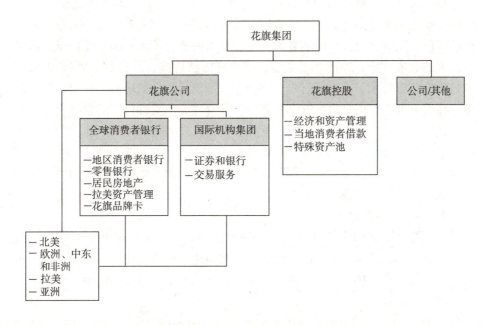

图5-6　花旗集团组织结构图（2011年）

　　花旗集团 2011 年组织结构（见图 5 – 6）的一个突出的特点是，花旗公司已经完全形成了业务 + 地区的矩阵管理结构。花旗公司的地区管理突破了消费者银行下的"国际部"，而成为独立的事业部，与全球消费者银行和国际机构集团形成了明确的二维管理架构。图 5 – 7a 和图 5 – 7b 是 2011 年花旗公司按照业务和地区形成的净收入情况。由图可见，花旗公司的业务和地区的盈利结构都相对平衡，这无疑得益于花旗的组织结构调整和地区条线的强化。

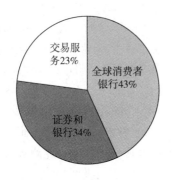

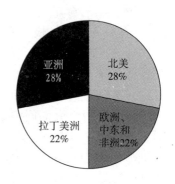

**图 5 – 7a　2011 年花旗公司
各业务净利润占比**

**图 5 – 7b　2011 年花旗公司
地区净利润占比**

　　总的来看，花旗集团的组织结构一直处于变革之中。2005 年之前，花旗的结构变化主要是不断设立新的部门，以吸纳新并购的业务单元；同时剥离亏损的部门，以减少损失。但业务的梳理、结构的整合不足，各事业部至今仍存在较大的业务重叠。2005 年及之后，花旗开始结构整合；特别是 2008 年的金融危机给花旗带来了重大的打击，促使花旗加快了整合的进程。花旗的结构重整，在很大程度上仍是将原有部门进行归并管理，但对部门下的重叠业务线条并未进行有效的梳理、归并和统一管理。例如，花旗控股下的当地消费者借款部门的许多业务与地区消费者银行业务有不少重合，包括部分卡业务[1]、居民房地产、消费者借款等业务。可以预期，花旗集团的业务梳理与集团整合仍将是组织结构演进的主要方向。

5.1.3　小结与讨论

　　从花旗集团 1998—2011 年的发展过程来看，"变化"是其组织结构演进中不变的主题，基本趋势是结构整合，但在演进过程中变化过于频繁、整合相对不足则是突出的特点。分析其中的原因，存在以下三方面的可能解释。

---

　　① 花旗集团 2011 年年报披露，2012 年第一季度，零售合伙人卡业务将从花旗控股转入花旗公司，但部分西欧的卡业务仍在花旗控股中。

第一，花旗集团缺乏明确的、具有一致性的战略指引。长期以来，花旗的集团战略都比较模糊，尽管各经营事业部都设立了自己的经营战略和目标，但在集团层面上未能提出整体性的战略。1998 年与旅行者合并之时，花旗集团旨在实现一个综合性的金融超市，但这不是集团战略，无法指导集团整合与发展。2005 年花旗彻底剥离了保险业务之后，综合金融集团的"理想"破灭，花旗对集团的发展方向陷入了迷茫。2005—2007 年，虽然集团对组织结构进行了一定的整合，但没有从根本上改变业务重叠、整合不足的问题。2008 年金融危机之后，花旗忙于应付危机，更毋论战略规划了。缺乏集团战略，导致集团扩张缺乏重点，甚至带有一定的随意性，特别是在并购和剥离业务部门的时候，缺乏足够的整合规划。集团战略的缺失也对结构调整造成了不良影响，在调整中，部门的划分和业务线的梳理没有指导原则，业务线重叠的问题未得到有效解决，难以实现集团的规模效应。

第二，花旗集团高管团队的内部问题。花旗董事会结构和成员相对稳定，而执行高管的变动却相对较大。由此可能产生的结果是，一方面，即使是外部董事，通过常年担任董事职务，也具有相当大的影响力；另一方面，大量外部进入的执行高管却缺乏足够的影响力。由此形成了董事会与执行高管团队之间的矛盾，以及外部高管与内部高管之间的矛盾。这种矛盾从花旗集团成立之初就显现出来。1998 年和 1999 年，花旗集团存在两个主席和 CEO，分别是原花旗公司的 CEO Reed 和旅行者集团的 CEO Weill。由于二人不和，2000 年 Reed离职。近期则发生了 CEO 突然辞职的事件，2012 年 10 月，花旗 CEO Pandit突然辞职。尽管 Pandit 本人否认，但外界仍然揣测是 Pandit 与董事会的矛盾导致其被迫离职[①]。高管层的矛盾直接导致了花旗集团组织结构不稳定，变动相对频繁，整合缺乏动力。

第三，花旗集团总的演进趋势仍是集团整合，这主要是由于花旗外部竞争环境和同行所带来的压力。花旗的主要竞争对手在集团整合上已经比较完善，在金融危机中表现稳健，这些都是花旗必须进行整合的外在动因，从客观上促使了花旗的结构变革。

花旗集团组织结构的整合之路仍然漫长而艰巨。

5.2 美国银行：1998—2011 年

1997 年，原美国银行（BankAmerica）向 D. E. Shaw 公司大量借贷，而后者在 1998 年的俄罗斯债券违约案中遭受重大损失，直接导致原美国银行于1998 年 10 月被国民银行（National Bank Corporation）收购。收购以后，集团

---

① 参考：http://finance. yahoo. com/news/vikram-pandit-step-down-citigroup-122131671. html67。

主席和 CEO 由原国民银行的首脑 McColl 担任，集团采用美国银行公司（Bank of America Corporation）的新名字经营。此时，美国银行公司在 22 个州拥有约 4 700 个分支机构，成为覆盖美国全国的银行集团。1998—2011 年，美国银行通过不断的兼并收购和组织结构整合，资产规模不断扩大。2011 年，美国银行资产超过 2.1 万亿美元，经营范围遍布美国 50 个州 5 700 家分支机构，业务范围扩大到 40 个国家。图 5–8 是 1998—2011 年美国银行总资产变化情况。

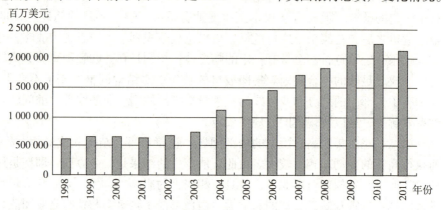

资料来源：《美国银行公司年报》（1998—2011 年）的相关数据。

图 5–8　1998—2011 年美国银行公司总资产规模的变化

美国银行资产规模的增长与其每一次重大兼并紧密相关。1998—2003 年，美国银行的资产总量变化不大，2004 年资产开始快速增长。2004 年，美国银行兼并波士顿舰队金融公司（Fleet Boston Financial Corporation），2006 年兼并 MBNA 公司（MBNA Corporation），2007 年兼并美国信托（U. S. Trust），2009 年兼并美林公司（Merrill Lynch & Co.）。在一系列重大的兼并之后，美国银行必须进行相应的组织结构整合。因此，美国银行的组织结构演进的过程是整合—优化—兼并的循环（见图 5–9）。在组织结构演进的过程中，美国银行着重在两个方面进行建设。第一是集团高层结构的建设，包括董事会结构调整和执行高管团队的建设；第二是事业部结构的建设，主要是横向的业务部门划分与纵向的业务流程优化。下面从这两个方面进行综合分析。

5.2.1　美国银行公司高层结构

美国银行的高层由两部分构成，一个是董事会，主要对集团的各种政策和经营结果进行审批和监管；另一个是执行高管团队，是管理集团的职业经理人。

美国银行董事会的主要职责是监管公司执行管理层的活动，特别是风险监管，以保证董事会、管理人员与广大股东利益的一致性。从组织结构来看，美

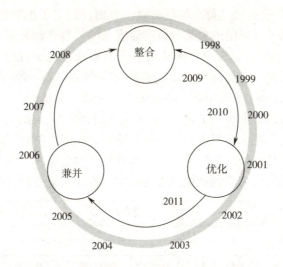

图 5 - 9   美国银行组织结构演进过程

国银行的 2000—2008 年的董事会结构基本稳定，董事会主席即是集团 CEO，董事会成员是由背景多元的外部董事和独立董事构成，内部董事人数常年维持在 2 人左右。图 5 - 10 是 2002 年美国银行的董事会结构。

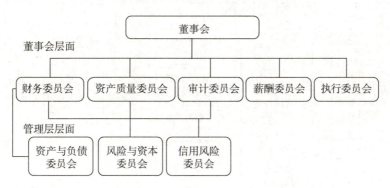

图 5 - 10   2002 年美国银行董事会结构

在常规的委员会之外，美国银行设立了相应的管理层面的委员会以支持决策层面的工作。例如，董事会设立财务委员会（负责审核市场、信用、流动性和操作风险）、资产质量委员会（负责审核信用风险）和审计委员会（负责内部和外部审计活动）负责集团风险管理；同时，管理层设立风险与资本委员会（负责长期战略、短期执行计划和风险偏好，以及执行情况）、资产与负债委员会（直接隶属于财务委员会，负责审核公司资产的投资组合的各种风险）和信用风险委员会（负责公司信用政策），以执行董事会的决议。

2009 年以后，董事会结构进行了重大调整。一方面，董事会主席不再由集团 CEO 担任，改由独立董事担任；另一方面，设立了更加复杂的董事会结构，进一步加强了对风险的监管。董事会成立了"特殊治理委员会"（Special Governance Committee），专门负责对董事会的活动进行全方位的审查和建议；同时，将资产质量委员会改革为信贷委员会（Credit Committee），并成立了企业风险委员会（Enterprise Risk Committee）。这两个委员会与审计委员会一同负责管控关键风险。图 5 - 11 是 2011 年美国银行董事会结构，从这个复杂的董事会结构可见，美国银行进一步强化了董事会在集团中的监督作用。这样的高层结构改革的结果是，集团的风险可以得到更加全面的审核与监控，同时集团执行高管团队的权力受到更加严格的限制，各自承担的责任也更加明确。

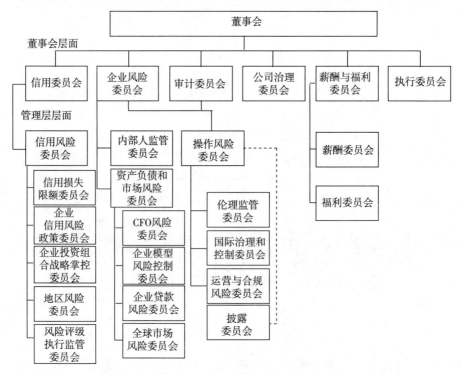

图 5 - 11　2011 年美国银行董事会结构

在执行高管团队上，1998—2011 年美国银行的执行高管呈现出以下两个特点。

第一，团队规模与组织结构的调整阶段密切相关。整合时期，团队规模较大；优化时期，团队规模波动，并趋于下降；兼并时期，团队规模稳定。图 5 - 12 显示了 1998—2011 年，美国银行高管团队的人数变化情况。1998—2002 年前后，是国民银行与原美国银行合并后的整合时期，执行高管人数增加，两家合并企业的原高管进入新企业的高管层；2002—2004 年前后，美国银行处于结构优化时期，执行高管规模波动；2004—2008 年前后，结构优化基本实现，组织结构基本稳定，高管规模也相应稳定，同时美国银行开始新一轮并购；2008—2010 年，处于金融危机中的美国银行减少了收购①，转而进行结构整合，执行高管人数再次攀升；从 2011 年开始，美国银行开始新一轮结构优化，执行高管人数预期会有所下降，并趋于稳定。

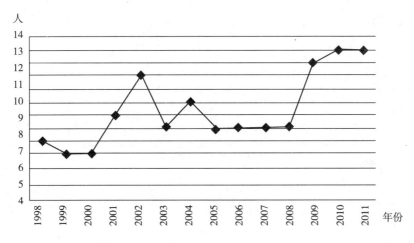

图 5 - 12　1998—2011 年美国银行执行高管的规模变化

第二，在职能设置上，除业务线执行高管以外，功能性执行高管日益增多，一方面充分体现了美国银行的矩阵结构，另一方面凸显出集团化的一个重要结果，即功能性职能日益重要。表 5 - 2 是 1998 年、2006 年、2010 年和 2011 年美国银行执行高管职能设置情况。

表 5 - 2　　　　　　　　美国银行公司执行高管职能设置

姓名	职能	层级
1998 年		
McColl Jr. , H. L.	主席和 CEO	集团
Hance Jr. , J. H.	副主席和首席财务官	功能
Vandiver Jr. , F. W.	公司风险管理执行官	功能
Lewis, K. D.	总裁，消费和商业银行	业务
Murray, M. J.	总裁，全球公司与投资银行	业务
O'Neill, M. E.	总裁，代理投资和财富管理	业务

① 2009 年，美国银行收购美林公司。当时美国正处于金融危机之中，美国银行自身也开始遭受个人信贷业务大幅减少、公司利润下降的危险。但此时美林公司正处于破产边缘，无疑是收购良机。美国银行的扩张战略使其即便在危机中仍不断并购。

续表

姓名	职能	层级
2006 年		
Lewis，K. D.	主席，CEO 和总裁	集团
Brinkley，A. W.	首席风险官	功能
Price，J. L.	首席财务官	功能
Desoer，B. J.	首席技术和运营执行官	功能
McGee，L. E.	总裁，全球消费和小企业银行	业务
Moynihan，B. T.	总裁，全球财富和投资管理	业务
Taylor，T. E.	副主席和总裁，全球公司和投资银行	业务
2010 年		
Moynihan，B. T.	CEO	集团
Thompson，B. R.	首席风险官	功能
Noski，C. H.	执行副总裁和首席财务官	功能
Bessant，C. P.	全球技术和运营执行官	功能
Smith，A. B.	全球人力资源首脑	功能
Finucane，A. M.	全球战略与市场执行官	功能
O'Keefe，E. P.	总顾问	功能
Laughlin，T. P.	遗留资产服务执行官	功能
Desoer，B. J.	总裁，美国家庭贷款和保险银行	业务
Darnell，D. C.	总裁，全球商业银行	业务
Price，J. L.	总裁，消费和小企业银行	业务
Krawcheck，S. L.	总裁，全球财富和投资管理	业务
Montag，T. K.	总裁，全球银行和市场	业务
2011 年		
Moynihan，B. T.	集团 CEO	集团
Noski，C. H.	副主席	集团
Laughlin，T. P.	首席风险官	功能
Thompson，B. R.	首席财务官	功能
Bessant，C. P.	全球技术和运营执行官	功能
Smith，A. B.	全球人力资源首脑	功能
Finucane，A. M.	全球战略与市场执行官	功能

续表

姓名	职能	层级
O'Keefe, E. P.	总顾问	功能
Lynch, G. G.	全球法律、合规与监管关系首席	功能
Katziff, C. P.	公司总审计师	功能
Darnell, D. C.	联席运营执行官	业务
Montag, T. K.	联席运营执行官	业务
Sturzenegger, R. D.	遗留资产服务执行官	业务

从表 5 - 2 可见，美国银行执行高管团队由 CEO 领导，美国银行的历任 CEO 均由内部提拔，且从业务线晋升而来。在 CEO 之下，执行高管分为两类，一类是功能性职能，包括风险、财务、运营、人力等执行官，另一类是业务线条职能，即业务总裁。这样构成了美国银行以业务线事业部为主，以功能职能部门为辅的矩阵式组织结构。

对比 1998—2010 年的执行高管的设置，可以明显发现，功能性执行高管越来越多，在最初的财务和风险执行官以外，逐渐增加了技术与运营、人力资源、战略与市场、顾问等执行官，这表明了美国银行集团母公司/总部的控制在不断强化。特别是在金融危机以后，总部通过大量增设功能性部门，将包括人力资源、战略执行、法律合规以及审计等职能统统收归总部进行管理。2011 年的执行高管设置则显示出了与以往更加不同的情况：功能性执行高管的人数相当多，而所有的业务则整合在两个联席运营执行官（co - chief operating officer）上。在 2011 年美国银行年报中有这样的说明：

> 为了更加有效地关注客户，2011 年我们进行了重要的公司重构，我们任命了两位执行官担任新设职位：联席运营执行官。这样重构的目的是为了更好地将我们的营运单位协同起来，使之为我们三大客户群服务。David Darnell，一个在公司工作 33 年的资深专家，在其职业生涯中，他带领过许多业务，现在对服务美国的零售客户、富裕客户和小企业的业务负责。Tom Montag，他领导全球批发金融业务已超过 25 年了，现在对所有服务中到大型公司和全球机构投资者的业务负责（2011 年年报第 3 页）。

由此可见，金融危机以后的美国银行，在业务职能上进一步加强了整合，谋求最大程度上协同。

总的来说，美国银行公司的集团高层结构演进的重要方向是强化与集中高层权力。就董事会而言，监管结构更加复杂；就执行高管团队而言，业务职能更趋整合，功能性职能日益扩大。

5.2.2 美国银行公司的事业部组织结构

在具体管理上，集团对子公司完全采取事业部组织结构，同时结合矩阵管理。在不断地并购、整合、优化过程中，美国银行对事业部结构的调整方式主要是横向的业务部门精简和纵向的流程优化。

5.2.2.1 横向结构调整：业务部门精简

美国银行从成立之初就提出以建设客户关系为基础的战略（relationship – based strategy）：

> 我们公司的战略清晰且直接。我们要整合我们的业务，使客户关系简单便捷，使银行盈利。我们对广阔的客户关系报以更优质的产品和服务（1999 年年报）。

客户关系战略一直是美国银行反复强调的，在不同阶段，具体的操作性目标有所不同。例如，1998—2002 年是要留住和拓展客户关系；2003—2005 年是以质量提高（Higher Standards）来深化客户关系；2006—2008 年是以抓住和创造更多的机遇（Opportunities）来迎合客户；在 2008 年前后的金融危机中，美国银行仍不断强调其客户关系是第一重要的；2010 年以后，美国银行明确提出成为客户、雇员和股东眼中最好的银行，特别集中对三类客户群服务：个人、公司和机构。

在客户关系战略下，美国银行对组织结构的调整也是围绕客户需求进行的，主要的方式是将服务某一客户群的类似产品和业务集中到一起，以便为同一个客户提供一揽子金融服务。因此，结构调整的显著特点是事业部数量不断减少。图 5 – 13、图 5 – 14 和图 5 – 15 分别是 1998 年、2002 年和 2006 年组织结构图，均列出了一级事业部和二级事业部的设置情况。

对比图 5 – 13、图 5 – 14 和图 5 – 15 可见，1998—2006 年美国银行的一级事业部一直围绕客户设置，但具体的划分有相当大的调整。例如，1998 年消费者业务与中小企业市场业务分别为两个不同的事业部，2002 年合并为一个事业部——消费者与商业银行，2006 年消费者与小企业合并为一个事业部，中型企业的业务则并入了全球公司与投资管理事业部。从这样的调整可见，美国银行对客户群的划分更加成熟。从二级事业部设置上来看，主要将相似的产品集中到一起，建立了基于整体品牌上的子品牌。子品牌主要通过子公司进行管理，例如，资本市场和咨询服务主要是由美国银行证券有限责任公司（Banc of America Securities, LLC）经营，优质银行与投资业务则主要是由美国银行投资公司（Banc of America Investments）管理。

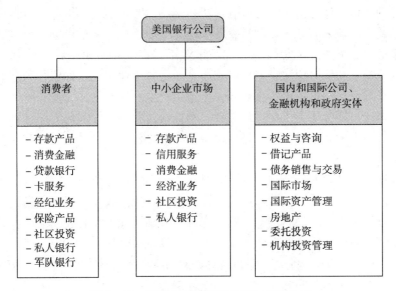

图 5 - 13　1998 年美国银行公司组织结构图

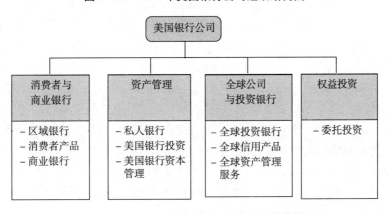

图 5 - 14　2002 年美国银行公司组织结构图

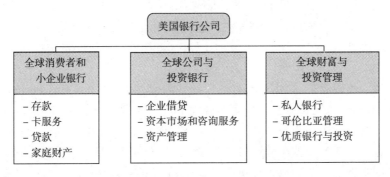

图 5 - 15　2006 年美国银行公司组织结构图

受到 2008 年的金融危机影响，2009 年，美国银行将事业部门拆分为 6 块：存款、全球卡服务、家庭贷款和保险、全球银行、全球市场、全球财富和投资管理。分拆的方法是将部分二级事业部提高为一级事业部：存款、卡服务、家庭贷款和保险原属于消费者和小企业银行事业部；全球银行和全球市场原属于全球公司与投资银行事业部，全球银行主要针对中型企业、跨国企业和政府，全球市场主要为机构客户服务；全球财富和投资管理仍专门针对富裕群体制定特殊方案。显然，这只是危机中的权宜之计，从本质上没有改变整合优化的趋势。

这样拆分最大的好处是将遭受危机损失较大的业务与损失较小或依然盈利的业务分开，一方面可以针对特定业务部门制定相应政策，扭转亏损；另一方面也可以在年报披露的时候，向股东和客户分别呈现出盈利和损失，有利于集团的整体形象。从实际的经营结果来看，通过直接管理业务部门，美国银行恢复很快。根据 2011 年各事业部的名称，对应以上 6 个部门，分别为存款、卡服务、消费者房地产服务（CRES）、全球商业银行（GCB）、全球银行和市场（GBM）、全球财富和投资管理（GWIM）。2011 年，卡业务扭亏为盈，尽管 CRES 亏损增加，但集团的整体盈利提升。CRES 亏损主要是因为遗留资产服务业务的减值与损失，为此美国银行高层专门设立了遗留资产服务执行官进行处理。

长期来看，美国银行已基本脱离了金融危机的阴影，重回正常发展的道路。可以预见，当亏损业务得到妥善安排和处理以后，各业务部门很有可能重新回归到类似 2006 年左右的精简的事业部门设置上。高管层"联席运营执行官"的出现表明，新一轮优化整合的端倪已现。

5.2.2.2　纵向结构调整：流程优化

美国银行对纵向的组织结构调整始于 2000 年，其主要目标在于提升客户满意度、提高生产率和降低成本。

首先，2000 年美国银行压缩了职能层级，取消了 9 000～10 000 个中层的管理岗位，使组织结构更加扁平化，这样促使高层管理者与客户之间的互动，也增加了美国银行灵活性。同时，美国银行将裁员所节省的费用投入流程优化的活动中。

其次，美国银行采用了新的整合商业规划流程（integrated business planning process）。该流程主要涉及商业规划的 4 个关键要素：战略规划、财务规划、风险规划和协同规划，其目标是在规划流程中实现集团整合，因为每一个规划流程都要考虑其他流程可能的产出。

美国银行最重要的流程优化项目是 2001 年的六西格玛质量与生产率项目，美国银行为此耗资巨大。2001 年仅专家费用就高达 5.6 亿美元，其中大部分是为了支付六西格玛项目的咨询费用。美国银行采用专家团队的方式开展六西格玛项目。管理层对专家团队进行授权，让他们可以对工作流程中的一切细节进行考察，并分析当前流程的特点、存在的问题及产生原因。在此基础上，对业务流程进行改造优化，简化流程、提高效率、减少差错。例如，2001 年，美国银行改用统一系统管理客户信息数据，以便从全公司的角度来审视客户关系。这样做的直接结果就是提升了客户的满意度，2002 年，美国银行的满意客户增加了 10.4%，不满意客户下降了 24%。通过六西格玛的改造，美国银行获得了丰硕的收益，2002 年净利润比上一年提升了 36.2%。

通过裁员、规划整合和六西格玛项目，美国银行实现了业务流程的优化、成本降低以及顾客满意。这些项目同时也深刻地影响了美国银行的组织结构。一方面，冗余人员和部门被淘汰，流程简化、结构扁平；另一方面，集团层面的标准化操作得到更好地推广，集团品牌更加集中和统一。

经过 2000 年及以后数年的流程优化，美国银行基本形成了比较满意的、领先同行的纵向组织结构。

5.2.3　小结与讨论

美国银行的组织结构变化一直遵循着兼并—整合—优化这样的一种循环，其迅速整合优化的能力令人惊讶。分析而言，其整合优化的能力主要来源于以下四个方面。

第一，明确的竞争战略避免了整合过程中不必要的矛盾。客户关系是美国银行不断反复强调的竞争战略核心，这一点在其十几年的年报和继任 CEO 的言谈中不断得到阐述、深化和扩展。美国银行从来没有偏离这一战略核心，从而避免了在快速发展的过程中，高层之间对发展方向的争执。同时，不断强化的客户关系观念也是美国银行传递给员工的明确信号，成为美国银行潜移默化的行为准则。

第二，董事会结构日益复杂化，而事业部结构倾向简单化。董事会结构主要执行监管、审核和控制，尽管人数不多，但至关重要。日益复杂化的董事会结构有利于在决策时更加谨慎，在制定具体战略时可以尽可能完善，并在高层实现统一。同时，董事会与高管层形成了正式有效的联系，有利于董事会的决议得到有效和充分的理解与执行。

趋向简单化的事业部结构在执行战略上效率更高。将具有类似需求的客户群合并构建事业部结构，是美国银行简化一级事业部的重要方式。同时，根据产品特点划分二级事业部。这样的事业部划分符合基于客户的战略原则，又不失产品特点。在金融危机中，遭受损失的美国银行索性将二级事业部提升为一级事业部，既不打乱过去的客户群划分，又可以更直接有效地管理产品，也为将来恢复精简的一级事业部做好了铺垫。

第三，行之有效的整合方式。在整合集团上，美国银行同时注重横向与纵向的改革。在横向改革上，除了前面提到的事业部精简，美国银行也十分注重技术平台的建设。美国银行开发了包括美国银行直通（Bank of America Direct）、模板银行系统（Model Banking System）以及风险控制系统等一系列的前、中、后台的技术平台。这些技术平台是将美国银行连接起来的关键，也是辅助美国银行执行竞争战略的最主要的手段。在纵向改革上，美国银行将裁员与流程优化并举，这也是其整合规划流程与六西格玛得以快速推行的关键。

第四，CEO 的权力很大。在 2009 年之前甚至与董事会主席两职合并，即使是 2009 年以后，CEO 不再担任董事会主席，但其个人权威依然很大。强大的个人权威往往可以加速高层的集体决策过程，特别是在出现争执时，个人拍板有利于提高效率。

5.3　富国公司：1998—2011 年

1998 年底，西北公司（Northwest Company）兼并了原富国公司（原富国公司成为原西北公司的全资子公司），成立了新的富国公司（Wells Fargo & Company）。合并当年，新的富国公司拥有 2 020 亿美元资产，是美国资产规模排名第七的银行集团；股票市值为 657 亿美元，在美国排名第三，全球排名第七。原富国公司主要从事个人与小企业客户的金融业务，原西北公司主要从事投资、保险经纪、财富管理、信托等金融业务。合并以后，富国公司立刻成为拥有全面金融业务的金融集团。

纵观 1998—2011 年富国公司的发展历史，"稳健"与"扩张"并举是其最主要的特点。图 5 - 16 是富国公司总资产变化情况。从图 5 - 16 可见，1998—2007 年富国公司的总资产增长比较平稳。到 2008 年，富国公司兼并了当时美国总资产排名第四的金融控股集团 Wachovia（主要从事资产管理、公司与投行服务等），总资产得到飞跃，资产量翻倍，从 2007 年的 5 755 亿美元变为 1.3 万亿美元。接下来的四年（2008—2011 年）又进入了新的平稳期。

图 5 - 16　富国公司总资产变化情况（1998—2011 年）

在稳健方面，富国公司非常注重自己的行业声誉。2007 年之前，富国银行是美国银行中，在穆迪和标普同时获得评级最高的银行。2008 年之后，由于遭受金融危机的影响，穆迪和标普对富国的评级大幅下降，但仍是美国大银行中声誉较好的金融集团。在稳健的同时，富国公司也进行了一些扩张，主要通过并购的方式实现。表 5 - 3 整理了富国公司 1998—2011 年的主要并购。比起其他美国的银行集团，富国公司并购的频率较低，且集中在 2008 年前后，除 Wachovia 以外，并购对象的规模都比较小。此外，十几年来，富国银行未对其组织结构进行大规模的改革，但进行不断调整。下面从富国公司的高层结构和事业部结构两方面对其组织结构进行综合分析。

表 5 - 3　　　　　　　　富国公司成立后的主要并购情况

年份	并购对象	并购前资产规模	相对规模*	交易价格
2000 年	阿拉斯加国民银行	30 亿美元	1.4%	9 亿美元
	第一证券公司	230 亿美元	10.5%	32 亿美元
2001 年	H. D. Vest 金融服务	160 亿美元	5.9%	1.28 亿美元
2007 年	CIT 建设	24 亿美元	0.5%	
	Greater Bay Bancorp	74 亿美元	1.5%	15 亿美元
	Placer Sierra Bancshares	26 亿美元	0.5%	6.5 亿美元
2008 年	怀俄明联合银行公司	17 亿美元	0.3%	
	世纪银行	14 亿美元	0.2%	
	Wachovia 公司	8 120 亿美元	141%	151 亿美元

注：＊表示相对规模＝并购对象并购前资产规模/前一年富国公司总资产。

5.3.1　富国公司高层结构

富国公司的高层结构充分体现了"稳健"的特点。

从董事会结构来看，1998—2009 年，董事会结构几乎没有改变，均由 5 个委员会组成。1998—2001 年，这五个委员会为：审计与核查（audit & examination），董事会事务（board affairs），信用（credit），财务（finance）和人力资源（human resources）委员会。2002 年，取消了董事会事务委员会，成立了治理与提名委员会（governance & nominating），数量仍保持 5 个。从 2011 年 1 月 1 日开始，富国增加了两个委员会：公司责任（corporate responsibility）委员会和风险（risk）委员会。这是富国正式兼并了 Wachovia 之后才设立的。公司董事会的主要责任是制定相关政策，审核并监督企业活动。此外，富国公司的董事会主席一直与集团 CEO 两职合并，这无疑有利于强化执行高管团队的权力。

从公司执行高管团队的结构来看，整体规模比较大，1998—2011 年平均超过 22 个人。集团 CEO 总领执行高管团队，团队成员包括了所有一级事业部的首脑（group head）、个别二级事业部的主管和众多的功能性部门主管。其中，功能性部门的主管数量占绝大多数，除 CEO 和四五个事业部主管外，其余的十几人均为功能性部门主管。这些部门主管主要负责财务、风险、人力资源、政府关系、技术、企业社会责任等方面的事务。

富国公司执行高管团队的另一个特点是人员相当稳定，且绝大多数是从集团内部提拔而来的。以 2011 年富国公司的 CEO 和业务事业部主管为例，表 5-4 展示了他们 1998—2011 年的任职情况。除 Carroll 是 2008 年加入富国，其余的高管都是从内部提拔而来，从富国公司成立至今一直在集团高层工作。而 Carroll 是 Wachovia 的高管，在富国兼并 Wachovia 后进入富国工作，Carroll 本人在 Wachovia 及其前身公司工作已超过 30 年。由此可见，富国公司的高管层特别注重从内部提拔忠诚度高的员工。

表 5-4　　　　　　　　　1998—2011 年 6 名高管的职业发展情况

	Stumpf	Carroll	Heid	Hoyt	Modjtabai	Tolstedt
2011 年	董事会主席集团 CEO	财富、经纪和退休管理团队首脑	家庭抵押贷款团队首脑	批发银行团队首脑	消费者借款团队首脑	社区银行团队首脑
1998 年	一级事业部主管	—	二级事业部下主管	批发银行团队首脑	—	—
1999 年		—			职能部门	二级事业部主管
2000 年		—				一级事业部主管
2001 年		—				
2002 年	社区银行团队首脑	—				二级事业部主管*
2003 年		—				
2004 年		—	二级事业部主管			
2005 年	集团首席运营官 COO					
2006 年					集团 HR 主管	一级事业部主管

续表

	Stumpf	Carroll	Heid	Hoyt	Modjtabai	Tolstedt
2007 年	集团 CEO	—			集团技术主管	
2008 年		财富、经纪和退休管理团队首脑			集团技术与运营执行官	
2009 年	董事会主席集团 CEO					
2010 年						

注：＊表示 2002 年，富国整合了地区银行，成立社区银行事业部，所有地区银行变为二级事业部。

5.3.2　富国公司的事业部组织结构

富国公司的集团管理主要采用事业部组织结构。一级事业部的设置结合了产品与客户特点，将所经营的业务进行归口管理，同时任命相应的管理人员，富国公司称之为"团队首脑"（Group Head）。在各事业内部也采用团队（group）管理的方式，形成二级事业部。在年报中，富国公司每年都会列出一个长长的高级管理人员的名单及他们的具体职务。该名单显示出各二级事业部的具体结构，这是本章分析富国公司二级事业部结构设计的重要参考。

总体来看，富国公司的一级事业部结构十几年来未作重大改革；但二级事业部结构不断调整，业务线的重新归口时有发生，这是一个长期的优化过程。下面以富国公司 2011 年的组织结构情况（见图 5 - 17）为例进行详细分析，指出其组织结构的典型特点。在分析的同时，本章也对 1998—2011 年，富国公司一级事业部结构和二级事业部结构的变迁过程进行说明，展示出富国公司结构变化的过程。

5.3.2.1　一级事业部结构

从图 5 - 17 可见，富国公司 2011 年的一级事业部主要分为三大板块：（1）社区银行，针对个人客户和小企业客户（企业主即财务决策者）；（2）批发银行，针对年收入超过 2 千万美元的中大型企业客户，提供综合财务解决方案；（3）财富、经纪和退休管理，为客户提供个性化的金融咨询服务。这三大事业部是富国公司结合了产品特点和客户群特点进行划分的。在事业部的管理上，富国公司对每一业务板块任命一位团队首脑，其责任是对整个事业部的经营和绩效负责，具体的经营由二级事业部主管负责，本文将在"二级事业部"下详述。

在三个事业部中，社区银行和批发银行是富国公司从 1998 年成立即设立

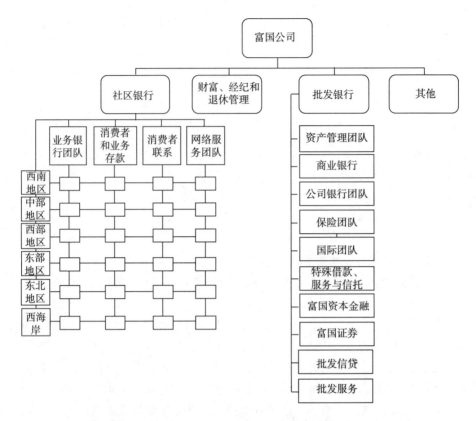

图 5 - 17　2011 年富国公司组织结构

的传统主营业务部门，业绩和管理相对稳定。图 5 - 18a 是社区银行、批发银行与集团 1998—2011 年的平均资产状况；图 5 - 18b 是社区银行、批发银行和集团 1998—2011 年的净收入状况。从图 5 - 18a 和图 5 - 18b 可见，1998—2011 年，社区银行和批发银行一直占有集团平均资产的大部分，平均高达87.6%；从净收入上来看，社区银行和批发银行更是包揽了富国公司几乎所有的净收入，平均占集团净收入的 104%，在 2008 年前后的金融危机中，这两个部门的收入还为其他业务的损失买单。

　　鉴于社区银行和批发银行事业部在集团的重要地位，富国公司十分注意这两个事业部的稳健性。在主管设置上，这两个部门的首脑都相当稳定。批发银行一直由 Hoyt 负责。社区银行稍有变化：2002 年之前未设事业部主管，各地区银行、有关职能部门（如网络服务团队）、有关业务部门（如私人客户服务）自行经营，地区银行、职能部门和业务部门均属一级事业部；2002—2004 年，原西部银行团队（Western Banking Group）主管 Stumpf 担任社区银行事业部主管，各地区银行、职能部门、业务部门成为二级事业部；2005 年，

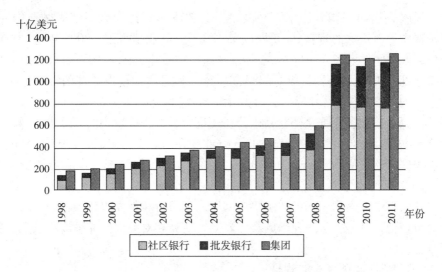

图 5 –18a　1998—2011 年社区银行、批发银行的资产与集团总资产

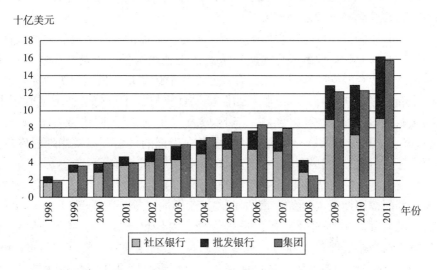

图 5 –18b　1998—2011 年社区银行、批发银行的净收入与集团净收入

Stumpf 升任集团 CEO 和董事会主席；2006 年以后，Tolstedt 成为社区银行主管。

　　比较而言，富国公司的第三个业务板块和其他业务部门的实力就比较弱，变动也较频繁。2008 年之前，富国公司第三个一级事业部业务板块是富国金融（Wells Fargo Financial），这块业务主要是富国的全资子公司富国金融有限公司（Wells Fargo Financial Inc. ，WFFI），主营消费者金融（向美国、加拿大、拉美等地区的个人提供房地产贷款、收购零售商的销售融资合同）和汽车金融（直接向美国、加拿大和波多黎各的汽车经销商购买销售融资合同，以及提供厂商担保的贷款）。长期以来，该事业部业绩平平，2008年遭受较大损失。在集团并购了Wachovia之后，该部门被重组，纳入社区银行，成为二级事业部。2008年以后新成立的财富、经纪和退休管理事业部的资产占集团总资产的10%左右，但净利润不到集团净利润的1%。

在以上三大事业部之外，富国公司还设有其他一些较小的一级事业部，如2003年设有家庭与消费者金融（Homeand Consumer Finance），2007年更改为富国家庭贷款（Wells Fargo Home Mortgage），2008年又变回家庭与消费者金融，2011年更改为消费者借款（Consumer Lending）。

总的来说，富国公司的一级事业部以社区银行和批发银行为核心，组织结构比较稳健，其他一级事业部的实力较差，变动相对频繁，业绩波动较大，甚至亏损。

5.3.2.2　二级事业部结构

从图5-17可见，2011年富国公司的二级事业部大多属于社区银行和批发银行，数量众多，且是并列关系。

富国的社区银行在一定程度上形成了业务+地区的矩阵结构。社区银行下的业务事业部分为：业务银行团队，主要为小企业服务；消费者和业务存款，主要负责消费者的支票账户、银行存款、个人退休账户、借记卡等业务；消费者联系部门是电话中心；网络服务团队提供计算机技术支持。在地区管理上，社区银行将美国分为六大区域，各区域及当地银行共同组成了富国银行（Wells Fargo Bank, N. A.），负责各项业务在当地的经营，以及当地特殊的产品与服务。由此，社区银行建立了业务+地区的矩阵结构。

批发银行下的二级事业部也按业务划分，内部结构五花八门。最传统的商业银行部门按照地区（例如，南方地区、东部地区等）和分部（division，如大洛杉矶分部、南加州分部等）进行管理；内部也形成了一定的矩阵结构，如建立了业务拓展部（Business Development）和商业银行信贷部（Commercial Banking Credit），为各地区、各分部服务。公司银行团队主要按行业划分下级事业部，建立了餐馆金融（restaurant finance）、能源团队（energy group）、动力和设备团队（power and utilities group）等；也有按照产品划分的，如资产管理团队下设富国资产管理部门和富国基金管理公司。

财富、经纪和退休管理事业部未设有二级事业部，由团队首脑直接进行业务管理，这可能与该部门规模较小有关。

富国公司对二级事业部的调整较多。2005—2008年，富国对部分业务线进行了整合；2008年以后，由于兼并了Wachovia，富国又进行了较大规模的调整与业务的重新归口管理。表5-5对这些调整做了一个汇总。

表 5 −5　　　　　　　　　富国公司对二级事业部业务的主要调整

时间	调 整
2005 年	整合汽车金融业务归入富国金融
2006 年	整合保险业务归入批发银行
2008 年	将信托业务从社区银行归入批发银行
2009 年	重整三大板块，将富国金融归入社区银行
2010 年	将部分借款业务从社区银行归入批发银行；关闭富国金融的消费者金融部门的 638 家店，并入其他部门
2011 年	将私人资产业务从社区银行并入批发银行

富国公司的二级事业部的组织结构，充分体现了事业部独立经营的特点。各事业部下的二级结构各不相同，二级事业部下的具体设置差异也较大，各事业部充分发挥了自主经营的灵活性，同时也带来两个不可忽视的问题，第一，尽管各部门侧重点不同，但业务重叠在所难免。例如，批发银行下的富国资本金融下设行业团队、商业与零售金融以及公司金融三个部门，这与批发银行下的商业银行、公司银行业务均存在一定的重叠。第二，各部门需要自行承担相应的功能性职能，造成职能重复设置、成本增加、资源浪费以及效率低下。正如 2011 年富国年报中指出：

　　　我们发现技术、人力资源和市场营销的功能都分散在各处，我们正将它们放到一起以提高公司的效率。

从富国公司二级事业部的调整来看，富国公司正在努力规整两个主要一级事业部的下辖业务。但相对这两个事业部的规模，这些调整都显得相当不足。特别是对比近几年来金融行业风起云涌的变化，富国公司调整的动作更显得微乎其微。

5.3.3　小结与讨论

富国公司的经营一直以稳健为主，兼顾扩张。从董事会结构、执行高管团队到一级事业部，从组织结构到人员配置，都相对稳定、变化较少，均体现出富国的"稳健"。二级事业部虽然进行了一些调整，但规模有限，并没有从实质上影响富国的组织结构。此外，在扩张上，富国也显得十分谨慎，扩张速度、频率和规模远远不及同业银行集团。这是富国发展较慢的一个原因，也是富国在金融危机中能平安度过，未造成重大损失的一个主要因素。

总体来看，富国公司是一个低调的公司。比起花旗集团隔三岔五的高层矛盾、美国银行风风火火的并购整合而言，富国更像是在默默耕耘：通过长年的精耕细作来赢得和留住客户。下面从三个方面来探讨富国组织结构演进的特点及其产生的原因，并对这些特点可能带来的问题进行分析。

第一，富国公司的高层结构相当稳定，主要有以下两方面的原因。一方面，富国十分注重内部培养和内部提拔，从集团当前的一把手 Stumpf 的升迁过程即可见一斑。另一方面，富国特别强调团队协作。团队协作是富国从基层到高层的管理方式。例如，富国将自己的员工称为"团队成员"（teammember)；富国又将各事业部称为"团队"（group)，任命"团队首脑"统管。同时，富国每年列出的长长的高级领导人（seniorleaders）名单，也暗示了团队协作的重要性和普遍性。团队协作的好处十分明显，既可以避免个人领导的局限性和单一性，又可以降低个人决策的风险和非理性，降低了集团发展的不确定性。

但富国公司的高管结构依然存在一定的问题。随着人员的升迁，在富国公司内的时间越来越长，可能出现高管特点同质化以及年龄老化的问题。此外，由于团队协作，可能导致某些高管之间存在权力制衡，部门创新不足且尾大难调。这也可能是富国公司在瞬息万变的金融行业中变化缓慢的一个原因。

第二，富国的事业部结构稳定，这与其自身的战略定位有很大的关系。在2011 年年报中，公司董事会主席和 CEO Stumpf 明确谈道：

> ……我们的心仍是一个美国的本土公司。我们 98% 的资产和 98% 的团队员工都在美国。这是我们与大的同行的差别。我们的根是美国的根，我们的成长就是根在美国土壤中的延生。从 1852 年开始，我们就与美国同命运……

在这样一个定位之下，富国公司着力于开展与经营和美国客户密切相关的业务，特别注重本土业务，而在国际业务和新兴多元化业务上着力不大。同时，富国的扩张缓慢，并购对象也多为传统银行的项目，例如，阿拉斯加国民银行、怀俄明联合银行等。这些并购实际上都是富国公司的传统业务在本土地域上的扩张。即使并购了其他金融机构，富国公司的整合也相对缓慢，特别是与比自己规模更大的 Wachovia 的整合，富国花了 3 年时间才基本完成：

> 大多数公司合并以后，通常做的第一件事就是更改标志和业务卡。我们不这样。我们用了三年时间来整合 Wachovia 的经营，是为了让合并有益于我们的客户。在这三年之中，我们花费了 49 万个小时培训了 3 万 5 千名零售银行团队的员工，他们的专注使我们的转型更简单容易。

总之，富国的战略定位决定了其扩张、兼并与整合的方向与速度，这也是富国结构长期稳定的重要原因。

当然，不可忽视的是，虽然富国对自我有比较明确的定位，但在竞争战略上却比较模糊。取代竞争战略的是富国反复强调的愿景和价值观。富国的愿景是，满足所有客户的金融需求并帮助他们获得财务上的成功①。富国的价值观是，尊重和支持我们的人、为最高的道德标准而奋斗、为客户做正确的事、从差异中学习、号召每一个人都成为领袖②。毫无疑问，这样的表述太抽象而缺乏足够的执行性。于是富国又指出 5 个优先：客户第一、收入增长、费用减少与价值观、连接社区和相关者。这五点相对明确、具有执行性，但却没有说明富国的竞争重点和发展目标。因此，富国实际上没有竞争战略，这可能也是富国发展缓慢的另一个原因。

第三，在基本稳定的集团结构下，富国公司的多元化业务却不断进行着结构调整，这是富国公司为满足客户全方位的金融需求而做出的努力。在消费者银行和社区银行之外，富国对其他的一级和二级事业部不断进行调整、更改。但遗憾的是，富国公司的这些努力似乎收效甚微，这些部门仍有着较大的不确定性甚至亏损。对于富国而言，除了完善原有的支柱型部门的盈利以外，如何发展新的业务、开拓新的产品和市场，可能是未来发展的一个难题。

5.4　摩根大通：2000—2011 年

摩根大通是 2000 年 J. P. 摩根公司（J. P. Morgan&Co.）与大通曼哈顿公司（Chase Manhattan Coporation）合并而来的。合并之前，J. P. Morgan 主要从事投行、资产管理、私人银行、私人财富管理和资产与证券服务，大通公司主要从事信用卡服务、零售银行和商业银行业务。合并以后，从集团组织结构上来看，摩根大通由两个部分组成：J. P. Morgan 和 Chase，前者以批发业务和资本市场业务为主，后者以零售业务为主。之后，摩根大通又陆续兼并了芝加哥第一银行（Bank One Corporation，2004）、贝尔斯登（Bear Stears & Co. Inc.，2008）、华盛顿互惠银行（Washington Mutual，2008）等一系列金融机构。在整合并购的过程中，摩根大通不断调整结构，逐渐形成了当前的规模和以 6 大事业部为主的组织形态。图 5 - 19 是摩根大通 2000—2011 年的总资产变化情况。在合并第一银行的 2004 年、合并贝尔斯登和华盛顿互惠银行的 2008 年，

---

① 原文为：to satisfy all our customers' financial needs and help them succeed financially。

② 原文为：Honoring and supporting our people，striving for the highest ethical standards，doing what's right forour customers，learning from diversity，and calling on everyone to be leaders。

摩根大通的总资产分别增长约50%和40%。2011年，摩根大通总资产超过美国银行，成为全美排名第一的大银行集团。

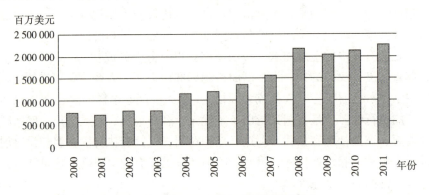

图5-19 2000—2011年摩根大通总资产

摩根大通的规模不断扩大，但组织结构相对稳定：高层结构变化很小，事业部结构变化不大。特别是2004年并购了第一银行之后，摩根大通的整体结构基本成型，即使金融危机也只是促使摩根大通对二级事业部结构略作调整，而未有大的变革。分析摩根大通十余年来的结构演进，其主线是：在稳定的高层结构下，J. P. Morgan和Chase两大品牌的平衡与各事业部的协同整合。

5.4.1 摩根大通的高层结构

与其他的美国大银行集团不同，摩根大通的高层结构包括三个方面：董事会、执行高管团队以及一系列的咨询委员会。

董事会的主要职责是负责集团的公司治理，保证集团管理与股东利益一致。2000—2011年，摩根大通的董事会结构相当稳定。董事会主席与集团CEO两职合并。多年来，董事会均设立5个委员会，分别为：审计委员会、薪酬与管理发展委员会、公司治理与提名委员会、公共责任委员会和风险政策委员会。摩根大通十分强调董事会的有效规模。2003年及以前均为12人；在合并了第一银行以后的2004年和2005年，董事会规模扩大到16人；从2006年开始，董事会再度缩减到12人。同时，摩根大通也十分注重高管的独立性。2003年及以前，董事成员中仅CEO兼主席为集团执行高管，其余全部是外部董事和独立董事；2004—2007年，董事会成员中有两名执行高管；2008年之后，又恢复一名执行高管。

摩根大通执行高管团队的组织结构十分清晰。最高层是运营委员会（operating committee），其成员是集团CEO、各个业务部门（一级事业部）的CEO，以及一些支持性职能部门的主管。第二层是执行委员会（executive committee），由部分二级事业部主管、地区主管以及部分支持性职能部门的主管组成。第三层是高级国别官员（senior country officer），主要是具体负责各个国家事务的主管。图5-20基于摩根大通2011年的具体情况，展示了其执行高管团队的基本结构。

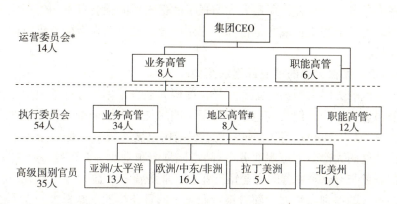

注：*表示运营委员会中Bisignano兼任业务高管及职能高管。

^表示部分职能高管由集团CEO直接领导，例如，首席信息官Chiarello；部分职能高管为运营委员会职能高管下属，如O'Connor、Warren等财务官员接受首席财务官Braunstein管理。

#表示地区高管中只有部分是高级国别官员的上级，包括Abdelnour负责亚太地区；Pinto负责欧洲/中东/非洲地区和Aguzin负责拉美地区。其余的高管负责美国本土业务，例如，Peter K. Barker专门负责加州地区；Glenn Tilton专门负责中西部。高级国别官员中只有1人是拉美地区的，负责加拿大。

图5-20 2011年摩根大通执行高管团队组织结构图

在董事会与执行高管团队以外，摩根大通还成立了若干咨询委员会。在2008年以前，这样的咨询委员会涉及4个不同的区域范围，分别为：社区咨询委员会（Community Advisory Board）、地区咨询委员会（Regional Advisory Board）、全国咨询委员会（National Advisory Board）和国际理事会（International Council），均由范围内的社会名流担任顾问，为摩根大通相关区域的业务提供建议。地区和全国咨询委员会的主席由摩根大通的高级管理人员担任，而国际理事会的主席则是具有很高国际声誉的人士，2010年之前的主席是美国前国务卿、斯坦福大学教授Shultz，2010年及之后的主席是英国前首相布莱尔。国际理事会的主要责任是对摩根大通的国际业务提供咨询建议[①]。

2008年之后，摩根大通不再设立社区和全国委员会，只保留了地区委员会和国际理事会。通过大量的国内、国际顾问，摩根大通构建了一个半正式的庞大社会网络，这些顾问所在公司不但为摩根大通带来了各行各业的一手信息和前瞻性观念，影响摩根大通的地区/行业战略与执行方案，而且这些顾问所

---

① 主要为J. P. Morgan提供咨询建议，因而2008年之前称为摩根大通国际理事会，2008年及之后称为J. P. Morgan国际理事会。

在的公司也极有可能成为摩根大通的客户，为其带来可观的收益。

总的来说，摩根大通的高层结构相对稳定，层次与结构清晰。特别是半正式的咨询委员会的存在，无疑大大增强了摩根大通的社会资本。但相应地，这样的咨询委员会的维护成本也很高，否则摩根大通不会在金融危机时同时取消两个委员会。

5.4.2　摩根大通的事业部组织结构

与其他的美国大型银行集团一样，摩根大通也采用事业部的组织结构对下属子公司进行管理。但与其他银行集团不同的是，由于摩根大通存在两个独立的品牌——J. P. Morgan 和 Chase，其组织结构也被这两个品牌划分成了两大部分，再在这两大部分下按照业务/产品不同划分事业部。J. P. Morgan 主营的投资银行业务与 Chase 主营的商业银行业务在业务流程、盈利方式和客户特点上都存在很大的差别。然而，随着银行业竞争的日益激烈，摩根大通在不断强化客户关系的广度与深度。因此，如何使两个品牌下的产品实现交叉销售、业务协同，如何整体性地实现集团资源的规模效应、实现风险分散，成为了摩根大通组织结构演进的一条主线。

5.4.2.1　集团层面的结构平衡

2000 年合并以后，摩根大通按照 J. P. Morgan 和 Chase 两个品牌进行事业部管理。图 5 - 21 是 2003 年摩根大通的组织结构图。由图 5 - 21 可见，自上而下，摩根大通首先在 J. P. Morgan 或 Chase 的品牌旗下划分产品与业务。尽管两大品牌本身不构成实体结构，但两大品牌的独立经营和分别管理却十分明显。J. P. Morgan 品牌下主要是投资银行业务、资产与证券服务业务、投资管理与私人银行业务以及 J. P. Morgan 合伙人业务[①]；Chase 品牌下是 Chase 金融服务，从事零售和中间市场业务。同时，摩根大通设立了"公司"事业部，涵盖集团层面的支持部门，负责处理集团层面的各部门无法分割的事务、收益或费用等。

实际结构是以业务为一级事业部，以产品为二级事业部。2003 年摩根大通的两大品牌很不平衡，从结构形态上来看，大多数部门属于 J. P. Morgan 品牌。根据 2003 年的经营业绩（见图 5 - 22）计算，J. P. Morgan 品牌下的业务盈利占集团净利润的三分之二，Chase 占三分之一。即使在 J. P. Morgan 的品牌下，各业务的盈利情况差距也很大：投资银行部门占集团净利润的二分之一强，占 J. P. Morgan 品牌净利润的 85% 以上；资产与证券服务只占 7%，投资管理与私人银行占 4%，J. P. Morgan 合伙人则亏损 4%。

---

① J. P. Morgan 合伙人是私募股权投资业务，主要的投资工具是通过 65 亿美元的全球基金，代表公司和第三方投资者对企业进行投资。

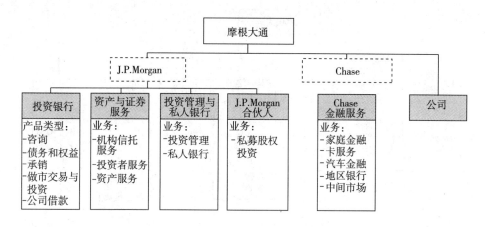

注：虚线表示非实际的事业部。

图 5 - 21　2003 年摩根大通组织结构图

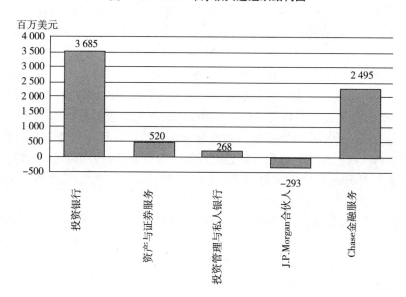

资料来源：2003 年年报的相关数据。

图 5 - 22　2003 年摩根大通各事业部净利润

这样一枝独秀的组织和盈利结构不利于摩根大通快速扩张的战略，也不利于实现规模效应、分散风险。因此，摩根大通努力寻求品牌、业务和盈利的平衡发展。并购芝加哥第一银行即是摩根大通实现平衡的重要一步。在并购的同时，摩根大通对组织结构进行了重新整合，形成了新的业务部门。2004 年 1月并购完成，组织结构当年即基本成型（见图 5 - 23）。

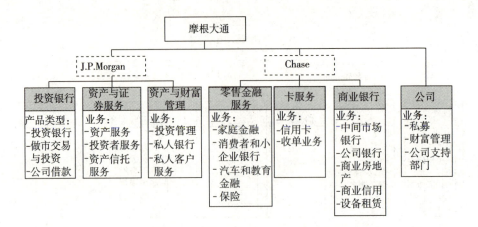

图5-23 2004年摩根大通组织结构图

由图5-23可见，经过并购整合之后，摩根大通的组织结构形态更加平衡。J. P. Morgan品牌下有三个业务事业部，分别为：投资银行、资产与证券服务和资产与财富管理；Chase品牌下也有三个业务事业部，分别为：零售金融业务，卡服务和商业银行。二级结构主要的变化是：投资银行事业部下的二级事业部做市交易与投资下的"财富管理"被划入"公司"中；资产与证券管理部门保持不变；投资管理与私人银行更名为资产与财富管理；过去独立的"J. P. Morgan合伙人"被划入"公司"中；Chase金融服务被重组为零售金融服务，包括过去的家庭金融、汽车和教育金融、消费者和小企业银行及保险；中间市场划入商业银行，卡服务则独立成为一级事业部；公司事业部包括了私募（由J. P. Morgan合伙人和第一权益合伙人合并而来）、财富管理和公司的支持部门。

摩根大通成功并购第一银行，不仅在规模上有了很大的提升，在集团组织结构上也实现了重整，有利于推动品牌、业务和盈利的平衡。从摩根大通2004—2010年的六个主要业务事业部的净利润情况可见其平衡结构的实现情况（见图5-24）。

从各业务部门的净利润情况来看（见图5-24），2004—2007年，摩根大通的零售金融业务得到有力的充实，与投资银行之间的盈利差距逐渐减小，形成了摩根大通比较平衡的两大品牌和盈利支柱。各品牌内部的其他业务也有较大的增长。在J. P. Morgan旗下，资产与证券服务和资产管理业务成长迅速，与投资银行业务的差距减小；在Chase旗下，卡服务业务的盈利增长速度最快，2006年和2007年的净利润几乎与零售银行业务持平，商业银行业务增长较慢，但增幅稳定。由此可见，并购第一银行以后，摩根大通的两大品牌逐步实现了盈利平衡、风险分散的结构形态。

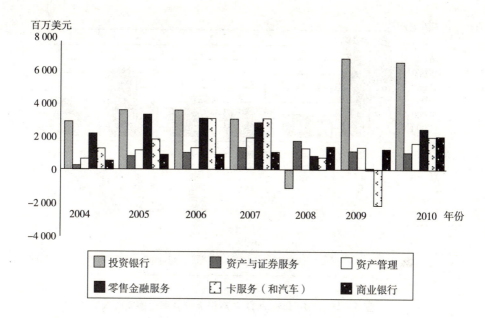

百万美元

图例：

□ 投资银行　　　■ 资产与证券服务　　　□ 资产管理

■ 零售金融服务　　　▨ 卡服务（和汽车）　　　▦ 商业银行

图 5 - 24　2004—2010 年摩根大通业务部门净利润

2008 年金融危机之后，摩根大通合并了贝尔斯登和华盛顿互惠银行，各业务部门之间的平衡结构被打破：投资银行业务盈利出现大幅波动；资产与证券服务盈利有所下滑；资产管理业务盈利稍微下降后又小幅稳步上升；零售金融服务盈利大幅下降后有所反弹；卡业务盈利波动较大；商业银行业务则受影响不大，稳步上升。总的来看，尽管投行等部门遭受损失，但集团整体依然盈利。可见，摩根大通之前进行的盈利结构平衡与风险分摊的努力十分成功，部门之间盈亏互补，危机之年仍然保证了总体盈利。

从 2010 年开始，集团重启了平衡发展之路。一方面，从图 5 - 24 可见，在投资银行业务盈利恢复稳定的情况下，其他业务板块的盈利均有所恢复或增长，与投资银行业务的差距缩小。同时，摩根大通对组织结构进行了一些调整，2011 年将汽车和教育金融从零售金融业务划到卡服务部门下，并将卡服务事业部更名为"卡服务和汽车"。经过这样的更改，摩根大通重构了 Chase 旗下的盈利支柱，使之与 J. P. Morgan 旗下的投资银行业务的差距减小。图 5 - 25 显示了 2010 年和 2011 年组织结构调整前后各大业务板块的盈利情况，调整以后，2011 年卡服务和汽车的净利润超过 45 亿美元，而投资银行部门盈利为 68 亿美元，卡服务和汽车是当年所有部门中与投行差距最小的，也大大小于 2010 年所有部门与投资银行的差距。可以预期，这样的平衡发展将是摩根大通未来几年继续努力的方向。

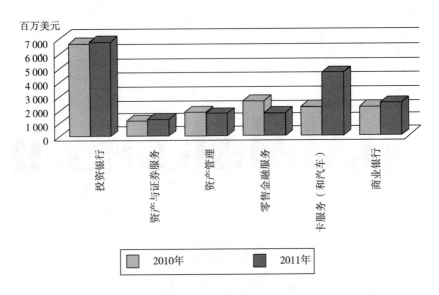

百万美元

图5－25　2010年和2011年摩根大通各事业部净收入

5.4.2.2　事业部的独立结构与事业部间的协作结构

2004年以后，摩根大通建成了两大品牌下的六个一级业务事业部。各事业部具有很大的自主权，内部的组织结构存在不少差异。由于各事业部的调整不大，下面以2011年为例，说明事业部的独立结构，大体可以分为以下三类。

（1）按照业务/产品设立二级事业部

投资银行事业部按照业务/产品对二级事业部进行管理。其主要业务/产品部门包括：投资银行（咨询、股票承销和债券承销）、做市交易（固定收益市场、股票市场等）、信用组合管理、公司借款、研究等。各事业部以专家团队的方式服务客户。同时，投资银行按照客户/交易所在地区划分为欧洲/中东/非洲、亚洲/太平洋、拉美/加勒比以及北美四个区域，并将发展中的国家和区域设定为未来扩张的战略重点。

零售银行事业部将业务划分为两个二级事业部：消费者与企业银行和贷款银行。在二级事业部下，按照产品线进行管理。例如，贷款银行的产品分为两类，一类为贷款产品与服务，另一类为房地产组合。贷款产品与服务主要按销售渠道进行管理，分为零售（本行的贷款经理）、批发（第三方贷款经纪人）和代理商行（其他金融机构）三个渠道。房地产组合下的产品分为住宅净值贷款、优质贷款、次级贷款等。零售银行主要通过分支机构、ATM、网上银行和电话银行服务客户。零售银行集中在美国市场，分布于23个州，增加物理网点是其扩张的重要方式。

（2）按照客户群设立二级事业部结构

商业银行事业部的结构主要按照客户群进行划分，分为 4 个部门：中间市场银行、短期商业贷款、公司客户银行和房地产银行，表 5 - 6 为各部门主要覆盖的客户群及其特征。

表 5 - 6　　　　　2011 年摩根大通商业银行事业部的客户划分及其特征

部门	客户群
中间市场银行	公司、地方政府、金融界机构和非盈利客户，年收入为 1 000 万 ~ 5 亿美元
短期商业贷款	投资于多户家庭住宅、办公楼、零售和工业用地的房地产投资者/所有者
公司客户银行	中型企业，年收入为 5 亿 ~ 20 亿美元，具有更广泛的投资银行需求
房地产银行	制度级房地产的投资者和开发商

资产管理事业部也是按照客户群划分，分为 3 个部门：零售投资者、机构投资者和高净值人群。同时辅以一定的地区管理，分为：欧洲/中东/非洲，亚洲/太平洋，拉美/加勒比和北美四个地区。通过股票、固定收益、房地产、对冲基金、私募、货币市场工具和银行存款等产品进行全球投资管理。资产管理事业部为不同的客户量身定做适宜的产品组合。

（3）直接管理的职能部门结构

资产与证券服务以及卡服务与汽车两个事业部均是对产品进行直接管理，未划分二级事业部，采用职能部门结构。

"公司"事业部下设立私募、财富和投资等公司。集团的功能性部门均由总部管理，设立的职能部门包括：中心技术和运营、内审、执行办公室、财务、人力资源、市场营销与沟通、法律与合规、公司房地产与一般服务、风险管理、企业责任和战略与发展。

从摩根大通各事业部不同的内部结构可以合理推测，各部门内部管理自成体系、各具特色，但部门之间的交流与业务协同可能会存在困难。当部门之间存在越来越多的业务/客户交叉时，例如，Chase 旗下的商业银行客户具有投资银行业务需求，同时也对房地产融资有需求；零售银行的客户同时也是卡服务与汽车部门的客户等，他们如何协同可能成为问题。实际上，部门间协作正是摩根大通反复强调的：

　　　　一个真正有效的公司拥有所有功能上的专业能力，并且能将这些功能整合得天衣无缝。摩根大通为这样的必胜组合而感到骄傲：深度、多样的专业能力，遍布于公司的各个领域，并为我们的客户带去利益。当我们将各业务单元搭配起来——配以我们综合的意见、经验、知识和资源——产生的效果将是巨大的（2003 年年报）。

因此，摩根大通长期致力于构建跨部门的协作结构。早期的部门协作以同品牌的业务为主，跨品牌的协作不多，主要以非正式的结构实现。一种非正式的结构是专家团队结构，这是从各个部门抽调人员组成一个临时的专家团队，为某个较大的客户服务。例如，2003 年，摩根大通年报汇报了为亚太地区某金融机构的大客户服务的案例。摩根大通组成了 12 人的专家团队，这 12 人来自摩根大通旗下 5 个国家的 6 个法人组织，为客户提供了包括投资银行、资产与债券管理等方面的咨询和操作服务。该项目给摩根大通带来了超过 80 亿美元的资产组合管理合同。另一种非正式的组织结构来源于部门之间的自行协商与合作。例如，Chase 汽车金融（零售银行下二级事业部）与投资银行（J. P. Morgan 品牌下一级事业部）和中间市场银行（商业银行下二级事业部）形成合作关系，共同为汽车经销商集团的客户提供基础贷款、更新信用工具、发行高收益债券等服务。同时，汽车金融也与家庭金融、信用卡等部门合作，为经销商客户提供更加优惠的信用卡流程处理和家庭金融方面的服务。

近期摩根大通的部门间协作有了很大的发展，出现了正式的组织结构，且跨品牌的协作增多。

一方面，品牌内一体化力量越来越强，产生了正式结构支持协作。2011 年 Chase 品牌提出了"One Chase"的目标：

> Chase 消费者业务——零售银行，信用卡，汽车金融和贷款——历史上都以独立的公司经营。现在我们来到一起要将所有公司都经营成一个消费者业务和一个品牌——着重于第一和最重要的，就是按照我们的客户希望的方式为他们提供所选择的产品。这包括发展共同的战略，实现一致的客户体验，设计无缝整合的产品供应和为客户持续创新。我们称之为 One Chase（2011 年年报）。

为了实现这个目标，Chase 旗下的部门组成了一个综合的 Chase 执行委员会（Chase Executive Committee）。该委员会定期会晤，并偕同两个全 Chase 理事会（cross‑Chasecouncil）共同解决 Chase 品牌下的具体问题，特别是客户体验和品牌市场的问题。两个全 Chase 理事会还致力于将各个业务的最优操作推广到其他业务部门。

J. P. Morgan 也构建了若干跨部门的正式结构。2010 年初成立了全球公司银行（Global Corporate Bank）作为投资银行和资产与证券服务两个部门的协作机构。根据摩根大通的年报，2011 年，由该部门实现的协同收益归属于投资银行的部分约为 30 亿美元，归属于资产管理的部分约为 10 亿美元，归属于资产与证券服务的部分约为 30 亿美元。预计 2015 年，该部门将实现超过 10 亿美元的税前利润。同时，其他类似的结构也在建设中，旨在将资产管理、商业银行（Chase 品牌）和其他业务线都纳入其中。在国际方面，J. P. Morgan 设立了一个跨三个部门的国际指导委员会（International Steering Committee），由三个部门的 CEO 共同担任主席，专门负责协调跨部门的批发业务。

这些品牌内部的正式结构的产生，无疑将大大推动各品牌的内部整合，拓展同品牌下的交叉销售和业务协同。此外，同品牌跨业务的经营方式也有利于整合资源，提高用户体验，实现更大的规模效应，降低经营成本。

另一方面，摩根大通跨品牌的部门协作日益增加。例如，Chase 旗下的商业银行部门汇报，2011 年该部门与 J. P. Morgan 的投资银行部的协作产生了有史以来最好的业绩——14 亿美元。通过协作，商业银行部门获得了为客户提供定位企业资本市场、风险管理和咨询方案的更好途径。类似地，J. P. Morgan 旗下的资产与证券服务也广泛地与 Chase 旗下的零售银行、商业银行等部门合作，部分收入包含在其他部门的收入中。

长期来看，摩根大通将持续努力建设部门协同的组织结构。随着正式结构的产生，品牌内部的协同将日益完善。特别是作为一般银行的 Chase 品牌，越来越强调按照客户群而非业务/产品来进行管理，不排除将来业务/产品事业部全部重构，实现按客户群划分的事业部结构。与此同时，J. P. Morgan 内部的协作也在日益加深。随着全球公司银行的成功，J. P. Morgan 预计会有越来越多的银行家充实这个结构。在跨品牌的协同上，尽管 Chase 和 J. P. Morgan 两大品牌的交叉销售有所增多，但仍以部门自行协商为主，尚未产生正式的结构安排。两大品牌内部协同的提升，究竟会促进还是阻碍跨品牌的协同，未来的情况尚不明朗。

总的来说，摩根大通的事业部组织结构一直在品牌平衡、事业部独立与部门间协同上不断整合与演进。

5.4.3 小结与讨论

2000—2011 年，摩根大通的组织结构变化不大。高层结构相对稳定，董事会、执行高管团队以及一系列的咨询委员会共同构成了摩根大通的高层结构。不论在规模、构成和成员的多样性上，摩根大通的董事会都算得上是相当稳定。执行高管团队的结构比较清晰，高管人员稳定。尽管咨询委员会只是半正式的组织结构，由大量的非摩根大通的顾问构成，但其长期存在于高层，对集团经营产生了不可估量的影响。

摩根大通的事业部组织结构也相对稳定，特别是在 2004 年并购了第一银行之后，摩根大通的六大业务事业部 + 一个公司事业部的组织结构即已成型，没有出现变革性的调整。但摩根大通的业务事业部存在两个比较突出的问题，第一是两大品牌以及各个事业部的发展不平衡；第二是事业部各自为战，协同不足。因此，摩根大通一直在努力改善这两个问题。通过并购整合，摩根大通提高了 Chase 品牌的盈利，充实了其他事业部的能力，从而有效地平衡了两大品牌与各事业部的发展。尽管金融危机影响了摩根大通努力平衡的效果，但危机之后，摩根大通又迅速地重回平衡之路。对于各个事业部之间的协同问题，摩根大通通过鼓励合作，建立部门之间、品牌之间各种正式与非正式的结构，竭力促使事业部合作。

长期来看，摩根大通稳定的高层结构将大大有利于集团整体的稳定与健康发展，但 J. P. Morgan 与 Chase 两大品牌的平衡与协同仍将十分困难。投资银行与一般银行业务之间的巨大差异也使两大品牌难以有效联合。

5.5 美国四大银行组织结构及演进特点对比与原因分析

整体上看，美国的大银行集团都属于纯粹型金融控股公司：总部成立控股母公司，不实际经营金融业务。那些与集团相关的投资活动项目以及费用等，均通过设立单独的公司事业部或投资事业部进行专业管理，具体的金融业务由控股子公司经营。但实际上，子公司的管理都归口在事业部组织结构下，换言之，美国大银行集团不是以控股公司的组织结构管理，而是采用事业部组织结构管理。各事业部按照业务线划分，拥有较大的自主权，自行制定业务战略，建设相应业务平台，按照各自的原则划分二级事业部，理顺业务流程，营销及维护客户关系等。在支持性的功能上，母公司和事业部分别承担各自的责任。

细看各大银行集团结构，可以发现其中存在不少差异。高管团队的结构差异比较突出。从规模上看，富国公司的集团规模最小，但董事会规模最大，平均超过 22 人，2011 年为 16 人；而其他三家集团董事会规模最多不超过 18 人，2011 年，花旗、美国银行和摩根大通分别为 13 人、13 人、12 人。特别是摩根大通反复强调董事会的"有效规模"（effective size），实际上是在集团监管与决策效率之间进行平衡的有意识的努力。此外，董事会与执行高管团队之间的关系很不一样。美国银行通过建立复杂的高层结构（见图 5 - 11），实现了董事会与执行团队之间的联动。其他三家的董事会与执行团队间的结构则显得相对简单。而花旗集团更是出现了高层矛盾，导致原因不明的离职。这些差异与执行高管团队的来源也有一定关系，花旗集团的执行高管团队成员中有较大比例的外部人，而其他三家的执行高管团队均以内部人为主。显然，内部人才的培养与提拔是保证集团高层稳定的关键因素。特别值得一提的是，摩根大通在董事会和执行高管团队之外还建立了若干半正式的咨询委员会，这种结构具有很大的灵活性，给高层带来了丰富的信息和渠道，增加了高层结构的复杂性，但也提高了维护成本。表 5 - 7 对各家银行高层结构的特点差异做了简单对比。

表5-7　　　　　　　　　美国四大银行集团高层结构特点对比

	董事会规模	高层团队关系	执行高管团队的外部人比例	其他结构
花旗集团	一般	简单	较大	无
美国银行	一般	复杂	较小	无
富国公司	大	简单	较小	无
摩根大通	一般	复杂	较小	有

各大银行事业部结构的差异及演进也特点各异。尽管四大银行集团都是通过并购来实现快速的规模扩张，但并购之后的结构整合却各不相同。从整合的情况和效果来看，花旗集团于1998年合并成立，到2005年前后才开始认真整合，起步较晚；在整合的过程中又遭遇2008年的金融危机，打乱了原先的步伐，并更换了整合方案，表面上加快了整合，实际上仍然比较缓慢。迄今为止，花旗的整合效果不尽如人意，业务重叠、内部矛盾等问题依然突出。富国公司和摩根大通成立后，即着手集团整合，整合开始得较早。在整合的过程中，两家银行集团又有新的较大规模的并购，需要进一步整合，因而速度较慢。整合后，富国公司的集团化效应并不十分突出，传统的两大事业部依然是富国发展的支撑。摩根大通的品牌内部整合有较大的突破，但在跨品牌的整合上仍然存在较大困难。美国银行几乎是一边并购一边整合优化，在短短的十几年内进行了多次大规模的收购，并成功地整合到集团组织结构中。尽管美国银行在危机中，经营业绩遭受亏损，但其在应对危机上呈现出的结构的灵活性和快速恢复的能力令人惊讶。表5-8是对美国四大银行集团组织结构整合特点的对比。

表5-8　　　　　　　　　美国四大银行集团组织结构整合特点对比

	整合起始	整合速度	整合效果
花旗集团	晚	慢	差
美国银行	早	快	好
富国公司	早	较慢	一般
摩根大通	早	较慢	品牌内较好 跨品牌一般

虽然花旗集团和摩根大通的 J. P. Morgan 品牌的国际化程度较高，但这四家银行集团仍都基于美国本土，以当地市场为核心，且母公司和高层团队均在美国，受美国经济和监管环境的影响很大。因此，可以说，他们所面对的外部环境具有较大相似性。那么是什么造成了他们在集团组织结构及其演进的巨大

差异呢？这主要与集团的自我定位及战略有较大关系。简单而言，自我定位回答了"我是谁"的问题，即我们这个公司在市场中的位置；而集团的战略回答了"怎么做"的问题，即我们在哪些方面如何与同业竞争以获得优势。表5－9是一个总结。其中，花旗和美国银行是两个对比较鲜明的例子，下面予以详细分析。之后对富国和摩根大通进行简单分析。

表5－9　　　　　　　美国四大银行集团自我定位与集团战略差异

	自我定位	集团战略
花旗集团	模糊	模糊
美国银行	清晰	清晰
富国公司	清晰	模糊
摩根大通	模糊	部门清晰 集团模糊

长期以来，作为美国第一大、世界排名顶尖的银行集团，花旗的自我定位是要引领全球金融行业的发展方向。它是美国第一个成立金融控股公司的集团，也是大力推行金融超市的集团。同时，花旗集团以经营全球业务为己任，在全球进行多元业务扩张。因此，花旗集团早期过度注重规模增长、业务多元而大规模地吸纳了各种的金融业务/公司，但在集团整合上着力不够，造成了整合起步晚、进展慢、效果差的后果。这一点，从花旗集团规模增长速度忽快忽慢（见图5－26）即可得到印证。令人遗憾的是，花旗的自我定位并未在集团层面形成明确一致的战略，因而缺乏足够的指导性。当这一定位被证明失败（2005年以后）之后，集团高层的矛盾就凸显出来。一方面，董事会希望新的面孔来改善集团现状，因此大量起用外部人；另一方面，外部人的到来造成了新的高层矛盾，使得制定集团战略和促进结构整合难上加难。

与花旗不同的是，美国银行的自我定位更加实际，战略也相对明确。如前文分析指出的，关注客户关系是美国银行长期坚持且得到普遍认同的原则，同时，美国银行也从中寻找到自我定位和竞争战略，并在结构整合中始终如一地贯彻了这一原则。例如，2000年美国银行在年报中如此写道：

> 我们用一个明确的愿景建设这个公司，这个愿景是关于我们想成为我们顾客和客户的什么。简言之，我们建设这一组织，旨在比其他美国金融服务行业的公司为更多的顾客和客户提供更多的价值、方便、能力和专业才能。可能我们无法成为所有人的全部，但我们真的比别人更想成为更多人和组织所需的金融服务的主要来源。

为了实施这一定位，2000 年左右美国银行实施了留住和拓展客户管理的战略；2003—2005 年，实施质量提高深化客户关系的战略；2006—2008 年，制定抓住和创造机遇迎合客户的战略；2010 年以后，提出成为客户、雇员和股东眼中最好的银行的战略。同时组织结构也围绕这些战略进行整合，逐渐实现了 2006 年及以后的按照客户群划分的事业部组织结构形态。从美国银行的实际经营绩效即可见其实际的自我定位、明确的战略和一以贯之的执行带来的效果。

图 5 - 26 和图 5 - 27 对比了花旗集团与美国银行的集团扩张与经营效果。

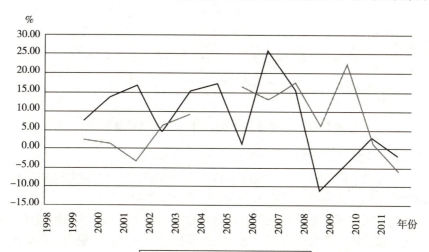

注：＊表示 2004 年美国银行兼并波士顿舰队金融公司，总资产出现跳跃式增长，增速超过 50%。为了不干扰理解，图中未出现，在文中将作出具体解释。

图 5 - 26　花旗集团与美国银行 1998—2011 年总资产增速对比

从图 5 - 26 总资产增速对比来看，1998—2011 年，花旗集团的总资产增速不稳定，时快时慢，特别是 2000 年之后，相邻两年的波动幅度常常超过 15%。而这种不稳定在金融危机的 2008 年之后体现得更加明显，如 2007—2008 年，波动幅度超过 25%。比较而言，美国银行公司的总资产增速以 2004 年和 2008 年为分界线，2004 年之前，增速均在 10% 以下；2004 年兼并波士顿舰队金融公司以后，增速稳定在 15% 左右；及至 2008 年金融危机之后，资产增幅出现较大波动，但相邻两年也不超过 10%。

从图 5 - 27 净利润的增幅对比来看，花旗集团的净利润增幅较不稳定，在危机之前的 2003—2007 年出现了较大幅度的波动；2008 年危机之后，波动更加剧烈。比较而言，美国银行的净利润在 2001 年之后稳步上升，金融危机之

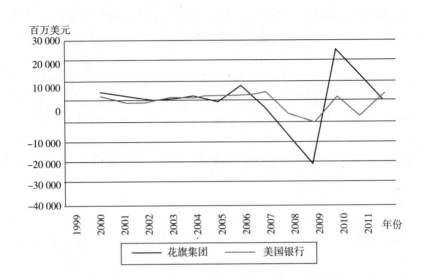

图 5-27 花旗集团与美国银行公司净利润增幅对比

后才出现较大波动，但波动幅度仍远远小于花旗集团。

由此可见，明确的自我定位与清晰的集团战略，以及由此带来的集团组织结构的成功整合，都有利于集团规模和经营业绩的稳定增长。

富国公司的自我定位相当明确，即为稳健的本土发展。但集团战略比较模糊，缺乏独具特色的发展方向。这一点在富国公司部分已经说明，此处不再赘述。尽管缺乏明确的战略，但是富国公司的经营业绩一直比较稳定。

摩根大通的战略，特别是 J. P. Morgan 和 Chase 各自的战略都相当明确，但集团战略难以统一，并缺乏自我定位。例如，2011 年 Chase 提出了 One Chase 的战略，旨在传递一致性的客户体验，设计无缝整合的产品提供和持续的创新；J. P. Morgan 也在内部整合上提出"无缝传输"（seamless delivery）的口号。但由于历史传统和文化差异，两大品牌的整合一直存在困难，因此提出集团统一的战略也是非常困难的。

比较美国四大银行集团的组织结构及其演进，可以发现，在很大程度上，自我定位和集团战略对组织结构产生了很大影响，而结构的整合又直接影响了集团绩效。因此，确立明确的自我定位和构造集团战略是构建具有竞争力的组织结构的第一步，而组织结构的整合大大有利于集团规模和绩效的稳定与成长。

5.6 美国四大银行集团与汇丰集团：匹配多元化的组织结构

从集团组织结构来看，以美国四大银行集团为代表的纯粹型金融控股公司与以汇丰集团为代表的经营型金融控股公司从不同的起点开始，走了不同的路径，却发展出了越来越相似的组织结构。他们组织结构的相似性表现在以下几方面。

第一，集团母公司和高层结构越来越相似。不论是纯粹型还是经营型控股公司，母公司都控股子公司，集团高层结构都在母公司进行管理。高层结构均以董事会和执行高管团队为主。尽管在规模和两职分设上有所不同，但董事会的结构十分类似，战略委员会、风险委员会、审计委员会、薪酬委员会、提名委员会、执行委员会等都是必然设立的。在董事会中，外部董事来源日趋多样，内部董事的数量受到限定。另外，执行高管团队的规模比较稳定。除花旗以外，其他美国银行集团与汇丰集团都十分重视内部高管，多数高管都是从内部提拔而来。此外，母公司和高层结构在制定整体战略、管控各种风险、监督集团活动等方面的责任日益明确且加重。

第二，业务部门的组织结构日趋相似。汇丰集团成立之初，业务是分散到各子公司进行管理的。经过了20年的组织结构演进，汇丰集团已经将所有业务划分到四大业务事业部管理，子公司成为地区辅助管理的线条。美国四大银行集团一直采用事业部管理业务。在事业部的基础上，矩阵结构逐渐成型，特别是业务事业部＋地区管理的模式广受大银行集团的青睐。

第三，功能性职能部门的结构设置趋同化。美国四大银行的功能性职能部门主要是通过设立公司/其他事业部来管理。汇丰集团成立之初这些职能均由母公司承担，但母公司逐渐剥离了功能性职能，并于2011年成立功能性事业部。今天，汇丰与美国四大银行的功能性部门的结构设置几乎相同，采用事业部管理，各部门自行负担费用。功能性部门是业务和地区管理之外的第三条管理线。

那么，是什么原因导致了美国银行集团和汇丰控股的组织结构的趋同发展呢？从母国的外部环境来看，他们是不同的；从各自的自我定位和竞争战略来看，他们是不同的；从高管个人的特点来看，更是千差万别。那为什么集团结构会趋同呢？结合基于资源特点的多元化—结构模型，本文提出，大银行集团中类似部门的资源特点的相似，导致了组织结构的趋同化发展。下面从前文理论部分提到的四种资源——物质资源、制度资源、信息资源和人力资源的角度来分析资源依赖性特点和共享性特点（见图5－28）。

（1）物质资源

在业务上，随着大银行集团的规模扩张，通过并购相关金融企业和各业务的自然发展，大银行集团内的各个业务单元都得到了不同程度的充实和成熟。各业务板块对集团的资金需求日益降低，逐渐产生盈利，甚至成为集团利润的支柱。因此，大银行集团的主要业务单元的资本依赖性降低。同时，随着各大

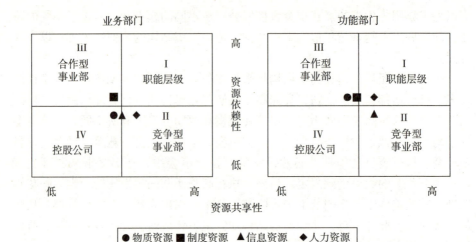

图 5-28　大银行集团业务和功能部门的资源特点

银行集团理清了业务线条，按照一定的原则整合了各业务部门，减少了部门之间的业务重叠，由此也降低了资本资源的共享性。

在功能上，由于各功能性部门，如法律部门、人力资源部门、技术部门等，是中后台部门，不直接产生利润，属于成本中心，因此，对集团的资本依赖性较高。同时，由于这些部门本身具有一定的专业性，因此很难实现资源的共享，共享性较低。

（2）制度资源

在业务上，由于近年来世界经济形势不稳定，全球金融监管加强以及市场对风险普遍关注，业务部门越来越依赖总部从更加宏观的角度来制定制度政策，并在战略的层面上指引未来发展方向。此外，在组织结构的调整上，特别是相似业务部门的整合上，各业务部门也必须遵循集团的整体政策，才能更好地实现整合。因此，大银行的业务部门的制度依赖性较强。随着业务部门的归并，业务交叉越来越少，制度的共享性降低。

在功能上，支持性部门主要依赖集团制定的制度方案为其他部门提供相应的服务，由于各部门的专业性特点，制度共享性很低。

（3）信息资源

在业务上，随着各大银行集团内部管理信息系统平台的建成，各业务部门对总部提供信息资源的需求大大降低，信息资源依赖性降低。与此同时，信息资源的横向流动却有了很大进步，通过内部平台，各部门之间可以实现经济有效的信息共享，且资源分配也更加合理，因而资源共享性提升了。

在功能上，支持性部门的专业性特点决定了这些部门对集团的信息依赖性较低，其服务特点决定了这些部门必须与其他部门及业务部门进行信息共享。

（4）人力资源（高级管理人员）

在业务上，随着业务的成熟和专业化发展，各业务部门可以自行招聘和培训包括高级管理人员在内的人力资源，对集团的资源依赖性较低。然而，由于大银行集团往往是通过并购实现快速扩张，对结构整合的需求非常大。为了在整合结构的同时保证集团的稳定经营，高级管理人员的内部流动成为必然，因此高层的人力资源共享性较高。

在功能上，支持性部门的高级管理人员一般是由集团高层指定，因此依赖性和共享性都较高，由此得以保证内部的协同和中后台的沟通顺畅。

图 5-28 是对大银行集团当前业务部门和功能性部门的资源特点的分析汇总。在组织结构设计上，越来越多大银行集团倾向于以事业部组织结构为主。其中，业务部门多采用竞争型事业部，功能性部门多采用合作型事业部。

综上所述，从组织结构的角度来看，今天的美国四大银行集团与汇丰集团的组织结构形态呈现出很大的相似性。尽管外部因素、自我定位、集团战略、高层领导人等是促使组织结构演进的根本因素，但各部门的资源特点却实际地影响了公司对具体结构的选择。随着各大银行集团的业务部门和职能部门的资源特点日趋相似，集团整体的组织结构也趋同发展。虽然结构趋同，但发展路径和发展速度又各有差异，因此，最后的效果（经营业绩）也会出现较大差距。

6　中国工商银行多元化与组织结构：历史与现状

中国工商银行成立于 1984 年 1 月 1 日。成立不久之后，工商银行即开始经营或投资多元化的金融业务，开展了包括信托、证券、保险、金融租赁等业务。工商银行的国际多元化发展始于 1992 年第一家境外分支机构——新加坡代表处的开业。截至 2012 年底，中国工商银行的业务已经在全球 39 个国家和地区开设了 383 个境外机构，为 438 万公司客户和 3.93 亿个人客户提供广泛的金融产品和金融服务①。

工商银行的业务多元化和国际多元化发展与中国金融行业的改革同步，其间经历了不少曲折，组织结构也在演进。本章首先回顾了中国工商银行进行业务多元化和国际多元化发展的路径，着重于总结多元化组织结构的特点，并从资源特点的角度分析形成的原因。然后，本章对工商银行当前的子公司和海外机构的管理框架进行分析，对其面临的困难和问题进行综合说明。

6.1　中国工商银行的多元化发展历程与组织结构分析

基本的组织结构形态分为职能层级结构、事业部结构和控股子公司结构（参见第 2 章），下面用这三类来区分与整理工商银行的业务多元化与国际多元化的组织结构形态及其变化的历程，同时从资源的角度分析结构产生的原因。

6.1.1　多元化发展历程与组织结构

6.1.1.1　多元金融业务

金融行业的一般包括商业银行业务、证券业务、信托业务、保险业务、投资银行业务、基金业务等。在 1993 年之前，我国政策允许混业经营，因此各大商业银行进行了大量的多元化发展，如创立证券公司、信托公司、保险公司等。从 1993 年开始，我国大力整顿金融秩序，《商业银行法》、《证券法》、《保险公司管理规定》等相继出台，同时成了银监会、证监会、保监会等监管部门，确立了银行、证券、保险的分业管理。随着我国金融体制改革的不断深化，商业银行的业务范围有了较大的拓展，主要表现在银行的中间业务、银证

---

① 根据《中国工商银行年报 2012 年》相关资料。

合作、银保合作等方面。近年来，银行系的基金公司、租赁公司、保险公司也开始涌现。工商银行的多元化发展以金融行业的相关业务为主，其中控股公司的组织结构最为普遍，包括各种全资、控股和参股的公司。涉及的多元金融业务包括：

（1）信托业务。中国工商银行信托投资公司成立于 1985 年 2 月 1 日，是工商银行的全资附属企业。实行董事长领导下的总经理负责制，由工商银行的高层领导任董事长。信托投资公司是独立法人，自主经营、独立核算、自负盈亏。1986 年之后，工商银行系统成立了一批信托投资公司。从 1988 年开始，全行系统信托投资公司被清理整顿。1993 年以后，除总行直属的信托投资公司以外，其余系统的信托投资公司一律实现了撤并与脱钩。1995 年以后，工商银行进一步对信托投资公司作出检查和清理。1997 年 5 月，中国工商银行信托投资公司更名为中国华融信托投资公司，为工商银行全资附属机构。公司独立核算，年终结果纳入工商银行大账。公司总经理、副总经理均由工商银行任命，工行对该公司基本视同总行内部机构管理，相当于事业部管理。1998 年，工商银行撤销了中国华融信托投资公司。

（2）证券业务。1992 年 10 月，由工商银行牵头组建成立了华夏证券有限公司，工商银行投资 1.23 亿元，占总股本的 12.3%。同时，工商银行投资 0.5 亿元到国泰证券有限公司①，占总股本的 5.45%；投资 0.5 亿元到中国南方证券②，占总股本的 4.04%。各地分行也参与组建了一些投资公司。工商银行沈阳市分行 1990 年投资组建北方证券公司。工商银行上海市分行 1990 年接办申银证券公司，工商银行投资 2.22 亿元，占总股本的 18.8%。1998 年，工商银行将华夏、国泰、南方的股份全部转让给中信证券有限公司。

（3）保险业务。1992 年，工商银行发起创建了中国平安保险股份有限公司，投资 2.42 亿元，占总资本的 17.8%。1998 年，工商银行将其股份转让给彩虹集团公司和国营 4400 厂。1999 年成立工银安盛，工商银行持股 60%。

（4）租赁业务。1984 年，工商银行对中国租赁公司投资 1 170 万元，占总资本的 11.7%。之后，工商银行投资 30 万美元成立中国国际有色金属租赁有限公司，占总资本的 10%。1985 年，工商银行投资 69 万美元成立太平洋租赁有限公司，占总资本的 23%。同时，投资约 90 万美元，成立上海东洋租赁公司，占总资本的 30%。1998 年底，除中国国际有色金属租赁有限公司以外，其余股份全部实现了有偿转让。2005 年成立工银租赁，是工商银行的全资子公司。

---

① 由建设银行牵头组建。
② 由农业银行牵头组建。

（5）基金业务。2005 年成立工银瑞信，工行出资 1.1 亿元，占 55% 的股份。

（6）信息咨询业务。1985 年，从工商银行上海市分行和沈阳市分行开始，全行成立了一批信息咨询公司。这些信息公司都是工商银行的全资附属机构，具有独立法人资格，自主经营、独立核算、自负盈亏。1989 年开始，工商银行决定撤销信息咨询公司。1990 年撤销信息咨询业务并入信息咨询部，并将业务收入全部纳入银行业务收入大账。

在全资、控股或参股子公司以外，工商银行也采用事业部或职能层级结构经营多元业务，其中包括投资银行部（职能层级结构）、私人银行部（职能层级结构）和 8 个利润中心（事业部结构，分别是金融市场、资产托管、贵金属、票据业务、公司业务二部、养老金和资产管理）。

表 6－1 是对工商银行的多元金融业务的组织结构特点及其变化的总结。

表 6－1　　　　　　　　中国工商银行相关多元化发展及组织结构

业务	时期	组织结构及变化
信托	1985—1998 年	子公司（全资）→事业部→撤销
证券	1992—1998 年	子公司（控股/参股）→转让
保险	1992—1998 年 1999 年至今	子公司（控股）→转让 子公司（控股）
租赁	1984—1998 年 2007 年至今	子公司（参股）→转让 子公司（全资）
基金	2005 年至今	子公司（控股）
信息咨询	1985—1990 年	子公司→职能层级结构
投资银行	（国内）2002 年至今 （工银国际）2009 年	职能层级结构→利润中心 子公司（全资）
私人银行	2007 年至今	职能层级结构
金融市场/资产托管/ 贵金属/票据/养老金/ 公司业务二部/资产管理	1998 年至今	职能层级结构→利润中心

6.1.1.2　多元非金融业务

工商银行早期也进行过非相关多元化发展，包括房地产开发业务和"三产"商业公司。1987 年 9 月 12 日，中国工商银行房屋开发公司成立，为总行部级全资附属企业，是独立法人。该公司后并入工商银行信托投资公司，成为信托投资公司的直属子公司。全行系统也成立多家房屋开发公司。1993 年后，部分房屋开发公司转让给当地政府，其余撤销。20世纪80年代中后期至1992年前后，工商银行系统先后兴办了成百上千家商业性"三产"公司。1993年后均进行了脱钩清理。这些非相关行业的多元业务均采用子公司结构，但都因为治理不完善，管理混乱，给银行自身带来了巨大负担，造成了经营风险，而统统以撤销或转让终结。

6.1.1.3 国际多元化发展

1992年，工商银行在新加坡的代表处正式开业，这是工商银行设立的第一家境外分支机构，也开启了工商银行进行国际多元化扩张的大幕。之后，工商银行陆续在全球多个国家和地区开始了业务经营。表6-2是截止到2012年底工商银行国际化扩张历程，图6-1是工商银行国际化发展的数量情况，图6-2是工商银行2012年在全球各地分布一级经营机构的比例，图6-3是2012年工商银行全球一级经营机构的组织结构分布。

表6-2　　　　中国工商银行国际化发展路线：一级经营机构

时间	区域	国家/地区	机构	备注
1992年	亚洲	新加坡	代表处	1992年升级为分行
1994年	亚洲	韩国/汉城	代表处	1997年升级为分行
	亚洲	哈萨克斯坦/阿拉木图	子行	1993年设立分行，但限于当地新《银行法》，只能设立子行
	亚洲	中国香港	代表处	1995年升级为分行
1995年	亚洲	日本/东京	代表处	1997年升级为分行
	欧洲	英国/伦敦	代表处	2003年，伦敦子银行成立
1997年	北美	美国/纽约	代表处	2009年，成立分行
1998年	亚洲	中国香港	子公司	工商东亚是工商银行与东亚银行于1998年通过收购西敏证券亚洲业务设立。工商银行持有75%股权，东亚银持有25%股权
1999年	亚洲	中国香港	中心	外汇交易
	欧洲	卢森堡	分行	
	欧洲	德国/法兰克福	分行	
	大洋洲	澳大利亚/悉尼	代表处	
2000年	亚洲	中国香港	子公司	收购中国香港友联银行，更名为工银亚洲。2001年，与中国香港分行整合为新的工银亚洲
2002年	亚洲	韩国/釜山	分行	
	亚洲	中国香港	中心	信用卡

续表

时间	区域	国家/地区	机构	备注
2003 年	亚洲	中国澳门	分行	2009 年,成立工银澳门(子公司)
	欧洲	俄罗斯/莫斯科	代表处	2007 年,莫斯科子银行成立
2004 年	亚洲	中国香港	子公司	工银亚洲收购比利时富通集团在中国香港的全资附属子银行华比富通银行,并整合
2007 年	亚洲	印度尼西亚	子公司	
	欧洲	卢森堡	子公司	2011 年更改为工银欧洲
2008 年	中东	卡塔尔/多哈	分行	
	中东	阿联酋/迪拜	子公司	
	亚洲	中国香港	工银国际	投资银行
2009 年	亚洲	越南/河内	分行	
	中东	阿联酋/阿布扎比	分行	
2010 年	亚洲	泰国/曼谷	子公司	
	北美	加拿大/多伦多	子公司	
	北美	美国/纽约	子公司	工银金融服务有限公司
2011 年	亚洲	巴基斯坦/卡拉奇	分行	
	亚洲	印度/孟买	分行	
	亚洲	老挝/万象	分行	
	亚洲	柬埔寨/金边	分行	
	亚洲	泰国	子公司	
	亚洲	马来西亚	子公司	
	亚洲	缅甸/仰光	代表处	
	非洲	南非	代表处	
2012 年	南美	阿根廷	控股公司	阿根廷标准银行
	南美	阿根廷/布宜诺斯艾利斯	子公司	
	南美	秘鲁/立马	子公司	
	北美	美国/纽约	子公司	工银美国
	中东	沙特阿拉伯/利雅得	分行	
	中东	科威特	分行	
	欧洲	波兰/华沙	分行	

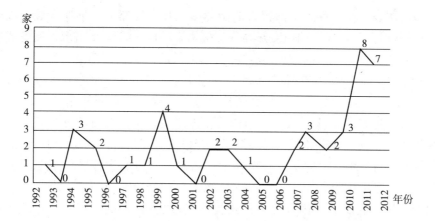

图6-1 工商银行国际化一级经营机构的开办数量

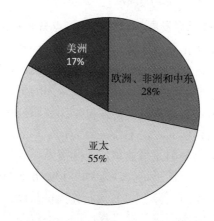

图6-2 2012年工商银行国际化一级经营机构分布比例

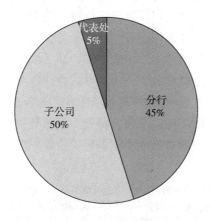

图6-3 2012年工商银行全球一级机构组织结构图

　　结合图表，可以看到工商银行的国际多元化发展路径。早期发展速度较慢，以平均每年 2～3 家的速度开办分支机构，2011—2012 年出现了爆发式增长，两年共开办 15 家分支机构。这种快速增长的态势预计至少持续三年。到2014 年，工商银行将覆盖超过 50 个国家和地区。从 2012 年工商银行一级分支机构的全球分布来看，亚太地区约占 1/2，欧洲、非洲和中东地区约占28%，美洲地区占 17%。从组织结构的角度来看，工商银行的国际多元化主要采用了代表处、分行和子公司的组织结构形式。其中，代表处和分行都属于职能层级结构，但代表处是一种临时的组织结构。早期工商银行主要通过开办代表处进入新的国家和地区，然后将代表处转变为分行，较少采用控股子公司的组织结构。近期工商银行更多采用控股/参股子公司的组织结构形式。从2012 年工行全球一级机构的组织结构来看，控股公司的数量已经占到 50%，其次是分行，占 45%，代表处仅为 5%。

6.1.2　工商银行多元化发展与组织结构特点分析：从资源的角度①

　　从工商银行业务多元化和国际多元化的演进过程来看，组织结构呈现出三个明显的特点，下面对这些特点进行总结，并从资源的角度进行原因剖析。

　　第一，工商银行早期与近期的多元化发展采用的组织结构不同。

　　在相关多元业务上，工商银行早期大量采用控股公司的组织结构形式，后期则采用了多种组织结构形式。这主要是因为，早期的工商银行的自我定位尚不明确，在很大程度上仍是国家事业单位，既需承担政策性任务又需承担经营性任务，在金融业务上专业性不足，缺乏对多元业务的管理能力。在这样的情况下，工商银行只能在物质资源上为多元业务提供帮助，而在制定经营管理制度、提供相关客户和技术资源以及提供相应的人力资源上都非常有限。因此采用控股子公司的形式，是当时的必然选择。随着工商银行的改革深化，逐渐转变为商业银行和股份制上市公司，自我定位越来越明确，集团管理结构有了改进，整体管理的能力得到大幅度提升，日益具备经营多元金融业务的资源。因此，工商银行近期的组织结构形式比较多样，除了国家规定必须分业经营的保险、租赁、基金等业务是以控股子公司的形式存在以外，其他多元业务多采用职能层级结构（投资银行、贵金属等），由集团为各业务直接提供物资、制度、信息和人力上的资源支持。然而，随着工商银行集团规模的扩张以及业务的复杂性提升，职能层级结构已经不能满足工行的发展实际，利润中心应运而

---

　　① 工商银行在境外采取的组织结构形式是综合考虑监管准入政策、业务发展需要和当地市场条件的结果，以申设和收购并举，灵活采用分行、子行、代表处、参股等不同的法律形式。本文主要从业务/地区自身的特点上分析工商银行组织结构的特点，暂不讨论政策的限制。尽管政策的影响很大，但不是决定多元化与组织结构能否匹配的关键。

生。通过利润中心向事业部组织结构过渡是工商银行当前的业务组织结构改革的一种趋势。

在非相关多元业务上，早期的工商银行更加缺乏经验和能力。许多业务的开办实际上是 20 世纪 90 年代中期中国企业多元化狂飙中随波逐流的结果。控股子公司的形式给了非相关业务发展的充分的自由，但同时也带来了市场的混乱。

与相关业务多元化不同，在国际多元化发展上，早期的工商银行主要采用职能层级结构，近期则更多采用控股公司结构。工行的国际化扩张是从在不同的国家和地区经营外汇业务开始的。因而早期采用职能层级结构（代表处和分行），有利于加强控制，并将各种资源直接输出到海外机构。随着工行的国际化扩张，经营的环境日益复杂，经营的业务也越来越多，因此控股公司的组织结构形式大大增多，灵活的自主管理有利于本地化发展。

第二，早期的、以控股公司设立的多元业务多数以撤销、转让终结，而近期的、以多种结构形式经营的多元业务，普遍业绩较好。

早期工商银行以控股子公司设立的多元业务，由于管理混乱，给工商银行带来了很大的经营负担，直接或间接造成了金融市场的混乱。因此，在政府政策的指导和干预下，特别是在"分业经营、分业监管"的监管制度下，这些多元业务纷纷遭受了撤销、转让的命运，只有极少数业务（信息咨询）转入银行内部，成为职能层级结构中的一部分。实际上，组织结构的不完善，特别是公司治理的缺位，是导致这些多元业务经营不善、管理混乱的根本原因。结构的不完善在很大程度上与工商银行自身资源及其管理和分配的能力不足有关。

与早期形成鲜明对比的是，近期工商银行开展的多元金融业务的经营业绩普遍较好（见表 6 - 3）。例如，工银租赁的资产规模全国排名第二，净利润排名第三[1]；私人银行业务全球排名 25[2] 位；投资银行、基金业务也发展迅速，在业内排名前列。这些成果得益于工商银行根据不同的情况对多元业务采取了不同的组织结构形式，在符合法律监管要求的前提下，满足了不同业务的资源需求特点。以私人银行业务为例，由于该业务在大陆处于发展的早期，业务和经营模式尚不成熟，在资金资源和制度资源上高度依赖总行的供应，在信息资源（如客户和流程等）和人力资源上，也需要传统部门的分享。因此，采取职能层级结构是当前工商银行经营私人银行业务的必然选择。与之不同的是，金融租赁业务相对成熟，在各方面的资源上对总行和其他机构的依赖与分享要

---

① 参看 http://finance. sina. com. cn/stock/t/20130123/024314368589. shtml。

② 参看 http://www. cs. com. cn/yh/02/201202/t20120222_ 3253077. html。

求相对较低，因此采用控股子公司的结构①，有利于工银租赁的自主性与灵活性，促进业务的发展。

表6-3　　　工商银行2008—2012年3家境内多元业务子公司净利润　单位：亿元

	2008年	2009年	2010年	2011年	2012年
工银租赁	2.08	1.82	5.86	8.65	11.66
工银瑞信	1.94	1.76	1.9	1.79	1.97
工银安盛	—	—	—	—	26.91

资料来源：《中国工商银行年报2008—2012年》。

第三，国际多元化发展加速，组织结构向区域整合的方向发展。

虽然表6-2中的机构均为工商银行的海外一级机构，但实际的管理正逐渐形成一定的区域分化。根据刘明坤（2012）的报告，随着工商银行在全球的布局越来越丰富，已经开始探索区域管理结构。目前，中东地区和欧洲地区的区域结构基本成型：以当地重要的子公司（子行）为一级管理结构，对周围的分支行进行统一管理。其中，中东地区的工银中东（迪拜）、多哈分行（卡塔尔）和阿布扎比分行（阿联酋）共同构成了一个区域结构。工银中东承担区域管理职能，负责其他两家分行的风险、人力、行政等中后台职能，并促进区域互补与联动。在欧洲，工银欧洲（卢森堡）负责对卢森堡分行及下设五国分行共计六家欧元区机构实施统一管理，在满足外部监管规定的基础上集中后台处理和运作，包括但不限于贷款审批、风险管理、会计核算、财务报表、监管资本限额管理和监控、超权限业务审批、技术支持等，以促进集约化经营，释放营销服务能力。尽管工商银行的国际区域结构仍然在建设和探索中，并受到外界监管和自身经验的限制，尚未完全成熟，但是可以看到，工商银行的国际多元化发展已经进入了新阶段，从简单的开设机构转向了区域结构建设。由于不同地区的特点差异较大，采取控股子公司（子行）的模式大大有利于本地化发展。同区域的资源具有很大共享性，且新设机构对区域总部具有较强的依赖性，因此通过区域总部下设职能层级管理是合理的②。

综上所述，工商银行的业务多元化和国际多元化的组织结构建设具有鲜明的特点，这些特点本身是与工商银行的体制转型的过程紧密相连，也是与当时工商银行的资源特点高度相关，对经营的绩效产生了很大的影响。如今，工商

---

① 成立工银租赁子公司在一定程度上是出于政府监管的要求。但同样是出于监管要求成立的其他子公司，如工银瑞信和工银安盛，尽管发展很快，但在业内排名的上升空间依然较大。

② 不可否认的是，由于法律监管的要求，工行尚未明确提出"区域总部"和"下设分行"。但从实际管理来看，子公司构建区域总部、整合相关地区分行是一个可能的趋势。

银行更加成熟，其多元化发展也相应进入了一个高速增长的阶段。但综合分析工商银行多元化组织结构的现状，仍然存在一些问题与困难。

6.2　中国工商银行多元化组织结构现状

近几年来，工商银行在业务多元化和国际多元化上发展迅速，多元经营的业绩有了很大的提升，组织结构建设相应进步。当前工商银行的结构现状很大程度上是由自身过去的多元化的资源特点决定的。展望未来，工商银行的子公司、海外机构仍有较大的改进空间，特别是随着业务/地域的快速扩张，资源特点会发生较快的转变，组织结构也必须相应演进。下面从集团母公司、子公司/海外机构和集团系统平台三个方面对工商银行当前的组织结构进行分析。

6.2.1　集团母公司

工商银行成立以后，经历了国有专业银行时期（1982—1994年）、国有商业银行时期（1994—2004年）以及股份制改革上市公司时期（2004年至今）。截至2011年底，国有股份占比超过70%，分别为汇金公司（35.4%）和财政部（35.3%），因此工商银行也被称为国有控股银行。随着工商银行的股份制改革，集团母公司逐渐从一个行政机构变成了一个管理总部①，其中既有战略管理又有业务管理和功能管理，既对母公司的自身管理负责又对子公司相应职能负责。图6-4是2011年工商银行集团总部组织结构图。

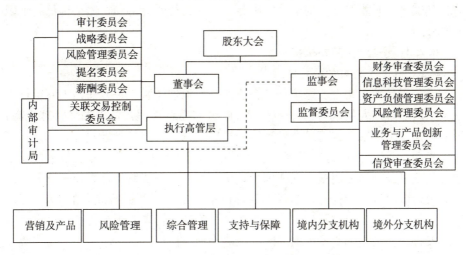

图6-4　中国工商银行2011年组织结构图

---

① 尽管《中国工商银行股份有限公司章程》并没有界定总行的总部管理模式，但从实际情况来看，股份公司作为母公司，实际上履行着总部的各项管理职能。

从图6-4可见，工商银行的母公司是结合了高层管理和职能管理的综合性的总部。高层结构主要负责集团的战略制定、风险管控、财务审核等活动。高层结构比较完善，设立了由股东大会、董事会、监事会、高层执行管理团队共同组成的公司治理结构。董事会设有审计、战略、风险管理、提名、薪酬和关联交易控制委员会，并在执行高管层设立财务审查、风险管理等委员会，具有一定的对应关系。同时设立监事会、审计局等监管机构，对高层活动予以监督。

工商银行母公司也承担了相当大的业务经营和功能性职能管理的任务。在执行高管层以下，并列设置了多个一级职能部门，分为四大部分：营销及产品部门（即业务部门），例如公司一部、个人金融部等；风险管理部门（中后台部门），例如，信贷管理部、信用审批部；综合管理部门（功能性部门），例如，财务部、人事部等；以及支持与保障部门（中后台与功能），例如，信息科技部、研究所。此外，工商银行还列出了境内分支机构（包括分行和子公司）和境外分支机构（包括分行、子公司和代表处）。

四大职能部门不仅对总部负责，也对境内外分支机构的相应职能负责。但境内外分支的管理以当地（分行或子公司的）业务为主，在职能上设置与总部对应的部门，在某种程度上形成了一种以地区分块为主、职能线为辅的矩阵形态。但这并非矩阵结构，不存在双头管理的情况，下级汇报主要面向当地主管，其次才是职能线条上的汇总。因此，工商银行的总部和整体结构仍属于职能层级结构。

6.2.2 子公司/海外机构

6.2.2.1 子公司的公司治理①

子公司是独立法人，必须具备完善的公司治理体系。一方面，工商银行委任集团高层管理人员成为子公司董事、监事和高级管理人员来加强管理控制；另一方面，工商银行也通过建设当地的高层结构进行间接管理。

表6-4是工商银行四家多元业务子公司的董事长情况，工银租赁、工银瑞信的董事长都是工商银行现任副行长李晓鹏。工银安盛的董事长孙持平曾任工商银行多家省分行行长，李晓鹏和孙持平均是在工商银行成立的1984年即进入工行工作。工银国际的董事长张红力是工商银行现任副行长。通过这样的高层安排，提高总部与子公司之间的战略沟通与协调。

---

① 此处只讨论了子公司的公司治理，因为海外分行并非独立法人，不存在公司治理的问题。工商银行子公司是指境内外所有的独立法人机构，包括全资和控股的所有的海外子行以及非银行业务的子公司。

表6-4   中国工商银行非银行业务子公司董事长

子公司	董事长	其他职务	进入工商银行时间
工银租赁	李晓鹏	工商银行副行长	1984 年
工银瑞信	李晓鹏	工商银行副行长	1984 年
工银安盛	孙持平	曾任工商银行省分行行长	1984 年
工银国际	张红力	工商银行副行长	2010 年

注：本表数据截至 2012 年 12 月 31 日。

图 6-5 是工银租赁的公司治理结构图。董事会下设风险管理委员会和关联交易委员会，风险管理委员会下设项目评审委员会和财务审核委员会，对风险、项目和财务以及关联交易等进行全面的审批和控制；在董事会以外设立监事会，负责监督高层活动。

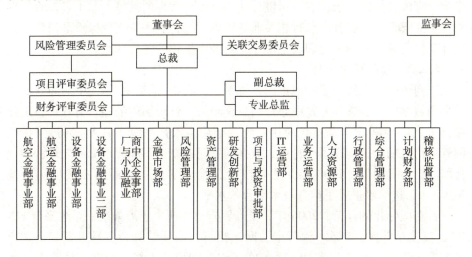

图 6-5   工银租赁公司治理组织结构图

对于境外子公司，工商银行也主要通过董事会对外派董事及高管实行授权管理，形成了以执行董事和专职董事的双线控制机制。子行董事会一般由董事长、总经理、派驻董事和外籍高管共同组成。2011 年，工商银行专门设立了派驻子公司董监事办公室，负责派出董监事履职管理及能力建设，并下发《专职派驻董事、监事管理办法（试行）》，规范了派出董监事制度以加强对控股子公司的管理。

6.2.2.2 子公司/海外机构的业务管理

在业务的管理上，理论上多元业务子公司具有较大的自主权，可以构建具有特色的组织结构。但实际上，由于母公司对子公司提供了较多的资源支持，多元业务发展高度依赖集团各方面的支持，因而子公司具有向下逐级建立对口部门和机构的冲动，体现在组织结构上，就是高度模仿母公司结构形态。以工银租赁为例（见图 6-5），其下设部门也是按照职能层级结构的方式设置，尽管没有区分四大职能板块，但都可以归类为营销和产品部门、风险管理部门、综合管理部门和支持与保障部门。类似地，工银瑞信的组织结构图也是异曲同工①。

工商银行经营商业银行业务的海外机构（包括子行与分行）的自主权相对较小，业务管理主要是由相关部门进行归口联系。总行国际部负责对海外机构进行机构管理，包括制定集团国际化战略规划，分析监测境外机构建设动态，协调整合行内资源，促进业务和区域国际化发展，并配合主管部门做好专业管理。总行的业务管理、综合管理和支持保障部门则按照职能分工对海外机构的业务、财务、人事、风险、科技、内审、合规等方面进行专业管理；在各专业管理的部门内一般设有专司境外业务及综合管理的处室。除了日常管理以外，工商银行每年召开由总行相关业务管理、综合管理、支持保障部门参加的境外工作会议，共同研究解决全球业务管理中出现的各种问题。

6.2.3 集团系统平台

工商银行一直致力于构建集团系统平台。在 20 世纪 90 年代中期即开始建设集团数据中心、软件开发中心等信息化项目。针对国内的经营与管理，工商银行于 2003 年推出了第三代应用系统：全功能银行系统 NOVA，通过强化联网管理信息功能，实现了全行业无数据的实时共享、实施异地交易处理、新一代网上银行等功能。2008 年，工商银行又推出了更新版的第四代应用系统 NOVA＋，进一步提升了信息技术平台的水平。

针对国际化的经营，2006 年，工商银行自主研发了海外统一系统平台 FO-VA，覆盖存贷款、汇款、银行卡、网上银行、国际结算、贸易融资、金融市场等多个领域。2012 年 FOVA 系统在工银亚洲成功上线，现在已经接入全部境外机构。现在，FOVA 系统也实现了与境内 NOVA 系统的互联互通，是中国银行业第一个全球统一的科技平台。

2011 年，工商银行全面推广绩效考核管理系统（MOVA），用于考核评价、资源配置等。

集团系统平台已经基本搭建起来，但仍需较长时间的优化改进和推广应用。此外，受到国内金融分业监管的限制，国内的多元子公司不能联通系统平台，无法实现业务和管理层面的信息平台资源共享。

---

① 可以参见工银瑞信官方网站：http://www.icbccs.com.cn/gyrx/about/zzjg/2010-04-21/80_1.html117。

6.3 中国工商银行多元化组织结构的不足

工商银行今天的组织结构形态是其经过三十年的发展，通过多次调整、改革演变而来①的。对于进行多元化业务经营和国际化经营的子公司与海外机构而言，当前的组织结构设计是与其现在的资源特点相符合的。然而，在中国金融行业日益开放、国内外竞争愈演愈烈，以及工商银行自身规模与国际地位快速提升的情况下，工商银行在组织结构建设上必须不断反思，用具有前瞻性的眼光预见未来的结构形态，积极推进组织结构的稳步变革。实际上，工商银行对自身组织结构的问题也做了相当多的研究。在前人的基础上，结合本研究的理论，对照国际成熟银行的案例，下面着重对工商银行多元化组织结构存在的不足进行说明。

6.3.1 子公司/海外机构内部管理高度复制集团组织结构

由于集团自我定位和集团战略尚待进一步明确，多元化战略比较模糊，多元化的组织结构倾向于复制总部结构。

准确的自我定位和清晰的战略阐述对组织结构建设至关重要。成熟银行集团的自我定位和/或集团战略具有一定的参考性。例如，美国银行的自我定位是"成为更多人和组织所需的金融服务的主要来源"，因此美国银行围绕着"客户关系"，提出并实现了大量扩展与深化客户关系的集团战略，包括"留住和拓展关系"（1998—2002 年）、"提高质量深化关系"（2003—2005 年）、"抓住和创造机遇迎合客户"（2006—2008 年）以及成为"客户、雇员和股东眼中最好的银行"（2009 年至今）等。汇丰集团的战略也相当明确，每一次五年战略都成为汇丰扩张的鲜明旗帜，包括"管理您的价值"（1998—2003年）、"管理谋增长"（2003—2008 年）和"世界银行　地方智慧"（2009 年至今）。此外，集团战略也应当有具体的可衡量的指标作为支持。这些可衡量的指标也是根据战略的方向而制定的，例如，在"管理您的价值"战略下，汇丰提出了的股东回报五年翻倍的目标；在"留住和拓展关系"的战略下，美国银行提出重造流程提高客户满意度评分；在扎根美国市场的定位下，富国公司提出将交叉销售的数量提升到 14 ~ 16 个金融产品等。

在明确了集团定位或/和集团战略的基础上，还要制定具有指导性的多元化战略。例如，从 2003 年开始，汇丰集团的多元化战略即在发展中国家持续增加投资，以开展商业银行业务为主；在发达国家，以开展跨国多元业务为

---

① 关于工商银行自身的组织结构演进及原因分析，可参见作者另一文章《政府与市场：制度对组织结构的影响》。该文章采用工商银行作为案例，详细描述了工商银行三十年组织结构变迁的过程，并用制度逻辑的理论加以分析。

主。因此从 2003 年开始，汇丰在发展中国家进行了大量的商业银行的并购，在发达国家则以多元金融业务的并购居多。

比较而言，工商银行的自我定位和集团战略显得比较不充分。2008 年，工商银行提出了集团发展的目标是"建设成为最盈利、最优秀、最受尊重的国际一流现代金融企业"。这个目标在很大程度上是工商银行对长期自我定位的一个愿景，不足以说明集团短期或中期的定位，也难以明确当前的整体战略。尽管工商银行也制定了若干三年规划，但规划在很大的程度上仍是操作层面的目标，且涵盖内容广泛，既有对前台业务的发展规划又有对中后台职能的要求，既有对地区网点发展的目标又有品牌建设的任务。这些都无法从宏观层面说明"我是谁"（自我定位）和"怎么做"（战略）的问题。

在多元化战略上，工商银行的目标就更加模糊了。在业务多元化上，工商银行着力在政策与监管允许范围内尽力获取多种牌照，或者通过境外持牌照子公司来开展多元业务；在国际多元化上，工商银行正在努力进入多个国家和地区，数量上制定了 2014 年覆盖 50 个国家的目标，绩效上提出了对集团的贡献度达到 8% ~ 10% 的目标。然而，这些活动仍局限在操作层面上，并非战略层面。

在这样的情况下，工商银行多元化发展的战略指引不足，组织结构建设就显得有些勉强。现实是，不论是自主权相对较大的子公司还是自主权相对较小的海外机构都在努力复制总部的组织结构形态。总行组织结构正在变革中，新的业务、新的地区的机构却仍在复制过去的结构形态，这无疑为变革与发展都带来了障碍。

6.3.2　子公司/海外机构倾向于采取与总部部门对口的职能层级结构，结构方式单一，且对总部和传统结构依赖性强

由于集团发展不平衡，子公司/海外机构实力相对较弱，资源特点使多元组织结构倾向于采取职能层级制。

从成熟银行集团的案例来看，集团发展相对平衡，至少建设了两个及以上的支柱部门，同时，事业部组织结构也有利于资源的分散与分享，例如，汇丰集团构建了以客户为基础的四大业务事业部，摩根大通 J. P. Morgan 和 Chase 两大品牌下的六大事业部等。集团平衡发展以及事业部的构建，有利于多元组织结构的独立发展，促进资源更加合理有效的分散配置。

对比而言，当前工商银行的发展主要依赖国内分行的商业银行业务，采用职能层级结构。从 2012 年年报来看，工商银行的传统结构占集团资产和利润贡献比例约为 95%，员工数量和机构数量占集团比例超过 97%。很明显，传统结构是工商银行唯一的支柱。

在集团发展不平衡的情况下，多元化发展在多个方面依赖总部的资源倾斜

以及传统结构的资源共享。

从物质资源上来看，截至 2012 年底，境内多元业务子公司总资产占集团总资产的 0.74%，净利润贡献为 1.7%；海外机构（分行、子公司以及标准银行）总资产占集团总资产的 5.8%，税前利润贡献为 3.4%。在资产较少、利润较小的情况下，多元化发展需要母公司提供的物质资源。尽管受到法律的限制，母公司不一定能够直接提供资金，但母公司可以通过信用担保等方式，帮助多元化子公司/海外机构获得资金。

在制度资源上，由于母公司自身也是职能层级结构，集中控制了许多制度制定的权力。同时，多元化机构本身缺乏足够的经验制定相关制度，因此高度依赖母公司提供的制度资源。例如，工商银行总行直接为境外机构制定了一系列的管理措施，包括《境外分行经营管理规定》、《境外控股银行管理规定（试行）》、《境外代表机构管理办法（试行）》以及《加强境外机构筹备组管理的通知》等。

在信息资源上，集团信息共享的机制尚不健全，许多信息资源仍然属于"谁实际管理、谁获得权力"的管理机制。特别是客户信息、产品信息、渠道信息等，甚至表现出"专有"特征。多元化子公司/海外机构由于起步较晚，业务不成熟，自身信息资源积累不足，因而特别依赖集团及其传统结构提供的信息资源。

在人力资源上，子公司/海外机构的高层员工都是从工商银行派出的。尽管工商银行非常重视人力资源的建设，近几年来更是扩大了国际化人才的培养，也制定了很多办法支持人才国际化，包括安排培训、外派、建立人才库等。然而专业人才和管理人才的培养需要较长的时间，要建立健全业务、各地区的具有特色的人才机制更是困难。因此，子公司/海外机构在人力资源上也依赖于总行派出和传统结构的分享。

在子公司/海外机构各方面的资源都高度依赖总行和传统结构的情况下，设置职能层级结构成为自然而然的选择。然而，职能层级结构可能导致多元组织结构更加依赖传统结构，更无法独立发展。

6.3.3　子公司/海外机构组织结构建设获得集团系统平台支持不足

集团系统平台建设尚不完善，子公司/海外机构获益有限，系统平台无法有效支撑结构建设。

集团系统平台是各大成熟银行集团得以有效推进事业部组织结构、实现资源共享的重要渠道。汇丰集团长期非常重视系统平台建设，并从战略上规划与促进平台的推广，例如"公司联合起来"的战略，"One HSBC"战略等；美国四大银行集团的系统平台也相当发达。在信息产业领先的美国，他们的信息技术和系统建设相对完善与超前，例如，ATM 的第一次大规模使用来自于花旗银行（20世纪70年代末）；世界第一家网上银行来自美国第一联合国家银行（First Union National Bank，1995年），后被富国公司收购等。20世纪90年代前期，美国的大银行都已基本建成集团信息平台，成立集团公司以后，主要是对平台的更新与优化。

相对而言，工商银行的系统平台建设起步较晚，主要采用了自主研发的方式，系统平台的建设仍然有很大的进步空间。同时，受到监管的限制，子公司/海外机构在一定程度上无法有效地获得平台带来的价值，这也大大降低了统一平台对组织结构建设和业务发展可能的积极影响。

综上所述，从基于资源特点的多元化—结构匹配上来看，工商银行子公司/海外机构现有的组织结构是与工商银行当前的情况相符合的。但对比成熟的银行集团而言，工商银行集团的组织结构和子公司/海外机构的组织结构存在较大的问题，战略上、资源特点上以及系统平台上等都存在问题。如何解决这些问题？未来如何发展？下一章将探讨短期（1～2年）、中期（3～5年）和长期（5年以上）的解决与发展之道。

7 问题解决与未来发展：中国工商银行多元化（子公司/海外机构）的组织结构建设

中国工商银行多元化发展建设的组织结构存在高度复制性、形态单一化以及集团平台支持不足等问题。随着工商银行的集团规模与国际地位的提升，这些问题可能会影响其未来的发展，影响综合化、国际化的战略进程，影响实现"三最一流"的集团目标。因此，如何解决这些问题是本章讨论的重点之一。与此同时，本章的另一个讨论重点是未来的发展之道。下面从短期（1~2年）、中期（3~4年）和长期（5~6年）分别进行讨论，并列出一些具体的指标，作为评估策略实施效果的参考。

7.1 短期的解决与发展之道（1~2年）：战略预备与过渡

从短期来看，由于多元化经营的子公司与国际化经营的海外机构在资源特点上不会发生重大改变，业务发展与国际化扩张仍然需要总部的扶持和传统结构的帮助。同时，短期内工商银行整体的组织结构仍然以职能层级结构为主。因此，1~2年内，子公司/海外机构很可能继续沿用现在的组织结构，模仿母公司、以职能层级制为主；母公司继续予以大力扶持和政策倾斜，仍是促使多元业务和地区经营发展的重要手段。

在短期内，从集团层面来看，最重要的是要制定更加科学和清晰的集团战略；其次是要根据集团战略、围绕核心竞争力制定多元化战略，同时加强多元化资源特点的分析与前瞻研究；再者，进一步促进集团总部组织结构改革和集团系统平台的建设，为建设适宜多元化经营的组织结构及其调整与改革做好过渡。

7.1.1 制定科学和清晰的集团战略

科学而清晰的集团战略不仅仅是一个战略口号，而需要结合定性和定量两方面的内容，对战略进行宏观的、充分的、一致的阐述。

从定性上来看，利益相关方（stakeholder）的期望是集团战略的主要出发点，因此可以从利益相关方的角度对集团战略进行定性的阐述。表7-1列示了从利益相关方的角度阐释战略目标的方法。通过访谈、问卷等方法搜集定性数据，然后对战略进行综合梳理，并按照集团关注的重点顺序赋以权重，作出短期、中期和长期战略目标的定性说明。

表7-1　　　　　　　　从利益相关方的角度阐释集团战略（示例）

利益相关方	短　期		中　期		长　期	
	目标	权重	目标	权重	目标	权重
客户						
股东						
执行高管团队						
一般职工						
战略合作方						
同业						
政府						
……						

　　从定量上来看，定量的指标可以保证集团战略的操作性和评估性。定量指标主要包括财务指标和运营能力两类。表7-2是从财务的角度阐释战略的方法。财务指标可以较客观地衡量集团经营现状，并在一定程度上预估集团未来经营的情况。但许多指标存在平衡与交换关系，在短期、中期、长期中必须做不同的取舍。因此也需要对财务指标赋以权重，有利于综合考虑不同时期的发展战略。表7-3是从运营能力的角度阐释战略的方法。经营能力可以反映企业的经营水平。尽管没有标准化的指标，但各个组织可以根据业务特点和业务流程的具体情况，制作相应的量表工具进行测量，保证一定的客观性。

表7-2　　　　　　　　从财务指标的角度阐释战略（示例）

财务指标	短　期		中　期		长　期	
	目标	权重	目标	权重	目标	权重
资产						
一级资本						
收入						
利润						
每股收益率						
……						

表7-3 从经营能力的角度阐释战略

经营能力	短 期		中 期		长 期	
	目标	权重	目标	权重	目标	权重
客户满意度						
员工满意度						
流程化程度						
当地反应速度						
……						

在结合了定性和定量的数据以后，经过科学严谨的论证与总结，集团层面的战略就将得到更加丰富和详细的阐述，这将大大有利于战略的传达和理解。此外，集团战略还必须取得普遍的认同，特别是中高层管理人员的认同，这样才能有利于战略的实际执行。需要特别注意的是，在战略阐述的过程中，指标数量与获取成本之间的平衡、指标细致性与宏观指导性之间的平衡，以及在多大的程度上取得一致性的认同都需要管理的智慧。

7.1.2 制定详细的多元化战略和分析多元化资源特点

短期来看，在集团战略以外，制定详细的多元化战略也很关键。尽管多元化可能带有多重目的（例如，降低风险、提高收益、利用集团富余资源等）和多个方向（例如，布局在发展中地区还是发达地区），但无论如何，一定时期的多元化发展必须具备一定的侧重点，否则就可能陷入失去焦点、导致失败的危险中。相比集团战略的宏观指导性，多元化战略主要是操作层面的，因此需要更加细致。在制定多元化战略的过程中，综合考虑行业/国家准入政策、市场环境、工商银行的核心能力以及多元业务/地区的资源特点都十分重要。

在短期内，首先要加强核心能力与资源特点的研究工作。今天大企业多元化主要是围绕企业核心能力进行的，即在现有资源的基础上，发展有利于提升企业核心能力的相关多元化，其目的在于提升企业的可持续竞争优势。因此，加强对工商银行自身的核心能力的研究与挖掘是制定多元化战略的起点和落脚点。其次，必须从物质资源、制度资源、信息资源和人力资源四大方面分析多元化的资源特点，了解多元化对总部及传统结构的依赖性和共享性特征，并选择相应的组织结构。这些都对构建明确的多元化战略、促成战略的实现十分关键。

7.1.3 促进集团整体结构变革和系统平台建设，向多元化经营过渡

工商银行的深化体制改革一步都未曾停留。由于当前条块分割的职能层级结构对集团的未来发展产生了较大的限制，因此工商银行也在对集团结构进行

改革。传统结构正在缓慢地从职能层级结构转向其他组织结构形态。因此，短期之内，必须进一步促进集团结构变革。

同时，继续推进集团的系统平台建设，完善系统平台的统一化和标准化，建设合理的流程与操作方式，为组织结构的调整与构建提供了有利条件。

总之，在1~2年内是明确集团战略、制定多元化战略和分析资源特点、推进现有结构深化改革和系统平台建设的重要时期，这些都为更大规模的多元化经营的组织结构调整做了关键性预备与过渡。

7.2 中期的解决与发展之道（3~5年）：结构调整与改革

中期来看，在短期的预备与过渡的基础上，可以着手进行结构调整与改革。主要从三方面着力，一是推进集团母公司组织结构调整；二是进一步构建子公司/海外机构的多元化经营组织结构；三是加强系统平台和人力资源建设。

7.2.1 集团母公司组织结构调整

中期来看，随着集团深化改革，母公司的组织结构将会整体调整，调整的主要方向是明确母公司的战略职能，并设计相应的结构支持母公司行使相应职能。

从金融控股公司的概念和成熟银行集团的案例来看，明晰的母公司的职能是构建金融集团的关键之一。其中最重要的职能是集中集团高管层，制定整体战略并审核和监督战略的执行。

从母公司分离出投资性和支持性职能，大大有助于高管层专注于集团战略上，尽量减少被日常经营性事务影响。纯粹型金融控股公司，如美国四大银行集团，将母公司除战略职能以外的其他职能剥离得比较干净，并设置了公司/投资/其他等结构，专门负责管理功能性职能部门，包括法律、人力资源、财务、技术等，并负责集团资产的投资功能与无法分割的费用。经营型金融控股公司，如汇丰控股，也在逐渐减少母公司的支持性职能，这些部门通过设立事业部，对自己的运营及费用负责。通过事业部来管理这些职能，有利于高管层既不放松控制，又保持适当的距离，并促进这些部门的成本效益提升。这是集团母公司组织结构发展的趋势。

伴随着母公司的高层结构和战略职能的日益明确，应当是集团所有职能部门的功能的梳理、归并与整合。本研究建议，首要的是要让各部门"名副其实"。

7.2.2 子公司/海外机构组织结构构建

中期来看，在母公司的职能明确的同时，构建子公司/海外机构的组织结构。子公司/海外机构的组织结构建设可以从两个方面着手，第一是业务内容方面，第二是资源特点方面。

从业务内容上来看，工商银行的子公司/海外机构可以分为两类，一类是传统商业银行业务，这是工商银行在海外的延伸，当前主要以子行和分行的结构进行管理；另一类是经营多元金融业务的子公司，是工商银行进行综合化发展的机构。由于业务内容不同，组织结构调整的方式也应当有所区别。经营传统业务的子行和分行应当在工商银行传统组织结构改革的范畴内进行统一规划与安排，以保证境内外类似业务的标准化与协同性①；经营多元金融业务的子公司则应当在工商银行的集团框架下构建组织结构，以保证结构设置的针对性与适用性；对于传统业务与多元金融业务之间的协同，则需要设置相应的沟通与共享渠道，例如，较高层的协同委员会（可参看摩根大通案例）。

从资源特点上来看，工商银行的子公司/海外机构相差较大。由于各业务/地区进入的时间不同，工商银行在各方面发展的成熟度也不同，资源依赖与资源共享的特点就有所差异，组织结构的选择与构建应当有所不同。例如，对国际化发展较早、多元业务更加成熟的亚洲地区的子公司/海外机构与对国际化发展较晚、多元业务成熟度较低的非洲地区，构建的组织结构理应不同，这也是工商银行"一行一策"的关键所在。

但随着子公司/海外机构的成长与成熟，结构设置也必须与时俱进。因此，在中期构建适应多元化战略的组织结构的同时，必须用长期的眼光为组织结构的下一阶段的改进留下空间，并在适当的时候及时作出调整。从成熟银行集团的案例来看，子公司/海外机构组织结构的设置主要是在业务与地区两大线条上进行矩阵式管理。尽管3～5年内，工商银行的子公司/海外机构资源条件尚不足以构建完全的国际化的矩阵结构，但将资源特点适合的子公司/海外机构及时纳入矩阵中，将大大有利于推进子公司/海外机构的可持续发展。

7.2.3 优化系统平台，强化人力资源

在短期系统平台基本建成的条件下，中期对平台进行优化，并积极实现集团的统一。此外，中期也必须强化集团的人力资源建设，特别是中高层管理人才的建设，为集团长期发展做好预备。

总之，3～5年内是集团母公司、子公司/海外机构组织结构进行调整与构建的实施阶段。这个阶段的主要任务是明确母公司战略职责并推进母公司结构

---

① 这里需要指出，经营传统业务的海外分支机构应在何种程度上纳入到本土的传统业务的管理结构内，是值得思考和探讨的问题。从汇丰集团来看，由于汇丰自身即是由不同地区的子公司组成，因此他从来就是一家国际银行，不存在"海外"的问题；与之不同的是，大多数美国银行集团是将海外业务分别管理，设置"国际部"进行单独管理，但随着海外业务的成长，最终也取消了国际部，将其完全融入集团结构中。因此，对于希望快速国际化的工商银行而言，汇丰的思路虽然较为激进，但中期来看并非不可能。

改革，按子公司/海外机构的特点构建有针对性的组织结构，并加强集团系统平台和人力资源建设。

7.3　长期的解决与发展之道（5年以上）：结构优化与创新

从长期来看，组织结构的持续优化与创新是非常重要的。

结构优化首先需要对短期和中期的建设成果进行评估，在评估的基础上制定新一轮的集团战略与结构优化政策。评估的方法可以按照短期中设定的目标一一进行对比考量，在此基础上进行结构优化。

在结构优化方面，要结合集团内部与外部、高层与基层等多方面的意见进行综合改良。如图7-1所示，优化组织结构的四个主要的意见来源，包括集团高层和集团员工，集团外部监管、股东和客户。在综合多方面意见上，摩根大通的例子具有一定的参考性。摩根大通近两年连续开展了一种被称为"公交车之旅"（bus trip）的交流活动，即每年2月进行为期一周的访问，历程约550公里，与当地超过5 000名员工见面，并与各地的个人、企业以及政府客户见面。参与这个旅程的，既有公司的高层，又有公司的一般员工，包括柜员、分支行经理、私人银行家等。在这个旅程中，他们进行了充分的交流，集团由此获得超过160条非常具体的改进建议，并据此改进流程。同时，摩根大通在集团平台上开发了一个叫做"你怎么想"（what do you think?）的工具，这样每个员工就能对公司内部的各种产品打分，例如，内部的招募流程、内部的旅行建议等。当然，摩根大通也明确地认识到：

> 我们预测有些内部的服务将会得到最差的打分——我们没错。但我们知道我们不总是喜欢我们学到的——事实上，有些很令人尴尬——但会帮助我们变得更好。提供最好的内部服务与对客户提供服务一样重要，因为更好的服务令我们的同事生活得更好，他们就可以花更多的时间帮助客户解决他们的问题（2011年年报）。

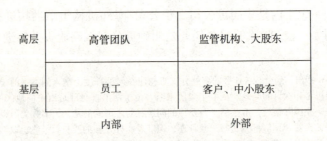

图 7-1　组织结构优化的意见来源

集团的外部监管机构、股东和客户也是集团组织结构优化的重要的意见来源，尽管在优化集团结构上，他们的意见不一定非常具体，但仍有一定的参考价值。

比起结构优化，结构创新就更加困难。从第5章的案例分析可以看到，组织结构趋同是当前国际大型银行集团组织结构发展的趋势，即按一定原则设立事业部，按业务＋地区（＋功能）进行矩阵管理。但同时我们也看到，在大框架类似的情况下，各个银行集团的内部结构仍有许多不同。这正是每个集团独特与创新之处。因此，对于工商银行而言，在建设符合金融集团主流的组织结构的同时，坚持结构创新，以最适合自己的结构模式进行有特色的经营非常重要。

7.4 总结

工商银行解决组织结构不足，发展多元化经营的集团结构可以从短期、中期、长期三个不同的时间段着眼，进行相应的规划与安排，循序渐进地促进组织结构的变革（见表7-4）。由于每一阶段目标与任务不同，在实现时间的设计上应更加灵活。短期而言（1～2年，共2年）需要进行战略预备与过渡，主要是细化目标、达成共识，高层管理的智慧起了决定性作用；中期（3～5年，共3年）需要进行结构的实际调整与改革，主要从高层和中层着手；长期（5年以上）则需要组织结构的优化与创新，涉及全集团自上而下的所有层面。本研究建议每一阶段设定的实现时间逐渐增长，涉及的层面和范围循序扩大，其操作的复杂性也逐渐增加，这样有利于平稳过渡，降低组织结构变革时期的动荡及不利影响。

表7-4　　　　　中国工商银行构建多元化集团组织结构的建议

	时间范围	主要目的	涉及层面	关键点
短期	1～2年	战略预备与过渡	高层	集团战略的清晰性 多元化战略的制定 集团深化改革 系统平台建设
中期	3～5年	结构调整与构建	高层 中层	母公司职能的明确 母公司结构的调整 子公司/海外机构的结构建设 系统平台的优化 人力资源的建设
长期	5年以上	结构优化与创新	高层 中层 基层	对短期和中期成果进行评估 进行结构优化 进行结构创新

最后但也是最重要的，中国工商银行在短期、中期和长期，都必须向股东、员工、客户和社会大众传递清楚自我的定位，即"我是谁"的问题。在某种程度上，法人与自然人一样，只有认清了自我的身份，才能知道自己要做什么并选择怎么做。这一自我定位必须是长期而稳定的：不仅是现在的自我认识，更关系着一个组织未来几十年的身份问题[①]。只有清晰准确的定位，才能更好地指导战略的走向，指导集团的文化和员工的价值观，才能更有利于集团在国际上扎住根基、立于百年不败之地。

---

① 关于组织身份的研究，可以参考《组织身份》（Organizational Identity：AReader）一书，作者Hatch，M 和 Schultz M。该书搜集了大量作者冠以组织身份研究的学术文献。这些文献从理论和实证上讨论了组织是如何理解他们自身的，为什么组织会发展出身份和归属感，身份认定的边界在哪里等内容。

参 考 文 献

[1]《中国工商银行年鉴》，中国金融出版社，2000—2010 年。

[2]《中国工商银行史（1984—1993）》，中国金融出版社，2008 年。

[3]《中国工商银行史（1994—2004）》，中国金融出版社，2008 年。

[4]《中国工商银行史（附录卷）》，中国金融出版社，2008 年。

[5]《中国金融年鉴》，中国金融出版社，1985—1988 年。

[6]《中国金融年鉴》，中国金融年鉴编辑部，1989—2005 年。

[7] 顿日霞和薛有志：《多元化经营企业组织结构与治理特征匹配关系》，载《经济管理》，2007（19），50－54 页。

[8] 谷澍和张红军：《汇丰全球化的经验及对中资银行推进全球化战略的启示》，载《金融论坛》，2009（10），20－25 页。

[9] 康荣平：《企业多元化经营的国际比较——中国企业成长的重要借鉴》，载《国际市场》，1999（11），6－7 页。

[10] 李肃、周放生、吕朴和邵建云：《美国五次企业兼并浪潮及启示》，载《管理世界》，1998（1），121－132 页。

[11] 李维安和武立东：《企业集团的公司治理——规模起点、治理边界及子公司治理》，载《南开管理评论》，1999（4），4－8 页。

[12] 刘明坤：《跨国银行全球管理模式研究》，《中国银行业前瞻性研究——中国工商银行博士后报告集》，4－140 页，北京：中国金融出版社，2012。

[13] 楼园、韩福荣和徐艳梅：《企业形态结构进化和行为进化之探析》，载《经济与管理研究》，2005（5），22－24 页。

[14] 宋旭琴和蓝海林：《我国多元化企业组织结构与绩效的关系研究》，北京：机械工业出版社，2008。

[15] 王生辉和施建军：《论多元化经营逻辑演变》，载《外国经济与管理》，2002（11），18－24 页。

[16] 薛有志和周杰：《产品多元化、国际化与公司绩效——来自中国制造业上市公司的经验证据》，载《南开管理评论》，2007（10），77－86 页。

[17] 杨蕙馨和刘明宇：《技术变迁与企业组织演进》，载《外国经济与管理》，2002（10），8－12 页。

［18］朱晓武和阎妍:《组织结构维度研究理论与方法评介》，载《外国经济与管理》，2008（30），57－64页。

［19］Amit, R., &Shoemaker, P. J. H. 1993. Strategic Assets and Organizational Rent ［J］. Strategic Management Journal, 14: 33－46.

［20］AnsoffH. I. 1965. Corporate Strategy ［M］. New York: Mc Graw－Hill.

［21］Barney, J. B. 1991. Firm Resources and Sustained Competitive Advantage ［J］. Journal of Management, 1991, 17: 5－19.

［22］Blau, P. M. 1974. On the Nature of Organizations ［M］. NewYork: Wiley.

［23］Chandler, A. D. 1962. Strategy and Structure: Chapters in the History of Industrial Enterprise ［M］. Cambridge: The MIT Press.

［24］Child, J. 1984. Organization: A Guide to Problems and Practice. London: Harper & Row.

［25］Eisenhardt, K. M. 1989. Building Theories from Case Study Research ［J］. The Academy of Management Review, 14: 532－550.

［26］Fligstein, N. 1990. The Transformation of Corporate Control ［M］. Cambridge, MA: Harvard University Press.

［27］Fligstein. N. 1985. The Spread of the Multidivisional Form among Large Firms: 1919－1979 ［J］. American Sociological Review, 50: 377－91.

［28］Galbraith, J. R., & Nathanson, D. A. 1978. Strategy Implementation: The role of structure and process. Minnesota: West Publishing.

［29］Galbraith, J. R. 2009. Designing Matrix Organizations That Actually Work: How IBM, Procter & Gamble, and Others for Success. San Francisco: Jossey－Bass.

［30］Ghoshal, S. & Bartlett, C. A. 1990. The Multinational Corporation-as an Interorganizational Network ［J］. The Academy of Management Review, 15: 603－625.

［31］Hall, R. H. 2004. Organizations: Structures, Processes, and Outcomes ［M］. Englewood Cliffs, NJ: Prentice Hall.

［32］Hoskisson, R. E. 1987. Multidivisional Structure and Performance: The Contingency of Diversification Strategy ［J］. Academy of Management Journal, 30: 625－644.

［33］Hoskinsson, R. E., Harrison, J. S., & Dubofsky, D. A. 1991. Capital Market Evaluation of M－form Implementation and Diversification Strategy

[J]. Strategic Manangement Journal, 12: 271 - 279.

[34] Hoskisson, R. E., Hill, C. W. L., & Kim, H. 1993. The Multidivisional Structure: Organizational Fossil or Source of Value? [J]. Journal of Management, 19: 269 - 298.

[35] Matraves, C., & Rodriguez, P. 2005. Profitability, Diversification, and Multinational in Leading German and UK Firms [J]. International Journal of Businessand Economics, 4: 87 - 105.

[36] Porter, M. 1980. Competive Strategy: Techniques for Analyzing Industries and Competitors [M]. New York: Free Press.

[37] Prahalad, C. K. and Hamel, G. 1990. The Core Competence of the Corporation [J]. Havard Business Review, 66: 79 - 91.

[38] Robbins, S. P. 1983. Organization Theory: Structure, Design, and Applications [M]. Englewood Cliffs, NJ: Prentice Hall.

[39] Rumelt, R. P. 1974. Strategy, Structure, and Economic Performance. Cambridge: Harvard University Press.

[40] Teece, D. J. 1980. Economics of Scope and the Scope of the Enterprises [J]. Journal of Economic Behavior and Organization, 1: 223 - 247.

[41] Wernerfelt, B. 1984. A Resource - based View of the Firm [J]. Strategic Management Journal, 5: 171 - 180.

[42] Williamson, O. 1975. Marketsand Hierarchies [M]. New York: Fres Press.

[43] Williamson, O. 1985. The Economic Institutions of Capitalism [M]. New York: Free Press.

致　　谢

在工商银行城市金融研究所的两年博士后时光就要结束了，终于有机会说一声："谢谢！"

是的，过去的两年十分不易。对于在大学读了十年，第一次走上工作单位的我而言，这两年充满了磨炼与考验，但收获也是巨大的。自由惯了的学生如今成为了遵守时间的员工，喜怒形于色的孩子渐渐成为懂得控制情绪的大人，凡事都表达意见的自我日益学会更多的聆听，遇到不顺总会抱怨的个人现在明白必须忍耐……尽管我学得很慢，但所幸能在蹒跚中前行。

我深知道，之所以我能够蹒跚前行，是有单位、有导师、有领导、有同事给我的数不清的帮助。是工商银行和研究所给了我一个前进的平台；是曹凤岐老师、姜建清董事长和樊志刚副所长，在前进路上给了我滴滴点拨；是所长、处长以及前辈们，在前进中给了我很多实质性的支持与建议；是博士后的同事们，在我困顿、停滞之时，与我分享、彼此打气……需要感恩的实在太多！甚至许多时候，一个微笑、一句问好、一声关切也能让我感到温暖。衷心地谢谢身边的每一个人，因为你们，我很幸福。

尽管我从未想过这么快就要离开工商银行，但命运的车轮是不可阻挡的。我们都还年轻，不论在哪里，可能都要面对更加不确定的未来。我想起了普希金的名句，让我引用片段作为结束，与诸君共勉。

相信吧，快乐的日子将会来临。
心儿永远向往着未来，现在却常是忧郁。
一切都是瞬息，一切都将会过去，
而那过去了的，就会成为亲切的怀念。

从工银租赁发展看母子公司一体化机制建设

吕振艳

博士后研究人员姓名　　吕振艳
企业博士后工作站单位　中国工商银行
流动站(一级学科)名称　北京大学工商管理学
专业(二级学科)名称　　企业管理学

流动站指导老师　　　　武常岐
工作站名誉指导老师　　李晓鹏
工作站指导老师　　　　詹向阳　丛　林

作者简介

吕振艳，女，1978年生，山东烟台人，中共党员。

2011年7月至2013年6月，中国工商银行博士后科研工作站、北京大学博士后科研流动站，博士后；2005年9月至2011年1月，北京大学光华管理学院，管理学博士；2009年12月至2010年6月，美国俄亥俄州立大学Fisher商学院，访问学者，lecture；2008年8月至2009年8月，美国俄亥俄州立大学Fisher商学院，中美Fulbright访问学者；2002年5月至2005年7月，烟台大学经济与管理学院企业管理系，助教；1999年9月至2002年4月，东北财经大学公共管理学院，经济学硕士；1995年9月至1999年7月，烟台大学经济与管理学院，文学学士。

摘　　要

　　金融控股公司已经成为国际大型商业银行从事全球竞争的主要组织模式。在多次经济金融危机和全球竞争加剧的多重考验下，商业银行是如何通过构建整合非银行子公司的一体化机制，获得并保持持续竞争优势的，其经验值得工商银行参考借鉴。报告在借鉴母子公司管理的战略与组织相关理论及研究基础上，通过案例研究的方法，以集团一体化为出发点，以促进子公司发展为着眼点，总结出商业银行控股金融集团一体化机制的主要内容和构建路径，并就工商银行的母子公司一体化机制建设进行探讨。

　　在理论分析上，报告指出，商业银行控股金融集团在一体化机制设计时应该吸取演进理论的思想，在战略定位、组织管理和资源配置三个维度上，形成业务、客户和品牌整合模式之间的动态演进过程，逐步建立和完善母子公司的一体化机制，从而解决子公司发展与母子公司一体化整合的组织冲突，夯实母子公司结构下综合化经营的组织管理基础。

　　在实证分析上，报告通过选取花旗集团、汇丰银行和富国银行整合中的典型案例资料，分别分析了花旗集团欧洲公司业务从分散型组织模式整合过渡到矩阵结构的一体化演进过程、花旗和汇丰在运用 IT 系统进行一体化整合的效率差异，以及富国银行等在运用平衡计分卡构建综合评价体系，形成一体化优势的过程，从中总结母子公司如何平衡子公司发展与一体化整合的经验。

　　在研究应用上，报告首先对中外租赁业务发展现状、趋势与特点，我国金融租赁发展中的问题，以及我国商业银行尤其是工商银行开展租赁业务的优势和战略环境进行分析，在此环境分析基础上，讨论工商银行战略转型中租赁业务发展的战略意义。

　　本报告通过对工银租赁发展成果的简单梳理，重点对工银租赁发展中的母子公司一体化建设的现状和特点，存在的主要问题以及产生原因进行了详细分析。报告认为，工商银行已经初步建立起综合经营框架，但由于子公司发展仍处于初级阶段，传统银行业务与新型业务的整合经验不足，目前平衡子公司发展和集团整合的一体化机制尚未建立。工商银行和国际银行控股公司和金融集团具有不同的发展历程，处于不同的制度环境和国际化发展阶段，因此不能一味照搬国际经验，而应该结合实际情况，在集团利益最大化的前提下，加强租赁等专业业务发展和管理能力，实施战略综合管理。

长期来看，以金融控股公司为长期组织变革目标，逐步确立控股公司的中心地位，逐步建成战略中心、信息中心、协调中心、技术中心、研发中心。在未来十年时间内，以银行控股金融集团为基础，一体化机制建设以子公司发展为战略目标，建立双向联动、纵横平衡、多节点辐射的矩阵制组织架构。以集团一体化战略为指导，构建母子公司一体化整合机制的演进路径，在分支机构层次，将主要呈现"客户—产品—区域"的一体化演进路径；在子公司层面，将主要呈现"区域—产品—客户"的演进路径；以集团层面，即银行金融控股公司，将主要经历"业务—区域—客户"的一体化演进过程。从工银租赁发展角度，子公司主要从五个方面进一步完善一体化机制：强化风险和内控体系建设，实现资源共享流动，发挥母公司资金优势，深化母子公司业务联动合作，强化考核的战略导向作用。

关键词：银行控股公司　工商银行　工银租赁　一体化机制　案例研究

Abstract

Financial holding company has become the primary organizational form for multinational banks. Under several tough challenges from global economic and financial crises, commercial banks have learned a lot in dealing with these threats by building up integrated mechanisms among bank and non-bank financial subsidiaries and creating and sustaining competitive advantages along its proceedings. These experiences are valuable to Chinese commercial banks, especially ICBC in its way on transferring to conglomerated operation and globalization. With relevant strategic theories and organizational theory on parent-subsidiary management, the focal study focuses on mapping the evolutionary road of integration mechanism for commercial banks aiming at forming financial holding company, with special interest in and evidence from ICBC and ICBC Leasing. Specificly, it studies the evolution process in establishing integrated mechanism for the whole ICBC and developing ICBC Leasing in the full range.

Theoretically, the report suggest to absorp from evolutionary theory in design integrated mechanism for bank holding financial group like ICBC and start the process along three primary dimensions like strategic positioning, organization and resource allocation to ster up the dynamic evolutionary process driven by business, customer and brand. In such time-consuming evolutionary process, it will build up well-integrated group by consoling conflicts between the developments of parent and subsidiaries and firming foundations for conglomerated operation.

Empirically, the report employs case studies to investigate the evolutionary process of integrated mechanism and its process to gain and sustaining competitive advantages along the establishing process via three case studies: firstly anlyzes the evolutionary process of Citigroup in transferring from decentralized organization form to matrix one; secondly compares and anlyzes the deferented strategies and its coefficency differences between Citigroup and HSBC; thirdly analyzes how Wells Fargo and HSBC use BSC in performance evaluation for strategy repositioning and top management team.

ICBC starts its financial leasing business via starting up ICBC leasing to fertile its operating conglomeration map. The report analyzes the strategic impact of ICBC leasing development by comparing and reviewing the situations and trends between global finiancial leasing market and Chinese leasing market and by clarifying the prons and cons of Chinese commercial banks, especially ICBC in opening leasing business.

The report briefly reviews the ICBC leasing performance and its current situation and characteristics on building-up of parent-subsidiary integrated mechanism. The report contends that ICBC has established a primary conglomeration framework, yet being short of experience in integrating new ventures in its pre-mature stage in establishing financial group. ICBC and multinational banks have different development paths, and are in different institutional environment and stages of internationalization. Therefore, it is unwise to copycat multinational banks' practices, but rather, in consistency with the realities and under the principle of group interest maximization, ICBC should its capacity in managing and developing specialized non-banking business like financial leasing.

With the long-time goal as establishing financial holding company, it will have a holding company as a strategy centre, information centre, integration centre, technology centre, and R&D centre. In the coming 10 years, it is a process of establishing bank holding financial company by facilitating subsidiary development and forming multual-dynamics, vertical-horizontal balanced, muti-cell matrix organizational form. The evolutionary process will be following the path of "customer-product-region" at the branch level, "region-product-customer" at the subsidiary level, and "business-region-customer" at the group level in general. As to the development of ICBC Leasing, it will strengthen its integration mechanisms via the following five aspects: honing risk and intra-control system, facilitating resource sharing and flowing, leverage parent's capital advantage, expanding parent-subsidiary business synergy and enhancing review and evalution system's role on strategic guidance.

Key Words: Bank holding company, ICBC, ICBC Leasing, Integration mechanism, Case studies

1 导　　论

1.1　研究背景和选题意义

自 1929 年以来近百年的全球经济和金融发展历程,纷繁复杂,动荡难测,金融行业的竞争、改革与创新从来都没有停止过,其中三条主线相互交错、日渐清晰:金融危机的周期性爆发与金融国际化的持续深入,银行业混业经营体制在质疑、放弃、反复和坚持中主体地位的形成,以及在专业化和综合化抉择与平衡中确立的以金融控股公司为主要形式的银行集团化管理模式。全球发达市场经济体及其主体运营企业经历数十载的历程,中国正在近十年的浓缩时间里经历着,而且是在中国地域吸引力剧增的内部国际市场和综合性跨国公司控制的国际市场的空间内同时经历着。与此同时,监管等制度压力进一步强化市场压力,中国商业银行应对变革的综合创新能力和持续竞争实力面临严峻考验。商业银行一体化运营模式在母子公司式的集团组织形式下的建立,是我国现有监管制度下的现实选择,也是综合化商业银行参与国际竞争的大势所趋和必然选择。

中国工商银行集团,在构建国际一流金融企业的战略宏图中,已经搭建起融总、分、支、子多层次运营实体,跨国内外两个市场,银行、证券、基金、保险和租赁等多种传统和新兴业务的综合化运营航母。现阶段,在工商银行的运作体系之中,相比总分支机构之间庞大复杂的业务关系,母子公司业务联系规模很小,全行对于母子公司业务关系尚处于探索与研究阶段。如何建立能够体现和拓展工行集团优势的母子公司一体化机制,不仅是工行集团作为全球市值最大和盈利最多的上市银行的责任,更是探索中国银行业国际竞争力提升的重要战略使命。工商银行不仅需要加快研究如何促进母子公司业务发展,更需要将母子公司业务联动上升到战略层面,着眼于未来十年或者更长远的时期,切实将培育、壮大子公司作为工商银行发展的战略要务之一,并依托子公司扩展工商银行业务范围、强化工商银行核心竞争实力,协助实现工商银行宏伟战略蓝图。

工银金融租赁有限公司,作为工商银行集团的全资子公司,我国首家银行系租赁公司,自 2007 年设立以来,实现了自身资产、业务线、市场影响力和集团贡献方面的迅速提升,不仅引领金融租赁公司成为推动融资租赁行业飞速发展的中流砥柱，更重要的是拓展和完善了工商银行集团综合化运营的平台。面对深化商业银行改革、转变传统盈利模式、提升国际竞争力、更好地发挥金融媒介作用、全面配合国家的宏观经济产业政策等方面行业和企业的双重战略使命，如何在促进工银租赁发展的同时解决母子公司"两层皮"的问题成为下一阶段深化工商银行集团母子公司一体化机制构建的核心问题。

从国际经验来看，金融集团的规模和全能本身并不一定能够实现一体化运营，带来一体化运营的成功；母子公司规模和资源优势上的分工和互补的协同效应的发挥，需要因母子公司差异的实际因时（内外部环境差异）和因地（母子公司各自在战略协同基础上的战略地位）进行配置、评价和调整。以母子公司形式运营的金融集团，其综合经营的成败，必须直面的三大核心问题包括：一是如何建立母子公司一体化运营体制，这是金融控股公司成败的关键问题；二是金融控股公司中母子公司各自的战略定位、选择与匹配，以及适时响应国内外宏观经济金融形势和监管政策的变动，这是母子公司一体化机制框架构建的基础；三是如何在公司治理、激励控制体制和关联交易风险管理等方面落实和推进母子公司一体化机制建设，这是形成和培育可持续竞争优势的实施保障。

本研究旨在提出促进子公司发展的集团一体化机制构建的战略规划和实战措施，在国际金融体制重构的契机面前，这不仅仅将为集团一体化管理和工银租赁的发展提供难得的保障和机会，更是关系到工商银行集团未来十年内构建国际一流银行企业宏伟蓝图的战略要务。

1.2　主要研究内容

为了切实落实子公司在推进工商银行集团战略转型过程中的排头兵作用，本文以工银租赁子公司为主要研究对象，以由"公司自身经营"向"集团化联动发展"转变为指导思想，通过文献整理与评价，在工银租赁和工商银行集团相关部门的实际访谈，以及国内外银行集团一体化整合的案例、档案资料和数据资料的分析，三种信息来源和分析方法的回馈与循环中，具体分析中国工商银行股份有限公司和工银租赁的一体化机制建设现状、存在的主要问题，结合国内外银行业、金融租赁业的经验与发展趋势，从中总结和分析银行业综合化经营的一体化演进过程、路径和关键要素，进而提出构建工商银行未来母子公司一体化的战略框架和实施措施。

研究思路遵循从一般到特殊的方法论、从战略规划到实施的过程论，拟按递进的三个阶段进行。首先，梳理和分析了一体化机制与集团管理的关系与意义，考察了集团一体化机制的国内外背景和理论基础，明确了子公司在推动和实现母子公司一体化过程中的意义和角色演进（第1章和第2章）；其次，选取国际金融控股集团在银行控股公司发展阶段的多案例，分别对矩阵结构的演进过程和资源配置工具的战略演进过程进行分析，总结一体化的演进路径与经验（第3章），在比较分析租赁业务中外发展环境的特点和现状趋势基础上，讨论我国商业银行，尤其是工商银行发展租赁业务的优势，重点论述租赁业务发展对工行集团战略转型的意义（第4章），从母子公司一体化发展角度，对工银租赁发展中母子公司一体化机制建设的现状、问题和成因进行分析（第5章）；最后，在借鉴国际上银行控股金融集团在可比阶段一体化构建中的经验，结合工商银行银租整合实际，总结提出促进子公司发展的一体化机制建设的总体目标、原则、演进路径和措施建议，以及完善综合反映母子公司一体化整合和子公司发展的综合评价体系和关联交易管理的框架建议（第6章）。

1.3 项目研究中基本概念界定

（1）企业集团与控股公司

企业集团是特定市场条件下形成的一种独特企业组织形式，主要是指在法律上独立存在的企业，通过经济联系（所有权控制、财务控制、业务控制）或社会联系（家族、血缘关系等）联结在一起的企业集合（Yiu，Bruton & Lu，2005）。

控股公司的定义有广义与狭义之分。狭义上，控股公司通常是指凭借对其他公司拥有一定数量的股权而对后者进行控制和经营管理的公司。由于控股公司与被控股公司之间主要通过股权管理而联结，并大多通过股权路径来实现两者之间相关联的经济运作，两者也互称"关联公司"。从广义上讲，控股公司是通过股权、债券或其他投入方式来实现对其他公司的控制权或经营管理的公司。

控股公司与集团公司的不同主要有三点：一是侧重角度不同。控股公司往往根据是否是资本经营而划分为经营性和纯粹性控股公司两种。集团公司是资本经营与产业经营的结合，其子公司之间往往具有很强的产业或产品相关性。因此，就侧重点来看，控股公司主要从资本连接角度而言，集团公司主要从产业联结角度而言。二是控制关系不同。控股公司往往具有直接的表决性控制权，而集团公司则不一定。三是集团地位不同。控股公司往往本身处于集团的核心与领导地位，而集团公司并不一定是控股公司。例如，环状持股性企业集团（企业之间通过相互持股方式形成集团，地位相当，没有核心体），总分公司集权型企业集团（集团只有一个法人，若干分公司，分公司无法人资格），以及家族型企业集团（家族是集团维系的纽带）（唐鑫炳，2003）。

（2）控股公司与母子公司

通常控股公司的组织结构是一种母子公司结构，从这个意义上讲，可以把控股公司称为母公司，被控股公司称为子公司。在法律上主要有三个原则可供参考，即股权数量标准、实际控制权标准和管理控制标准。这三个原则相继出现，体现出随着公司多元化的发展，股权结构日益分散的趋势。

首先，股权控制标准通常是指母公司拥有子公司超过半数的股权。由于控股公司是从资本集中到垄断的产物，许多市场经济国家通过界定控股数量，在坚持市场原则基础上，将之与垄断划分严格的界限。但是各国在具体的数量定义上也不尽相同，见表1-1。

表1-1　　　　　不同国家对股权控制标准的界定和法律依据

国家	控股公司/母公司股权数量界定	概念名称	相关法律
中国	公司可以设立子公司，子公司具有企业法人资格，依法独立承担民事责任。未对母公司持股的具体比例进行进一步的规定	母子公司	《公司法》
美国	<ul><li>一公司掌握任何公司已发行的有表决权的股票中10%或更多数量，前者为控股公司，后者是被控股公司；</li><li>直接或间接持有另一家银行25%以上股权者，为银行控股公司</li></ul>	控股公司，被控股公司，银行控股公司	《公共事业控股法》；《银行控股公司法》
德国	<ul><li>控股公司拥有在法律上独立的企业的大部分股份，或者多数表决权（占有多数股份）；</li><li>从属企业是在法律上独立的企业，另外一个企业（支配企业）可以直接或间接地对该企业施加决定性影响</li></ul>	关联企业（从属企业、支配企业、康采恩、相互参股企业、有支配权属内容的协议签约方	《联邦德国股份公司法》第16条、17条
英国	拥有子公司50%以上的表决权股票的公司	母子公司	《公司法》
法国	<ul><li>如果一个公司持有另一公司半数以上的股份资本时，前者应为母公司，后者则为前者的子公司；</li><li>如果一个公司拥有另一个公司10%至50%的资本时，那么前者享有对后者的参与权</li></ul>	母子公司；控股；参股	《公司法》
日本	<ul><li>发行完毕股份总数一半以上的股份或相当于其他有限公司资本半数以上的出资股数；</li><li>直接持有，或通过子公司等间接持有；</li><li>控股公司是持有子公司股份的支付价值合计超过子公司总资产50%的公司</li></ul>	母子公司；控股公司	日本商法公司编第201条；日本独占禁止法（1997修正版）

资料来源：作者根据王国刚（2006）中相关资料整理汇编。

其次，实际控制标准是指无须拥有超过半数股权，而是直接或间接拥有最大表决权。我国财政部1995年颁发的《合并会计报表暂行规定》以及1998年国家体改委下发的《关于企业集团建立母子公司体制的指导意见》中，对母子公司的界定就是在权益资本基础上奉行实际控制权原则。

最后，管理控制权标准是以持股比例和控制管理层相结合为标准。按照《国际会计准则》，凡是两个法律上独立的公司之间具有如下关系的，即认定为母子公司关系：控制关系、多数股权、多数表决权、支配合同、两者董事会成员相同。

从上述界定可以发现，母子公司关系可以通过三种途径（投资、收购和定约），形成四种类型（全资、控股、参股、契约）。

（3）银行控股公司与金融控股公司

按照巴塞尔银行监管委员会1999年所下的定义，金融控股公司是指"在同一控制权下，完全或主要在银行业、证券业和保险业中至少两个不同的金融行业大规模地提供服务的金融集团公司①"。就概念来看，银行控股公司（Bank Holding Company，BHC）和金融控股公司（Financial Holding Company，FHC）都是控股公司的一种，差异主要在于控股公司的类型是银行，还是包括银行、证券、基金等广义的金融机构。

但是，从美国对银行综合经营的法律监管演进来看，两类公司代表了银行开展综合化经营的不同模式、范围、监管规制和演进阶段。从BHC到FHC，美国相应的监管法律从1956年的《银行控股公司法案》变化到1999年的《金融服务现代化法》。前者仍然是延续20世纪初经济危机后的分业经营思想，坚持将银行控股公司的业务经营范围仅限于"与银行业务密切相关的业务"，在这种思路下商业银行无法开展证券、保险等业务。在这一背景下出现了以规避监管为目的的"单一银行控股公司"，但是很快也被《1970年银行控股公司修正法》纳入严格监管之下。20世纪80年代末之后，国际金融竞争的加剧迫使美国最终在1999年出台《金融服务现代化法》，确立了对混业经营模式的承认，开始贯彻"功能性监管"原则。至此，FHC被允许经营所有BHC在国内外可以经营的业务，加上"证券、保险（保险核发和代理）、年金发放、共同基金业务、保险公司组合投资以及商人银行业务"。由此可见，由于金融与商业的融合受到严格限制（尽管这一限制实际上在20世纪80年代末

---

① 根据巴塞尔银行监管委员会（简称"巴塞尔委员会"）等机构联合提出的《金融集团监管》，其中将金融集团表述为：主要业务为金融业务，且其中接受监管的机构在很大程度上从事着银行业务、保险业务和证券业务中至少两种业务，从而需要满足不同的资本充足率要求的集团（周松和梅丹，2007）。

之后已经放松），1999 年之前并没有金融控股公司存在。1999 年之后，尽管大量 BHC 转型为 FHC，但两者的差别仍很明显。BHC 模式下，商业银行只能通过设立顶层集团形式的控股公司绕道开展证券等非银行金融业务，银行本身的综合经营业务受"相关性"限制而范围有限，银行业务与银行控股公司下的其他业务的联系和整合受到"机构监管"的严格限制和监管。FHC 模式下，银行可以直接设立从属的非银行金融子公司，所形成的金融控股公司的控股公司性质，既可以是进行银行相关业务运营或其他类业务的金融机构，也可以是纯功能性的集团战略规划和服务机构。

我国目前还没有专门的金融控股公司法对金融控股公司进行界定或规范。在 2005 年之前，我国受到分业经营政策的严格限制，商业银行主要采取了"绕道香港"的模式开展综合经营。2005 年国内商业银行获准发起设立合资基金管理公司，迈出了银行业综合化经营"政策推动"阶段的第一步。本文以银行控股金融集团为研究主体是指银行作为控股公司形成的金融集团形式。此处的银行控股金融集团主要是指，商业银行通过多种方式设立从属的非银行金融机构而形成的金融控股公司。我国目前金融业综合化经营主体仍然是银行控股公司。

（4）一体化机制与母子公司关系管理

母子公司管理是集团管理在一定发展阶段上表现出的管理特征，一体化管理是协同效应逻辑在集团管理中的体现。银行控股公司作为银行落实综合化经营的组织形式，其一体化机制的形成和建立，就是要通过建立和整合非银行子公司，平衡母子公司之间一体化整合与差异化专业分工的管理冲突，实现集团管理优势，形成集团相对于其组成个体的整体效益放大化和最大化。一体化机制建设主要解决母子公司管理中的三个基本问题：管理度、管理模式和控制机制。

母子公司管理度，就是通常所说的集权/分权程度。从母公司角度来讲，就是定义母子公司之间的管理与被管理的关系。从子公司角度来说，则是确定子公司的自立程度。主要是根据集团的战略定位和目标，集团对子公司的战略定位，以及外部环境变化的需求，对决策和管理职能在母子公司之间进行集中还是分散的划分，即战略决策流程在母子公司之间的配置。

母子公司管理模式，是指母公司对子公司采取的组织管理方式，即母子公司组织结构的设置，明确母子公司的任务分工和职责以及相互之间的关系，以实现母子公司的协调发展，确保母公司整体利益最大化。主要包括母子公司的组织架构、公司治理模式和资源配置方式。

母子公司控制机制，是指母公司对子公司的组织活动进行管理的过程。母子公司的管理模式是通过激励和协调，对母子公司的一体化提供黏着力和向心力；母子公司控制机制，则是从控制和约束的角度，使母子公司的各个单元的活动集中于支持母公司的整体目标，规范子公司行为，发挥母子公司的整体优势。主要包括绩效评价与风险管控模式（徐强，2008）。

（5）金融集团母子公司关联交易的内涵与界定

① 关联交易的内涵

关联交易行为的确认和影响，由于集团内部存在差异化的多重治理模式，集团内部母子公司之间交易需求和手段的客观需要与复杂性的冲突，在企业集团内部母子公司之间表现得更加复杂。对企业集团内部母子公司之间的关联交易的识别和管理，一直是外部市场监管和企业集团内部治理的重要内容。要深刻认识关联交易行为及其产生的经济后果，必须把握关联方的内涵和表现形式。结合国内外相关法规，对关联交易内涵的把握需要考虑三方面内容：关联方、关联内容和关联交易的实现途径。

首先，从关联交易的参与主体来看，关联交易是发生于企业关联人之间的交易，参与交易的各方是否存在关联关系是确定关联交易的前提。有学者称"关联方"，是指任何两个或两个以上独立存在、相互间具有业务关系或投资关系、能控制或转移公司利益的法人或自然人；既可能是关联交易的双方当事人，也可能是交易当事人之外的其他人。该解释较好地阐明了关联人的主体范围与行为特点。

《美国1993年证券法》将关联人定义为"除发行人外的直接或间接控制发行人或者由发行人控制的任何人，或者与发行人一起直接或间接受到共同控制的任何人"，主要包括五类群体，即联营企业间、母子公司间、隶属同一母公司的子公司间、企业和职工利益的信托基金之间，以及企业与其主要所有者、管理者或其直接家庭成员之间。

《国际会计准则第24号——关联方披露》中将关联方定义为"在财务和经营决策中，如果一方有能力控制另一方或对另一方施加重大影响，则认为他们是关联方"。我国2002年1月1日起施行的《金融企业会计制度》第一百三十二条与国际会计准则有类似定义，并进一步明确在企业财务和经营决策中，直接控制和间接控制、共同控制或被控制都包含其内。

其次，从关联交易发生的内容看，关联交易是指在关联方之间发生转移资源或义务的事项，而不论是否收取价款。《上海证券交易所股票上市规则（2001年修订本）》中规定，上市公司关联交易是指上市公司及其控股子公司与关联人发生的转移资源或义务的事项，包括但不限于下列事项：购买或销售商品；购买或销售除商品以外的其他资产；提供或接受劳务；代理；租赁；提供资金；担保；管理方面的合同；研究与开发项目的转移；许可协议；赠与；债务重组；非货币性交易；关联双方共同投资；本所认为应当属于关联交易的其他事项。该规则还将关联人分为关联法人、关联自然人及潜在关联人，其中关联法人主要是指直接或间接控制上市公司的第一大股东，即本文所述的母公司。

最后，从目前关联交易的实现途径看，主要有转移定价、资产交易、资金融通和担保等多种形式，其是否不当主要视其是否存在下列风险。一是通过掩盖真实经营和财务情况的掩盖，从而实现资金转移、虚增利润等目的，如关联方之间通过关联购销，设定交易的内部价格，以转移定价方式，或借资产交易途径，操纵某一目标对象的利润。二是借内部关联交易方之间内部交易的复杂性掩盖内部关联交易的潜在风险，如尽管关联企业间的资金融通并没有设定强制性的隔离机制，在缺乏对企业资金流向的必要监管情况下，内部交易复杂性风险被可以隐瞒于外部利益相关者带来的对外部利益相关者的潜在威胁。三是内部关联交易链条复杂造成关联交易潜在风险识别困难形成的巨大潜在集体风险，如关联企业之间通过互保、连环担保形式，容易获得更多的外部贷款或金融支持。然而，这种连环担保的形式增加了外部监管的难度，一旦某一关联企业出现偿债危机，极易造成关联方的集体风险。四是内部交易在内部管理上增加了利益冲突风险，很容易诱发信息传导障碍，为不正当利益转移、侵占和损害增加空间，如金融集团中母公司和子公司之间由于股权关系而带来的董事和管理人员的交叉任职，虽然不属于一种交易形式，但由于这种管理上的联系形成的潜在利益冲突，扩展了内部信息扩散渠道，在很大程度上增加了不当内部交易的可能性。

② 金融集团母子公司内部交易的界定

金融企业集团内部，由于控制关系复杂，出于集团组织在成本、效益和风险等方面优势形成的考虑，集团内产生大量的成员间内部交易，是正常和必然的。《金融集团监管》报告将金融集团内部交易归结为以下十种形式：交叉持股；集团内部一个公司代表另一个公司进行交易；金融集团内部集中管理短期流动性；向集团内部其他子公司提供或者从其他子公司获得担保、贷款或承诺；提供管理或其他服务性安排，如养老金安排或后台服务；主要股东的风险暴露（包括贷款和承诺、担保等表外风险）；与集团内部其他公司配置客户资产所引发的风险；子公司之间的资产买卖；通过再保险而引发的风险传递；将与第三方有关的风险在集团内部不同子公司之间进行传递的交易。

但是，通过对关联交易与内部交易的比较，可以看到内部交易本质上是关联交易的一种特殊形式，然而与非集团关联交易相比，集团内部关联交易更具有隐蔽性和复杂性，更容易增加信息不对称和监管难度，从而造成风险的累积。对于金融集团而言，由于其行业特殊性，其风险扩散效应更为明显，金融集团内部交易不仅能够导致风险在集团内部不同机构之间进行扩散，而且还能将集团内部的风险扩散到一国的金融体系乃至经济体系。因此，相比较其他类型的关联交易，金融集团内部交易更具特殊性，更需要监管者的高度关注。金融企业集团内部交易可能产生的关联交易风险主要表现为以下几个方面。

从内部交易主体来看，有可能一定程度上限制交易主体的意志自由或者损害一些利益相关方的利益。通常金融集团的内部交易主要限于集团内部成员，一般在母子公司间或子公司之间利用复杂的集团内部关系进行，在特殊的情况下也可能涉及或迫及集团外第三方。例如，有些内部交易是控股公司利用控制权安排的，子公司只能服从；也有些内部交易是利用集团整体的经济优势与外部市场主体进行的，在此情况下子公司非控股方的利益相关方和外部主体的交易意志和利益有可能受到侵害。

从内部交易目的来看，有可能累计与利益最大化或规避各种风险目的的相背离的风险。通常情况下，集团可能会将盈利性较强的交易安排在集团内部，从而增加集团整体的盈利能力，或者通过内部交易安排规避各种金融风险，特别是管制风险。但是，当集团成为限制竞争的手段后，集团内部交易的锁定效应可能与隧道效应一起，一方面损害金融集团整体的盈利能力，并限制集团长期竞争能力的提高；另一方面将柠檬效应扩展至实体经济，对实体企业市场竞争的公平性产生影响，进而可能累计资产风险。

从内部交易客体看，有可能产生风险转移效应和风险传导效应。金融集团通过子公司组织形式在一定程度上实现了风险隔离。但是，由于金融集团内部交易的客体主要是各种有形（如股份、实物资产等）或无形财产（如信息、商誉、市场影响力等），内部交易如果监管不当，很有可能成为风险传导和转移的通道。例如，集团内部成员之间通过客户推荐分享客户及相关重要信息，其内部交易的客体为信息，如果该客户出现信用违约等风险，不仅会形成风险传导，而且可能在集团内部博弈下产生风险转移，短期来看可能减少集团整体利益损失，但是由于增加风险识别和处理难度，长期将对整体商誉和利益产生不利影响。

1.4　项目研究的理论创新程度和实用价值

本文的研究具有突出的实践应用价值。

首先，通过研究金融危机前后中外融资租赁市场的发展特点和趋势，商业银行尤其是工商银行开展租赁业务的优劣势，明确融资租赁业务对工商银行集团综合化战略转型的意义，这一研究成果不仅对于推进工商银行的综合化经营具有现实的指导意义，而且为工商银行应对环境变化和动态竞争提供指引，从而研究成果兼具一般性与特殊性，同时具有可操作性和前瞻性。

其次，本文研究基于对"战略—结构"静态匹配可能产生的实践误区，强调通过母子公司一体化机制的建立推动母子公司关系的变化，以实现工商银行集团和工银租赁的动态良性互动发展。基于这一逻辑前提，对国际先进经验的总结关键是清楚其独特的历史背景和相应的一体化机制的独特优势和自适应性，通过研究这些成功的从事综合化经营的国际大型银行金融组织，从中总结一体化机制的建立原则和关键要素。对工商银行集团和工银租赁的一体化现状和联动关系的分析，则是区分出适应工商银行一体化机制战略机制构建的核心要素和推动实现变革的关键要素，并创新性地应用理论与案例分析总结的建构原则，提出可以应用和丰富工商银行集团优势的一体化机制框架。

最后，分别从工商银行集团和工银租赁子公司两个角度，探讨各自在推动和实现母子公司一体化的路径和管理框架。本研究始终立足于演进的视角，将环境的动态变动、行业和市场的竞争趋势，与工商银行母子公司的实际情况相结合，提出未来一定时期的战略变革关键和未来值得关注的核心问题和关键环节，为工商银行建立具有国际竞争优势的"ONE ICBC"提供了研究基础和有益建议。

本文的理论研究意义在于，由于创新性地将演进理论和资源理论应用到母子公司管理的研究中，基于中国银行业这样一个社会和经济影响意义重大的行业，将有助于发现和挖掘中国企业集团特有的共生演进过程和相应影响因素，推进本土与国际在母子公司关系和集团动态能力演进方面在理论和实践上的研究。

2 子公司发展与银行控股金融集团母子公司一体化机制构建的基本框架

商业银行综合经营是金融一体化的结果。金融脱媒、利率市场化和金融业全球化竞争加剧是国内外银行综合化、国际化经营转型的外部推手。与国外银行综合化经营相比较而言，中国商业银行综合化经营面临发展不足的突出问题。随着全球金融一体化的深入，以及我国银行在国际金融市场中地位的不断提升，尽快发挥综合化经营的一体化优势日益迫切。但是，我国的金融控股公司的发展还处于起步阶段，作为落实银行集团综合化经营战略的非银行类子公司相对规模较小，如何尽快推动非银行类子公司的健康快速发展，以发挥综合化经营一体化的收益，推动我国商业银行盈利模式转型，这成为我国商业银行提升国际竞争力的重要问题。

2.1 银行业综合化经营的演进规律与特征分析

2.1.1 国际银行业综合化经营的一体化模式分析与选择

20世纪80年代以来，西方发达国家加快了金融服务业的战略调整，以1999年美国放弃了持续半个多世纪的分业经营模式为标志，综合经营成为全球金融发展的重要趋势。近年来，随着我国金融业的对外开放，国外的金融综合经营集团进入我国金融市场，我国商业银行的经营环境发生了重大变化，伴随着利率市场化和金融脱媒的出现，商业银行的经营难度加大。与此同时，我国商业银行经过一系列金融改革和创新，国内新兴金融产品不断出现，国内金融企业参与全球竞争的程度不断提高，业务成长空间急需进一步拓展。新的形势为我国商业银行开展综合经营带来了内部发展动力和外在经营压力，在当前国家关于分业经营政策格局有所松动的情况下，国内商业银行纷纷加快了综合经营探索的步伐。在这一背景下，稳步加快综合经营成为国内大银行转型发展的唯一选择，国内银行控股金融集团逐步产生并迅速成长为综合经营的主体。

2.1.1.1 金融综合经营主体特征的共性

（1）母子公司制的集团为主体。实行金融综合经营的机构尽管各自的具体组织模式不同，但基本架构都是母子公司制度。

（2）资本雄厚，规模巨大。这些金融集团大多资本雄厚、竞争力强、具有规模经济优势。由于金融机构在金融综合经营过程中涉及不同的金融子市场，面临比经营单一业务更大的风险，需要更强大的资本金抵御经营中的各种风险。

（3）大规模实施兼并重组。为满足规模经济的要求，各国都不约而同地掀起了金融机构的兼并和重组浪潮。它们或者历史悠久，或者是通过机构重组形成，但都具有一整套的公司治理结构体系。

（4）积极推进国际化进程。实行综合经营的各国金融集团虽然多元化战略的侧重和实施各有不同，但是都在发展的不同阶段利用国内和国际市场的有利时机积极扩展在母国之外的市场。

2.1.1.2　国外主要金融综合模式在组织架构上的差异

金融业综合经营的模式划分可以从两个维度共同确定。一是允许开展综合经营的业务范围；二是开展综合经营的组织形式。根据这两个判断维度，综合经营可以大致分为两种各具鲜明特征的代表性组织模式：全能银行制（代表国家为德国）和金融控股公司制（代表国家为美国）。处于两者之间的，是在业务范围和组织形式上重组而形成的模式，例如，英国、日本和法国。几大模式在组织结构、一体化模式、关联交易风险上的主要差别如表 2-1 所示。

表 2-1　　　　　国外主要金融综合模式的一体化差异特征

金融集团模式	组织结构类型	一体化模式	关联交易风险	代表国家
全能银行型（Universal Banking，UB）	• 全能业务经营，控股公司和支行都有经营职能； • 内部综合经营	完全一体化，获得在客户资源共享、管理技能扩散、资产多样化、风险分散和财务等多方面协同	缺乏有效的风险隔离机制	德意志银行集团
金融控股公司型（Financial Holding Company，FHC）	经营性控股公司	以控股公司为核心进行一体化整合，控股公司兼顾经营部分业务	① 银行业与非银行业关联度较小，可以保护银行，弱化非银子公司可能的负面影响	日本、英国、法国
	纯粹性控股公司	网络一体化：集团形成多个局域网络核心子公司，控股公司专司整合各子公司	② 各子公司之间设立防火墙，严防业务之间的"利益冲突"和"风险感染"	美国

资料来源：作者根据夏斌（2001），朱民（2004）中相关资料整理汇编。

（1）德国为代表的全能银行。全能银行起源于荷兰，发展完善于德国，是指在一个单一的公司架构中生产和销售所有的金融服务。德国最常见的全能银行是将商业银行和投资银行合并在同一个公司里，其他金融业务则通过全能银行拥有的具有单独资本金的附属机构来经营。许多欧洲大陆金融机构也采用这种模式。

（2）美国的金融控股公司。美国法律要求综合经营的金融集团必须以金融控股公司为治理结构。通常美国的金融控股公司是纯粹性金融控股公司，其母公司不从事具体业务经营，所有的金融业务分别通过银行和非银行子公司进行运营。

（3）英国和日本的金融集团多采用银行控股公司形式。英国的金融集团前身多是清算银行，因此在合并或者收购其他公司形成巨型金融集团后，其母公司通常仍然是清算银行，本身经营商业银行任务，通过旗下的子公司来从事非银行业务。日本的情况与英国类似。

（4）法国金融综合经营最大的特色是银保公司，指销售保险产品的银行（或销售银行产品的保险公司）。法国的银保公司可采用金融控股公司的方式，但更多的是通过协议代理、策略联盟或建立合资公司来实行综合经营。

2.1.2 我国银行业综合化经营的演进与模式选择

我国银行业综合化经营模式的确立经历了一个渐进调整的过程，呈现出三个阶段：1993 年之前的综合经营阶段、1993—2006 年为分业经营阶段、2006 年以后综合经营试点阶段。

目前，我国法律上实行"分业经营、分业监管"，但混业经营的金融集团雏形已经出现。我国银行业的综合经营呈现出四个主要特征：（1）综合化经营已经成为大型商业银行发展战略的重要内容之一，主要涉及基金、证券、信托、保险和租赁等业务。（2）非银行业务的资产占比较小，利润贡献度较低。以中国银行为例，截至 2010 年末，多元化平台资本占集团权益总额的 8%，但近五年的累计税后利润占比仅为 5.6%。（3）股权结构上看，各商业银行特别是大型商业银行涉足非银行类业务比较倾向于独资设立或绝对控股。（4）我国大型商业银行在构建综合化经营平台过程中，在并购和战略联盟对象选择时通常以外资银行或非银行金融机构为主要对象。

目前来看，国内金融机构在监管环境、风险、收益等多重因素的制约下，大多数选择了金融控股公司作为其综合化经营战略的实施载体。但在发起人、组织形式和主营业务等方面存在着很大的差别，国内的金融控股公司大体上可以分为四种模式（詹向阳、樊志刚等，2009）。

第一种模式是以光大集团、中信集团为代表的纯粹性金融控股公司。这些公司起步较早，业务架构比较完整，但由于主业不突出，金融业务规模有限，同业竞争优势不显著。

第二种模式是以工商银行、中国银行、建设银行为代表的银行控股公司。银行业务的突出优势为发挥综合化经营的范围经济和规模经济奠定了良好的基础。此类控股公司的组成形式也更灵活多样，如建行与摩根士丹利合资成立投资银行——中金公司。

第三种模式是以平安集团为代表的非银行机构主导型金融控股公司。与银行主导型的金融金融控股公司相比，此类金融控股集团的规模效应相对较弱。

第四种模式是以上海国际集团为代表的区域性金融控股公司，得益于地方政府的大力支持，享受局部地区优势。

上述四种模式在综合化初期起到了积极作用，但是随着国内外综合化和国际化的深入，对一体化的整合和优势形成的压力日益增加。

2.1.3 国内外主要金融综合模式在一体化模式上的差别

国外金融业综合化经营的实践开始时间略有差别，但除德国一直实施混业经营以外，其他国家混业经营法律地位的确立都晚于实践。因此，一个突出的特点是，在 20 世纪 80～90 年代金融业综合化经营法律地位确立前后都出现过金融业的并购浪潮，不同在于 50 年代的并购浪潮的主角是商业银行，20 世纪 80～90 年代并购浪潮的主角则是以金融控股公司形式存在的金融集团。与商业银行不同，金融集团内部业务的复杂程度和多元化程度更强，一体化整合的难度更大。

首先，从战略定位看，金融控股公司的发展战略呈现多层次、差异性和演进性。其变化体现在不同国家的金融控股公司之间，也体现在同一金融控股公司发展的不同阶段。后一种差异在金融控股公司的母、子公司层面都普遍存在。

其次，从组织形式上看，金融控股公司模式占优。在实践中，作为金融控股公司的母公司的发展方向是不再从事具体的金融业务，而是专门负责对金融集团所属成员的管理。如美国花旗集团的花旗控股、日本瑞穗集团的瑞穗控股、英国汇丰集团的汇丰控股、德国安联集团的安联控股均已脱离了具体业务经营，而专司集团的控股功能。

最后，从经营范围上来看，大多数国家不允许金融业和产业的充分融合。我国金融综合经营的模式与国际分类不同，综合经营范围根据银行所有制结构有所不同，国有银行大都涉足基金、证券、信托、保险和租赁业务，其他商业银行仅仅涉足其中的一到两个业务领域。在业务的组织方式上，国内外银行也存在差别，如与商业银行和证券业之间综合经营的单向性特征形成鲜明对比的是，银行保险方面，边界仍然不稳定。既有花旗集团等部分金融保险集团开始剥离风险承保交易，逐步回归银行主业的实践，也有荷兰国际（ING）、安联（ALLIANZ）等欧洲金融集团实现了银行业务和保险业务的高度融合，不仅在产品开发、销售支持方面运用统一的管理和技术平台，而且真正实现了客户资源的共享和内涵价值的提升。

2.2 我国银行业综合化经营与一体化模式的选择

2.2.1 两种一体化机制的关系

我国目前从事综合化经营的商业银行，内部组织模式主要有两种类型，即总分行制和母子公司制。由于现阶段不同银行控股商业银行的综合化发展处于不同阶段，往往是两种组织形式并存，但是以一种模式为主。从集团管理的一体化管理的组织框架来看，两种一体化机制存在明显差异。

2.2.1.1 总分行制的一体化机制

我国商业银行实行总分行制的内部治理结构是一种多重委托代理关系，总行处于委托人地位，一级分行和二级分行既是委托人又是代理人，基层经营机构则处于代理人地位。在这种模式下，上级机构对下级机构的控制是一体化的核心。总分行制一般需要加强总行对分支机构的控制力度，强化总行的管理职能和分行的营销功能，上级机构向下级机构授权是对控制机制的补充。我国实行总分行制的商业银行遵循的经营模式是总行行长接受董事会的授权，将经营管理权授权给一级分行和总行内设部门，然后一级分行转授权给本级内设部门和二级分行，依此类推，形成自上而下的纵向授权管理模式。

2.2.1.2 母子公司制的一体化机制

在母子公司这种组织结构中，母公司对子公司没有绝对的支配权。母公司设立子公司，是以多元化经营和战略性经营为目的，母公司设置专业金融事业子公司，通过资本配置和综合发展计划的制订，调整集团在各个金融子行业中的利益格局，形成综合化竞争力。子公司之间通过签订合作协议，实现客户网络、资信、营销能力等方面的优势互补，共同开发多样化的金融产品，进而降低整体经营成本，加快金融创新。各金融行业既自成专业化发展体系，彼此之间没有利益从属关系，又能互相协作、凝聚竞争力，一定程度上实现了专业化与多样化的有效统一。

2.2.1.3 两种组织形式在一体化机制上的区别

（1）总分行模式中，上级机构主要依靠行政权力对下级机构进行比较严格的控制，虽然上级机构也会考虑适度分权，但是控制仍是管理的核心。在母子公司制组织中，母公司并不会单纯强调对子公司的控制，而是根据子公司的战略定位和发展阶段采取不同的管理控制模式。

（2）在总分行的组织框架下，一体化机制主要表现为由上到下的纵向控制，最上级机构掌握了政策制定的权力，下级机构服从并执行上级决定。在母子公司制下，母公司通过对子公司持股并参与其运营来提高集团的整合水平。

除了纵向的整合，子公司之间也通过签订协议、资源共享等方式开展横向的一体化。因此，就一体化的实施方向来看，母子公司制表现出了横纵结合的多样化模式。

综合而言，见表 2-2，相对于总分行制结构，母子公司的优势是形成了横纵结合的关系网络，由此带来一体化管控模式及其相关影响因素的变化。

表 2-2　　层级结构与矩阵结构在母子公司一体化管理模式上的差异

比较内容	网络/矩阵结构	层级结构
母子公司管理度	相对分权	相对集权
母子公司管理、控制模式	基于子公司治理的管理型	基于母公司直接管理的行政控制型
内部资源流动方向	横向 + 纵向	纵向
战略性资源	知识、关系	规模、资金
竞争优势分布	母公司 + 子公司	母公司
管理层次	少	多
子公司主动性/能力	强	弱、一般
应变能力	强	一般

资料来源：作者根据相关资料整理汇编。

2.2.2　银行控股金融集团母子公司关系的特殊性

银行集团的母公司与子公司之间的主要关系有产权关系、法律关系、交易关系、人事关系、潜在的风险相互传导关系以及文化关系（李维安，曹廷求，2005；王国刚，2006）。

（1）三权分离的产权关系是基础。金融控股集团母公司是金融子公司的出资人和股东，依据持有的股权对金融子公司行使出资人权利，对其子公司行使资产收益权和股权转让收益。金融子公司拥有独立的法人财产权，建立企业法人制度，实现法人财产权与资产经营权的分离；通过建立资本金制度和资产经营责任制，使自负盈亏的责任落实到子公司；金融子公司的高管层受董事会任命，负责公司日常运营，落实母公司的战略意图。

（2）在产权关系的基础之上，有限责任界定的法律关系。金融控股集团的母公司作为子公司的股东，享有法定的股东权，以其对子公司出资额为限承担有限责任；金融子公司享有母公司及其他股东投资形成的全部法人财产权，母公司不是子公司的行政管理机构，母公司与子公司之间不是上下级行政隶属关系，母公司不能违反法律和章程规定，直接干预子公司的日常生产经营活动。

（3）内部交易关系是集团优势的双刃剑。内部交易主要包括产品购销中的内部交易、资产重组时的内部交易、融资中的内部交易，包括母子公司之间和子公司之间资金借贷往来和提供担保、费用负担中的内部交易、租赁关系中的内部交易。内部交易可以提高金融控股集团的经营效益，降低交易成本，可用集团控制的程序来配置资源，通过内部安排达到供需双方协调一致，但也存在损害中小股东利益、排斥外部产品与服务、阻碍资源的优化配置等潜在风险。

（4）通过人事关系增强凝聚力。金融控股集团母子公司间的人事关系是建立在产权关系基础之上，以母公司持有的子公司股权为度。对于全资子公司，金融控股公司可以对其关键人事进行全面控制，如保持对子公司董事会和监事会的绝对控制；子公司总经理、财务总监、营销总监等重要领导人由子公司董事会提名并报母公司审批；母公司派往子公司的代表可以将他们的人事档案和劳资关系仍然挂靠在母公司，以便于控制；各派出代表都要接受母公司的指导、监督和考察。

（5）面临潜在的文化冲突。虽然信贷、保险、投行、证券等业务在业务性质与客户方面存在不同程度的重合，但不同业务的从业人员在文化认同上存在较大差异。比如，在客户价值管理方面，投行与商业银行的文化冲突明显，投行的客户关系是短暂的，相比较而言，商业银行的客户则是长期的。因此，商业银行在经营投行业务过程中，能否处理好此类潜在的文化冲突便成为集团优势能否形成的重要方面之一。

（6）母子公司之间的风险传导。一方面，内部交易可以为集团带来协同效应，降低经营成本，增加利润，改进风险管理的效率，更有效地管理资本和债务；另一方面，内部交易可能导致风险传递，使经营中发生的困难更加复杂化。银行集团和监管当局都应权衡内部交易的好处和问题，区别对待不同金融业务中不同种类的内部交易（凌晓东，2001）。一般非金融企业集团之间，由于金融风险的外部性，各金融子公司间存在风险传染的可能性。有限责任制度保护了金融控股集团母公司，却加大了子公司债权人的风险（李婷婷，2009）。

2.3 母子公司关系管理与一体化机制的构建

在应对外部环境变化过程中，国内外银行等金融机构大都倾向于选择"金融控股公司模式"进行综合化经营转型，但是为何他们的绩效会有很大差异？本研究在总结母子公司关系理论发展的基础上，提出母子公司一体化机制构建与子公司发展关系的研究框架。

2.3.1 母子公司关系理论综述

20 世纪 60 年代起，有学者开始陆续探讨母子公司关系问题，20 世纪 80 年代以后，由于跨国公司的发展以及子公司地位的改变，这一问题引起更加广泛的关注。对母子公司关系管理研究的深入，为母子公司制金融集团在战略、组织结构和竞争优势演进等方面的研究提供了坚实的理论基础。

母子公司关系研究在全球化背景下，将战略管理、组织管理和跨国公司理论相融合，大致经历了四个阶段（Birkinshaw 和 Hood，1998；Birkinshaw 和 Harzing，1999；Paterson 和 Brock，2002），见表 2－3。在理论发展的四个阶段分别将内外部环境压力、母子公司各自的战略选择、母子公司关系，以及子公司发展与角色演进逐步引入到研究集团在竞争优势或绩效方面差异的框架之内。

在战略—结构学派中，母子公司管理和整合的基本路径是"环境分析—战略选择—组织匹配"。该理论认为组织结构是一种十分有效的控制机制，是可以随着战略变动而随时变动的。由于在严格等级制下子公司仅作为执行者存在，母子公司之间关系是单向的，不存在整合冲突的问题。因此，该理论忽略了组织结构刚性和子公司抵制的问题。

在母子公司关系学派中，母子公司之间的纵向层级关系得到重视。由于在国际化和综合化情景下，母公司和子公司所处的产业环境和国际地区市场环境不同，导致母子公司管理出现矛盾，即一方面在母子公司内部存在协调一致的要求，另一方面子公司面临响应当地环境和需求变化的压力。由此产生母子公司管理的三项重要任务：当地快速反应、全球范围内赢得和提高效率，以及知识转移。因此，文化、子公司参与等非正式控制方式成为集团整合的有效管理手段。

在子公司角色学派中，母公司是竞争优势唯一来源的思想受到挑战，子公司可以成为母子公司的次级中心，并成为竞争优势的重要来源。因此，解决"一体化响应"中的内生矛盾的机制，不是"战略—结构"匹配观，而是"环境、战略和结构"三者互动观，需要重视诸如各子公司等集团内部的"横向组织"。

在子公司发展学派中，子公司角色对母子公司关系的重要作用得到动态化发展。面对东道国政策干预和海外子公司自身成长的双重压力，海外子公司的角色变化，以及权利分配和控制方式的变化得到重视。在资源理论、创新理论和学习理论基础上，研究发现母、子公司和多重环境变化及它们之间的相互作用会导致子公司资源与能力的变化，从而导致子公司角色变化。在利用和开发母公司优势方面，不仅母公司战略具有影响力，也受到子公司自主性的影响。

表 2 -3　　　　　　　　母子公司关系管理研究的四大流派

流派	战略—结构	母子公司关系学派	子公司角色学派	子公司发展学派
焦点	公司整体	公司内和母子层级间的互动	复杂的母子公司关系	子公司角色演变
理论	战略结构理论 控制理论	交易成本，情景理论	网络理论	演进理论，创新理论，学习理论
主要观点	• 在公司/业务层面寻求组织结构与战略的匹配； • 组织结构设计的核心是选择合适的控制方式	• 全球化竞争的基础不再是资源利用，而是技能的开发和利用； • 母子公司之间和内部存在差异化的创新互动模式； • 三类结构安排：内部适应、内部网络、公司创业与更新	• 子公司角色的变化是公司在动荡的环境中保持适应性的重要机制； • 弹性和速度是企业竞争成败的关键，而非多元化运行的效率； • 网络组织以渐进或突变的形式取代事业部制组织	• 母、子公司在战略、结构和资源配置、外部环境上的变化及相互作用会影响子公司的能力、资源和优势； • 子公司发展受公司总部战略和自身意愿的影响
局限	没有考虑母子公司层级间关系与整合	子公司角色固定	没有考虑子公司对母公司战略的影响	子公司主动可能危及公司整体利益
竞争优势来源	• 母公司是唯一竞争优势的来源； • 子公司是单纯接受者和被控制者	• 母公司是唯一竞争优势的来源； • 母子公司关系会影响母公司优势的运用	• 母公司是竞争优势的来源； • 子公司是竞争优势的次级来源	• 母、子公司都是竞争优势的来源； • 母公司推动子公司角色变动的能力是竞争优势的来源
组织结构假设	• 严格的等级制度	• 层级结构； • 子公司受母公司控制	网络组织	• 子公司角色不同； • 子公司之间、与当地环境中的其他组织之间存在联系
代表文献	Chandler, 1962; Rumelt, 1974; Stopford 和 Well, 1972; Miles 和 Snow, 1978; Dyas 和 Thanheiser, 1976	Bartlett 和 Ghoshal, 1989; Ghoshal 和 Westney, 1993; Doz 和 Prahalad, 1991; Hedlund, 1986; Prahalad, 1976; Prahalad 和 Doz,1987; Galunic 和 Eisenhardt, 1996	Bartlett 和 Ghoshal, 1993; Hedlund, 1994; Galunic 和 Eisenhardt, 1996; Luo, 2000; Frost, Birkinshaw 和 Ensign, 2002; Birkinshaw 和 Hood, 1998	Crookell, 1986; Malgnight, 1996; Delaney, 1996; Jarillo 和 Martinez, 1990; Paterson 和 Brock, 2002;

资料来源：作者根据相关文献资料自行整理。

2.3.2 母子公司管理的主要问题和一体化的主要内容

2.3.2.1 母子公司管理面临的主要问题

从上述母子公司管理理论发展历程来看，母子公司管理需要解决的问题主要有四点。

一是不确定性环境中资产专用性带来的交易成本问题。在金融控股公司中，银行通过利用对客户信息的掌握和广泛的交易渠道，可以将传统信贷业务与租赁等业务相整合，增加客户综合服务能力，提升相关业务的盈利能力，并更好地管理客户违约等信用风险。通过在信贷业务之外的租赁等业务的发展，扩大银行客户和渠道等专用性资产的使用范围，可以节约交易成本。但是通过综合化经营扩大专用资产的使用范围，这一战略举措是否实能够实现收益增长，还需要考虑母子公司活动中的组织成本。

二是母子公司之间利益不一致产生的代理问题。例如，许多大型商业银行往往在不同地区和产品上实施多品牌战略，以此迎合并保有针对不同客户需求的细分市场。但是，其有效运营的前提有三个，第一是能够建立起基于集团的、与集团战略定位相一致的、统一的品牌形象和品牌认同；第二是能够建立起多品牌之间的紧密联系；第三是针对可能的道德风险、信用风险、商誉风险等风险的内部传递，建立有效的监督、控制和应急管理机制。花旗集团自1998年与旅行者集团合并成立之后，通过全球范围的并购实现了规模和产品线的迅速扩张，但是并购后的多品牌独立运营，没有在上述三方面进行及时有效地整合，不仅没有产生品牌之间的协同效应，而且导致了2002—2004年一系列丑闻事件对公司在财务和商誉上的严重损失。

三是母子公司内部知识和能力产生来源的多样化发展对内部创新、整合和传递带来的挑战与冲突。集团化运营一方面通过成立多种形式的非银行类子公司，形成了多样化业务上的专业运营和风险分散优势；另一方面通过集团一体化整合机制，建立起整合不同子公司的内部前、中、后台分工合作的价值链整合优势。然而不同的金融集团内部组成和发展状况往往不同，集团的战略定位和目标也存在差异，采取什么样的整合模式往往受到母子公司关系层面因素，母子公司各自情况因素以及外部环境的影响。

四是母子公司之间风险分散和隔离机制的建立问题。母子公司结构包含的多个业务领域之间，往往相对独立运营、专注于不同特征、处于不同产品生命周期，因此，在增加集团多种盈利渠道的同时，也分散了业务集中产生的收益风险。但是，集团内部各子公司之间在业务、资金、客户等方面的联系和潜在竞争，还需要建立有效隔离内部交易风险的防火墙机制。

2.3.2.2 母子公司一体化机制的主要内容

所谓一体化战略是指企业充分利用自己在产品、技术、市场上的优势，根据企业的控制程度和物资流动的方向，使企业不断向深度和广度发展的一种战略。一体化战略包括纵向一体化（vertical integration）和横向一体化（horizontal integration），而纵向一体化又可分为前向一体化和后向一体化。横向一体化又叫做水平一体化，企业常采用并购的方式来实现。尽管在日常操作中往往将纵向一体化简称为一体化，将横向一体化简称为多元化，但是两种一体化的建立都是一个复杂的过程，在集团企业中，往往是两种一体化的某种组合，使一体化的建立过程更加复杂。从战略管理理论和演进理论来看，母子公司制一体化机制的建立往往经历以集团战略、组织和资源配置之间的动态过程为核心，多种因素影响的复杂演进过程，总结现有战略与组织管理文献，本文的一体化机制框架，如图2-1所示。

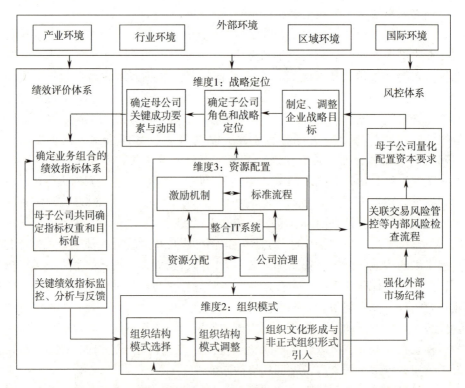

图2-1 母子公司一体化整合的机制框架

总体而言，一体化机制的建立，需要以三个维度为基础，建立两大过程、形成四大循环，综合运用五种手段。

解决母子公司一体化管理问题的三个基本维度是指，战略定位、组织模式和资源管理。战略定位是在对外部金融产业发展趋势和内部业务发展模式和目标定位的审视与调整，这直接关系到母公司和子公司战略的制定和调整。通常对于银行控股金融集团而言，一方面母公司战略调整往往体现为采取并购或新设等形式新设子公司，或者引发子公司战略定位的调整；另一方面，随着子公司发展与成长引致的子公司在集团整体中的重要性发生变化，母公司层面新的整合需求往往引发新一轮的集团战略调整。组织模式的选择和演进，一方面体现出集团根据外部环境变化进行战略调整的需要；另一方面，组织模式调整本身也是配合子公司战略调整的需要。资源配置，往往根据战略调整和组织模式变更的不同程度和组合，体现在五种资源配置手段使用的数量和程度上存在差异。

两大过程包括"战略定位—组织模式—资源配置"的一体化核心过程，以及在这一核心过程基础上通过强调绩效评价体系和风控体系来体现"兼顾激励与控制"思想的一体化过程。战略定位、组织模式和资源配置三个维度之间形成的一体化机制的建立过程，以战略定位的调整为起始，组织模式和资源管理作为落实战略变革的两大途径，这个一体化机制建立的演进过程在调整时间和程度上存在很大不确定性。这种不确定性主要受到环境、母子公司关系和母子公司各自状况等因素影响。

绩效评价体系和风险控制体系作为银行控股公司一体化机制建立中母子公司控制模式的主要组成部分，必须以母子公司之间形成的"战略定位—组织模式—资源配置"一体化过程为轴心，通过绩效指标体系的建立和反馈过程，与风险管理控制体系的价值保障和创造过程，在组织模式与资源配置形成的母子公司管理模式形成的激励机制基础上，提供平衡绩效与风险的控制机制。

四大循环是强调在战略定位调整、组织模式变革、资源管理手段，以及两大过程之间形成的资源流动和知识传递的循环过程。往往最后一种循环以财务年度为周期进行，最后两种可以在一个整合调整阶段发生多次循环。组织模式变革的循环往往体现在一个大的一体化整合过程中不同阶段之间的更替，而战略定位的调整往往昭示着新的整合调整过程的开始。

资源配置的五种手段中，资源分配和激励机制是在母子公司层面，在一体化机制整合的不同过程和不同阶段中最频繁使用的手段。在子公司初创期和战略调整初期，公司治理是最为关键和重要的母子公司管理手段。IT系统和制度流程是母子公司一体化整合过程中最为漫长，也最为长效，对整合的最终效果最为关键的手段。在子公司初创期和战略调整初期，母子公司的IT系统和制度流程往往体现出相当程度的相似性，反映出母公司对子公司的支持和子公司对母公司优势的利用。但是随着子公司的发展壮大，母子公司之间在IT系统和制度流程上的相似性会因对专业性的强化而弱化。对于已经成长为一定区域和一定业务线上的核心节点的子公司而言，母公司的一体化机制建设需要在一体化和专业化平衡基础上实现战略高度的一体化。

2.3.2.3　母子公司一体化整合的基本模式

母子公司一体化战略可以采用多种一体化整合模式，具体而言主要包括以下三种模式：以客户为驱动的整合模式，以品牌为驱动的整合模式，以及以业务为驱动的整合模式。区域整合往往是上述三种模式的某种组合，而每一种运营模式的优势不同，对母子公司的能力要求不同，其具体实施要求也不同，见图 2-2。

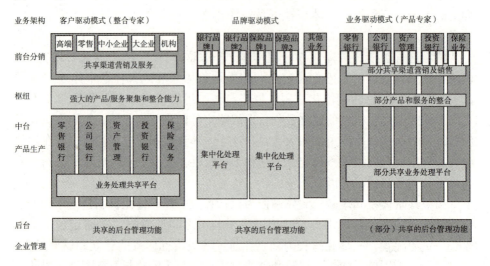

资料来源：中国工商银行《非银行金融业务研究咨询项目》，2010。

图 2-2　一体化整合的三种基本模式

（1）以客户为驱动的整合模式

以客户为驱动的整合模式重点强调以客户体验和客户分群为设计主导，致力于满足客户的全部需求，提供一站式服务，但同时保留产品和业务的专业性。通过共享的前台渠道和客户服务，分解价值链中共同的部分，实现业务的共享平台，形成规模经济共享的后台管理功能。

以客户为中心的整合模式要求企业以服务目标客户群的要求为中心，进而通过整合流程和后台，通过组织的灵活管控和柔性化，实现产品和服务的一体化，针对目标客户群体的需求提出一体化解决方案。

整合客户需求过程实际上对企业的前台服务能力提出了较高要求，通过前台实现销售整合、服务整合以及产品整合才能够有效实现对目标客户的需求识别和挖掘；通过整合的销售渠道提供交叉销售，向客户提供组合产品和服务，利用在某个业务领域的"信誉扩散效应"扩大产品和服务范围，在促进客户体验的同时，扩大银行的收入来源；向客户提供"一站式金融服务"，为客户提供一体化解决方案，节约客户的交易成本和搜索成本，提高客户忠诚度，降低客户获取成本；量身定做金融产品和服务，根据客户对银行、证券、保险等金融产品的多方面需求量身定做金融产品和服务，提高客户的满意度。

在实施以客户为驱动的整合模式过程中，对于后台管控而言，重点则在于实现内部资源共享和整合。整合前台的销售渠道和客户资源，有利于信息共享，扩展业务范围，降低业务开发和推广成本；通过整合后台的研发、技术支持、财务和人力资源等企业支持服务，降低运营成本，提高运营效率。

（2）以品牌为驱动的整合模式

以品牌为驱动的整合模式，重点强调营销战略和品牌形象的差异化，意图保留不同的细分市场和客户群。对于市场销售而言，通过设立不同的品牌形象，对产品和服务内容进行区隔，采取不同的定价策略，从而实现对不同客户群体的覆盖。同时通过对相关业务的集成，在后台实现不同业务和资源的共享。

实施以品牌为驱动的整合模式，首先，需要以高效运作的后台业务系统和流程为依托，才能够实现不同品牌之间在资源、信息以及产品开发上的有效协同，从而实现不同品牌之间的协同效应。其次，品牌之间的相对独立将增加后台协调和组织难度和成本，这就对后台管理、监督和协调的组织功能提出了更高要求。最后，不同品牌之间的准确定位应成为品牌整合的关键，在避免不同品牌之间冲突的同时，应保持品牌之间的关联性，最大限度挖掘品牌的整体价值。

（3）以业务为驱动的整合模式

以业务为驱动的整合模式，重点强调在集团框架下独立业务单位之间的功能整合。在这一整合模式下，允许每块业务有独立的战略、目标市场和客户，每块业务之间存在一定关联性，同时将部分资源和职能统一于集团公司。

在这一整合模式下，子公司往往享有更大的自主权，在战略上更为灵活，然而子公司之间的协调难度也随之增大，从而不利于子公司之间资源匹配和协同效应的实现。一般来说，在企业内部各业务单位之间的关联度越大，企业最高管理层的协调工作也就越多。这种协调工作不仅包括战略上的协调，也包括具体运营操作上的协调。与此同时，为了最大限度实现不同子公司之间的优势和能力的互补，母公司应充分发挥子公司之间"核心能力"传递和转移的中间作用，通过将核心能力在各下属业务单位之间转移，以增加下属经营单位的价值，建立竞争优势。这些核心能力包括核心技术开发能力、市场营销能力、成本控制能力等。母公司应当与各业务单位共同制定业务层战略，以此保持母子公司战略协调，除此之外还应包括为整个企业树立目标、定义任务、建立全公司的价值观体系，通过企业文化的建立取得更深层的企业凝聚力。

2.3.3 母子公司一体化与子公司发展

总结上述理论研究成果，可以发现，母子公司一体化发展并不能排斥当地响应的压力，相反，母子公司管理通过平衡"一体化响应"的矛盾，可以充分挖掘母子公司所处不同环境带来的机遇和挑战。考虑到母子公司管理的复杂性，尤其是子公司发展对母子公司一体化优势产生的积极作用，本研究提出以下研究框架，见图2-3，该研究框架主要强调以下几个方面。

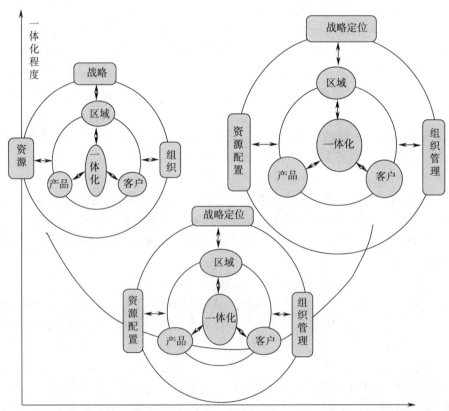

图 2-3 母子公司一体化程度与子公司发展与角色演变的关系框架图

第一，母子公司一体化的实现需要根据环境变化产生的机遇与挑战，对战略定位、组织管理和资源配置进行调整。

第二，战略定位、组织管理和资源配置的调整是一个多阶段互动演进的过程。演进的路径通常是：首先根据环境判断做出战略定位调整，随后通过组织管理和资源配置两个渠道的调整，推动战略变革的实施；在战略变革过程中，随着外部环境的变化，战略定位有可能发生阶段性调整。因此，母子公司一体化机制的建立与实现是一个长期、多阶段的演进过程。由于环境变化的不确定性，一个阶段一体化过程的结果可能与变革初期的战略定位有一定差别。

第三，随着一体化过程的推进，母公司的竞争优势会逐步提升，子公司的角色也会发生变化，由此也会推动母子公司一体化变革的新进程。在一体化初期，由于子公司处于初创期，母公司是竞争优势的主要来源，子公司发展主要依靠母公司的优势支持，这一阶段的一体化比较容易实施，一体化程度也会比较高。随着子公司的发展，子公司逐渐成长为母公司的次级优势中心，这时整合难度相对比较低，子公司发展的自主性要求也会使这一阶段的一体化程度相应降低。随着子公司的进一步发展，逐步在产品、客户和区域的某个专业组合中成为次级优势中心，母子公司整合演变为以不同子公司为节点的网络整合，相对以母公司为核心对众多子公司多方面的整合而言，一体化难度降低，但一体化收益增加，从而推动母子公司一体化程度的提升，并实现母子公司一体化和当地响应能力双升的良性局面。

第四，银行控股公司发展中一体化整合的主要维度有三个：产品、客户和地区。考虑到母子公司在一体化进程中必然存在发展不平衡，并且同一整合阶段中，母子公司调整的焦点维度不同，子公司在每个阶段根据母公司战略、自身情况和外部环境，可能会遵循不同顺序，并在调节频率上要相应增多。

第五，子公司发展和子公司壮大后对母子公司一体化的潜在阻碍，需要母公司能够根据子公司发展的不同阶段对子公司进行有效的评价与管理。

2.4 银行控股金融集团一体化模式演进的影响因素[①]

2.4.1 现实因素

2.4.1.1 子公司相关因素

（1）子公司独立的要求

① 子公司的业务特征。如果企业的业务环境处在变化之中，灵活性、决策周期和对变化的快速响应能力就成为其获取竞争优势的关键，企业应该保持更多的自主权以响应变化。如果企业处于一个稳定的市场，集中统一管理效率更高。

② 子公司的发展阶段。当子公司处于早期阶段，快速灵活的决策以及高效的执行最为关键，因此母公司不宜进行较多的管理控制。进入成长期，子公司的成长较快，但也面临管理上的混乱，此时母公司需要提供必要的管理支

---

① 本部分综合参考葛晨，徐金发（1999），徐强（2008）。

持。进入成熟期后，子公司处于低水平的、稳定的增长阶段，此时母公司的介入会增加管理的层级，不利于子公司发展。

③ 子公司的形成方式。由母公司独立建立的子公司，传承了母公司在经营理念、管理风格和企业文化上的特点，能够接受、适应母公司的管理控制。合资建立的子公司，不能完全按照母公司的意图行事，因此需要具有一定的独立性。收购而来的子公司，在经营理念、管理风格和企业文化上与母公司有一定的差异，常需要保持更多的独立性，整合方式更复杂，时间更长。

（2）子公司独立的能力

① 子公司战略规划能力。母公司无法对每个行业都有深刻认识，对于具有一定的独立战略规划能力的子公司，应该赋予更多自主权。

② 子公司管理能力。随着子公司管理能力的增强，母公司应该下放必要的权力，如果子公司的管理能力较弱时，母公司需要衡量集权和分权之间的利弊。

③ 子公司竞争力。如果子公司初创时的竞争力较弱，母公司应适当增加对子公司的支持力度。

④ 子公司的盈利能力。在排除子公司行业周期影响的前提下，子公司盈利能力较强，表明其独立运作能力较好，不需要母公司过多介入。反之，母公司需要对子公司进行管理控制，提高其盈利能力。

2.4.1.2 母公司层面因素

（1）母公司控制的需求

① 母公司业务相关度。如果母公司与子公司在业务上存在有形关联、无形关联和竞争性关联，母公司必须对此进行统一的协调和管理。

② 子公司战略定位和地位。对于处于发展初期且具有战略重要性的子公司，母公司需要帮助其获得和保持在相应产业的核心竞争力，扩大市场优势。反之，母公司可以通过授予子公司较大自主权，培养其市场拓展能力。

③ 子公司业务类型。根据市场增长率和市场份额，具有强力竞争地位的子公司，母公司需要在资源上支持其业务的进一步发展。对于竞争地位较弱，但是市场处于增长期的子公司，母公司也需适当提供资源支持。如果子公司在两指标上处于双低阶段，母公司可以采取分散型管理。

（2）母公司的控制能力

① 企业文化融合。如果母子公司企业文化相融合，由于双方秉持着相同的信仰和价值观，遵守着共同的行为方式，因此子公司较容易接受母公司的管理方式，相应的母公司控制的能力也较强。反之，如果母子公司的企业文化不兼容，母公司的控制能力会受到影响。

② 子公司企业文化类型。如果母子公司的文化类型不同，且子公司的行

业背景强调严谨、纪律，其更易执行母公司命令和要求。但是倡导灵活、自由企业文化的子公司需要获得更多的自主权。

③ 母公司业务跨度。如果整个集团的业务跨度较大，母公司不可能对所有涉及的行业都有深入地了解，无疑将增加母公司对子公司控制的难度，需要结合本部分的其他因素，综合调整组织和管理模式。

2.4.2 潜在因素

2.4.2.1 国际金融集团的竞争

随着我国金融领域对外开放水平的提高，国际金融集团巨头如花旗集团、德意志银行、法国兴业银行、汇丰集团等纷纷进驻国内市场，对国内金融控股集团形成强大的竞争和挑战。竞争压力的增加往往迫使企业将注意力集中在应对短期竞争上而忽略了长期的战略整合与一体化进程。

2.4.2.2 被并购风险

当前，我国银行集团依靠金融控股集团的模式，通过持股或控股多个经营不同业务的公司，产权控制成为当前银行集团母子公司一体化的重要机制。然而，这种控制方式比较松散，其他竞争对手可以依靠增加对集团子公司的持股而获得子公司的控制权，阻断母子公司一体化的进程。

2.4.3 环境因素

2.4.3.1 外部环境的不确定性程度

外部控制环境的不确定性程度较低时，控制体系可以较为集权；而在不确定性程度较大时，则要求分权。集团控制力越强，协同效应越容易实现。因此，外部环境的不确定性程度高时，母子公司间一体化实现难度大。母子公司组织模式下，子公司的外部环境分析更加复杂。

2.4.3.2 金融法规制度不统一

目前我国金融法规主要规定了分业经营的制度，在分业经营的框架内，金融集团通过组建金融控股公司，通过持股和控股实现多元化经营，这与全能银行存在显著差异。在法律上，金融控股母公司与子公司是平等的企业主体，并不存在从属关系，金融控股公司只能依靠产权制度，通过对子公司的持股关系来对子公司的战略决策施加影响，不能直接参与子公司经营，进一步加大一体化的难度。

相对于金融业中的混业经营趋势，我国金融监管体制的发展明显滞后，对金融控股公司缺乏统一的监管法规，银监会、证监会、保监会依然各自为政，各监管一段的分割状态已难以适应金融集团的发展，给金融集团业务的整合与一体化带来了障碍。

3　一体化机制的建立与演进：来自国际的经验

外部金融环境复杂性和竞争性不断加剧，对金融集团的持续竞争力产生了持续压力。建立集团一体化机制成为金融集团应对金融脱媒和利率市场化挑战，转变盈利模式，在日趋激烈的国际竞争中取胜的重要优势来源。针对集团战略变革的需要，迫切需要集团探索新的组织结构和资源配置方式，以建立一体化整合机制和提高专业服务能力。一体化机制建立面临两大问题：

一是如何选择和建立适应战略变革需要的组织结构？根据集团战略和战略变革的需要，选择合适的组织形式，成为集团整合的关键手段。但是，以产品、客户、区域、品牌中的一个或多个维度进行整合的组织结构设计都各有优缺点，由此矩阵结构优势逐渐显露。但是矩阵结构与传统事业部制或直线职能制的分散组织结构差别巨大，如何在不影响组织正常运营，且提高组织竞争力的情况下，平稳、高效建立矩阵组织成为一体化整合的突出问题之一。

二是跨产品、跨地区、跨市场的一体化整合面临整合效率和规模效率的突出矛盾，如何探索有效的一体化整合手段，解决组织分割问题，配合组织结构调整，同时持续提高集团竞争力，这成为一体化机制建立中面临的又一突出问题。

本章案例研究，首先以花旗欧洲矩阵组织结构的建立为对象研究一体化整合过程的演进（Malnight，1996），其次以花旗和汇丰在 IT 投资战略上的差异（Huang，2009）为对象，研究非组织形式的一体化手段如何形成集团持续的竞争优势。最后以汇丰和富国（Kaplan，2001）等为例，研究激励与控制手段如何通过形成战略协同优势产生集团一体化优势。研究在总结提炼具体整合过程的演进特点和规律，以及非组织型一体化手段应用差异产生的整合效果差异基础上，总结一体化整合的规律性经验。

3.1　花旗银行：从分散到整合

许多国际金融控股集团在金融集团的形成过程中都经过了从事业部制结构到矩阵结构的转变。尽管各金融集团的优势各异，这种变革历程各有不同，但是从总体来看，矩阵式正似乎成为一种标准。金融控股集团采取的组织形式，是其集团优势形成过程中的一种组织模式选择结果。对这一组织形式转变过程的考察，有助于回答一个长期没有充分解决的课题：一家结构复杂、兼顾综合化和国际化的集团，要形成并发挥集团优势，他将如何实施整合？

3.1.1 研究视角选择

选择适当的整合机制，首先需要明确组织变革的方向和程度。从战略理论来看，组织变革是一个理性的和渐进的过程。组织理论则主要从组织适应（organizational adaptation）的角度分析组织变革。从国际金融控股集团的发展进程来看，其综合经营的扩展和国际化的推进，既具有很强的同步关联性，同时也呈现出演进特征。对不同国家金融控股集团的演进进程的考察可以发现，其各自初始阶段的组织、战略和整合特征对整个演进过程始终有重要的影响。然而，各国在构建金融控股集团过程中，一方面在全球金融发展环境和趋势下面临相对一致的竞争环境，另一方面各国具有不同的金融发展条件和基础，并且不同金融控股集团的初始组织特性和整合机制也存在很大的差异，如德国的"全能银行"、日本"经营性金融控股公司"和美国"纯粹性金融控股公司"。美国跨国集团通常呈现出"统一管理"的组织管理特征，因此其对各分支机构面临的问题都遵循一条自下而上的汇报线路。而欧洲的跨国银行往往遵循"社团管理"原则，主要依靠组织内分散的高层管理之间的紧密联系形成对各地分散的独立分支机构的控制。20世纪60—90年代，金融脱媒和利率市场化的推进，使那些业务和产品组合各异，运营传统迥异的传统商业银行在环境巨变下，面临传统运营模式变革的强大压力，产生了向矩阵组织过渡的强烈需求。但是，包括管理传统在内的许多因素会限制集团的战略转型。因此，研究初始条件差异的影响，即集团战略定位变化、组织结构选择与建立，以及资源配置方式的变化三者之间的演进过程，将有助于理解起点迥异的各大传统商业银行是如何通过整合成功建立起金融控股集团的。

本研究以传统的分散管理的跨国银行为研究起点。表3-1对比了集中型和分散型两种组织模式的特点。分散组织的跨国银行模型，是对多中心模型（polycentric model）、多市场模型（multidomestic）和多国模型（multinational）的统称。这种战略和组织特点的形成是由于，当时跨国银行同时在多个国家和市场运营，而这些国家和市场之间又存在很大差别，处于国际化和综合化的初期，综合经营与国际经营的经验都很匮乏，因此集团相应的最优战略和组织形式就是保持全球各个主要市场中各运营分支机构的独立自主性。运营相关的资源（资金、人员和决策）主要控制在具有自主运营权的地区分支机构手中，集团分散在不同市场中的分支机构之间的沟通和联系很少。

对表3-1中的两个模型进行对比可以发现，两者确定的集团整合的演进过程中发生了两大根本性调整。首先，转型涉及将一国内部或集团内部重复性的资源向专业化中心转移，以满足专业化分支机构全球竞争的需要。其次，转型将涉及从基础型的资金为纽带的组织联系到一系列控制机制的扩展，使集团内部在不同产品、业务、客户和区域内的横向沟通得以实现，并自然地增进集团内部各组织和各活动之间的相互依赖性。

表 3-1　　　　　　　　分散型组织和矩阵型组织的比较

	分散型集团组织模式	矩阵型集团组织模式
战略导向（战略维度）	多元化业务组合	一体化战略，各子公司独立运营并具有独特的集团贡献
资源配置（资源空间分布）	分权制、专业范围内自治管理	分散的、专业化、相互联系的资源与能力
组织（行动间的联系）	财务控制配合非正式的母子公司关系	在一个共同决策的环境中复杂的协调和合作过程

资料来源：作者根据 Bartlett & Ghoshal（1989）等整理制作。

3.1.2　案例选择依据

现存的对国际金融集团的战略和组织研究，大多是对其组织类型和战略的描述，以及集合不同集团的各种特征进行横向比较研究，而对一家金融控股集团演变的长期跟踪研究非常缺乏。由于组织变革的困难和长期性，以及集团整合的复杂性，长期案例研究将有助于对集团整合的演进过程进行深入研究。本案例研究旨在对目前转型中的中国金融控股集团的建立，尤其是一体化整合机制的建立提供借鉴，研究问题包括新型目标组织结构具有怎样的特点，哪些整合因素会影响到这一模式的过渡。本研究选取 1979—1994 年花旗欧洲在建立矩阵制结构中的整合演进为研究对象，主要的选择依据包括：

（1）外部金融环境的相似度。"分业监管、混业经营"。20 世纪 30 年代大危机后，美国以立法方式限制商业银行经营范围的自然扩展。但是，许多大型银行仍然通过各种途径绕过政策限制，在经营范围上不断扩大。特别进入 80 年代以来，国际金融市场竞争日趋激烈，国际银行业的利差不断收窄，直接融资迅猛发展，金融脱媒化趋热势陡。在当时的全球金融大背景下，以花旗为代表的美国大型商业银行通过多年的业务转型实践，最终于 1999 年美国政府在《金融服务现代化法》中确认了银行从事非银行金融业务的资格。与之类似，中国金融控股集团 20 世纪 80 年代萌芽，经过 90 年代的泯灭，2001 年开始，以中信控股有限责任公司为开端，政策和实践上再次展开关于金融控股公司的讨论，并最终在 2005 年第十一个五年规划中明确提出了"稳步推进金融业综合经营试点"。20 世纪 80 年代到 1999 年之前美国商业银行建立控股公司的实践，与我国商业银行近 10 年来的实践，在金融环境上有更大相似度。

（2）构建主体特征相似。商业银行一直是国内外综合化经营的主体。1990—2006 年，全球股市和债市总市值上升了 488.19%。致使美国银行业传统业务收益不断下降，净利息收入占总收入的比例从 69.5% 降至 59.56%。我国 2011 年末商业银行的利息净收入占比在平均在 70%~80%。当时的美国商业银行，与中国 2000 年后开展综合经营实践的商业银行非常相似，即一方面通过多种形式经营非银行金融业务，但传统信贷业务仍然是主要的收入来源，美国 1980—1992 年银行非利息收入占总收入的比重为 24%；另一方面各类非银行子公司在业务开展和市场开拓上还处于初期阶段，从事综合化经营的商业银行对于整合各类非银行子公司缺乏经验。

（3）综合化与国际化同时推进。在当期阶段，美国和欧洲的商业银行虽然已经开始大量的国际化竞争，但是国内银行业务收入仍然是主要收入来源，国际化竞争日趋激烈的趋势在一定程度上进一步推动了商业银行的综合化经营，但是也对同时开展综合化与国际化的商业银行的整合能力提出更大挑战。

（4）转型影响力相似。在当时一国的银行业中处于领导地位，对当时银行业的转型改革意义重大。本案例选取的花旗银行，与本报告的研究主体工商银行无疑在当期中美金融业的转型中处于重要地位。

3.1.3 花旗的整合转型过程：向矩阵式结构迈进

本部分将详细讨论花旗银行如何在 1979—1994 年对其欧洲的公司银行业务进行转型，以提高其在该地区和该领域的综合竞争力。一个突出的特点是，整个转型过程中，花旗并没有一个长期统一的计划对转型进行指导，创新性和争论性始终贯穿于花旗银行的转型过程之中。然而，经过转型之后，花旗的确逐步引入了一些原有传统的分权制组织中没有的专业化资源和组织联系。从表 3-2 可以发现，这一转型和整合过程大致可以划分为四个阶段，划分的依据是对市场的战略定位、面对市场竞争对资源的不同组织形式，以及集团内各运营分支机构之间联系和管理的方式。

整个 20 世纪，花旗银行一直是全球首屈一指的跨国银行。例如，20 世纪 20 年代其国际活动贡献了银行总资产和总利润的 20%。从一开始，花旗银行通过自主运营的分支机构负责每个国家内的所有活动，并根据本地的盈利能力对其进行评估。虽然当时花旗银行将许多日常管理权力下放，但是它也同时保持对分支机构严格的资金和信贷控制。花旗银行以地理区域为核心形成的组织结构一直持续到 20 世纪 80 年代，为了应对金融服务行业结构的变化，花旗开始了组织结构调整。欧洲公司银行业务的转型和整合正是其组织结构调整的一个主要动因。

表 3 - 2   花旗银行转型阶段

分权模型————→矩阵模型			
市场导向（欧洲战略）	在相互独立的一国市场中竞争	通过开展本地化运营在相互独立的国家区域市场中竞争	本地化运营支持地区市场竞争	在目标地区的产品和顾客市场中竞争
活动发起	投资银行中间市场	"欧洲银行"计划	"独一无二"的欧洲银行计划；全球"活动中心"	欧洲管理委员会
资源配置	在主要国家市场中分配资源	以主要区域市场为中心，资源分散、重复配置	大部分分散分布于全球主要的地区市场中，部分专业化资源集中管理	资源再分配，将产品和管理资源集中化，关系类资源分散化
组织	当地分支机构独立运营，接受当地监管	自主运营的当地子公司，形成有限监管的非正式地区产品或顾客单位	正式的当地地理位置、地区产品和顾客单位对当地活动进行共同管理；正式地对产品和顾客活动进行跨越地区边界的计划	子公司等分支机构按其在集团内的专业角色不同重新分配战略定位和自主权；形成国际化、集团内部统一的标准和流程；改变信息体系以搜集各地区的业绩、产品和顾客信息；以分支机构的专业目标为核心进行评价

阶段一 早期欧洲运营活动的发起——多元化战略（1979—1984 年）

20 世纪 80 年代初，大多数欧洲分公司面临日益恶化的财务表现，反映了传统的贷款为基础的产品利润不断减少，本地竞争不断增长。为了重新建立这些附属机构的盈利能力，全球及区域高管层推出了一系列措施，对服务客户的范围和产品线产生了影响。第一个区域倡议，简称为中间市场计划，在这一计划下当时花旗银行欧洲的主要分支机构纷纷将客户基础扩大至销售额低于 1 亿美元的公司。这一举措导致了分支机构资源的显著扩大，其中包括收购几家当地银行。因此，这一计划曾被形象地称为直接挑战当地竞争对手优势的活动。此后不久，区域管理很快就改变了这一计划，裁减大批员工，并关闭遍布欧洲的分支机构。

就欧洲银行对花旗银行整体的多元化战略的影响来看，到 1982 年花旗银行已经将产品线正式扩展到投资银行产品和服务中，并正式建立了一个新的全球运营单位（以下简称投资银行）。同时，花旗银行进行重组，以划分交易行为和市场活动，并由传统的公司业务团队（以下简称机构银行）专司客户关系管理。然而，这一新成立的单位，在欧洲主要的国家市场中形成了与子公司平行的组织机构，导致集团内部经常出现对同一客户的竞争。随后的几笔转移给投资银行的交易业务暴露出传统分支机构存在的普遍问题：基础设施昂贵，同时主营业务的竞争度不断增加。在这些传统分支机构进行业务转让时，银行管理层推出共享"关系"收入，或双计数收入，以帮助抵消对业务转出的传统分支机构的影响。然而据当时一位银行负责人所说，这种方法无疑会导致重复计算收入，"每个人都要求相同的收入"。

阶段性转型焦点：保留区域中心结构（Geographic – Based Structure）。对外部日益增强的竞争和财务压力，花旗银行的初步回应并没有改变其既有的分权制组织框架。这一阶段，花旗银行改革重点仍集中选择当地化产品和客户服务市场方面，而并不涉及如何组织及管理传统及相关多元化活动。例如，新设立的投资银行仍然复制了传统的基于地理位置的经营组织结构。

转型初期花旗银行呈现出的转型关键点，在一定程度上与当时的环境竞争的性质有关。当时花旗银行正面临分支机构盈利能力恶化的挑战，尽管这一问题是当时所有商业银行同时面临的外部挑战，尤其对于那些海外当地嵌入性高的外资银行更是如此。然而，花旗银行当时在全球的领导地位在很大程度上仍得益于其区域覆盖广泛的地区网络，其中独立运营的海外分支机构是这一网络的主体。因此，在当时的情况下，花旗银行在转型初期，希望在原有的成功的分权式组织结构框架内，通过子公司与传统业务的整合实现当地分支机构的盈利能力再造。

阶段二　走向地区战略：发起"欧洲银行"计划

1979 年和 1984 年之间的改革新政未能克服日益恶化的财务表现，1980—1985 年花旗银行在欧洲的收入累计下降了 2%，远低于当期内部增长目标。在短期和长期双重压力下，1985 年新任命的欧洲区经理开始实施一系列新的整合变革计划。这些举措涉及理顺现有的分支公司的内部管理以控制成本，并宣布了一项新的策略，目的是充分利用花旗银行在全球跨地区运营产生的独特地位。1985—1987 年，欧洲花旗的就业人数从 7 000 人下降到约 4 500 人。1985 年，区域管理层宣布实施"欧洲银行"计划，该战略提出通过选择欧洲跨地区的客户和产品市场，建立花旗的领先地位。该计划的目标客户包括大型跨国公司、当地大型企业，以及金融机构，目标产品是复杂的跨地区产品，这种区域和客户的选择可以利用花旗银行广阔的地理布局和领先的产品专业知识实现业务"增值"。在具体实施该计划过程中，欧洲区域管理层围绕关键产品和核心客户群形成了多个非正式的区域单位，主要是通过雇佣下属的某家大型子公司的经理，负责识别在建立沟通各地子公司活动中面临的共同机遇与挑战。这些高管往往没有区域活动权力，相反，他们的主要职责是加强其所属当地银行的战略地位，并将收集到的有关共同挑战和机遇的信息总结汇报于"战略扫描"报告中。通过这种方式开始逐步建立起各地子公司之间的交流，区域管理层也越来越多地开始从地理单位，客户单位和产品单位三维角度进行战略规划。然而，银行的组织明显落后于这种战略规划。这一时期组织的主要特征仍表现为"各自为政"和"地理中心"性，在产品、顾客和子公司的人员之间的跨界沟通相对较少。

阶段性转型整合的焦点：建立区域联系，以支持当地活动。在此期间，组织转型同时在两个维度上展开，即一方面按照新环境的要求对原有的传统组织进行调整，另一方面通过建立各种非正式机制改变各子公司的组织和管理方式。这一阶段，集团的战略方向开始转向跨境的产品和客户机会，但集团的组织结构调整还是继续坚持以当地市场支持子公司的发展。花旗欧洲在这一阶段的战略调整表明其已成功识别出正在出现的市场机会，但是同时又缺乏可以具体实施相应战略变革的必要信息。因此，这一阶段实际的战略调整核心是，力求通过加强区域间交流，加强和支持花旗欧洲各分支机构的本地运营。

战略调整对资源调整提出需求，这种资源调整既包括调整现有的资源水平，以应对短期挑战，也包括发展专业资源以应对长期挑战。在此期间，花旗欧洲在理顺传统内部资源的同时，开始在大型分支机构中引进与专业产品相对应的专属资源。在组织调整方面，这一时期还主要是非正式的组织调整，通过形成各种新的跨组织单位的联系和沟通机制，支持各分支机构当地的活动，并针对跨地区、跨组织活动中面临的共同挑战及机遇搜集相关信息。然而，这一时期这些非正式的、专业化的跨境单位的建立，其主要目的仍然以支持地区内各分支机构的联系为主要目的，而不是取代它们，反映出传统组织强大的嵌入式的权力结构和文化传统。

阶段三　协调整合地区和全球行为

"独一无二的欧洲银行"战略（1988—1989年）。1988年花旗任命新一任高管前往欧洲负责机构及投资银行业务管理，区域管理层提出一项新的战略声明，称为"独一无二的欧洲银行"战略，明确了公司银行业务在欧洲的共同战略愿景。在这一战略调整中，建立一个三维的内部合作伙伴关系变得越发清晰。这种新型的内部关系与花旗银行传统的基于地理位置的结构非常不同，它强调同时专注于地区（编制国家计划，访问本地客户，提供当地管理支持），产品（发展和积累专业产品知识、制定产品战略，并确定产品交付系统），以及客户或产业单位（协调与重要客户群的关系）。

这一时期组织结构的调整表现在，之前非正式的跨区域产品和客户组织在欧洲各地子公司中得以正式化，相应的子公司的负责人员也同时向当地和欧洲地区管理层进行汇报。区域单位开始按照资源功能进行分组、调整和集合，其中包括对管理和产品资源进行集中管理。重组后，花旗欧洲区域管理层还建立了欧洲政策委员会。该委员会的职责是，地理经理、客户经理和产品经理，都以审查区域内的战略和政策，协调各项活动，建立区域内的合作为宗旨，推进各单位进行必要的行为变革。同时，花旗欧洲的区域管理也进行了一系列变革，这包括修改管理系统，以支持产品和客户为基础的决策，以及规范和理顺管理活动（例如，当时后台人员约占子公司员工的 50% 还多）。然而，1990年，两个全球重组活动打断了欧洲正在进行的重组整合进程。

全球"活动中心"（1990—1991 年）。1990 年 1 月，花旗银行经历了全球性重组，将机构银行和投资银行进行合并，将全球公司银行业务拆分为发达市场（以下简称为 JENA—日本、欧洲、北美）和发展中国家（以下简称为IBF）两个市场。1990 年 8 月，JENA 市场进一步进行重组，消除了两层管理（部门和组级别），基本组织结构主要包括一个单一的部门主管，8 名高级协调员，53 个活动中心（其中 25 个活动中心在欧洲范围内活动）。活动中心主要有四种类型：交易单位，客户联系单位，配售（销售）单位，产品单位，直接向部门主管汇报。在这种组织框架内，活动中心界定清晰，独立运营，但都不是独立的业务线，而是需要与其他单位进行广泛合作。

作为重组的一部分，花旗银行淘汰了利润共享的"盈利矩阵"方法，借以强迫集团内参与交易的各方就联合交易中的各自贡献进行沟通和协商。这种交易协商机制，成为各单位就费用分配和单位之间的协调策略进行沟通的有效途径。同时，银行管理层也开始提出进一步调整其管理制度和企业文化，以促进所需的团队合作。例如，花旗成立了一个专门的工作小组，对银行的测量和评价制度与文化进行再评估。

阶段性转型整合焦点：追求跨境市场的机遇。在此期间的转型整合，与传统的分权式组织结构差距进一步拉大，跨境战略和组织形式得到确立。这一时期一个重要的战略转变体现在，从强调当地独立到强调跨境相互依存。这些调整使目标市场定位产生重大变革。在这一变革时期，竞争的焦点不再以地区市场为核心，而是以跨地区的产品和客户市场为竞争焦点。在前期转型过程中搜集的信息基础上，各子公司可以在跨地区的专业市场中进一步细化竞争战略。然而，这一阶段中，各子公司的能力仍然受到其传统的组织形式的限制。

从组织层面来看，这一阶段的组织原则是，针对跨地区市场机会，通过跨市场活动配置对地区活动进行协调。这一阶段，以区域为中心的组织结构并没有马上被取代，花旗银行期望通过跨市场竞争建立和提高子公司之间的联系，以充分发挥其全球配置资源的优势。子公司之间广泛的联系促进了对当地活动的共同管理，并正式成立了专业化的产品和客户为中心的组织单位。此前子公司一直认为这些专门的单位限制了它们当地的自主活动权力，这一时期的转型使它们开始为当地的活动承担连带责任。这一时期，组织单位的正式化，有助于加强对跨界活动的规划和测量。

总体而言，相对于以往将产品、顾客和功能性资源分散、重复性地配置于地区子公司而言，正规化、专业化经营单位①的建立有助于加快引进先进的产品，客户和专业资源②，并发挥累计效果。这一阶段资源配置的调整强调分支机构内的重复资源进行标准化和升级，同时加快专业资源在地区范围内集中，从而便于在区域内各单位之间进行扩散和传播。

阶段四　确立欧洲战略和组织（1992—1994 年）

花旗银行 1990 年的重组暂时消除了任何正式的欧洲组织结构。然而，1992 年初，负责 JENA 地区的管理人员再次换掉。此举使欧洲业务再次以一个正式组织的形式得到确立，尽管花旗欧洲的运营仍然由相互依存的活动中心组成。最初，花旗欧洲执行正式的月度会议制度，活动中心负责人齐聚一堂形成了一个管理委员会，制定区域战略，并协助管理其地区业务。在接下来的两年内，这一战略逐渐渐使花旗欧洲变成为跨境金融服务的主要提供者，从一家大型外资银行，转变成为可以提供跨境金融服务增值业务的国际银行。然而，花旗欧洲的管理委员会作用远不止于 20 世纪 80 年代时的一般管理职责，该委员会负责对跨地区的特殊业务目标进行讨论并进行一致性表决。花旗欧洲的负责人曾对该战略的重要性有这样的描述："我们战略和组织成功的一个关键就是专注，一旦确定目标产品和客户市场，就会发起一个组织完成这些目标。"

在此期间，花旗银行进行了一系列重大调整，包括重组银行的正式管理架构，重新配置专门的跨地区职能，并根据这些跨地区的专业职能重新分配资源。花旗欧洲将产品工作人员、资源和运营支撑（功能）性组织集中在伦敦和法兰克福。欧洲各国家的经理负责客户关系管理，集中负责本区域内的产品

---

①　专业化经营单位（specialized operatingunits），来自于战略管理中"战略业务单元"（strategic business unit）。战略业务单元（SBU）在战略管理理论中是指企业中的一个单位以其所服务的独立产品、行业或市场为基础，具有公司整体战略约束下的独立战略管理过程，由事业部或事业部的一部分组成的战略组织。其运营能力在整个战略执行过程中处于持续变化之中，公司整体对其资源分配对其持续经营能力产生影响（Porter, 1980; Dess & Robinson, 1984）。此外，基于集团组织特点，针对战略业务单元中的专门经营某种金融产品、服务某行业或地区的相对独立单元称为"专业化经营单位"。专业化经营单位的正式化是指该组织形式获得公司整体的正式确认。

②　根据威廉姆森将资产专用性定义，将具备资产专用性的集团资源称为专业资源（Penrose, 1959）。威廉姆森将资产专用性（asset specificity）划分为五类：地理区位的专用性（sites pecificity）、人力资产的专用性（human asset specificity）、物理资产专用性（physical asset specificity）、完全为特定协约服务的资产（devoted assets specificity）以及名牌商标资产的专用性（brand asset specificity）。

市场开发，同时向其他地区提供支持性服务。一直以来，集中产品生产对于积累在投行竞争中成功所需的专业技能是非常关键的，同时在每个区域市场中保持强有力的当地客户关系管理对于与当时银行的竞争成败也是非常重要的。这一时期的战略调整对这两个方面进行了有效的平衡与开拓，转型和整合产生了巨大的财务影响。1990—1993年，花旗欧洲的地区就业从5 500人下降到3 500人，营业费用的下降超过1.5亿美元，收入增长了25%。

这一阶段为了巩固调整和整合成果还进行了进一步调整，主要包括改变对银行绩效的计划，测量和评估方法。原有的绩效系统主要依托于利润管理报告（Management Profit Reports，MPRs），是对各地理单元上报的损益表进行汇总。新的绩效系统则有两个维度，每个地区都分别按照客户和产品这两个维度报告财务业绩，新的系统将从产品和客户的两位网格中获得财务信息并计算业绩。这一新系统的形成有利于随后针对特定目标的区域行为进行具体的分析和衡量。这种方法更适合强调团队工作的银行文化。

花旗银行在这一转型整合过程的最后阶段，组织结构发生了根本性变化，一个全新的组织得以确立。然而，许多威胁仍然存在。这一阶段调整之后，盈利增长的一个重要来源就在于巩固了银行一体化运营的经营基础，但是在这一增长基础所依赖的几个产品领域（例如，外汇和交易银行）中，有一些产品的竞争正变得日趋激烈。一些欧洲竞争对手已经建立起专门提供类似产品和服务的区域性机构。如果花旗银行希望继续保持成功优势，其管理必须重视强调产品创新的重要性，并继续加强地方关系，使其能够继续为当地的优秀客户提供金融服务。

阶段性整合焦点：整合区域战略和组织。这一转型阶段中，包括对相互依存的专业化和分布式资源进行战略和组织整合。这一时期的市场导向主要是实施差异集中化战略，也就是利用独特的产品和客户机会，发展并扩展花旗的特有竞争优势。这一战略并没有仅仅停留在高级管理人员发表的战略声明上，而是通过广泛沟通，使这一战略融入到所有经营单位的日常活动之中，为各项活动的日常管理提供依据。

从资源配置层面来看，这一阶段的核心是在各专业组织之间重新分配资源。一些依托专业化资源和具有规模优势的活动被集中起来，而其他资源继续分散在全球各个当地市场之中。这些变化得益于早期变革阶段提供的各种便利，只有具备了前期阶段引入并集中管理的专业性资源，才可能在这个阶段替换掉以前的分散重复配置资源的分权型组织框架。

在组织方面，这一阶段的调整涉及突破传统的区域为中心的组织结构。各区域的职责进行了重新划分，划分的主要依据是其各自在集团整体战略中的专业性和相互依赖的不同角色。各子公司角色的变化，主要依靠跨功能的高级管理委员会的形成，以及集团对管理体系（例如，绩效的管理和评价体系）和文化的调整。此外，子公司角色转变能够实现，还有赖于整个转型的早期阶段引入了一系列跨地区、产品和顾客的联系，从而逐渐改变了子公司以前组织形式下的权力结构的嵌入性。所有上述的管理系统调整都耗费了大量的时间进行计划和实施。例如，花旗银行从 20 世纪 80 年代中期就开始研究它的绩效测评体系，并于 1990 年成立了一个专责小组负责研究和引进新的绩效测评系统。然而，新的绩效测评系统直到 1993 年才出现。

3.1.4 讨论与借鉴

本案例以一个按照传统的分散经营模式运营的公司——花旗公司为主体，通过对其 1984—1994 年下属的欧洲公司银行的整合研究，分析矩阵模式形成过程中的整合经验。本研究采用演进理论的视角，将花旗欧洲的公司业务转型划分为几个阶段，并重点强调了推动这些变革的内在机制。研究发现和依据的理论视角是一种渐进式的演进过程，这与传统的理性模型或者是有计划的模型是不同的。本案例中的变革主体并没有刻意地向矩阵式结构转变，每一阶段的战略调整都是应对当时的内外挑战和机遇而作出的相机战略决策。最终转型方向呈现出的向矩阵模型过渡的一致性，是外部挑战的特征，新机会之间的一致性所必然产生的。而这种新的机会则是转型组织通过逐步对内部资源和组织特征进行调整后才产生的。本案例研究总体结论为：

（1）一体化机制建立与子公司发展是整合过程的两个侧面，这一过程漫长且须经过多个转变阶段。从分散运营到矩阵网络式组织结构的转变，不仅需要逐步建立起沟通独立运营的子公司之间的各项联系，而且整合的实现历时漫长且往往需要经历多个阶段。这些阶段的识别往往反映出对当时存在内外部挑战和机会作出的战略响应。

（2）整合阶段中一体化的三个基本维度及它们之间的演变是划分整合阶段的主要依据。本案例研究根据集团在战略导向、资源配置和对分散运营的组织三个方面的交互调整来识别银行控股集团整合的不同阶段。研究表明，集团在整合的不同阶段之间，在市场导向方面往往呈现出从单一市场中的竞争，转变为跨越国界的产品或客户市场的竞争。这种战略导向的转变，在集团的资源配置方面往往表现出两种转变，即起初在不同产品和业务线之间设置重复性的组织结构（总分行形式的事业部制结构），随后出现集中多维度（产品、客户、功能、地区）业务的专业组织（即子公司），并最终将资源分配的重点落在相互依存的专业单位之间重新分配资源和战略角色。

（3）在整合过程中，不同阶段适当调整不同的侧重点是非常重要的。最初阶段之间转换的调整重点是建立各内部组织之间的联系和调整资源的数量和性质，而之后的调整则强调重新分配专门的资源和角色，对配套的管理制度和文化进行必要调整，以实现集团内相互依存的专业组织之间的一体化整合。

就整合效果来看，截至 1994 年，花旗银行的欧洲公司银行业务已经基本建立起矩阵式组织结构。花旗银行的组织结构中新成立了与卓越中心相类似的集中化的产品和功能支持中心。在这一框架下，花旗银行为核心的集团内部各横向组织之间、各当地市场之间产生了大量的、直接的横向沟通和联系。概览这一案例中体现出的战略、组织和资源配置的动态演进过程，为研究大型商业银行向矩阵制转型的演进和整合过程提供了重要的基础。一体化机制和组织变革的具体启示包括：

一是与传统的分权式结构不同，矩阵式组织结构强调多角度整合战略和组织。这一转型过程往往分两步实现，即逐步积累内部各运营主体之间的相互联系，逐步减少转型前子公司在战略、资源和组织上的独立性。表 3 – 3 总结了在战略、组织和资源三个维度上进行调整的整合模型。

表 3 – 3　花旗建立矩阵结构过程中，战略、组织和资源配置的阶段调整

分权模型————→矩阵模型			
市场导向调整	在相互独立的一国市场中竞争	通过开展本地化运营在相互独立的国家区域市场中竞争	本地化运营支持地区市场竞争	在目标地区的产品和顾客市场中竞争
资源配置调整	分散的、重复性的资源	在当地子公司内部理顺传统的重复性资源	扩大专业性集中化组织中的资源	在各专业运营单位之间重新分配资源
组织调整	当地分支机构独立运营，接受当地监管	建立起从事共享性活动的非正式组织，推动子公司之间机会和挑战的沟通与交流	将专业性组织正式化，并有当地运营单位的负责人负责，以便反映产品和客户对地区发展的影响；开发新的管理系统	在各个专业性和相互依存的子公司之间重新分配角色和职责；落实调整支持性的管理体系和文化

二是转型过程的重要驱动力是企业开始调整其战略目标市场，并逐渐展开对"产品/业务"、"客户"和"区域"三种整合模式之间的演变。本案例中演变路径为，从强调地域为导向，向以产品或客户为导向的市场转变。然而，以区域为中心的市场发展战略并不会立即为一个一体化的战略所替代，本研究框架表明这一转型过程是逐步发生的，体现出对当时的内外部挑战和机会作出的逐步调整。这种调整计划或措施的形成与实施，既反映了对内外部挑战的理解和认知（由于组织惰性和组织惯例等的存在，对外部不断变革的竞争环境

的认识往往是逐步清晰和加深的，相应的组织调整也体现出渐进性），也是一个采取战略型和组织型调整的逐步发展和累积的过程。这些措施的性质，反映了人们越来越认识到面对新挑战，需要调整组织结构，需要在战略和组织上进行相应的调整（例如，需要开发专门的资源和组织机制，从而可以在日益扩大的区域市场中加以运用）。

三是战略上的调整往往需要在组织和资源方面进行相应调整。总体而言，从以当地自主运营的子公司为主的分权式组织结构，向以专业化、战略角色配置型的子公司为主的组织结构过渡，这种转型往往包括这样几个过程：首先是在各独立运营的子公司之间建立各种联系，打破各自的嵌入性权力结构，并引入可以协调和管理分散活动的新机制。从组织结构角度来看，这种转变首先需要发展子公司之间的联系，这在传统的分散运营的子公司集合中是不存在的。在本案中对花旗银行的研究表明，新引入的组织单位在转型初期与原有的组织形式是并行存在的，随着转型和整合过程的推进，新的组织单位将逐渐取代原有的以区域为中心的组织结构。本案例研究中提出的转型和整合框架强调了这些组织间的联系具有动态变化性，转型初期其主要是针对共性的挑战和机遇，以及必要的信息并进行沟通，随后则需要在目标市场中协调各种变革活动，最终则是在更为广泛的区域市场中针对专业化活动重新分配所需资源。

四是转型过程中整合战略的发展需要对资源的性质和分配进行必要调整。本研究框架指出，为了方便整合，转型过程需要从多区域市场中重复性的资源配置方式进行调整，理顺区域内资源以降低资源使用成本，同时引入并扩大专业化资源，以最终实现专业性资源在区域间的再分配。

五是各阶段中转型和整合的焦点是不同的，各个时期的焦点主要反映出当时限制银行转型的主要方面。对于分权式的组织来说，转型初期的主要限制在于各子公司之间缺乏联系。因此在转型的初期就是对这种组织问题进行调整，即首先建立非正式组织，随后将非正式组织正式化并与传统的组织并行设置。随后的组织调整将会把专业化资源引入或配置于那些没有获得跨区域市场中重复性资源的组织之中。通过这一系列调整，花旗银行欧洲的公司业务可以顺利建立起矩阵组织结构。

六是能否进行战略转型和整合，还受到管理传统或组织文化等的影响。本研究框架对这些可能限制银行进行战略转型的能力的因素进行讨论。本案例讨论中重点关注的这些限制因素是专业化的资源和子公司之间的联系。本案例对于银行如何发展这些资源和组织特征进行了讨论研究。

七是绩效恶化和管理者变革是推动转型的重要外因。本案例中欧洲公司业务绩效的持续恶化与频繁更换给管理者带来一系列管理变革，正是推动每个转型阶段开始的主要驱动因素。但是同样的因素有可能会对组织变革的多个方面产生影响，并有可能持续发生。本案例中绩效恶化是持续发生的变革动因，但是不同管理者推行的变革战略是不同的。各变革战略都是对当时外部环境中的核心挑战的一种应对。这一系列的战略变革的累积效果推动整个组织向矩阵制结构演进。

八是对组织变革过程的考察意义重大。这不仅在于突破传统的组织和管理的静态匹配观，而是开辟了一条新的研究途径，即新组织模式正在演进形成过程中，在这样的转型过程中，转型企业如何开发转型所需要的新的组织能力。

九是随着一体化机制的建立和子公司的发展，子公司之间和母子公司的协调机制应该相应变革。建立起各子公司之间的协调沟通机制，必须打破分润思维才能解决竞争冲突，并应适时推动"资源共享、风险专管"的协调机制建立。

3.2 一体化整合的手段：突破组织限制

外部金融环境复杂性和竞争性不断加剧，对金融集团的持续竞争力产生了持续压力，针对组织战略变革的需要，选择最能反映集团战略定位和战略调整需要的组织形式成为集团整合的关键手段。但是，以产品为中心，或以客户为中心，或者将地区、客户和业务三个维度结合起来进行立体整合的组织结构设计都各有优缺点，然而在日益激烈的市场竞争下，组织手段局限产生的竞争劣势往往产生无法弥补的后果。设计一套能够综合反映集团战略要素的一体化整合体系，日益需要突破单纯的组织手段限制，建设基于 IT 系统的信息整合平台与基于战略导向的平衡绩效评价模式正成为一体化整合的有效战略工具，成为提高集团效率和效益，产生持续竞争力的有效非组织手段。

3.2.1 IT 系统建设：构建一体化整合平台，夯实集团竞争优势的组织基础

信息技术（Information Technology，IT）在银行的广泛应用有比较久的历史，早在 1867 年就有人采用股票自动收报机在大街上播放华尔街信息。但是，20 世纪 80 年代以来，随着银行业开始探索综合化经营，围绕 IT 作用的讨论越来越多，主要集中在对银行效率提高、战略定位以及持续竞争优势等方面的影响。支持者一般从银行效率提高和销售渠道扩展角度谈论 IT 对银行的积极作用，反对者则基于信息技术更新速度快的现实认为在 IT 上的投入只会浪费银行的钱，长期来看不可能产生持续的竞争优势。然而银行业的数据显示平均来看银行在 IT 上的投入会占其非利息成本的 20% ~ 25%（Kauffman 和 Weber，2002）。IT 投入对于面临全球竞争压力的银行集团而言究竟是成本，还是会带来长期收益的投入？本案例选取刚刚组建控股公司时期（1998—2006 年）的国际商业银行花旗集团和汇丰集团，通过比较分析两大银行集团在当时的战略

和 IT 投入，分析 IT 对集团一体化整合发展的意义。

3.2.1.1 环境特性：全球银行产业

1980 年以来全球银行产业主要发生了三大战略意义上的环境变革，即放松管制、新技术开发和国际业务的推进。管制放松环境下，银行经营的范围迅速扩大。与此同时，网络和先进的无线电通讯技术等信息技术的使用极大地降低了银行运营成本，降低了银行跨国经营的成本。业务的全球化在提高国际金融服务需求的同时，也必然带来竞争的加剧，导致银行利差和手续费收入下降。在这样的外部环境冲击下，银行不得不多方寻求出路，即通过业务整合和大规模并购重新进行战略定位，降低成本提高运营效率，应对由于反洗钱和恐怖主义影响导致的更加审慎的监管，不断调整战略以适应客户不断增长的金融服务需求。

第一，银行业整合导致规模迅速增长，IT 系统的运用和整合有利于迅速实现规模效益。美国 1980 年后解除了对银行州内运营的限制，银行规模迅速增长。有数据显示，到危机前的 2007 年，美国前 10 家最大商业银行资产在银行业总资产的比重上升为 49%，这一数据在 1998 年仅为 29%。2005 年全球 1 000 家跨国银行的总资产规模达到 63.8 万亿美元，10 年间增长近一倍。这一时期银行业的跨国并购是银行规模快速增长的主要原因。跨国并购使得这些银行可以迅速进入中国、印度等新兴市场，而这一过程中 IT 系统的使用和整合可以迅速在并购后的客户和产品扩展中收获规模递增效应。

第二，国际化也带来了银行业成本的迅速下降，并迅速培育起国际型的人才队伍。德勤的研究报告显示，海外运营的分支机构超过半数都能够节约 40% 以上的运营成本。此外，当地高技术和受过良好教育的员工对提高当地的服务质量产生积极影响。资料显示，2006 年美国金融机构 50% 以上已经使用离岸 IT 资讯服务，还有 20% 计划使用。

第三，银行业合规需求的增长提高了对 IT 的需求。全球反洗钱监管不断升级，从事全球运营的银行面临的合规需求不断增加。银行需要提高业务运营系统的安全性，需要密切监控潜在的欺诈事件，并需要对潜在受影响客户进行及时通知，这些合规和安全性的需求迫使银行开始将 IT 投入放到越来越重要的地位。

第四，顾客需求变化和全球运营规模的增长提高了全球统一管理的需求，助推了对 IT 的需求。面对激烈的竞争，银行一方面通过关闭某些地区的网店减少成本，另一方面海外运营又不断增加分支机构的数量。资料显示，2006 年美国银行业共关闭了 1 476 个地区的网店，同时开设了 3 459 个新的分支机构，新开关闭率为 2.3，这一数字在 2003 年和 2004 年分别是 1.5 和 1.8，表明银行业全球运营规模扩张迅速。全球运营规模的增长和竞争的加剧，使银行日益开始通过增加自主服务系统和新的海外机构运营模式，来增加本地化金融服务能力。

在上述背景下，花旗和汇丰都开始寻求 IT 解决方案，期望可以提高其全球金融产品生产和服务提供能力，降低成本，并提升全球战略竞争地位。2006 年这两家银行的 IT 投入之和达到 80 亿美元。IT 投入是否物有所值，对于面临全球整合压力的两家银行都是一个重要问题。

3.2.1.2　汇丰控股的 IT 战略与投入 ①

汇丰集团是由香港上海汇丰银行经多年扩展而成。香港上海汇丰银行于 1865 年 3 月在香港开业，同年于上海及伦敦开设分行，又在旧金山设立代理行，其成立的导火线源自香港洋行的权力划分。初期的汇丰集团通过香港上海汇丰银行开设分行而在世界各地扩展业务，直到第二次世界大战之后，汇丰的业务集中于香港，而中国内地的分行于 1949 年起相继关闭，海外业务亦未如理想，发展空间大受限制下，于 20 世纪 50 年代开始以新建或收购方式设立附属公司。1990 年 12 月 17 日，香港上海汇丰银行宣布进行结构重组，汇丰控股股份取代汇丰银行股份后，分别在香港及伦敦的证券交易所上市，随后在纽约、巴黎和百慕大上市。2007 年起在全球 100 个国家和地区拥有 200 000 股东。

2007 年汇丰全球 31 万员工为全球 76 个国家的 1.25 亿客户提供服务，其中包括 2 900 万网上客户。其主要服务提供主体是五大区域子公司：HSBC 控股，美国 HSBC 银行，HSBC 拉美，HSBC 墨西哥，以及中国香港和上海公司。

汇丰的运营宗旨是提供卓越的客户服务，有效高效的运营，强大的资本和流动性，谨慎的信贷政策和严格的费用控制。同时 HSBC 的业务运营宗旨是：重视多层面的业务整合，公正公平交易，扎实管理，最小化行政管理，快速决策制定与实施，团队利益高于个人利益，授权尽责，合规和良好信誉（HSBC，2006）。

1998—2003 年汇丰控股战略定位是"管理创造价值"（managing for value），其间为提供满意的股东回报而实施了一系列战略计划。汇丰于 1999 年开始在全球使用统一的方块形标志，同时开展以"您身边的金融服务世界"为主题的营销竞赛。2002 年提出"环球金融　地方智慧"战略，成功地增强了汇丰的全球品牌识别度和认知度。随后汇丰又实行了一项"管理促增长"计划，其目的是期望将汇丰打造成全球信贷金融服务企业，树立起"受优选、享尊崇、动态化"和"为客户提供公平交易"的形象（HSBC，2007）。这一计划强调 8 项战略重点，即品牌、个人金融服务、消费金融、商业银行、公司

---

①　本部分的主要资料来自汇丰 1997—2006 年报。

与投资银行和市场、私人银行、员工、总股东回报。经过发展，2006 年年报中提出 7 大战略重点，被称为"全球支柱"，并成为其随后的战略纲领，这 7 大支柱是：

- 在每个国家、每个分销渠道、每个客户群和全球业务中有效地进行全球业务开拓；
- 提高客户的银行体验，使得客户认为 HSBC 是最好的银行业务提供商；
- 发展 HSBC 品牌；
- 建立起"先进、敏锐、负责、尊重、公正"的员工政策；
- 以吸收存款为业务增长重点，在风险和收益之间寻求恰当的平衡；
- 采用技术以增加客户的业务便捷；
- 将责任和权限落实到各层次管理者以推行上述战略。

（1）汇丰控股的 IT 投资战略

在"世界的本地银行"战略下，汇丰推行快速的决策制定与当地化运营，其子公司都是当地运营，有独立的资产负债表。总部只负责管理一些基本职能，包括人力资源管理、战略计划、法律和行政事务、财务计划与控制。汇丰的 IT 运营平台和多层面风险与信用控制系统是设立在伦敦的全球银行系统（HSBC Universal Banking System，HUB）。HUB 管理汇丰在 63 个国家的集团项目，并为各国当地需求提供咨询服务。HUB 的职责是为集团提供计划、协调和沟通服务。

汇丰的技术服务按地区划分满足不同地区的需求。例如汇丰亚太技术服务中心由 30 个部门组成，各自负责不同地区的技术发展。每个地区中心再按照应用类型和终端使用者类型进行划分：

- IT 发展部负责个人金融服务和商业银行以及公司数据挖掘等技术的设计与开发；
- IT 操作部由计算机操作、基础设施和电信团队组成；
- IT 综合包括了 IT 架构、信息安全、IT 质量，以及财务和计划部门；
- IT 香港的公司和投资银行与市场部负责为亚太地区的 20 多个国家和区域提供 IT 支持。

（2）运营投资

1996 年汇丰开设了第一家海外数据中心，地点在中国广州。2002 年起在亚洲国家已经有 10 家 IT 和后台运营系统。其全球数据团队，以其集中化、专业化的运营模式不断为汇丰的战略性和策略性决策提供 IT 支持。

2002 年公司在印度普纳设立汇丰全球技术中心，隶属汇丰集团。其主要使命是提供及时、高效、高智的技术解决方案，支持汇丰集团的运营。此后，汇丰将这一成功的 IT 模式复制到中国和巴西。通过将后台信息处理功能转移到设立在中国和印度的集团服务中心，汇丰估计仅人工成本每年就可节约 3 000 万美元。同时，汇丰投入更多的 IT 人员支持服务提升计划与网上银行业务。2002 年底，汇丰已经拥有 1 200 万网上银行客户，177 000 电视银行客户。2003 年汇丰通过在北美将集团和汇丰金融公司的技术服务团队合并，实现了全球信用卡技术的整合。同时，汇丰金融公司增加了汇丰集团服务中心的使用率，年节约 6 700 万美元。这一节约的成本使北美技术中心的建立耗资 10 亿美元。

（3）战略投资

针对千年虫问题，1998 年汇丰完成了对集团所有计算机系统的测试，对非 IT 系统的评估，并制定了全球范围内的应急计划。因此，汇丰顺利度过了"千年"，76 个国家和地区的运营没有发生任何系统问题。英国外购软件发生的问题也很快被修复。

1998 年汇丰针对不断增长的业务规模，以及汇丰市场、证券和期货之间的协作需求，开设了一个采用最新技术的交易平台。随后针对其"管理创造价值"的客户服务战略发起了多个电子商务计划。与康柏合作开发针对制造商的网络支付通道，开发手机银行，并与 Cable 和 Wireless HKT 一起为制造商提供网上店铺服务。汇丰还与 IBM 一起开发互动金融服务系统，提供多渠道的电子银行服务。与天空数字卫星一起开发了第一个覆盖全英国范围的电视银行服务，吸引了大批客户，2000 年注册客户量达到 126 000 户。

2000 年公司以 hsbc. com 为品牌为零售顾客和中小企业提供服务。当年底，巴西、加拿大、中国香港、英国、新加坡和美国的网上服务均已开通。2001 年汇丰和雅虎进行战略合作发行"雅虎汇丰直付"业务。这一联合品牌的个人支付系统开通后，客户只要有电子邮件地址和银行账户（或信用卡）就可以进行资金划转。随后花旗在水牛城、纽约都成功地开通了这一系统。

2001 年汇丰第二代战略网络银行平台 hsbc. com 首发。该系统旨在为客户提供汇丰全部业务的展示和浏览，并计划在未来 5 年内实现现有主要系统与该系统的整合。2001 年一年汇丰在该系统的花费为 1. 64 亿美元。

2004 年汇丰建立了针对亚太、欧洲、北美和中东的公司与中层客户的电子银行平台"HSBCCnet"，提供交易和财务服务。汇丰商业银行客户中，有 47% 注册开通了网络银行。汇丰不断将分散在各地的后台处理系统集中到集团的服务中心，带来集团人员和 IT 基建费用的激增。

2005 年汇丰在美国开通了 HSBC Direct 系统，提供银行和储蓄服务，客户量迅速增长到 343 000 户，存款 72 亿美元。2006 年汇丰新设了 2 300 个高级自助服务终端，将 13 个国家纳入到 HSBCCnet。汇丰墨西哥成为第一家可以提供预先批准在线抵押服务的银行。2007 年汇丰进一步实施 2G 网络计划，目的是整合其 80% 的网络系统。

3.2.1.3 花旗集团的 IT 战略与投入

花旗银行是 1955 年由纽约花旗银行与纽约第一国民银行合并而成的，合并后改名为纽约第一花旗银行，1962 年改为第一花旗银行，1976 年 3 月 1 日改为现名。另一次重大合并形成了今天花旗集团的雏形。1998 年花旗公司与旅行者集团合并，并于同期换牌上市，成为当时世界资产规模最大、利润最多、全球连锁性最高、业务门类最齐全的金融服务集团。

花旗集团及其创建者奉行的经营理念是"多元化金融服务业务"模型，主要是在 20 世纪 70 年代形成（Wikepedia，2007）。其组建理念是，股票，银行和保险等业务如果整合在一起经营会做得更好，这样不仅会减少不同生命周期业务所带来的盈利变动，而且进行一站式销售能更节约运营成本，也更能满足客户的多样化需求。在这种理念下，花旗通过大规模并购迅速成长，2006 年其主要业务有三大类：

- 全球消费者业务，涵盖三大业务板块，即全球卡、消费金融和零售银行。前两项业务都是全球最大，正致力于打造第三个业务的全球地位。
- 全球财富管理业务，由花旗集团私人银行，史密斯巴尼，花旗集团投资研究部组成，为高端个人和私人机构客户提供银行和投资服务。其中公司与投资银行部门，由全球市场、全球银行和全球交易服务三个部门组成，提供大规模的公司现金管理、交易、信贷和投资等银行金融服务。
- 其他投资类包括大量不同类型的投资活动，如对冲基金、PE、信用结构、房地产和其他特殊类型的投资行为。

集团成立后的 10 年间，花旗形成和积累了四大竞争优势：全球网络、品牌价值、规模和效率，以及种类繁多的金融产品。花旗在 2006 年的年报中确定了五大战略重点，具体如下：

- 扩展全球分布：为了能够进入新市场同时巩固原有市场，花旗集团提高了分支机构的设立速度，扩展了资本市场业务，并提高美国客户的数量。
- 内部转移经验：为了将集团作为一个公司进行管理，需要在产品和服务之间进行更好地整合，以便通过提供有创意综合化的产品和服务来提高顾客服务质量。
- 投资于 IT 技术：花旗需要更好地接触到客户并提供服务，并将这一标准在全球范围内实施，还需要在全球范围内吸引人才，这都依赖于更好的集团范围内的系统整合。

- 以回报最大化为标准分配资本：花旗一贯坚持资本使用的高回报标准，并据此将资本分配到高回报和高增长型的业务中。
- 奉行责任共担：在推动全球分支机构增长过程中，花旗一直致力于建造三种共担责任，即客户、员工和分支机构。

（1）IT 投资战略

与花旗不同，汇丰奉行的是一体化的 IT 治理模式。花旗利用标准化与顾客定制化的 IT 产品组合软件进行集团 IT 系统平台建设，为其分布广泛的全球分支网络提供组织支持，并协助跨国知识交流。花旗对一体化与本地化都很重视，其管理原则是，当地系统能够与集团现有的系统进行有效链接，并满足安全性的管理需求，这就是全球化的需要。对运营和技术部门的组织，主要分为两大部门：

- 公司和投资银行技术部负责分析业务需求，提供业务支持与解决方案，开发并管理技术应用，确保应用的可获性，及时针对投资银行技术环境的动态变化提出解决方案。
- 花旗技术基础设施部负责管理所有内部基础设施类产品，包括 PCs，电话、服务器、信息传递、系统安全、结构化布线，远程登录等。其在洛杉矶设立的技术辅助团队，一方面满足当地化技术标准，同时确保集团内系统的一致性。花旗在每个国家都设立一个地区计算机中心负责管理系统网络。

其 IT 项目一般是应当地业务部门的需要而设。同时当地对 IT 的需求必须达到该项目可以盈利的标准才可设立。所有外购技术支持必须与集团的规则和程序有很好的兼容性和可连接性。

（2）运营投资

花旗集团采取兼顾标准化和客户专业化的组合软件产品，其目的是提高全球分支机构的组织整合能力，获取分散在不同国家的专业知识。其在 IT 产品外购方面非常有限，仅限于少数非战略性活动。

1997 年集团发起了一项 "e‒Citi" 计划作为集团为业务、政府和客户提供电子金融服务和电子商务解决方案的业务组织。e‒Citi 与其他花旗集团的业务单位形成合作关系，但是对于电子商务的管理采取的是集中化方式，目的是 "形成创新产品和服务，并确保品牌的可信度、私密性和保密性"。1997—1999 年，这一项目总投资达到 10 亿美元。

与此同时，花旗还发起了一项新的 IT 建设计划，目的是完成四项任务，即对花旗银行与全球标准化平台进行整合，为集团的并购提供系统支持，在现有 IT 系统内植入新的欧元货币，以及为了应对千年虫问题进行再编程。1998

年，花旗集团进一步增加对史密斯巴尼的资本投入，期望将其打造为一站式经纪公司的领导者。为此集团主要通过为客户提供 24 小时账户信息，以及与金融咨询师之间的研究和电子邮件交易的方式，来进一步提升客户服务能力。此外，花旗还开始构建基于网络平台的管理体系，为年金和对冲基金的发展提供支持，以便于更好地为客户提供相关业务服务。

1998 年，集团通过推行 e – Citi，为大型公司和政府部门提供电子账单支付报告、授权和凭证。当时，花旗是唯一可以在全球多个国家提供 24 小时电话金融服务的银行。

2006 年花旗通过对一项高级电子通讯网络进行战略投资，一方面实现了对流动性的即时管理，另一方面数据中心的数量也减少了 20%，提高了呼叫中心的运营效率。

（3）战略投资

20 世纪 90 年代末，花旗与 Netscape 联盟期间，主要提供金融咨询、新闻、研究报告和互动投资工具。集团投资于 IT 系统后，开始提供在线银行、保险和抵押业务。之后，花旗与 AOL 和 Oracle 组成联盟。这一期间花旗在亚太地区建立了一个专门的 B2B 电子商务平台"花旗银行商务"（Citibank Commerce），为客户提供基于网络的公司银行服务（Viloino，1999）。此外，花旗还与新加坡的 Mobile One 合作开展一项试行业务，允许客户通过手机开通账户和划转资金。

2000 年，经过 10 年的并购，花旗信用卡业务获得全球增长，规模达到 1 亿个账户。基于技术平台的账户管理充分利用集团的全球网络，可以以低成本和高效率的方式为客户提供行业内当时最好的账户服务。在整合集团内部基础上，信息平台的作用威力得到进一步发挥。

2002 年，花旗发起新的外汇交易产品，并改进其针对固定收入机构客户的网上旗舰服务产品"Citigroup Direct"。同年，为了整合现金、贸易与财政服务，以及全球证券服务，成立了"全球交易服务"部门。花旗还通过升级 Citi Direct 网上银行，将服务范围扩展至 90 个国家。

2004 年花旗通过收购电子交易和卖方订单管理系统的领导者 Lava Trading，使集团可以为机构客户提供最精细、最稳定的电子交易系统。借助此次并购获得的技术优势，花旗极大地扩展了其美国电子交易能力，2005 年网上交易客户增长 2 倍。2004 年花旗通过与上海浦东发展银行的合资项目，进一步利用其发展的美国银行卡技术，于 2005 年在中国发行了第一款双币卡。2006 年花旗继续通过并购扩展国际版图，收购了英国背景的网络信贷银行 Egg Banking 股份公司。

3.2.1.4 比较与分析

汇丰和花旗在 IT 战略，相应的组织和资源配置上存在诸多相同和不同之处，其 IT 产生的影响也存在很大差异。

表 3－4 　　　　　　　 花旗与汇丰的 IT 系统建设战略比较

		汇丰	花旗
战略 定位	相同点	提高客户服务的便捷性	
	不同点	建设多种沟通和交易渠道	提供全球一体化、标准化的平台
组织 管理	相同点	系统整合	
	不同点	分散化的组织管理方式，允许地区 IT 服务满足地区需求	集中化的组织管理方式，提供标准化的技术平台，以便于整合
资源 配置	相同点	自我开发为主，外协为辅	
	不同点	通过战略联盟或海外新设获得外部资源	通过并购获得外部资源

由于汇丰控股的战略更强调本地化，花旗更强调全球一体化整合，因此在 IT 战略的定位、相应组织和资源配置上存在上述差异。从整合能力来看，汇丰更需要协作能力，花旗更需要重视并购后整合能力建设。这两个方面都是耗时比较久的整合过程，从一个较长期来看，两者的差异一直存在。

从 ROA 来看，花旗的 IT 战略产生的回报更大，但是两者之间的差异正在缩小。两者波动较大的时期都是各自并购较多的时期，反映出 IT 系统的整合作用需要一定时间的时滞才能充分发挥。

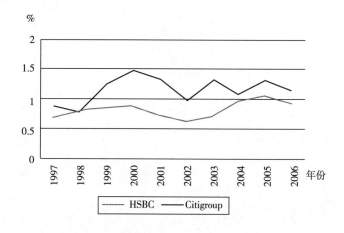

图 3－1　汇丰和花旗的 ROA 比较

从人均盈利（见图 3 - 2）来看，花旗整体好于汇丰。但是考虑到两者开始 IT 整合的时间有所差异，花旗始于 20 世纪 90 年代末，汇丰则是 2000 年之后才开始。考虑到时滞的因素，2003 年之后两者的差距开始缩小，反映出汇丰整合的收益正在体现。

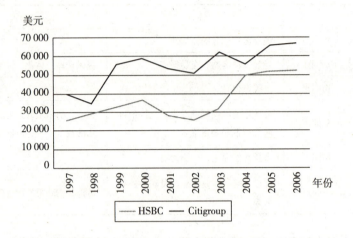

图 3 - 2　汇丰和花旗人均盈利比较

从图 3 - 3 可以发现，花旗在 2001 年前一直对 IT 保持比较大的投入，此后投入减少，与其预算紧缩有很大关系。另外，花旗对 IT 投入的减少也可能是由于其 e - Citi 没有如预期一样产生整合收益。汇丰在 IT 投入上的变化趋势与花旗正好相反，呈现出逐渐扩大的趋势。三个图整合来看，IT 投入与整合的关系密切，可以发现汇丰 IT 投入的增加一定程度上得益于整合的成功，同时 IT 的进一步投入也进一步增加了整合的手段，提高了整合效率。

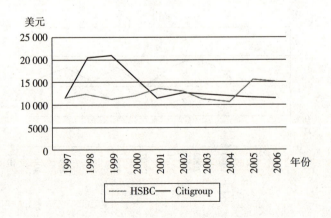

图 3 - 3　汇丰和花旗人均 IT 投入比较

两大银行在 IT 投入方面都有较多投资，但是后期的绩效差别显著，其原因可以从 IT 战略与集团整体战略的协同方面进行考察。根据 Weill 和 Aral (2006)，一个公司如果在 IT 建设上有经验往往能够获得比较好的回报。这里 IT 建设经验是指有计划地、持续地综合使用一系列相互联系的业务实践和核心能力来开发 IT 投资的收益。按照投资目的不同，IT 投资可以分为几种类型：基建技术，交易技术，信息技术和战略技术。每种技术的回报都是不同的，每个公司在开发 IT 技术过程中都需要在公司整体战略和 IT 战略之间进行持续的平衡和再平衡。花旗和汇丰在其 IT 投资中形成的 IT 技术存在很大不同，从推动集团一体化整合的角度，概要总结如下。

第一，基建技术应根据集团整体战略确定 IT 技术的整合重点。就基建技术本身来看，其往往具有标准化和多部门共享的特征，并具有很强的稳定性。由于汇丰的战略是"环球金融　地方智慧"，表现在 IT 战略中侧重于地方化的发展，对于全球系统的整合开始得相对较晚。因此整合的重点应放在构建能够整合各地系统的一体化体系。花旗则相反，由于其整体战略注重全球一体化，IT 战略对通用技术的开发较好，但是随着系统使用的深入，花旗日益发现其 IT 系统在整合全球公司和消费银行方面没有得到很好的应用，因此这应该成为整合的重点。

第二，交易技术应选择不同的开发重点，以平衡一体化和地区化矛盾对整合的压力。交易技术的基本职能是以更低成本、更快捷的方式从事大批量交易。由于花旗和汇丰在整体战略和 IT 战略上的差异，汇丰在交易技术开发中表现较好，从全球整合角度来看，其随后的整合重点是注重对安全性的开发。花旗虽然开发了标准化的服务技术平台，但是以 e - Citi 为代表的交易技术没有得到很好的开发。

第三，信息技术开发是体现和增强 IT 管理服务职能的重点。汇丰在 2001 年之后开始注重将 IT 技术运用在管理控制和客户服务中，其 2G 创新业务方案就是一个很好的例子。然而花旗在信息技术的投入上一直比较保守和后进。

第四，战略技术得到重视，但缺乏有效的整合手段。两大银行都认识到有效利用 IT 技术系统对持续竞争优势形成的重要意义，但是还没有寻找到有效途径。汇丰正在运用 IT 技术开发 hsbc. com 品牌，并致力于品牌知名度和认知度建设，但是如何对现有业务在这一品牌下实现整合尚无有效举措。花旗成功地利用 IT 技术在信用卡业务和电子交易中获得可持续的竞争优势，但是面对其收购的 Egg 则仍深陷整合困局。一方面，Egg 是一个成熟的网上银行品牌，有广泛的客户基础，良好的技术平台，以及经过验证的有效客户管理模式；另一方面，在花旗一体化战略指导下，Egg 显然与花旗集团的形象存在巨大差异。2011 年 3 月花旗正式宣布同意将 Egg 出售给巴克莱银行，该交易于 2011

年4月28日完成。出售时Egg的资产和负债分别为27亿美元和3 900万美元。2011年Egg相关的信用卡业务产生的盈利为3.4亿美元（Citigroup，2012）。2007年花旗完成对Egg收购时共支付13.9亿美元（Citigroup，2008）。而巴克莱银行估计这项交易将使其信用卡客户账户价值增加23亿英镑（约合32亿美元）左右。尽管花旗在信用卡业务，以及信用卡业务的重要优势来源之一的相关IT技术方面有竞争优势，但是在整合相同业务的不同系统时仍没有建立有效的战略技术。

第五，IT技术对于推动不同业务和子公司发展的作用存在较大差异。尽管花旗和汇丰在整体战略、IT战略和相关组织上存在较大差异，但是一个普遍的现象是对于传统发展较好、社会认知度较大的业务，往往可以迅速产生客户规模扩大和成本节约等积极作用。但是对于认知度不高的新业务，本国或东道国客户认知基础不同的业务的作用尚没有一致的作用。

3.2.2 平衡计分卡：构建基于战略导向的子公司绩效评价体系

母子公司一体化机制的建立与子公司的发展是动态演进过程中互相促进的两个进程。银行控股公司子公司绩效考评体系是引导和规范子公司健康持续发展的支持手段，也是增强母子公司黏着力、向心力，贯彻落实母公司战略规划的控制机制。银行控股公司子公司绩效考评体系的设计应以"战略落实"为根本，兼具"战略调适"功能，使子公司发展始终与母公司发展和转型战略保持高度一致。评价体系应从单纯反映子公司业绩状况的事后监测工具，变成引导、支持和规范子公司发展的手段。通过开发指标阈值的升级功能，使评价体系的侧重点能够根据母公司战略规划的变化和调整，以及子公司的行业特点和发展阶段，进行适时调整。

3.2.2.1 国际银行和监管机构的综合评价指标体系①

（1）银行内部绩效考评体系的设计特点

银行的内部业绩考评是为银行管理者和股东考评分行和业务部门绩效服务的，考评核心是盈利能力，考评内容主要是财务盈利能力、产品盈利能力以及与长期盈利能力直接相关的客户满意度、行业与市场发展趋势。西方商业银行对经营业绩的内部考评采取多种方式，包括考评产品、客户关系和分行的业绩等。由于考评内容的多样性，平衡计分卡一经出现便得到银行的广泛使用。

① 通过平衡计分卡构建一体化优势

组织结构沿着"职能制—事业部制—矩阵制"的演变路径，体现出组织

---

① 企业绩效综合评价体系的国际演进主要经历了四大阶段，平衡计分卡被认为是能够适应企业复杂、多变管理需要的评价方法体系，具体评价体系的演进阶段见附录一。

结构调整在解决组织一直以来面临的"一体化规模效益与专业化的效率改进之间"矛盾的不懈努力。相比于"成本中心"型组织或者"收益中心"型组织而言,"利润中心"型组织的建立,不仅由于小型化、重复性设置功能组织增加了集团的管理成本,而且由于不能集中管理职能型组织而面临损失规模收益的风险,而且由于专业化人才分散、分割于各差别迥异的事业部制利润中心,阻碍了专业化人才集聚化才能产生的专业创新效率的提升路径。为了解决这一"一体化与差异化"的经典组织悖论,20世纪90年代,同时向产品和职能经理汇报,或者是业务和区域经理汇报的双路线制的"矩阵型"组织应运而生。然而,现实中无论是在整合方面颇具优势的汇丰还是富国银行,整合能力和协调能力一直是它们运用矩阵组织结构面临的管理难题。富国银行在打造和整合电子商务方面的经验为大型商业银行控股的金融集团整合子公司提供了一体化机制建设的有效探索。

相对于单纯的组织手段,平衡计分卡提供了一个能够满足多种业务单位和支持型组织之间的整合和协调需要的一体化框架,他不仅能够囊括组织手段,而且还为实现将各子公司行为协调和统一于集团整体利益之下,提供了信息和评估手段。富国银行在打造网上金融服务业务过程中,综合绩效平衡计分卡手段的利用对于形成电子商务的持续竞争优势提供了强有力的一体化整合框架。

富国银行的网上金融服务业务曾经是以"成本中心"的形式建立的,主要按照功能进行组织管理,即划分为运营与客户服务(包括呼叫中心),技术开发,产品管理,市场营销,财务计划,以及人力资源部门。但是负责网上金融服务业务的集团副总裁并不希望这个部门的员工成为单纯的职能专家,而是希望部门的每个员工都能对集团的整体战略有所了解,并在日常工作中致力于为实现集团战略而工作。为此,集团成立了专题项目小组以明确集团的战略方针和平衡计分卡。该小组由各职能部门负责人和中层管理者组成的跨职能部门的小组组成。该小组在形成战略方针、制定战略目标时主要以三个不局限本小组层面的更高层次的战略重心为考核重点。

一是争取和保有高价值和高潜力客户;

二是提高单位客户收益;

三是减少单位客户服务成本。

平衡计分卡的指标体系紧紧围绕上述三大战略重心进行设计。整个部门的员工,不论是来自于支持部门(如人力或财务),还是前台部门(如销售)都共同制定战略目标,并就如何在目标和评价指标之间建立对应关系形成一致意见。这样的平衡计分卡设计带来的一体化好处主要有:

首先,实现了以部门的整体战略目标和战略优先权为个人和子部门的行动指引。技术部门的工程师们将网站的可获性指标提高到98%。在实施此项改革之前，该部门的此项指标为80%，已经是当时行业的最高水平。很多同业银行都以他们为标杆，但是当该小组按照上述战略主题制定目标时，工程师们逐渐发现，如果要实现三年内网上客户量超百万的目标，他们网站的可获性必须与顾客对ATM和电话网店可获性的预期相一致。技术人员逐渐意识到提高网站性能的战略意义并不明显，但是开发网上客户信息的统计软件，对于增加银行产品和非银行产品的客户个性化营销提供极大的便利。通过这种方式，各部门的员工仍负责各自职能之内的工作，但是他们已经能够根据部门的战略定位和战略重要性来安排他们各自的日常工作。

其次，平衡计分卡设计的三大战略主题具有一般的电子商务战略不具备的长期有效性。尽管电子商务部门的具体策略或行动可能时刻变化，但是其长期目标不曾改变，即始终是吸引优质客户，深化客户关系，以及持续降低客户服务成本。这些战略目标的作用不是暂时的，它们对组织行为的引导，以及由此产生的组织竞争优势是长期可持续的。

最后，按照战略重心设计平衡计分卡有利于落实网上金融服务业务的预算与资源配置管理过程。在使用平衡计分卡之前，该部门需要在600多项活动中不断管理和重设权重。使用平衡计分卡之后，管理者只需要根据"该活动是否有利于上述三大战略重心的实现"就能够对大部分活动作出推出、缩减或增加等战略性选择。该部门通过实施平衡计分卡管理在活动管理方面节约了98%的工作量。至此，该部门可以将主要精力放在少数的对业务发展有显著战略影响的跨功能性的活动选择上。

② 运用平衡计分卡评价高级管理人员绩效

汇丰控股并不是银行中应用平衡计分卡评价绩效最早的银行，但是基于其卓越的整合能力，汇丰是综合运用平衡计分卡评价绩效，进行战略管控和集团一体化机制建设的成功典范。在对高级管理人员的绩效评价中，如表3-5所示，汇丰平衡计分卡以财务和非财务指标为主要维度，以委员会意见为定性调节手段和指标。其中，财务指标又分为四大指标，各指标权重均等；非财务指标，采取定量和定性指标结合方式进行判断。委员会是指集团风险管理委员会（Group Risk Committee，GRC）[①] 意见主要考察三个方面，首先是与汇丰控股集团的文化价值的一致性，其次是与集团的风险管控政策的一致性，最后是与集团管理流程制度的一致性。

---

① 集团风险管理委员会的主要职责包括：为董事会提供关于高层风险相关事件的建议，为非执行董事提供风险管理和内部控制监管，其中内部控制是指财务报告以外的内容。

表3-5　　汇丰控股的集团绩效平衡计分卡指标体系和2012年得分

	指标	长期目标范围	权重	2012年绩效	得分
财务 指标 （60%）	ROE	12%~15%	15%	8.40%	0%
	成本效率比	48%~52%	15%	62.80%	0%
	资本实力	>10%	15%	12.30%	15%
	股息（派息率）	40%~60%	15%	55.40%	15%
非财务 指标 （40%）	策略	判断	20%	判断	15%
	品牌资产	位列前三且增长	5%	位列前三但下降	0%
	合规与声誉	判断	10%	不符合	0%
	人员和价值	判断	5%	判断	3.75%
	绩效表现结果		100%		48.75%
	委员会意见				40%

资料来源：作者根据汇丰控股2012年年报相关内容翻译整理。

汇丰的绩效评价指标体系特点是：第一，不以绩效为唯一衡量标准，还要综合判断其绩效的取得方式，以及是否符合集团整体利益，进行综合考评。第二，在指标中是通过多种方法多角度确保与集团整体利益的一致。一是将集团性非财务关键指标在非财务指标中列示，二是根据集团一定阶段的战略重点确定或变更相应指标权重，三是通过委员会评价融入集团利益相关者角度进行评价。第三，集团一体化的指标主要包括：战略和风险管控标准，制度流程，以及人力资源。第四，由于银行业的特殊性，"合规"成为评价银行等相关金融机构的重要指标。但由于监管政策的变化，以及银行各自战略差异，在行业中的地位差别，对"合规"的标准和权重都有适当的调整。第五，非财务类指标中，评价标准设定不同。品牌和商誉的判断标准以市场标准和行业结合标准为指针。战略、合规、人员等则以集团内部评价为准，同时通过委员会评价，增加考评角度的全面性，保证集团利益相关者利益的公正对待。

（2）外部监管机构对银行考评体系设计的特点

从银行监管者角度来看，以CAMELS指标体系为例（见表3-6），绩效评价体系评价的核心往往不是财务效益，而是风险评级，以安全性为重点，所以偏重于对银行资产质量、资本充足率的考核，对盈利性和流动性的考核次之。由于监管合规性和风险管控是监管部门的关注重点，因此该指标体系仍然以财务指标为主，但是整体设计体现出对集团整体考评的重视。

表 3-6　　　　　　　　　美国 CAMELS 评级指标体系（主要指标）

资本状况 （共 7 项）	资产质量 （共 12 项）	收益状况 （共 19 项）	流动性 （共 12 项）
资本充足率	不良贷款占比	平均资产收益率	存贷比
一级资本充足率	呆账准备率	平均核心资本收益率	流动资产占比
负债率	呆账准备覆盖率	效率比例	客户存款/总存款
资本比率	贷款净损失率	平均筹资成本	平均银行间融资/总融资
	贷款集中度	平均利息收益	外币资产/外币负债
		利差	

注：CAMELS 指标体系中定量指标还有效率类指标 7 项、营业收入结构类指标 4 项。

资料来源：李建军，2004。

就集团一体化角度来看，该指标体系的设计有下列值得借鉴的特点：①多层指标体系，反映核心考察点的内部逻辑关系；②资本指标关注度高，由于集团并表统计的影响，对其多指标的衡量，整合得当的集团相对享有优势；③收益指标综合考虑收益结构、资金成本和盈利模式，整合得当的集团同样相对享有优势；④流动性指标反映资产和负债质量与结构，对于集团内融资比重大的集团有不利影响；⑤资产质量指标综合考虑资产质量结构、预警指标和处理手段。

3.2.2.2　分析与借鉴

平衡计分卡以考评主体的长期战略目标为设计核心，通过选择多维长期战略目标，配合各战略维度下反映内部逻辑联系的多指标，达到平衡考核主体和考核对象在战略行动上的一体化，长期评价的一致性和内外部评价的协调性，从而实现通过构建综合考评体系配置集团一体化组织优势的目的。母子公司制的银行控股金融集团在上述案例中体现的平衡计分卡应用经验可以概括为以下几个方面。

（1）综合考评体系的设计原则、特点与挑战

首先，战略导向是考评体系设计的总体原则。以一体化战略为基础选择的子公司、高管人员的考核重点维度，一方面保证集团战略的一致性以及内外部监管的一致性，同时减少各子公司专业特征差异、发展阶段差异产生的具体战略目标方面差异，对集团一体化产生的潜在冲突。如同富国银行在平衡计分卡设计中的经验，不论具体情景如何改变，各层次具体指标的确定、变化都以是否满足核心战略目标为基准，实现"战略统一和专业特色"、"集团、子公司、部门和个人"、"文化统一、风险协同、流程契合"的协调，节约集团内各层次变化中的协调组织成本，提高一体化的效率。

其次，多维网络体系是考评体系设计的总体特点。在传统财务绩效指标基础之上，综合考虑客户、内部流程、学习与成长等战略目标，并在综合体系设

计上，针对集团战略目标和战略实施阶段，选择各层次的战略维度；在各维度内部，选择多种指标，反映每个战略维度的全貌和内部逻辑关系。多指标选择、评价标准和修正指标，三者之间应能够形成反映各战略维度内部逻辑关系的指标网络。

最后，平衡"一体化—专业化"是考评体系设计的主要挑战。具体体现在三个方面：第一，在评价指标方面，银行控股公司下的子公司，由于行业特点突出，评价各行业本身的指标虽然很多，但是相同指标很少，因此在战略维度一致下，选择适合子公司特点的具体指标，可以解决集团内跨部门比较的矛盾。第二，在评价有效性方面，由于存在子公司与母公司及其他子公司的关联交易；同时，由于子公司肩负效益、发展、协同等多项战略使命，且所处行业与自身发展阶段往往不同，因此投入子公司资源的横向可比性较差，因此对评价指标需进行相应修正。第三，在评价标准方面，评价标准的选取和确定有一定难度。各子公司虽同属金融行业，但在盈利能力、市场现状、行业监管等方面存在较大差异，所以选用的评价标准需能平衡这些差异。指标的标准依据不同子公司指标的实际值，采用等比例分布与标准差结合平均法求得。各项指标的等级判断均采用常模参照法进行，而不是定基参照法。因为各子公司的行业不同，不可能采用统一的标准作参照。

（2）母子公司绩效评价模式选择和一体化优势的形成

① 母子公司绩效评价模式的选择

从母子公司绩效评价模式与管理控制模式相匹配角度，两者的关系总结见表3-7。由于事业部制业务单位、专业子公司或高级管理人员在行动复杂性、集团一致性和绩效考核导向性等方面的复杂性特点，平衡绩效评价模式成为考核变革单位，高管人员和外部监管共同选择的评价模式。

表 3-7　　　　母子公司管理控制模式与绩效评价模式的关系

特征项	基于子公司治理的管理型	基于母公司治理的行政控制型	基于子公司治理的治理型
绩效评价模式	产出绩效评价模式	过程绩效评价模式	平衡（全程）绩效评价模式
子公司战略	子公司自行制定其战略	母公司制定总体战略，子公司只负责执行	母公司和子公司共同协作制定各层次战略
治理结构	子公司董事会、监事会全面管理和控制子公司运营	子公司董事会、监事会形同虚设	子公司董事会、监事会在母公司董事会的监督下进行管理
控制重点	产出控制	过程控制	全面控制或平衡控制
绩效评价重点	产出绩效	过程绩效	全程绩效评价

资料来源：作者根据相关文献自行整理编制。

银行控股公司适合采用平衡绩效评价模式，具体原因如下：一是银行控股公司母公司对子公司的投资，一般都是全资或者绝对控股，不属于财务投资，而属于长期投资，因此不适合仅考察子公司产出的产业绩效评价模式；二是虽然子公司之间、子公司与母公司之间存在较多的关联交易，但实际上并不属于上下游的关系，即母公司与子公司之间不能构成一条完整的产业链，而且各子公司之间还有严格的防火墙，隶属于不同的分业监管框架，所以母公司尚无法对子公司的经营过程进行全程评价，不适合采用过程绩效评价模式；三是母公司一般对子公司采取"战略管控为主、过程管控为辅"的模式，而且子公司的行业虽相互独立但也可共享集团资源，并可进行某些关联交易，因此可采用平衡绩效评价模式对子公司进行绩效评价，即不仅考核子公司产出，同时还要对子公司的经营过程进行考核。

②运用平衡绩效评价模式，培植银行控股公司一体化优势

银行控股公司通过在财务绩效指标基础上增加非财务类指标，可以将绩效评价从事后绩效反馈与对下阶段行为引导的被动反馈模式，转变为通过事前战略计划和沟通推动子公司战略行为努力，增进集团整体一致性的有效工具。具体而言，考虑银行控股公司在母子公司管理中体现出的"产品专业性差异大、共享资源需求高、子分机构发展不平衡"特点，平衡绩效评价模式在实现集团推进一体化战略落实，对不同子公司进行绩效评价、比较和管理方面存在许多优势，主要包括：

一是以集团战略为出发点，落实集团战略导向。当只有财务绩效指标时，子公司往往有多种选择可达成目标。但是当多角度的非财务指标同时在考核指标中时，子公司更有可能采取与集团战略设定方向相一致的发展策略。

二是综合考虑专业性差异，实现横向可比可控。子公司之间尽管存在专业差异，但是必须都对集团战略的关键指标作出贡献。因此，以集团战略导向和战略转型确定的关键指标作为绩效综合评价要素，可以实现专业子公司的横向可比，且为专业子公司的长期发展提供战略指引。

三是打通历史与环境变动，推动纵向循序增长。通过根据母子公司战略定位的调整，适时调整平衡计分卡的指标和权重，并通过调节指标的引入，可以在长期一体化机制建设中植入体现"战略—组织—资源"三者互动关系的动态指标体系。

3.3 小结

随着各国市场相互依存的增加，金融产业的全球化为金融集团的全球运营带来了巨大机会。全球化战略强调企业如何在相互依存的各国市场发展有竞争力的经营优势，强调开发一系列潜在优势，包括利用国家资源禀赋的差异，跨

国银行网络的灵活性和规模经济、范围经济和学习优势。从全球战略的角度来看，金融集团在全球一体化市场中参与竞争必然对战略定位进行调整，矩阵型组织结构反映出金融集团资源配置的组织选择。

资源配置涉及一个企业选择什么样的活动进行内部化，以及在哪里组织这种活动。矩阵式组织的一个重要焦点就是发展分布式和专业化的资源配置，从而实现集团内的产品、资本、人员和知识在全球范围内的流动和优化配置。对这些资源进行配置的标准主要是在集团的全球一体化、地区响应和学习之间寻求一种平衡的竞争优势。这将体现为集团资源和总部功能的全球扩散，以及境内外子公司战略角色的适时转变。随着集团内资源在全球范围内的分布越来越分散，内部资源流动模式越来越复杂，对集团内资源的整合和控制机制日渐突出成为集团管理的重要内容。

矩阵式组织结构表现为对分散运营的各个纵向单位之间建立的横向联系。这种组织形式的产生，一方面是适应集团战略的变化而做出的正式组织模式选择，另一方面也反映了一些非组织结构类的组织整合机制。这些组织整合机制，既包括正式的组织控制机制，也涵盖非正式的整合控制机制。

集团一体化的整合过程是两大过程的有机结合：一是集团整合作为战略变革过程，并不仅仅简单体现为组织结构选择对战略变革的适应，更是战略变革过程中组织适应动态过程的阶段性模式选择。一体化整合必须推动业务整合、客户整合和区域整合之间的循环。二是 IT 系统建设不仅仅是一体化整合的专业工具，更是可以产生持续竞争力的战略性整合手段。一体化整合应综合运用并发掘非组织手段对集团一体化整合的战略协同和战略技术开发作用。三是平衡计分卡是平衡母子公司"一体化—当地响应"矛盾的有效工具，根据母公司战略，子公司发展情况，对子公司绩效和高级管理人员的评价体系，可以通过四大基本模块（财务、战略、管理和创新）构建多指标评价体系，一方面四大基本模块的统一满足集团一体化的需要，另一方面各模块内部具体指标体系的选择则反映子公司和高管人员的具体情况，满足特色化的实际需求。

4 工银租赁是工行综合化经营
转型的战略安排

融资租赁作为现代服务业领域的新兴产业，自20世纪50年代诞生以来，凭借其在改善资产结构、促进销售以及融资手段创新方面的独特优势（路妍，2002），获得迅速发展，与银行信贷、债券、股票、基金一并称为五大金融支柱，在国际资本市场，融资租赁业已成为仅次于银行信贷的第二大融资方式（蒋振声，2001）。

银行系租赁公司的参与、限退和复出，界定了中国融资租赁行业沉浮发展30年的历程，反映出我国经济对租赁作用的重视和挖掘，以及监管的日臻建立和完善。金融危机前后，全球租赁行业也受到重大冲击，但是相对于其他金融产品和行业，也显示出较强的抗危机能力和复苏实力。2007年以来，银行业重返租赁产业，不仅为中国融资租赁行业注入强劲活力，在全球融资租赁行业结构调整中夺得先机，也为银行业综合化经营转型提供了新的具有巨大发展潜力的产品平台。中国工商银行作为首批获批银行，通过成立全资子公司——工银租赁，是持续推进金融业务转型，不断优化经营结构的战略举措。工银租赁5年来的发展，依托工行集团优势，迅速在资产规模和盈利能力方面成长为行业领导者，在推动工行集团盈利模式转变、综合经营转型、国际化和提升集团竞争力方面进行了有益探索并作出了特有贡献，正成长为工行集团的一条重要产品线。

4.1 世界租赁行业发展总体趋势与特点

全球租赁行业的发展，为发达国家制造业的国际化和技术改造，为经济结构调整和贸易改善做出了突出贡献（史燕平，2004）。

4.1.1 世界租赁行业发展总体趋势

欧洲和北美作为租赁发源和主市场，竞争日趋激烈，发展差距逐渐缩小，欧洲多主体的发展格局正在形成，北美的主导地位面临很大挑战。经济金融危机对世界租赁市场发展影响巨大，危机后世界租赁市场格局面临巨变。

趋势一：世界租赁市场整体呈上升趋势，亚洲市场相对受创较小

世界租赁市场自进入20世纪80年代中后期以来，虽然偶有波动，但总体上基本处于高速发展的态势，尤以北美洲、欧洲和亚洲表现得最为显著。然而

近年来，由于 2007 年全球金融危机的冲击，世界租赁市场呈现出较为明显的下降过程，而欧洲由于受到金融危机的影响最早也最为强烈，其受创影响较大（见图 4 - 1）。

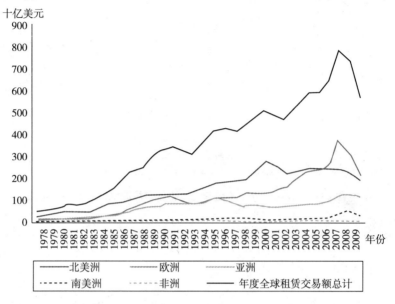

注：虽然对租赁的定义因国家和法律、会计和监管等有所差异，但是总体来看，在全球租赁报告中，对租赁的统计所有国家采用高度一致的标准，不包括房地产租赁，以及不是商业客户的个人租赁合同，也不涉及各种形式的消费融资、对商业部门租户的轿车租赁。

资料来源：伦敦金融集团《世界租赁报告》（2011）（*White Clarke Global Leasing Report*）。

图 4 - 1　1978—2009 年各地区租赁交易量

趋势二：**欧美租赁市场发展程度高于中国，危机后租赁市场影响波动大，全球租赁市场格局正在变化**

就全球租赁行业较有代表性的国家 1981—2009 年近三十年的租赁市场渗透率变化（见图 4 - 2）的整体情况来看，以美国、英国、德国和法国为代表的欧美国家租赁市场的渗透率总体上要高于以日韩为代表的亚洲国家租赁市场渗透率。以巴西为代表的新兴市场国家的租赁市场渗透率则表现出了较大的波动性。

20 世纪 70 年代末开始，国际融资租赁行业进入到高速成长期见图 4 - 3，1978—2007 年租赁交易额从 408 亿美元上升到 7 804 亿美元，30 年间年均增长 11.3%，同期全球 GDP 年均增长率 6.9%。2008 年金融危机后，全球 GDP 和固定资产投资均增速下滑，但是融资租赁市场的下滑更为严重。

从危机影响程度看，中国是目前全球十大租赁市场中唯一保持持续增长的

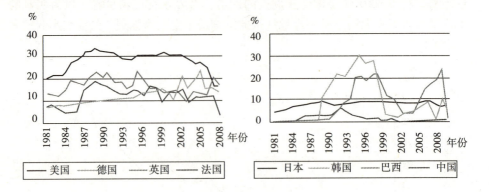

注：市场渗透率是指租赁设备价值占对固定资产投资的比例。

资料来源：White Clarke Global Leasing Report（1983—2011）。

图 4 – 2 1981—2009 年全球主要租赁市场的租赁渗透率变化图

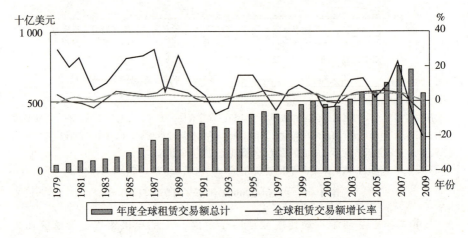

资料来源：作者根据联合国统计司（UNSD），国际货币基金组织（IMF）和 White Clarke Global Leasing Report（2011）相关数据资料整理绘制而成。

**图 4 – 3 1979—2009 年全球租赁交易额年度分布以及
年增长率与世界 GDP 年增长比较**

市场主体。全球租赁市场继 2009 年创出 23% 的下跌记录之后，2010 年第四季度终于迎来久违的复苏信号，全年新增租赁业务量实现增长 10.7%。租赁业务负增长的国家和地区由 2009 年的 84%，下降为 2010 年的 33%。2008 年后新兴市场国家在世界租赁 50 强国家中已占领半数以上席位。欧洲市场受危机影响最大，德国和英国是主要支撑力量，英国在欧洲市场的相对地位上升，英国、德国、法国在 2009 年后迅速下降，警示欧洲租赁市场的长期影响可能正在加剧。美国相对受危机影响也较大，但是复苏迅速，2008 年租赁市场大幅下挫后，2009 年已止跌回升。

趋势三：世界租赁行业对全球 GDP 的贡献率呈整体上升趋势，发展空间巨大，相对保险、股票、基金和证券来看，相对抗危机干扰力较强

从图 4－2 可以看出，1978—1989 年，世界租赁市场对世界整体 GDP 的渗透率处于快速上升阶段，相比于全球经济增速，世界租赁业增速更高，其中北美洲、欧洲以及亚洲租赁业的快速发展功不可没。进入 20 世纪 90 年代，一直到 2007 年，租赁市场的发展对世界 GDP 的贡献作用基本维持在一个相对稳定的范围内。而在 2007 年，在受到全球金融危机影响的条件下，世界租赁业对 GDP 的贡献作用明显下降，充分印证了租赁行业与经济整体发展之间的紧密关系。

与其他金融产品相比，租赁相对抗危机能力较强。图 4－4 与图 4－5 比较

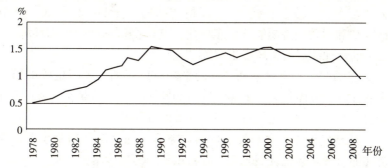

资料来源：联合国统计司和 White Clarke Global Leasing Report（2011）。

图 4－4　1978—2009 年世界租赁市场占世界 GDP 总量的比例

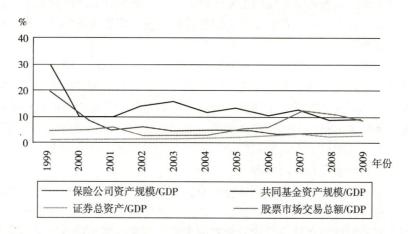

资料来源：联合国统计司相关资料（2011）。

图 4－5　1999—2009 年世界租赁市场占世界 GDP 总量的比例

来看，保险、股票、基金和债券对 GDP 的贡献高于融资租赁对 GDP 的贡献。1999 年之后保险、股票、基金和债券对 GDP 的贡献下降后基本稳定。从波动区间和影响时间来看，2008 年金融危机对保险、股票、基金和债券的 GDP 贡献的影响，相对于 2000 年初经济危机的影响来看，波动区间逐渐缩小（从 1999—2000 年基金下降 200% 到 2007—2008 年下降不足 30%），影响时间相对缩短。比较来看，此轮危机对租赁的相对影响虽略有上升（危机后降幅超过 40%，危机前不足 20%），但综合考虑欧洲在世界租赁市场中占比和影响较大，且是本轮经济危机的中心，租赁业务的抗危机能力相对较强。

4.1.2 后危机时代国际融资租赁行业发展的主要特点

危机前，全球租赁市场基本保持 10% 以上的高速增长，共性上来看主要表现为"两多、一改、一统一"，即租赁结构（产品、出租人、承租人、行业、地区）和租赁经济功能日趋多样化，支持租赁发展的外部环境不断改善，租赁相关的全球法规政策环境正在统一。

2008 年的金融危机对全球经济的影响是广泛的，各国租赁市场在危机中的表现迥异，一方面强化了上述租赁市场发展中呈现的共性，另一方面各国差异也折射出共性基础上租赁行业健康发展的规律和特点。

（1）从现代租赁产生和发展的根源来看，在金融创新驱动下，现代租赁的经济功能呈现多样化发展态势，危机抵御能力逐步增强。

欧、美、日、韩国家积极开展现代租赁业的重要原因，以及租赁长期不断发展的根本原因在于，租赁不仅仅是一种契约交易形式，而且对经济发展具有多方面贡献：成为资本市场的主要融资工具、促进投资和国际贸易平衡、扩大对外开放、有利于中小企业发展、加速设备流通、刺激金融创新、推动技术改造和产业升级。

银行系租赁公司对稳定租赁发展和一国经济金融稳定、推动各国租赁多样化经济功能的发展具有重要作用，这一过程的实现具有明显渐进性。租赁行业的发展、各国经济发展需求和国际经济贸易金融环境变化之间的互相影响日益紧密。例如美国租赁市场结构在初期厂商租赁公司占主导地位，危机前独立中介租赁机构规模最大，而危机后银行系租赁公司份额上升为最大，反映出银行系租赁公司在资金和风险管理上的优势。

总体来看，相对于其他金融行业来看，其受危机的影响较小，通常都是下降较小或者复苏较快的。当然，由于各国在经济发展阶段和结构上的差异，危机对不同国家融资租赁行业的影响有很大差异，且一国租赁市场中不同产品的市场表现也各异。如日本 20 世纪 90 年代经济泡沫之后，租赁行业整体一直复苏乏力，但是汽车租赁市场却一直保持稳定。同时，本次危机前后，欧美日等租赁市场的产品结构都出现变化。由此可见，由于各国内部不同产业发展周期和阶段差异的普遍存在，具备多样化功能的租赁产业可以通过行业多样化有效抵制危机的影响。从目前各国情况综合来看，交通运输设备是租赁行业发展初期增长较快，成熟且稳定的行业；信息与通讯设备和服务类设备是目前增长较快的领域。

（2）从租赁产品来看，创新是出租人充分发掘租赁多样化的经济功能、平衡境内外市场需求、规避政策差异、提高自身国际竞争力的有效手段。

各国融资租赁行业发展和应对危机的基本手段，不是放弃金融创新，而是不断创新能够更好地融合工业、金融和贸易的租赁产品。从产品结构来看，创新是实现租赁多样化经济功能向多样化产品结构转换的唯一途径。租赁载体多样化和租赁业务国际化扩展，以及租赁形式的多样化是相辅相成的。

值得注意的是，欧美日等国家的租赁产品中，租赁产品的一个重要趋势是持久耐用的终端设备，而非传统制造业设备。目前国内租赁行业的产品结构中，飞机和船舶的经营性租赁较多，但短期的利润空间有限。其中船舶租赁受全球船舶制造和海洋运输业低迷的影响，市场中出租人的业务发展战略差异性增加，一方面有出租人退出这一业务领域，另一方面也有大量内资和外资租赁公司进入。由于我国二手设备市场相对发展不足，且制造业和服务业在全球产业链中的地位不同，处于不同的发展周期，我国的租赁产品结构基本仍以制造业和轨道交通为主。

（3）从融资租赁业出租人结构来看，银行系租赁公司的地位和作用突出且稳定，出租人主体多样化和专业化是租赁行业持续健康发展的根本。

全球租赁市场整体来看主要有银行系租赁公司、厂商类、专业类和中介类四大出租人类型。四类出租人各有独特的专业优势，但并非四类皆备。各国出租人的结构差异往往与该国的经济结构和金融业发展状况有关。首先，出租人结构的多样化和产品结构的多样化是密不可分的，彼此是互相推动的关系。其次，多样化的资金来源有利于出租人主体的多样化，也有利于不同租赁公司开展适合各自特色的多样化创新产品。最后，多种租赁主体多样化的租赁资产管理需求更有可能推动发达金融市场支持下的租赁资产交易。

银行投资的租赁公司是各国普遍存在的出租人类型，也是此次金融危机中相对稳定的租赁市场交易主体。银行系租赁公司往往在享受资金优势的同时，也接受相对更严格的监管，不论是对于监管较严的韩国和德国，还是监管最为宽松的美国都是如此。对银行系租赁公司的严格监管，为充分发挥此类租赁公司的优势提供了必要的风险保障。因此，此类公司往往具有母行融资和再融资以及吸收存贷款的融资优势。如在金融业发达程度各异的各国，银行大多提供了租赁公司融资的80%～90%。银行系租赁公司一方面在融资稳定性上有更大优势，另一方面由于母行或集团的严格风控和审慎政策，往往影响到此类公司新增业务的发展，如美国 2010 年银行系租赁公司新增业务下降 0.9%。

（4）从行业环境来看，租赁发展不同阶段监管环境一般经历"扶持由多到少，监管由严到宽"的变化，但是银行系租赁公司监管总是相对最严。

尽管租赁发展程度和各国的经济状况差别巨大，但是各国租赁环境的演变存在相当大的共性，即在各国发展初期一般对租赁采取普遍的支持和扶持态度。同时，随着各项支持环境的完善，监管日趋宽松，逐步让位于专项市场调节。当然在监管环境不同的发展阶段，银行系租赁公司往往还是受到相对更严格的监管。各国对此类租赁公司的定义略有不同，如日本，即使银行不是最大股东，但如果有银行股东也统一按照银行系租赁公司监管。此外在监管环境的不同发展阶段，其监管重点往往不同，随着环境完善和社会认知的增加，支持重点往往从出租人转移到承租人。例如，在欧美日韩租赁业发展的初期，普遍具有税收减免、加速折旧、优惠信贷和租赁信用保险等政策，出租人通过将部分优惠收益转移给承租人，增加了租赁吸引力，推动了出租人业务和投资的发展。在租赁市场相对发达的阶段，如金融危机后的美国和欧洲市场，出租人主动的运营模式和结构调整往往出现在"市场投资低迷、政策直接支持较少、承租人需求变化、出租人竞争激烈"的情况下。市场发展初期对出租人的扶持政策，产生的多样化出租人群体和出租人运营能力的增长，为破解市场低迷时的政策刺激困境提供了出路。

（5）从社会认知来看，全球对租赁发展的重要性日益重视，有利于租赁发展的统一社会环境正在形成。

对于租赁的认定和处理，各国内部在法律、会计和监管等制度和政策方面，普遍存在一定的差异，然而随着租赁市场的发展，这种内部差异有缩小趋势，但国家间差异仍很巨大。为了适应并推进世界租赁业的发展，不同的国际组织积极致力于从不同方面促进租赁业发展的国际协调，统一世界各国对融资租赁的认识。如在法律层面，国际统一私法协会倡导促成的《国际融资租赁公约》，从私法角度将融资租赁业务与传统租赁业务分开，对处理国际租赁纠纷提供了参考依据；在会计处理上，国际会计准则委员会颁布的会计处理方法已被欧美等大多数国家所接受。在资本监管和风险管理方面，《新巴塞尔协议》发源于欧洲对开展租赁业务的公司及其母公司的资本充足率以及风险管理提出要求，并正在被更多国家接受。我国银监会据此发布的《商业银行资本管理办法（试行）》也对我国各银行和相关金融机构的资本充足率提出明确要求和达标期；在租赁公司规范运营方面，国际金融公司在世界各国范围内，包括我国在内，正积极推动现代租赁业的创立及法规建设。我国目前三类租赁公司各有行业协会，但是统一的行业协会尚未建立。银行系为主的金融租赁公司在行业统一发展中也走在前列。2011年底成立的融资租赁三十人论坛，在搭建行业交流平台方面迈出了第一步。

4.1.3 中国租赁行业的发展历史和现状

中国租赁行业从20世纪80年代初产生以来大致经历了五大发展阶段，随着租赁法律环境和风险监管的逐渐完善，商业银行立足推进综合化经营而开展租赁业务，为推动租赁行业快速发展和商业银行战略转型提供了重要平台。

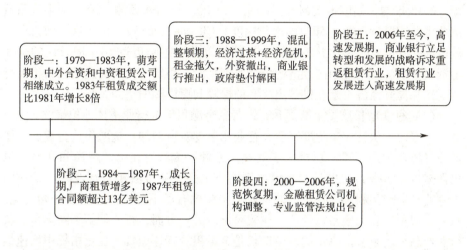

资料来源：作者根据相关资料整理绘制。

图4-6 中国融资租赁行业发展阶段示意图

针对2007年银行重返租赁行业的发展现状，业内人士指出，银行布局金融租赁业对促进行业发展和提升银行自身实力有重要的战略意义。伴随着商业银行的进入，金融租赁市场走出低迷萧条进入蓬勃发展轨道。2007—2009年，中国租赁业务量增长率年均分别为87.5%和86.7%，均超过自1981年以来中国租赁交易额平均增长率水平。2007年后的5年间，中国融资租赁行业一直保持年均增速两位数以上的增长速度。2012年增速逆转日趋下滑的增长速度曲线，再次实现增长速度的陡峭上升，预示着租赁行业增长期的延伸，尤其是有望进入更高质量的增长轨道运行。

与此同时，行业结构调整从2010年底到2011年初开始频发多种信号：一方面从增资到收购、再到外资租赁公司遍地开花，不仅带来租赁公司股权结构和性质不断变化，也预示着租赁公司管理方式或正经历变革，租赁行业的格局在金融租赁复苏和经历巨变之后可能迎来新的变革；另一方面，随着租赁交易主体多样化的丰富、市场风险的逐步显现，以及租赁融资渠道的逐渐畅通，租赁交易模式创新也日渐增多，为行业创新带来更多的压力和动力。

危机后全球租赁行业格局调整为中国租赁发展带来难得的机遇，也为处于中国融资租赁行业龙头和领导地位的金融租赁公司带来巨大发展空间，为开展租赁业务的商业银行依托租赁平台推进经营转型和国际化提供了有利平台。

（1）行业规模不断增长，银行系金融租赁发展迅速

2012年，中国融资租赁业务额达到15 500亿元人民币，增长幅度为66.7%。相对于2008年中国融资租赁市场5倍多的增长幅度（中国租赁市场增长最快年），以及2011年32.86个百分点（危机后增长速度最慢年）的增幅，2012年增长幅度再次回升（Peck，2012）。有机构预测，2013年中国租赁市场将继续保持30%～50%的增长幅度（Gleeson，2013）。虽然这一增长率与危机后的其他年份相比并不算高，但却足以傲视刚刚迈过10%增长线的全球融资租赁市场。结合中国经济的增长速度来看，租赁行业的高速增长为扩大行业规模和提升经济贡献提供了更坚实的保障和更广阔的空间。

（2）行业增长质量不断提升，银行系金融租赁的行业主体地位确立

一方面，从行业集中度来看，行业竞争度有所增加。金融租赁行业的主体地位（欧阳卫民，2000）进一步确立，金融租赁行业在资产规模和利润上虽仍占据行业50%以上的份额，但比例略有下降。从金融租赁行业来看，前四大企业在资产和利润等指标上的行业集中度也有所下降，并且组成开始变化，只有工银租赁和国银租赁的地位比较稳定。另一方面，行业创新不断丰富。从行业产品创新来看，直租的规模增长是金融租赁行业中资产变化指标中增速最快的。同时，转口租赁、保税租赁、联合租赁等形式层出不穷，并且适应中小企业的租赁产品在工银租赁和民生租赁等已经很好地实现了标准化。从行业融资渠道来看，企业债和资产证券化等途径正逐步放宽落实，这不仅为行业发展提供了更充分的血缘，而且是与资产特性匹配度更高的资金来源。另外，从资产管理能力来看，行业服务的产业广度有所增加。在继续扩大对飞机、船舶、电力和轨道等大型设备领域的租赁服务的同时，中小企业租赁市场开拓以来，融资租赁行业积极配合国家经济发展的产业政策，在"三农"和"城镇化"领域，在"医疗"和"教育"等领域都有所突破。

（3）行业出租人结构差异性增大，银行系金融租赁面临更激烈竞争

如果说2010年以来租赁行业的增资潮反映的是行业原有出租人在进一步扩展业务规模、增加行业深耕力度方面的努力。那么，2012年以来，尤其是进入2013年以来租赁公司数量的快速增长，则不仅反映出各路投资人对融资租赁普遍的投资热情，而且出身各异的投资人必然使得出租人群体的信息渠道和实体行业服务经验更加丰富。截至2012年底，国内融资租赁企业数量近560余家，比2011年增加近300家。其中外资租赁企业增长最多，增长达一倍以上，已达460家（中国商情网，2012）。此外，2011年《外商投资产业指

导目录（2011 年修订）》政策发布，将外商融资租赁公司从限制类调整为允许类，商务部继续出台了加大内资租赁公司发展力度的政策。有鉴于此，2006年银监会开始开启银行运营租赁公司的封印之后，金融租赁短短 2~3 年内就由瘫腿变成支柱，可以预见，新近出现的外资租赁井喷式增长和内资租赁一体化格局的酝酿，将不仅从三大主体层面增加行业出租人的差异，也会推动各主体在市场开拓和争夺中竞争加剧，内部差异日渐扩大。

（4）行业风险因素日渐增加，银行系金融租赁需深挖一体化优势

融资租赁行业在 2011 年之前由于主要坚持与控股母公司客户相吻合的租赁业务发展方向，在租赁资产所有权的保障和对母公司客户长期合作基础上，租赁风险相对较低。然而，随着某些行业周期波动的增加，以及利率市场化改革中，国内外利率市场波动的不确定性增强，行业违约概率有所上升，信用风险、市场风险和信誉风险日渐增加。例如，2012 年在工程机械行业增速放缓情况下，中联重科、三一重工和徐工租赁纷纷出台新的风险控制手段。在庞大事件从 2012 年延续到 2013 年的市场混乱之际，华融海航之间的租赁诉讼虽已和解，却也将实体行业波动波及租赁行业违约的风险揭示得淋漓尽致。在银行系租赁公司对船舶行业战略分化严重的同时，非银行系租赁公司和外资租赁公司一边倒的增加对船舶行业的投入，融资租赁行业个体、产品、行业、群体相关的各种风险因素日益显现、增加。

（5）行业的经济贡献不断增加，租赁业务放大银行经济贡献

过去的 5~10 年，我国金融业稳步扎实地推进了一系列具有里程碑意义的改革，其中商业银行的股份制改造和综合化经营的推进，证券公司的规范发展，以及股票、保险和债券市场的改制和跨越式发展效果显著。尤其是，融资租赁业在金融租赁产业跨越发展的有力带动下，不仅克服了金融危机的负面影响，而且抓住契机实现了规模和结构的同步发展；不仅成为国内金融支持实体经济发展和金融结构调整的有效途径之一，而且实现了中国在世界租赁市场中角色和地位的重大突破。由于租赁与企业设备使用周期相匹配的投资特点，相对于传统信贷一次性投入的方式，资金占用大大节约，尤其对于 5 年以上的中长期项目，传统方式下不能做或只能做一个项目的资金可以撬动 3~5 个甚至更多，节约资金占用带来的多项目投资的综合效益产生的租赁乘数效应，虽然没有数据统计，粗略估计可能超过银行传统信贷的 3~5倍。经过几年的发展，租赁行业的 GDP 贡献率从 2005 年不到 1%，达到2012 年约 3%[①]。

---

① 租赁 GDP 贡献率参考 White Clarke 中的计算方法，根据当年租赁业务总额与 GDP 的比值计算所得。

（6）行业环境不断改善

各国租赁的发展一个普遍的规律是得到政策、法律、监管和税收等的支持。在监管和政策方面，目前国内三类租赁公司都有专门的监管办法，并在准入等方面加大支持力度。天津、上海、浙江、北京、山东等地也陆续纷纷出台专门支持融资租赁行业发展的政策。在法律方面，租赁物权登记制度正在逐步扩大应用。营业税改征增值税从试点就包括融资租赁行业，并且试点范围正在扩大。虽然在具体推行和实施中，仍存在很多问题，但是将割裂的价值链连通起来的税收政策，长期来看是有利于融资租赁行业发展的。

（7）新兴租赁需求增加，银行系租赁业务优势明显

中国融资租赁的发展前景可期。尽管危机对中国经济产生一定影响，但是中国近年来在工业化、城镇化和农业现代化的基本发展方向一直没有改变，投资仍然是中国经济增长的主要动力，产业升级和结构调整依旧是中国目前所亟待解决的重要议题。这意味着，在未来很长时期之内，对于机械设备、通讯工具、交通运输等方面的租赁需求会有一段持续性的增长需要。

中小企业发展和制造类企业"走出去"对融资租赁的需求增加。在中国，中小企业对 GDP 的贡献率超过 50%，对就业的贡献率达 75%，但是，多年来"融资难"问题一直困扰着中小企业的发展。租赁业务手续简便，一般不需要承租人提供额外的抵押担保，产品灵活多样，可以根据承租人的需求量身定做，租赁行业为解决中小企业"融资难"问题开辟了新渠道，服务领域极为广阔。

租赁服务制造类企业"走出去"，有利于三类租赁公司的合作发展。厂商租赁的发展使制造类厂商对租赁的认知增加，制造类企业"走出去"面临复杂的外部环境，对租赁的需求不断增加。银行系租赁公司的优势和劣势正好与厂商租赁公司互补。银行系租赁公司处于产业链的"中下游"，主要为设备使用者服务；厂商租赁处于产业链"中上游"，主要为设备制造商服务。二者之间的合作空间很大，可以通过转租赁、联合租赁、应收租赁款转让等形式，将竞争转化为合作，分享销售利润、分担资产风险，实现"双赢"。

商业银行开展租赁业务有利于形成双赢局面。商业银行在资金和渠道上的优势、跨国经营网络和综合化金融产品平台的建立，既有利于租赁业务的发展和国际化，也有利于集团客户的维护、壮大、经营转型和国际化的推进。

4.2 我国商业银行开展租赁业务的优势和劣势分析

4.2.1 我国商业银行开展租赁业务的优势分析

4.2.1.1 雄厚的资本金实力

截至 2013 年 3 月 31 日，在中国融资租赁前十强的企业中（共 13 家企业，

见表 4-1），有 9 家金融租赁公司，其中 7 家属银行系，分别是国银租赁、工银租赁、民生租赁、建银租赁、交银租赁、招银租赁和兴银租赁。

表 4-1　　　　　　　　　　中国融资租赁十强企业排行榜

序数	简称	注册资金（亿元人民币）			注册地	注册时间	监管部门
		2013/03	2011/12	开业时			
1	国银租赁	80	74.85	7.16	深圳	1984	银监会
1	工银租赁	80	50	20	天津	2007	银监会
2	远东国际租赁	63	21	0.5369	上海	1991	商务部
3	渤海租赁	62.6085	62.6085	62.6085	天津	2007	商务部
4	昆仑租赁	60	60	60	重庆	2010	银监会
5	民生租赁	50.95	50.95	32	天津	2007	银监会
6	建银租赁	45	45	45	北京	2007	银监会
7	交银租赁	40	40	20	上海	2007	银监会
7	招银租赁	40	40	20	上海	2007	银监会
8	长江租赁	38.3	33	28	天津	2000	商务部
9	兴银租赁	35	35	35	天津	2010	银监会
10	国泰租赁	30	20	20	济南	2007	商务部
10	皖江租赁	30	30	30	芜湖	2011	银监会

注：①排行榜上的企业系指截至 2013 年 3 月 31 日前登记在册并运营中的企业；

②注册资金美元按 1:6.3 折人民币（2013 年 3 月 13 日为 1:6.5）。其中远东租赁成立时的资本金按 1991 年 6 月 28 日，人民币汇率 1 美元等于 5.369 元人民币折算；

③注册时间指企业正式获得批准设立的时间；

④注册地指企业本部注册地址。其中，国银租赁 2008 年 5 月 29 日重组和注资原深金租（1999 年底成立，注册资本 7.16 亿元），注资后资本金 74.85 亿元人民币；远东租赁 2001 年将注册地从沈阳迁至上海。

资料来源：中国租赁联盟，2013 中国租赁蓝皮书，《2011 年中国融资租赁业发展业务报告》。

目前这些金融租赁公司的注册资金均在 30 亿元人民币以上，强大的注册资金为金融租赁公司业务的开展和发展提供了有力支持和保障。

纵览金融租赁行业注册资本金的变化（见图 4-7），可以发现，2010 年后三个季度、2011 年下半年到 2012 年上半年，银行系金融租赁行业已经经历两轮增资高潮，行业平均资本持有量从 2008 年的 21 亿元人民币，上升为 2012 年底约 32 亿元人民币。结合表 4-1 和图 4-7 可以发现，目前国内租赁 10 强企业中，除近年（2010 年）新成立的企业和成立初资本金雄厚的企业（渤海

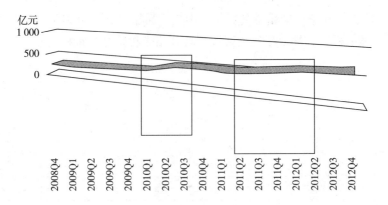

资料来源：作者根据银行系租赁公司协会的相关数据计算编制而成。

图 4 - 7 2008—2012 年金融租赁行业资本增长路线图

租赁和建银租赁）之外，资本金都有大幅提升，这一方面表明租赁行业资金密集的行业特点，也反映出各类投资人对租赁行业发展的信心和增加投入与发展的决心。截至 2012 年底，国内租赁 10 强企业资本金总额达 654.85 亿元人民币，占整个租赁行业的 34.65%；从资本均值来看，10 强企业的资本均值为 50.37 亿元，行业平均资本为 3.375 亿元，资本实力是我国融资租赁企业的重要实力基础。

4.2.1.2 母行强大品牌优势保障融资渠道相对稳定

目前，我国针对金融租赁公司的有关管理办法中规定"不得吸收银行股东的存款"，这意味着对于银行系金融租赁限制了其从母行直接获取所需资金的渠道，但是相比于其他租赁公司在融资方面遇到的困难而言，银行系金融租赁公司依托母行强有力的品牌商誉支持，在同业拆借等融资渠道方面有相对稳定的保障。

4.2.1.3 健全而庞大的网点优势

商业银行健全庞大的网点体系是银行系金融租赁公司快速大力扩展业务、有效定位和锁定客户多元化金融需求、建立高效营销系统、提升精细化客户服务水平、有效推进业务整合的重要基础。对于租后的成本控制，这种庞大的分支系统也可以帮助银行系租赁公司进行有效地节约人财物力征用、转移和调用的成本，并为及时跟踪客户经营情况、提供租后服务提供了优势。

4.2.1.4 高端客户的定位

在雄厚资本优势、丰富的客户信息资源，以及相关监管政策导向下，银行系金融租赁公司的资产主要投向机器设备、电力设备、飞机、船舶等 12 大领域，客户主要锁定在航空、航运、能源、医疗、电信、建筑和环保等行业中相对信誉度高、产业规模大、盈利能力强的企业。这些企业所处的行业目前大多处于黄金发展期，对设备和相关资产租赁需求发展空间巨大。高端客户定位为应对环境波动提供了保障，不仅能够为银行系金融租赁公司带来更为丰厚的利润回报，而且可以带动业务量在未来一段时期内持续增长。这对于起步时间尚短的银行系金融租赁公司来说，是一个良好的培育机会。

4.2.1.5 丰富的子公司管理经验

与其他类型融资租赁公司不同，银行系金融租赁公司其控股母行往往从事多项金融类业务，具有丰富的子公司管理经验。以中国建设银行为例，除了从事金融租赁的建信租赁子公司外，建行在国内还拥有建信信托、中德住房储蓄银行、建信基金、建信人寿和村镇银行等涉及信托、咨询、信贷、基金、保险等多种金融业务种类的子公司建制。多样的附属机构和子公司的设立，不仅为商业银行扩展了业务领域，也同时为其在日后设立和开展更多的子公司和相关业务积累了丰富的管理经验，更有利于母行与子公司的未来发展。租赁是与传统信贷行业相关度较高，与其他金融行业连接紧密的行业，拥有更多金融子公司管理经验的商业银行，在设立金融租赁公司时，其在子公司管理经验方面的优势和母子联动优势会更加突出。

4.2.1.6 成功的跨国经营和合作经历

融资租赁不仅可以为企业提供国内设备的租赁服务，同时也可以充分利用国际资源，将国外的资金、设备等引进国内，或者将国内的资源输出到世界其他有相应需求的国家或地区，一定程度上发挥调节世界各地与租赁有关的供需平衡。融资租赁兼具融资和国际贸易属性，跨国经营和合作的经验尤为重要。目前成立金融租赁公司的商业银行，基本都具有较为丰富的跨国经营和与国外企业合作的经历。跨国经营经验为商业银行发展融资租赁子公司提供了更广阔的平台，也为母子联动提供了更广泛的空间。

4.2.1.7 风险管理优势

商业银行成熟先进的风险管理技术对于特殊性和复杂性较强的金融租赁业务来说，是金融租赁公司实现稳健经营的前提。银行系租赁公司可以凭借其母公司商业银行的背景，容易获得有关风险识别、分析和计量的能力，帮助自身进行风险控制，相较于其他租赁公司而言，具有明显的风险管理优势。

4.2.2 我国商业银行开展租赁业务的劣势分析

4.2.2.1 融资渠道狭窄，跨业风险上升

按照银监会规定，金融租赁公司获取资金的渠道大致有 7 种[①]：承租人的租赁保证金、向商业银行转让的应收租赁款、金融债、同业拆借、向金融机构借款、租赁物残值处理费用、中间业务收入等。但是目前实际可利用的融资途

---

① 中国中小企业服务平台，http://www.eme2000.com。

径大致上只有两种：一是向金融机构借款，即贷款；二是转让应收租赁款。现在的情况下，贷款是金融租赁公司最主要的融资途径，对于银行系金融租赁公司来说也不例外。因为银行系金融租赁公司不能从出资银行获得贷款，除了依靠资本金，他们只能选择像其他银行或金融机构申请贷款。为了尽量以最低的成本获得资金，银行系金融租赁公司往往选择开展资金互惠，通过协议安排两家银行系金融租赁公司分别向对方的母行申请优惠拆借额度。此举虽然没有违背银监会相关管理规定，但是银行业整体与租赁公司的关联度却增加了，由于母行相对其他行对各自子公司的信息不对称问题相对较轻，此举无形中形成了更大的跨业风险。

4.2.2.2 人才储备紧缺，专业管理水平有待提高

由于租赁行业在中国兴起较晚，相关方面的人才储备一直是困扰行业发展的一大问题，而对于复杂性和综合性较高的金融租赁业务则更是如此。对于银行系金融租赁公司来说，无论是从对标的物的专业熟悉程度，还是对金融租赁业务技术的掌握能力来说，都是既需要来自航空、能源、医疗、船舶等行业的专业人士，也需要在租赁、银行等相关行业有丰富经验的从业人员。可是，这种复合型人才在金融租赁行业普遍缺乏，需求十分紧迫。这种人才紧缺的情况显然不利于银行系金融租赁公司甚至整个融资租赁行业的发展。

4.2.2.3 业务同质化倾向明显

目前，银行系金融租赁公司凭借其强大的资金优势，往往将业务集中在大型设备租赁或者需要大规模资金投入的项目上，主要分布在航空、船舶、通信、交通运输等行业之中。业务在行业分布上的高度集中无疑会加剧银行系金融租赁公司未来彼此间的竞争关系。而且，涉及航空、船舶等领域的业务往往审批手续烦琐、相关政策规章约束力强以及单笔占用资金时间长、数量多，不利于金融租赁公司拓展业务。

同时，银行系租赁公司的交易模式比较单一。有统计显示，银行系租赁公司有80%的融资租赁业务属于售后回租，这种租赁模式与银行信贷产品之间的差异比较小，对于容易取得银行信贷的优质企业吸引力较低，使金融租赁公司很难获得超过同业的营业利润率。

4.3 工商银行集团开展租赁业务的优势和劣势分析

4.3.1 工商银行集团开展租赁业务的优势分析

4.3.1.1 规模庞大，资源丰富

根据2012年中国各大型商业银行年报数据，中国工商银行集团资产总计17.54万亿元，营业收入达5 369亿元，净利润2 387亿元，继续保持在中国所有各大商业银行中排名第一的优势（见表4-2）。

表 4 - 2　　　2012 年中国开展金融租赁业务的商业银行运营基本情况

排名	简称	营业收入（亿元）	净利润（亿元）	资产总计（亿元）
1	工商银行	5 369	2 387	175 422
2	建设银行	4 607	1 936	139 728
3	农业银行	4 220	1 451	132 443
4	中国银行	3 661	1 455	126 806
5	国开行	1 752	631	75 203
6	交通银行	427	585	52 734
7	招商银行	1 134	453	34 082
8	民生银行	1 031	376	32 120
9	兴业银行	876	347	32 510
10	浦发银行	826	173	30 364
11	光大银行	599	236	22 793

注：国开行属于国有政策性银行，但是有鉴于其租赁业务开展较早、规模较大，也列示表中。

资料来源：各银行 2012 年年报。

　　庞大的商业规模和巨额的盈利收入，这些优势使得中国工商银行集团相比于其他同行业竞争对手，具有开展租赁业务的良好资金基础。同时，17 125 家境内机构、383 家境外机构和遍布全球的 1 771 家代理行不仅仅是工商银行的积极成果，同时也为中国工商银行集团发展租赁业务提供了重要的信息网络、拓展市场，以及开辟拓宽国际合作的广阔平台，为工银金融租赁公司实现"国内一流、国际知名"的目标提供了系统性的网络结构。此外，工商银行所拥有的 438 万公司客户、3.93 亿个人客户、3.15 亿电子银行客户意味着也为其发展租赁业务提供了潜在客户资源。中国工商银行在客户信息系统平台建设上的同业优势，便于其获得详细的客户信息和精准定位市场，有利于推动工银金融租赁的市场开拓能力。

　　4.3.1.2　进入产业时间早，先动优势产生领先优势

　　2007 年新修订的《金融租赁公司管理办法》施行后，工商银行作为国内首批首家获得中国银监会批准设立试点银行系租赁公司的商业银行，成为中国银行业回归融资租赁业务的先行者。

　　首先，商业银行的介入有效提升了租赁行业的整体水平，金融租赁公司迅速成长为行业主导力量。金融租赁公司重返融资租赁业务 5 年来，业务量实现总量和增长率的持续高速发展，如表 4 - 3 所示，与 2008 年相比，业务总量、

增长率和行业占比都是三类公司之首，同时带动外资租赁公司和内资租赁公司的快速发展。

表4-3　　　　　2008—2012年中国融资租赁行业发展变化情况

中国融资租赁行业		全行业	金融租赁公司	外资租赁公司	内资租赁公司
企业个数（家）	2008	127	14	76	37
	2012	560	20	460	80
业务量	总额（亿元）2008	1 550	420	500	630
	总额（亿元）2012	15 500	6 600	3 500	5 400
	增长率（%）2008	546	367	900	530
	增长率（%）2012	67	69	59	69
	占比（%）2008	100	27	32	41
	占比（%）2012	100	43	23	35

资料来源：作者根据中国租赁联盟的相关数据计算编制而成。

其次，商业银行的加入为金融租赁公司发展注入活力和动力，银行系金融租赁公司成为行业主力军。截至2012年末，金融租赁公司的总资产和净利润分别达到7 986亿元和102亿元，均比2008年增长了约10倍，详见表4-4。其中，银行系租赁公司资产规模和净利润分别达到6 150.52亿元和69.95亿元，其在金融租赁行业的占比分别为77%和68%，相对于2008年，总额和占比均大幅提升。与资产和租赁余额的行业占比相比，营业收入和利润指标的行业占比增长更高，表明银行系金融租赁公司的规模优势日渐增长和显现。

表4-4　　　　　2008—2012年金融租赁行业主要指标变化情况

金融租赁行业		总资产	租赁资产余额	营业收入	利润总额	净利润	租赁投放额	直租
行业总值（亿元）	2008	802	685	43	14	11	602	92
	2012	7 986	7 552	536	135	102	4 148	1 010
银行系总值（亿元）	2008	575.06	493.43	26.83	7.96	6.34	453.4	62.9
	2012	6 151	5 836	408	94	70	3 058	815
银行系行业占比（%）	2008	71.68	72.04	62.22	57.64	59.31	75.26	68.47
	2012	77	77	76	69	68	74	81

资料来源：作者根据银行系租赁公司协会的相关数据计算编制而成。

最后，工商银行全资设立的租赁公司在行业的领导地位已经确立。2007年首批获准建立金融租赁公司的商业银行中，工商银行是实力最强的参与者，在中国租赁行业发展起步的关键机遇期，具有明显的先动优势。目前行业前三甲都是 2007 年后首批设立的金融租赁公司。

其中，工商银行的全资租赁子公司——工银租赁迅速在规模、盈利上成为行业的领导者，如表 4 - 5 所示，其所有指标均列全行业前三甲，在实现融资租赁资产行业第一的同时，在其他指标上与行业第一的差距日渐缩小。国开行由于 2008 年以重组方式控股原深金租，业务发展基础相对雄厚，在大多数指标中始终处于领导地位。民生租赁作为股份制银行民生银行和天津保税区共同发起设立的租赁公司，发展势头强劲，成为股份制银行租赁公司的领导者。

表 4 - 5   截至 2012 年全部 10 家银行系金融租赁公司的基本情况

控股股东	简称	开业时间	占比（%）	总资产	FL资产	OL资产	实收资本	营业收入	净利润	租赁投放	直租	人员（人）
工行	工银租赁	2007/11/28	银行系	19	20	8	19	17	17	16	14	15
			全行业	15	15	8	13	13	11	12	11	9
建行	建信租赁	2007/12/26	银行系	7	7	0	11	7	5	3	3	8
			全行业	5	5	0	7	5	3	2	3	5
交行	交银租赁	2007/12/28	银行系	12	13	6	9	11	12	13	17	10
			全行业	9	9	6	6	8	8	10	14	6
民生	民生租赁	2008/4/18	银行系	16	16	18	12	16	17	19	16	15
			全行业	12	12	17	8	12	12	14	13	8
国开行	国银租赁	2008/5/29	银行系	23	17	65	19	24	18	19	24	17
			全行业	18	13	63	13	18	12	14	19	9
招行	招银租赁	2008/4/16	银行系	9	9	0	1	1	0	6	1	2
			全行业	7	8	2	6	7	9	8	9	6
光大	光大租赁	2010/6/18	银行系	2	2	0	2	2	4	3	2	6
			全行业	2	2	0	2	3	2	2	3	3
兴业	兴业租赁	2010/8/26	银行系	7	8	0	8	7	10	7	6	7
			全行业	5	6	0	6	5	7	5	5	4
农银	农银租赁	2010/10/8	银行系	4	5	0	5	5	4	5	7	8
			全行业	3	4	0	4	3	4	4	6	5
浦发	浦银租赁	2012/5/11	银行系	2	2	0	6	1	0	4	0	4
			全行业	1	1	0	4	1	0	1	3	0

注：■排名第一，■排名第二，■排名第三。

资料来源：作者根据融资租赁行业数据自行计算整理编制而成。

4.3.1.3 中间业务多元化创新发展，跨业务拓展能力强，管理经验丰富

近年来，工行一直致力于中间业务的发展，在提升多元化发展水平的过程中不断创新。工行一直坚持在发展中推进转型，通过转型提升发展层次和质量、适应客户资产配置多元化和存款理财化趋势，创新存款工作思路，巩固信贷业务优势，同时加快业务多元化发展。2012 年工商银行全行金融产品总量达 4 163 个，比 2011 年增长 28%，继续成为中国金融产品体系最健全、种类最丰富的银行。

目前，工行收入来源日益多样化，非利息收入占比逐渐提升，其中工行手续费及佣金净收入已由 2007 年的 343.84 亿元人民币，增长到 2012 年的 1 060.64 亿元人民币，占营业收入的比重从 2007 年的 13.53% 增长到 2012 年的 19.75%，具体如图 4－8 所示。

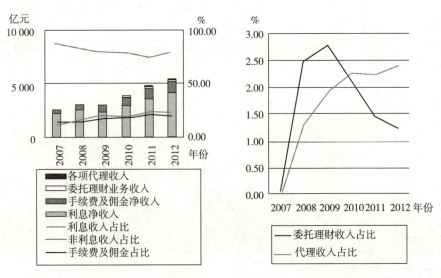

图4.8a 2007—2012年工行收入结构变化　　图4.8b 2007—2012年委托理财和代理收入变化

注：由于工行 2007 年未披露委托理财和各项代理收入，此类数据观察时间段为 2008—2012 年。

资料来源：2007—2012 年工商银行年报。

图 4－8　2007—2012 年工行营业收入发展规模

另外，代理收付及委托业务虽然在近年来于手续费及佣金净收入中所占比例较少，但是近年来也一直处于稳定增长的态势。2007 年代理收付及委托为工行带来 584 亿元，占手续费及佣金收入的 15% 左右；发展至 2011 年，代理收付及委托收入达到 1 376 亿元，约占手续费及佣金收入的 13%。所占比例的下降很大程度上与其他中间业务，如投资银行、个人理财等业务拉动的手续费及佣金总量收入额高速增长有关。

从表4-6可见，工商银行在多元化业务开展中，始终走在行业前列，在相关业务规模和增长率上始终保持行业领先地位。在租赁业务的开展过程中，工商银行的跨业务拓展和多元化业务经营能力得到进一步加强，工银租赁迅速成长为行业领导者。但是，从工行集团内部来看，租赁业务由于起步相对较晚，与其他多元化业务的规模仍存在较大差距。

表4-6 工商银行部分多元化业务发展概况

多元化业务类型	开始时间	2012年规模	2012年增长率
现金管理	1998年	81.3万客户	23.00%
托管银行	1998年	托管资产总值39 553亿元	12.00%
个人理财	2000年	销售个人理财产品46 706亿元	12.90%
		代理个人理财产品销售9 074亿元	57.30%
		理财金账户客户2 042万户	35.90%
		财富客户402万户	5.00%
投资银行	2002年	261.17亿元	15.60%

资料来源：根据工商银行2012年年报公布数据自行整理编制。

此外，工商银行身为中国规模最大的商业银行，拥有庞大的业务和人员管理系统。在控制经营成本、完善内控程序、降低冗赘开销和发展激励体制等方面都有着丰富经验。从表4-7可以发现，虽然工商银行整体规模庞大，在职员工数为408 859名，在表中9家商业银行中排名第二。但是其人均业务及管理费用成本却不高，排名第八，人均员工成本排名第七。同时，由表4-7中数据趋势概估发现，商业银行的规模和其人均管理成本大致成反比趋势，体现出目前我国商业银行整体还处于规模效应上升阶段，规模增长产生的一体化整合效应明显。

表4-7 2012年各大商业银行人均管理成本情况表

集团简称	业务及管理费（百万元）	员工成本（百万元）	在职员工总数	人均员工成本（千元）	人均业务及管理费用（千元）
招商银行	34 798	20 316	45 344	448.04	767.42
民生银行	29 333	15 603	40 820	382.24	718.59
浦发银行	19 554	12 178	31 231	389.93	626.11
兴业银行	18 784	10 552	34 611	304.87	542.72
光大银行	14 720	8 599	28 267	304.21	520.75

续表

集团简称	业务及管理费（百万元）	员工成本（百万元）	在职员工总数	人均员工成本（千元）	人均业务及管理费用（千元）
交通银行	37 529	18 556	90 149	205.84	416.30
建设银行	118 294	71 388	329 438	216.70	359.08
工商银行	139 589	87 881	408 859	214.94	341.41
农业银行	135 561	81 970	447 401	183.21	303.00

注：管理成本总额主要由利润表中的业务及管理费所代表。
资料来源：根据各大商业银行 2012 年年报公布数据自行整理所得。

4.3.1.4 风险意识强，及早建立防范体系

融资租赁行业其本身具有的风险性和相关管理制度以及法律法规的不完善情况，导致了中国目前租赁行业存在了多种不确定因素，这就要求参与到这个行业发展中来的企业必须要有强烈的风险防范意识。尤其对于中国商业银行来说，由于其在中国经济中的地位特殊，发挥着举足轻重的经济和金融作用，风险防范的措施更是必不可少。

在这一点上，工商银行走在了前面。工银金融租赁有限公司成立以来，始终重视风险控制，建立了三个层级的风险防范体系和 50 多项风险管理规章制度，加强风险文化教育和各种培训，确保公司长期可持续的发展。

4.3.1.5 定位优质客户，保障盈利来源

目前，工银金融租赁有限公司将主要租赁业务定位为大型、专业化的航空、航运、能源、电力、轨道交通等大型设备的租赁。在航空金融租赁服务领域，工银租赁为全球范围内的包括航空公司、机场、飞机制造商、飞机维修厂等各类航空企业提供个性化的租赁与融资服务，标的物主要涵盖飞机、发动机、模拟器、特种设备及航材等。在航运金融租赁服务领域，工银租赁是目前国内最具影响力的船舶融资租赁机构。主要产品包括新建船舶融资租赁、新购船舶优化型租赁、融资型售后回租、优化型售后回租、结构型船舶税务租赁、船舶境外 SPV 租赁、船舶出口租赁、官方支持下的船舶出口租赁、商业型船舶融资租赁、船舶国际合成租赁、船舶国内联合租赁等。客户主要是国内外具有较大规模、商业信誉良好、运营能力较强的大型优质企业。这些优质客户在很大程度上可以使工银金融租赁公司在业务数量和营业收入上获得一定程度的保证。

4.3.2 工商银行集团开展租赁业务的劣势分析

4.3.2.1 目前业务定位有利有弊，对资金要求高

虽然飞机、船舶和大型设备的业务定位，可以为工商银行锁定高端客户，

获得较为稳定的营业收入，降低了工银金融租赁公司所需要面对客户违约风险。但是，航空、航运等大型项目往往存在资金占用量大、周转时间长、利用效率低的缺点，对于金融租赁公司来说在融资能力、经营能力等方面都要求比较高，不大利于工商银行有效利用资金开拓租赁领域的其他业务诉求。

此外，航空、航运等领域随经济周期变化的波动性大，对银行控制设备投资风险不利。

4.3.2.2 中小企业租赁市场发掘不足

相比于光大银行、招商银行和国家开发银行等明确将中小企业租赁市场定位为重点业务目标的竞争对手来说，中国工商银行在这一方面目前还有一定的欠缺。虽然工行从2009年起，就加快推动中小企业租赁业务的发展作出努力，到2011年9月，中小企业客户近100户，累计支付租赁融资款近20亿元，但是相比于工行其他租赁业务来说，这一数字还是相对较小。而且，由于工行租赁业务的中小企业客户主要分布在纺织业和建筑施工行业，大多集中在东南沿海地区，对于中国中西部地区的开发尚不充分。

4.3.2.3 联动协同机制尚不健全

工商银行虽然有众多网点、分支机构和子公司等，但是也正由于工行有着庞大的营运系统，需要更为有力的协调联动机制的支撑才能促使整个体系良好运转彼此促进。从目前工行的各项业务和所推出的产品来看，工行在协调子公司或其他附属机构协同运作，合作共赢方面尚有不足。倘若分管各业务领域的子公司不仅仅背靠工行获得优势，而是充分发挥各自优势并相互协同运作，则能使其获得更广阔的市场空间以及更为高效的运作模式。

4.3.2.4 缺乏管理多元化产品线的复合型人才，经营管理水平有待提高

在美国、英国、德国和日本等融资租赁产业发达的国家，都拥有大量具备金融、贸易、税务、会计、法律、项目评估和涉及包括机械、能源、通讯等专业领域知识的复合型人才，正是这些不断涌现的优秀人才保证了融资租赁业的快速发展。我国目前从事融资租赁行业的人才十分匮乏，与国际平均水平有很大差距。可是，如果没有大量的优秀人才加入到融资租赁这个行业中来，融资租赁行业不会在我国持续健康地发展下去。因为人才的匮乏将导致融资租赁企业缺乏进取的创新能力和敏锐的市场洞察力，企业整体缺乏竞争能力，经营管理水平较低，进而会导致整个行业的发展停滞。

如前所述，融资租赁作为一个专业性和综合能力要求都比较高的业务领域，对于人才的挑选无疑提高了门槛同时也增加了人才培养的难度。同时，为了在母行各分支或附属机构间灵活运用资源，通过与"一家子人"的合作达到共赢的目的，也需要工行内从事融资租赁的业务人员拥有了解和熟悉各产品线以及线上多元化产品的素质。如此具有复合型和专业型兼备的人才供应，在

目前的租赁业都属于紧缺的状态，工行不可避免地也会面临如此的人才匮乏窘境。

所以，在未来需要大量的高质量的专业人员和理论研究人员为中国融资租赁业的快速发展提供支持。在融资租赁业之中竞争的企业，终将面对的是人才的竞争，工商银行需要在这一方面早作准备，积极与相关研究机构、科研院所等合作建立人才培养机制，为自身发展奠定坚实的人才储备。

4.3.2.5 欠缺体现业务特色的管理考评机制

融资租赁业务不同于传统的租赁业具有金融投资属性，同时也不同于传统的金融工具而拥有与实物相结合甚至衍生出国际贸易的属性，所以在建立对融资租赁业务进行管理考评机制时，就不能完全采用传统的模式，而要充分考虑融资租赁的业务特点加以分析。例如，在项目评价体系上，租赁项目的特性、反映承租企业的综合能力指标、体现融资租赁项目风险的指标等，都是需要加入评价体系的重要方面；在人才管理考评上，也要充分结合行业和项目特性建立合理的评价体系。但是，由于融资租赁业务在中国的发展尚未进入成熟期，许多在中国从事融资租赁业务的本土企业还没有与之相关较为完善的管理考评机制。在这一点上，包括工行在内的众多中国融资租赁企业还有待进一步的提高。

4.3.2.6 业务领域拓展速度快易导致流动性风险上升

近些年来，工商银行一直致力于业务的国际化和综合化，经营国际化和业务综合化的成果显著。但是，也正是由于工商银行业务拓展速度十分迅速，规模庞大而复杂，对于资金的需求量自然上升，进而对于流动性风险有促其上升的影响。从图4-9可以发现，目前工商银行确实在流动性比率上比其他商业银行要低一些，仅略高于兴业银行，一定程度上增加了流动性风险。

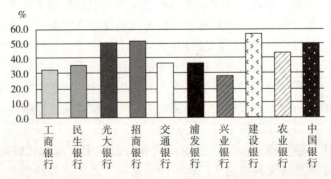

资料来源：工商银行、民生银行、光大银行、招商银行、交通银行、浦发银行、兴业银行、建设银行、农业银行、中国银行2012年年报。

图4-9　2012年12月各大商业银行流动性对比情况

4.4 租赁业务对于工商银行集团既是机遇也是挑战

我国银行系金融租赁虽然发展时间较短，很多机制尚待完善和成熟，但目前已呈现出激烈的竞争趋势。

第一，银行系租赁业务的集团占比总体较低，工行在国有四大行中处于领先地位。以四大银行为例（见图 4 - 10a），其各自租赁业务的净利润占总利润比例均低于 1%，资产占比工商银行最高，但也仅为 0.77%。由此可见，其各自租赁业务发展都处于起步阶段，但从其业务量和业务额的增长趋势上来看，发展空间不容小看。比较图 4 - 10a 与图 4 - 10b 可以发现，除租赁业务开展较晚的浦银租赁，股份制商业银行租赁业务的利润贡献和资产占比均大于国有银行，考虑到国有银行自身规模较大，国有商业银行租赁业务的发展空间更大。

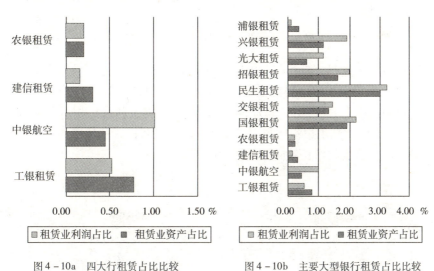

图 4 - 10a　四大行租赁占比比较　　　图 4 - 10b　主要大型银行租赁占比比较

资料来源：2011 年工商银行、中国银行、中国建设银行、中国农业银行年报。

图 4 - 10　四大银行 2012 年融资租赁业务占总业务的资产利润比例

第二，盈利能力较强，面临挑战增加。从集团和租赁业务的利润对比来看，工银租赁的盈利能力最好，中银租赁与集团的差距最小。从图 4 - 11a 和图 4 - 11b 可以发现，四大行的盈利能力普遍远高于租赁业务的盈利能力，但建行在四大行中盈利排名第二，其租赁公司的盈利能力则居于四大行租赁公司之末，且其成立时间早于农银租赁。

第三，工银租赁的资产规模优势有待进一步转化为利润优势。工银租赁目前资产总额在四大银行的租赁业务中最大，其总资产占四大银行租赁公司总资产的 49%，居于首位，有着雄厚的资金支持和业务规模，且差距仍在增大。

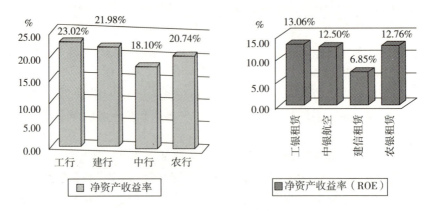

图 4 - 11a　四大行 2012 年 ROE 比较　　　图 4 - 11b　四大行租赁公司 2012 年 ROE 比较

资料来源：四大行 2012 年年报。

图 4 - 11　四大行及其租赁公司 2012 年 ROE 比较

但是工银租赁在盈利方面并不占优势，净利润占四大银行租赁公司总利润的比例仅为 36%，远低于中国银行租赁公司的 44%。但是与 2011 年数据相比，工银租赁盈利占比上升（2011 年为 34%），中银租赁盈利占比相对下降（2011 年为 51%），考虑到工银租赁与中银租赁的业务经营模式和环境的差异，工银租赁规模产生的盈利增长效应有望持续增长。

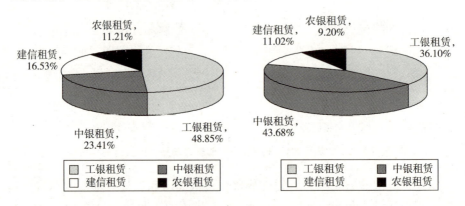

资料来源：2012 年工商银行、中国银行、中国建设银行、中国农业银行年报。

图 4 - 12a　2011 年四大行租赁公司总资产　图 4 - 12b　2011 年四大银行租赁公司总利润

第四，工银租赁领导地位突出，母行优势有待深挖。如表 4 - 8 所示，工银租赁在资产、销售、盈利和风险防控方面都处于行业领先地位，但是直租上的相对弱势地位，反映出租赁特色仍需加强。一方面，融资租赁业务高速发展，利润空间巨大，为工商银行集团盈利模式、经营模式转型提供了重要契机；另一方面，在目前的竞争格局中，工银租赁的盈利能力和业务拓展需要在利用母行原有资源优势和挖掘租赁特色上寻求平衡。

表 4 - 8　　　　　　　　　工银租赁主要总量指标行业比较

2012 年	工银租赁排名	5 行占比（%）	行业中占比（%）	银行系租赁规模（亿元）	银行系行业占比（%）	全行业总资产（亿元）
总资产	2	29.89	14.91	6 150.52	77.01	7 986.29
融资租赁资产	1	32.85	15.42	5 268.66	75.59	6 969.71
经营租赁资产	2	10.46	8.14	567.15	97.34	582.64
实收资本	1	30.19	12.67	425.95	67.48	631.23
营业收入	2	26.75	13.08	408.45	76.22	535.91
营业净收入	2	21.64	9.45	167.7	73.91	226.89
利润总额	2	30.13	11.63	93.65	69.27	135.19
净利润	2	29.95	11.4	69.95	68.41	102.25
资产减值损失	1	30.44	11.8	83.04	70.34	118.05
新增租赁投放金额	2	27.82	11.59	3 058.32	73.73	4 147.94
直租项目投放金额	3	20.95	10.96	815.07	80.72	1 009.8
员工人数（人）	2	26.07	8.79	1 067	56.82	1 878

资料来源：作者根据银行系租赁公司协会的相关数据计算编制而成。

4.5　工行集团战略转型中融资租赁业务发展市场效益分析

4.5.1　工商银行集团开展租赁业务对集团盈利模式转型的意义

4.5.1.1　工商银行的盈利模式现状和问题

从 2007—2012 年中国工商银行营业收入的变化趋势（见图 4 - 13）可以看出，近五年中国工商银行营业收入从 2 500 亿元快速增长到 5 369 亿元，总体盈利能力较强，呈快速增长趋势。

从营业收入结构变化来看，净利息收入仍是主要的收入来源但比例开始下降，非利息收入呈现增长和多元的变动趋势。从图 4 - 14a 可见，中国工商银行 2007—2012 年平均净收入 3 777.24 亿元，其中净利息收入、手续费及佣金净收入和投资收益分别为 3 029.44 亿元、615.85 亿元、53.8 亿元，占比分别为 80%、18% 和 2%；其他业务净收益、公允价值变动净收益和汇兑净收益占比均趋近于零，可忽略不计。与图 4 - 14b 比较来看，除利息净收入比例下降近 3%，其余均上升，其中手续费及佣金净收入比例上升最多，占比上升约

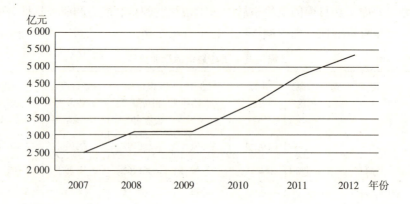

资料来源：工商银行 2007—2012 年年报。

图 4 – 13　2007—2012 年工商银行的营业收入变化

2%，多元营业收入格局正在形成。就盈利模式来看，中国工商银行仍属于利差主导型盈利模式。

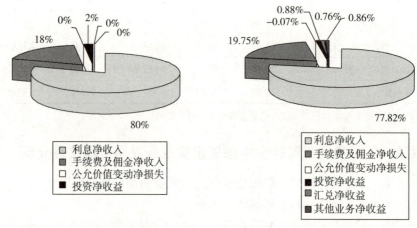

图 4 – 14a　2007—2012 年平均净收入情况　　　图 4 – 14b　2012 年营业收入结构

资料来源：工商银行 2007—2012 年年报。

图 4 – 14　中国工商银行营业收入构成情况变动①

　　中国工商银行盈利模式的主要问题集中于收入来源过于单一，以利差收入作为主要的盈利来源，资金运用渠道极为有限，主要集中于发放贷款、债券投资、金融机构往来等资金运用渠道，来自于中间业务、投行业务、保险业务等

———————

　　① 图 5 – 5 中中国工商银行的营业收入构成的平均情况，是根据中国工商银行 2007—2012 年年报利润表，取六年各项收入平均值，得到各项占营业收入的比例。

方面的收入很少。然而如今的金融市场全面开放，传统的盈利模式极易受到利率变动和汇率变动的影响，并不是保持良好盈利能力的有效盈利模式。利率市场化之后，银行间争夺存款无疑将推动存款利率上升，而为了争夺优质客户，银行贷款利率又趋于下降，利差收窄难以避免。从我国利率变化的整体趋势来看，存贷利差是逐渐缩小的。在这样的环境下，中国工商银行的单一盈利模式亟待进行转变。

4.5.1.2　工商银行集团与外资银行竞争不占优势，但前景可期

中国工商银行租赁业务的规模在四大银行中占有绝对优势，其他业务总体上在四大银行中也处于领先水平，但与外资金融集团的竞争中，工商银行集团的地位不容乐观。总体上看，在华外资银行营业性机构主要指标均高于监管要求。

（1）不良资产率

外资银行安全系数相对较高，风险保障机制比较完善，从图 4-15 可以看出，外资银行的不良贷款率明显低于国有商业银行。但值得庆幸的是，国有商业银行的不良贷款率总体呈现下降的趋势。融资租赁业务的开发和发展，可以有效地降低不良贷款率，提高银行资信和安全性。中国工商银行可以将不易出售的不良资产交由租赁公司经营，利用融资租赁业务的特点，出租给承租方，这样，不仅可以带来效益，减少因闲置而产生的费用支出，而且，可以最大限度地保全银行资产。

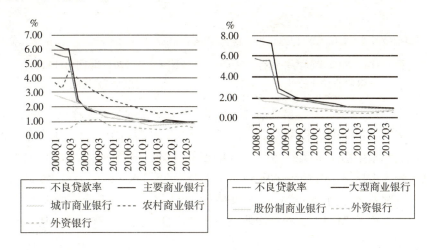

资料来源：银监会网站。

图 4-15　2008—2012 年国内外银行不良资产贷款率季度比较

随着外资银行越来越融入中国内地市场，其在中国银行业发展的过程中亦开始发挥更加重要的作用。一方面，外资银行通过引入适合当地需求的产品和

服务，积极为中资企业"走出去"提供咨询与服务，其亦通过在经营理念和管理方法方面发挥示范作用，提升当地银行业整体服务水平；另一方面，适度竞争正在中外资银行间形成良性互动。与加入 WTO 前相比，中外资银行经营已不再各自为战。在长三角、珠三角和环渤海等地区，在贸易融资、房地产金融、中小企业融资、消费信贷和理财产品等领域，中外资银行在优质高端客户方面已初步形成竞争格局，为客户提供了更多产品选择和优质服务体验。

（2）盈利能力

目前，中国工商银行集团与外资银行集团的盈利能力仍然差距较大。选取花旗、摩根大通和汇丰为参照（见图 4 - 16），考量中国工商银行集团与外资银行竞争的盈利能力（见图 4 - 17）。从图 4 - 16 和图 4 - 17 中可以看出，工商银行每股收益仅为 0.12 美元，远远落后于花旗和摩根大通，与汇丰银行也存在明显差距。另外，中国工商银行集团的盈利模式仍然以净利息收入为主导，向中间业务收入为主导的模式过渡过程明显慢于其他银行。

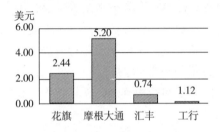
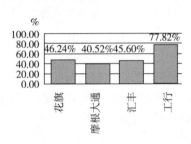

资料来源：花旗集团、摩根大通、汇丰银行、中国工商银行 2012 年年报。

图 4 - 16　2012 年国内外银行
每股收益比较

图 4 - 17　2012 年国内外银行
盈利模式比较

4.5.1.3　工商银行集团盈利模式转型方向和融资租赁业务对于转型的意义

中国工商银行的盈利模式正在逐步从利差主导型向中间业务主导型过渡。纵览近五年来中国工商银行盈利模式的变化趋势（见图 4 - 18），可以发现，利息净收入占比呈下降趋势，从 88.3% 下降为 76.3%，但仍然高于 60%，并没有改变利差主导型盈利模式；手续费及佣金净收入占比上升趋势明显，占比从 13.5% 上升到 21.4%；投资净收益占比波动性较大，略有增长，从 0.8% 增长到 1.8%。

融资租赁业务在工行盈利模式过渡中起着重要作用，主要表现在两个方面。

其一，融资租赁有利于拓展银行中间业务收入，促进金融创新，加快盈利模式转型。一方面可以通过开展项目推荐、租赁资产监管、租金代收代扣等中

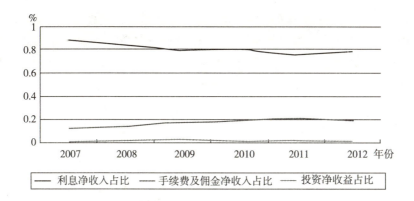

资料来源：工商银行 2012 年年报。

图 4 - 18　中国工商银行 2007—2012 年主要收入类型占比变化趋势

间业务增加收入来源，扩大中间业务收入比例，加快盈利模式的转型；另一方面，可以通过融资租赁业务与其他中间业务，比如信托业务的融合，促进多样化金融业务的开发和发展，加快银行金融业务创新的步伐。

工商银行目前的中间业务主要包括结算清算及现金管理业务、投资银行业务、个人理财及私人银行业务、银行卡业务、对公理财业务、资产托管业务、担保及承诺业务、代理收付及委托业务等。各类业务收入占中间业务收入的比例如图 4 - 19 所示。其中，结算清算及现金管理业务、投资银行业务、个人理财及私人银行业务和银行卡业务占比较大，其他业务比例较小。

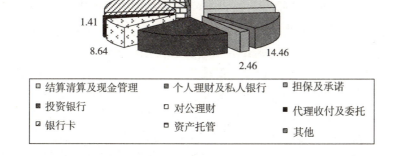

资料来源：2012 年工商银行年报。

图 4 - 19　2012 年中国工商银行中间业务收入构成

纵览 2008—2012 年中国工商银行中间业务变化（见图 4 - 20）可以发现，结算清算及现金管理业务和个人理财及私人银行业务占比明显下降，投资银行业务、对公理财业务、银行卡、资产托管业务和担保及承诺业务占比有所上升。可见，中国工商银行中间业务部分也逐渐从结算清算及现金管理和理财为主导的业务模式向投资、托管等业务为重点的业务模式转变。融资租赁业务在其转变过程中，可以与各项业务进行融合发展，对有所下降的理财和结算清算业务，以及成长中的担保和资产托管业务的促进作用明显。例如，投资银行业务、资产托管业务和担保及承诺业务均可以和融资租赁相互融合，客户资源共享，相互促进共同发展。

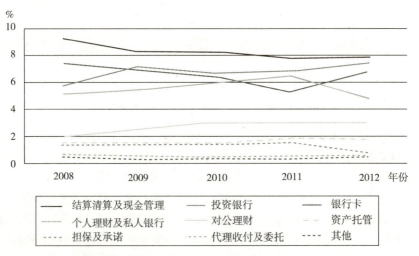

资料来源：2008—2012 年工商银行年报。

图 4 - 20   2008—2012 年中国工商银行中间收入构成的变化

其二，融资租赁有利于提高银行盈利能力，为盈利模式转型提供坚实基础。首先，融资租赁业务的开展，可以增加中国工商银行利润来源。根据 2011 年数据，我国 31% 的中小企业有贷款的需求，平均每家企业需要的贷款金额为 130 万元，其中贷款需求在 50 万元以下的中小企业占比为 45%。但是在现有信贷信用下，中小企业往往很难达到信用记录的条件标准。金融租赁增加了对客户资产和现金流的考察，更容易满足中小企业的实际需求。

其三，由于银行目前利润的 76% 都来源于生息资产，投资渠道过于单一，面临着巨大的信用风险，通过金融租赁业务，能够分散经营风险。同时通过租赁公司直接面对大量中小客户和个人消费，这有利于降低经营成本，改变资产结构，减少长期贷款比例，有利于增强资金的流动性，减少信贷风险。

其四，中国工商银行可以将不易出售的不良资产交由租赁公司经营，利用融资租赁业务的特点，出租给承租方，这样，不仅可以带来效益，减少因闲置而产生的费用支出，而且，可以最大限度地保全银行资产。

4.5.2　工商银行集团开展租赁业务对集团经营模式转型的意义

目前，中国工商银行的经营模式正在进行从单一的分业化经营到多元业务综合性和专业性并举的经营模式迈进，其中开展租赁业务的战略作用在于以下几个方面。

4.5.2.1　融资租赁业务推动了从"总分行制"向"母子公司制"的过渡

目前，工银租赁与中国工商银行的经营模式就是子公司与母公司的模式，经过五年的经营和探索，积累了许多母子公司制经营的经验和问题，对中国工商银行而言，既有特殊性又有针对性，为中国工商银行与其他分行从"总分行制"向"母子公司制"过渡提供了经验和参考。

4.5.2.2　融资租赁业务有利于促进多元化业务的开展

融资租赁业务是银行中间业务的一种，也是金融创新的一种形式。大力发展融资租赁业务，一方面可以提高租赁公司筹措资金的能力，树立自身资信；另一方面，可以拓展银行业务范围和业务种类，实现金融产品的创新，提供多元化的服务，分散投资和业务风险。

4.5.2.3　融资租赁业务有利于提高业务的专业性

融资租赁业务是中国工商银行刚刚起步的新拓展的业务范畴。不同于以往的银行业务，金融租赁业务有其特有的业务流程和业务特点，需要银行引进新的业务流程和专业化的业务人员，才能保证金融租赁业务顺利完成，规避操作风险。另外，金融租赁业务在国内发展时间较短，但在国际上已经有了较为成熟的发展，中国工商银行需借鉴国际经验，来提升自己在融资租赁方面的专业化水平，为承租人提供更有保障、更专业的服务。

4.5.3　工商银行集团开展租赁业务对集团国际化的战略意义

4.5.3.1　工商银行目前国际化的发展状况

自1992年第一家境外代表处成立以来，工商银行国际化发展经过20多年的奋斗，实现了境外机构从无到有，境外资产规模加速扩张的飞跃。如图4-21a和图4-21b所示，2012年末，工商银行境外机构（含境外分行、境外子公司及对标准银行投资）总资产1 627.22亿美元，比2011年末增加379.93亿美元，增长30.5%，占集团总资产的5.8%，提高0.7个百分点。各项贷款718.83亿美元，增加63.58亿美元，增长9.7%，各项存款574.14亿美元，增加82.80亿美元，增长16.9%。报告期税前利润16.73亿美元，比上年增长21.8%。截至2012年末，我行在39个国家和地区设立383个境外分支机构，与遍布138个国家和地区的1 630个境外银行建立了代理行关系，全面覆盖了亚、非、拉、欧、美、澳六大洲的全球服务网络。渠道多样、层次分明、定位合理、运营高效的全球金融服务平台基本建成。

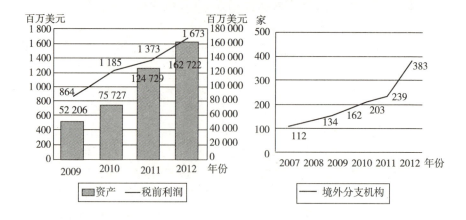

资料来源：2009—2012 年工商银行年报。　资料来源：2007—2012 年工商银行年报。

图 4-21a　资产和税前利润变化图　　图 4-21b　境外机构数量变化

图 4-21　中国工商银行逐年境外机构概况

在继续拓展境外机构网络布局的同时，工商银行依托境外机构综合业务处理系统（FOVA）和境外机构多牌照优势，积极推进适应"走出去"企业需求特点的境外产品创新，着力打造零售、银行卡、电子银行、资金清算、专业融资、全球现金管理、投资银行、资产管理、贸易金融、跨境人民币等全球重点产品线，加强产品创新，不断拓展各项业务领域，巩固和扩大客户基础，初步形成跟随跨境客户的全球化、全能化服务链。

4.5.3.2　工商银行国际化的问题

（1）海外机构数量少，地域覆盖范围小，境外资产比重低

截至 2012 年末，工商银行的境外分支机构总数为 383 家，尚且远远落后于中国银行，后者到 2007 年末的境外分支机构总数达到 1 200 家。另外，从海外结构分布图 4-22 中可以看出，中国工商银行的境外机构主要集中于亚洲，在美欧相对较少，无疑错失了欧美重要金融市场。以境外资产占比为例，瑞士联合银行、德意志银行、汇丰银行、荷兰银行等银行的境外资产比重平均为 50% 左右，而工商银行的境外资产比重仅为 5.8%。

（2）境外机构资产负债结构不合理，收入结构单一，本地化程度差

从资产结构看，大多数境外机构债券投资和贷款占总资产比重过高，而且以银团贷款为主。从负债结构看，大多数海外营业机构的主要资金来源都是系统内存放和同业拆借，普遍存在着以市场短期拆借资金来发展长期资产业务的情况，资金来源和运用期限结构不匹配。受资产负债结构影响，工商银行境外营业机构的收入结构单一，收入主要来源于贷款利息收入和债券投资收益，存

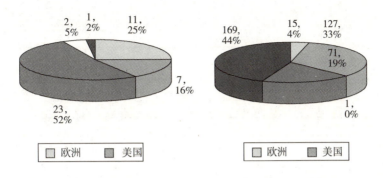

资料来源：2011—2012 年工商银行年报。

图 4 – 22a   工行 2011 年境外机构　　**图 4 – 22b   工行 2012 年境外机构**
　　　　　　　地区分布　　　　　　　　　　　　　　**地区分布**

在较大的汇率和利率风险。虽然境外机构中间业务收入在总收入中的占比高于全行平均水平和境内上市银行，但与世界领先银行还有较大差距。

4.5.3.3　租赁业务对集团国际化的战略意义

首先，工银租赁可以通过开展国际融资租赁业务扩大国际化的范围，走向国际市场，从而增加海外机构数量，扩大地域覆盖范围，提高境外资产比重。目前，工银租赁以及推出设备出口租赁（工银租赁采取融资租赁或经营租赁的形式，从国内设备制造商购买设备，以融资租赁或经营租赁的方式出租给境外承租企业或进口商）和国际合成租赁（工银租赁通过风险参与、风险分担、残值与收益分享等多种合作形式与其他国际机构共同设计并安排综合性租赁结构，为承租企业提供最便利、最低成本的租赁服务），在扩大国际市场的同时降低风险。

其次，融资租赁业务可以拓展中国工商银行海外机构的中间业务，实现金融创新和业务拓展，多元化机构的盈利模式。

最后，融资租赁业务可以扩大中国工商银行的融资渠道，获得更多的资金来源和融资渠道，为中国工商银行"走出去"提供物质保障。

4.6　工商银行集团战略转型过程中租赁业务发展的拓展方向

如图 4 – 23 所示，虽然近年来金融租赁的业务量占比逐年上升，居于三大类别之首，2011—2012 年，金融租赁与内资租赁和外资租赁的业务量差距有加大的趋势。

从业务量增长率来看（见图 4 – 24），虽然整体呈现逐年下降态势，但在2011 年金融租赁业务增长有限，增长率仅为 11.4% 的情况下，2012 年实现增长率反超，表明金融租赁业务结构调整进程快于其他类公司。这表明，三类融

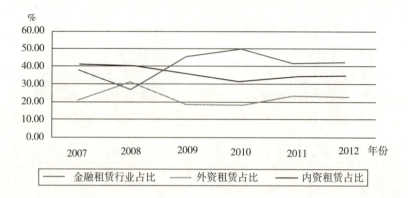

资料来源：作者根据中国租赁联盟数据。

图4-23　我国融资租赁业务三大形式业务量比重

资租赁的形式竞争日渐激烈，且金融租赁在目前的发展状况不容乐观，如何进一步在商业银行的战略转型过程中拓展融资租赁业务仍然是金融租赁的重要课题。

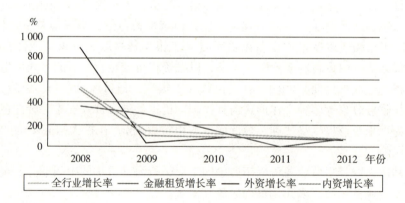

资料来源：中国租赁联盟。

图4-24　我国租赁业务三大形式业务量增长率

目前，全球市值最大的商业银行中国工商银行旗下全资子公司——工银金融租赁已经成为国内融资租赁业发展的主力，已成为国内资产规模最大、最具创新能力的金融租赁公司。然而，在国内外融资租赁企业日渐增多，市场竞争日益激烈的背景下，工商银行集团如何保持在融资租赁业的领先优势，并有新的突破发展，仍然是不容忽视的问题。

4.6.1　多样化业务布局，关注中小企业

国内大多数金融租赁公司以大项目、大企业为目标，在发展初期，工银租

赁也把大市场、大业务、大客户作为公司定位，已经进入了飞机、船舶、能源电力、交通运输、工程机械、信息通讯、医疗设备等国家支柱行业。但是大市场、大业务、大客户的定位，一方面业内竞争过于激烈，市场很快趋于饱和，并不是可持续的发展策略；另一方面，一旦大企业出现违约激励，租赁公司将承担巨大的风险。因此，为了扩大市场、分散风险，工银租赁应该从行业、客户、产品和区域四个方面开展多样化经营，以达到增强互补、减少竞争、降低风险的目的。

首先，从行业层面，工银租赁目前业务集中于飞机、船舶、能源电力、交通运输、工程机械、信息通讯、医疗设备等国家支柱行业，未来工银租赁可以将行业定位进一步延伸到现代农业、高端制造业、战略性新兴产业、现代能源产业和综合运输业，以及现代信息业。在农业机械租赁、高端设备租赁、新能源租赁、医疗设备租赁、金融机具租赁等领域开拓新产品。

其次，从客户层面，工银租赁应继续加强对中小企业、科技创新企业、民营企业等客户的倾斜力度。根据2011年数据，我国31%的中小企业有贷款的需求，平均每家企业需要的贷款金额为130万元，其中贷款需求在50万元以下的中小企业占比为45%。可见，中小企业的融资租赁市场需求巨大，有极大的拓展空间。截至2011年底，工银租赁与浙江、江苏、广东、福建、河北、江西、安徽等21个省市中小企业已经开展合作，中小企业客户占其客户总数的70%，累计发放租赁款80多亿元。

再次，从产品层面，工银租赁应发挥其综合性的特点，积极开展与各项业务的融合，相互促进、分担风险，实现产品多样化。例如，投资银行业务、资产托管业务和担保及承诺业务均可以和融资租赁相互融合，客户资源共享，相互促进共同发展。

最后，从区域方面，工银租赁应拓展业务范围，实现更大面积的区域覆盖。一方面，工银租赁要积极发展国际合成租赁和设备出口租赁，扩大自身在国际上的影响力；另一方面，工银租赁应利用中国工商银行巨大的国际客户群体和覆盖范围，积极拓展融资租赁与其他业务的融合发展。

4.6.2　创新租赁产品

近年来，随着我国金融市场环境的不断变化，金融租赁市场的逐渐成熟和竞争的加剧，不断创新产品已成为金融租赁公司的共识。一方面，创新是经济发展的动力，租赁产品的创新能够使金融租赁公司规避风险，提高租赁收益率，并能够加强风险管理使公司进一步发展壮大；另一方面，租赁产品的创新能摆脱我国租赁公司目前的租赁结构单一，投资领域较集中的局面。

4.6.3　有效控制风险，实现稳步发展

由于融资租赁行业，尤其是金融租赁，具有较高风险性。如何有效地控制

和防范风险，成为金融租赁的必要准备。商业银行开展租赁业务，一方面应充分利用银行在信息和渠道上的优势，增强租赁风险管控能力；另一方面应发挥租赁在资产处置和管理上的优势，增强商业银行其他业务风险的管理能力。融资租赁的风险多种多样，其中最常见而且影响最大的应为信用风险。工银租赁针对信用风险，需要加强项目可行性和客户资信的前期调查，不因为追求利润和业务量而盲目投资。尤其是在面对中小企业的融资租赁时，更要考虑承租人的偿还能力和项目的可行性，以免出现大量呆账坏账。

4.6.4　加强员工培训和引进，培养专业化人才

融资租赁企业是涵盖经济、贸易、财会、法律、工程和管理等综合性非银行金融机构，是典型的人才密集型行业。而人才紧缺，已是制约行业发展的一个突出问题。初步估算，现全国融资租赁人才缺口至少在 2 500 人，其中，中高级管理人员约 500 人。到目前，中国各个高校都没有正式设立融资租赁专业，一些短期培训也只能是权宜之计。2011 年南开大学动员 40 名硕士转向研究融资租赁，不到一年时间里，就有 50% 多的学生被企业挑走。积极推动高等院校设立融资租赁专业或融资租赁系，管理部门开展正规的从业人员在职培训，从基础上提高从业人员的综合能力和专业水平，既是当务之急，也是行业健康稳定发展的根本保证。

5　工银租赁发展与一体化机制建设

工银租赁于 2007 年 11 月 28 日开业，作为我国首家银行系金融租赁公司，在没有现成模式可循的情况下，经过五年来积极努力的探索和富有成效的实践，在明确的集团发展战略和公司发展战略指导下，打造了完备的金融租赁产品和服务体系，成功开拓了国内和国际两大市场，建立了良好的风险控制体系和运营管理体系。目前，它已发展成为国内综合实力最强、最具创新能力、国际化经营程度最高的金融租赁公司，并发挥了对中国工商银行综合化经营的重要平台作用，成为中国租赁业领军者及国际租赁市场的新兴力量。本章在分析中国金融租赁公司发展现状和环境的基础上，重点分析工银租赁发展概况和趋势，总结其中一体化建设的成果和经验。

5.1　工银租赁发展概览

5.1.1　战略愿景与目标

公司成立之初，姜建清董事长对工银租赁的发展提出"迅速占据金融租赁市场竞争的制高点"的要求。据此，公司董事会经过认真研究，提出"把工银租赁打造成为：国内一流国际知名的金融租赁公司"战略目标。根据这一战略中心，工银租赁公司进一步明确了坚持专业化、市场化、国际化的发展战略，牢固树立创新发展、稳健经营的企业理念，围绕大市场、大项目、大客户的公司定位，加大营销力度，抓住重点项目，充分发挥行司协同优势，在较短的时间内迅速占据国内金融租赁市场的主导地位。并在发展中将这一定位进一步具体为五项运营原则，即专业化、市场化、国际化、创新发展、稳健经营。

五年来，在总行的支持和指导下，在没有先验经验可循的环境下，工银租赁充分发挥银租协同优势，迅速形成并树立起适合中国金融租赁公司发展的商业模式，较好地完成了总行和董事会安排的各项任务。

根据公司五年来的发展，公司未来五年的战略愿景为"积极创新新型租赁产品和服务，致力打造一个专业特色突出、财务回报丰厚、资产质量优良、受人尊敬的国际一流金融租赁企业"。根据上述战略愿景，公司未来五年的发展目标是：以质量效益为核心，打造成为"行业领先、行业专家"国际一流大型租赁企业。依据租赁公司 2012—2014 年三年发展规划，到 2014 年末，公司资产规模将达到 1 600 亿元，其中境内资产 1 450 亿元，境外资产 150 亿元，不良资产率控制在 1% 以内，2014 年度净利润将达到 32.4 亿元，权益回报率（ROE）达到 19.63%，规划期内的资本充足率保持在 12% 以上①。

5.1.2　经营发展状况

五年来，租赁公司建立起了比较完备的租赁业务体系和经营管理体系，并在主要业务领域有力开拓，资产规模迅速增长，经营效益和效率始终处于行业领先地位。

（1）资产规模再上新台阶。截至 2012 年末，公司境内外总资产 1 340 亿元，较年初增长 39%，租赁资产 1 265 亿元。5 年来，公司总资产和租赁资产年复合增长率分别达到 59% 和 57%。境内总资产 1 190 亿元，租赁资产余额突破 1 100 亿元，达到 1 122 亿元，较年初增加 315 亿元，增长 39%，完成年度计划的 163%；负债 1 080 亿元，净资产达到 110 亿元。公司拥有各类飞机83 架、船舶 176 艘、大型设备 27 000 多台套。

（2）质量效益有了明显提高。2012 年境内外全年实现营业收入 77.86 亿元，同比增长 37%，净利润 12.59 亿元。境内报表实现营业收入 70.09 亿元，同比增加 20.38 亿元，增长 41%；融资成本 48.11 亿元，同比增加 16.46 亿元，增长 52%。在融资成本明显高于业务收入增速的情况下，仍然取得了良好经营效益，实现拨备前利润 19.04 亿元，同比增长 30%；拨备后净利润达11.66 亿元，同比增长 35%，完成年度计划的 117%。5 年来，营业收入和净利润年复合增长率分别达到 66% 和 41%。2012 年末拨备覆盖率达到 208%，不良资产率为 0.62%，较年初下降 0.25 个百分点。在年内新增 30 亿元资本金的情况下，公司境内 ROE 保持了去年相当水平，达到 13.06%，人均净利润达到 707 万元，人均创利同比增加 68 万元。

（3）继续保持良好发展势头。截至 2013 年 2 月末，公司总资产达到 1 422亿元；1—2 月合计投放 131 亿元，同时实现营业收入 17.56 亿元，其中租赁收入 13.5 亿元、手续费收入 3.99 亿元，实现净利润 5.16 亿元，总资产规模及营业收入继续保持良好的增长态势。

5.2　母子公司联动的现状与成效

工银租赁的建立和发展，充分发挥并体现了商业银行与融资租赁在联动协同上的巨大空间和持续优势；工银租赁正逐步成为工行产品和服务体系中一个重要的产品线；工银租赁的发展历程，为成功探索"以创新促联动，建机制保协同"的可持续性联动模式，进行了有益尝试；工银租赁的发展壮大，为

---

① 摘引自《工银租赁 2012—2014 年三年发展规划》，2012。

丰富母行综合服务手段、协助分行稳定客户、促进境内外协同、提升工行对优质项目及产业链融资的整体竞争力等方面发挥了重要作用。

5.2.1 母行强大的综合实力，奠定了公司发展的坚实基础

工商银行在品牌、客户、网络资源、市场地位等方面强大的综合实力，为公司带来了无可比拟的先天优势，使公司在市场营销、风险控制、市场地位等方面迅速建立起领先同业的优势，为持续发展奠定了坚实基础。

5.2.1.1 母子联动：奠定基础、持续支持

自公司筹备及开业以来，总行为公司建立了先进的公司治理结构框架，帮助公司找准市场定位、明确发展方向；设立选派专职董事，加强内部监管；同时从总行、分支行和海外机构输入专业人员，使公司各项工作在短时期内走上正轨。行领导对租赁公司发展的重大问题多次作出重要批示和指示，并亲自莅临公司检查指导工作；总行各部室，尤其是公司董事、监事部门积极协助公司解决经营中遇到的困难和问题，在营销和融资等方面给予了大力支持；根据公司发展潜力和实力，五年两次扩充资本金，为公司跨越式发展及时补充血液。

5.2.1.2 子分联动：营销协同，创新协同

各分行也积极为公司推荐客户，联系业务，共同营销，帮助公司迅速打开了局面。开业初期，根据总行的发展战略，公司形成了"大客户、大市场、大项目"的发展定位。通过开发与分行联动的创新产品，如售后回租，"贷款＋租赁"等，实现规模效益的双增长，为获取行业领导地位奠定了基础。

5.2.1.3 内外联动：开辟国际，巩固国内

通过发挥工行境内外机构的联动优势，工银租赁业务发展获得了客户、资金、渠道等多方面的支持，推动工银租赁国内外业务的跨越式发展。如在国内资金压力巨大情况下，通过内外联动，开辟公司国际资本市场融资通道。公司通过安排境外 SPV 和集团境外分行担保的方式，从国际市场成功募集 7.5 亿低成本美元债资金，开辟了公司美元融资新天地，为推进公司国际化战略实施，利用国际资本市场促进境外租赁业务发展闯出了一条新路，也成为国内首家闯入国际债券资本市场的租赁公司，进一步提升了公司国内外的知名度。

5.2.2 调结构、控风险、增盈利，贡献总行综合竞争力

公司在依托总行优势大力发展的同时，始终将探索贡献总行综合化经营的联动协同途径作为各项工作的重心之一，联动协同贡献不断增加。虽然在子公司中成立时间较晚，但公司从开业第一年开始始终保持集团内子公司利润贡献总额和增长率第一，并在开业第一年即赢得且持续保持在中国金融租赁行业中的领导地位，成为集团内首家，且目前唯一一家获得与母行市场地位相当的子公司。在充分发挥金融租赁对我行作用的同时，工银租赁的发展对我行综合化

经营和国际化战略的推进作出了积极的贡献。

5.2.2.1 创新租赁"组合拳"，壮大我行联动协同内生力

通过发挥租赁在投资、贸易、税务及财务优化方面的独特优势，以及在设备生产、销售和使用等各个环节的特殊功能，研究和开发"贷款＋租赁"、"租赁＋保理"、"租赁＋理财"、"租赁＋基金"等新型服务。由于不同租赁产品组合能够解决不同业务发展中的特有问题，从而有利于在租赁业务和其他传统和新兴业务的整合上形成联动内生力，为工行综合化经营持续竞争力的形成提供不竭源泉。

5.2.2.2 拓展客户广度深度，彰显工行服务实体经济的示范引领之风

公司通过"租赁＋保理"和售后回租等业务的开展，为工行面对经济疲软、企业流动资金压力增加，银行信贷紧缩情况下保有重要客户和重要项目提供了重要途径之一。工银租赁的市场定位主要在飞机、船舶和大型设备领域，通过依托租赁优势，可以介入到客户在飞机、船舶、设备购置的最前端和整个价值链，从而在激烈的市场竞争中，取得主动权。另外，借助金融租赁公司的平台，工商银行掌握了飞机船舶的所有权，从而既可以发行资产信托计划，也可以通过应收租金证券化等方式，进一步增强信贷资产的流动性。此外，"租易通"经过两年的研发和试点，一年多的标准化使用，已成为工行服务中小企业客户的重要平台。

5.2.2.3 建立特色联动协调机制，完善集团联动协同机制

工行综合化经营效益的实现需要建立一套既适合多元化业务特色又能联动协同的机制，公司一方面租赁产品线特色鲜明，另一方面租赁产品组合的多业务联动性较强。因此，工银租赁在广泛调研、征求分行意见、借鉴国外经验的基础上，经过与总行相关部门反复沟通，不断创新，逐步建立了总行、分行与租赁公司在市场营销、产品创新、风险管理等方面三大协作机制，陆续推出了应收租赁款转让、中间业务收入模拟返还、经营绩效考评三大措施，为完善工行综合化经营机制建设作出了贡献。

5.2.2.4 所有权与债权统一的双线风险控制手段，大大降低了工行的系统性信贷风险

通过设立金融租赁公司，工商银行可以将原有信贷模式下拥有的一般追索权和资产抵押权转变为所有权和债权的统一，实现双线控制风险的目的，避免了法律执行过程中的抵押权难以实现的风险。同时，通过金融租赁，可以实现对于租赁物的零距离控制和管理，解决了全过程信贷管理中贷后管理薄弱的问题，也可以灵活地应对市场变化，以最佳方式化解传统信贷模式下很难解决的不良资产处置风险。

5.2.3　拓展扩充客户，增加分支行金融服务领域和盈利水平

总行的支持和指导、各级分支行的合作与配合，是工银租赁迅速发展壮大的强大基础。同时，在公司发展过程中，也时刻重视对总行和分支行的回馈。五年来，公司通过租赁项目安排累计投放租赁款1 400亿元，由分行推荐的业务收入大约600亿元，涉及25家分行；累计向分行模拟返还中间业务收入超过20亿元，涉及分行30家；近10家分行开展应收租赁款保理业务，业务金额近200亿元；此外还带来大量存款沉淀和投资银行、理财等传统和新兴业务机会。

（1）租赁业务已成为分行客户营销的重要工具之一。通过租金及设备资产证券化，促进投资银行业务发展，还为境内外分行带来沉淀存款、客户理财和银行卡等大量业务机会。此外，通过与总行各相关部门及主要境内外分行营销联动，较好地满足了客户长期投融资、财务优化、降低成本等需求，提高了对优质客户和优质项目的竞争能力。

（2）租赁业务已成为分行业务开拓的重要工具之一。通过开展租赁业务，为分行带来租金清算、汇划和结售汇等结算业务，以及信用证、保函、应收款保理等贸易融资业务。为分行中间业务收入开辟了新的、有潜力、可持续的增长渠道。

（3）租赁业务已成为分行行业拓展的重要工具之一。许多不大适合银行贷款介入的领域，如医疗卫生、文化教育和生态环境建设等，通过设备的批量采购和周转出租，就可能成为优质的租赁项目，从而扩大我行客户和行业支持面。例如，国投海运租赁项目，首次通过"贷款＋租赁"结构性融资产品，拓展了银行优质大型客户群。

5.2.4　境内外联动协同，增强我行海外市场开拓能力

工银租赁积极配合工商银行跨国经营战略的实施，抢抓机遇，创新开拓，境外业务发展屡获突破，进一步增强了工商银行品牌的国际影响力，正成为我行海外市场开拓的生力军之一。目前已累计为海外分行安排融资12.3亿美元，为境外分行贡献利息收入1.24亿美元。

（1）创新租赁业务模式，发掘国内外市场优势，增强我行国际竞争力。通过首创"保税租赁"业务模式，利用"境内关外"的税收优惠政策，一举打破了国际租赁公司长期垄断国内飞机租赁市场的局面，开发了国际飞机制造商等优质客户，为公司和我行进一步开拓国际市场打下了坚实的基础。

（2）创新跨国结构化产品，加强境内外联动。综合利用各境外机构所在地在监管、税收、会计及法律等方面的独特优势，开发跨国的新型结构化产品，推动业务联动，产品联动和营销联动，在为境外分支机构带来业务收益的同时，提升工行产品的综合竞争力，并为全行资产结构调整、综合化经营、国

际化发展提供新的思路和工具。如南航项目是首次利用我国长期外债指标项下的境外银行项目抵押贷款进行融资。与汇福集团合作的租赁项目，成为我国首例跨境人民币结算租赁项目，为推进人民币国际化开辟了又一新兴领域。

(3) 发挥租赁全产业链渗透优势，建立客户共享机制，以海外市场开拓推动我行结构调整。首先，租赁业务的国际化，通过形成与海外分行的客户共享机制，有助于增强海外客户营销能力和国内客户的海外营销能力。一方面借助航空领域的海外开拓，形成客户共享机制，为海外分行带来当地优质客户；同时增加与国内相关客户的联系，增强我行支持"走出去"战略的金融服务竞争力。其次，租赁业务的国际化，通过与当地产业特点紧密结合的产业开拓，助推海外分行向新兴优势产业的扩展能力，促进我行结构调整。利用租赁海外平台的实体运行，加强海外分支机构之间的联动，增强新兴产业国际化的服务能力和境外机构的快速发展。如泰国平台的建立为利用租赁业务增强工行当地影响力提供了新途径。又如通过出口租赁项目，工银租赁加大在航空、航运领域的国际开拓力度，以及向新兴战略性产业、高端装备制造业及创新科技企业倾斜，在分享这些行业高成长带来的高收益的同时，有助于推动海外分支行的客户拓展和结构调整。

5.3 公司一体化机制建设的现状和特点

作为工行综合化经营的战略平台之一，工银租赁发展中始终贯彻探索有效促进和保证集团联动的途径和机制，工银租赁的发展得益于母行和分支行的支持，也不断以工银租赁的发展回馈集团和各分子机构。五年发展中，贯彻集团战略意图的有效公司治理体系逐步建立，沿承总行风险管控优势的专业租赁风险管理体系日渐成型，初步积累了三大联动机制（支持机制、协调机制和考评机制），提高业务效率的 IT 系统平台具有良好的内部和集团内整合能力，专业化基础上的一体化机制建设渐成体系。

5.3.1 公司治理和组织架构

目前公司治理的手段和方式日渐多样，结构设计以"一体化"为原则，前中后台专业板块间的流程整合正在全面展开。

按照建立现代金融企业制度的要求，根据公司章程的规定，完善了治理规则，健全各项工作机制，董事会、监事会、各专业委员会和公司管理层之间形成了"规范合理、权责明确"的治理框架，理顺与母行之间的各项工作关系和工作流程，公司内部组织架构逐步健全。根据董事会会议精神，为不断增强前台部门的专业化、中台部门的研究整合能力，以及后台部门的专业整合管理能力，根据租赁业务特点和公司发展情况，公司分别增设了多个专业前中后台部门，截至 2013 年第一季度，公司的组织结构如图 5-1 所示。根据集团对公司的战略规划，公司发展的现状和趋势，以及集团发展中战略变革对公司发展的新要求，通过新设机构、转向制度和管理文件，多元化和专业化逐渐深入，公司治理和组织结构不断得到调整和优化，业务发展、组织机构变革之间形成良性互动机制。

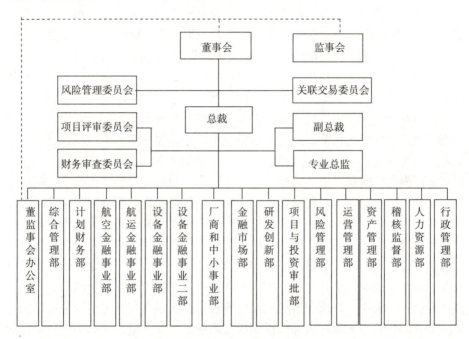

图 5 – 1　工银租赁 2012 年组织结构图

一是组织结构相似体现"一体化"设计思路，发挥集团管理制度优势，促进子公司迅速形成发展基础。在董监事会形成、构成与决策机制、专业委员会设置，以及前中后台主要部门职能设计方面，公司与工行集团的组织结构保持很好的一致性。这样的结构设计一方面有利于利用总行的管理制度经验，迅速形成业务发展的基础和保障；另一方面，有利于建立起对口和归口联系，形成公司内部横向联系和集团子公司之间纵向联系的矩阵式一体化互动体系。

二是以集团和公司发展战略变革为导向，调整组织结构。根据集团和公司发展的新需要，按照"专业化"与"集中化"发展思路，增设和重组前中后台部门。为进一步推进业务专业化发展、推动厂商和中小业务开拓以及提高租赁资产管理的专业化水平，先后新设设备金融事业二部和资产管理部；为了响应国家加强中小企业金融服务的号召，适应母行综合化经营的需要，促进租赁业务与信贷业务的创新，从设备金融事业二部中独立和集中化成立厂商和中小事业部；为了加强市场开拓、政策推动、风险和资产管理工作，新设研发创新部；围绕前中后台分离的指导思路，增设项目与投资审批部负责项目与投资的审查工作，调整原风险管理部职能，实现项目审查和风险管理的分离；为了落实总行派驻子公司专职董监事加强对子公司公司治理的专业性，促进业务拓展和建立提高运行管理质量的内部组织体系，公司于2012年设立了董监事会办公室。

三是利用母子公司纵向联系，丰富子分公司横向联系，探索和拓宽子公司贡献渠道。5年来，工银租赁的发展走出了一条"依托母行优势→丰富专业板块→拓宽横向联系领域→纵向联系双向强化"的联动良性循环过程。首先，通过专业多元化推进多渠道开发利用母行优势。通过设立金融市场、电力和能源设备（设备一部）、轨道交通（设备二部）、航空、航运和厂商中小六大前台营销事业部，找准银行经营租赁的专业优势，充分发掘母行在客户、渠道和融资品牌信誉支持的优势，有选择地拓展租赁专业服务的行业领域，增加与信贷产品的区分度和互补性。其次，立足专业板块发展，依托差异多元化战略，创新集团内横向联动渠道。通过运营管理部和计划财务部的分离设立，项目专项融资和公司统一融资职能在航空和金融市场部之间的重新分配和集中，以及信用风险和市场风险监测、报告和管理措施选择在金融市场、风险管理和计划财务部门的职责划分与流程梳理，增强前台的专业营销和客户服务能力，强化中后台支持和管理功能，形成公司内部前中后台在价值链一体化框架下的综合服务能力，从而在各板块发展中实现集团内横向联动渠道的不断创新。最后，租赁专业产品板块的形成和公司规模的增长，逐步建立和拓宽了子公司的母行贡献渠道。在各专业板块内部按行业或地区细分专业小组，采取小组负责人对专业部门主管和分管副总裁的双线直接汇报制度。该制度的设立一方面有利于行业创新开拓的展开，另一方面有利于专业小组从更高的公司整体层面推动业务发展。

5.3.2　风险管控与内控体系

公司的风险管理与内控体系，起步于母行的风险管理文化，正逐步建成租赁行业风险管控的基本模式。

公司始终高度重视稳健经营，一直将发展质量放在公司经营的首要位置，结合我国租赁业的特点，开发与建立了"一个核心、三个维度、六大系统"的全面风险管理体系，成为我国租赁行业风险控制体系建设的基本模式。一是建立了多层级的全面风险管理与报告体系，制定了《全面风险管理办法》。二是坚持稳健经营原则，严格执行国家产业政策、母行行业政策及监管要求，通过行业准入管理，加强对重点行业和区域研究，严格把控业务投向，保证了公司的快速健康发展。三是形成了适应公司业务需要的各类风险识别、控制方法，风险量化技术逐步改进，并加强了租赁业务存续期管理和风险预警工作。四是积极落实并表管理要求，同时加强了风险协同和风险隔离机制的建立，加强与母行间关联交易审批工作，定期向母行汇报公司的风险状况。五是形成有效的关联交易管理体系。与总行的关联交易委员会相对应，公司设立专门的关联交易委员会和严格的审核汇报制度，此外还有稽核和外部审计等。六是加入集团统一授信系统，在客户管理、风险管理和系统建设方面积极配合。

内控管理在建设和完善一体化机制方面，主要通过组织建设和制度完善，增强公司制度执行力，实现内外部监督的联动。一是建设了有效的内控环境。按照公司法和监管要求，组建了公司董事会、监事会和经营管理班子，做到了各司其职，相互制衡，密切配合。积极研发业务和综合信息管理系统，为内控体系有效运行创造了条件。二是建立了《内部控制基本规定》，规范租赁业务、资金业务、会计和财务管理、资产管理、人力资源、信息系统和公文档案等主要工作。三是初步实现了内外部监督的联动。聘请外部审计对公司进行期中和年度审计。公司监事会履行对财务和重要活动及岗位监督职责，开展对关注类资产和租期管理情况的调研，对董事和经营班子履职进行评价。

5.3.3 联动机制建设

公司成立5年来，根据子公司的阶段发展特点，明确了专业化与一体化整合的资源配置方向，资源互动环节和联动激励手段，已形成三大集团联动机制，为探索集团内部"条块结合、纵横平衡"的有效机制奠定了基础。

首先，建立"双向"支持机制，丰富集团内部资源联系与沟通渠道。来自总行层面的支持，主要依托总行战略规划和布局，资源共享机制的建立，一方面形成全行统一思想，用战略的眼光来研究和发展租赁业务；另一方面，工银租赁作为工行集团专业运营金融租赁产品的组织主体，通过培训和宣讲等途径为总行和境内外分支行提供租赁专业知识、业务流程和人员的培训。5年来，工银租赁积极开展业务培训班，受训人数累计达到1 600多人次。

其次，协调机制。协调机制是对联动环节的明确和联动机制的建立。工银租赁的建立和发展，依托于三大协调机制的建立和逐步完善。营销协同和创新协同主要体现和贯彻在产品开发和业务发展上。机制协同则是指联动相关方在人员、技术和流程的组织和风险管理两方面机制的建立和完善。目前公司已经形成了航空、航运、设备、金融市场和资产管理专业组织，相应配备专业人力资源团队，并在财务、运营和IT技术支持上形成相应专业模块。在风险管理方面，传承母行文化，坚持稳健经营原则，严格执行国家产业政策、母行行业政策及监管要求，开发与建立了"一个核心、三个维度、六大系统"的全面风险管理体系。

最后，考评激励机制，在建立和完善应收租赁款转让、中间业务收入模拟返还、经营绩效考评等三大机制的基础上，建立和实施了集团控股子公司考核体系。三大机制的建立，为落实集团经营战略，加快子公司业务发展，推动新兴业务盈利占比不断提升，探索集团综合化和国际化战略提供了保障和支持。

5.3.4　IT 系统建设

信息系统作为将业务创新和管理创新落地的有效手段之一，一直受到工银租赁管理层的高度重视，已成为公司内部前中后台整合和母子公司系统协调与信息共享的有效手段。经过近 5 年时间的持续研发投入，工银租赁打造出了具有行业领先地位的信息系统支撑体系，为提高运营效率、加强风险管理、促进业务发展提供了稳固的技术保障，其中 LS2009 租赁运营管理系统开发具有典型意义。

首先，系统开发以建设一体化运营平台为目的，体现全流程、精细化、标准化和自动化思想。

LS2009 系统从公司市场定位角度和行业定位高度出发，在对国内外相关系统进行详尽考察分析的基础上，立足于自主研发，是一个面向租赁市场，集客户营销、客户服务、风险管理、流程处理于一体的业务运营支撑平台。该系统按照租赁项目的不同阶段共划分为六大功能主模块，分别是机会管理、尽职调查、项目评价、项目审批、签约付款和租后管理，另外还包括信息查询及统计、行业信息维护、资产信息维护和系统管理四个辅助模块。各模块从租赁业务自身特点出发，从业务机会管理到项目可行性分析、项目评审决策，再到项目执行控制，最后是租后的日常管理和信息统计查询，充分体现了对业务全流程、精细化的管理要求。

其次，系统以建立支持大客户直销模式的全功能租赁运营管理系统为核心，在设计理念上以价值管理、信息共享、工作协同作为三大支柱。

一是价值管理。系统所采集和管理的信息围绕着客户价值、项目价值、资产价值展开，360 度全方位地揭示风险与收益之间的有机联系。比如，对于资产价值，系统从账面价值、评估价值、风险暴露、量化指标和定性分析五个方面进行综合分析，立体地展示资产的风险级别是否与未来可能产生的收益相匹配。二是信息共享。系统确保最有价值的信息在最需要的时间、以最方便的形式提供给信息需求者，以提高用户的工作效率。该系统中集成了客户、项目、合同、租赁物的各类信息，这些信息根据需要可供用户从不同的角度，以不同的条件组合进行查询，从而得到自己最想要的结果。三是工作协同。系统提供了一个供前、中、后台协同开展业务的信息平台，从而大大提高了业务管理效率。

最后，多维创新系统开发战略，满足公司一体化、客户个性化、产品定制化、过程灵活化和执行长效化。

该系统以前瞻性的投资角度，经过长期开发、建设和完善，通过持续性、多维度创新，为满足公司多层次需求提供服务。一是系统设计摒弃流程驱动的传统概念，通过理念创新贯彻公司战略发展和行业领先的宗旨。工银租赁牢牢把握大客户直销模式租赁业务的本质特点——客户需求个性化、金融产品定制化、执行过程灵活化、合同执行长期化，抛弃了国内外大部分租赁信息系统以流程驱动为核心的传统设计理念，以价值管理、工作协同、信息共享作为系统设计的三大支柱，通过短流程片断之间的松耦合实现业务流程的完整性。二是业务创新实现租赁业务全生命周期管理，通过精细化的过程管理实现价值管理和风险管理的有机结合。该系统是国内第一个全功能租赁业务管理系统，为更加贴近业务人员操作习惯，采用了面向业务环节、信息逐步求精的过程化管理方式，实现了商机管理、尽职调查、项目评价、授信评级、上会审批、签约付款、租后管理、档案管理、租赁物处置、资金管理、财务管理等租赁业务全生命周期管理。三是技术创新保证系统运行的高效和稳定。该系统利用流行的云计算平台实现业务管理，采用了完全的 SOA 架构、Web 2.0 技术以及参数化设计技术，大部分参数都可通过配置实现，比如客户财务报表、财务指标、租赁物技术参数、运维参数等都可以随需增加。

5.3.5 其他有效机制

在综合运用上述各种一体化联动手段的同时，公司还探索了跨部门的非正式组织形式，建立多种形式的跨部门工作会议制度和工作小组制度保证公司内部及时、高效、有效地协调沟通与合作。

以总裁、副总裁或牵头部门项目负责人为主持人召开的各种会议，保证信息沟通及时和高效、跨部门协作合作、创新跨部门传递、关键节点识别和管理。公司成立之初就制定了针对不同层次、主题和形式的会议制度。明确提出实效、效率、节俭、纪律和规范的原则，会议形式包括总裁办公会议、管理层沟通会议、公司工作会议、公司座谈会、各部门工作会议以及以公司名义召开的各类专业会议、以公司部门名义召开的各类专题会议①。

跨部门工作小组打破部门界限，实现专业部门间的协作和资源高效配置。对于创新型项目、研究型项目和涉及多部门的关键性项目，通过组成跨部门工作小组，高效配置人力、时间、资源、知识等方面，保证项目完成质量和效率。如 LS2009 的开发，公司投入了巨大的资源。由主管副总裁挂帅成立项目领导小组，各个相关专业部门抽调精兵强将，拿出与开拓市场同样的热情投入系统研发。该系统从 2010 年初开始需求调研和需求分析，形成了近 600 页、共 20 万字的需求分析文档。在此基础上，2010 年 6 月，LS2009 系统开发工作

---

① 摘自《工银金融租赁有限公司会议管理办法》，2008。

正式启动。该系统选用代表国际最先进技术水平的云计算平台作为基础开发平台，采用参数化技术进行设计，公司内外 20 多个技术人员参与开发工作，共耗费了 2 400 多个人天的工作量。2011 年 1 月，LS2009 系统通过验收并顺利投产上线。此外，报税租赁、厂商租赁和租赁资产证券化等创新项目也都是由跨部门小组完成的。

5.4 影响公司发展的一体化机制建设问题

5.4.1 业务营销协同顺畅但一体化整合不足，无法实施客户精细化、一体化营销

目前的业务协同模式，主要是分行相应部门向租赁公司相关专业部门推介客户，并在客户信息和客户管理方面提供当地支持。这种模式在租赁公司建立初期，为利用集团客户资源迅速打开租赁产品市场作出了重要贡献。但是随着租赁公司业务规模的增长，专业产品线的丰富和公司内部前中后台整合平台和能力的建设，产生了限制集团一体化整合的两大问题，即无法针对客户进行精细化营销，无法实现分行跨部门或跨分行的一体化营销。

首先，从业务发起来看，分行往往在信贷规模和客户信用额度或行业等受限情况下，出于客户维护的需求，向租赁发出业务协同需求。由此，客户虽然仍保留在工行，但是没有在客户需求上实现集团的帕累托改进，而是必然确立在满足同一种需求方面信贷与租赁的竞争关系。由于分行和租赁是各自业务领域的专家，尤其是针对租赁这一新的产品线，分行传统信贷各专业部门无法识别客户类信贷类租赁需求之外的新需求，也就无从谈起业务协同的发起，影响到工行针对客户多样化需求进行精细营销的机会。

其次，从跨部门业务协同来看，分行和租赁公司都实现了各自内部不同程度的前中后台整合，但都无法实现一体化营销。当分行不同业务部门发起租赁需求后，每个需求都会经历内部一体化流程的审核和落实，多个需求不能实现同时批量处理，必然影响到业务效率，也由集团各专业板块内的一体化协同带来集团整体层面的一体化整合折价。

最后，分行租赁业务协同发起方无法及时运用对租赁创新产品进行盈利模式转变和丰富风险管控手段。例如，另一大型银行其贷款客户破产产生巨大坏账，然而该破产客户的资产如果能够及时由该银行的租赁公司进行介入处置，则可以减少相当损失。

随着业务规模的增长和联动规模、广度和深度的增加，租赁公司和集团面临巨大的整合成本，面临由于效率低流失客户，或客户多样化服务没有及时发现产生的满意度下降，以及内部风险不能通过多元化业务整合降低带来的集团损失。客户无法通过一站式营销体验为其量身定制的一站式"ONE ICBC"体验。

5.4.2　境内协同较多，境外协同不足，双向协同不平衡不顺畅

目前就租赁产品和业务发展特点来看，境内资产规模占比大，境外资产和业务创新增长迅速。相应地，现有境内业务的协同较多，在客户推荐、客户管理、资产管理、资金运筹等方面均有联动；但是由于工行在租赁业务和国外业务的发展规模上对处于初级阶段，在租赁的境外业务协同方面，由于租赁产品特点决定了客户开发模式不同，国外金融环境决定的资金运筹模式也不同，在目前仅限于少部分的海外分行资金支持，以及租赁业务为海外分行带来的新客户相关的业务协同。

从协同方向和贡献度来看，境内协同多是境内分行发起，产生的收益由于大多不是以新客户和新需求为基础，业务协同上的一体化收益增加规模有限。与之相反，境外协同主要是通过租赁业务发展为海外分行带来当地传统信贷业务难以获得优质客户，但是对此类客户的相关其他需求的开发也不足。因此，境外协同虽占比较小，但是目前对于集团来说，则是基于新客户和新需求满足产生的一体化收益。尽管由于现阶段，境外总体业务规模有限，此类收益总额有限。

5.4.3　在推动分行增加协同方面还没有形成持续的激励和约束机制

目前确立的租赁业务协同模式，主要是依托总行的专项政策、模拟返还和考核激励建立起来的。

考核激励方面的问题主要有两点，一是考核激励不足，二是模拟返还激励无法到达业务操作基层产生"激励悬空"。就第一个考核激励力度来看，由于在分行整体考核中对相关的租赁考核仅在分行总体考评 1 500 分中占 6 分，尽管考虑到分行考核层面和指标众多，单项分值 6 分的项目仍高于平均项目分值，但是由于租赁相对是新兴业务，分行对业务的熟悉度和管理能力有限，往往基于本部门业务特性和考核指标完成难以分配其掌控的协同资源。2012 年新出台的允许模拟返还的中间业务收入计入分行同业占比指标，对行司联动业务发展起到了积极作用，此种对新兴业务用多指标反映联动收益的思路值得进一步扩大深度和广度。

中小业务方面，依托总行《代理中小企业设备租赁管理办法》（2011 版和2012 版），在业务协同上与分行形成了成熟的"租赁＋保理"的业务模式，并成功开发了具有行业先进性的"租易通"产品。与模拟返还不同，在中小业务方面采取的是分成的方法，具体分成比例根据是否保理等具体业务模式，以总行文件为准确定。这种激励方式相对模拟返还具有更强的激励作用，该协同模式对集团开发中小客户产生了巨大作用，带来了新型客户和新型业务收入。但是由于此类业务对于分行和租赁都是新型业务，对于业务形成后客户和相应风险的管理仍没有形成完善的体系，导致目前业务形成效率高，业务后续管理

流程不畅，效率低下，影响了此类业务规模增长的速度和空间。其直接效果是，尽管中小业务增长迅速，但是产生的收入和利润规模有限。在绩效压力下，分行分配到中小业务上的资源视分行客户群结构和信贷环境而有差异，对客户开发的积极性和管理流程改善的积极性和持续性不足，此类业务协同的持续增长能力受限。

在协同约束方面，由于代理风险的客观存在，对于发生客户风险但是还没有完成保理的项目，分行落实保理的积极性和动力不足，分行与租赁之间相应出现扯皮，增加客户管理和风险管理成本。由此导致客户风险不能及时管理，租赁通过保理盘活资金的渠道收窄，分行对此类业务积极性不高，导致此类业务持续增长动力不足。

5.4.4　业务协同较多，客户协同增长面临协同困境，系统协同、资源协同和战略协同有限

工银租赁的迅速发展得益于集团各层次协同联动的支持，但是就协同类型来看，现阶段以专业部门分散协同的业务协同模式对初期业务的迅速确立和发展具有积极作用，但是随着租赁各专业产品线规模和创新的增长，租赁和集团盈利模式转型需要逐步增加客户协同、系统协同、资源协同和战略协同的比例。总行的重点产品激励计划作为非常规性集团联动活动，对租赁业务与总分行的业务联动也产生了积极影响。此类活动可以通过增加一体化产品营销的形式，推动业务协同向客户协同等的转变。

就客户协同方面，主要表现在租赁新引入客户带来的开户和资金结算等方面，对客户多元化需求的开发和联动不足。由于分行和租赁公司都是根据业务进行分散营销，而不是根据客户进行一体化营销，在客户协同方面面临营销战略、制度流程，以及组织和资源配置上的障碍。

在系统协同方面，租赁刚刚成为集团全球统一授信的一分子，虽然在授信限额上有了统一指标，但是系统衔接尚需时间，对于同一客户授信资源在集团内部通过产品线之间的分配有可能引发竞争，而影响到利用集团供应链整合提升客户一体化服务的能力。目前，工银租赁在 IT 系统建设方面已经建成战略性投资平台，对公司内前中后台整合提供了效率和资源协同平台，但是在与母行系统的接口方面可能存在问题。此外，风险管控系统协同不足可能会影响租赁目前风险监测水平的提升，进而影响租赁可能在风险管控技术方面为集团在利率市场化后管理银行账户风险的先锋作用。例如，集团风险管理已经开发使用和积累了市场风险以及客户违约测算的丰富经验；但是租赁只能直接获得客户信用评级结果，对于系统模型设计和数据测算都是黑匣子，这对于开发适应租赁特色的风险评级和监测系统产生极大障碍。租赁在管理资产的利率风险等市场风险方面具有巨大需求，随着国内外租赁业务的展开，相应系统开发需求

迫切，此类系统前期开发迫切需要总行的模型和技术支持，并有望为母行在我国利率市场化后的银行账户风险管理提供实践和系统建设经验。但是，不能及时获得母行现有风险监测系统的模型支持，以及此类项目敏感性要求高不利于外购的现实，影响了租赁发挥集团创新探索的先锋作用。

在资源协同方面，银行运营租赁公司的一大优势在于资金方面。但是，这一核心资源并没有充分体现在现有的集团对子公司管理的一体化架构之中。目前，母行负债集中度限制由10%扩宽为30%，但是由于公司对外融资成本高于总行对外拆借收益，全部关联方融资余额不得超过金融租赁公司资本净额的50%、同业拆入资金余额不得超过金融租赁公司资本净额的100%，以及前期10%母行负债集中度下业务开拓累计的负债，公司总体负债约70%需要支付高于集团内分支行或其他子公司的成本。这一方面限制了租赁公司通过业务发展提高集团资金资源收益的能力，另一方面存在对租赁公司集团内ROE考核的公平性，更重要的是母行作为公司的唯一股东，将以全部资本承担公司运营的全部风险，高资金成本带来的运营效率低和运营风险高的现实以及两者之间的矛盾影响了母子公司一体化效益的实现。与总分行合作版里的租赁资产转让和央行货币互存，是通过集团协同开拓融资新渠道的有益探索，需要探索此类资源协同的规模增长途径和流程，尽快实现程序化、持续化。除资金之外，人力、制度文化和系统技术等关键性资源协同方面，目前主要以人力和制度文化的单向流动为主，双向协同，进而一体化资源管理机制尚未形成。

在战略协同上，目前租赁的战略制定与母行之间通过协商、报批等流程有一定保障，但是总行其他部门、分支行和海外分支机构的战略制定、变革和实施与租赁并没有直接或间接联系。

5.5 一体化机制建设中问题产生的原因分析

5.5.1 母行层面

5.5.1.1 战略方面

集团对子公司战略角色的定位、对子公司角色调整的确定和认同需要时间，这些重大战略变革必然有一定时滞，要确保战略调整可以在传统分支机构中落地。根据子公司成长情况，母行对子公司战略定位开始从"战略接受者"向"战略创新者"转变。这种转变在2011年制定的2012—2014年新三年规划中有所体现，但是具体实施和组织与资源配置机制的配合还需时间调整到位，其中重要的方面是促进总行各部室和各级分行对此种战略转变有充分了解和认识，并在集团各级分支机构战略中有所体现。子公司的每一步发展都往往给集团带来某些新鲜事物，获得集团的认可和支持往往是一个不确定性很强的复杂过程。集团战略调整对子公司发展的相对时滞，以及针对集团战略调整进行的一系列集团管理架构、机制的调整时滞，会在短期内影响推动子公司发展的母子公司一体化机制建设进程和效率。如体现产品创新，满足客户新需求的"租赁＋理财"产品，推出前正逢银监会加大对信托理财的监管和限制，租赁与总行资产管理部多轮协商，历时近一年方进入产品实际设计阶段。这个产品对于探索集团资金资源在租赁与其他业务一体化中使用效率的提高，以及增强租赁管理流动性风险的能力都是非常重要的创新。

5.5.1.2 组织方面

适应母子公司一体化管理模式的组织框架尚未建立。在既定总分行制管理架构下，原有组织形式的组织惯性是集团变革中最大、最艰难的。母行对子公司的管理和集团一体化机制的构建仍然限于传统的管理商业银行的总分行式的组织框架之内，没有负责子公司集团内部协同的统一管理部门，没有形成相对长期有效的跨部门、跨产品线的非正式协调整合组织。由此，新的产品或业务实体，如租赁与原有组织之间的创新协同需求往往由该组织负责人拍板，但是"部门本位制"下对自身部门利益的坚守，对租赁了解的局限，往往使这种创新沟通演变成人情关系，可能会创新打折，组织变革效率低下。从国际经验来看，如花旗集团，在变革初期往往保留原有组织结构的同时，通过设立非正式协调组织推进跨地区、跨业务的整合，当新兴业务和跨区域、跨业务的非正式组织的整合业务量增长到一定规模后，将非正式组织正规化，同时对原有组织进行变革，此时变革阻力较小，收益较大，此经验值得工行借鉴。

5.5.1.3 资源配置方面

现有的资源布局与前期战略和组织模式的契合性高，配置手段及其标准的路径依赖性强，变革惯性大。

从资源布局来看，资源配置权分散于传统信贷业务部门，变革惯性和阻力大。对于银行控股公司来说，国际化集团整合的程度往往体现在一定区域内对集团服务客户的价值链定位，在此基础上进行客户一体化服务整合，并相应确定业务协同和营销协同策略。在这一过程中，子公司成长的过程就是从业务协同到客户协同，到客户一体化的过程，其中的集团资源配置会体现为客户资源从业务部门到集团，集团到新兴部门，新型部门客户资源丰富并集中后再分配和共享，到核心客户资源的总部集中，这样一个复杂、反复的过程。现阶段，客户资源分散管理于传统业务部门的现状，对于业务产品线已经建立，且进入产品创新阶段的子公司而言，将不利于其进一步发展。目前总行的"MOVA"、"FOVA"和"NOVA"对境内外信贷客户信息资源进行了有效整合管理，但是工银租赁并没有这三大系统的接入权。如何通过改变资源布局，实现业务协同向客户协同转变，是现阶段集团资源配置的重心。

就配置手段而言，以信贷的尺量租赁的业务，没有充分反映新兴子公司业务特点，以一致性代替"一体化"忽视"专业化"。公司治理、资源分配、激励考评、制度流程、IT 系统，这五大资源配置工具在现有"母（行）强子（公司）弱，分（行）大子（公司）小"的集团格局中，整合与一体化的思路主要是新兴业务与传统业务的衔接和一体化发展。目前对子公司的资源配置往往采取集团分配或总行政策推动的形式，由于原有传统信贷业务为主的管理和组织结构尚没有改变，资源分散于传统信贷业务部门，路径依赖往往会导致按原有信贷业务的资源配置标准对新兴业务配置资源，忽略子公司发展初期和集团战略落实中战略目标在子公司上的差异和独特性。忽略子公司发展阶段转换过程中，传统现金流业务从支撑到协助，新兴业务从萌芽到壮大的角色转变过程中，资源配置手段、标准和格局的变化。如 MOVA 系统是我行重要的信息系统，租赁曾投入专业团队配合总行开发适合租赁的对口系统，但最终流产，尽管其中有流程上的问题，但也反映出在信息系统建设，这一关键资源的配置方面，集团还没有一套行之有效的战略规划、协调组织和资源配置手段，能够平衡一体化与专业化（特色化）的关系。总行有先进的信息管理系统，而租赁和分行之间还通过邮寄传递业务信息，应建立支持子公司发展长期持续的资源配置机制。如富国银行和汇丰在平衡计分卡中引入的反映集团战略重点的指标。目前集团对子公司采取的考评体系指标偏重于统一比较，虽然有体现协同的指标，但是比重过轻。共性指标选择，没有根据子公司特点进行调整以更准确、真实地反映盈利能力，易于比较管理，不利于落实集团综合化发展的战略构想，没有坚持通过创新指标协同子公司差异的一体化思路。

5.5.2　工银租赁子公司层面

5.5.2.1　战略层面

规模相对较小的租赁明星业务在集团一体化资源竞争中处于弱势地位。从集团一体化发展来看，租赁与信贷产品的相关度大、专业差异大，租赁相对规模增长是发挥集团一体化优势的重要来源之一。但是作为集团综合化经营板块中的新兴板块，租赁的发展与一体化贡献的增长呈现明显的阶段性。在集团综合化经营初期，一体化资源的主要贡献者是目前现金流性质的传统信贷部门。随着集团综合化的推进，租赁的成长壮大，租赁等新兴业务线将成为集团一体化优势的主要贡献者。这一转变的实现是租赁规模成长到与传统业务相当。目前租赁的资产规模位居行业第二，与开业和国际化都提前很多的位居第一的国银租赁相比，差距很小。但是，从集团横向比较来看，2012 年底工行 11 大类产品集合的金融资产服务规模约为 7 万亿元，平均单类业务规模 6 000 亿元以上，租赁规模仍相对较小。租赁"同业比较发展迅速，集团内规模仍弱小"的现实，主要是由租赁行业的业务发展特点决定的，即"资金密集，规模先动优势刚性化，收益期集中后置"。

由此导致，一方面，租赁在集团联动资源的竞争中处于不利地位，限制租赁的发展；另一方面，租赁被迫面临规模增长和短期利润增长的两难选择，影响长期对集团综合经营一体化收益的贡献。例如，"租赁＋理财"业务模式创新具有"盘活租赁资产、加速规模增长、改善盈利结构"三大优势，目前公司已经与多家银行形成合作，对公司发展和盈利提高起到了积极作用。但是，公司与工行的此类业务合作却耗时 1 年有余仍未进行，尽管也有行内相关政策支持，然而工行理财规模大、业务量多对资产收益要求相对较高，导致集团内比较而言，租赁如想达成合作，只能拿出高收益资产，规模和收益只能二选其一，因此长期谈而未果。

5.2.2.2 组织层面

业务发展的三维网络有待扩大，纵、横"单边"一体化流程设计增加组织成本。租赁发展初期，产品线和专业部门相对较少，专业化与一体化的协调度较高；随着产品线的丰富、专业性的增强，专业化和一体化的双重压力剧增，专业化发展与一体化整合效率之间的矛盾冲突不断增加。一是租赁母子、子分之间一体化协同整合的方式和结构受现有租赁产品、行业和区域三个维度的限制。租赁产品线的丰富和服务范围的扩大是形成客户精细化营销能力的基础。目前业务协同和境内联动较多的问题，主要是由于租赁产品在行业和区域维度上发展不足所限。二是公司内部前中后台的整合起始于营销联动的流程设计，与中后台的功能一体化思路存在错位，增加一体化组织调试成本。公司业务发展初期由于部门和流程环节较少，前台部门作为流程设计发起方可以发挥前台对业务发展信息较充分的优势，加快流程设计效率，对促进营销和流程建立都起到了积极作用。但是，随着业务专业性的增强，前中后台部门的专业性和职责分工都有所深化。由于前台营销部门针对多个中后台支持和服务部门，从营销协同效率和规模出发，流程设计以纵向整合为主。但是，中后台部门往往面对多个专业特点各异的前台部门，流程设计以横向整合为主，突出前台部门的共性。由此导致，或者由于前台流程设计中对中后台职责划分不清产生流程冲突、流程中断问题，或者由于中后台分工对前台部门专业特性的弱化产生业务搁置、流程中断问题。尤其是当前台业务创新或面临新的业务问题时，往往经历中后台部门的扯皮和多轮迂回，以及研究储备不足或专业外援针对性不足的问题，影响业务运营和创新效率。三是没有形成跨部门、跨区域、跨产品的一体化营销机制和组织。前期发展中，虽然在总行年度激励计划中，在总行和分支行举办的租赁业务发展战略研讨会中，给了租赁各专业产品同台展示和宣传的机会，也为各分支机构提供了互相学习和了解租赁业务的机会，但是并没有提供租赁产品组合与传统业务组合进行整合可能产生的一体化收益的分析，更没有按照客户或区域对这种租赁产品线和集团内其他产品线整合的精细化分析。四是考核指标设计不符合业务发展的周期特征，限制规模的增长效率，弱化规模和收益的长期良性循环。

5.5.2.3 资源配置层面

一体化整合手段处于分散开发阶段。公司一直注重多渠道、周期性开发和完善一体化整合手段，多种资源配置手段依母行支持程度和业务发展阶段不同，发展程度有所不同。多种手段的分散开发体现在，一方面与母行的一体化协同开发和整合不足，另一方面各手段之间开发设计中的一体化不足。公司治理、制度流程和考评机制是建立较早的一体化资源配置手段，并正经历从传承母行经验阶段向体现租赁专业化特色阶段转变。此类手段在业务专业性增强阶段，由于主要延续自上而下的设计思路，更加侧重一体化的要求，更加强调用统一指标统一评价，而不是根据横向可比且具有集团战略关键性的共性维度选取体现专业特色的指标，因此只实现了统一管理，并没有实现专业化基础上的一体化。IT系统建设在公司起步较早，由于建设周期长，专业发展快，目前还处于配合业务自动化、提高流程效率的阶段，前瞻性的信息分析、机会和风险预报功能有待开发，与母行的IT系统没有形成衔接渠道。资源分配手段，在资金资源方面与母行、分支行的多样化渠道正在涌现和扩宽，公司内部资金资源的配置方式也正通过职能和人员的重新调整增强内部前中后台的一体化优势；在人才方面，公司中高层管理人才和专业人才一直与母行有畅通的单向流通渠道，但是从公司到母行或分支行的人才交流还仅限于短期业务借调人员，中高层人才向集团内其他部门流动的机制仅限于个例。

6 措　施

　　工商银行已经初步建立起综合经营框架。工商银行全球运营的一体化优势是集团综合化和国际化持续发展的战略优势，建立专业运营的业务和职能部门之间联动和整合的一体化机制是一体化优势发挥的根本。

　　国际大型金融控股公司已经成为商业银行从事全球竞争的主要组织模式，在多次经济金融危机和全球竞争加剧的多重考验下，商业银行如何通过构建整合非银行子公司的一体化机制，获得并保持持续竞争优势的，其经验值得工商银行的综合化战略发展参考借鉴。报告在借鉴母子公司管理的战略与组织相关理论及研究基础上，通过案例研究的方法，以集团一体化为出发点，以促进子公司发展为着眼点，总结出工银租赁发展中一体化机制的主要特点，存在问题和产生原因，并针对一体化机制构建中的考评机制和关联交易问题进行专项分析。建立在上述研究基础之上，本章首先论述促进工银租赁发展的母子公司一体化机制的构建建议，然后对子公司绩效评价和关联交易管理进行专题讨论。

6.1　母子公司一体化机制构建总体框架建议

6.1.1　总体目标

　　建设促进子公司发展的母子公司一体化机制，应以"子公司发展专业化水平高、集团一体化协调整合能力强"的"One ICBC"为战略目标，以集团利益最大化为基本原则，建设集团内母子、子分之间分阶段、多层次的一体化机制，在各层次内部和各层次之间，构筑"守规则、自强化"，以"战略定位→组织选择→资源配置"为演进特征，以"业务整合→区域整合→客户整合"为演进路径的一体化过程，实现专业化和一体化的平衡和深化，大力推进集团综合化经营、国际化发展与盈利模式转型，提升集团可持续竞争优势，提高集团应对复杂多变的国内外经济金融环境的能力，不断满足客户一体化金融服务需求。

6.1.2　建设原则

　　战略性。一体化机制建设是实现集团综合化经营从"集合发展"到"整合发展"，从"联动协同"到"一体整合"的战略举措，需要集团从战略高度统一思想，由集团高层管理团队组成领导小组，由各分支子机构的高管团队形成支持、创新和实践网络，形成集团上下有执行力、有创新性的战略举措。

阶段性。一体化机制建设是一个在新兴业务发展、传统业务转型之间互动螺旋上升的过程，不可能一蹴而就。因此应根据"战略定位→组织选择→资源配置"的演进特征，划分不同层次之间相互配合的不同阶段，减少变革中的阻力和积极性降低等负面影响，提高战略变革和组织变革的认知一致性和行动协同性。

简洁性。一体化机制建设是长期的系统工程，涉及层次多，影响范围广、周期长，影响因素复杂、多变、隐蔽，因此，应注意区分不同发展阶段中的核心环节和关键要素，保证一体化建设战略和措施的落实，减少集团网络传导中的信息失真和延误，提高一体化建设的效果和效率。

平衡性。一体化机制建设是一个复杂的过程，涉及多个集团利益体，如集团、分支机构和子公司，如前中后台，再如不同业务、地区和客户的不同组合；需要综合平衡集团整体和不同层次发展的多种目标，如规模和利润、专业化与一体化，发展与开拓、横向与纵向、激励与控制等。一体化机制构建中的平衡不可能同时统一上述各种矛盾，而是根据集团战略的阶段特征，通过短期分阶段有选择地平衡目标的实现，获取集团长期一体化机制构建的顺畅与高效。

整合性。一体化机制建设的整合水平，依据集团战略目标、集团和子分机构的发展阶段差异而有所不同。一体化初期整合的特征是"协同"，即不同部门、业务、地区之间建立合作关系，此时通常表现为新设子公司处于初创和成长期；在一体化整合的中期，则以"联动"为特征，即参与主体之间形成双向沟通关系，参与主体的能力互补、各有优势，此时的子公司往往处于发展高峰期，与传统业务各有创新重点，对集团优势各有贡献；在一体化整合的高级阶段，才是真正意义上的"整合"，往往涉及集团不同层次和环节间多种形式的重组活动，是真正实现组织轻量化、价值最大化的过程。集团不同阶段、不同层次、不同主体和不同活动及整合水平的不同，会影响到集团一体化演进过程的效果和效率。

创新性。一体化机制建设需要体现战略、组织和资源配置方式的多维创新，这种创新的程度和广度以减少变革阻力、增加一体化收益为标准，需要得到集团战略和组织保证，形成集团文化中的重要维度。

持续性。银行控股金融集团竞争优势的形成与其内外部条件密不可分。银行控股金融集团的竞争不是直接发生在商业银行之间，也不是仅仅发生在商业银行各自的价值链之间，而是发生在对母子公司价值链、资源链和信息链的分析和整合上，只有对三链实行有效管理，才能获得真正的、独特的、不易模仿的核心竞争力，形成持久竞争优势。

上述特性的总结，可能并不是一个完整的阐述，但是反映了现阶段母子公司一体化发展成败的主要关键点。各特性之间互相影响，互相作用，互为辅助。

6.1.3　母子公司一体化机制建设的建议

工商银行已经初步建立起综合经营框架，但由于子公司发展仍处于初级阶段，传统银行业务与新型业务的整合经验不足，目前平衡子公司发展和集团整合的一体化机制尚未建立。工商银行和国际银行控股公司和金融集团具有不同的发展历程，处于不同的制度环境和国际化发展阶段，因此不能一味照搬国际经验。

母子公司一体化机制的建立，不是消灭子公司特色，而是在集团利益最大化的前提下，在子公司发展与集团整合发展中寻求平衡，其根本就是集团内各组成部分及作为其整体的集团实现"人无我有，人有我优，偷不走，拿不去"，形成适合工商银行集团战略定位和子公司战略发展的可持续一体化优势。

6.1.3.1　分阶段、多层次构建母子公司一体化机制的基本框架

（1）以金融控股公司为长期组织变革目标，逐步确立控股公司的中心地位，逐步建成战略中心、信息中心、协调中心、技术中心、研发中心。

① 以金融控股公司作为母子公司长期发展的组织目标模式。

由于境外机构 2014 年的集团目标贡献为 8%～10%；工银租赁 2014 年资产规模目标值 1 600 亿元，2015 年对母行的盈利贡献达到 1% 目标值，据此估计各子公司汇总的集团贡献 2014 年应低于境外机构；按照母行 2010 年发展战略研讨会提出的要求，到 2015 年综合化经营子公司和境外机构对集团的盈利贡献达到 13%；同时利息净收入占比 2012 年为 77.8%，比 2011 年的 80% 下降 2.2 个百分点，按照母行计划，2015 年收入结构变为利差、中间业务、投资和交易收入占比为 5∶2.5∶2.5，2020 年进一步达到 4∶3∶3。假设上述各项指标按此发展速度发展，大约 10 年的长期范围内，集团利息收入占比将低于50%，子公司和境外机构规模整体占比超过 40%，非银核心业务和子公司成长为具有行业和国际影响力、集团贡献突出、集团收入重要来源的集团综合业务发展的重要组成部分，境内分支机构和子公司以及境外机构将形成三足鼎立之势，工行集团具备从银行控股公司向金融控股公司转变的组织和资源条件。

② 以银行控股公司作为母子公司中短期发展的组织目标模式。

金融控股公司与银行控股公司不同，将专司集团一体化整合，应以"公地"原则集中管理对集团各部分发展有关键作用的共性资源，以集团战略发展为指针，彻底排除信贷一体化的管理文化，树立金融一体化的管理文化，通过集团内外部的多种重组方式，实现 MOVA、NOVA、FOVA 三个系统对集团各层次的全覆盖，逐步建成战略中心、投资中心、运营管理与协调中心、风险

管控中心、支持保障中心①、信息中心、技术中心、研发中心。

（2）在银行控股公司阶段，一体化机制建设以子公司发展为战略目标，建立双向联动、纵横平衡、多节点辐射的矩阵制组织架构。

为推进集团一体化机制建设，不断增强综合化经营优势，目前集团"分强子弱"的盈利结构，尽管在整个银行控股公司阶段都将持续，但应持续改善。通过转变分支机构和子公司的盈利模式、组织结构和管理机制，实现分支机构在业务相关多元化和区域集聚发展，实现子公司专业产品线的纵向价值链整合和多国整合发展，为集团建立纵横平衡的矩阵结构奠定基础，进而推进母子、分子之间双向联动、多层次一体化机制的建立和完善，最终落实集团战略变革意图，持续提升集团竞争力。

① 分支机构增强集团一体化的转型框架。

其一，战略定位。战略发展强调横向一体化，改变业务盈利结构单一的局面，形成适合当地客户需求的多样化业务格局，丰富与集团内租赁等其他产品线互动的业务品种，转变现有的产品驱动型营销模式，转变为客户驱动、集团联动的营销模式，增强主动协作的积极性和能力，实现盈利模式转变。在分支机构的战略重点从纵向发展到横向一体化转变思想下，组织结构和资源配置机制应围绕强化"经营单位"进行变革。其二，组织结构。根据集团客户价值链和产品供应链整合的需要，节选有长期优势、能有效匹配客户价值和金融产品服务供应附加值的业务经营核心职能，合并、重组、删节各层次职能，将重复性高、共享性强、集团联动关键的职能和资源集中于母行，减少管理层次，实现组织扁平化。其三，资源配置机制。将现有的客户信息的资源配置职能分离上移至母行，强化客户信息、产品创新和创收增收对集团和子公司的贡献与支持功能。依托电子银行等现代金融服务渠道手段，增强客户服务能力和业务协同能力。借助分支机构间标准化的核算、考核和人才等资源配置机制，加强协同联动激励和约束。

② 子公司增强集团一体化的转型框架。

其一，战略定位。战略发展强调专业产品线纵深化、行业区域延伸化，通过强化租赁有别于信贷、对母行综合化具有不可替代的四大平台作用（产业融资、实物资产投资、实物资产管理、金融服务连接），在专业上下功夫，强化优化具有行业领先和国际影响的核心业务，开辟开拓有利于强化集团一体化优势、反映租赁特色、利用租赁优势的新型业务，形成租赁产品价值链整合优势，通过境外 SPV 和集团协同建立的境外运营平台，灵活采取并购等形式，

---

① 集团总部的这五大战略角色定位参考金研所《"条块结合、纵横平衡"的盈利结构和管理架构研究》，2012。

迅速实现资产、业务、区域的拓展，在推动租赁公司发展中，增强租赁产品线对集团一体化在业务、客户和区域三方面联动整合的平台作用。其二，组织结构。强化目前前台业务专业化和中后台整合化的组织结构，通过前台部门内部专业和区域小组划分拓展专业价值链；通过在经营租赁潜质巨大的航空和航运试行准事业部制，引入独立核算、专业化、一体化的利润中心运营机制，大力推进租赁特色业务发展和核心能力积累；通过增强中台保障和支持职能，提高后台管理和研究职能，增强前中后台的专业协作和一体化整合能力，不断提升公司专业化能力、行业和区域影响力，提高贡献集团综合化的平台支撑、整合、创新能力。其三，资源配置机制。继续通过优化公司治理机制，逐步完善董监事工作制度，继续加强其对公司战略规划、风险管理、内审内控的决策和监督职能，确保集团一体化、变革型目标的一致性和落实；继续增强激励和风险管控机制的租赁专业性，增强公司规模和效益、专业化和一体化的平衡发展能力；继续推进 IT 系统建设和制度流程完善，以国际标准进行流程再造，提高服务公司发展和一体化整合的能力；有侧重地推进五大资源配置手段的均衡发展，发挥一体化协同优势，增强利用集团优势的能力，不断提高集团贡献度。

6.1.3.2 平行推进、适时整合，构建母子公司一体化整合机制的演进路径

首先，集团一体化的建立需要根据分支行和子公司的发展现状，以集团一体化战略为指导，对分支行和子公司分别进行一体化改造，即解决"改"的问题。

其次，需要根据分支行和子公司一体化变革的状况，积极推进集团层面的一体化变革，即解决"变"的问题。

最后，在分支行和子公司大发展的基础上，集团一体化机制得以建立和完善，矩阵结构得以形成。随着分支行、子公司和母行层面一体化建设的推进，各层次的专业性和一体化程度不断提高，集团内母子之间、子分之间、母分之间的联系、互动、协作不断增加；分支机构的专业特色、一体化客户服务能力和集团协作能力不断提升；子公司的规模和效益大幅增长，多元化产品专业性不断增加、客户和区域拓展取得成效，行业和国际影响力与市场地位确立并巩固；子公司和分支机构各自以其专业特色形成集团矩阵结构中的一个核心节点，为集团发展和不同分支机构发展提供专业优势；集团一体化以矩阵结构中核心节点为整合焦点，从客户、区域和业务三个维度进行整合，实现对外部环境的及时有效应对，不断推进集团内一体化互动，不断完善集团盈利结构，不断产生并保持集团的持续竞争优势，实现集团综合化和国际化的战略目标。具体演进框架见图 6-1。

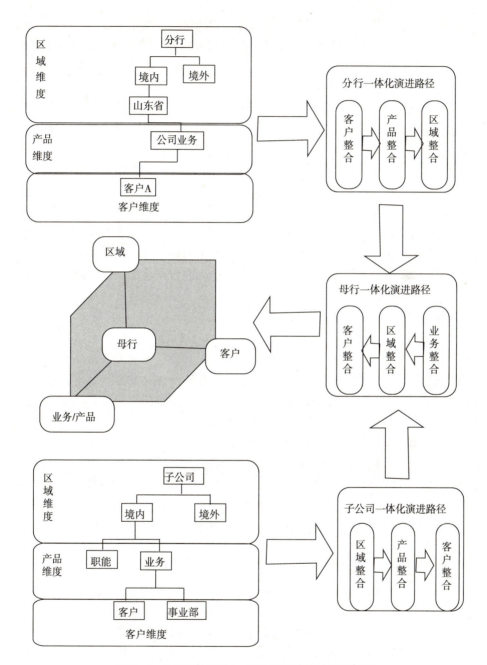

图6-1 工行母子公司一体化机制建设演进路线图

（1）分头实施三种整合，平行推进母子公司一体化机制建设

① 一体化机制的建立，在分支机构层次，将主要呈现"客户→产品→区域"的演进路径。

主要目标是增强客户一体化服务能力、增强核心产品竞争力，从渐进演进的一体化建设路径设计来看，各阶段焦点分别有以下几个方面。"客户整合"阶段，一体化的焦点是通过客户信息集中和分析，确定适合信贷类业务相关产品发展的核心客户与目标客户，为产品专业化和多元化发展提供基础与动力。

具体包括：减少层级间的部门和职能重合，依托集团现有的先进 MOVA 系统，将分散在各级分支行的客户资源进行整合与分析，增强后台整合能力，为交叉销售和营销整合提供必要的客户研究基础，从而一方面减少资源分散重复以降低成本，另一方面能对核心客户进行分类和定位，并据此找到现有产品线的优势以及需要加强的产品专业化建设，为下一阶段的整合提供基础，为子公司发展提供宝贵的客户资源支持。

"产品整合"阶段，一体化的焦点是定位核心产品，通过各自相对独立运营、各具核心产品的分子公司之间的合作，实现对核心客户和目标客户的高增加值服务；通过发挥集团优势，增强业务和产品的行业优势。这一阶段，有产品多样化和产品专业化提升，导致精细化客户服务能力的提升，这将极大推动市场开拓的纵深发展。

"区域整合"阶段，随着核心客户的巩固和目标客户的发展，在专业产品的优势支持下，与其他分支和子公司合作的模式和流程不断完善和标准化，跨区域的服务能力和市场开拓能力得到提升；在集团一体化发展布局中，分支机构依托强有力的前台一体化营销能力、专业产品的精细化客户服务能力，通过与其他分子机构的合作成为集团特定核心区域的产品中心，并以产品创新和研发优势为集团内其他机构和区域客户服务。

分支行一体化初期的客户整合，由于专业产品和后台整合能力有限，并不能实现真正的以客户为中心的一体化整合，而是主要完成客户资源整合与分析。

从"客户整合"到"产品整合"是分支机构建立和丰富集团联动环节和积极性的过程；从"产品整合"到"区域整合"是分支机构增强专业产品优势，重新定位集团中角色的过程。

② 子公司一体化机制的建立，将主要呈现"区域→产品→客户"的演进路径。

在目前子公司专业产品线基本建立，内部中后台整合的流程和制度初步建立并不断完善的阶段，"区域整合"作为一体化的第一个阶段，主要目的是拓宽发挥租赁行业优势的领域，通过打通境内外在不同产品和业务发展中的优势，实现以境内支持联动到多市场支持联动的转变，通过制度套利实现业务加速发展、突出租赁优势、集团贡献加倍的三赢发展格局。为租赁更好地实现规模和效益的协同发展，成为集团综合化中的一条重要的、不可替代的产品线打下了坚实基础。租赁业务发展的结果将实现产品三化（当地化、专业化和标准化）水平提升。

"产品整合"阶段，基于前期产品专业化和多样化的发展，通过产品的功能整合，增强中后台的技术和研发支持能力，能够以公司一体化整合优势、集团联动整合优势为基础明确定位核心产品，形成公司"人无我有，人有我优，偷不走，拿不去"特有产品优势，集团内外、多市场的协作联系不断增加，成为集团优势的重要来源之一，进一步提升公司和集团的客户服务能力和市场开拓能力。

"客户整合"阶段，这一阶段整合的焦点是，以丰富的专业化产品和强大的区域服务能力，通过前、后台整合，进行核心客户定位，实现"一体化客户服务"，成为集团"一站式金融服务"的重要产品线之一和客户平台之一。具体包括：通过后台重组和整合，将研发功能集中于公司，将客户、科技系统、授信统一到母行，实现后台功能整合与协同。前台整合，实现针对核心客户定制标准化的"一站式租赁服务"，将公司优势与集团优势进行有机整合，不断巩固和加强行业地位、国际优势和集团贡献。

（2）跨层次适度整合，大力提升一体化机制建设的水平、质量和效率

分支机构和子公司的一体化整合是集团整合的重要环节和组成部分，集团一体化战略始终是指导各层次整合的纲领，同时根据国内外金融和经济环境变化保持一定灵活性，但是，以实现"ONE ICBC"为目标的一体化机制建立过程，尽管可能因外部因素变化，但以集团目前状况，将主要经历"业务→区域→客户"的一体化演进过程（见图6-2）。

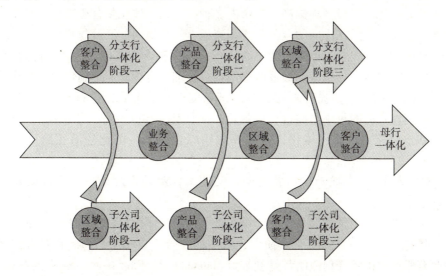

图6-2 母子公司跨层次一体化整合演进路径图

① 集团母行层面"业务整合"，作为一体化整合的第一个阶段，发生在分支机构和子公司第一个阶段一体化整合完成之际。

此时，客户资源集中于集团，分支机构核心客户已经确立，专业化产品正处于多样化发展阶段；同时，子公司的市场领域已实现境内外互联，产品标准化和当地服务能力初步建立，分子之间联动与协作形式多样而分散。对此，通过集团业务整合，可以从集团一体化发展的战略高度，对分支机构和子公司的核心专业产品定位提供指导和统一规划，通过组织和资源配置方式确保新形成的分子联动渠道畅通、有序，为集团多层次专业化产品的相关多元化发展提供客户信息、科技、渠道与资源支持，为下一阶段分、子层面的产品整合提供保障。

② 集团母行层面"区域整合"，作为一体化整合的第二个阶段，发生在分支机构和子公司第二个阶段一体化整合完成之际。

此时，分支机构的新型业务发展壮大，产品专业化和多元化程度大幅提高，同时子公司的核心产品也经历了集团联动基础上的多市场检验。通过区域整合，集团可以将分散在不同区域内分子机构间的联动产品进行功能整合，通过强化跨区域的产品联动，增强产品协作开发能力；通过成立区域研发中心、产品中心，为分子机构的核心产品提供集团支持和保障，以集团优势实现分子机构行业地位和优势的强化，进一步提高集团的跨国竞争力。

③ 集团母行层面"客户整合"，作为一体化整合的第三个阶段，发生在分支机构和子公司第三个阶段一体化整合完成之际。

此时，集团内部分支机构和子公司的规模和集团贡献都得到平衡发展，各层次的专业化水平极大地提高，集团内多种联动和一体化整合机制已经建立并日渐标准化，集团在纵向的业务条线和流程上，在横向的区域与机构发展上都得到平衡发展，具备了以客户为中心进行一体化整合的基础与动力。此阶段，集团应以客户需求为中心，通过精细化客户管理，合理确定定制化和标准化的"一体化金融服务"，提升不同客户的满意度；对前中后台进行重组与整合，增强系统性资源的集中与整合，以强化集团优势，增强对分、子机构的支持、保障和整合能力，以一体化优势发挥集团综合化与国际化的潜在跨国竞争优势。

6.1.3.3 双向联动、创新整合，促进工银租赁发展的一体化机制建设建议

从促进工银租赁发展角度，公司在母子公司一体化整合机制方面将整体经历"区域→产品→客户"三个阶段，其中的整合焦点和主要措施在演进路径中已有概述。由于任何战略都是规划（planned）与新政（emerging）的结合，并且一体化整合是一个复杂的系统工程，三阶段构成的整合周期可能因实际执

行差异，或者内外部环境的变化和影响，而与母行整合周期出现错位或多循环内嵌。此处仅就一个规划期内的一体化建设提出建议。

（1）强化风险和内控体系建设，提高租赁专业化和多元化水平

探索综合反映租赁特点、鼓励母子公司联动的公司治理和风险管理体系，在风险可控的前提下，促进业务的开展。借鉴母行，以及其他大型跨国金融公司的经验，完善公司治理结构的监督和决策职能，增强对公司战略的引导和管理能力，可以考虑引入外部非执行董事，通过选择在金融、财会、税务等方面的知名专家，以及具有国际化背景和通晓公司财务和管理的非执行独董，可以为公司的国际化和专业化发展发挥更有效的集团联动和多市场联动效应。通过公司的国际化运营和国际化高级管理人员的引入，强化现有的以"价值管理"为核心的风险管理体系，增强租赁特色，形成公司风险管控优势，为集团各层次的联动提供专业职称和风险保障。

（2）实现资源共享流动，夯实集团联动协同基础

增强战略导向在母子公司一体化管理中的作用，通过综合运用信息、人力、IT 系统建设等组织和资源配置手段，加强多渠道联动，推动一体化整合。集团联动协同效应的发挥，需要在整体资源共享和合理充分流动基础上，实现营销协同、创新协同和机制协同。首先，建立集团资源信息库，形成共享机制。工银租赁海外平台的资源共享机制的建立，是资源共享产生联动基础的很好实例。打通境内外、子分行之间的客户联系，有利于转变目前"公共资源个体化"带来的"谈项目先分润，有产品无项目"的单向被动联动。通过共同开发新客户，老客户的新需求，提高联动协同产生的集团一体化收益。其次，建立集团人力资源联动提升机制。要强化集团人力资源管理理念，将工银租赁等子公司的人员纳入集团统一人事管理体系中，在任用、晋升、交流等方面给予一致对待。母公司可充分利用工银租赁等子公司作为人才培训和储备基地，通过人员派驻和交流，提高母公司员工在特定专业方面的素质，积极打造多元化、复合型和专家型员工队伍。最后，融入集团 IT 系统建设，建立租赁知识集团内多渠道沟通机制。形成租赁产品在总行产品推介和营销的组成部分，通过"信托＋保理"等产品创新减少了分支机构对于租赁替代信贷业务的担忧，以及形成租赁公司和总行分支机构之间定期专业知识培训机制。

（3）依托母公司资金优势，支持工银租赁业务扩张

租赁是一个典型的资金密集型行业。目前，受监管政策限制，母行融资渠道狭窄，限制发挥工商银行的资金优势。一是抓住国内金融租赁公司海外"抄底"飞机等优质资产的时机，可考虑加大总行外汇资金支持力度。二是资产管理是工行结构调整和盈利模式转型的重要渠道之一，工银租赁在这方面具

有突出优势，为了充分发挥双向联动优势，总行可考虑增加在市场融资、风险管理等方面提供技术和渠道的支持。

（4）借助考核的导向作用，深化母子公司业务联动合作

通过考核杠杆调节利益分配，是发挥全行网络和客户优势，支持租赁业务发展的重要途径。总行可考虑适度加大分行营销租赁业务的考评得分，提高对分行的激励作用。同时进一步探索完善租赁公司和分行业务合作的管理会计核算和模拟利润分成机制，为强化考核导向作用提供基础。此外，各分行要切实建立联动考核结果向二级分行和前台业务部门的传导机制，确保基层网点和营销人员有推介子公司业务的积极性。在强化"模拟＋分成"机制激励作用的同时，尝试在租赁发起的联动交易中，如为境外分行引入新客户交易中，引入"联动交易协调组织和机制"，解决模拟返还机制潜在的竞争冲突，强化利润分享的协同激励机制。

（5）体现租赁特色，探索有助联动协同的子公司考核评价激励体系

以分配促激励，以激励促考核，以考核促联动，以联动促协同，通过专业化夯实一体化的基础，通过一体化提升专业化的收益，通过建立和完善子公司考评体系，有利于在资源分配、激励考核和联动协同之间建立有效的动态循环。目前集团对子公司的评价体系虽已存在，但相对比较单一。不能体现租赁产品线的特点和子公司发展阶段和战略目标的差异。由于租赁子公司的组织和行业特点，对联动和协同，以及行业地位的强调应成为集团一体化整合前两个阶段的重点；同时，对盈利和风险能力的考核，应一方面选择功能相同但更体现租赁特色的指标，另一方面随着整合的推进，逐步增加此类指标权重，在集团整合的第二阶段末实现四大类指标比重相当，在集团整合的第三阶段逐步增加盈利指标权重使之成为考核的重点[①]。

6.2 金融控股公司母子公司综合评价指标体系

6.2.1 目前对工银租赁绩效的主要评价指标体系

目前对工银租赁绩效评价的体系主要有三类，如表6-1所示。银监会的两项评价体系，一项针对所有金融行业，对资本充足率的专项监管要求，另一项则是从规范金融租赁行业健康发展角度对金融租赁公司的专项评级办法。工商银行总行的评价体系则是对租赁、瑞信、国际三家子公司的横向考评办法。

---

① 根据集团发展规划对2014年和2020年的集团盈利结构目标，以及工银租赁第二个三年规划目标，按可比速度估计，第二个整合阶段发生于5—6年（2016—2017年）后，第三个发展目标发生于10年后（2021年）。

表6-1　　　　　　　　对工银租赁绩效考评的主要指标体系概览

发布与实施	监管政策/ 管理制度	需求概述	特点
银监会，2012年6月7日发布，2013年1月1日施行	《商业银行资本管理办法（试行)》	分类、多级资本充足率监管、双口径同时核算、高级法、下降刚性、达标规划	资本充足率为核心
银监会非银部，2013年1月4日发布征求意见稿	《金融租赁公司监管评级和分类监管指引》	① 单要素（6类）＋综合评级（6级）； ② 评级小组负责，一年一评； ③ 流程：初评、审定、反馈、档案整理； ④ 应用：衡量FL公司风险程度、监管规划和资源配置依据、监管措施的依据； ⑤ 概述：6级15档，评级越高，风险越大、监管越严	综合性定性、定量相结合
工商银行总行，2012年12月发布	《控股子公司经营绩效考评办法修订说明》	① 原则：ROE为核心，子公司统一考评、兼顾子公司行业特点、鼓励绩效进步； ② 3类3级指标：效益类、风险类、内控类	ROE为核心

资料来源：作者根据相关政策文件整理编制。

三项评价体系由于发布者的关注重点不同，依表6-1中顺序分别以资本充足率、资产质量（从一级指标来看）或资本充足与市场风险（从三级指标来看①），以及子公司盈利能力为重点考察指标。由于第一项评价体系是专项指标监管，没有对工银租赁进行全面评价，并且在其他两项指标体系中均涵盖资本充足率。因此，以下比较将以后两项指标体系为主，进行比较分析。

后两项指标体系作为工银租赁发展的重要考核和管理体系，侧重点之间的潜在矛盾冲突有可能限制其发展空间，进而影响到长期内集团一体化建设的进程。资本硬约束与资本密集型规模增长之间的冲突，业务多元化不足面临的风险和利润双重压力，这些问题在其发展初期尤为突出。两项指标体系设计的共性问题主要是：（1）核心指标没有分层，不能反映内部多层次因素之间的影响关系；（2）对资本安全和资本盈利能力，以及资产负债结构对这两方面的影响没有指标进行考评。第二项修改稿正进入争取意见阶段，第三项指标体系已进入实际运行。

从工银租赁发展现状和促进工银租赁进一步完善母子公司一体化机制建设角度来看，第三项指标体系中存在的主要问题：一是反映母公司对处于发展阶

---

① 作者根据指标体系分值和权重分布，计算每一项三级指标的最终分值，比较后得到，具体见附录二。

段子公司支持和战略导向重点的指标，在现有指标体系中体现不足；二是反映子公司专业特点，以及母子公司之间资本、资产、收益联动的指标设计不足；三是由于规模与收益之间的时滞效应的存在，现有指标体系没有考虑这种因素，导致指标考核有利于初创子公司，但对于处于发展上升期的子公司可能不能全面准确反映其发展潜力和对母公司的长期贡献。

6.2.2 基于战略导向平衡计分卡，完善子公司绩效评价体系的建议

6.2.2.1 评价主体、评价客体、评价目的

银行控股公司子公司绩效的评价主体是母公司，具体可由经营管理部和财务部共同承办，或者由计划财务部承办。评价客体是子公司绩效。银行控股公司母公司对子公司绩效进行综合评价基于以下两方面的目的：一是为制定战略提供信息支持；二是为决策的效果提供校验信息，为管理控制提供反馈信息，从而改善集团内部管理和沟通。因此，母公司对子公司进行绩效评价的原则应体现：综合性、客观性、发展性、动态性和可比性。

6.2.2.2 评价指标体系

根据银行控股公司的行业特征和业绩指标，综合设计的评价指标包括核心指标和行业指标。这些指标大致可分为六类，见表6-2。其中，收益能力、回报能力、预算执行类的指标属于核心指标，成本能力、发展能力和风险管控类的指标属于行业指标。

表6-2　　　　　　　　　　　银行控股公司子公司绩效评价指标

维度	项目	基本指标	修正指标
财务状况	收益能力状况	EVA RAROC ROE ROA 现金流指标	成本收入比 成本费用利润率 预算指标 行业均值
	主营业务发展能力	主营业务市场占有率 主营业务资产占比 主营业务收入占比 主营业务利润占比	增长率（公司市场占有率、主营资产、收入和利润）； 行业地位三年平均
	回报能力状况	上缴利润占资本金比率 投资回报率	三年平均资本额 行业均值
	发展能力状况	市场占有增长率 收入增长率 利润增长率	预算指标 行业均值

续表

维度	项目	基本指标	修正指标
战略	市场	区域集中度和多样化 产业集中度和多样化 区域和产业嵌入度 区域和产业协同度	母行战略重点 预算指标 行业均值
	产品	多样化和标准化 国际化程度 协同程度	
	客户	客户结构 新增和结构 客户评级	
管理	资本充足率	资本充足率 核心一级资本充足率 杠杆率	预算指标 行业均值
	风险管控状况	不良资产率 拨备率 客户集中度	评级方法 信息数据库建设
	内部管理制度	公司治理 流程建设	一致性 合规性
	人力资源管理	业绩激励 人员稳定性 人员结构	人均指标 行业均值
创新	资产管理质量	资产质量分类 信息科技手段 定价评估系统	资产处置
	创新机制	产品创新 模式创新 流程创新	突破性 标准化

集团目标任务评价是对成员公司为集团所作贡献的考核，具体反映为集团制定的任务目标的完成情况和财务绩效综合评价的地位与水平的升降相结合。在修正指标基础之上，对总体得分的调整，最终由集团层面成立的专司子公司协调的管理部门或委员会出具意见，该委员会应有来自分、子、境内外的相关高管代表。

6.2.2.3　评价方法

综合评价方法包括层次分析法、DEA，模糊综合评判法、因子分析法等多种方法。从赋权方式来看，层次分析法（AHP方法）和模糊综合评判法属于主观赋权的评价方法，而DEA和因子分析法属于客观赋权的评价方法。从评价对象数量来看，层次分析法和模糊综合评判法不需要大量评价对象，即可对指定的评价对象进行评价，而DEA和因子分析法适合大量的同质评价对象，即适合对众多同行业的子公司绩效进行评价。因此，综合来看，银行控股公司的母公司对子公司绩效评价时，由于子公司所处行业不同、在行业内竞争地位不同、发展时期不同，所以适合采用层次分析法或模糊综合评判法。

6.2.2.4　评价结果运用

绩效评价报告是根据评价结果编制、反映子公司绩效状况的文本文件，是绩效评价系统的输出信息。评价报告应集中体现评价的目标和原则，内容力求完整准确，形式力求规范，以满足银行控股公司整体战略管控的需要。

银行控股公司子公司财务绩效评价结果主要用于四个方面：（1）诊断问题，作为银行控股公司整体经营决策、战略管理和财务控制的依据；（2）作为子公司改进经营管理的依据；（3）作为对子公司高层管理人员进行考核任免和奖惩的依据；（4）子公司绩效评价结果除了可用于子公司经营者激励之外，从相反角度而言，还可用于子公司风险预警，即如果评价结果在临界值以下时，则表明子公司的经营存在一定风险。

6.3　银行控股公司母子公司一体化框架下关联交易管理

我国商业银行在现有的"混业经营、分业监管"环境中，通过母子公司制发展路径建立起符合监管规则、适应全球行业竞争的综合化经营格局。然而在我国现有的关联交易的制度法律框架下，商业银行母公司（集团）和其全资或控股子公司是否面临监管困境、业务发展中陷入怎样的实践困境？他们又该如何建立一套有效界定、识别和管控关联交易风险，同时不会妨碍或限制发挥商业银行综合化经营协同效应的关联交易管理体系？在全面总结国内外关联交易相关的法律法规和监管政策基础上，通过借鉴国外大型银行集团母子公司关联交易的经验，本研究将对我国最大的商业银行工商银行进行分析，并为构建兼顾银行业务发展和风险管控、兼顾行业发展与金融稳定的关联交易管理体系提供建议。

6.3.1　金融集团母子公司关联交易的风险分析

应当认识到母子公司关联交易的内在合理性与风险性的双重特征。关联交易的存在本身即是母子公司联动优势的具体体现。母子公司间关联交易是实现母子公司协同效应、规模效应，实现资源通过组织协调达到有效匹配的重要途径。从组织经济学角度看，在外部市场存在较高交易成本的前提下，组织内部交易即成为替代市场交易，降低交易成本的重要途径。当内部交易的组织成本低于外部交易成本，那么内部交易的存在就有其存在的经济合理性。对于金融集团母子公司而言，内部交易的组织成本很大程度上取决于其对关联交易内在风险的控制水平，从这个意义上讲，关联交易风险管理的水平决定了金融集团母子联动优势以及一体化战略收益的充分实现。通过上述分析，我们认识到关联交易实际上具有风险与收益共存的二重性，对其的管控不仅要注意防范内在风险，防止小集团利益、风险扩散等问题，同时还应在实现集团整体资源优化、业务优化、流程优化的同时，防止扼杀关联交易的积极效应。金融集团关联交易的风险主要体现在四个方面：风险传递、资本重复计算、透明度、利益冲突（朱民，2004；王国刚，2006；毕惠绘，2008）。

6.3.1.1 风险传递

所谓风险传递指风险在金融集团各子公司内相互传递，由于母公司或集团的某个成员发生的经营风险可能引发其他成员的流动性困难。金融集团内部的风险传递存在以下几种形式：

一是风险传递，即由于涉及贷款、投资以及担保等内部交易而造成的风险，在集团内的扩散。

二是风险传染，当风险仅限于集团内部某一子公司，而由于市场对集团信息的不了解，而造成市场将恐慌从单个子公司扩散至整个金融公司，从而引发信心危机；在信息不对称的情况下，甚至某些"象征性"事件都可能引发市场过度反应，比如，通常控股公司内各子公司一般被冠以类似的名称，市场参与者直观上将控股公司视为一个单位。

三是风险外溢，金融控股公司内部关联交易往往会造成有限交易的乘数效应，而导致风险放大，这种风险累积到一定程度甚至会超出控股公司控制，而直接影响到金融体系的稳定，导致风险溢出。

6.3.1.2 资本重复计算

所谓资本的重复计算是指同一资本被用于两个或更多的法人使用。金融集团的资本安全风险主要来源于金融集团内部资本金的重复计算。借助于复杂的持股安排，母子公司之间可以多次使用一笔资本金，从而提升资本使用效率，产生资本扩音器的效应。然而其同时可能造成集团内部资本的重复计算，造成集团合并偿付能力低于集团成员单独偿付能力之和，资本杠杆的存在同时放大了集团整体风险，交叉持股更容易造成风险扩散的加速，从而导致金融集团整体抵御风险的能力不足。

6.3.1.3 透明度

透明度风险主要是指由于金融集团内部交易造成单个成员公司在业绩和资

本水平上被操纵，其不透明性又造成利益相关方无法对此准确识别。金融集团内部治理结构和内部交易的复杂性和隐蔽性是造成透明度风险的重要原因，管理层、投资人以及债权人无法掌握集团内部成员之间的业务和责任关系，为利润操纵等行为留下空间。例如，金融集团中财务状况的不透明导致集团整体的资本和利润经常被高估，而掩盖了母子公司间相互交易和投资的部分，从而向管理层或市场释放错误信息，导致风险的发生。

6.3.1.4　利益冲突

所谓利益冲突是指当一个组织同时服务于两个或者两个以上的利益主体时，有可能通过牺牲其中一个主体的利益，而使另一个主体获利，从而造成利益的冲突；或是作为提供综合性服务的金融集团，在提供不同性质的金融服务过程中，金融机构可能无法坚持不同性质的业务标准，从而导致利益冲突风险。

6.3.2　金融集团母子公司关联交易的管控

6.3.2.1　金融集团母子公司关联交易管控的国际经验

关联交易所带来的与债权人利益的矛盾和冲突已经引起了各国的高度重视，许多国家的立法已经采取了积极的应对措施，保护债权人的合法权益。美国作为世界上对银行业和其他行业关联限制较严的国家之一，对银行关联贷款限制性规定有其独到之处，并有长期的监管实践经验。在处理关联企业的领域中，美国法律主要运用三个原则：揭开公司面纱原则（the principle of piercing the corporate veil）、深石原则（deep–rock doctrine）及控股股东的诚信义务原则。前两个原则的运用的目的主要在于保护从属公司的债权人，第三个原则的运用主要是为了保护从属公司的少数股东。

巴塞尔委员会、证券监管国际组织和保险监管国际协会联合发布的《集团内部交易和风险控制原则》针对金融集团内部交易的监管，提出了五条指导原则：（1）监管者应当采取措施，直接或者通过被监管实体提供报告，说明金融集团作为整体已经制定了足够的风险管理程序，包括关于内部交易及其风险暴露的内容。如果有必要，监管者应当考虑采取适当的措施强化这些过程。（2）如果有必要，监管者应当每天通过正规的报告或其他方法，监督被监管金融机构的内部交易和风险暴露情况，从而保持对金融集团的内部交易及风险暴露的清醒认识。（3）监管者应当鼓励内部交易和风险暴露程度的公开披露。（4）监管者之间应当紧密合作，确实了解其他监管者的关注事项，并且应当在对集团内部交易采取任何行动时进行紧密合作。（5）监管者应当有效地和适当地处理那些可能对被监管实体产生不利影响的内部交易。

虽然不同国家和地区对关联方和关联交易的认定标准存在一定差异，但其实质标准均是根据是否存在对银行的直接控制、间接控制、共同控制和重大影响来确定，只是宽严程度有所不同。

首先是针对关联交易的数量限制。巴塞尔银行监管委员会《核心原则评价方法》要求，一国法律或法规应规定，或者监管机构有责任规定银行对有关系和有联系各方的统一或单项授信额度，并在评价银行的资本充足率时从资本中扣减这类贷款，或要求这类贷款具备抵押。国际银行业对关联交易的数量限制基本分为三类：第一类是限制单笔关联贷款比例或数量。如波兰规定单笔贷款不超过总资本的25%，匈牙利为15%，新加坡对关系人的无担保贷款限制在5 000新加坡元以下。第二类是限制关联贷款总量比例。法国规定，若银行向拥有金融企业集团10%以上股份的股东提供贷款的数额超过自有资本金的5%，须在银行监管委员会备案。比利时规定，金融企业集团内信贷机构与其他成员开展的内部交易数额不得超过信贷机构自有资本金的25%。第三类是对单笔和总关联贷款都进行限制。《美国联邦储备法》第23A规定，联邦储备系统会员银行与单一附属公司的内部交易总额不得超过银行资本的10%，对其所有附属公司的内部交易总额不得超过银行资本的20%。

其次是针对关联交易条件的公平性。巴塞尔银行监管委员会《有效银行监管的核心原则》原则10规定："为防止关联贷款带来的问题，银行监管者应确保银行仅在商业基础上向相关企业和个人提供贷款。"《核心原则评价方法》要求，法律和法规应规定，对有关系或有联系各方提供贷款的条件（如信贷评估、期限、利率、还款时间表和对抵押品的要求）不得优于对无联系方提供的同样贷款的条件。《美国联邦储备法》第23B条款特别强调，商业银行所从事的一切关联交易必须按照"常规交易条件"进行。此外该条款还对银行关联交易的担保物进行限制，将担保物性质按一定的信用等级与银行的授信额度挂钩。在英国，银行可以按照商业原则为其董事和这些董事的关联人员提供贷款、准贷款和担保。商业原则的具体标准为：一是交易按照银行的正常业务程序；二是与非关联人士相比，此项贷款的条件并不优惠，金额也并不高。新加坡金管局发布的《新加坡境内银行、金融持股公司和保险公司的公司治理指引》第18条规定："此类贷款的条款和条件不得比同等情况下的非关联贷款优惠。"

6.3.2.2 我国关于金融集团关联交易的相关监管

随着我国商业银行市场化步伐的加快，股权和利益相关主体的多元化进一步加大了关联交易在商业银行领域的发展。近年来我国金融混业经营的趋势越发明显，更加大了关联交易在金融集团内部的作用和影响，因此逐渐引起监管层面的重视。

我国专门规范商业银行关联交易的立法分三个层次：一是普遍适用于各类公司关联交易的法律规则，如《公司法》、《证券法》相关规定；二是商业银行专门立法中关于关联交易的规则，如《商业银行法》相关规定；三是银行业监管机构关于商业银行关联交易的规则，如《商业银行与内部人和股东关联交易管理办法》（以下简称《管理办法》）。此外，证监会及交易所针对上市公司关联交易的规则，对上市商业银行同样适用。

为完善我国商业银行审慎监督管理规则，规范商业银行关联交易行为，控制关联交易风险，维护商业银行的安全、稳健运行，银监会早于 2004 年 5 月 1 日颁布了《商业银行与内部人和股东关联交易管理办法》（以下简称《办法》），明确要求各家商业银行开展关联交易管理工作。《办法》成为指引和规范商业银行关联交易行为的最重要规则之一。自实施以来，《办法》对商业银行控制关联交易风险、提高关联交易管理水平起到了积极作用。近年来，在监管机构的推动之下，各家商业银行逐步建立起关联交易管理制度，着手对本行关联交易进行管理。

上海和深圳两地证券交易所均制定了相关业务规则规范关联交易的审议和披露程序。《上海证券交易所股票上市规则》、《深圳证券交易所股票上市规则》和《深圳证券交易所创业板股票上市规则》中对关联人的范围、关联交易的范围、关联交易的审议和批准程序及履行信息披露的具体事项均有明确的规定。此外，两地交易所还对重大关联交易的披露格式制定指引，以便于上市公司将重大关联交易的要点披露于资本市场。上海证券交易所更是制定了《上海证券交易所上市公司关联交易实施指引》，对上市公司的关联人报备和关联交易的具体披露和决策程序等问题进行了详细的规定，明确要求上市公司关联交易应当定价公允、决策程序合规、信息披露规范。该指引的突出之处就是明确提出了上市公司关联交易定价公允性问题，旨在进一步防范不公允关联交易行为的发生。

6.3.2.3 工行母子公司关联交易管控机制

（1）对关联方、关联交易的界定

《商业银行与内部人和股东关联交易管理办法》在界定了商业银行的关联人和关联交易的范畴的基础上，明确了商业银行关联交易的管理办法和法律责任。包括要求商业银行建立完善的关联交易管理制度和设立关联交易控制委员会，规定商业银行关联交易审批程序，信息披露制度以及商业银行部分关联交易行为的禁止性或限制性规定等内容。

工商银行在年报中对关联方进行如下定义：一方控制、共同控制另一方或对另一方施加重大影响，以及两方或两方以上同受一方控制或共同控制的，构成关联方。下列各方构成其关联方：①母公司；②子公司；③受同一母公司控制的其他企业；④实施共同控制的投资方；⑤施加重大影响的投资方；⑥合营企业及其子公司；⑦联营企业及其子公司；⑧主要投资者个人及与其关系密切的家庭成员；⑨本行或其母公司关键管理人员，以及与其关系密切的家庭成员；⑩主要投资者个人、关键管理人员或与其关系密切的家庭成员控制或共同控制的其他企业；⑪本集团设立的企业年金基金。另外，仅同受国家控制而不存在其他关联方关系的企业，不构成本集团的关联方。

目前工商银行的金融混业经营主要以金融控股公司的形态存在和发展。在这一公司组织和治理架构之下，母子公司之间的关联交易构成了工行关联交易关系的重要部分。工银租赁从子公司角度，对关联交易的范围和种类进行了界定，按照《工银金融租赁有限公司关联交易管理办法》对关联交易的范围进行了界定，主要包括：

①租赁；②资产转移；③提供服务；④购买和销售产品；⑤提供或接受劳务；⑥代理；⑦签订许可使用协议；⑧提供资金；⑨转让或者受让研究与开发项目；⑩代表本公司或由本公司代表另一方进行债务结算；⑪担保；⑫银行业监督管理机构规定的其他关联交易。

（2）完善公司治理架构，确保母子公司战略一致性

在公司治理组织架构建设方面，工商银行推进董事和监事换届选任工作，确保董事会和监事会依法合规运作。集团公司加强对专职派驻子公司董事、监事的管理。为充分发挥本行专职派驻子公司董事、监事在集团公司治理中的作用，加大对子公司的管控力度，本行于报告期内设立集团派驻子公司董监事办公室，负责专职派出董事、监事的履职管理。通过不断完善专职派出董事、监事的任免、考核、汇报机制，强化专职派出董事、监事的履职能力建设，确保子公司贯彻集团战略意图，保障本行合法权益。

目前，工商银行的治理规范性文件主要包括：《公司章程》、《股东大会议事规则》、《董事会议事规则》、《监事会议事规则》、《股东大会对董事会授权方案》、《董事会对行长授权方案》、《推荐与提名董事候选人规则（试行）》、《行长工作规则》、《董事会战略委员会工作规则》、《董事会审计委员会工作规则》、《董事会风险管理委员会工作规则》、《董事会提名委员会工作规则》、《董事会薪酬委员会工作规则》、《董事会关联交易控制委员会工作规则》、《独立董事工作制度》、《董事会秘书工作制度》、《独立董事年报工作制度》、《审计委员会年报工作规程》等。

（3）健全关联交易内部管控体系

针对关联交易规范成立关联交易控制委员会，主要职责是对本行的关联方进行确认，以及对重大关联交易进行审核，接受关联交易的统计和一般关联交易的备案信息。2011年末，工行董事会关联交易控制委员会由5名董事组成，年内董事会关联交易控制委员共召开6次会议，审议了关于确认本行关联方等9项议案，听取了2010年本行关联方确认情况的汇报等两项汇报，并定期接受关联交易统计和备案信息，推动关联交易管理系统开发工作。

工银租赁制定了《关联交易管理办法》从子公司角度对关联交易的管控机制进行了比较全面的确定。该办法确定董事会对关联交易进行监督管理的职责。确定了重大关联交易应有董事会关联交易委员会进行审批，非重大关联交易由总裁进行审批的审批机制。在此基础上，进一步确定关联交易管理的相关责任体系。

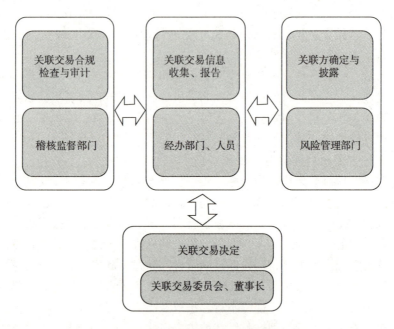

图6-3　关联交易管控体系图

为加强关联交易管理，工行已基本形成了以《关联交易管理基本规范》为核心，包括《一般关联交易备案管理办法（试行）》、《关联交易统计制度（2010年）》、《关联方管理办法》等一整套的关联交易制度体系，并建立关联交易管理系统，提高信息化管理水平。依照相关规定，对关联交易进行了审批、统计、报备和披露，并对制度的执行情况进行合规检查。而对于关联交易公允性安排了自查，承诺基于诚实公允及商业原则进行关联交易。

（4）健全信息管理体系，搭建关联交易信息化管理平台

2011年，依照境内外有关监管要求持续健全关联交易管理机制，工行大力推进关联方和关联交易管理信息化建设，不断强化关联交易公允性审查，积极开展关联交易管理培训，关联交易管理工作得到进一步加强。2011年，工行关联交易管理系统（二期）投产并推广运行，集信息采集、统计、报备和披露提示等功能于一体的关联交易信息化管理平台初步形成，为本行进一步实现关联交易精细化管理、有效识别和防控关联交易风险创造了有利前提。

6.3.3　关联交易风险管理体系构建建议

参照巴塞尔委员会关于内控制度的框架性文件，金融集团的内部控制应当有以下三个目标：（1）实现集团的协同效应，实现效率目标；（2）提高集团的透明度，保证对内和对外的信息是及时、可靠和恰当的；（3）保证整个集团的经营活动符合监管要求和法律，符合公司制定的政策和程序。同时，关联交易的上述双重性质决定了关联交易管理的多重目标，关联交易一方面增加了金融集团内外部治理的复杂性，从而增加了经营风险；另一方面关联交易是母子公司联动实现集团优势的重要手段，因此对于关联交易应注重交易管理与风险控制并重的思路，一方面通过关联交易最大限度发挥母子公司协同效应，另一方面强调母子公司风险的整体性控制。在上述对国外以及工行内部交易管控理论与实践回顾基础上，本文进一步提出以下建议。

6.3.3.1　优化母子公司组织架构，合理分配母子公司权责分配

一方面如果子公司被赋予过度自主决策权力，有可能造成母公司对子公司监管的失控，在信息不对称情况下，造成子公司机会主义行为和道德风险，从而增加金融集团整体风险；另一方面，在子公司授权不足情况下，面对特定业务领域变化，母公司无法及时做出正确反馈，从而容易造成对子公司成长的限制。因此，问题核心正在于根据集团整体战略目标、风险目标以及子公司成长阶段的不同，协调母子公司的组织架构。

6.3.3.2　更加突出母子公司互动中的母公司义务

母公司对子公司除了应履行足额出资的义务外，应进一步履行其对子公司的义务，即应在子公司陷入困境时履行"协助义务"。对母公司"协助义务"的强调，主要基于几点考虑：首先，在母公司"协助义务"之下，有利于提升母公司对子公司的信誉背书，使子公司能够充分分享母公司的信誉以及品牌优势，充分发挥母子公司联动优势；其次，在"协助义务"之下，母公司承担了更大的责任，有利于形成对母公司的激励，从而更加关注于子公司内部交易的风险管控，强化母公司对子公司的内部监管；最后，在"协助义务"的压力下，进一步遏制母公司从事风险性内部交易的动机，从而对子公司利益和风险形成保护。以美国为例，1984 年，美联储在修改银行控股公司条例时第一次声称"银行控股公司应当作为其银行子公司的金融和管理力量之源"，由此演变成为"实力之源"的原则，其强调：银行控股公司应有充分的管理和金融资源，在其附属银行机构陷入困境时给予协助；同时，银行控股公司应该切实地利用这些资源来为协助任何陷入困境中的附属银行机构。

6.3.3.3　构建母子公司间"防火墙"，有效隔离风险扩散

1987 年，美国联邦储备委员会前任主席阿伦·格林斯潘在金融监管方面

借用了亚当·斯密的理论，第一次在官方文件中提出了金融防火墙的概念，特指限制银行和证券子公司之间的交易，特别是信用交易的措施。在金融混业经营趋势之下，金融集团内部的关联交易以及交叉持股形成了更为复杂的治理关系，对内外部风险管控带来了较大挑战。1999 年的《金融服务现代化法》被普遍认为是美国金融混业经营的确立标志，为防止非银行金融机构向银行转嫁风险损害客户利益，引起利益冲突，该法案第 23—A 和第 23—B 条款在金融控股公司内部设立了防火墙。其核心即在于通过对银行与其金融子公司之间在资本、业务以及信息等方面交易的限制，以维护银行与控股公司子公司各自经营安全。从母子公司联动的角度而言，建立防火墙制度能够有效控制由于母子公司关联交易引起的风险扩散，从而避免由于单个子公司或母公司个体风险形成的系统性风险。同时，"防火墙"的建立也是保证集团内部交易的公平性的重要手段，有力维护投资者的利益。

附　　录

附录一　企业绩效评价体系的国际演进阶段

企业绩效评价体系的设计经历了四个发展阶段。

第一阶段，简单财务指标阶段主要根据企业情况选择 ROA，ROE，成本收入比等单一反映盈利、成本效率的指标。

第二阶段，多层绩效评价体系，源于杜邦公司首创的 ROI（Return on lnvestment）体系，将资产利润率指标层层分解，系统评价企业财务状况，突破了单纯考察销售收入和利润的做法，揭示了企业主要财务指标的内在联系。

第三阶段，融合非财务指标的平衡计分卡 BSC（Balanced Scored Card）体系，由美国学者 Kaplan 和 Norton 提出，在财务指标的基础上增加了客户、内部运作过程、学习与成长等非财务指标，将企业战略目标沿上述四方面分解为具体指标，从而达到全面评价企业绩效的目的。平衡计分卡被认为是目前最全面的评价体系。

第四阶段，体现管理流程供应链管理绩效评价体系 SCOR 模型（Supply - Chain operations Reference - model），由美国供应链协会（SCC）提出并整合了业务流程再造（BPR）、标杆管理（Benchmarking）、流程度量等管理新思想和新工具，构造了一个建立在计划(Plan)、资源(Source)、生产(Make)、交付(Deliver)和退货（Return）等基本管理流程基础上的多功能供应链绩效评价体系。

附录二　《金融租赁公司监管评级和分类监管指引》指标目录与分值表

项目	分类	指标	权重	最终得分
资本充足（15%）	定量（40%）	① 资本充足率	70	4.2
		② 核心一级资本充足率	15	0.9
		③ 杠杆率	15	0.9
	定性（60%）	① 资本构成和稳定性	5	0.75
		② 资产质量对资本的影响	5	0.75
		③ 资本积累和补充机制	15	2.25
		④ 资本管理情况	20	3
		⑤ 资本对风险的覆盖	5	0.75
		⑥ 资本管理信息披露	10	1.5

续表

项目	分类	指标	权重	最终得分
资产质量 （20%）	定量 （40%）	① 不良融资租赁资产率/不良资产率	25	2
		② 融资租赁拨备率/拨备覆盖率	30	2.4
		③ 单一客户融资租赁集中度/单一集团客户授信集中度	15	1.2
		④ 前十大客户融资租赁集中度/前十大集团客户授信集中度	20	1.6
		⑤ 单一客户关联度/全部关联度	10	0.8
	定性 （60%）	① 资产质量变动趋势	4	0.48
		② 行业集中度的影响	3	0.36
		③ 租赁物管理体系	10	1.2
		④ 信用风险管理架构	20	2.4
		⑤ 资产质量分类管理状况	20	2.4
		⑥ 抵质押物和保证管理状况	3	0.36
管理状况 （15%）	公司治理 （50%）	① 组织架构	4	0.6
		② 决策机制	10	1.5
		③ 监督机制	6	0.9
		④ 执行机制	10	1.5
		⑤ 激励约束机制	10	1.5
		⑥ 遵守监管要求的情况	10	1.5
	内部控制 （50%）	① 内部控制环境	10	1.5
		② 风险识别与评估	12	1.8
		③ 内部控制措施	10	1.5
		④ 信息交流与反馈	10	1.5
		⑤ 监督评价与纠正	8	1.2
盈利 （15%）	定量指标 （50%）	① 资产利润率	20	1.5
		② 资本利润率	20	1.5
		③ 成本收入比率	30	2.25
		④ 综合内部收益率	30	2.25
	定性 （50%）	① 盈利的真实性	12	0.9
		② 盈利的稳定性	10	0.75
		③ 盈利的风险覆盖性	10	0.75
		④ 盈利的可持续性	10	0.75
		⑤ 财务管理的有效性	8	0.6

项目	分类	指标	权重	最终得分
流动性 (15%)	定量指标 （40%）	① 30 天流动性比例	15	0.9
		② 90 天流动性缺口率	35	2.1
		③ 现金保障利息比率	25	1.5
		④ 现金保障负债比率	25	1.5
	定性因素 （60%）	① 流动性管理治理结构	10	1.5
		② 流动性管理策略、政策和程序	10	1.5
		③ 流动性风险识别、计量、监测和控制	16	2.4
		④ 流动性风险管理信息系统	8	1.2
		⑤ 流动性风险管理的执行效果	16	2.4
市场风险 (10%)		① 市场风险管理治理结构	15	1.5
		② 市场风险管理策略、政策和程序	15	1.5
		③ 市场风险识别、计量、监测和控制	25	2.5
		④ 市场风险管理信息系统	15	1.5
		⑤ 市场风险管理的执行效果	30	3
融资租赁 专业性 (10%)	① 发展战略 和经营规划 (15%)	① 战略定位与发展方向	10	1
		② 经营规划制定	5	0.5
	② 运营管理 和盈利模式 (15%)	① 运营管理制度及执行	5	0.5
		② 运营管理系统建设	5	0.5
		③ 盈利模式评价	5	0.5
	③ 定价管理 水平 (20%)	① 定价机制建立和完善	7	0.7
		② 定价管理模式和系统	13	1.3
	④ 人才储备 和团队建设 (15%)	① 人才储备机制	15	1.5
		② 专业素质评价	7	0.7
	⑤ 品牌管理 能力 (15%)	① 品牌策略及影响力	8	0.8
		② 品牌管理操作	7	0.7
	⑥ 创新体系 培育 (20%)	① 创新机制建设	6	0.6
		② 创新机制运行	7	0.7
		③ 创新机制评估	7	0.7

致　　谢

　　博士后报告收墨成册之际，成稿的愉悦，研究的喜悦和一路来得到的指导和帮助的厚重，一起涌上心头。博士后在站两年，中国工商银行、工商银行城市金融研究所、工银租赁、北京大学，这些在其各自领域皆稳居领导和创新地位的企业和机构，为我的研究提供了宝贵的资源和素材，这里和以下所有的感谢开始于此。

　　感谢我的博士后名誉导师，中国工商银行副行长、工银金融租赁有限公司董事长李晓鹏先生。他作为国际一流银行家的高瞻远瞩和敏锐洞察力为我指明了探索前沿问题的方向。他知识渊博、治学严谨、言语睿智，视野广阔，给了我无尽启迪，让我终身受益。

　　感谢我的行内博士后指导老师，中国工商银行金融研究总监詹向阳女士和工银金融租赁有限公司总裁丛林先生。感谢詹向阳总监长期以来对工商银行研究所研究文化、研究人员的悉心、严谨、务实的培养，她的研究视野照亮我研究的道路，她的严谨、扎实、博学和循循善诱是我不断提高的榜样和准绳。感谢丛林总裁在我博士后研究过程中为我提供的良好工作及研究条件和机会，以及对我贯穿始终的悉心指导和殷切鼓励。他的引导和支持给予我完成报告的强大动力，他深厚的学术修养、开阔的眼界、创新的思维、犀利的观点，值得我一生学习。

　　感谢我的行外指导老师，北京大学光华管理学院的武常岐教授。他在经济学和管理学领域造诣精深，他孜孜不倦的学术追求和乐观豁达的人生态度对我影响深远。

　　感谢城市金融研究所的樊志刚副所长、刘彪副所长和博士后工作管理处黄旭副处长，他们厚重的理论知识和实践经验，睿智、风趣、高屋建瓴而又平实易懂的观点与评论，为博士后研究搭建了视野广阔、评谈有持、积极高效、资源丰富的学习和交流平台，保证了我博士后工作的顺利完成。感谢为我写作报告提供大力支持的工银租赁有限责任公司的领导和同事们，特别是纪福星副总裁、黎丽副总裁，陶梅副总裁、胥青副总裁，王强总经理、戴琳总经理、李鹏总经理、王震勇总经理、徐玮总经理、计飞副总经理等。感谢所有为我研究提供过无私帮助的人，包括但不限于王祺处长、姜烨副处长、马素红副处长、吴蔚副处长、李卢霞、万芊、蒋立场、王剑、刘明坤、毕毅、何小杨、李江鸿，翟慧敏，赵婧等，该报告的完成离不开他们的专业支持。感谢两年来和我并肩奋斗的博士后们，特别是胡召平、陈晓、王筝、刘洋、陈实和李茜，他们给予我多方面的支持和帮助，他们的品质和才学值得我学习。

我要特别感谢家人长期以来对我的理解和支持，他们的爱是我前行和奋斗的动力和安心研究的港湾。

最后，再次感谢博士后工作的宝贵经历，正所谓"进站不易出站难，研究实践都要硬；一纸论文研究重，万般求证为实践。"

参 考 文 献

［1］巴塞尔委员会，对金融集团的监管，1999。

［2］毕惠绘：《中国金融控股公司发展模式研究》，天津财经大学硕士论文，2008。

［3］葛晨、徐金发：《母子公司的管理和控制模式——北大方正集团，中国华诚集团等管理与控制模式案例评析》，载《管理世界》，1999（6）：190 - 196。

［4］工商银行总行：《控股子公司经营绩效考评办法修订说明》，2012 年 12 月。

［5］工银租赁：《工银金融租赁有限公司会议管理办法》，2008。

［6］工银租赁：《工银租赁 2009—2011 年三年发展规划》，2009。

［7］工银租赁：《工银租赁 2012—2014 年三年发展规划》，2012。

［8］花旗集团 2012 年年报。

［9］汇丰银行 1996—2012 年年报。

［10］姜建清：《银行转型与收益结构研究》，北京：中国金融出版社，2006。

［11］蒋振声、周英章：《发展融资租赁业的国际经验探析》，载《经济纵横》，2001（2）：41 - 44。

［12］金研所：《“条块结合、纵横平衡”的盈利结构和管理架构研究》，2012。

［13］李建军：《我国商业银行企业性绩效评价体系的设计和比较》，载《金融论坛》，2004（1）：37 - 43。

［14］李婷婷：《金融控股集团公司治理问题研究》，载《财经界》，2009（11）。

［15］李维安、曹廷求：《商业银行公司治理——基于商业银行特殊性的研究》，载《南开学报（哲学社会科学版）》，2005（1）：83 - 89。

［16］凌晓东：《金融控股公司的内部控制》，载《国际金融研究》，2001（4）：72 - 75。

［17］路妍：《我国融资租赁业发展缓慢的成因分析》，载《管理世界》，2002（10）：141 - 142。

［18］摩根大通银行2012年年报。

［19］欧阳卫民：《中国金融租赁业的现状和出路》，北京：中国金融出版社，2000。

［20］史燕平：《融资租赁及其宏观经济效应》，北京：对外经济贸易大学出版社，2004。

［21］王国刚：《运作机理：控股公司与金融控股公司》，北京：人民出版社，2006。

［22］夏斌：《金融控股公司研究》，北京：中国金融出版社，2001。

［23］兴业银行2012年年报。

［24］许强：《母子公司管理：基于知识转移的新视角》，北京：经济科学出版社，2008。

［25］银行系租赁公司协会，金融租赁公司数据季报1998—2012年。

［26］银监会：《商业银行资本管理办法（试行）》，2012年6月7日。

［27］银监会非银部：《金融租赁公司监管评级和分类监管指引》，2013年1月4日。

［28］银监会网站，国内外银行不良资产贷款率季度数据，2008—2012年。

［29］詹向阳、樊志刚、郑艳文、杨飞：《商业银行综合经营战略与路径研究》，载《金融论坛》，2009（6）：36－41。

［30］招商银行2012年年报。

［31］中国工商银行2007—2012年年报。

［32］中国光大银行2012年年报。

［33］中国建设银行2012年年报。

［34］交通银行2012年年报。

［35］中国民生银行2012年年报。

［36］中国农业银行2012年年报。

［37］中国商情报网，2013年中国融资租赁行业研究报告，2013。

［38］中国银行2012年年报。

［39］中国租赁联盟，中国融资租赁十强企业排行榜，2012。

［40］周松、梅丹：《我国金融业混业经营与金融控股公司发展初探》，载《金融教学与研究》，2007（1）：10－12。

［41］朱民：《从管理和治理的双重角度看金融控股公司》，载《国际金融研究》，2004（9）：4－9。

［42］Bartlett, C. A., & Ghoshal, S. 1989. Managing Across Borders: The Transnational Solution . Harvard Business School Press, Boston.

〔43〕 Bartlett, C. A., & Ghoshal, S. 1993. Beyond the M – form: Toward a managerial theory of the firm. Strategic Management Journal. 14 (2): 23 –46.

〔44〕 Birkinshaw, J., & Hood, N. 1998. Multinational corporate evolution and subsidiary development. Palgrave Macmillan.

〔45〕 Brendan Gleeson. Asset Finance and Leasing Trends in 2012 and Prospects for 2013 〔R〕. White Clarke Group. 2013 – 01 – 15. http:// www. assetfinanceinternational. com/white – clarke – group – blog.

〔46〕 Chandler, Alfred A., Jr. 1962. Strategy and Structure: Chapters in the history of the American Industrial Enterprise. The Massachusetts Institute of Technology Press, Cambridge, MA.

〔47〕 Crookell, Harold H. 1986. Specialization and International Competitiveness. In Etemad & Dulunde (eds.) Managing the Multinational Subsidiary. London: Croom Helm.

〔48〕 Delaney, John T., & Huselid, Mark A. 1996. The impact of human resource management practices on perceptions of organizational performance. Academy of Management Journal, 39 (4): 949 –969.

〔49〕 Dess, GG., & Robinson, RB. 1984. Measuring organizational performance in the absence of objective measures: the case of the privately - held firm and conglomerate business unit. Strategic management journal.

〔50〕 Doz, YL & Prahalad, CK. 1991. Managing DMNCs: A search for a new paradigm. Strategic Management Journal, 12: 145 – 164.

〔51〕 Dyas, Gareth P., & Thanheiser, Heinz T. 1976. The emerging European enterprise: Strategy and structure in French and German industry. Macmillan, London.

〔52〕 Edward Peck. White Clarke Global Leasing Report 〔M〕. White Clarke Group. London, UK, 1983 –2011.

〔53〕 Edward Peck. White Clarke Global Leasing Report 〔M〕. White Clarke Group. London, UK, 2012.

〔54〕 Finance & Leasing Association. Another Year of Growth in Asset Finance. http://www. fla. org. uk/media. 2013 –03 –08.

〔55〕 Frost, Tony S., Birkinshaw, Julian M., & Ensign, Prescott C. 2002. Centers of excellence in multinational corporations. Strategic Management Journal, 23 (11): 997 –1018.

〔56〕 Galunic D. Charles, & Eisenhardt, K. M. 1996. The evolution of intracorporate domains: Divisional Charter Losses in high – technology, multinational corporations. Organization Science, 7 (3): 255 – 282.

［57］Ghoshal, S. , & Westney, E. 1993. Introduction. In S. Ghoshal & E. Westney (Eds.), Organization theory and the multina – tional corporation: 1 – 23. New York: St. Martin's Press.

［58］Hedlund, Gunnar. 1986. The the modern MNC – A hierarchy? Human Resource Management, 25 (1): 9 – 35.

［59］Hedlund, Gunnar. 1994. A model of knowledge management and the N – form corporation. Strategic Management Journal, 15 (2): 73 – 90.

［60］Huang, Minyi. 2009. Does it payoff? Strategies of two banking giants. Asia Case Research Center. Hong Kong.

［61］IMF World Economic Outlook 2012, International Monetary Fund, October 2012.

［62］Jarillo, J. Carlos, & Martinez, Jn I. 1990. Different roles for subsidiaries: The case of multinational corporations in Spain. Strategic Management Journal, 11: 501 – 512.

［63］Kaplan, Robert S. 2001. Balanced Scorecard: insight, experience and ideas for strategy – focused organizations. HBS case, Harvard Business School Publishing.

［64］Luo, Yadong. 2000. Dynamic capabilities in international expansion. Journal of World Business, 35 (4): 355 – 377.

［65］Malnight, Thomas W. 1996. The transition from Decentralized to Network – based MNC structures: An evolutionary perspective. Journal of International Business Studies, 27.

［66］Miles, R. E. , & Snow, C. C. 1978. Organization strategy, structure and process. New York: Mc Graw – Hill.

［67］Paterson, S. L. , & Brock, D. M. 2002. The development of subsidiary – management research: review and theoretical analysis. International Business Review, 11 (2): 139 – 163.

［68］Prahalad, C. K. , & Doz, Y. L. 1987. The multinational mission: Balancing local demands and global vision. New York: Free Press.

［69］Prahalad, C. K. , 1976. Strategic choices in diversified MNCs. Harvard Business Review, July – August: 67 – 78.

［70］Rumelt, Richard R. 1974. Strategy, Structure and economic performance. Harvard University, Boston and Cambridge, Mass.

［71］Stopford, J. & Wells, L. T. 1972. Managing the multinational Enterprise. New York: Basic Books.

[72] Sudhir P Amembal, LL Lowder, JM Ruga. 2000. International leasing: the complete guide. Amembal & Associates.

[73] Sudhir P. Amembal. 2011. Leasing's Evolution: A Guide to Strategic Decision Making. World Leasing News. 2011 - 01 - 11.

[74] Yiu, Daphne, Bruton, Garry, & Lu, Yuan. 2005. Understanding business group performance in an emerging economy: Acquiring resources and capabilities in order to prosper. Journal of Management Studies, 42 (1): 183 - 206.

商业银行信贷结构调整与信用风险控制研究

胡召平

博士后研究人员姓名　　胡召平
企业博士后工作站单位　中国工商银行
流动站(一级学科)名称　中国人民大学应用经济学
专业(二级学科)名称　　金融学

流 动 站 指 导 老 师　　赵锡军
工作站名誉指导老师　　魏国雄
工 作 站 指 导 老 师　　刘子刚

作者简介

胡召平，男，1985 年生，江西瑞金人，中共党员。

2011 年 7 月至 2013 年 6 月，中国工商银行博士后科研工作站、中国人民大学博士后科研流动站，博士后；2008 年 9 月至 2011 年 7 月，中国人民大学，经济学博士；2006 年 9 月至 2008 年 7 月，中国人民大学，经济学硕士；2002 年 9 月至 2006 年 7 月，南昌大学，理学学士。

摘　　要

信贷结构调整是商业银行基于自身风险偏好和经营战略，针对外部环境变化，对信贷结构作出的主动调整。信贷结构调整贯穿于商业银行经营的全过程，关系到商业银行的长期发展。当前，信贷资产仍然是商业银行最为重要的资产，信用风险仍然是商业银行面临的主要风险。为了实现风险和收益的均衡，有必要将信贷结构调整和信用风险控制结合在一起进行研究，特别是在信贷结构调整过程中，如何控制信贷领域的信用风险，尤为值得注意。

本报告采用规范与实证分析相结合的方法，对商业银行信贷结构调整以及信用风险控制进行了系统而有针对性的分析。在规范分析方面，本报告对信贷结构、信用风险以及两者的关系进行了系统的梳理，建立了商业银行分支机构信贷结构调整评价指标体系，建立了基于信贷资源配置视角的行业四维分析框架以及基于行业四维分析的贷款匹配配置法，建立了基于风险收益最大化的信贷资源客户配置模型。在实证分析方面，本报告通过 Logistic 模型对企业违约率进行了测算检验，对"新国标"中的各个行业进行了综合评价，在这些评价的基础上得到了公司贷款在各行业之间的一般优化配置比重。同时，本报告结合外部形势、国际先进商业银行信贷结构的现状以及工商银行自身的风险偏好和经营战略，对工商银行未来五年的信贷结构调整的方向进行了分析判断；本报告也对经济资本的区域配置以及 RAROC 阈值动态调整进行了实证分析。

案例分析也是本报告的一大特色。本报告在分析工商银行未来信贷结构调整的方向时对汇丰控股、花旗集团和富国银行信贷结构的现状进行了深入细致的分析；本文在分析小微企业贷款信用风险控制时也具体分析了"硅谷银行"的案例，重点介绍了"硅谷银行"在小微企业贷款信用风险控制方面的先进经验。这些案例分析主要是为我国商业银行特别是中国工商银行信贷结构调整以及信用风险控制提供有益的借鉴。

报告认为：（1）结构性风险是商业银行最为重要的综合性风险。对于商业银行来说，如何保持内部结构与外部环境的匹配，更加注重内部结构的均衡与协调，对于实现商业银行的持续健康发展至关重要。（2）没有对所有商业银行最优的信贷结构，只有最适合自己的信贷结构。商业银行的信贷结构必须与自身的风险偏好和经营战略相契合，由于每个商业银行的风险偏好和经营战略不同，因此适合每个商业银行的信贷结构也并不一致，这体现了差异化经营的因素。（3）商业银行基于信贷资源配置的行业评价必须以信贷需求为基础。商业银行是一个市场化运作的银行，因此信贷需求应该是资源配置所应该考虑的首要因素。（4）对金融机构发放的贷款将逐渐成为未来商业银行贷款组合中的一个重要组成部分。无论是从业务发展的要求还是与国际接轨的需要，或是风险特殊性的角度，商业银行有必要尝试将对金融机构投放的贷款作为一个单独部分进行管理。（5）RAROC 阈值的动态调整可以促进信贷结构调整目标的实现，同时需要考虑到其与其他管理工具的叠加效应。（6）探索与风险投资公司的业务合作以及信息化银行建设是未来商业银行控制小微企业贷款信用风险的重要手段。

本报告既有学术理论的梳理，也有分析框架的设计，既有同业经验的总结，也有模型数据的分析，具有一定的前瞻性、创新性和实用性，能够为商业银行的经营决策提供一定的依据。

关键词： 商业银行　工商银行　信贷结构　信用风险

Abstract

Based on risk preference and business strategy, commercial banks adjust their credit structure according to the external environment changes. In fact, credit structure adjustment is throughout the entire process of commercial banks' operation, which has close relation with commercial banks' long – term development. Loan asset is the most important asset of commercial banks, while credit risk is the main risk of commercial banks. It is necessary to do some research on credit structure adjustment and credit risk control, especially credit risk control in new loan field when adjusting credit structure, all the research is to achieve the balance of risk and profit.

This report adopted normative analysis method and empirical analysis method. In normative analysis section, this report reorganized the theory of credit structure and credit risk, built an evaluation index system of affiliated agencies' structure adjustment, built four – dimensional analysis framework of industries and loan configuration method matched with it, built a credit resources allocation model between different kinds of enterprise customers in order to maximize the return on risk. In empirical analysis section, this report did empirical analysis on the probability of default through Logistic model, evaluated various industries classified by Industries Classification of National Economics (GB/T 4754—2011), and gave general recommendatory portfolio of corporate loan diversified between different industries. This report pointed out credit structure adjustment direction of ICBC in next five years based on the external situation analysis, international banks analysis and its risk preference and business strategy. This report also did empirical analysis on economic capital allocation between different areas and empirical analysis on RAROC threshold dynamic adjustment.

Another feature of this report is case analysis. This report analysed present credit structure of HSBC Holdings, Citi Group and Wells Fargo Bank before analysing credit structure adjustment of ICBC. This report also analysed the advanced experience of SVB Financial Group in controlling credit risk of small and micro enterprises. Case analysis is aimed at providing useful references to Chinese commercial banks especially ICBC in credit structure adjustment and credit risk control.

This report holds the opinion that: (1) Structural risk is the most important synthesis risk faced by commercial banks. It is important for commercial banks to match internal structure with external environment, and pay more attention on a balanced and coordinated internal structure to realize sustainable and healthy development. (2) There is no optimized credit structure to all banks, every commercial bank has its suitable credit structure. Commercial bank' credit structure must be consistent with its own risk preference and business strategy. Commercial banks' credit structure are different because each commercial bank's risk preference and business strategy is different, which reflects differences in operation style. (3) Credit demand is the basis of industry evaluation aimed at credit resource allocation. Commercial banks are market – oriented, so credit demand should be the primary factor during the allocation of credit resources. (4) Loans to financial institutions will gradually become an important part of commercial banks' loan portfolio in the future. Whether from the perspective of business development, international convention, or special risk characteristic, commercial banks should gradually classify loans to financial institutions as a separate part in management. (5) Dynamically adjustment of RAROC threshold can promote to achieve the target of credit structural adjustment, commercial banks also need to take into account the superimposed effect of RAROC threshold and other management tools. (6) Cooperation with VC and building information bank are important means for commercial banks to controll credit risk of small and micro enterprises.

This report has both academic theory, analytical framework design, experience summary and empirical analysis. It is prospective, innovative and practical. This report can provide some useful references to commercial banks in operating decision.

Key Words: Commercial Banks, ICBC, Credit Structure, Credit Risk

1 导　　论

1.1　研究背景与选题意义

改革开放三十多年来，中国的市场化进程不断推进，市场经济的理念不断深入人心。时至今日，我们发现金融已然成为现代经济的核心，在资源配置的过程中扮演着发动机和加速器的作用。20世纪90年代以来，我国的证券市场和各种非银行的金融中介迎来了蓬勃发展的春天，我们也一度在市场主导型和银行主导型的金融体系之间陷入迷茫。但事实上，过去三十年也恰恰是我国商业银行从萌芽到发展壮大的三十年，在这个过程中有挫折、有低谷，更有凤凰涅槃后的浴火重生。如今，中国的商业银行正展现出越来越强大的生命力和竞争力，并成为我国金融体系的最为重要的组成部分。

在波澜壮阔的市场经济大潮中，我国商业银行所面临的外部环境发生了巨大的变化。一方面，国有企业改革和非公有制经济的迅速发展使商业银行必须从以往计划指令的思维方式中走出来，信息不对称和道德风险使商业银行必须以更为审慎科学的态度来重新审视客户风险；另一方面，随着商业银行的股份制改造的完成，国家担保作为商业银行免费资本金的时代已经一去不复返，商业银行必须转型为自主经营、自负盈亏的经营实体，参与到市场竞争中去。在这些大变革的背后，我们看到的是中国银行体系的华丽转身，特别是四大国有商业银行，它们已经在综合化、集团化和国际化经营的道路上取得了不俗的成绩。

在中国当前各种类型的金融机构中，商业银行与实体经济的关联最为密切。商业银行近十年的发展离不开我国实体经济高速成长的大背景，同时商业银行也有效地支持了实体经济的发展。然而，我们也应该看到当前中国商业银行在经营运作中存在的一些问题，这些问题解决不好，将极大地制约我国商业银行继续前进的步伐，可能危及到整个金融体系乃至实体经济的健康发展。在这些问题当中，就有信贷结构调整的问题以及与商业银行信贷结构调整过程中信用风险控制的问题。

商业银行的信贷结构是指商业银行信贷资产在不同行业、区域、客户和期限上的配置。信贷结构的问题，既受商业银行外部信贷需求的影响，也是商业银行主动调控的结果；既涉及国家宏观调控政策，也涉及商业银行自身的风险偏好和经营战略。信贷业务作为商业银行的传统业务，也是长期以来中国商业银行的重要利润来源。虽然随着业务创新和综合化经营，商业银行的盈利模式日趋多元化，但是商业银行作为资金融通和结算中心的功能并不会改变，在可以预见的将来，信贷资产都将是我国商业银行中比重最大的资产类型。在全面风险管理的趋势下，商业银行信贷资产组合整体质量，直接影响商业银行自身的生存和发展能力，影响到商业银行的业务转型。

当前我国商业银行信贷结构中普遍存在的问题有：第一，信贷资产占总资产的比重仍然偏高，银行收益的增长过度依赖于信贷的增长；第二，境外信贷资产占总信贷资产的比重仍然偏低，国际化比重仍然有待提高；第三，商业银行信贷业务的同质化经营比较严重，这突出反映在信贷的行业结构上，可能导致银行业对某些行业风险的敏感度过高，特别是房地产开发贷款和地方政府融资平台贷款；第四，与国际先进银行相比，个人贷款占总贷款的比重偏低，主要是个人消费贷款和信用卡透支比重仍然偏低；第五，在利率市场化改革和金融脱媒加速的大背景下，商业银行中小企业贷款特别是小微企业贷款比重仍有待提高。

承担风险是银行存在之源，管理风险是银行生存之本。在经济全球化和金融自由化的深刻变革下，各金融机构之间的联系日益密切，风险的链条日益复杂和多元化。2008 年金融危机后，我们看到一大批商业银行和投资银行的破产倒闭，其根本原因是对于利润的过度追逐，放弃了风险管理的底线。对于正在经历业务模式转型、逐步迈向国际化的中国银行业而言，提高风险管理能力尤为重要，风险管理能力已成为现代商业银行参与全球化竞争的核心竞争力之一。

信用风险是商业银行所面临的传统风险，也是商业银行所面临的最为重要的风险。信用风险是指由于借款人或交易对手不能或不愿履行约定的合约而给另一方带来损失的可能性，以及由于借款人的信用等级或者履约能力变化导致其债务的市场价值发生变动而引发损失的可能性。信用风险不同于市场风险，市场风险意味着收益的波动性，既可能是更大的损失，也可能是更高的收益，而信用风险一旦发生，则只能意味着损失。

商业银行信贷结构调整是一项长期任务，它贯穿于商业银行经营管理的全过程，是商业银行经营管理的重大战略问题。信贷结构调整的目标就是要形成资产质量好、风险收益高、资本节约型、发展可持续的业务模式，信用风险控制既是信贷结构调整目标的一个重要维度，也是其他目标实现的重要保证；商业银行信贷结构调整涉及对综合贡献度低的行业和客户的退出以及对新行业和客户的拓展，既然是新的行业或客户，就涉及探索新领域的信用风险控制问题。综上所述，信贷结构调整与信用风险控制密不可分，本研究课题将商业银行信贷结构调整与信用风险控制联系在一起，具有较大的理论和实践价值。

1.2 国内外研究现状综述

关于信贷结构调整的必要性与意义。Russell（1964）认为在给定的经济状态下，商业银行会有一个均衡的信贷资产组合，这个均衡的信贷资产组合会使商业银行的效用最大化；当经济状态发生改变时，商业银行的信贷结构也要随之改变。Stanhouse（1986）认为商业银行的信贷资产结构一般来说是受到外部不确定性和储备金多少的制约，但是市场信息也能在很大程度上影响商业银行的信贷结构。国内研究方面，魏国雄（2003）认为对商业银行来说，只要有信贷业务，就存在信贷资源的配置，就有信贷资源的分布构成，就需要有信贷结构的调整和优化，信贷结构调整是一个永恒的课题，也是商业银行信贷管理的长期任务。黄宪等（2005）认为新巴塞尔协议调整后的资本充足率监管将会影响银行信贷选择的风险偏好和行为，并对经济产生值得关注的效应。

商业银行信贷结构调整最为核心的就是贷款组合的管理，而贷款组合管理属于资产组合管理的一个重要领域。贷款组合理论的基础来自于 Markowitz（1952）提出的资产组合理论，Markowitz 系统地阐明了基于均值—方差、通过有效分散化来实现最优资产组合的理论方法。Sharpe（1963）提出单指数模型，将 Markowitz 均值—方差模型简化，该模型假设证券间彼此无关且各证券的收益率仅与市场因素有关，使现代资产组合理论的运用成本大大降低。Jacob（1974）提出一套适合小额资产者的组合选择模型——限制资产分散模型，使小额资产者可以在有限的资产数目中，选择最适的资产组合；Jacob 认为在考虑交易成本的情况下，若接受一部分非系统风险，可使交易成本降低的收益大于组合充分分散的收益，因此对持有资产者是有利的。Altman（1997）以夏普比率作为风险收益，建立了以夏普比率最大化为目标、贷款组合收益大于或等于目标收益的优化模型。Sheedy（1999）建立了基于给定目标收益率约束下，资产组合风险的最小化的资产分配决策模型。Li 和 Ng（2000）建立了一个以组合风险小于目标值为约束条件，组合收益最大化的多阶段均值—方差组合优化模型。国内研究方面，李菁、王宗军和王治（2005）设定目标函数为组合意外损失最小，并基于智能化的免疫算法对优化模型进行改进，提出了基于分组匹配的亲和力计算方法，建立了基于免疫算法的银行资产组合优化模型。迟国泰、董贺超和孙秀艳（2007）以银行各项资产组合收益最大化为目标函数，以 VaR 风险收益率为约束，以法律、法规和经营管理约束为条件，运用多期资产分配的逆向递推原理和非线性规划方法，建立了多期银行资产组合动态优化模型。

关于信贷结构调整过程中需要注意的问题。Andersen 和 Burger（1969）认为商业银行信贷结构的决定有两个原则，第一个原则是适应性原则，即信贷市场的需求决定了商业银行的信贷结构，第二个原则是利润最大化原则，即商业银行为了实现利润最大化，自主决定其信贷资产的结构。Klein（1970）认为传统的信贷资产配置模型在现实中存在的不足是，这些模型假定银行所面对的各种资产在供给上是完全弹性的，即供给无穷大，而这显然是不现实的，正是由于这种假设上的缺陷导致了对银行资产组合差异的无法解释。Acharya，Hasan 和 Saunders（2006）的一篇实证文章中发现，分散化的贷款组合并不能保证产生更高的利润或者更低的风险，他们的结论是信贷应该向新的或者是具有竞争力的产业领域开拓。国内研究方面，牛锡明（2000）认为信贷结构调整有三个核心问题，一是确定信贷结构调整目标；二是建立信贷资产经营的退出机制；三是整合信贷经营管理体制。姜建清（2004）认为企业生命周期理论和银行的信贷经营原则要求银行业在信贷经营过程中必须实施信贷退出。李卫东等（2010）认为商业银行应该遵从价值投资理念，把握一个行业的投资价值，不应该只追求短期"繁荣"的行业，过分强调当前利益。

商业银行大部分资产来自于客户的存款，随时面临着储户的取款需求，银行必须按约定无条件支付，这决定了商业银行必须将风险控制放在首要位置。对于商业银行的三原则——安全性、流动性和盈利性，Samanta 和 Mohamad – Zadeh（1992）认为商业银行的管理就是要一直在这三者之间进行权衡。其中安全性是商业银行的第一经营原则，这源自于商业银行本身的脆弱性。关于商业银行脆弱性的研究在以往的文献中都有论述，比较有代表性的是 Akerlof（1970）的信息不对称理论和 Minsky（1982）的金融脆弱性假说。商业银行作为一个金融中介，所承担的风险主要有信用风险、市场风险、操作风险和流动性风险等，其中信用风险是商业银行的传统风险，它与信贷活动密切相关。

信用风险度量大致可分为三个阶段：第一个阶段是 1970 年以前，大多数金融机构基本上采取了专家分析法，根据商业银行专家的经验和主观分析来评估信用风险，主要工具有 5C 法[①]、LAPP 法[②]和五级分类法[③]等；第二个阶段是 20 世纪 70 至 80 年代，金融机构主要采取基于财务分析的信用评分方法，如违约概率线性回归模型、Logit 模型、Probit 模型、Altman 的 Z 值模型和ZETA 模型；第三个阶段是 20 世纪 90 年代至今，金融机构开始尝试用现代金融理论和数学工具来定量评估信用风险，比较有代表性的模型有 J. P. 摩根的

[①] 5C 法是从借款企业的资信品格（Character），资本（Capital），还款能力（Capacity），担保（Collateral）以及经济周期（Cycle Condition）五个方面进行评估。

[②] LAPP 法是对借款企业的流动性（Liquidity），安全性（Activity），盈利性（Profitability）和发展能力（Potentialities）四个方面进行评估。

[③] 最早的贷款五级分类是由美国货币监理署 OCC 开发的，其用途主要用于评估贷款损失准备金的充足性。

Credit Metrics 模型、穆迪 KMV 公司（Moodys KMV）的 Portfolio Manager 模型（也称为信用监测模型）、Risk Metrics Group 的 Credit Manager 模型、McKinsey 公司的 Credit Portfolio View 模型、瑞士波士顿第一信贷银行（Credit Suisse First Boston，CSFB）的 Credit Risk$^+$ 模型等。

1.3　课题研究思路与逻辑结构

本课题以商业银行信贷结构调整为主线，将其与信用风险控制联系在一起，建立起完整的商业银行信贷结构调整分析框架，对未来中国商业银行特别是工商银行信贷结构调整的方向进行了分析，并且对信贷结构调整过程中如何控制信用风险控制作出了具体阐述。第 1 章为导论部分，主要介绍了本课题的研究背景与选题意义，对国内外的研究现状进行了梳理分析，对本报告的研究思路与逻辑结构、研究方法与创新进行了简要介绍。第 2 章对商业银行信贷结构、信用风险以及两者之间的联系进行了梳理，建立了商业银行分支机构信贷结构调整评价指标体系，并且通过 Logistic 模型对企业的违约率进行了测算检验。第 3 章建立了基于信贷资源配置视角的行业四维分析框架以及基于行业四维分析的贷款匹配配置法，对信贷资源的行业配置进行了实证分析，给出了一般优化配置比重。第 4 章首先对工商银行所面临的外部形势进行了分析，接着对国际同业的信贷结构现状进行了分析，分析的对象包括汇丰控股、花旗集团和富国银行三大不同类型的国际著名商业银行，最后结合工商银行自身的风险偏好和经营战略，得到未来工商银行信贷结构调整的方向，并指出了未来的几个信贷池。第 5 章重点介绍了经济资本的定义以及分配方法，并基于信贷结构调整的视角对经济资本的区域配置以及 RAROC 阈值动态调整进行了实证分析。第 6 章重点介绍了商业银行全面信用风险管理的基本框架，并对商业银行未来信用风险定价进行了一些自己的思考，最后重点介绍了硅谷银行在小微企业贷款信用风险控制方面的先进经验，提出了商业银行在小微企业贷款信用风险控制方面的政策建议。第 7 章是本报告的结论部分，本章对全报告的主要观点进行了归纳总结。

1.4　研究方法与创新

信贷结构调整是商业银行基于自身风险偏好和经营战略，针对外部环境变化，对信贷结构作出的主动调整。信贷结构调整贯穿于商业银行经营的全过程，关系到商业银行的长期发展。当前，信贷资产仍然是商业银行最为重要的资产，信用风险仍然是商业银行面临的主要风险。为了实现风险和收益的均衡，有必要将信贷结构调整和信用风险控制结合在一起进行研究，特别是在信贷结构调整过程中，如何控制新领域的信用风险，尤为值得注意。

本报告采用规范与实证分析相结合的方法，对商业银行信贷结构调整以及信用风险控制进行了系统而有针对性的分析。在规范分析方面，本报告对信贷结构、信用风险以及两者的关系进行了系统的梳理，建立了商业银行分支机构信贷结构调整评价指标体系，建立了基于信贷资源配置视角的行业四维分析框架以及基于行业四维分析的贷款匹配配置法，建立了基于风险收益最大化的信贷资源客户配置模型。在实证分析方面，本报告对 Logistic 模型在违约率测算中的运用进行了实证分析；对"新国标"中的各个行业进行了综合评价，在这些评价的基础上得到了公司贷款在各行业之间的一般优化配置比重；同时本报告结合外部形势、国际先进商业银行信贷结构的现状以及工商银行自身的风险偏好和经营战略，对工商银行未来五年的信贷结构调整的方向进行了分析判断；本报告也对经济资本的区域配置以及 RAROC 阈值动态调整进行了实证分析。

案例分析也是本报告的一大特色。本报告在分析工商银行未来信贷结构调整的方向时对汇丰控股、花旗集团和富国银行信贷结构的现状进行了深入细致的分析；本文在分析小微企业贷款信用风险控制时也具体分析了"硅谷银行"的案例，重点介绍了"硅谷银行"在科技型小微企业贷款信用风险控制方面的先进经验。这些案例分析主要是为我国商业银行特别是中国工商银行信贷结构调整以及信用风险控制提供有益的借鉴。

在数据来源上，本报告既有工商银行的内部数据，也有各大数据库（包括中经网统计数据库、国泰安经济金融统计数据库等）的数据以及《中国统计年鉴》和《国民经济和社会发展统计公报》的数据，还有其他商业银行的年报数据；在案例分析的时效性上，本报告案例的有关情况和数据均更新至 2012 年末；在具体的研究方法上，本报告采用了 Logistic 模型、因子分析法、熵权法、聚类分析法、线性回归法、运筹优化方法等；在分析软件上，本报告采用了 Eviews、SPSS、Matlab 和 Excel 等计量与统计分析软件。本报告既有学术理论的梳理，也有分析框架的设计，既有同业经验的总结，也有模型数据的分析，具有一定的前瞻性、创新性和实用性，能够为商业银行的经营决策提供一定的依据。

2 商业银行信贷结构与信用风险

2.1 信贷结构概述

2.1.1 信贷结构的内涵

信贷关系是基于债权人和债务人借贷活动而形成的债权债务关系。信贷结构是信贷资产的内在比例和数量关系，包括总量结构、行业结构、区域结构、客户结构、期限结构、质量结构等。信贷结构从侧面反映了银行的风险偏好和经营战略，直接影响到商业银行的风险敞口结构、现金流结构、风险结构和资本消耗，是商业银行经营管理的重点与难点。

从总量上来评价商业银行的信贷结构一般是通过信贷资产占总资产比重和贷存比来进行衡量。信贷资产占总资产的比重能够比较好地反映商业银行资产的多元化程度，该比重越高，说明商业银行的业务越传统；该比重越低，说明商业银行的业务越多元。从国际同业发展经验来看，信贷资产占银行总资产的比重有降低的趋势，但该比重并不是越低越好，无论何时，信贷资产都将是商业银行所有资产中比重最大的资产类型。贷存比考核商业银行稳健经营的意义也在逐渐降低，主要是随着直接融资比重的提高，银行资金来源已趋多元化，同业拆借、同业借款和债券融资占商业银行资金来源的比重不断上升，贷存比将逐渐上升。

商业银行贷款的行业结构针对的是公司贷款。行业的划分在国际上的主要依据是联合国编制的《国际标准行业分类》，目前最新的版本是于 2006 年修订的第四版（以下简称 ISIC Rev. 4）。我国的主要依据是《国民经济行业分类标准》，该标准于 1984 年首次发布，分别于 1994 年、2002 年和 2011 年进行了三次修订。不同行业具有不同的周期特征，有些行业具有比较强的顺周期性，比如汽车、房地产、钢铁、建筑等行业；有些行业具有比较弱的周期特征，比如文化、医药、食品等行业；有些行业甚至会表现出逆周期的特征，比如贵金属等相关行业。

由于各个区域的经济发展水平、地理位置、交通状况、资源禀赋等存在比较大的差异，商业银行在各个区域的信贷投放也会存在比较大的差别。商业银行的信贷具有地域性的特征，大中城市和经济发达地区是经济金融的活动中心，信贷需求旺盛，商业银行可能会在其中投入更多的信贷资金，小城镇和农村市场经济不发达，信贷需求较小，信贷资源投入就相对较少。

商业银行贷款的客户结构可以划分为两个层次：第一个层次是商业银行的公司和个人贷款余额占总贷款的比重，我国商业银行公司贷款一般情形下尚不包括对金融机构的贷款，但是从国际同业的一般做法来看至少应该包括对非银行金融机构的贷款，或者将对非银行金融机构的贷款与公司贷款和个人贷款同等看待；第二个层次是商业银行公司贷款中对大企业和中小企业贷款占公司贷款的比重，信贷的客户结构能够很好地反映商业银行贷款的分散程度，个人贷款比重偏低或者中小企业贷款比重偏低都可能意味着信贷资产集中度过高。

商业银行的贷款期限是指贷款从初始发放到最终收回所需时间。按照贷款的期限长短，可以将贷款划分为短期贷款、中期贷款和长期贷款。短期贷款是指贷款期限在 1 年以内（包含 1 年）的贷款，其特点是期限短、利率低、风险小。中期贷款是指贷款期限在 1 年以上（不含 1 年），5 年以下（包含 5 年）的贷款。长期贷款是指贷款期限在 5 年以上（不含 5 年）的贷款。中长期贷款一般用于借款人的固定资产项目投资，其特点是期限长、利率高、流动性低、风险大，因此也要求更高的贷款利率。贷款的期限结构对商业银行的流动性影响比较大，如果中长期贷款比重偏高，则商业银行整体的流动性必然偏低。

商业银行贷款可以根据质量划分为：正常、关注、次级、可疑、损失类贷款，其中各类贷款又可以划分为若干小类，次级、可疑和损失类贷款归为不良贷款。每年的贷款质量都是在不断迁徙的，正常类贷款可以迁徙到级别更低的贷款，级别更低的贷款也可以转化为级别更高的贷款。仅仅关注不良贷款率无法显示银行贷款质量的全貌，而银行贷款的质量结构对于反映银行贷款质量更为细致的情况有着重要的作用。

2.1.2 信贷结构评价的原则

什么样的信贷结构才是好的信贷结构，具体有以下几条原则：第一是匹配性原则；第二是风险收益原则；第三是集中度风险可控原则；第四是资本节约原则；第五是业务可持续性原则。

匹配性原则是信贷结构必须与商业银行自身的行业地位、企业文化、风险偏好和经营战略相匹配，也必须与外部实体经济相匹配。商业银行的信贷结构必须与其行业地位相匹配，比如作为大型国有商业银行，信贷结构中要突出对资源型行业（石油、天然气、新能源）、民生领域（公共基础设施、城市公共事业）以及先进制造业的支持，同时也要加大对于弱周期行业的配置比重。信贷结构也必须与外部实体经济相匹配，一般来说，信贷结构首先应该与信贷需求结构相匹配，信贷需求大的领域所应配置的信贷资源应该越多；其次，商业银行在信贷需求的基础上结合行业和区域的特性以及未来发展趋势进行细化的调整；最后，商业银行的信贷结构也应该反映自身的风险偏好和经营战略，体现自身差异化经营的理念。

风险收益原则要求商业银行的收益必须与风险相匹配，风险越高，所要求的收益就越高，信贷资产应该更多地配置到风险收益高的行业或区域。但是将资产更多地配置到高风险高收益的行业或区域在提高整体资产风险收益率的同时，也可能导致整体风险敞口的增大，当整体风险敞口超越自身风险管理能力时，经营失败甚至破产的可能性上升。因此，商业银行要求风险收益的原则，但同时也应该在自身风险管理能力所能承受的范围内。

集中度风险可控原则是指虽然商业银行需要强调风险调整收益，但是商业银行并不能一味地将资产无限制地投入到风险收益高的某些行业、区域或产品。集中度风险是信贷结构的一个重要表现形式。商业银行信贷集中度风险是指商业银行的信贷资产过于集中，对于单一风险因子的风险敞口过大所引发的风险。信贷集中度风险可以划分为直接集中度风险和间接集中度风险，直接集中度风险是指信贷资产在单个客户、行业、区域和期限上过于集中；间接集中更加难以辨认和识别，表面上信贷资产可能在单个客户、行业、区域和期限上的比重并不是特别大，但是由于不同客户、行业和区域受到共同的风险因子的影响，因此最终还是导致商业银行信贷资产对于单一风险因子的集中度风险过大，例如，银行给相互独立的零部件企业贷款，而实际上这些零部件企业都依赖于某个下游制造商，贷款客户表面是分散的，而事实是集中的。集中度风险具有隐蔽性、系统性、瞬时性和毁灭性的特征。隐蔽性是指商业银行资产表面上都集中于成长迅速的优势行业和信用等级高的大客户，收益的稳定增加可能让人忽略风险的积聚；系统性是由于集中度过大，有可能使商业银行对于系统性风险的敏感性增大；瞬时性是指由于前期的风险被人们忽视，当风险真正出现时，往往以极快的速度迅速蔓延，商业银行的流动性迅速枯竭；毁灭性是指一旦集中度风险爆发，往往意味着巨大的损失，甚至远超商业银行自身的资本金，直接导致商业银行的破产倒闭。

资本节约原则是指信贷结构应该实现资本的节约和有效利用。对于商业银行而言，有三种资本：权益资本、监管资本和经济资本。商业银行的信贷结构应该保证自身的权益资本高于监管资本，并且实际经济资本应该低于自身制定的经济资本限额。《商业银行资本管理办法（试行）》已于2013年1月1日起正式施行，商业银行需要满足最低资本要求、储备资本和逆周期资本要求外，系统重要性银行还应当计提附加资本。商业银行在未来将面临更加严格的资本监管，好的信贷结构就应该降低监管资本消耗，实现资本的高效利用。经济资本是商业银行自身计算的虚拟资本，商业银行在经营决策时，首先会根据自身的账面资本规模决定可承受的最大非预期损失，这个可承受的非预期损失就是商业银行每年的经济资本限额。商业银行的经济资本限额与自有资本规模的比值反映出了商业银行的风险偏好，该比值越高，说明商业银行越激进；该比值越低，说明商业银行越稳健。

可持续性原则是指信贷结构必须考虑到商业银行未来发展的可持续性，需要考虑以下几方面因素：第一，是否有利于保持资产质量基本稳定或向好；第二，是否有利于保持利润增长的可持续性；第三，是否有充足的客户资源储备；第四，是否适应未来经济、产业和区域的变化趋势。

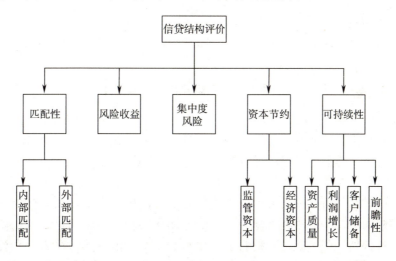

图 2－1　信贷结构评价五原则

2.1.3　信贷结构调整需要处理好的几个关系

信贷结构调整贯穿于商业银行经营的全过程，商业银行的信贷结构必须随着外部环境和自身战略的变化而作出动态的调整。只有审时度势，及时准确调整才能使银行信贷业务保持蓬勃生机与活力。商业银行在信贷结构调整实践中应处理好以下几方面的关系。

2.1.3.1　存量与增量的关系

信贷结构调整的最终目标是存量优化，中介目标是增量调整或直接存量调整。增量调整的方式有贷款新发放与贷款到期收回，存量调整则包括贷款交易转让与资产证券化。一般来说，存量调整的成本要高于增量调整的成本，这是因为在一个非完全竞争的贷款转让市场，转让折价将是存量调整的一个重要成本，贷款资产证券化也存在类似的折价成本，而增量调整则不存在类似的折价成本；存量调整由于是对存量进行更加直接的干预，增量调整受制于市场需求和已发放贷款的结构，因此存量调整的速度要快于增量调整的速度。

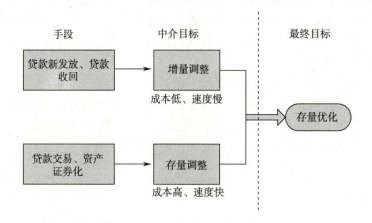

图 2 – 2　存量与增量的关系

2.1.3.2　局部与全局的关系

信贷结构调整涉及全行信贷资产存量结构的优化，需要在全行统一的计划和战略下实施，但是由于区域经济结构、产业结构以及资源禀赋的特殊性，进行信贷结构调整不可能对全行实施统一标准。比如房地产贷款，前期由于一些城市房价过快上涨，对于这些区域的房地产贷款必须严格控制并压降规模，而对于一些中西部城市，房价泡沫化的特征并不明显，则应该区别对待；再比如一些产能过剩的行业如钢铁、水泥、电解铝，在出台全行统一压降计划的同时，也应该考虑到西部地区经济和产业发展的现状，进行区别对待。

2.1.3.3　短期与长期的关系

信贷结构没有一个最优的评价标准，是因为由于每个银行的发展阶段、风险偏好和经营战略不同，对于信贷结构的判断也不相同，其中最重要的是对短期收益与长期收益赋予的权重不一样，也正是由于这个原因，不同类型的商业银行信贷结构有着很大的不同。比如一些中小银行，存量信贷规模相对较小，短期内的发展速度对于它们来说至关重要，因此它们赋予短期收益的权重相对较高，赋予长期收益的权重相对较低。大型国有商业银行的经营战略更为稳健，赋予短期收益和长期收益的权重则会更加均衡。

2.1.3.4　资金计划与市场化调控的关系

信贷结构调整离不开资金计划，总行每年对区域和行业下达新增贷款计划，以资金计划的方式来配置信贷资金，这种方式的优点是目标明确可控，缺点是计划往往赶不上市场的变化，缺乏灵活性。市场化调控的一种方式是通过分行业、区域、业务品种来动态调整 RAROC 阈值，实现对于信贷资金在行业、区域、业务品种上的动态引导。通过市场化的方式调控资金的流向，往往调控效率更高，但是在调控目标上也更加模糊。一般来说，资金计划和市场化调控都是基于同样的市场判断，如果发现通过市场化调控手段实现的调控效果与资金计划不一致，则应该修改资金计划或重新调整价格工具，而到底该调整资金计划还是价格工具，应该关注的是新增贷款的质量变化以及外部市场出现的新变化和新趋势。

2.1.4 商业银行分支机构信贷结构调整评价研究

2.1.4.1 评价指标体系

商业银行信贷结构调整的目标依靠分支机构信贷结构的调整而实现，为促进分支机构信贷业务的科学发展，加强分支机构进行信贷结构调整的自主性和积极性，将分支机构的信贷结构调整统一到全行信贷结构调整的统一战略部署中去，商业银行需要对分支机构的信贷结构调整进行评价。所谓商业银行分支机构信贷结构调整评价是指在确定全行经营战略和信贷结构调整目标的前提下，对分支机构信贷结构的优化进展和经营成效进行科学的评价。该评价既注重调整的过程，也注重调整的效果。本报告建立的分支机构信贷结构调整评价是基于三个维度来进行：一是方向性评价，二是经营成效评价，三是贡献度评价。下面本文对三个维度进行具体阐述。

（1）方向性评价

方向性评价，主要评价信贷结构的调整方向是否与总行确立的信贷结构调整战略方向保持一致。方向性评价旨在推进各分行信贷结构变化方向与全行信贷结构调整战略方向的协同一致性，通过量化评价各行信贷结构优化（劣化）程度，鼓励各分行信贷结构朝着优化方向推进。方向性评价包括集中度指标、拓展类指标和压降类指标。集中度指标对应的是商业银行的集中度风险，总行可对分行的贷款集中度设置一个警戒值，分行的贷款集中度指标原则上不应该超过该警戒值，总行可以对各分行警戒值进行微调，主要是根据全行的风险偏好、同业情况以及地区经济社会发展的特殊性来决定，但是分行与分行之间的集中度警戒值一般不能出现太大的差距，以反映总行统一的风险偏好。拓展类指标包括客户增幅以及拓展类贷款比重增加两类，客户增幅越大，指标得分越高；拓展类贷款比重增加越大，指标得分越高。压降类指标是指压降类贷款占比下降，下降越多，指标得分也就越高。

（2）经营成效评价

信贷结构调整的目标是要形成一个经营效益好、资产质量优、风险收益高、资本消耗少的经营模式，因此还需要一个指标对于分支机构在信贷结构调整过程中的经营成效作出评价，防止对于分行信贷结构调整评价步入重视过程而忽视发展质量和效益的误区。经营效益指标主要是选择分行新发放贷款的平均利率以及分行的营业收入增长率，平均利率越高，其效益指标可能越好；资产质量指标主要是从资产质量现状和资产质量劣变两个角度去考虑，防止分行为了过度追求贷款的高收益而过多地将贷款发放给高风险的行业和客户。风险收益指标是一个综合考虑风险收益均衡的指标，我们选择的指标是当年新发放贷款的平均 RAROC 值；资本节约指标是从经济资本和监管资本节约的角度去进行度量的。

（3）贡献度评价

贡献度评价，主要评价分行信贷结构的变化对全行经营效果的贡献程度大小。贡献度评价包括收益贡献指标、风险贡献指标、贷款贡献指标和客户贡献指标。收益贡献指标和客户贡献指标属于正向指标，该指标越大越好；风险贡献指标属于负向指标，该指标越小越好；贷款贡献指标涉及拓展类贷款属于正向指标，涉及压降类贷款则属于负向指标。

（4）评价指标体系

表 2 - 1   分支机构信贷结构评价指标体系

维度	权重	大类指标	细化指标
方向性评价	40%	集中度指标	比重最大行业占总贷款比重
			单一客户贷款占总贷款比重
			最大十户客户贷款占总贷款比重
			5 亿元以上客户贷款比重
		拓展类指标	个人客户增幅
			银行卡客户增幅
			中小企业客户增幅
			个人住房贷款占比增加
			银行卡贷款占比增加
			小企业贷款占比增加
			贸易融资占比增加
			供应链融资占比增加
			网络融资占比增加
			"新四大行业"贷款占比增加[1]
			重点资源能源类贷款占比增加
		压降类指标	房地产贷款占比下降
			地方政府融资平台占比下降
			"四大行业"贷款占比下降[2]
			5 年期以上贷款占比下降

续表

维度	权重	大类指标	细化指标
经营成效评价	40%	经营效益指标	新发放贷款平均利率
			各项贷款利息收入增长率
		资产质量指标	不良贷款率
			贷款劣变率
		风险收益指标	新发放贷款的平均 RAROC 值
		资本消耗指标	贷款的经济资本节约率③
			贷款平均经济资本系数
			经济资本限额占用率
			贷款的监管资本节约率④
			贷款平均风险加权系数
			监管资本限额占用率
贡献度评价	20%	收益贡献指标	利息收益
		风险贡献指标	不良贷款余额
			经济资本余额
			监管资本余额
		贷款贡献指标	"四大行业" 贷款余额
			"新四大行业" 贷款余额
			行内银团贷款余额
			供应链融资余额
		客户贡献指标	个人客户数
			小企业客户数

注：①"新四大行业"包括先进制造业、现代服务业、文化产业和战略性新兴产业。

②"四大行业"包括城建、电力、公路和房地产。

③经济资本节约率 = 评价期贷款增长率 - 评价期经济资本增长率。

④监管资本节约率 = 评价期贷款增长率 - 评价期监管资本增长率。

2.1.4.2 评分方法

对于集中度指标，假设分行 i 第 j 个集中度指标年末值为 $X_{i,j,E}$，该指标警戒值为 $X_{i,j}^*$，分行 i 第 j 个集中度指标得分为

$$S_{ij} = \begin{cases} X_{i,j}^* - X_{i,j,E} & X_{i,j}^* - X_{i,j,E} \geq 0 \\ 0 & X_{i,j}^* - X_{i,j,E} < 0 \end{cases} \qquad (2-1)$$

对于拓展类指标，如果分行 i 第 j 个拓展类指标值为 $\Delta X_{i,j}$，得分如下

$$S_{ij} = \begin{cases} \Delta X_{i,j} & \Delta X_{i,j} \geq 0 \\ 0 & \Delta X_{i,j} < 0 \end{cases} \qquad (2-2)$$

对于压降类指标，如果分行 i 第 j 个压降类指标值为 $\Delta X_{i,j}$，得分如下

$$S_{ij} = \begin{cases} \Delta X_{i,j} & \Delta X_{i,j} \geq 0 \\ 0 & \Delta X_{i,j} < 0 \end{cases} \qquad (2-3)$$

对于经营成效指标和贡献度指标，假设分行 i 第 j 个指标年末值为 $X_{i,j,E}$，我们可以划分为正向指标和负向指标，数值越大越好的指标是正向指标，正向指标直接将该值作为该指标的得分；数值越小越好的指标是负向指标，负向指标将该指标正向化后的值作为该指标的得分，正向化公式为

$$S_{ij} = e^{-X_{i,j,E}} \qquad (2-4)$$

图 2-3　分支机构信贷结构调整评价总得分计算过程

由于各个细化指标得分的计算方式不同，可能在数量级上有所差异，因此我们需要对细化指标得分进行标准化。假设分行 i 第 j 个细化指标的得分为 S_{ij}，则分行 i 第 j 个细化指标标准化后的得分为

$$SS_{ij} = \frac{S_{ij}}{\sum_{i=1}^{N} S_{ij}} \qquad (2-5)$$

N 为参与评价的分行数。通过对不同大类的标准化细化指标得分进行加总，得到不同的大类指标总得分。由于不同大类指标所选择细化指标的数目可能不同，不同大类指标的得分在数量级上可能出现差异。因此，在得到不同大类指标的得分后，需要对不同大类指标的得分进行标准化。假设分行 i 第 j 个大类的指标得分为 Q_{ij}，则分行 i 第 j 个大类指标标准化后的得分为

$$SQ_{ij} = \frac{Q_{ij}}{\sum_{i=1}^{N} Q_{ij}} \qquad (2-6)$$

N 为参与评价的分行数。通过加总不同维度的标准化大类指标得分，可以得到不同维度的总得分，由于不同维度所选择的大类指标数量不同，不同维度得分的数量级还是会出现差异。在得到不同维度得分后，需要对不同维度得分进行标准化。假设分行 i 第 j 个维度得分为 U_{ij}，则分行 i 第 j 个维度标准化得分为

$$SU_{ij} = \frac{U_{ij}}{\sum_{i=1}^{N} U_{ij}} \qquad (2-7)$$

各个分行信贷结构调整评价的总得分为各个维度标准化得分的加权平均值。

2.2 信用风险概述

2.2.1 信用风险的内涵

信用风险是商业银行面临的传统风险，也是巴塞尔资本协议所重点防范的风险。信用风险是指由于借款人或交易对手不能或不愿履行约定的合约而给另一方带来损失的可能性，以及由于借款人的信用等级或者履约能力变化导致其债务的市场价值发生变动而引发损失的可能性。信用风险主要取决于交易对手的财务状况和信用状况。从不同的角度出发，可以将商业银行所面临的信用风险划分为不同类型。

（1）按照信用风险可能导致损失的行为类型，可以将信用风险划分为违约风险和降级风险。违约风险是指借款人或交易对手违约给商业银行带来损失的风险。违约风险根据可能导致损失类别，可以划分为本息风险和重置风险。当交易对手不按约定足额交付资产或价款时，商业银行有可能收不到或不能全部收到应得的资产或价款而面临损失，这被称为本息风险；当交易对手违约造成交易不能实现，商业银行为购得金融资产或变现金融资产需要再次交易，这将可能遭受因为市场价格的不利变化而带来损失的可能性，被称为重置风险。降级风险是指借款人信用等级变动造成其发行债券市场价值发生变化给商业银行带来损失的可能性。

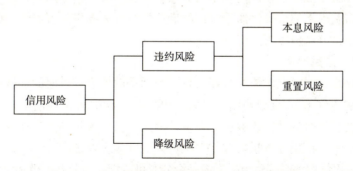

图 2 - 4　信用风险按可能导致损失的行为类型划分

（2）按照信用风险所对应法律关系的直接与否，可以将信用风险划分为直接信用风险和或有信用风险。直接信用风险是指根据合同规定，必须由银行自己承担的信用风险。直接信用风险按照信用风险所涉及的业务类型，又可以划分为表内信用风险、表外信用风险。源于资产负债表内业务的信用风险被称为表内风险，如借贷关系可能产生的信用风险；源于资产负债表外业务的风险被称为表外风险，如银行承兑汇票、保函可能带来的风险，这些业务不存在严格意义上的借贷关系，但是可能因为申请人违约导致商业银行发生损失。或有信用风险是指根据合同规定，银行无须自己承担的信用风险，但是由于某种原因，有可能转变为银行的信用风险，比如银行的代理销售或理财类业务，根据合同规定，银行不承担信用风险，但是由于银行代理过程中承担了声誉风险，当第三方出现违约时，银行为了维护自身声誉，可能会承担部分损失，其实是银行面临着或有信用风险。或有信用风险是近期一个比较新的信用风险类型，它源自于银行金融资产服务业务①的广泛开展，或将逐渐成为银行所面临信用风险的重要形式。

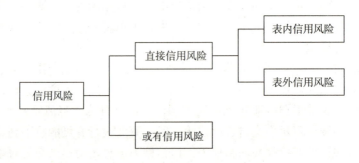

图 2 – 5　信用风险按对应法律关系的直接与否划分

（3）按照信用风险是否可分散，又可以划分为系统性信用风险和非系统性信用风险。系统性信用风险源于系统性风险，如经济危机导致借款人无力偿还贷款的风险，此类信用风险是不可分散的；非系统性信用风险是指由于特殊原因导致借款人不愿或无法履行合同给商业银行带来损失的可能性，此类信用风险可以通过分散借款人来降低。

2.2.2　信用评级

信用评级是对评级对象履行相关合同与承诺的能力和意愿的整体评价。信用评级最初产生于 20 世纪初期的美国。1902 年，穆迪公司的创始人约翰·穆迪开始对当时发行的铁路债券进行评级，信用评级后来延伸到各种金融产品及各种评估对象。信用评级根据评估对象可以划分为企业信用评级、证券信用评级、国家主权信用评级等；根据评级是否公开可以划分为公开评级和内部评级。

---

① 金融资产服务是指银行接受客户委托为客户提供的资产管理、私募股权（PE）基金管理、PE 基金主理银行、代理金融业务、债券承销、养老金受托管理、资产托管、委托贷款、资产证券化和代理销售等业务。

内部评级法（Internal Rating – Based Approach，IRB）是巴塞尔资本协议 II 的一大创新，指商业银行在得到监管当局批准的前提下，以银行内部评级体系①为基础，根据银行自身对风险要素的估计值来确定银行信用风险，并计算最低资本要求，从而确保银行资本充足的一种资本计量和信用风险管理的方法。

内部评级法下银行涉及信用风险要素有违约率、违约损失率、风险暴露和期限。违约率和违约损失率分别是基于客户评级和债项评级的基础来进行测算。商业银行客户评级主要参考客户的财务状况、历史违约记录和所处产业等因素。商业银行的债项评级主要参考贷款产品的类别、现金流的状况、担保方式、抵押物的价值、还款优先性、借款人的地区和行业等因素。

根据对于数据要求的不同，内部评级法可分为初级法和高级法。在初级法下，银行自行估计违约概率，其他要求的数据由监管当局来确定；高级法下，所有要求的数据都由银行自行估计。

2.2.3 违约率的测算

2.2.3.1 Logistic 模型在违约率测算中的运用

Logistic 模型是在信用风险度量方面应用最为广泛的回归模型之一，它是基于 Logistic 分布函数来构建的。Logistic 分布函数如下：

$$P = \frac{1}{1 + e^{-Y}}; \qquad (2-8)$$

它是函数值在 [0，1] 之间的单调递增函数，Logistic 分布函数图像具有 S 形分布特征。

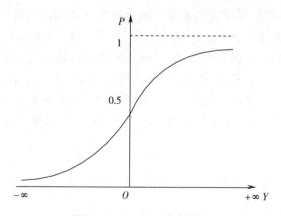

图 2 - 6　Logistic 分布函数

---

① 内部评级体系是由支持信用风险评估、确定内部风险级别、划分资产池、风险参数量化的各种方法、过程、控制、数据收集以及管理信息系统组成。

我们假设企业的信用风险水平 Y 与一系列指标密切相关，这些指标分别为 x_i，$0 \le i \le n$。为了使指标与风险值同向化，我们设计 X_i，如果 x_i 与信用风险的水平正相关，$X_i = x_i$；如果 x_i 与信用风险水平负相关，$X_i = -x_i$。风险水平 Y 与 X_i 的关系为

$$Y = \beta_0 + \sum_{i=1}^{n} \beta_i X_i \qquad (2-9)$$

我们将债务企业的最终决策变量 Y^* 划分为"不违约"和"违约"两种情形，分别记为 0 和 1，Y 与 Y^* 的关系如下：

$$Y^* = \begin{cases} 0 & Y \le E \\ 1 & Y > E \end{cases} \qquad (2-10)$$

我们称 E 为预测截断值（cutoff），我们以 Y^* 为因变量，X_i 为自变量，并且假定：

$$P(Y^* = 1 \mid X_i) = \frac{1}{1 + e^{-(\beta_0 + \sum_{i=1}^{n} X_i)}} \qquad (2-11)$$

根据最大似然估计法得到系数 β_i，根据回归系数 β_i 和式（2-11），我们在已知企业的信用风险指标值的情形下，就可以得到企业的违约概率。

我们以 39 家制造业 2012 年半年报中的财务数据为样本，数据来源于国泰安经济金融统计数据库。借鉴吴世农和卢贤义（2001），石晓军（2006），鲜文铎和向锐（2007）等学者的做法，将企业的违约与不违约用 ST 与非 ST 所代替。在 39 家选择的企业中有 14 家企业为 ST 企业，其余 25 家为非 ST 企业。我们选择了一些关键性的指标，如企业的财务杠杆系数（DFL）、资本保值增值率（CMIP）、存货周转率（ITR）、总资产周转率（ATR）、流动比率（LR）、速动比率（QR）、资产负债率（ALR）、销售净利率（NPMS）、总资产净利率（ROA）来对企业的违约、不违约进行二元选择回归。

我们令：

$$p = \frac{1}{1 + e^{-(\beta_0 + \beta_1 \times DFL + \beta_2 \times CMIP + \beta_3 \times ITR + \beta_4 \times ATR + \beta_5 \times LR + \beta_6 \times QR + \beta_7 \times ALR + \beta_8 \times NPMS + \beta_9 \times ROA)}}$$

$$(2-12)$$

先对式（2-12）进行回归分析，发现除了 DFL、ALR、ITR、QR 外，其余指标的回归系数没有显著性，我们剔除其他指标，继续估计，得到输出结果如下：

表 2 – 2   **Logistic 模型回归结果**

	Coefficient	Std. Error	z – Statistic	Prob.
C	– 5. 803387	2. 397588	– 2. 420511	0. 0155
ALR	0. 703450	0. 287304	2. 448452	0. 0143
DFL	– 1. 321438	0. 772158	– 1. 711357	0. 0870
ITR	3. 155791	1. 431515	2. 204511	0. 0275
QR	1. 666747	0. 820817	2. 030597	0. 0423
McFadden R – squared	0. 581927	Mean dependent var		0. 358974
S. D. dependent var	0. 485971	S. E. of regression		0. 324046
Akaike info criterion	0. 802268	Sum squared resid		3. 570205
Schwarz criterion	1. 015546	Log likelihood		– 10. 64423
Hannan – Quinn criter	0. 878790	Restr. log likelihood		– 25. 46021
LR statistic	29. 63195	Avg. log likelihood		– 0. 272929
Prob（LR statistic）	0. 000006			
Obs with Dep = 0	25	Total obs		39
Obs with Dep = 1	14			

即

$$p = \frac{1}{1 + e^{-(-5.803387 + 0.703450ALR - 1.321438 + 3.155791ITR + 1.666747QR)}} \qquad (2-13)$$

我们以 0.5 为默认截断值，对模型进行预测分析，得到预测效果分析如下：

表 2 – 3   **Logistic 模型预测效果分析**

	Estimated Equation			Constant Probability		
	Dep = 0	Dep = 1	Total	Dep = 0	Dep = 1	Total
P（Dep = 1）< = C	21	3	24	25	14	39
P（Dep = 1）> C	4	11	15	0	0	0
Total	25	14	39	25	14	39
Correct	21	11	32	25	0	25
% Correct	84. 00	78. 57	82. 05	100. 00	0. 00	64. 10
% Incorrect	16. 00	21. 43	17. 95	0. 00	100. 00	35. 90

表 2 - 3 中 Estimated Equation 一栏表示以 Logistic 模型预测的效果，Constant Probability 一栏表示将所有企业的违约概率均设定为一个小于 0.5 固定值的预测效果。根据表 2 - 3 我们可以知道，在未违约的 25 家企业中，违约概率值小于或等于截断值 0.5 的企业有 21 家，违约概率值大于截断值 0.5 的企业有 4 家，预测准确率为 84%；在违约的 14 家企业中，违约概率值小于或等于截断值 0.5 的企业有 3 家，违约概率值大于截断值 0.5 的企业有 11 家，预测准确率为 78.57%；整体预测准确率为 82.05%。而将所有企业的违约概率均设定为一个小于 0.5 固定值的预测准确率仅为 64.1%，可见 Logistic 模型预测准确率提高了 17.95 个百分点。我们根据 Logistic 模型得到各家企业的违约概率以及实际违约情况如下：

表 2 - 4　　　　　　　　企业违约概率和实际违约情况比较

企业代号	违约概率	实际违约情况	企业代号	违约概率	实际违约情况
1	0.9971	1	21	0.6023	0
2	0.3267	0	22	0.0479	0
3	0.0027	0	23	0.1069	0
4	0.5362	0	24	0.0008	0
5	0.0030	0	25	0.9235	1
6	0.6388	0	26	0.0236	0
7	0.1059	0	27	0.0000	0
8	0.0527	0	28	0.8279	1
9	0.0316	0	29	0.1092	0
10	0.0011	0	30	0.9457	1
11	0.0210	0	31	0.0945	0
12	0.0000	0	32	0.1093	1
13	0.1245	0	33	0.5417	1
14	0.9965	1	34	0.9806	1
15	0.0096	0	35	0.2389	1
16	0.0232	0	36	0.4850	1
17	0.0252	0	37	0.9932	1
18	0.9681	1	38	0.5579	1
19	0.0571	0	39	0.9892	1
20	0.5011	0			

当然，我们在用 Logistic 模型预测企业的违约概率时也可以将一些宏观因素引入其中，比如 GDP 增长率、CPI、利率、汇率、固定资产投资增长率、社会消费品零售总额增长率、进出口增长率等。当然这些宏观因素的引入必须是有选择性的，对于不同类型的行业中的企业，可以选择不同的宏观因素。比如对于出口依赖型的行业，可以选择汇率、进出口增长率等；对国内消费市场依赖性较高的行业，可以选择 GDP 增长率、CPI 和社会消费品零售总额增长率等；对于与生产投资密切相关的行业，可以选择 GDP 增长率、利率和固定资产投资总额增长率等。

2.2.3.2 基于股票价格波动的 KMV 模型

1991 年 KMV 公司引入了信用监测器产品，通过使用来自股票市场数据的公司股票价格的波动性，预测上市公司的违约概率。2002 年穆迪收购了 KMV 公司，并把 KMV 模型重新设计成为穆迪 KMV 模型。假设债务到期日为 T，企业价值为 V_T，债务面值为 F，债权人收益为 $D(V_T)$。如果企业价值 V_T 超过所需偿还的债务面值 F，则企业将选择偿还债务，债权人得到全额支付。此时股东收益为 $V_T - F$，债权人收益为 F。

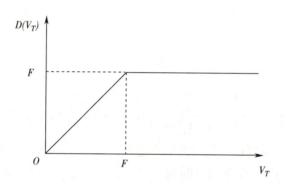

图 2 - 7 债权人收益与企业价值的关系

默顿认为公司的资产价值一旦低于债务面值时，公司将会违约。但实际上，在资产价值稍微低于债务面值时，很多公司都不会选择违约；当公司违约时，其资产价值一般是远低于其债务面值。为了解决这个问题 Francis Longstaff 和 Eduardo Schwartz（1995）提出了扩展的默顿模型，他们设定了一个低于公司债务面值的 K 值，当资产价值降低到 K 值时，公司违约发生，K 值被称为违约点。

图 2 - 8 中，假设从现在开始 1 年的资产价值符合正态分布，1 年后资产价值的期望与违约点之间的距离被称为违约距离，企业真正违约的概率是企业资产价值低于违约点的概率。假设股票价格期望和公司资产价值期望分别为

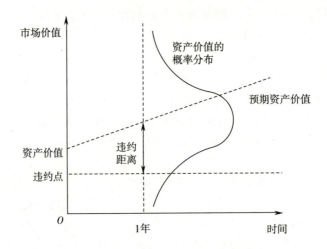

图2-8　KMV信用监视器原理

$E(S)$ 和 $E(A)$，Black-Scholes 认为股票价格期望是公司资产的买入期权，因此有：

$$E(S) = E(A) \times N(d_1) - (DPT) \times e^{-rT} \times N(d_2) \tag{2-14}$$

基于 Ito 引理，还可以得到：

$$\sigma_E E(S) = N(d_1) \cdot \sigma_A \cdot E(A) \tag{2-15}$$

其中，$d_1 = \dfrac{\left[\ln(DPT) + \left(r + \dfrac{1}{2}\sigma_A^2\right)(T-t)\right]}{\sigma_A (T-t)^{1/2}}$，$DPT$ 是违约点，r 是无风险利率，σ_A 是公司资产价值波动的标准差，$d_2 = d_1 - \sigma_A \sqrt{T-t}$，$t$ 是当前时间，T 是计算违约概率的时间期（如 $T=1$），σ_S 是股票价格波动的标准差。KMV 模型将违约点定义为公司的流动负债与一半长期负债之和，根据公式（2-14）和公式（2-15），我们可以得到公司价值的期望和波动的标准差，从而得到理论上的违约概率：

$$PD = \frac{1}{\sqrt{2\pi}\sigma_A} \int_{-\infty}^{PDF} e^{-\frac{1}{2}\left[\frac{x-E(A)}{\sigma_A}\right]^2} \mathrm{d}x \tag{2-16}$$

2.2.4　违约损失率的测算

一般情况下，借款人违约时，债权人一般不会损失债务的全部，而是能或多或少地收回部分的债务本息。影响债项损失的特定风险因素包括：产品类别、担保方式、还款的优先性、借款人所在地区和行业等。对于债项的评级直接影响到违约损失率的测算，不同的债项评级对应不同的违约损失率。影响债项评级的主要因素有：

表 2 - 5 债项评级主要影响因素

影响因素	具体内容
担保因素	抵质押物的类型、抵质押物质量、押品估值、保证人类型等
合约条款	贷款用途、贷款规模期限和用途匹配度、资金使用监管、还款优先性、分期还款、保护性条款等
借款人因素	资本结构、所属行业等
银行管理	贷后监控能力、清收经验、清收力度等
外部因素	经济周期、法律环境、金融市场等

2.3 信贷组合的 VaR

VaR（Value at Risk，简称为风险价值度）是指资产在一定置信水平下可能出现的最大损失，它可以对商业银行的信贷组合提供一个整体信用风险度量。假设 V 是指信贷资产的实际价值，MV 是信贷资产的期望价值，$MV - V$ 表示信贷资产出现的额外损失，$MV - V > 0$ 表示额外损失为正，$MV - V < 0$ 表示额外收益为正。令 α 是风险价值度所要求的置信水平（如 99%），则 VaR_α 表示在置信水平 α 的概率下银行的损失不超过的某临界值，可以用下面的公式表示：

$$prob(MV - V < VaR_\alpha) = \alpha; \qquad (2 - 17)$$

$prob(\cdot)$ 表示概率函数，我们令 $VaR_\alpha = MV \times k_\alpha \times \sigma$，$k_\alpha$ 由置信水平 α 和资产价值波动的标准差 σ 决定。假设信贷组合中有 m 个资产，分别为 $A_1, A_2, \cdots, A_i, \cdots, A_m$，他们的资产价值波动的方差分别为 $\sigma_1^2, \sigma_2^2, \cdots \sigma_i^2, \cdots \sigma_m^2$，各资产的期初比重分别为 $\beta_1, \beta_2, \cdots \beta_i, \cdots \beta_m$，$\rho_{ij}$ 为资产 i 和资产 j 收益的相关系数，$|\rho_{ij}| \leq 1$，则我们有：

$$VaR_\alpha^P = MV_p \times k_\alpha \times \sigma_p = MV_p \times k_\alpha \times \sqrt{\sum_{i=1}^n \beta_i^2 \sigma_i^2 + \sum_{i=1}^n \sum_{i \neq j} \beta_i \beta_j \sigma_i \sigma_j \rho_{ij}}$$

$$= \sqrt{\sum_{i=1}^n (\beta_i \times MV_p \times k_\alpha \times \sigma_i)^2 + \sum_{i=1}^n \sum_{i \neq j} MV_p^2 \times k_\alpha^2 \times \beta_i \times \beta_j \times \sigma_i \times \sigma_j \times \rho_{ij}}$$

$$= \sqrt{\sum_{i=1}^n \beta_i^2 VaR_i^2 + \sum_{i=1}^n \sum_{i \neq j} \beta_i \beta_j VaR_i \times VaR_j \times \rho_{ij}} \qquad (2 - 18)$$

我们通过式（2-18）可以知道，信贷组合能够降低贷款的 VaR 值，这源于各贷款之间在收益上的相关性，并且各个类型贷款的比重的不同决定了最终的 VaR 值的不同，这在一定程度上说明子信贷结构决定了商业银行整体信用风险的大小。

3 商业银行信贷资源的行业配置

3.1 商业银行的风险偏好与经营战略

风险偏好是对风险的厌恶程度以及愿意承担的风险类型和大小。商业银行的风险偏好是商业银行全面风险管理的逻辑起点，董事会代表股东确定本行的风险偏好并对管理层的重大经营决策进行约束和指导。商业银行风险偏好体现在商业银行重大战略的制定过程中，并通过信贷政策制度、授权管理、集中度管理、限额管理和绩效考核等传递到各个业务单元的实际经营活动中去。商业银行的经营战略是与其风险偏好相匹配的具有重要性、长期性、宏观性和系统性的经营策略。商业银行的风险偏好与经营战略直接相关，都是为了最终战略目标的实现而服务的，商业银行在制定经营战略时，应该在不同战略间选择与商业银行风险偏好相一致的经营战略。

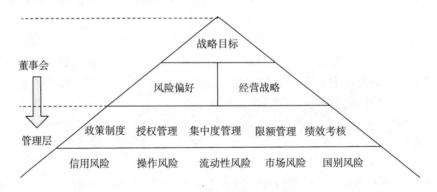

图 3－1　商业银行风险偏好和经营战略在组织结构中的关系

商业银行的风险偏好包括两个方面：对风险的厌恶程度以及风险容忍度。风险的厌恶程度可以用风险规避系数来表示，一般来说，商业银行都是风险规避型的，我们引入一个商业银行绝对风险规避型效用函数：

$$U(PROFIT, RISK) = PROFIT - \beta \times RISK \qquad (3-1)$$

$U(\cdot)$ 表示银行效用函数，$PROFIT$ 表示利润，$RISK$ 表示风险，$\beta > 0$，表示商业银行对风险的厌恶程度，被称为风险规避系数，β 越大，表示商业银行越规避风险；β 越小，表示商业银行越激进。

　　风险容忍度是指商业银行对所承担风险大小的容忍程度，可以通过所能承受的风险价值度（VaR）来度量，包括商业银行对于单个资产的风险容忍度以及整体风险敞口的风险容忍度。风险容忍度越大，商业银行可以接受相同置信水平下的风险价值度越高。

　　假说一：商业银行所能接受的最低风险收益率等于风险规避系数，商业银行的风险规避系数越大，能接受的最低风险收益率越高。

　　商业银行对所有资产的投资必须实现正效用，当效用为负时，这样的投资活动对商业银行就没有意义。

$$U(PROFIT, RISK) = PROFIT - \beta \times RISK > 0 \qquad (3-2)$$

得到：

$$\frac{PROFIT}{RISK} > \beta \qquad (3-3)$$

　　因此银行所能接受的最低风险收益率等于风险规避系数，商业银行的风险规避系数越大，能接受的最低风险收益率越高。

　　假说二：商业银行的风险规避系数影响到商业银行信贷结构。

　　正如假说一所述，商业银行能接受的最低风险收益率等于其风险规避系数，风险规避系数越高，其实就排除掉了更多的客户或行业，从不同的客户和行业集合中进行信贷资源的配置所得到的信贷结构也不相同。

　　假说三：风险规避系数并不是越高越好，当商业银行风险规避系数超过一定限度时，可能影响到业务的发展，最终可能对银行的可持续经营产生负面影响。

　　风险规避系数越高，所能接受的最低风险收益率越高，可准入的客户或行业集合越小，当这个集合无法提供足够的业务增长时，就将对银行的可持续经营产生负面影响。

　　假说四：资本约束会降低商业银行的风险容忍度，促进商业银行稳健经营。

　　假设商业银行的资本规模为 C，资产规模为 A，在不存在资本约束的情形下，商业银行追求的是尽可能资本保值增值最大化，因此资产 A 的结构更可能是高风险高收益的资产。一旦引入资本约束，资产的风险越大，对应的风险加权资产越大，需要满足：

$$\frac{C}{RISK \times A} \geq c^* \qquad (3-4)$$

　　c^* 为资本充足率要求，为了满足资本充足率要求，商业银行必须要降低资产的整体风险，因此对于风险的容忍度将降低。

信贷结构调整战略就是商业银行一个重要的经营战略，是保持信贷业务持续竞争力的关键所在，未来大型国有商业银行在信贷结构调整战略上将显现出以下几方面的特点。

第一，更加注重对实体经济的支持。实体经济与金融机构相互依赖、相互促进。没有健康的实体经济，金融机构的发展将成为无源之水，金融机构的有序发展也能够实现资源的更有效配置，为实体经济的增长注入新的动力。未来，大型国有商业银行需要承担起支持实体经济的更大社会责任，在经济过热时保持稳健的信贷增长步伐，在经济衰退时适当增加信贷的投放，以逆周期的信贷调控方式来支持实体经济的发展，防范经济的大起大落。同时，大型国有商业银行也应该更多地支持资源性行业、国民经济命脉行业以及一些有稳定盈利来源的重大建设项目。

第二，更加注重对系统性风险的防范。小银行的经营方式更为灵活，这使它们在面对系统性风险时能够更加迅速地进行策略调整，降低系统性风险对于自身的冲击。大型国有商业银行由于机构和业务庞杂，需要对系统性风险进行提前预判，并进行具有前瞻性的战略部署，因此信贷结构调整需要更加具有前瞻性。对于当前中国大型国有商业银行来说，未来有可能爆发系统性风险的领域有两个，一个是房地产，另一个是地方政府融资平台，并且这两个领域的风险交织在一起，需要引起商业银行的高度重视。

第三，更加注重零售业务的发展。大型国有商业银行一直以来都享受着隐性的制度红利，这在经济高涨时期显示为大型国有商业银行的巨大盈利，但是当经济增速放缓时，则可能导致商业银行的利润增速的快速下滑。随着金融脱媒的进一步深入，未来银行大型客户会更多地通过股票、债券特别是内源资金来满足其经营需求，对于贷款的依赖程度会进一步降低。大型国有商业银行需要从以往专注于大型客户的思维定式中解放出来，将未来的发展重心放在零售业务的发展上，积极发展个人消费贷款（特别是个人住房贷款）以及小微企业贷款。

表 3 - 1 　　　　　　　　2012 年上市银行净利润增速变化比较　　　　　　　单位：%

银行	2012 年	2011 年	增速变化
工商银行	14.5	25.6	-11.0
农业银行	19.0	28.5	-9.5
中国银行	11.7	18.8	-7.1
建设银行	14.3	25.5	-11.2
招商银行	25.3	40.2	-14.9

续表

银行	2012 年	2011 年	增速变化
中信银行	1.8	43.4	-41.6
民生银行	34.7	60.8	-26.1
浦发银行	25.4	42.6	-17.2
光大银行	30.6	41.4	-10.8

资料来源：各银行 2012 年度报告。

第四，更加注重信贷资产组合的动态管理。商业银行信贷结构调整的一个趋势就是信贷资产组合的动态管理，这需要经营管理团队、风险管理模型、管理信息系统的巨大飞跃，也需要管理者、模型、数据、系统的有机衔接。大型国有商业银行需要致力于建立信息化银行，实现运营的集中、系统的整合、信息的共享和数据的挖掘。当资产结构出现明显不合理时，系统将会给出预警，同时给出资产结构调整的辅助建议，管理层可以制定下一步的经营策略和调整方案，系统则会根据调整实时给出调整效果评估。

第五，更加注意信贷的接续发展。所谓信贷的接续发展是商业银行通过多种方式实现信贷所需资源的接续补充，逐步弱化对原有资源的增长依赖，保证信贷业务的平稳发展和转型。信贷接续发展包括结构、资本、客户等多维度的接续。在结构接续上，经济结构在转型，外部环境在变化，大型国有商业银行需要思考存量信贷池的资源再配置和对新信贷池的战略布局；在资本接续上，大型国有商业银行将面临比中小银行更加严格的资本监管，有必要在信贷结构调整时考虑到资本利用效率的提高；在客户接续上，信贷结构调整涉及客户的吐故纳新，需要新客户资源的补充。

3.2 基于信贷资源配置视角的行业四维分析

3.2.1 基于信贷资源配置视角的行业四维分析框架

基于信贷资源配置的视角，商业银行评价一个行业大体可以遵循以下四个步骤：一是总量分析；二是结构性分析；三是前瞻性分析；四是风险偏好和经营战略匹配性分析。总量分析是对行业的信贷需求总量进行分析，结构性分析是对行业的整体财务指标进行分析，前瞻性分析是对行业未来发展前景进行分析，风险偏好和经营战略匹配性分析是对行业与商业银行自身的风险偏好和经营战略进行匹配分析。

3.2.1.1 总量分析

商业银行基于信贷资源配置的视角对行业的评价，首先要关注的是信贷需求总量指标，这个指标往往无法直接得到，因此需要一些间接的总量指标来佐证，包括行业的总产值，行业总资产，行业固定资产投资规模、行业主营业务收入等。企业的资金来源分为三个部分：内源融资、直接融资、间接融资。直接融资包括股票和债券融资，间接融资就形成对银行的信贷需求。总量指标是决定银行对行业进行信贷资源配置的基础，在各个行业的融资结构不出现大的偏差的情况下，总量指标越大，对信贷的需求就越大，行业能够容纳的贷款就越多。

3.2.1.2 结构性分析

在总量分析的基础上，接下来需要对行业财务指标进行结构性分析，包括盈利能力状况、资产质量状况、债务风险状况和经营增长状况。具体指标如表3-2所示：

表3-2　　　　　　　　　　结构性分析的指标体系

盈利能力状况	净资产收益率（%）
	总资产报酬率（%）
	销售（营业）利润率（%）
	盈余现金保障倍数
	成本费用利润率（%）
	资本收益率（%）
资产质量状况	总资产周转率（次）
	应收账款周转率（次）
	不良资产比率（新制度）（%）
	流动资产周转率（次）
	资产现金回收率（%）
债务风险状况	资产负债率（%）
	已获利息倍数
	速动比率（%）
	现金流动负债比率（%）
	带息负债比率（%）
	或有负债比率（%）

续表

	销售（营业）增长率（%）
	资本保值增长率（%）
经营增长状况	销售（营业）利润增长率（%）
	总资产增长率（%）
	技术投入比率（%）

以上四个方面的分析基本上覆盖了各个行业细化的风险和收益指标，可以对行业的内在结构性指标进行一个综合的判断。

3.2.1.3 前瞻性分析

信贷资源的行业配置不能仅仅关注过去和现状，也应该关注未来。商业银行基于信贷资源配置的视角对行业的分析还有一个方面是前瞻性分析，前瞻性分析要基于两个方面进行考虑。

（1）行业成长速度前瞻性分析

每个行业都要经历一个由成长到衰退的发展演变过程，这个过程称为行业的生命周期。判断行业的未来发展，需要从行业周期的角度去进行判断。一般而言，行业的生命周期可分为四个阶段，即幼稚期、成长期、成熟期和衰退期，各个时期行业的收益、风险以及信贷需求都是不同的。一般来说，幼稚期的行业风险高、收益也高，对于资金的需求量较大，但适合商业银行信贷资金的业务有限；成长期的行业收益保持持续增长，风险则保持稳定，对于银行信贷资金的需求也在上升；成熟期的行业收益和风险都保持稳定，对于银行信贷资金的需求也保持稳定；衰退期的行业其收益开始萎缩，行业替代的风险开始上升，对于信贷的需求也在逐渐萎缩。

行业的发展与国家行业政策的支持密切相关，因此分析一个行业未来的发展，也要分析国家行业政策导向并对国家的行业政策进行预判。外部政策环境主要是从国家宏观政策上对某个行业的支持力度来进行评价，由于国家的宏观政策对行业的影响都有一个滞后期，并且影响的期限可能持续时间较长，一般为几年甚至更长，因此，研究国家当前的宏观政策以及对未来政策进行预判有助于分析行业未来的发展。

（2）行业系统性风险前瞻性分析

行业系统性风险是指某个行业所面临的不可分散风险，可以将系统性风险划分为两部分：第一种是潜在系统性风险，潜在系统性风险是指一个行业在相当长的一段时期内由于行业特性导致的系统性风险的平均大小，在图 3 - 2 中

如 *AB* 所示；第二种是特殊系统性风险，是行业在某特定时期由于特殊因素而导致系统性风险的增加，比如房地产开发行业近年来由于房价泡沫化而面临的系统性风险，在图 3 - 2 中如 *BC* 所示。

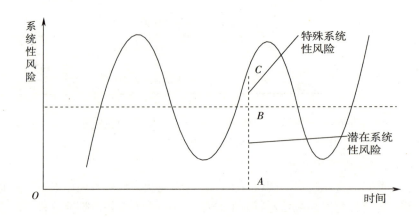

图 3 - 2 行业系统性风险

行业潜在系统性风险其实就是行业的经济周期强弱反应，有些行业是属于强经济周期的，其潜在系统性风险就强，反之，弱经济周期的行业潜在系统性风险就相对较弱。测算行业潜在系统性风险的方法有两种：一是市场法，将某行业股票收益率与市场组合的整体收益率进行回归分析，得到的回归系数即为该行业潜在系统性风险的大小；二是将某行业的行业整体利润率与一些系统性风险因子进行回归分析，得到的回归系数作为系统性风险的大小。

行业的特异系统性风险比较难以度量和判断，必须逐个行业逐个分析。比如房地产行业，我们可以根据房价收入比、房屋租售比以及住房空置率来判断房价泡沫是否存在，根据房价泡沫化的程度来判断各个时点房地产行业的特定系统性风险；再比如一些制造业的子行业，可能存在着比较严重的产能过剩的现象，则要根据该行业产能过剩的程度来判断该行业的特定系统性风险；再比如，随着社会环保意识的不断增强，一些高污染的行业呈现出环保风险高发的态势，这类行业比如煤炭、冶金、电力、石化、光伏制造等，对于这类行业的环保风险也应该更加重视。

（3）综合判断

对于行业的前瞻性分析是基于以上两个角度进行的综合判断，包括对未来行业成长速度以及行业系统性风险的判断，一般采用专家打分法来得到。

表 3 - 3　　　　　　行业的前瞻性分析中专家打分所需考虑到的因素

权重	考虑因素	细化因素	得分计算方式
50%	行业成长速度	行业周期	从成长期、成熟期至衰退期，得分依次降低
		产业政策	产业政策越有利，得分越高
		其他特殊因素	
50%	行业系统性风险	对经济周期敏感性	对经济周期敏感性越强，得分越低
		价格泡沫	价格泡沫越严重，得分越低
		产能过剩	产能过剩越严重，得分越低
		环保风险	环保风险越大，得分越低
		其他特殊因素	

3.2.1.4　风险偏好与经营战略匹配性分析

不同商业银行的风险偏好不同，经营战略也会有所差异，比如说大型国有商业银行，对于风险低、收益稳定的行业如装备制造业、资源性行业会赋予较高的重要性，而一些中小银行，对于风险高、收益也高的新兴行业则会赋予较高的重要性。再比如城市基础设施、电力、水利、公路等行业，由于非市场化的程度比较高，因此在前面三个维度评价中得分可能不高，但是由于涉及国计民生，战略重要性也比较高，其背后可能是政府部门的隐性担保，所能带来的综合收益也较高，大型商业银行在这些行业的信贷业务具有比较优势，因此基于风险偏好和经营战略的匹配分析，大型商业银行可能对此类行业也有比较好的评价。总之，商业银行对行业的评价在前面三个维度的基础上，必须考虑到自身风险偏好和经营战略，对行业与自身风险偏好和经营战略的匹配度进行分析。风险偏好和经营战略匹配度越高，可以相应地将更多的信贷资源配置到该行业，具体的比重则体现了银行家的经营智慧。

3.2.2　行业结构性分析的具体方法

对于行业的结构性评价，本文重点讨论三种方法：第一种是因子分析法，第二种是熵权法，第三种是聚类分析法。这三种方法在原理上有所差异，第一种侧重于降低维度，即将原来数量众多的指标所包含的信息用几个公共因子替代；第二种侧重于权重确定，将所有指标作为一个系统，在这个系统内计算各个指标的权重；第三种侧重于对于评价对象根据一些指标的相似程度进行归类。

3.2.2.1　因子分析法

我们在对行业进行综合分析的时候，往往要对行业的许多指标进行分析，以期能够对行业有比较全面完整的认识。这些指标数量众多，这无疑会增加分析过程中的计算工作量，并且变量之间都有或多或少的相关性，变量之间信息的高度重合也会给统计方法的应用带来许多障碍。因子分析法的主要思想是既要减少指标的个数，又要保证信息的尽可能全面。因子分析法是通过主成分分析法生成几个公共因子能对原来数量众多的指标进行替代，而且这些公共因子能够反映原有指标的绝大部分信息。因子分析法最后会得到每个行业在各公共因子上的得分，以各公共因子对于原有指标方差的解释程度作为权重，最后得到各行业的综合得分和排名。

3.2.2.2 熵权法

熵是一个系统无序程度的度量，信息是一个系统有序程度的度量。如果某指标的熵越小，说明该指标有序程度越高，所提供的信息量越大，在综合评价中所起的作用越大，该指标的权重就应当越高。可见熵权法思想并不是降低维度，而是重在权重确定，最后得到基于多个指标的综合得分。我们假设有 m 个行业，我们对每个行业都提取 n 个指标，各个行业指标形成的矩阵如下：

$$X = \begin{pmatrix} x_{11} & x_{12} & \cdots & x_{1n} \\ x_{21} & x_{22} & \cdots & x_{2n} \\ \cdots & \cdots & x_{ij} & \cdots \\ x_{m1} & x_{m2} & \cdots & x_{mn} \end{pmatrix} \qquad (3-5)$$

x_{ij} 表示第 i 个行业第 j 个指标的值。我们先得到第 j 个指标的熵值为

$$E_j = -k \sum_{i=1}^{m} P_{ij} \ln P_{ij} \qquad (3-6)$$

其中，$k = \dfrac{1}{\ln m}$，$P_{ij} = \dfrac{x_{ij}}{\sum\limits_{i=1}^{m} x_{ij}}$

计算第 j 个指标的权重为

$$W_j = \frac{G_j}{\sum\limits_{j=1}^{n} G_j} \qquad (3-7)$$

其中，$G_j = 1 - E_j$，表示第 j 个指标的有序系数，G_j 越大，该指标权重越大。

3.2.2.3 聚类分析法

聚类分析（Cluster Analysis）又称群分析，是根据一些统计指标对分析对象进行分类的一种多元统计分析方法，它能够实现按照分析对象的特性来进行合理的分类，而不根据任何事先预设的模式。聚类分析起源于分类学，传统的分类学主要依靠经验和专业知识来实现分类。随着计算数学以及信息技术的发展，人们逐渐地把数学工具运用到了分类学中，形成了数值分类学，之后又将

多元分析的技术引入到数值分类学形成了聚类分析。聚类分析应该注意以下两点：

（1）所选的指标应符合聚类分析的要求。聚类分析是根据所选指标对样本进行分类，因此分类的结果是各个指标综合计量的结果，在选择参与聚类分析的指标时，应该注意所选择指标是否符合聚类分析的要求。比如我们在基于信贷资源配置的角度来对行业进行聚类分析时，所选择的指标一般包括行业总产值、行业的资产负债率、销售利润率等指标，而尽量不选取行业的员工人数、行业平均薪酬等与信贷资源配置相关性较低的指标。

（2）各指标的数值不应有数量级上的差异。聚类分析是以各种距离来度量个体间的"亲疏"程度，数量级将对距离产生巨大的影响，并将最终影响到聚类结果。因此在使用不同的指标对评价对象进行聚类分析前，需要首先消除数量级对聚类的影响，其中的一个重要方法是对各指标进行标准化处理。

3.2.2.4 数据处理

在进行因子分析、熵权法和聚类分析之前，我们需要对数据进行必要的处理。由于有些指标是越大越好（我们称为正向指标），有些指标则是越小越好（我们称为负向指标），因此我们要对指标进行同向化处理，并且为了消除各个指标数量级上的不一致，还需要对指标进行标准化处理。假设分析对象 i 的第 j 个指标为 x_{ij}，对于正向指标，我们直接标准化处理，所用到的公式为

$$x_{ij}^* = \frac{x_{ij}}{ave\{X_j\}} \qquad (3-8)$$

对于负向指标，我们要对指标进行正向标准化处理，所用到的公式为

$$x_{ij}^* = \frac{1/x_{ij}}{ave\{X_j^*\}} \qquad (3-9)$$

其中，$X_j = (x_{1j}, x_{2j}, \cdots x_{mj})$，$ave\{X_j\}$ 表示指标序列 X_j 的平均值，$X_j^* = (1/x_{1j}, 1/x_{2j}, \cdots 1/x_{mj})$。

3.2.3 行业结构性分析的实证研究

本报告对各行业进行结构性分析的实证研究，行业划分以国民经济行业分类（GB/T 4754—2011）为标准，并剔除金融业，教育，卫生和社会工作，公共管理、社会保障和社会组织，国际组织几个行业，数据来源于工商银行2012 年行业评价标准值统计数据。本报告选择了结构性分析指标体系中四个维度的代表性指标，包括资产负债率、全部资本化比率、已获利息倍数、速动比率、总资产报酬率、净资产收益率、销售（营业）利润率、成本费用利润率、总资产周转率、流动资产周转率、应收账款周转率、总资产增长率、资本积累率、销售（营业）增长率。先对各行业的上述指标进行正向标准化，得到正向标准化后的数值。

表3-4 各行业正向标准化后的指标值

	资产负债率	全部资本化比率	已获利息倍数	速动比率	总资产报酬率	净资产收益率	销售（营业）利润率	成本费用利润率	总资产周转率（次）	流动资产周转率（次）	应收账款周转率（次）	总资产增长率	资本积累率	销售（营业）增长率
农、林、牧、渔业	1.03	1.02	1.02	0.99	1.25	1.01	0.65	0.82	0.96	0.95	1.01	0.85	0.81	0.87
采矿业	1.02	0.94	1.22	1.08	1.66	1.26	0.84	1.18	0.90	1.27	0.96	1.27	1.46	1.78
制造业	1.10	1.17	1.12	0.98	1.30	1.46	0.73	0.98	1.71	1.54	1.16	0.92	0.99	1.11
电力、热力、燃气及水生产和供应业	0.82	0.71	0.65	0.84	0.58	0.41	0.82	0.72	0.54	1.09	0.89	0.76	0.71	1.24
建筑业	0.95	1.11	1.35	1.19	0.75	0.91	0.54	0.77	1.43	1.07	0.78	1.65	1.54	0.82
批发和零售业	0.91	0.99	0.89	1.00	1.08	1.45	0.46	0.55	2.19	1.63	1.22	0.83	0.75	0.97
交通运输、仓储和邮政业	1.02	1.01	0.77	0.90	0.90	0.68	0.95	0.72	0.86	1.28	1.29	0.98	1.05	1.00
住宿和餐饮业	0.92	0.91	0.81	0.92	0.90	1.24	1.00	0.82	1.24	1.34	1.33	0.71	0.56	0.78
信息传输、软件和信息技术服务业	1.16	1.18	1.60	0.97	0.97	1.27	1.36	1.34	0.99	1.18	0.97	0.94	1.18	1.27
房地产业	0.93	0.84	0.70	1.23	0.60	0.92	0.98	1.23	0.50	0.17	1.17	1.45	1.91	0.57
租赁和商务服务业	1.02	0.95	0.83	0.84	0.96	0.78	1.42	1.31	0.67	0.65	0.61	0.87	0.53	0.83
科学研究和技术服务业	1.01	1.33	1.16	1.25	1.32	1.20	1.03	0.98	1.03	0.75	0.99	1.24	1.38	1.46
水利、环境和公共设施管理业	0.92	0.82	0.83	1.20	0.76	0.61	1.17	1.07	0.58	0.52	0.91	1.18	1.02	1.24
居民服务、修理和其他服务业	1.11	1.03	1.12	0.86	1.27	1.05	1.33	1.27	0.90	0.84	0.72	0.82	0.54	0.94
文化、体育和娱乐业	1.09	0.98	0.93	0.76	0.71	0.75	1.72	1.23	0.50	0.72	0.98	0.53	0.56	0.13

我们通过 SPSS 软件对指标数据进行因子分析，设定特征根值为 1，通过 SPSS 软件得到因子碎石图（见图 3-3）。

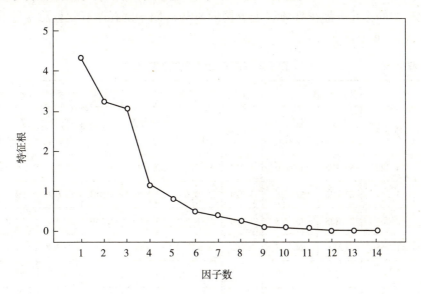

图 3-3　因子碎石图

因子碎石图横坐标表示因子数目，纵坐标表示特征根值。根据因子碎石图，当设定特征根值为 1 时，系统自动提取特征根大于 1 的四个公共因子，我们进而得到因子分析的初始解。

表 3-5　　　　　　　　　　　因子分析初始解

指标	原因子	提取公共因子
资产负债率	1.000	0.911
全部资本化比率	1.000	0.767
已获利息倍数	1.000	0.782
速动比率	1.000	0.911
总资产报酬率	1.000	0.763
净资产收益率	1.000	0.826
销售（营业）利润率	1.000	0.888
成本费用利润率	1.000	0.864
总资产周转率	1.000	0.854
流动资产周转率	1.000	0.886
应收账款周转率	1.000	0.648
总资产增长率	1.000	0.928
资本积累率	1.000	0.902
销售（营业）增长率	1.000	0.844

　　表3-5第二栏显示，当提取所有指标作为因子时，每个指标能够被解释的程度是100%；第三栏显示当提取四个公共因子时每个指标被解释的程度还是比较好的，几乎都在80%以上或接近80%。因子解释原有变量总方差的情况如表3-6所示。

表3-6　　　　　　　　　　因子解释原有变量总方差情况

因子	初始特征根			未旋转的因子载荷平方和			旋转后的因子载荷平方和		
	特征根	方差贡献率	累计方差贡献率	特征根	方差贡献率	累计方差贡献率	特征根	方差贡献率	累计方差贡献率
1	4.322	30.870	30.870	4.322	30.870	30.870	3.532	25.231	25.231
2	3.224	23.026	53.896	3.224	23.026	53.896	3.510	25.069	50.300
3	3.064	21.883	75.778	3.064	21.883	75.778	3.149	22.496	72.795
4	1.165	8.325	84.103	1.165	8.325	84.103	1.583	11.308	84.103
5	0.809	5.776	89.879						
6	0.483	3.452	93.331						
7	0.383	2.737	96.068						
8	0.276	1.975	98.043						
9	0.111	0.795	98.838						
10	0.075	0.533	99.371						
11	0.063	0.453	99.824						
12	0.018	0.127	99.951						
13	0.007	0.048	100.000						
14	$3.524E-5$	0.000	100.000						

　　可以知道旋转后的公共因子一对原有变量总方差的贡献率为25.23%，公共因子二对原有变量总方差的贡献率为25.07%，公共因子三对原有变量总方差的贡献率为22.50%，公共因子四对原有变量总方差的贡献率为11.31%，四个公共因子对原有变量总方差的解释程度达到84.10%，较好地反映了原有变量的信息。SPSS软件根据因子得分系数矩阵得到各个行业在各公共因子的得分，并且以各公共因子对原有变量方差的贡献率作为权重，得到各行业的综合得分和排名见表3-7。

表 3 – 7 因子分析法评价结果

行业	因子一	因子二	因子三	因子四	综合得分	排名
农、林、牧、渔业	0.337	0.066	– 0.276	0.162	0.058	7
采矿业	– 0.159	0.422	0.565	2.089	0.429	5
制造业	1.039	1.306	– 0.297	– 0.028	0.520	1
电力、热力、燃气及水生产和供应业	0.101	– 2.343	– 0.767	1.027	– 0.618	14
建筑业	0.414	0.065	1.623	– 0.032	0.482	3
批发和零售业	2.268	0.002	– 0.415	– 0.090	0.469	4
交通运输、仓储和邮政业	0.618	– 0.451	– 0.260	– 0.480	– 0.070	9
住宿和餐饮业	1.139	– 0.310	– 0.810	– 0.792	– 0.062	8
信息传输、软件和信息技术服务业	– 0.729	1.708	– 0.054	0.000	0.232	6
房地产业	– 0.561	– 0.745	2.014	– 1.810	– 0.080	10
租赁和商务服务业	– 1.410	– 0.317	– 0.900	0.369	– 0.596	13
科学研究和技术服务业	– 0.120	0.897	1.150	0.516	0.512	2
水利、环境和公共设施管理业	– 0.802	– 1.202	0.720	0.422	– 0.294	12
居民服务、修理和其他服务业	– 1.036	0.665	– 0.972	0.531	– 0.253	11
文化、体育和娱乐业	– 1.100	0.238	– 1.320	– 1.885	– 0.728	15

我们接着利用熵权法对各个行业进行综合评价，所选的指标仍然为资产负债率、全部资本化比率、已获利息倍数、速动比率、总资产报酬率、净资产收益率、销售（营业）利润率、成本费用利润率、总资产周转率、流动资产周转率、应收账款周转率、总资产增长率、资本积累率、销售（营业）增长率。根据公式（3 – 6）和公式（3 – 7），我们得到各指标的熵值和权重见表 3 – 8。

表 3 – 8 各指标熵值与权重

行业	熵值	权重
资产负债率	0.999	0.006
全部资本化比率	0.996	0.018
已获利息倍数	0.989	0.048
速动比率	0.996	0.018
总资产报酬率	0.984	0.068

续表

行业	熵值	权重
净资产收益率	0.982	0.076
销售（营业）利润率	0.979	0.090
成本费用利润率	0.988	0.049
总资产周转率	0.964	0.152
流动资产周转率	0.969	0.130
应收账款周转率	0.993	0.032
总资产增长率	0.985	0.063
资本积累率	0.970	0.126
销售（营业）增长率	0.970	0.125

根据表 3 - 8 可知，在各指标中，权重较大的指标有总资产周转率、流动资产周转率、资本积累率和销售（营业）增长率等，权重比较小的指标有资产负债率、全部资本化比率、速动比率等。根据各指标的权重和各行业的实际指标值，我们得到各行业的综合得分和排名见表 3 - 9。

表 3 - 9　　　　　　　　　　熵权法评价结果

行业	综合得分	排名
农、林、牧、渔业	0.916	10
采矿业	1.261	1
制造业	1.228	2
电力、热力、燃气及水生产和供应业	0.787	14
建筑业	1.101	6
批发和零售业	1.186	3
交通运输、仓储和邮政业	0.966	8
住宿和餐饮业	0.979	7
信息传输、软件和信息技术服务业	1.174	4
房地产业	0.873	12
租赁和商务服务业	0.825	13
科学研究和技术服务业	1.149	5
水利、环境和公共设施管理业	0.881	11
居民服务、修理和其他服务业	0.949	9
文化、体育和娱乐业	0.724	15

我们将因子分析法得到的各行业结构性分析综合得分与熵权法得到的各行业结构性分析综合得分，发现两者的相关系数高达0.934，两种方法起到了较好的相互佐证的作用。考虑到两种方法的数量级一致，我们综合考虑因子分析法和熵权法的评价结构，将因子分析法和熵权法得到的综合得分进行加总，作为每个行业的结构性评价最终得分，并重新进行排名。

表3-10 因子分析法和熵权法互相调整后的评价结果

行业	因子分析法综合得分	因子分析法排名	熵权法综合得分	熵权法排名	两种方法调整得分	两种方法调整排名
农、林、牧、渔业	0.058	7	0.916	10	0.974	7
采矿业	0.429	5	1.261	1	1.69	2
制造业	0.520	1	1.228	2	1.748	1
电力、热力、燃气及水生产和供应业	-0.618	14	0.787	14	0.169	14
建筑业	0.482	3	1.101	6	1.583	5
批发和零售业	0.469	4	1.186	3	1.655	4
交通运输、仓储和邮政业	-0.070	9	0.966	8	0.896	9
住宿和餐饮业	-0.062	8	0.979	7	0.917	8
信息传输、软件和信息技术服务业	0.232	6	1.174	4	1.406	6
房地产业	-0.080	10	0.873	12	0.793	10
租赁和商务服务业	-0.596	13	0.825	13	0.229	13
科学研究和技术服务业	0.512	2	1.149	5	1.661	3
水利、环境和公共设施管理业	-0.294	12	0.881	11	0.587	12
居民服务、修理和其他服务业	-0.253	11	0.949	9	0.696	11
文化、体育和娱乐业	-0.728	15	0.724	15	-0.004	15

因子分析法和熵权法以及两种方法调整后的行业排名见图3-4。

我们观察两种方法互相调整后的行业排名，发现制造业在结构性分析中排名第一位，目前来看制造业仍然是最好的行业；房地产业在结构性评价中排名靠后，在所有行业中排名第十位，这主要是因为该行业的总资产周转率和流动资产周转率在各行业中排名靠后，而该行业总资产报酬率在各行业中排名也不高；文化、体育和娱乐业在结构性评价中排名最靠后，为第十五位，这主要是

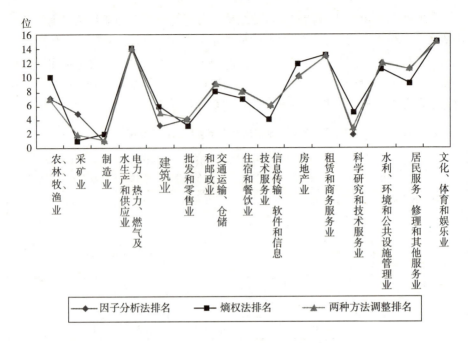

图3-4　行业结构性分析排名图

由于该行业的发展能力指标（包括总资产增长率、资本积累率和营业增长率）低于其他行业，总资产周转率在各行业中也排名靠后，考虑到文化、体育和娱乐业在我国尚处于起步阶段，文化消费的潜力尚没有得到很好的挖掘，这个评价结果还是比较客观的。我们通过各个行业正向标准化的指标值对各个行业进行层次聚类分析，得到层次聚类的分析结果。

表3-11　　　　　　　　　　　　　层次聚类表

行业	三类	两类
农、林、牧、渔业	1	1
采矿业	1	1
制造业	2	1
电力、热力、燃气及水生产和供应业	1	1
建筑业	1	1
批发和零售业	2	1
交通运输、仓储和邮政业	1	1
住宿和餐饮业	1	1
信息传输、软件和信息技术服务业	1	1
房地产业	3	2

续表

行业	三类	两类
租赁和商务服务业	1	1
科学研究和技术服务业	1	1
水利、环境和公共设施管理业	1	1
居民服务、修理和其他服务业	1	1
文化、体育和娱乐业	1	1

根据层次聚类表可知，当行业分成两类时，房地产行业单独成为第二类，其余行业划归为第一类；而当行业分成三类时，房地产行业仍然单独被划分为第三类，制造业、"批发和零售业"被归入第二类，其余行业被划入第一类；可见房地产行业在所有行业中表现出比较特殊的地方。为了得到各行业之间相似程度的远近，我们得到各个行业之间的聚类分析树形图。

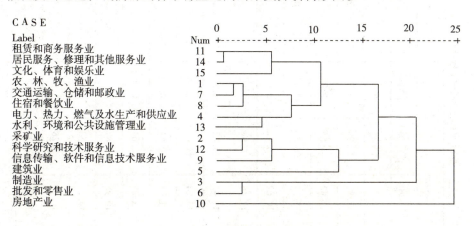

图3-5　层次聚类分析树形图

根据层次聚类分析树形图，我们可以知道"租赁和商务服务业"、"居民服务、修理和其他服务业"、"文化、体育和娱乐业"相似性较高，较早地聚成一类；"农、林、牧、渔业"、"交通运输、仓储和邮政业"、"住宿和餐饮业"、"电力、热力、燃气及水生产和供应业"、"水利、环境和公共设施管理业"相似性较高，较早地聚成一类；"采矿业"、"科学研究和技术服务业"、"信息传输、软件和信息技术服务业"、"建筑业"相似性较高，较早地聚成一类；"制造业"、"批发和零售业"相似性较高，较早地聚成一类；"房地产业"行业由于结构性分析上的特殊性，最晚与其他行业聚成一类。我们将行业划分为三类，对三类行业进行描述性统计分析，得到各行业描述性统计分析表。

表3-12 各行业描述性统计分析表

	一类行业					二类行业					三类行业（房地产）
	N	最小值	最大值	平均值	标准差	N	最小值	最大值	平均值	标准差	
资产负债率	12	42.07	59.5	48.94	4.73	2	44.23	53.55	48.89	6.59	52.41
全部资本化率	12	23.43	43.87	31.98	5.32	2	26.79	31.51	29.15	3.34	37.39
已获利息倍数	12	4.8	11.82	7.55	2.04	2	6.55	8.26	7.41	1.21	5.18
速动比率	12	82.68	135.51	106.87	17.53	2	106.43	109.32	107.88	2.04	133.99
总资产报酬率	12	3.69	10.62	6.42	2.00	2	6.9	8.33	7.62	1.01	3.87
净资产收益率	12	4.3	13.46	9.84	3.05	2	15.35	15.43	15.39	0.06	9.76
销售（营业）利润率	12	12.96	41.42	25.82	8.31	2	11	17.57	14.29	4.65	23.56
成本费用利润率	12	8.15	15.24	11.61	2.76	2	6.24	11.16	8.70	3.48	14.03
总资产周转率	12	0.36	1.03	0.64	0.20	2	1.23	1.58	1.41	0.25	0.36
流动资产周转率	12	0.87	2.25	1.64	0.46	2	2.6	2.74	2.67	0.10	0.29
应收账款周转率	12	5.03	10.95	7.87	1.70	2	9.59	10.05	9.82	0.33	9.62
总资产增长率	12	4.57	14.3	8.50	2.64	2	7.2	7.93	7.57	0.52	12.5
资本积累率	12	4.06	11.89	7.28	2.92	2	5.81	7.59	6.70	1.26	14.72
销售（营业）增长率	12	1.32	17.65	10.21	4.09	2	9.58	10.96	10.27	0.98	5.61

根据描述性统计分析，对三类行业各指标①的平均值②进行比较。我们可以知道，第一类行业的已获利息倍数、销售（营业）利润率平均值在三类行业中最优，速动比率、应收账款周转率平均值在三类行业中最差；第二类行业总资产报酬率、净资产收益率、总资产周转率、流动资产周转率、应收账款周转率、销售（营业）增长率平均值在三类行业中最优，资产负债率、全部资本化比率、销售（营业）利润率、成本费用利润率、总资产增长率、资本积累率平均值在三类行业中最差；房地产行业已获利息倍数、总资产报酬率、净资产收益率、总资产周转率、流动资产周转率、销售（营业）增长率劣于其他两类行业的平均值，资产负债率、全部资本化比率、速动比率、成本费用利润率、总资产增长率、资本积累率优于其他两类行业的平均值。

3.3　商业银行信贷资源行业配置方法

3.3.1　商业银行信贷资源行业配置的方法选择

进行资源配置一种常用的方法是运筹学的优化配置法，这种方法将风险和收益要求内化到目标函数和约束条件中去，来得到满足要求的最优配置。这个方法的优点是能够精确匹配理论上的风险和收益，缺点是对于目标函数和约束条件设置的要求较高，很多时候无法得到最优解；即使得到最优解，这个理论上的最优解可实现的风险或收益是建立在各个行业的信贷需求弹性无限大的基础上，这在实际中恰恰是最难以满足的，这也导致运筹学方法在大部分情况下得到的优化配置比重与实际信贷市场的行业需求结构匹配度很低。事实上，有些行业风险收益指标很好，如果按照运筹学的优化配置法，需要配置的比重很大，而这个行业往往信贷需求有限，根本无法支持如此高的信贷比重。如果按照理论比重去配置，而不考虑信贷需求和市场容量的因素，有可能使商业银行特别是国有大型商业银行在这个行业的同业占比非常高，恰恰增大了对这个行业的系统性风险敏感度。

商业银行是一个市场化运作的银行，因此其信贷资源的配置必须符合市场的规律，信贷的行业结构必须与经济中的行业结构相匹配，不能过度偏离，因此信贷需求应该是资源配置所应该考虑的首要因素，商业银行在这个基础上进行个体的信用风险控制。商业银行信贷资源的行业配置首先应该尽量与行业的信贷需求结构保持基本一致，这体现了匹配性的原则；在此基础上商业银行根据行业的具体情况进行必要的调整，对于系统性风险较高的行业可以适度降低行业比重，对于成长空间较大的行业则可以适度增加行业比重，这需要综合考

---

① 这里的指标值都是经过正向标准化后的数值，指标值越大表示该指标越好。
② 由于房地产单独归为一类，所以将房地产的指标值与其余两类行业的指标平均值进行比较。

虑行业当前的整体财务状况以及对行业的前瞻性判断；当然商业银行有着自己的特殊情况，因此，还可以在前面配置的基础上进行适度的调整，使行业配置与自身的风险偏好和经营战略相适应，充分发挥自身的比较优势，体现差异化经营。

3.3.2 基于行业四维分析的贷款匹配配置法

商业银行对于行业的分析是进行信贷资源行业配置的基础，信贷资源的行业配置必须建立在全面客观的行业分析的基础上。本报告建立了一种依托于实际信贷需求、有调整的行业配置方法，该方法是基于信贷资源配置视角的行业四维分析框架。总量分析是信贷资源配置的基础，商业银行根据其余三个维度在总量分析的基础上对信贷资源配置进行调整。前三个维度是商业银行基于对行业的共同判断，得到的一般优化配置体现的是商业银行经营共性的因素；而第四个维度则是基于自身的风险偏好和经营战略对行业进行评价，对一般优化配置的调整体现更多的是商业银行经营的差异化和个性化的因素。

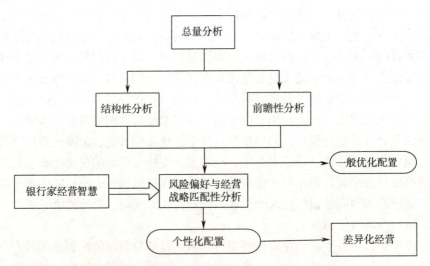

图3-6 行业四维分析与贷款匹配配置流程图

基于行业四维分析的贷款匹配配置法的基本思路是：根据行业总量分析、结构性分析、前瞻性分析的综合得分高低来进行信贷资源的行业配置，行业综合得分越高，所应该配置的信贷资源就越多；由于已经考虑了总量的因素，因此可以令配置给某个行业的信贷资源与该行业的综合得分成正比，进而得到各个行业的一般优化配置比重；在一般优化配置比重的基础上，商业银行可根据各个行业与自身风险偏好和经营战略匹配程度，对这个比重进行调整，既实现资源的优化配置，又能实现自身的差异化经营。

基于总量分析、结构性分析、前瞻性分析维度计算行业的综合得分步骤如下：首先，我们以各行业的总投资、总产值、主营业务总收入等总量指标，得到各个行业的总量得分 T_i；其次，我们基于行业盈利能力、资产质量状况、债务风险状况和经营增长状况等对行业进行结构性分析，评价方法是因子分析法或熵权法，得到得分 S_i；最后，我们对行业的前瞻性维度进行打分，得到得分 F_i。各个行业的综合得分 C_i 为

$$C_i = T_i \times \ln(w_S S_i + w_F F_i);\qquad\qquad (3-10)$$

w_S 和 w_F 分别为结构性得分和前瞻性得分的权重，$w_S + w_F = 1$。之所以将综合得分公式设计成为总量得分与后两个维度加权得分自然对数的乘积形式，是考虑到三个因素：（1）商业银行信贷资源行业配置以信贷需求总量为基础，因此综合得分也应以总量得分为基础，其他维度的得分对总量得分进行调整；（2）结构性分析得分和前瞻性分析得分的加权得分越高，总得分越高；（3）综合得分增长的速度是随着结构性得分和前瞻性得分增大而逐渐减少，以避免结构性得分和前瞻性得分对综合得分的过度或无限制的影响，而自然对数能够比较好地满足这一要求。由于最终得分综合考虑了各个因素，基于实际评价结果和贷款行业配置相匹配的考虑，我们可以认为综合得分越高，需要配置的信贷资源越多，每个行业的信贷资源的一般优化配置比重为

$$w_i = \frac{C_i}{\sum_{i=1}^{M} C_i}\qquad\qquad (3-11)$$

M 为行业数。由公式（3-11）可知，每个行业的一般优化配置比重不仅取决于这个行业的综合得分高低，还取决于其他行业综合得分高低。一般优化配置比重是商业银行对行业的一般判断，商业银行可以在这个一般解的基础上根据自身的风险偏好和发展战略对该比重进行一定的调整，以使行业结构满足商业银行自身的实际情况，实现差异化经营的目标。

3.4 商业银行信贷资源行业配置的实证分析

本报告以基于行业四维分析的贷款匹配配置法为基础，研究商业银行公司贷款的行业配置。行业划分以国民经济行业分类（GB/T 4754—2011）为标准，并剔除金融业，教育，卫生和社会工作，公共管理、社会保障和社会组织，国际组织几个行业。行业数据来源于工商银行 2012 年行业评价标准值统计数据、《2012 年中国统计年鉴》和《2012 年国民经济和社会发展统计公报》。由于各个行业的总信贷需求无法直接获得，因此我们采用各个行业固定资产投资额以及增加值来间接衡量各行业的总信贷需求，各个行业固定资产投资和增加值占各行业总额比重见表 3-13。

表 3-13   各行业固定资产投资和增加值占所有行业总额比重情况

	固定资产投资比重（%）	增加值比重（%）
农、林、牧、渔业	2.57	11.70
采矿业	3.75	6.05
制造业	35.68	37.63
电力、热力、燃气及水生产和供应业	4.72	2.73
建筑业	1.15	7.70
批发和零售业	2.80	10.32
交通运输、仓储和邮政业	8.65	5.52
住宿和餐饮业	1.46	2.33
信息传输、软件和信息技术服务业	0.81	2.56
房地产业	26.37	6.58
租赁和商务服务业	1.33	2.25
科学研究和技术服务业	0.62	1.63
水利、环境和公共设施管理业	8.37	0.51
居民服务、修理和其他服务业	0.49	1.76
文化、体育和娱乐业	1.23	0.72
合计	100	100

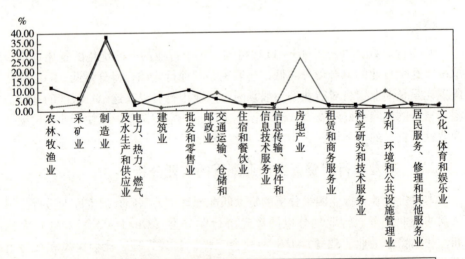

图 3-7   分行业固定资产投资和增加值占所有行业总额的比重

从图 3-7 中可以看出，固定资产投资占各行业比重与增加值占各行业比重差别较大的行业是"农、林、牧、渔业"、"建筑业"、"批发和零售业"、

"房地产业"、"水利、环境和公共设施管理业",其余行业表现出比较好的一致性。前三个行业固定资产投资占各行业比重低于增加值占各行业比重,后两个行业固定资产投资占各行业比重高于增加值占各行业比重。这与这几个行业的特性有关,前三个行业营运资金①高于固定资产投资,后两个行业的固定资产投资高于营运资金。各个行业的总融资需求一方面来自于固定资产投资的融资需求,另一方面来自对营运资金的融资需求,为了综合考虑到行业在固定资产投资的融资需求以及营运资金在融资需求上的差异,我们选择行业的固定资产投资以及行业增加值间接比较各个行业的总融资需求。假设各个行业信贷融资需求在总融资需求的比重差别不大,令行业 i 固定资产投资占总固定资产投资的比重为 w_i^{FAI},行业 i 增加值占总产值的比重为 w_i^{GDP},分别赋予两者各50%的权重,行业 i 的总量分析得分设计为 $100 \times (0.5 \times w_i^{FAI} + 0.5 \times w_i^{GDP})$ ②,总量分析得分可间接比较各个行业的信贷融资需求的差异。

表 3 – 14 各行业总量分析得分

行业	总量分析得分
农、林、牧、渔业	2.57
采矿业	4.90
制造业	36.66
电力、热力、燃气及水生产和供应业	3.73
建筑业	4.43
批发和零售业	6.56
交通运输、仓储和邮政业	7.09
住宿和餐饮业	1.90
信息传输、软件和信息技术服务业	1.69
房地产业	16.48
租赁和商务服务业	1.79
科学研究和技术服务业	1.13
水利、环境和公共设施管理业	4.44
居民服务、修理和其他服务业	1.13
文化、体育和娱乐业	0.98

---

① 广义的营运资金又称总营运资本,是指一个企业投放在流动资产上的资金,具体包括现金、有价证券、应收账款、存货等占用的资金。

② 由于我国农、林、牧、渔业的增加值主要是由个体农户创造,这部分贷款主要划入个人贷款中,本报告是基于公司贷款的行业配置对行业进行分析,因此计算农、林、牧、渔业的总量得分以固定资产投资占各行业总额比重为依据,得分为 $100 \times$(农、林、牧、渔业固定资产投资占各行业总额比重)。

为了与前文得到的结构性分析得分在数量纲上保持一致，我们将总量分析得分和结构性分析得分均映射到区间 [1,10]，所用到的映射公式为

$$T_i^* = 9 \times \left(\frac{T_i - \min\limits_{j=1}^{15}\{T_j\}}{\max\limits_{j=1}^{15}\{T_j\} - \min\limits_{j=1}^{15}\{T_j\}} \right) + 1 \qquad (3-12)$$

$$S_i^* = 9 \times \left(\frac{S_i - \min\limits_{j=1}^{15}\{S_j\}}{\max\limits_{j=1}^{15}\{S_j\} - \min\limits_{j=1}^{15}\{S_j\}} \right) + 1 \qquad (3-13)$$

$\max\limits_{j=1}^{15}\{\cdot\}$ 表示序列的最大值，$\min\limits_{j=1}^{15}\{\cdot\}$ 表示序列的最小值，我们得到各个行业的总量分析和结构分析得分。

表 3-15　　　　各行业重新映射后的总量分析和结构分析得分

	总量分析得分	结构分析得分
农、林、牧、渔业	1.40	6.02
采矿业	1.99	9.70
制造业	10.00	10.00
电力、热力、燃气及水生产和供应业	1.69	1.89
建筑业	1.87	9.15
批发和零售业	2.41	9.52
交通运输、仓储和邮政业	2.54	5.62
住宿和餐饮业	1.23	5.73
信息传输、软件和信息技术服务业	1.18	8.24
房地产业	4.91	5.09
租赁和商务服务业	1.21	2.20
科学研究和技术服务业	1.04	9.55
水利、环境和公共设施管理业	1.87	4.04
居民服务、修理和其他服务业	1.04	4.60
文化、体育和娱乐业	1.00	1.00

设定各行业的前瞻性分析得分为 1 到 10 之间的整数，我们邀请了五名具有丰富信贷管理经验的人员对各行业在未来五年内的发展状况进行前瞻性分析打分，并取平均值。我们将平均值重新映射到区间 [1,10] 的整数[①]，所用到

---

① 由于初始打分是取 1 到 10 之间的整数，将平均值重新映射到 1 到 10 之间的整数，是为了便于更加直观地与原来的专家打分进行比较和对应。

的公式为

$$F_i^* = round\left[9 \times \left(\frac{T_i - \min\limits_{j=1}^{15}\{F_j\}}{\max\limits_{j=1}^{15}\{F_j\} - \min\limits_{j=1}^{15}\{F_j\}}\right) + 1\right]; \qquad (3-14)$$

其中，$round[\cdot]$ 为四舍五入取整函数。根据专家打分，各行业重新映射后的前瞻性得分及因素分析如表 3-16 所示。

表 3-16　　　各行业重新映射后的前瞻性分析得分及因素分析

行业	前瞻性分析得分	前瞻性分析考虑因素			
		行业周期	未来国家产业政策	未来行业系统性风险	特殊因素
农、林、牧、渔业	1	衰退期	适度支持	较低	行业部分转型升级为现代农业仍然存在较大的发展机遇，但比重有限
采矿业	5	成熟Ⅱ期	石油、天然气、页岩气开采将继续得到国家产业政策的大力支持	较低	全球大宗商品需求放缓，但资源类企业定价能力仍然较强
制造业	6	成熟Ⅰ期	技术密集型、附加值较高、环保治理相关设备制造业以及高端装备制造业将得到国家产业政策的大力支持	适中	少数子行业处于产能过剩状态，如造船、汽车、纺织、钢铁、水泥、有色和光伏等行业
电力、热力、燃气及水生产和供应业	8	成熟Ⅰ期	关系国计民生，未来将继续得到国家产业政策的大力支持	有财政资金的支持，未来行业系统性风险适中	新兴能源发电、水电（特别是大型水电）、电力供应仍有较大发展空间
建筑业	7	成熟Ⅰ期	较大支持	较低	城镇化仍是"十二五"时期中国经济增长的动力，建筑业成长空间仍然较大
批发和零售业	7	成长Ⅱ期	较大支持	适中	零售业特别是网络零售业务未来发展空间巨大

行业	前瞻性分析得分	前瞻性分析考虑因素			
		行业周期	未来国家产业政策	未来行业系统性风险	特殊因素
交通运输、仓储和邮政业	9	成长Ⅱ期	大力支持	有财政资金的支持，未来行业系统性风险适中	高铁、机场、现代物流业仍有较大的发展空间
住宿和餐饮业	6	成熟Ⅱ期	适度支持	较低	
信息传输、软件和信息技术服务业	8	成长Ⅱ期	较大支持	较低	电信运营仍有较好的发展前景
房地产业	3	成熟Ⅱ期	未来将继续受到国家常态化的调控政策压制	极高	部分城市存在严重价格泡沫
租赁和商务服务业	10	成长Ⅰ期	大力支持	较低	现代服务业发展空间巨大
科学研究和技术服务业	4	成长Ⅱ期	较大支持	较高	科研本身存在较大的不确定性
水利、环境和公共设施管理业	5	成熟Ⅱ期	适度支持	有财政资金的支持，未来行业系统性风险较低	
居民服务、修理和其他服务业	2	成熟Ⅱ期	较少支持	极低	家政、婚姻服务仍然有较好的发展前景
文化、体育和娱乐业	10	成长Ⅰ期	大力支持	较低	文化产业（文化旅游、广播电影电视、新闻出版、文化产业园区）发展空间较大

注：本报告将产业生命周期依次划分为幼稚期、成长Ⅰ期、成长Ⅱ期、成熟Ⅰ期、成熟Ⅱ期和衰退期。

根据计算公式（3-10）和公式（3-11），假设结构性分析得分和前瞻性分析得分的权重均为50%，得到各行业的综合得分和一般优化配置比重。

表3-17　　　　　　　　各行业最终得分与一般最优配置比重

行业	总量得分	结构性得分	前瞻性得分	总得分	配置比重（%）
农、林、牧、渔业	1.40	6.02	1	1.76	2.72
采矿业	1.99	9.70	5	3.97	6.13
制造业	10.00	10.00	6	20.79	32.13
电力、热力、燃气及水生产和供应业	1.69	1.89	8	2.71	4.18
建筑业	1.87	9.15	7	3.91	6.04
批发和零售业	2.41	9.52	7	5.09	7.86
交通运输、仓储和邮政业	2.54	5.62	9	5.06	7.81
住宿和餐饮业	1.23	5.73	6	2.18	3.37
信息传输、软件和信息技术服务业	1.18	8.24	8	2.47	3.82
房地产业	4.91	5.09	3	6.86	10.60
租赁和商务服务业	1.21	2.20	10	2.18	3.37
科学研究和技术服务业	1.04	9.55	4	1.99	3.07
水利、环境和公共设施管理业	1.87	4.04	5	2.83	4.37
居民服务、修理和其他服务业	1.04	4.60	2	1.24	1.91
文化、体育和娱乐业	1.00	1.00	10	1.70	2.63
合计	—	—	—	—	100

　　当然，一般优化配置比重一般解依赖于结构性分析得分和前瞻性分析得分的权重设定，而且在设定未来信贷结构调整的目标时还需要考虑自身的风险偏好和未来的经营战略，考虑到未来外部经营形势的变化，并且参考到国内和国际商业银行的信贷结构状况，以此确定未来信贷结构调整的目标，并对一般优化配置比重进行一定程度的调整，体现各行自身的差异化经营的思想。

4 工商银行未来信贷结构的 调整方向

4.1 外部经营形势分析

4.1.1 经济转型

4.1.1.1 产业结构调整

改革开放三十多年以来，中国依靠巨大的人口红利，通过不断承接国际产业和资本转移成为世界的制造工厂。随着工业化、城市化转型的不断深入，特别是 2008 年金融危机以来，中国经济正面临结构性转型的迫切压力。改革开放以来工业化所带来的全国　盘棋同步高增长的"数量型加速"时代趋于终结，经济增长将逐步转入未来的"结构性调整"，"十二五"时期预期经济增速将由"十一五"时期的年均 10% 的增长逐渐下降到 7.5% 左右。

中国过去三十年经济增长更多的是依赖投资和出口，特别是近十年以来，消费的增长速度明显低于投资和进出口的增长速度。经济增长过分依赖投资导致投资过程中出现了投资过度、粗放增长、短视规划的现象，形成了一批产能过剩的行业，如钢铁、煤炭、有色、电解铝、光伏等，对资源造成了极大的浪费，也形成了极大的环境压力。中国经济过度依赖出口也蕴含着大的宏观风

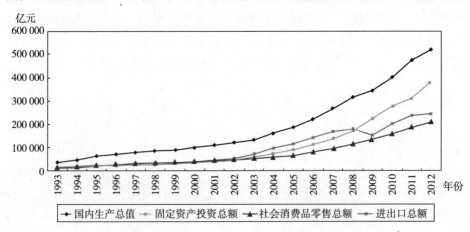

数据来源：中经网统计数据库。

图 4-1　中国二十年宏观经济增长结构变化

险，特别是在 2008 年金融危机后外部需求不振的情形下，进出口增速下降明显，随着近期日元的不断贬值，我国对日出口企业利润进一步摊薄，我国经济下行压力加大。

进入 21 世纪，伴着城镇化的推进，部分城市房地产市场已经出现令人担忧的泡沫化现象。下一步的城镇化推进过程中，房地产市场将面临更加严格和常态化的调控，投资需求特别是投机需求将被严格控制；同时，中国虽然身为世界制造工厂，但是低端制造业居多，生产的产品的附加值不高，在国际市场上的竞争力严重依赖于低廉的劳动力成本，随着中国人口老龄化[①]导致的劳动力成本上升，这样的优势也不复存在。

未来中国的产业结构调整包括产业结构合理化和高级化两个方面。产业结构合理化是指各产业之间相互协调，有较强的产业结构转换能力和良好的适应性，能适应市场需求变化，并带来最佳效益的产业结构，具体表现为产业之间的数量比例关系、经济技术联系和相互作用关系趋向协调平衡的过程；产业结构高级化，又称为产业结构升级，是指产业结构系统从较低级形式向较高级形式的转化过程。未来，中国产业结构调整将表现出以下趋势。

一是注重消费驱动。2012 年 11 月中国共产党第十八次代表大会报告中提出"2020 年实现国内生产总值和城乡居民人均收入比 2010 年翻一番"，这被称为中国版的收入倍增计划。随着国民收入的增加以及社会保障体系的不断完善，我国居民的整体消费能力和消费意愿有望大幅提高。从我国未来的发展战略来看，未来我国经济增长将更加注重消费驱动，以消费来促进我国经济的转型，摆脱对投资和出口的过度依赖，消费、旅游类相关产业将面临着比较大的发展机遇，而个人消费金融将有着广阔的发展前景。

二是注重房地产规范化发展。从各个国家的发展经验来看，房地产是一个极易出现投机需求和价格泡沫的市场，但并不可能成为经济的主要驱动力，日本房地产价格泡沫、亚洲金融危机以及 2008 年的次贷危机都与房地产的价格泡沫破灭密切相关。由房地产价格的非理性上涨引发的经济增长更多的是一种财富的幻觉，无法对经济产生实质持久的动力，持续的高房价反而对居民的消费能力产生一种抑制作用。中国未来就面临着在城镇化与房地产之间的一个平衡，未来中国城镇化过程中的房地产市场将会有别于以往房地产市场的发展模式，更加注重房地产的规范发展，房地产开发行业的利润率将逐渐回归到正常

---

① 中国社会科学院 2013 年发布的《中国老龄事业发展报告（2013）》指出，2012 年中国劳动年龄人口进入负增长的历史拐点，从 2011 年的峰值 9.40 亿人下降到 2012 年的 9.39 亿人和 2013 年的 9.36 亿人，劳动力供给格局开始发生转变；预计 2013 年我国 60 岁以上老年人口数量将突破 2 亿大关，达到 2.02 亿人，老龄化水平达到 14.8%。

的水平，并不排除有些房地产开发企业由于区域性价格泡沫破灭或资金链断裂而出现贷款违约甚至破产的情形。

三是注重现代服务业发展。近二十年来，中国第三产业增加值占国内生产总值的比重不断上升，从1993年的33.72%提高到2012年的44.60%，已经比较接近于发达国家的水平。但是在发展质量上，我国的服务业发展还处于较低水平，主要体现为区域差异较大、服务质量不高、管理水平低。未来我国产业结构将更加重视服务业特别是现代服务业①的发展，政府将在整体规划、行政审批、财税优惠、政企联动方面给予大力的支持，现代服务业也将有着巨大的金融需求。

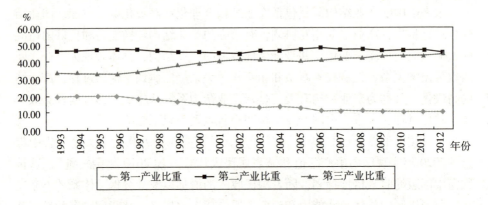

数据来源：中经网统计数据库。

图4-2　中国三大产业比重变化

四是注重技术创新。企业只有拥有自己的核心技术，并且将技术保持在领先的地位，才能占据全球竞争的制高点。中国未来的工业不能再走劳动力密集型和资本密集型的老路，而应该逐步过渡到技术密集型和创新密集型。因此，未来中国的产业结构中，高端制造业和战略性新兴产业将成为两个亮点，特别是战略性新兴产业中的清洁能源、信息科技、生命科学等领域可能蕴含着巨大的发展空间。

4.1.1.2　环保约束

2013年1月以来，中国中东部地区遭遇到了历史上最为严重的雾霾天气，影响范围超过100万平方公里，涉及人口近6亿人，空气质量和环境污染问题再度成为整个社会关注的焦点。随着多年来快速的城镇化和工业化，中国许多地方的环境污染已经达到可以承载的极限，与此相伴随的是人们环保意识的增

---

①　现代服务业，是指那些依靠高新技术和现代管理方法、经营方式及组织形式发展起来的、主要为生产者提供中间投入的知识、技术、信息密集型服务部门。

强，环保事件也日益频发。这种变化促使商业银行在未来的企业融资审核中要更加重视企业的环保风险，在信贷结构调整过程中，应该逐步降低对于高污染行业贷款的比重，在贷款审核时对于高污染行业的小企业贷款要格外慎重。

商业银行为了将企业的环保风险降低到可承受的范围内，必须有一套相应的绿色信贷政策。有必要根据国家产业发展政策和对节能减排、循环经济的相关政策规定，全面实施"绿色信贷"政策，实行环保一票否决制，严格执行环保准入标准。有必要严格控制"两高一剩"项目，加大对落后产能和工艺的企业和项目的退出力度。对于可能出现环保风险的贷款，必须严密监测，督促企业做好节能减排相关工作，对已经出现的环保风险必须积极应对，及时采取风险保全措施。

4.1.2 金融改革

4.1.2.1 利率市场化

利率市场化是指金融主体根据自身资金状况和市场供需状况来自主调节利率水平，并使利率作为重要的资金价格在资源配置的过程中发挥基础性的作用。这里所指的利率不仅仅包括存贷款利率，还包括债券利率和同业拆借利率等。2012 年 6 月 7 日，央行宣布将存款利率浮动区间的上限调整为基准利率的 1.1 倍，贷款利率浮动区间的下限调整为基准利率的 0.8 倍，这被外界解读为利率市场化的进一步尝试。

（1）利率市场化对我国商业银行的机遇

第一，利率市场化有利于促进商业银行的自主经营。在利率由国家管制的情况下，商业银行的利率完全由中央银行制定，商业银行的存贷款利率仅能在小范围内浮动。这时商业银行的经营仅局限于对客户的选择，没有利率的自主定价权。利率市场化使商业银行可以根据自身情况和对市场的判断自主决定存贷款利率，增强了商业银行业务经营的主动性。商业银行可以从客户和定价两方面进行选择，经营和创新的空间增大。可见，利率市场化可以助推商业银行实现自主经营、自负盈亏、自我约束，有利于商业银行科学地制定经营成本，优化配置资源，实现利润的最大化。

第二，利率市场化提高了商业银行之间的有效竞争，形成一种鲶鱼效应。股份制改革以后，四大国有商业银行的利润规模迅速增大，除自身经营效率提高的因素外，更重要的原因是我国工业化、城镇化对于资金的大量需求。当前我国商业银行的主要收入是依靠存贷款的利息差，利息收入占总收入的比重较大，商业银行缺乏盈利结构转型的动力与紧迫感。利率市场化以后，商业银行之间的价格和服务的竞争将会增强，这将促使商业银行在竞争环境下不断地提高经营效率，推动盈利模式转型，创新金融产品，发展非传统业务，提高非利息收入在总经营收入的比重。

第三，利率市场化促使商业银行经营环境进一步改善。利率市场化前，由于存款利率的法定，在实际存款利率偏低甚至面临负利率的情形下，商业银行面临着越来越大的吸储压力，这样的压力无疑将随着资本市场的发展而愈发明显；在法定贷款利率的情形下，尽管贷款利率已无上限控制，出于对存款基准利率的锚定和各方面的压力，商业银行对于贷款利率也不会上浮太高，这样一方面许多中小企业由于风险因素无法得到贷款支持，另一方面许多大型企业出现贷款需求不足，导致贷款利率在基准利率上出现下浮。利率完全市场化后，实际存款利率将转为正值，这将在一定程度上缓解商业银行的吸储压力；且随着贷款利率的逐渐提高，更多的中小企业能够得到贷款，信贷资源配置效率得到提高，中小企业的经营活力将进一步提升，为商业银行创造新的、有效的信贷需求，从而改善商业银行的外部经营环境。

（2）利率市场化对我国商业银行的挑战

第一，利差缩小的压力。利率市场化将促使存款利率和贷款利率上升，存款利率上升是由于商业银行对存款的竞争，贷款利率上升是由于商业银行必须通过贷款利率上升来弥补存款利率上升所带来的成本增加。但因商业银行之间的竞争，贷款利率又不可能无限制提高。如果商业银行业务同质化越严重，那么同业竞争就越大，自主定价能力越弱；商业银行差异化经营越显著，同业竞争越小，自主定价能力越强。当商业银行的同业竞争效应大于商业银行的自主定价能力，那么贷款利率的上升将不能弥补存款利率的增加，利差将减少；如果商业银行的同业竞争效应小于商业银行的自主定价能力，那么贷款利率的上升可以完全覆盖存款利率的上升，利差将增加。对于我国而言，商业银行同质化经营的现象十分突出，包括在信贷行业、区域、客户结构上都比较雷同，利率市场化以后，利差水平很可能缩小，商业银行将面临利润减少的压力。

第二，利率市场化加大了商业银行的利率风险。利率风险是指市场利率变动的不确定性给商业银行造成损失的可能性，即利率变化使商业银行的实际收益与预期收益或实际成本与预期成本发生背离，使其实际收益低于预期收益，或实际成本高于预期成本，从而给商业银行带来损失。随着利率市场化进程的推进，利率波动幅度增大，利率风险将成为我国商业银行面临的最重要的风险之一。利率市场化后，利率变化受市场的影响增大，商业银行对资产和负债的管理难度增大，所承担的利率风险也在增大。

第三，利率市场化可能导致部分中小银行由于竞争出现破产倒闭。美国也是实行渐进式利率市场化改革的国家，在利率市场化改革过程中以及利率市场化实现以后，美国每年倒闭的银行数都在两位数以上。利率市场化使得银行客户的选择权加大，客户对金融机构提供的服务和价格，可以表示满意或不满意，可以选择这家或那家，也可以选择不同价格的类似金融产品作为替代。在同样的存贷款利率前提下，大型商业银行对于存贷款客户的吸引力比小型商业银行的吸引力要大。在利率市场化的初期，商业银行之间可能出现过度竞争，一些大型商业银行由于资金、网点和品牌的优势，可以在竞争初期生存下来，而一些中小银行如果不能很好地降低资金和营运成本，又没有政策上的支持，则有可能破产倒闭。在利率市场化完全实现以后，商业银行脱离了利差保护，就和所有的企业一样，破产倒闭现象有可能成为一种常态，这样一种常态应该视为金融体系一种正常的新陈代谢。

（3）商业银行有必要增加零售贷款的比重

利率市场化将促使存款利率和贷款利率上升，美国利率市场化改革期间同业拆借利率就曾经出现大的上升（见图4-3），商业银行必须通过提高贷款利率来弥补融资成本的增加。一般来说，在贷款利率议价方面，商业银行对大型企业的议价空间小于其对中小企业的议价空间，如果仍然将信贷资产主要投向大型客户，既不利于降低商业银行的集中度风险，利差也可能持续降低。在利率市场化改革存款利率增加的情形下，只有通过不断拓展零售贷款，提高中小企业和个人贷款的比重，才能提高信贷资产的整体贷款利率水平，以此提高商业银行的利差收益。

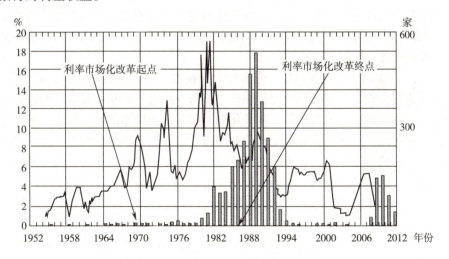

注：曲线为同业拆借利率变化，竖线为存款机构倒闭数量变化。

数据来源：美联储商业银行数据，纽约美联储FFR历史数据。

图4-3　美国利率市场化前后同业拆借利率和存款机构倒闭数量变化图[①]

[①]　美国利率市场化改革时间从1970年持续至1986年。

4.1.2.2 强资本约束时代来临

《商业银行资本管理办法（试行）》已经于 2013 年 1 月 1 日实施，按照该办法的要求，大型银行资本充足率应达到 11.5%，中小银行资本充足率应达到 10.5%。新管理办法的实施设置了过渡期，商业银行应在 2016 年底前达标，最迟不得晚于 2018 年底达标。新的资本管理办法实施后，国内商业银行外延粗放式、高资本消耗的发展模式已难以为继，强化资本管理、推动战略转型已成为未来银行经营发展的必然选择，商业银行发展开始进入强资本约束的时代。

（1）注重资本的补充。从资本筹措角度来看，资本补充可以通过市场再融资和利润留存两种途径解决。一般而言，市场再融资主要适用于应急性的资本补充，比如支持重大并购等战略事项，融资受到市场资金供求状况以及股东意志的影响。在强资本约束的市场环境下，商业银行应重点强化内生资本补充机制建设。商业银行要建立专业化、综合化、国际化和集约化的优势，提高资本回报率，以银行利润实现资本的自我补充，实现可持续发展。

（2）保持信贷总量的合理增长。在当前和可以预见的将来，信贷资产仍将是商业银行比重最大的资产类型，在更强的资本约束下，商业银行的信贷不可能超越资本约束无限制地扩张。商业银行信贷的增长一方面必须与实体经济的信贷需求相适应，另一方面必须与自身的资本规模相适应，因此信贷总量必须保持一个合理的增长速度，不能过度超越实体经济信贷需求和银行自身资本规模的支撑能力。

（3）强化资本节约意识。资本作为商业银行开展业务的最为重要的资源，将成为信贷资源配置、综合收益评价、经营业绩考核的重要因素。对于大型国有商业银行来说，必须依靠资本优化和节约来减少资本消耗。由于单笔业务的资本占用比例是受到业务类型、企业规模、企业信用等级、债项等级、剩余期限等多种因素的影响，资本的节约效率取决于商业银行的业务结构特别是信贷结构，这使信贷结构调整需要更加关注资本的因素。

（4）由"高资本占用"向"低资本占用"业务模式转变。新资本管理办法将符合标准的微型、小型企业债权的风险权重由原来的 100% 下调至 75%，有利于引导商业银行积极开展零售业务，更好地服务于实体经济发展。商业银行在强资本约束的情形下，也需要更加注重发展各类"低资本占用"的中间业务，有利于促进商业银行业务结构转型。

4.2 国际同业信贷结构现状分析

4.2.1 汇丰控股

汇丰控股是世界上规模最大的银行及金融服务机构之一。截至 2012 年末，汇丰控股业务遍及欧洲、中国香港、亚太其他地区、中东及北非、北美洲及拉丁美洲六大区域的81个国家，设有约6 600个分支机构。汇丰控股透过四大环球业务（零售银行及财富管理、工商业务、环球银行及资本市场、环球私人银行）为近5 800万客户提供服务。

汇丰控股的四条业务线都涉及信贷业务。零售银行及财富管理业务向客户提供可满足其个人需要的产品及服务，所提供的典型产品包括个人理财产品、储蓄、按揭及个人贷款、信用卡、扣账卡、本地和国际付款服务、保险、投资产品以及财务策划服务；工商业务主要针对企业客户，所提供的服务包括贷款、国际贸易和应收账款融资、资金管理和商业卡等；环球银行及资本市场业务向全球各大政府、企业和机构客户及私人投资者提供专门设计的理财方案；环球私人银行业务主要以汇丰私人银行的名义推广，运用市场上最适合的产品，与资产丰厚客户紧密合作，以传统与创新的方法，帮助客户妥善管理及保障其财富，并取得最理想回报。

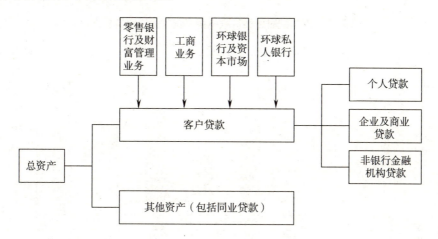

图4-4　汇丰控股业务条线划分

汇丰控股的贷款和垫款被划分为客户贷款和银行同业贷款，同业贷款包括同业拆借以及较长期限的银行同业贷款业务。近五年，汇丰控股的各类贷款与垫款中同业贷款比重基本保持稳定，平均为15.6%。

2012年末，汇丰控股的总资产为26 925.38亿美元，其中客户贷款（包括对非银行金融机构的贷款，不包含银行同业贷款）为9 976.23亿美元，占总资产的比重为37.05%，是其所有资产中比重最大的资产类别。

从汇丰控股客户贷款的区域分布来看，汇丰控股的客户贷款主要分布在欧洲、中国香港和北美洲，贷款的区域分布比较均匀，基本实现了信贷资产的全球配置。

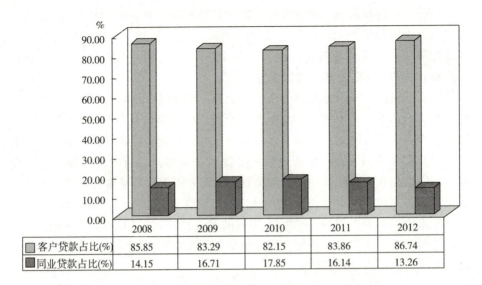

	2008	2009	2010	2011	2012
客户贷款占比(%)	85.85	83.29	82.15	83.86	86.74
同业贷款占比(%)	14.15	16.71	17.85	16.14	13.26

图 4-5　汇丰控股各类贷款中客户贷款和同业贷款占比

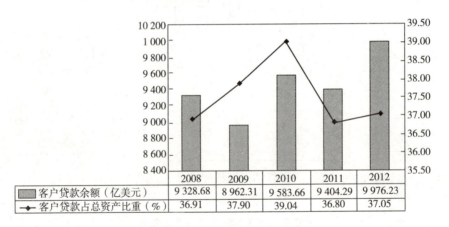

	2008	2009	2010	2011	2012
客户贷款余额（亿美元）	9 328.68	8 962.31	9 583.66	9 404.29	9 976.23
客户贷款占总资产比重（%）	36.91	37.90	39.04	36.80	37.05

注：比重为各年年末的数值。

图 4-6　汇丰控股客户贷款占总资产比重变化

从汇丰控股客户贷款业务条线分布来看，零售银行及财富管理、工商业务、环球银行及资本市场三大业务条线投放的客户贷款比重较大。2012 年末，这三大业务条线所投放的客户贷款占总客户贷款的 95.22%。

从汇丰控股客户贷款的客户类型分布来看，个人和企业贷款的比重相当，非银行金融机构贷款占比也接近 10%。近五年来，汇丰控股的企业及商业贷款占总客户贷款的比重有上升的趋势。

汇丰控股个人贷款中住房按揭贷款比重较大，特别是近年来，汇丰控股住

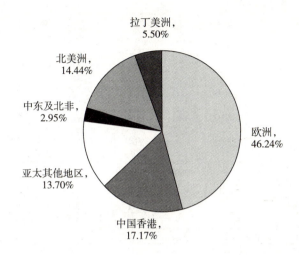

图 4 - 7   2012 年末汇丰控股客户贷款的区域分布情况图

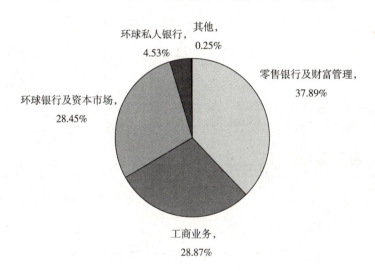

图 4 - 8   2012 年末汇丰控股客户贷款分业务条线分布

房按揭贷款占个人贷款的比重在不断上升。2012 年末，在汇丰控股的个人贷款中，有 3 018.62 亿美元的住房按揭贷款，比 2008 年末增加 24%，住房按揭贷款占个人贷款的比重为 72.72%，比 2008 年末上升 17.44 个百分点。

　　汇丰控股的信贷业务发展立足于两个支点，第一是支持实体经济，第二是借助经济全球化，这从汇丰控股企业及商业贷款的行业分布能够看出。在汇丰控股企业及商业贷款中，比重最大的两个行业是国际贸易及服务和制造业。2012 年末，汇丰控股国际贸易及服务贷款、制造业贷款占企业及商业贷款的比重分别为 32.99% 和 21.84%。

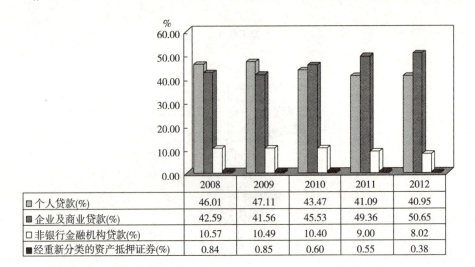

	2008	2009	2010	2011	2012
▣ 个人贷款(%)	46.01	47.11	43.47	41.09	40.95
▣ 企业及商业贷款(%)	42.59	41.56	45.53	49.36	50.65
□ 非银行金融机构贷款(%)	10.57	10.49	10.40	9.00	8.02
▣ 经重新分类的资产抵押证券(%)	0.84	0.85	0.60	0.55	0.38

图 4 – 9　汇丰控股客户贷款分布情况变化

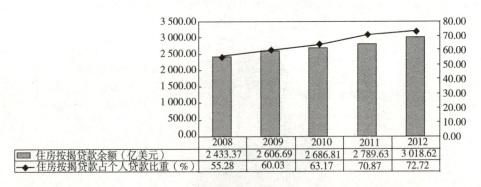

	2008	2009	2010	2011	2012
▣ 住房按揭贷款余额（亿美元）	2 433.37	2 606.69	2 686.81	2 789.63	3 018.62
◆ 住房按揭贷款占个人贷款比重（%）	55.28	60.03	63.17	70.87	72.72

图 4 – 10　汇丰控股的住房按揭贷款及其占个人贷款的比重变化

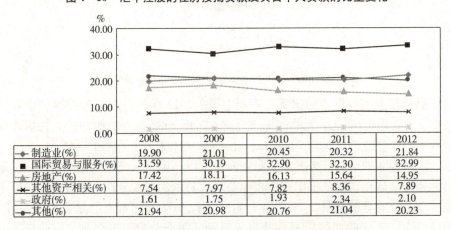

	2008	2009	2010	2011	2012
◆ 制造业(%)	19.90	21.01	20.45	20.32	21.84
■ 国际贸易与服务(%)	31.59	30.19	32.90	32.30	32.99
▲ 房地产(%)	17.42	18.11	16.13	15.64	14.95
✳ 其他资产相关(%)	7.54	7.97	7.82	8.36	7.89
✱ 政府(%)	1.61	1.75	1.93	2.34	2.10
● 其他(%)	21.94	20.98	20.76	21.04	20.23

图 4 – 11　汇丰控股各类贷款占企业及商业贷款比重变化

4.2.2　花旗集团

花旗集团的历史可以追溯到 1812 年花旗银行的建立，1968 年花旗银行成立银行控股公司，以其作为花旗银行的母公司。数十年来，花旗银行一直是花旗公司的"旗舰银行"，20 世纪 70 年代花旗银行的资产一直占花旗公司资产的 95% 以上，80 年代以后有所下降，但也在 85% 左右。1998 年，花旗公司与旅行者集团宣布合并，合并组成的新公司称为"花旗集团"，其商标为旅行者集团的红雨伞和花旗集团的蓝色字标。合并后，"花旗集团"成为美国第一家集商业银行、投资银行、保险、基金、证券交易等诸多金融服务业务于一身的金融集团，总资产达 7 000 亿美元，净收入为 500 亿美元，在 100 个国家有 1 亿客户，拥有 6 000 万张信用卡的消费客户。花旗集团在成为横跨银行、证券、保险、信托的全能金融集团后却发现无法从混业经营中获得理想的规模经济和协同效益，特别是在 2008 年的金融危机中，花旗集团的损失惨重，因此逐渐开始通过重组和出售非核心资产，回归银行业务。

目前，花旗集团业务划分为两块：（1）花旗公司，旗下集中了其核心的商业银行业务、投资银行业务、花旗集团总部直属的财务、技术、人力等部门和一些非持续性经营活动，业务范围涉及 160 多个国家，该业务板块 2012 年的净利润为 141.04 亿美元，比 2011 年减少 7.75%。（2）花旗控股，集中了花旗集团准备退出的所有非核心业务，包括经纪与资产管理、本地消费信贷和特殊资产池。待出售的花旗控股 2012 年的亏损是 65.63 亿美元，比 2011 年的亏损多增 23.41 亿美元。

在全球消费者银行业务板块包括针对个人和小企业的贷款和银行卡业务以及少量资产管理业务，全球消费者银行包含的贷款业务是属于零售业务；花旗集团对于大中型企业和机构的贷款业务划入其机构客户集团业务中，机构客户集团的贷款业务属于批发业务。与汇丰控股不同，花旗集团将对银行和其他金融机构的贷款统一划入客户贷款中，并且进行统一的信用风险管理。

截至 2012 年末，花旗集团客户贷款占总资产的比重①为 33.78%，是花旗集团比重最大的资产类别，比 2011 年末上升 0.86 个百分点。花旗集团的国际化程度很高，这点从其贷款的国际化分布就能看出。近年来，花旗集团的海外贷款占其总客户贷款的比重一直保持在 40% 甚至更高。花旗集团的国内贷款和国外贷款近几年的比重变化如图 4-14 所示。

花旗集团个人贷款占总客户贷款的比重比较高，截至 2012 年末，花旗集团的个人贷款和公司贷款占总客户贷款的比重分别为 62.30% 和 37.70%，较

---

①　该比重中的客户贷款已扣除贷款减值准备，其他部分的客户贷款如无特别说明，均未扣除贷款减值准备。

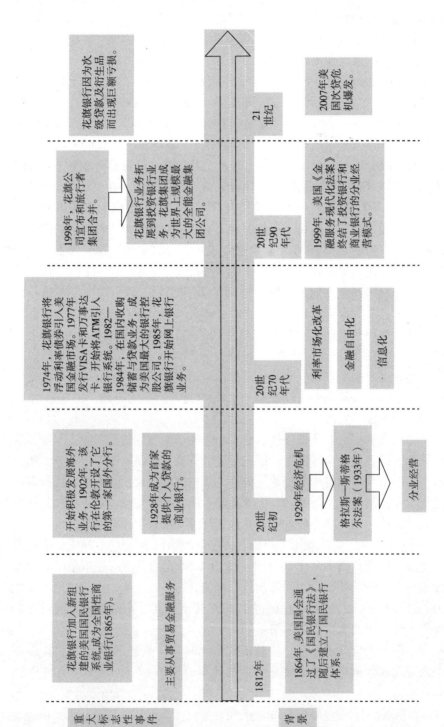

图4-12 花旗集团发展历程

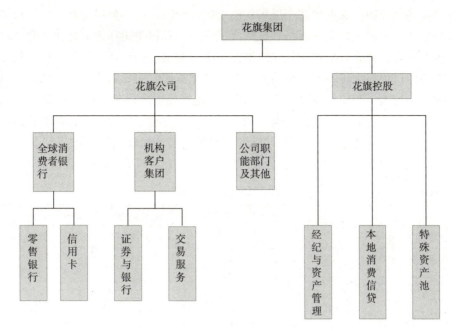

图 4 - 13　花旗集团组织结构图

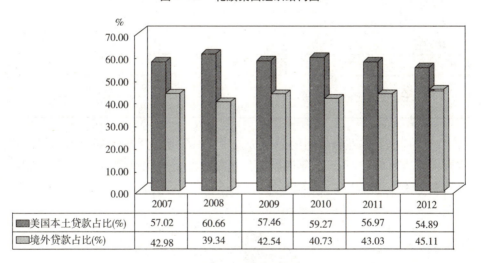

	2007	2008	2009	2010	2011	2012
■ 美国本土贷款占比(%)	57.02	60.66	57.46	59.27	56.97	54.89
□ 境外贷款占比(%)	42.98	39.34	42.54	40.73	43.03	45.11

图 4 - 14　花旗集团贷款区域结构变化

高的个人贷款比重使得花旗集团贷款的客户分散度也很高。花旗集团的信用卡融资占个人贷款的比重非常高，其信用卡融资余额占个人贷款的比重在 2012 年末达到 37.17%。

　　花旗集团的公司贷款在各个行业之间进行配置，并且各行业的比重基本保持稳定。花旗集团对金融机构贷款的比重比较大，2012 年末，这一比重达到 20%，这主要是由美国特殊的经济金融结构决定的。美国是世界金融中心，属于市场主导型的金融体系，金融市场和机构高度发达，花旗集团作为综合化经营金融集团的代表，因此其公司贷款更多地投向于金融部门，这样的贷款结构是花旗在次贷危机中损失惨重的一个重要原因。花旗集团公司贷款中公共部门的贷款比重也比较大，2012 年末该比重为 19%。花旗集团公司贷款中比重比较大的行业还有石油、能源、化工、金属制造以及交通运输、基础工业，两者贷款占公司贷款的比重达到 33%，说明花旗集团对于实体经济的重视程度也是相当高。花旗集团房地产贷款占公司贷款的比重较小，2012 年末该比重仅为 4%。

表 4 - 1　　　　　　　　　　花旗集团公司贷款行业分布

	2012 年末（%）	2011 年末（%）	2010 年末（%）
公共部门	19	19	19
交通运输、基础工业	18	16	16
石油、能源、化工、金属制造	17	17	15
银行、经纪商	12	13	14
零售、卫生健康	12	13	12
科技、媒体、电信	8	8	8
保险公司、特殊目的公司（SPV）	5	5	5
房地产贷款	4	3	4
对冲基金	3	4	3
其他行业	2	2	4
合计	100	100	100

　　2012 年末，在花旗集团的公司贷款中，一年期以下的短期贷款所占的比重较大，达到 58.37%；五年期以上公司贷款所占的比重仅为 12.99%，贷款平均期限较短，流动性风险较小。

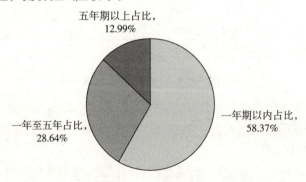

图 4 - 15　2012 年末花旗集团公司贷款的期限分布

4.2.3　富国银行

富国银行成立于 1852 年，创始人是 Henry Wells 和 William Fargo。20 世纪 70 年代，富国银行还只是美国西部的一家区域性银行。20 世纪 90 年代中后期，美国和全球出现了一次银行业的兼并浪潮，富国银行也参与到了其中。其间，富国银行经历过两次兼并，1996 年富国银行收购美国第一洲际银行，1998 年富国银行与西北银行合并，成为美国第七大银行。在次贷危机中，富国银行是为数不多的几家保持盈利的美国商业银行之一。2008 年，富国银行斥资 154 亿美元收购美联银行，资产规模进一步扩大。2012 年，富国银行实现税后净利润 188.97 亿美元，远超美国银行和花旗集团，是美国市值最大的银行。在英国《银行家》杂志联合 Brand Finance 共同发布的 "2013 年全球银行品牌 500 强排行榜" 中，富国银行取代汇丰控股，成为世界品牌价值最高的银行。

富国银行发展重心一直集中在传统商业银行业务，该经营模式与工商银行当前的发展状态比较类似，属于传统商业银行业务主导的模式。与花旗集团一样，富国银行也将对银行等金融机构贷款与其他贷款划归入客户贷款并统一管理。2012 年末，富国银行的总资产为 1.4 万亿美元，客户贷款为 7 995.74 亿美元，客户贷款占总资产的比重为 56.19%，贷款利息收入[①]占利息总收入比重为 74.36%。

富国银行大部分业务都集中在美国及北美地区，约 95% 的信贷资产配置在美国本土。2012 年末，富国银行境外贷款占总贷款的比重为 4.72%，且全部为公司贷款，可见富国银行走的是一条本土化经营的道路，专注于本土市场。富国银行的业务可以划分为三大板块：社区银行，批发银行，财富管理、经纪与养老金业务。2011 年和 2012 年富国银行配置在三大业务板块的信贷资产如表 4-2 所示。

表 4-2　　　　　　　　　富国银行贷款业务板块分布[①]　　　　单位：亿美元，%

	社区银行		批发银行		财富管理、经纪与养老金业务		其他[②]	合计
	余额	占比	余额	占比	余额	占比	余额	
2011 年	4 963	65.55	2 491	32.90	430	5.68	-313	7 571
2012 年	4 871	62.84	2 738	35.32	427	5.51	-284	7 752

注：① 贷款余额为年度贷款的平均余额。

　　② 三大业务板块重复计算的部分。

---

① 除去贷款中准备出售的部分。

以小企业和个人贷款为主的社区银行一直是富国银行贷款资产配置的主要板块，2012 年富国银行社区银行投放贷款占总贷款比重比 2011 年稍微有所下降，这主要是由于 2012 年富国银行批发银行业务的大幅增长，但 2012 年富国银行社区银行投放贷款占总贷款比重仍达到 62.84%。

2008 年富国银行收购美联银行后，美联银行的公司业务汇入富国银行的批发银行业务中，富国银行公司贷款的比重从 2007 年的 41.94% 迅速提高到 2008 年的 45.09%。在富国银行客户贷款中，个人贷款的比重高于公司贷款的比重。2012 年末，富国银行个人贷款占总客户贷款的比重为 54.83%，公司贷款占总客户贷款的比重为 45.17%。

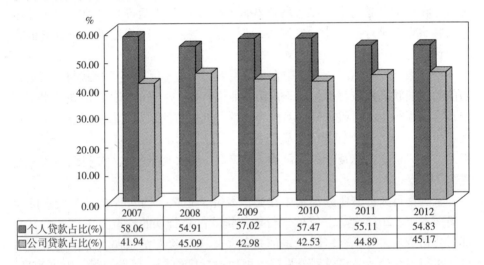

	2007	2008	2009	2010	2011	2012
个人贷款占比(%)	58.06	54.91	57.02	57.47	55.11	54.83
公司贷款占比(%)	41.94	45.09	42.98	42.53	44.89	45.17

图 4-16　富国银行近年来个人贷款和公司贷款比重变化

富国银行非常重视小微企业客户，将 95% 的小微企业定位为个人（消费者）市场下的一个特殊细分市场。富国银行计分卡及其后台自动化系统的使用实现了对小微企业贷款申请的自动化审核批复，从而在降低成本和风险的前提下，大幅提高了业务的总量，并使小微企业贷款业务的盈利性大增。2012 年富国银行新发放小企业贷款[①] 160 亿美元，比 2011 年增加 30%。富国银行庞大而稳定的客户基础为其带来大量低成本的存款，而小企业和个人贷款利率相对较高，使富国银行长期保持较高的净息差，2011 年为 3.94%，2012 年为 3.76%。

富国银行将公司贷款划分为：工商业贷款、不动产抵押贷款、不动产建设贷款、融资租赁和境外贷款。2012 年末，富国银行的不动产抵押贷款余额为 1 063.40 亿美元，占公司贷款的比重为 29.44%；不动产建设贷款余额 169.04

---

① 　年营业收入低于 2 000 万美元的企业。

亿美元，占公司贷款的比重为 4.68% ；工商业贷款和融资租赁余额为 2 001.83 亿美元，占公司贷款的比重为 55.42% 。

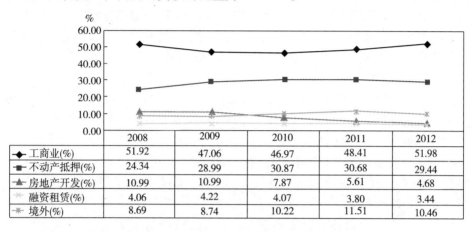

	2008	2009	2010	2011	2012
◆ 工商业(%)	51.92	47.06	46.97	48.41	51.98
■ 不动产抵押(%)	24.34	28.99	30.87	30.68	29.44
▲ 房地产开发(%)	10.99	10.99	7.87	5.61	4.68
✳ 融资租赁(%)	4.06	4.22	4.07	3.80	3.44
✳ 境外(%)	8.69	8.74	10.22	11.51	10.46

图 4 - 17　富国银行近年来公司贷款结构变化

富国银行工商业贷款和融资租赁的行业分布极为分散，没有一个行业贷款的比重超过工商业贷款和融资租赁的 10% ，占比最高的是石油、天然气贷款，仅为工商业贷款和融资租赁的 6.81% ，占公司贷款的比重为 3.77% 。富国银行的工商业贷款和融资租赁分行业配置比重见表 4 - 3 。

表 4 - 3　　　　2012 年末富国银行工商业贷款和融资租赁行业分布

行业	余额（亿美元）	比重（%）
石油、天然气	136.34	6.81
投资公司	135.70	6.78
零售	124.59	6.22
金融机构	122.28	6.11
食品饮料	118.04	5.90
卫生保健	100.44	5.02
工业设备	99.41	4.97
房屋租赁	93.70	4.68
高新技术	67.67	3.38
交通运输	65.97	3.30
商贸服务	57.54	2.87
证券公司	55.34	2.76
买入贷款[①]	2.59	0.13
其余[②]	822.22	41.07
合计	136.34	100

注：① 买入贷款英文名称为 Purchased Credit - Impaired（PCI）loans，是指买入其他银行信用受损的贷款。

② 其余贷款中分行业占工商业贷款和融资租赁的比重均在 2% 以下。

富国银行的个人贷款划分为住房抵押贷款、信用卡融资和其他贷款，2012年末，三类贷款的余额分别为 3 253.65 亿美元、246.40 亿美元和 883.71 亿美元，分别占个人贷款的 74.22%、5.62% 和 20.16%，住房抵押贷款占其个人贷款的绝大部分比重。在富国银行的个人住房抵押贷款中，大部分贷款富国银行都享受第一抵押权，约占住房抵押贷款的 76.80%。

4.2.4 小结

根据前文对汇丰控股、花旗集团和富国银行信贷结构现状的分析，我们发现三家银行在信贷结构上有着一些相似点，但也有着自己的独特之处，总体来说，可以得出以下几点结论。

（1）信贷资产仍然是三家银行比重最大的资产类别。虽然三家银行在业务模式和综合化经营的程度上有比较大的差异，信贷资产占总资产的比重也不尽相同，但在资产负债表中，信贷资产仍然是三家银行比重最大的资产类别。2012 年末，汇丰控股和花旗集团信贷资产占总资产的比重分别为 37.05% 和33.78%，而富国银行信贷资产占总资产的比重达到 56.19%。

（2）由于经营战略的不同，三家银行在信贷全球配置上显现出比较大的差异。汇丰控股和花旗集团坚持的是国际化经营的战略，2012 年末两家银行境外贷款占客户贷款的比重分别为 53.76% 和 45.11%[①]；而富国银行则坚持本土化经营的战略，2012 年末，富国银行境外贷款占客户贷款的比重为 4.72%，且全部为公司贷款。

（3）在贷款的客户结构上，三家银行基本上实现了公司贷款和个人贷款的均衡发展。三家银行个人贷款占客户贷款的比重都较高，2012 年末，汇丰控股个人贷款占客户贷款的比重为 40.95%，花旗集团和富国银行个人贷款占客户贷款的比重甚至更高，分别为 62.30% 和 54.83%。

（4）在公司贷款的行业划分上，三家银行基于管理的实际需要作出最适合自己的行业划分。汇丰控股将企业及商业贷款简单划分为制造业、国际贸易与服务、房地产、其他资产相关、政府、其他贷款等几个类别；而花旗集团和富国银行公司贷款的行业划分则更加精细，富国银行甚至把融资租赁与工商业贷款等同管理。

（5）三家银行公司贷款的行业配置都显现出对实体经济中基础行业特别是具有战略重要性行业的大力支持。2012 年末，汇丰控股制造业贷款占其企业及商业贷款的比重为 21.84%；2012 年末，花旗集团对公共部门贷款占其公司贷款的比重为 19%，交通运输、基础工业、石油、能源、化工、金属制造行业贷款占其公司贷款的比重达到 35%；在富国银行公司贷款行业配置高度

---

① 汇丰控股的境外贷款是指欧洲以外贷款。

分散化的情形下，2012 年末，其石油、天然气、工业设备、交通运输行业贷款占工商业贷款和融资租赁的比重达到 15.08%。

（6）对金融机构的贷款是三家银行贷款组合中的重要组成部分。三家银行都保持着与金融机构的密切联系，因此对金融机构的贷款占客户贷款的比重都比较高。汇丰控股将对非银行金融机构的贷款与一般企业贷款区别对待，2012 年末，其对非银行金融机构的贷款占客户贷款的比重达到 8.02%，这还不包括与客户贷款平行管理的对银行同业贷款；2012 年末，花旗集团的金融机构贷款占公司贷款的比重达到 20%，富国银行的金融机构贷款①占工商业贷款和融资租赁的比重为 15.65%。

4.3 工商银行未来五年信贷结构调整方向

4.3.1 总量结构

商业银行的信贷总量既取决于实体经济的融资需求，也取决于社会融资结构和商业银行的同业占比。过去十年里，我国 GDP、新增社会融资总量、GDP 增速和新增社会融资总量增速如图 4－18 所示。

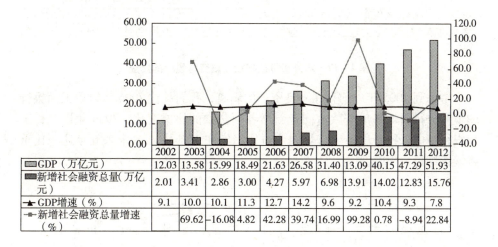

	2002	2003	2004	2005	2006	2007	2008	2009	2010	2011	2012
GDP（万亿元）	12.03	13.58	15.99	18.49	21.63	26.58	31.40	13.09	40.15	47.29	51.93
新增社会融资总量（万亿元）	2.01	3.41	2.86	3.00	4.27	5.97	6.98	13.91	14.02	12.83	15.76
GDP增速（%）	9.1	10.0	10.1	11.3	12.7	14.2	9.6	9.2	10.4	9.3	7.8
新增社会融资总量增速（%）		69.62	−16.08	4.82	42.28	39.74	16.99	99.28	0.78	−8.94	22.84

图 4－18 GDP、新增社会融资总量变化情况

我们对过去十年的数据进行分析。过去十年中，我国经济的年均增速约为 10%，剔除 2009 年 4 万亿元投资的特殊年份，新增社会融资总量年均增速约为 19%。预计我国未来五年经济年均增速为 7.5%，假设新增社会融资总量增

---

① 包括表 4－3 中的投资公司、金融机构和证券公司。

速与经济增速保持一定的比例关系，那么未来五年社会融资总量年均增速大致为14%。2012年社会新增融资总量约为15.76万亿元，则2013—2017年的新增社会融资总量约为120万亿元。

近年来，金融脱媒使其他方式融资比重不断上升，贷款融资的比重不断下降。预计2013—2017年，金融脱媒有加速的趋势，理财、信托、委托贷款和公司债将出现较大幅度的增长，金融机构本外币贷款占社会融资总量的比重平均在45%左右。

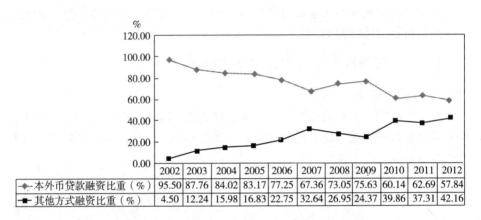

图4-19　本外币贷款在社会融资总量中的比重

考虑到2005年以前存在不良资产的剥离，我们关注2006年以后工商银行的境内分行新增各项贷款占同业新增各项贷款的比重变化。2006年以来，工商银行境内分行新增各项贷款同业占比稳定在10%左右，未来五年这一比重将继续维持在10%左右。

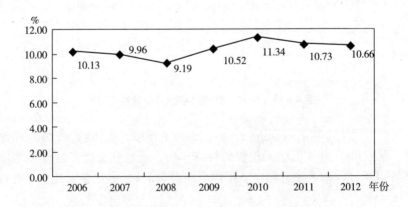

图4-20　工商银行境内分行新增各项贷款同业占比变化

未来五年工商银行新增境内本外币贷款空间

=新增社会融资总量×金融机构本外币贷款占比×新增贷款同业占比

=120×45%×10% =5.4（万亿元）　　　　　　　　　　　（4－1）

考虑到工商银行未来五年业务结构转型需求以及监管资本的更强约束，工商银行可主动将未来五年新增境内外本外币信贷资产控制在5万亿元左右。新的资本管理办法和工商银行的资本管理规划都要求工商银行在2013年开始资本充足率不得低于11.5%的监管要求。预计工商银行2017年的实际资本充足率为13%，高于监管标准1.5个百分点。工商银行2012年净利润为2 387亿元，考虑到利率市场化改革的影响，预计未来五年净利润年均增速为8%，未来五年的总利润为1.5万亿元，将利润的70%进行资本金补充，能够增加资本金1万亿元。2012年末工商银行的资本净额为1.30万亿元，到2017年的资本净额约为2.3万亿元。从2012年12月末的总资产平均风险权重为0.54，假设2017年的总资产平均风险权重为0.6，按照2017年工商银行2.3万亿元的资本净额，假设2017年工商银行总资产为 x 万亿元，则：

$$\frac{2.3}{x \times 0.6} = 13\%　　　　　　　　　　（4-2）$$

测算得到2017年末工商银行的总资产为30万亿元。2012年末，工商银行的总贷款资产为8.8万亿元，预计至2017年末总贷款能够达到13.8万亿元，此时贷款占总资产的比重约为45%。

表4－4　　　　　　　　　**2012年末各行贷款总额占总资产的比重**

银行	贷款总额占总资产比重（%）
工商银行	50.19
农业银行	48.57
中国银行	54.14
建设银行	53.76
汇丰控股	37.05
花旗集团	33.78
富国银行	56.19

注：四大行和汇丰控股的客户贷款不包含同业贷款，花旗集团和富国银行的客户贷款包含同业贷款。

数据来源：各银行2012年度报告。

4.3.2 境内境外结构

工商银行近年的国际化布局进展很快，境外贷款的比重不断上升，2012年末境外贷款占总贷款的比重在四大行中列第二位。

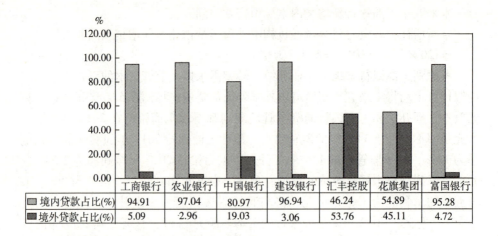

	工商银行	农业银行	中国银行	建设银行	汇丰控股	花旗集团	富国银行
境内贷款占比(%)	94.91	97.04	80.97	96.94	46.24	54.89	95.28
境外贷款占比(%)	5.09	2.96	19.03	3.06	53.76	45.11	4.72

注:汇丰控股的境外贷款是指欧洲以外贷款。

数据来源:各银行 2012 年度报告。

图 4-21　2012 年末各行境内境外贷款比重

当前,工商银行海外分支机构的布局已经初步完成。考虑到当前工商银行境外信贷业务中同业代付占较大比重,且未来五年世界经济增速仍将保持在低位,在未来没有重大收购的情形下,2017 年工商银行的境外贷款目标应该达到 7% 左右,高于农行、建行和富国银行。

4.3.3　客户结构

4.3.3.1　公司个人结构

目前国内商业银行的境内贷款中公司贷款仍然占很大的比重,这点与国际同业形成了比较大的差别。原因是多方面的:在融资结构上,我国的直接融资所依靠的资本市场发育仍不完善,特别是核准发行制使得我国许多中小企业无法通过资本市场获得融资,只能通过商业银行进行融资。在个人消费习惯上,我国居民长期习惯于消费当前的财富和收入,向银行借贷进行超前消费的比重仍然偏低。因此,我国商业银行公司贷款占总贷款比重较高的原因不仅仅是商业银行自身经营的原因,更有外部体制和文化的因素。

未来五年是中国经济增速放缓和扩大内需的五年,公司贷款增速将放缓,个人消费贷款增速将上升。预计 2017 年底工商银行公司贷款和个人贷款的比重将达到 68% 和 32%,提高个人贷款比重 6.02 个百分点,每年提高一个多百分点,缩小与汇丰、花旗、富国的差距。

4.3.3.2　基于风险收益最大化的公司贷款客户配置模型

我们重点讨论商业银行公司贷款在大型企业和中小企业之间进行配置。假设大型企业贷款占公司贷款的比重为 w_L,中小企业贷款占公司贷款的比重

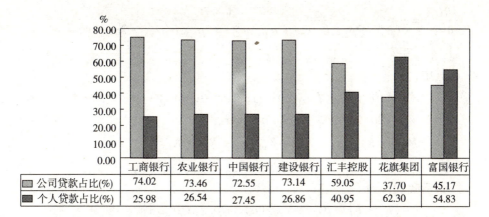

注：公司贷款包含票据贴现，个人贷款包含银行卡透支；由于数据所限，农业银行和建设银行假设境外贷款均为公司贷款。

数据来源：各银行 2012 年度报告。

图 4 – 22　2012 年末各银行公司个人贷款比重

为 w_{MS}，$w_L + w_{MS} = 1$。大型企业的平均贷款利率为 R_L，中小企业的平均贷款利率为 R_{MS}，一般来说，$R_L < R_{MS}$。假设大型企业贷款的平均损失率为 K_L，中小企业贷款的平均损失率为 K_{MS}；大型企业贷款损失率和中小企业贷款损失率的方差分别为 σ_L^2 和 σ_{MS}^2，两者的相关系数为 $\rho_{L,MS}$，银行公司贷款收益率的期望为

$$ER = w_L(R_L - K_L) + w_{MS}(R_{MS} - K_{MS}) \qquad (4 - 3)$$

公司贷款收益率的方差为

$$\sigma^2 = w_L^2\sigma_L^2 + 2w_L w_{MS}\rho_{L,MS}\sigma_L\sigma_{MS} + w_{MS}^2\sigma_{MS}^2 \qquad (4 - 4)$$

公司贷款的风险收益率 ROR 为

$$ROR = \frac{w_L(R_L - K_L) + w_{MS}(R_{MS} - K_{MS})}{w_L^2\sigma_L^2 + 2w_L w_{MS}\rho_{L,MS}\sigma_L\sigma_{MS} + w_{MS}^2\sigma_{MS}^2} \qquad (4 - 5)$$

我们由 $w_L + w_{MS} = 1$，得到：

$$w_{MS} = 1 - w_L \qquad (4 - 6)$$

将式（4 –6）代入式（4 –5）得到：

$$ROR = \frac{w_L(R_L - K_L) + (1 - w_L)(R_{MS} - K_{MS})}{w_L^2\sigma_L^2 + 2w_L(1 - w_L)\rho_{L,MS}\sigma_L\sigma_{MS} + (1 - w_L)^2\sigma_{MS}^2} \qquad (4 - 7)$$

要使 ROR 最大，则应满足：

$$\frac{\partial ROR}{\partial w_L} = 0 \qquad (4 - 8)$$

因此有：

$$\frac{\partial ROR}{\partial w_L} = \frac{A - B}{[(\sigma_L^2 - 2\rho_{L,MS}\sigma_L\sigma_{MS} + \sigma_{MS}^2)w_L^2 + (2\rho_{L,MS}\sigma_L\sigma_{MS} - 2\sigma_{MS}^2)w_L + \sigma_{MS}^2]^2}$$
$$= 0 \qquad\qquad (4-9)$$

其中,

$$A = (R_L - K_L - R_{MS} + K_{MS})[(\sigma_L^2 - 2\rho_{L,MS}\sigma_L\sigma_{MS} + \sigma_{MS}^2)w_L^2 +$$
$$(2\rho_{L,MS}\sigma_L\sigma_{MS} - 2\sigma_{MS}^2)w_L + \sigma_{MS}^2]$$
$$B = [(R_L - K_L - R_{MS} + K_{MS})w_L + R_{MS} - K_{MS}]$$
$$[2(\sigma_L^2 - 2\rho_{L,MS}\sigma_L\sigma_{MS} + \sigma_{MS}^2)w_L + 2\rho_{L,MS}\sigma_L\sigma_{MS} - 2\sigma_{MS}^2]$$

最后我们得到:

$$(R_L - K_L - R_{MS} + K_{MS})(\sigma_L^2 - 2\rho_{L,MS}\sigma_L\sigma_{MS} + \sigma_{MS}^2)w_L^2 +$$
$$2(R_{MS} - K_{MS})(\sigma_L^2 - 2\rho_{L,MS}\sigma_L\sigma_{MS} + \sigma_{MS}^2)w_L +$$
$$(R_{MS} - K_{MS})2\rho_{L,MS}\sigma_L\sigma_{MS} - (R_L - K_L + R_{MS} - K_{MS})\sigma_{MS}^2$$
$$= 0 \qquad\qquad (4-10)$$

方程 (4-10) 的两个解为

$$\frac{C \pm D}{(R_L - K_L - R_{MS} + K_{MS})(\sigma_L^2 - 2\rho_{L,MS}\sigma_L\sigma_{MS} + \sigma_{MS}^2)} \qquad (4-11)$$

其中,

$$C = -(R_{MS} - K_{MS})(\sigma_L^2 - 2\rho_{L,MS}\sigma_L\sigma_{MS} + \sigma_{MS}^2)$$
$$D = \sqrt{(\sigma_L^2 - 2\rho_{L,MS}\sigma_L\sigma_{MS} + \sigma_{MS}^2)[(R_L - K_L)^2\sigma_{MS}^2 - 2\rho_{L,MS}(R_L - K_L)(R_{MS} - K_{MS})\sigma_L\sigma_{MS} + (R_{MS} - K_{MS})^2\sigma_L^2]}$$

我们知道:

$$\sigma_L^2 - 2\rho_{L,MS}\sigma_L\sigma_{MS} + \sigma_{MS}^2 \geqslant \sigma_L^2 - 2\sigma_L\sigma_{MS} + \sigma_{MS}^2 = (\sigma_L - \sigma_{MS})^2 \geqslant 0$$
$$(4-12)$$

一般来说, $R_{MS} > K_{MS}$, 因此有: $C \leqslant 0$。

若 $R_L - K_L \geqslant R_{MS} - K_{MS}$, 则有:

$$w_L = \frac{C + D}{(R_L - K_L - R_{MS} + K_{MS})(\sigma_L^2 - 2\rho_{L,MS}\sigma_L\sigma_{MS} + \sigma_{MS}^2)} \qquad (4-13)$$

$$w_{MS} = \frac{E - D}{(R_L - K_L - R_{MS} + K_{MS})(\sigma_L^2 - 2\rho_{L,MS}\sigma_L\sigma_{MS} + \sigma_{MS}^2)} \qquad (4-14)$$

若 $R_L - K_L < R_{MS} - K_{MS}$, 则有:

$$w_L = \frac{C - D}{(R_L - K_L - R_{MS} + K_{MS})(\sigma_L^2 - 2\rho_{L,MS}\sigma_L\sigma_{MS} + \sigma_{MS}^2)} \qquad (4-15)$$

$$w_{MS} = \frac{E + D}{(R_L - K_L - R_{MS} + K_{MS})(\sigma_L^2 - 2\rho_{L,MS}\sigma_L\sigma_{MS} + \sigma_{MS}^2)} \qquad (4-16)$$

其中，$E = (R_L - K_L)(\sigma_L^2 - 2\rho_{L,MS}\sigma_L\sigma_{MS} + \sigma_{MS}^2)$

大型企业的平均贷款利率 R_L 和中小企业的平均贷款利率 R_{MS} 与商业银行的贷款议价能力密切相关，同时也受到市场融资结构和资金供需状况的影响。大型企业贷款的平均损失率 K_L 和中小企业贷款的平均损失率 K_{MS} 既与经济发展状况有关，也与商业银行自身的风险管理能力密切相关。大型企业贷款损失率、中小企业贷款损失率的方差以及两者的相关系数 σ_L^2、σ_{MS}^2 和 $\rho_{L,MS}$ 是由市场所决定的。通过上述公式，我们可以知道，商业银行大型企业贷款和中小企业贷款的比重既要关注外界环境变化，也与自身的风险管理水平密切相关。在其他变量固定的前提下，商业银行提高对中小企业贷款的议价能力能够提高中小企业贷款的平均贷款利率，提高自身的风险管理能力降低中小企业贷款的平均损失率，都能够使适合自身的中小企业贷款的比重增大。

4.3.4　行业结构

4.3.4.1　工商银行信贷资源的行业配置方向性评价——利润贡献视角

我们利用 Eviews 软件对中国工商银行 2005—2011 年的总利润以及各个行业贷款数据来进行实证分析。我们将公司类贷款划分为制造业、资源能源、公共基础设施、房地产、交通运输、商贸服务、科教卫生及其他。2005—2011年中国工商银行净利润与各行业贷款余额的变化如图 4－23 所示。

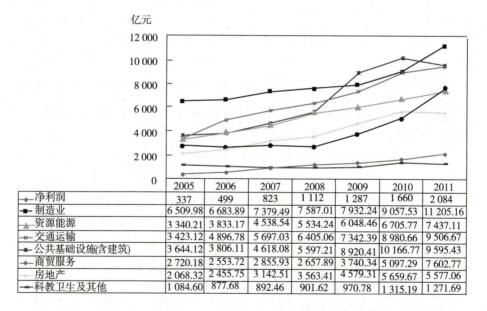

	2005	2006	2007	2008	2009	2010	2011
净利润	337	499	823	1 112	1 287	1 660	2 084
制造业	6 509.98	6 683.89	7 379.49	7 587.01	7 932.24	9 057.53	11 205.16
资源能源	3 340.21	3 833.17	4 538.54	5 534.24	6 048.46	6 705.77	7 437.11
交通运输	3 423.12	4 896.78	5 697.03	6 405.06	7 342.39	8 980.66	9 506.67
公共基础设施(含建筑)	3 644.12	3 806.11	4 618.08	5 597.21	8 920.41	10 166.77	9 595.43
商贸服务	2 720.18	2 553.72	2 855.93	2 657.89	3 740.34	5 097.29	7 602.77
房地产	2 068.32	2 455.75	3 142.51	3 563.41	4 579.31	5 659.67	5 577.06
科教卫生及其他	1 084.60	877.68	892.46	901.62	970.78	1 315.19	1 271.69

图 4－23　2005—2011 年中国工商银行净利润与各行业贷款余额的变化图

我们以每年的净利润为因变量，各个行业贷款余额为自变量进行线性回归，由于时间期间只有五年，无法获得更长时期的精确数据，数据量有限，无

法选择所有的行业进行回归，所以本文选择制造业、资源能源、交通运输、公共基础设施和房地产进行回归，回归方程为

$$JLR_t = c + \beta_{ZZ} \times ZZ_t + \beta_{ZN} \times ZN_t + \beta_{JY} \times JY_t + \beta_{GJ} \times GJ_t + \beta_{FD} \times FD_t + \varepsilon_t;$$
$$(4-17)$$

其中，JLR 表示净利润，ZZ 表示制造业贷款余额，ZN 表示资源能源贷款余额，JY 表示交通运输贷款余额，GJ 表示公共基础设施贷款余额，FD 表示房地产贷款余额。回归结果如表 4 – 5 所示。

表 4 – 5　　　　　　　净利润与行业贷款余额线性回归结果

	Coefficient	Std. Error	t – Statistic	Prob.
C	– 1 344. 254	11. 14847	– 120. 5774	0. 0053
ZZ	0. 109084	0. 002712	40. 21903	0. 0158
ZN	0. 265124	0. 006977	37. 99761	0. 0168
JY	– 0. 032009	0. 008491	– 3. 769945	0. 1651
GJ	– 0. 044512	0. 005021	– 8. 865924	0. 0715
FD	0. 173123	0. 019204	9. 014752	0. 0703
R – squared	0. 999993	Mean dependent var		1 114. 571
Adjusted R – squared	0. 999957	S. D. dependent var		623. 9099
S. E. of regression	4. 104768	Akaike info criterion		5. 430551
Sum squared resid	16. 84912	Schwarz criterion		5. 384188
Log likelihood	– 13. 00693	Hannan – Quinn criter.		4. 857517
F – statistic	27 723. 28	Durbin – Watson stat		3. 291740
Prob（F – statistic）	0. 004560			

根据回归结果我们可以知道，整个回归模型的 R 方值达到 0. 999993，非常接近于最优值 1，说明该模型比较好地反映了变量之间的内在关系。制造业贷款（ZZ）、资源能源贷款（ZN）和房地产贷款（FD）的回归系数为正，分别为 0. 109、0. 265 和 0. 173；P 统计量显示，制造业贷款（ZZ）、资源能源贷款（ZN）的回归系数在 5% 的显著水平下显著不为零，房地产贷款（FD）回归系数在 10% 的显著水平下显著不为零。可见过去五年的信贷发展显示，增加制造业贷款、资源能源贷款和房地产贷款都能实现净利润的增加。交通运输贷款（JY）和公共基础设施贷款（GJ）的回归系数为负，分别为 – 0. 032 和 – 0. 045，P 统计量显示，交通运输贷款（JY）的回归系数在 20% 的显著水平下显著不为零，公共基础设施贷款（GJ）的回归系数在 10% 的显著水平下显著不为零。说明过去五年的发展表明，增加交通运输贷款（JY）和公共基础设施贷款（GJ）有可能导致净利润的减少或至少无法实现总利润的增加。原因是，虽然交通运输贷款（JY）和公共基础设施贷款（GJ）都能实现正的利

息收益，但是由于其挤占了其他行业的贷款，其他行业的收益率比这两个行业高，导致这两个行业的机会成本高于其实际贷款收益，最终导致其对最终利润的影响是负向的。

从净利润的角度来说，未来的发展方向应该是适当增加制造业贷款（ZZ）、资源能源贷款（ZN）和房地产贷款（FD），少增加或不增加交通运输贷款（JY）和公共基础设施贷款（GJ）。当然这只是我们评价未来需要调整的一个角度，我们还可以根据各个行业的不良贷款率或系统性风险大小来判断是否需要增加或降低某个行业的贷款比重。最终决定增加或降低某个行业的贷款规模或比重，取决于商业银行自身的风险偏好和经营战略。对于房地产贷款而言，虽然过去五年的发展数据显示，增加房地产贷款能够实现潜在利润的增加，但是房地产的系统性风险日益积聚，这也是未来工商银行在考虑信贷结构调整时所应考虑到的因素。正是基于此，2011年6月开始，工商银行从战略层面开始了一轮信贷结构调整，对包括"城建、电力、公路、房地产"的"四大行业"进行了压降计划。

这个方法也有个弊端，那就是这个方法是基于过去一段时期的数据而得到的判断，但是这个判断也许在未来并不适用，对于数据区间的选择也需要权衡，数据区间太短则无法得到回归需要的足够数据，数据区间太长则可能导致回归的结果不明显。

4.3.4.2　工商银行公司贷款行业结构调整目标

我们先对四大行公司贷款的行业结构进行比较，如表4-6所示。

表4-6　　　　　2012年末四大行公司贷款主要行业分布[①]　　　　单位：%

银行	制造业	交通运输、仓储和邮政业	房地产	租赁和商业服务业	批发与零售	电力、热力、燃气及水生产和供应业	水利、环境和公共设施管理业	采矿业	建筑业
工商银行	22.99	18.22	8.88	6.29	12.90	9.75	7.40	3.84	2.43
农业银行	29.75	11.07	10.05	6.16	10.94	10.16	4.24	4.11	4.35
中国银行	29.77	13.54（运输业及物流业）	11.14	NA	NA	7.96	4.33	6.17	2.30
建设银行	24.95	16.77	9.36	7.45	7.58	11.68	4.47	3.96	4.23
一般优化配置比重	32.13	7.81	10.60	3.37	7.86	4.18	4.37	6.13	6.04

　　① 2012年各行年度报告公司贷款行业分布数据中公司贷款的统计口径是集团境内境外。一般优化配置比重是对境内行业进行分析得出的，考虑到境外行业全面数据获取难度较大，行业划分也不完全一致，并且目前四大行境内公司贷款占公司贷款的主体，因此以境内行业分析得到的一般优化配置比重作为公司贷款行业结构的参照。

　　数据来源：各银行2012年年度报告。

根据四大行公司贷款行业结构的比较，我们发现：

（1）工商银行的制造业占公司贷款的比重在四大行中是最低的，未来仍有很大的提升空间；农业银行和中国银行制造业贷款占公司贷款的比重非常接近于一般优化配置比重。

（2）四大行的"交通运输、仓储和邮政业"贷款占公司贷款的比重均高于一般优化配置比重，这与四大行的国有大型商业银行的定位有关，农业银行"交通运输、仓储和邮政业"贷款占公司贷款的比重最为接近一般优化配置比重，工商银行的"交通运输、仓储和邮政业"贷款占公司贷款的比重在四大行中最高，工商银行在将来需要适当降低该比重；四大行的"电力、热力、燃气及水生产和供应业"贷款占公司贷款的比重均高于一般优化配置比重，这也与四大行的国有大型商业银行的定位有关，建设银行的"电力、热力、燃气及水生产和供应业"贷款占公司贷款的比重在四大行中最高。

（3）工商银行"水利、环境和公共设施管理业"贷款占公司贷款的比重高于一般优化配置比重，其他三大行"水利、环境和公共设施管理业"贷款占公司贷款的比重接近一般优化配置比重。

（4）四大行的房地产贷款占公司贷款的比重与一般优化配置比重比较接近，其中农业银行的房地产贷款占公司贷款的比重最为接近一般优化配置比重。

（5）工商银行与农业银行"批发和零售业"贷款占公司贷款的比重高于一般优化配置比重，建设银行"批发和零售业"贷款占公司贷款的比重与一般优化配置比重非常接近。

（6）中国银行采矿业贷款占公司贷款的比重在四大行中最为接近一般优化配置比重，其他三大行的采矿业贷款占公司贷款的比重均低于一般优化配置比重，考虑到资源型行业在将来重要的战略地位，未来有必要提高这一比重。

我们根据第3章得到的公司贷款分行业一般优化配置比重、本章对于外部经营形势以及国际同业信贷结构现状的分析，结合工商银行的风险偏好和经营战略，考虑到信贷结构调整的可行性和适度性，得到工商银行2017年末公司贷款行业结构的调整目标。

表4－7　　　　　工商银行2017年末公司贷款行业结构目标　　　　单位：%

行业	2012年末比重	一般优化比重	2017年末目标比重	比重调整方向[①]	风险偏好与经营战略对一般优化配置比重的调整[②]
制造业	22.99	32.13	28	↑	−4.13
交通运输、仓储和邮政业	18.22	7.81	13	↓	+5.19
批发和零售业	12.90	7.86	8	↓	NA

续表

行业	2012年末比重	一般优化比重	2017年末目标比重	比重调整方向①	风险偏好与经营战略对一般优化配置比重的调整②
电力、热力、燃气及水生产和供应业	9.75	4.18	7	↓	+2.82
房地产业	8.88	10.60	9	↔	−1.6
水利、环境和公共设施管理业	7.40	4.37	5	↓	NA
租赁和商务服务业	6.29	3.37	6	↔	+2.63
采矿业	3.84	6.13	6	↑	NA
建筑业	2.43	6.04	6	↑	NA
科教文卫	1.38	NA	4	↑	NA
住宿和餐饮业	2.57	3.37	3	↔	NA
其他	3.34	NA	5	↑	NA
合计	100	100	100	—	

注：① ↑表示比重上升，↓表示比重下降，↔表示比重基本保持不变（变化幅度在1%以内）。

② 调整幅度低于1%可认为没有调整，用NA表示。

未来五年，工商银行的行业结构中制造业贷款占公司贷款的目标比重可设置为28%，这主要是考虑到集中度风险的因素，再好的市场，也不宜过度涉足，可以将单个行业贷款占公司贷款比重的警戒线设置为30%。考虑到未来中国制造业的转型升级和逐渐增强的环保约束，工商银行在拓展制造业贷款时应该减少落后产能、污染行业相关贷款，重点关注有较高附加值和技术含量，具有较强创新能力和较好市场前景的子行业和企业。

目前，工商银行"交通运输、仓储和邮政业"和"电力、热力、燃气及水生产和供应业"两个行业贷款占公司贷款比重高于一般优化配置比重，未来方向是要适度降低这两个行业贷款占公司贷款的比重。考虑到这两个行业是市场化程度较低的行业，虽然从商业角度评价不高，但是由于工商银行是资产规模排名第一的国有大型商业银行，必须在信贷资产中保持一定比重具有战略重要性行业的贷款。这两个行业都属于国民经济的基础行业，战略重要性都较高，因此工商银行在设定调整目标时可适度高于一般优化配置比重，采取当前比重与一般优化配置比重折中的方式确定目标比重。

未来五年，工商银行可将房地产贷款占公司贷款的比重目标设定为稍低于一般优化配置比重，主要是考虑到工商银行在"交通运输、仓储和邮政业"和"电力、热力、燃气及水生产和供应业"这两个行业贷款的比重由于自身的风险偏好和经营战略的考虑高于一般优化配置比重，相应需要有一些行业贷款占公司贷款的比重低于一般优化配置比重，其中一个行业可以选择房地产行业。①

考虑到工商银行子公司工银租赁的业务发展，工商银行在租赁业务运营和风险控制方面具有比较优势，并且工商银行未来业务转型的目标是要大力拓展现代服务业贷款，且目前来看工商银行租赁与商务服务业贷款占公司贷款的比重与其他三大行的水平相当，因此未来工商银行租赁与商务服务业贷款占公司贷款的比重可以适度高于一般优化配置比重，保持目前比重不变。

未来工商银行采矿业、建筑业、科教文卫和其他贷款占公司贷款的比重都可以适度上升。科教文卫贷款比重上升主要源自于文化产业贷款比重的上升，其他贷款比重的上升主要源自于农、林、牧、渔业中现代农业贷款比重的上升以及"信息传输、软件和信息技术服务业"贷款比重的上升。

4.4 未来信贷池

4.4.1 客户维度

客户维度上，未来五年需要重点拓展的客户是个人和中小企业。十八大报告提出，到 2020 年，实现国内生产总值和城乡居民人均收入比 2010 年翻一番的目标。随着居民收入的增加，与之伴随的居民消费能力的大幅上升和消费习惯的巨大改变，个人信贷的发展潜力巨大。未来随着金融脱媒和我国经济结构的调整，大型企业对于银行信贷的依赖程度会逐渐降低，大量中小企业仍然存在对资金的巨大需求，因此小企业是工商银行未来发展的重点，特别是科技型小微企业。科技型企业"规模小、投资少、风险高"，一度被认为应该是风险投资所重点投资的领域。商业银行信贷支持小微企业融资所面临的风险收益是不匹配的，但银行可以将小微企业所持有的专利权作为抵押来降低风险，当然对于小微企业的专利必须从先进性、应用前景等进行综合的评估，商业银行对于小微企业的信用风险控制将在第 6 章具体阐述。

4.4.2 产品维度

供应链融资是商业银行依托于一个核心企业，以核心企业为出发点，通过核心企业对上下游企业进行信用增级，商业银行对上下游企业提供配套的融资支持。供应链融资能够有效支持处于相对弱势的上下游中小企业，提升整个供应链的综合竞争力，也能够使供应链中的企业与银行的业务联系更加紧密。供应链融资是未来贸易融资的主要形式，也是商业银行需要重点发展的业务品种。在个人贷款领域，随着未来城镇化的持续推进，个人住房贷款的拓展空间仍然比较大。

---

① 贷款占公司贷款的比重低于一般优化配置比重的行业可以包括：制造业、房地产和"农、林、牧、渔业"等。

4.4.3　行业维度

在行业上，未来五年存在较大信贷需求的新兴领域有：现代农业、重点资源能源行业、战略性新兴产业、现代交通、现代旅游、现代物流、现代养老产业和高端医疗。

表 4－8　　　　　　　　　　未来信贷池——行业维度

行业	说明
现代农业	现代农业是相对于传统农业而言，是广泛应用现代科学技术、现代工业提供的生产资料和科学管理方法进行的社会化农业，包括工业化农业、绿色农业、休闲农业等
重点资源能源行业	重点资源能源行业位于产业链的上游，定价能力较强，延伸产业链较长，应对风险的能力较强，是商业银行未来重点把握的领域，包括煤炭、石油、采矿和页岩气等
战略性新兴产业	战略性新兴产业是以重大技术突破和重大发展需求为基础，对经济社会全局和长远发展具有重大引领带动作用，知识技术密集、物质资源消耗少、成长潜力大、综合效益好的产业
现代交通	现代交通是以机场和高铁为代表的新交通方式为支持对象的贷款，随着城市圈的不断扩大，现代交通将成为未来居民的主要出行方式，现代交通应该仍有巨大的信贷需求。经济的繁荣和社会的稳定使人们外出旅游的欲望日益增强，而交通条件的改善，尤其是超音速大型客机的出现，使得人们出行旅游的便利性大大增强
现代旅游	现代旅游具有旅游主体的大众化、旅游形式的多样化、旅游空间的扩大化、旅游目的的娱乐化等特点。"食、宿、行、游、购、娱"贯穿于旅游活动之中，成为现代旅游的六要素
现代物流	现代物流指的是将信息、运输、仓储、库存、装卸搬运以及包装等物流活动综合起来的一种新型的集成式管理，其任务是尽可能降低物流的总成本，为顾客提供最好的服务
现代养老产业	中国社会科学院 2013 年发布的《中国老龄事业发展报告（2013）》预计 2013 年我国 60 岁以上老年人口数量将突破 2 亿大关，达到 2.02 亿人，老龄化水平达到 14.8%。随着"421"家庭结构逐渐成为主体，越来越多的老人需要进入养老机构或类似疗养基地安度晚年，养老产业包括医疗、家政等多行业将成为一个朝阳行业
高端医疗	专为高端人群设计，他们注重服务质量与私密性，不愿接受公立医院嘈杂拥挤的就医环境，对价格不敏感，或是享有高端的医疗保险，能够承担高额的医疗费用。目前，全国约有 3 000 万的人群需要高端医疗服务

5 信贷结构调整视角下的经济资本运用

5.1 资本约束与经济资本运用

商业银行的资本有三个范畴：账面资本、监管资本和经济资本。账面资本是商业银行在资产负债表上反映的实际归属于股东的资本，包括实收资本、资本公积、盈余公积和未分配利润。监管资本是商业银行为了符合监管当局的资本要求所需要持有的最低资本，包括核心资本和附属资本。经济资本是指在一定的风险置信度下，商业银行为了抵御资产的各种非预期损失而计算出来的虚拟资本，是商业银行根据所承担风险计量出来的最低资本要求。账面资本、监管资本和经济资本三者在数量上一般存在如下关系：经济资本≤账面资本≤监管资本。只有满足经济资本≤账面资本，才能有足够的资本应对非预期损失；而由于监管资本包含了债务性资本工具，因此监管资本≥账面资本。

监管资本是监管机构对商业银行的最低资本要求，而经济资本则是商业银行为了达到监管资本甚至更高资本要求的内部管理手段。为了保证资本能够满足风险管理的要求，从1988年的资本协议到2004年6月公布的新资本协议，巴塞尔委员会一直致力于研究如何使得资本能够更加敏锐地应对经营过程中的风险变化。20世纪90年代以来，基于信用风险和其他风险的内部度量模型极大地提高了银行计算风险损失的精度，并通过非预期风险损失映射到所需要的资本，逐步实现了资本管理从监管资本到经济资本的飞跃。

《商业银行资本管理办法（试行）》已经于2013年1月1日实施，按照该办法的要求，我国大型银行资本充足率应达到11.5%，中小银行资本充足率应达到10.5%。新管理办法的实施设置了过渡期，商业银行应在2016年底前达标，最迟不得晚于2018年底达标。未来对于中国商业银行而言，资本成为最稀缺的资源，有必要通过资本的优化配置来提高资本的利用效率，并实现资本补充与业务发展的接续，而经济资本的运用无疑是实现这一目标较好的方式和手段。

商业银行信贷业务面临各种风险，可能导致资产出现损失，包括信用风险、操作风险和市场风险①，这些风险统称为信贷风险。信用风险、操作风险和市场风险的损失分布各不相同，Rosenberg 和 Schuermann（2004）描述了这些不同风险损失的分布形状。不同风险分布的特征如表5－1所示。

表5－1　　　　　　　　　不同风险损失分布的特征

风险类型	标准差	偏态	峰度
信用风险	中	中	中
操作风险	低	高	高
市场风险	高	零	低

信用风险不同于市场风险，市场风险意味着收益的波动性，既可能是更大的损失，也可能是更高的收益；而信用风险一旦发生，则只能意味着损失；操作风险大多数情况下导致的损失较小，但在极端情形下可能导致巨大的损失。商业银行的损失可以划分为预期损失（Expected Loss）、非预期损失（Unexpected Loss）和极端损失（Catastrophe Loss）。预期损失是未来损失的数学期望，它是可以预见的，一般通过商业银行的风险拨备加以覆盖；非预期损失是商业银行在规定的置信度下，超过期望损失的潜在损失；极端损失是由于极端事件的冲击，超过商业银行可承受能力的损失。我们以信用风险的损失为例，信用风险各类损失如图5－1所示。

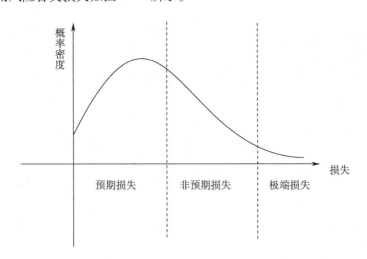

图5－1　各类型损失在损失分布图中的分布

---

① 当商业银行需要进行信贷资产交易时，信贷资产就不仅仅面临信用风险和操作风险，也面临信贷市场风险。

我们令 PD_i 表示信贷资产 i 的违约概率（Probability of Default）， LGD_i 表示信贷资产 i 的违约损失率（Loss Given Default）， EAD_i 表示信贷资产 i 的风险暴露（Exposure at Default），那么信贷资产 i 的预期损失为

$$E(L_i) = PD_i \times LGD_i \times EAD_i \qquad (5-1)$$

信贷资产 i 对应某个贷款企业 i，我们假设贷款企业 i 本身的收益率为

$$R_i = \mu + b_i Y + c_i \varepsilon_i \qquad (5-2)$$

其中， Y 表示系统风险因子， ε_i 表示企业的特质风险因子， $\mu > 0$， $b_i < 0$， $c_i < 0$， Y 和 ε_i 均服从标准正态分布，且相互独立，因此有 R_i 也服从正态分布。我们假定该企业有一个违约的临界收益率为 R_i^*，当 $R_i > R_i^*$ 时，该企业不违约；当 $R_i \leqslant R_i^*$ 时，企业违约，违约概率为

$$PD_i = \int_{-\infty}^{R_i^*} f(R_i) d(R_i) \qquad (5-3)$$

$f(R_i)$ 表示 R_i 的概率密度函数。表 5-2 为标准普尔公司公布的各级债务人在对应年限的累积违约率。

表5-2　　　　　　　标准普尔公司公布的各级债务人累积违约率

评级	不同年限的累积违约率（%）									
	1	2	3	4	5	6	7	8	9	10
AAA	0.00	0.00	0.04	0.07	0.12	0.21	0.31	0.48	0.54	0.62
AA	0.01	0.03	0.08	0.16	0.26	0.40	0.56	0.71	0.83	0.97
A	0.04	0.13	0.26	0.43	0.66	0.90	1.16	1.41	1.71	2.01
BBB	0.29	0.86	1.48	2.37	3.25	4.15	4.88	5.60	6.21	6.95
BB	1.28	3.96	7.32	10.51	13.36	16.32	18.84	21.11	23.22	24.84
B	6.24	14.33	21.57	27.47	31.87	35.47	38.71	41.69	43.92	46.27
CCC/C	32.35	42.35	48.66	53.65	59.49	62.19	63.37	64.10	67.78	70.80

注：静态平均累积违约率，1981—2004 年。

资料来源：菲利普·乔瑞：《风险价值 VaR》，中信出版社，2010。

经济资本是指在一定的风险置信度下，商业银行为了抵御资产的各种非预期损失而计算出来的虚拟资本，经济资本实质是对非预期损失进行计量和防御。我们令某信贷资产的损失为 L，置信度为 α， $P(\cdot)$ 为概率函数， $VaR(L, \alpha)$ 满足：

$$P(L \leqslant VaR(L,\alpha)) = \alpha \qquad (5-4)$$

那么经济资本 $EC(L)$ 的表达式如下：

$$EC(L) = VaR(L,\alpha) - E(L) \qquad (5-5)$$

商业银行信贷资产的经济资本是信用风险、操作风险甚至市场风险经济资本的加总，减去信用风险、操作风险以及市场风险的分散效应。

为了能够更加科学地衡量收益的质量，商业银行引入基于经济资本的风险调整收益（RAROC, Risk_ Adjusted Return on Capital），RAROC 表示净利润与经济资本的比率，其表达式如下：

$$RAROC = \frac{TR - TC - EL}{EC} \qquad (5-6)$$

其中，TR 表示贷款收益，TC 表示贷款成本（包括资金成本和经营成本），EL 表示预期损失，$TR - TC - EL$ 表示商业银行的净利润，EC 表示经济资本。

我们接着介绍经济增加值（EVA, Economic Value Added）的概念，其定义为净利润减去经济资本成本，EVA 的表达式为

$$EVA = TR - TC - EL - EC \times r_{EC}^{*} \qquad (5-7)$$

其中，r_{EC}^{*} 表示经济资本成本，也是经济资本的最低要求回报率。

根据式（5-6）和式（5-7），我们有：

$$EVA = EC \times (RAROC - r_{EC}^{*}) \qquad (5-8)$$

若 $RAROC > r_{EC}^{*}$，则 $EVA > 0$，该资产可以创造价值增值；若 $RAROC < r_{EC}^{*}$，则 $EVA < 0$，该资产会导致价值贬值。

商业银行在经营决策时，首先会根据自身的账面资本规模决定可承受的最大非预期损失，这个可承受的非预期损失就是商业银行每年的经济资本限额。商业银行的经济资本限额与自有资本规模的比值反映出了商业银行的风险偏好，该比值越高，说明商业银行越激进，该比值越低，说明商业银行越稳健。经济资本、RAROC 和 EVA 已经被应用到先进商业银行的经营决策中，商业银行会将更多的经济资本配置到 RAROC 指标高的区域，以追求 EVA 的最大化。

5.2 经济资本的测度与分配

5.2.1 经济资本的测度

5.2.1.1 乘数法

Gordy（2003）假设信贷组合中不存在占绝对比重的资产，此时信贷资产分布较分散，集中度风险较小，如果借款者的收益率只受单个系统风险因子和

异质风险因子的影响，那么信贷组合的经济资本为

$$EC(L) = VaR(L, \alpha) - E(L)$$

$$\approx \sum_{i=1}^{N} EAD_i \times LGD_i \times \left\{ \Phi \left[\frac{\Phi^{-1}(PD_i) - \sqrt{\rho_i}\Phi^{-1}(\alpha)}{\sqrt{1 - \rho_i}} \right] - PD_i \right\}$$

$$(5-9)$$

其中，$\sqrt{\rho_i}$ 表示资产 i 与系统性风险的相关系数，$\Phi[\cdot]$ 表示标准正态分布累积分布函数，根据等式（5-6）我们定义资产 i 经济资本系数为

$$k_i = LGD_i \times \left\{ \Phi \left[\frac{\Phi^{-1}(PD_i) - \sqrt{\rho_i}\Phi^{-1}(\alpha)}{\sqrt{1 - \rho_i}} \right] - PD_i \right\} \qquad (5-10)$$

经济资本的计算公式又可表述为

$$EC(L) = EAD \times k \qquad (5-11)$$

其中，k 为资产组合的加权经济资本系数。

5.2.1.2　Monte Carlo 模拟法

对于一个资产或资产组合，假设考察期限（通常为一年）损失次数为 N，单次损失的损失程度为 L，损失次数 N 一般服从几何分布、二项分布或泊松分布，而单次损失程度 L 一般用指数分布、对数正态分布、Beta 分布或者 Gamma 分布来刻画。利用 Monte Carlo 模拟来对经济资本进行测算的步骤如下：

步骤一：假定未来损失次数服从某一概率分布，通过随机数发生器来抽取一个随机的损失次数 N，一般情况下，离平均值越近的数越有可能被抽中；

步骤二：根据步骤一得到的随机数 N，假定损失程度服从某一概率分布，随机抽取 N 个样本，分别为 $L_1, L_2, \cdots L_N$；

步骤三：加总步骤二得到的 N 个样本数据之和，得到考察期限（通常为一年）内的总损失为 $L = \sum_{i=1}^{N} L_i$；

步骤四：前三步构成了一次 Monte Carlo 模拟过程，不断重复上述过程，每次都得到一个 L，直到模拟的次数足够大；

步骤五：基于模拟分布，得到置信度 α 下的 VaR，并最终得到经济资本的数值。

5.2.2　经济资本的"组合效应"与分配

5.2.2.1　经济资本的"组合效应"

商业银行信贷资产的经济资本并不等于组合内资产单独计算经济资本的总和，这是由于商业银行信贷资产的收益和损失存在着相关性。我们设有两个资

产集合 A 和集合 B，资产集合 A 对应的经济资本为 $EC(L_A)$，资产集合 B 对应的经济资本为 $EC(L_B)$，那么一般情况下，我们有：

$$EC(L_{A+B}) \neq EC(L_A) + EC(L_B); \tag{5-12}$$

为简单起见，我们假定资产集合 A 和集合 B 的损失分别为 L_A 和 L_B，$L_A \sim N(\mu_A, \sigma_A^2)$，$L_B \sim N(\mu_B, \sigma_B^2)$，并且 L_A 和 L_B 服从二维正态分布，那么：

$$L_{A+B} \sim N(\mu_{A+B}, \sigma_{A+B}^2) \tag{5-13}$$

其中，$\mu_{A+B} = \mu_A + \mu_B$，$\sigma_{A+B}^2 = \sigma_A^2 + \sigma_B^2 + 2\rho_{A,B}\sigma_A\sigma_B$，$\rho_{A,B}$ 表示信贷资产 A 和信贷资产 B 的相关系数，那么：

$$EC(L_{A+B}) = \sqrt{\sigma_A^2 + \sigma_B^2 + 2\rho_{A,B}\sigma_A\sigma_B}\,\Phi^{-1}(\alpha) \tag{5-14}$$

$\Phi^{-1}(\alpha)$ 为标准正态分布的累积分布函数的反函数，而又因为：

$$|\rho_{A,B}| \leqslant 1 \tag{5-15}$$

$$EC(L_A) = \sigma_A\Phi^{-1}(\alpha) \tag{5-16}$$

$$EC(L_B) = \sigma_B\Phi^{-1}(\alpha) \tag{5-17}$$

因此有：

$$EC(L_{A+B}) \leqslant EC(L_A) + EC(L_B) \tag{5-18}$$

这说明，资产组合的非预期风险低于单独资产非预期风险之和，我们称之为经济资本的"组合效应"。

5.2.2.2　经济资本的分配

经济资本分配（attribution）是一个测度问题。已知当前的一个投资组合和支持该组合所必需的经济资本的金额，如何把经济资本分配给各个业务单元或单个交易呢，这关系到银行对于产品或服务的内在和外在的定价。经济资本配置是一个最优化的问题，配置决策需要确定资本的重新配置能否为公司带来更高的价值。信贷资产组合的经济资本具有"组合效应"，那么商业银行就存在将信贷组合的经济资本在各个资产之间分配的问题。我们令 $EC(L_p)$ 为信贷资产组合的经济资本，$DEC(L_i)$ 为分配到资产 i 的经济资本，n 为资产组合中的资产数，商业银行经济资本分配的基本方法有预期损失分配法、比重分配法和 β 分配法等。

（1）预期损失分配法

这种方法是根据信贷组合中各项资产的预期损失在总资产预期损失中的比重，来计算资产组合中各资产经济资本占用的比重，计算公式为

$$DEC(L_i) = \frac{PD_i \times LGD_i \times EAD_i}{\sum_{i=1}^{n} PD_i \times LGD_i \times EAD_i} EC(L_p) \tag{5-19}$$

（2）比重分配法

这种方法是根据资产组合中某个资产单独计算的经济资本占单独计算经济资本总和的比重作为配置的比例。

$$DEC(L_i) = \frac{EC(L_i)}{\sum_{i=1}^{n} EC(L_i)} EC(L_p) \qquad (5-20)$$

（3）β 分配法

该分配方法是仿照资本资产定价原理，β 分配法充分考虑了信贷资产经济资本的组合效应，根据某资产与资产组合损失的相关程度来进行分配。

$$DEC(L_i) = EC(L_i) - \beta \left[\sum_{i=1}^{n} EC(L_i) - EC(L_p) \right] \qquad (5-21)$$

其中，$\beta = \dfrac{\text{cov}(L_i, L_p)}{\text{VaR}(L_p)}$。

5.3　经济资本的区域配置

5.3.1　区域信贷成长环境评价

商业银行为了实现既定约束条件下经济增加值最大化目标，需要将有限的经济资本在各个经营区域之间进行配置。在经济资本的区域配置过程中，往往会出现一些极端的现象，比如某些区域的风险收益指标（RAROC）很好，仅根据这一指标来进行经济资本的优化配置，则要求商业银行将更多的经济资本配置到该区域，但是该区域的宏观指标却显示该区域的信贷业务成长环境并不理想，因此不适合配置更多的经济资本。风险调整收益与信贷成长环境的关系相当于当前收益与长远收益的关系，商业银行在进行经济资本的区域配置中，既要考虑当前的风险收益，也要考虑到信贷的成长环境，并且赋予两者不同的权重，这样来进行经济资本的区域配置才是科学合理的。

信贷成长环境是指商业银行在某区域进行信贷业务时所面临成长环境优劣的综合评价。该综合评价越高，说明商业银行信贷业务在该区域所面临的成长环境越好，商业银行在该区域信贷业务的成长空间越大，所面临的宏观风险越小；反之则说明商业银行信贷业务在该区域所面临的成长环境越差，商业银行在该区域信贷业务的成长空间越小，所面临的宏观风险越大。信贷成长环境成为经济资本进行区域配置的一个重要参考，商业银行应该将更多的经济资本配置到信贷成长环境得分更高的区域。本报告从信贷成长空间和宏观风险两个方面来对区域的信贷成长环境进行综合评价。区域信贷成长环境综合评价所包含的指标如表 5-3 所示。

表5-3　　　　　　　　　　区域信贷成长环境综合评价

成长类指标	区域生产总值
	社会消费品零售总额
	固定资产投资总额
	工业企业单位数
	工业企业资产合计
	工业企业主营业务收入
	银行类金融机构存款余额
	银行类金融机构贷款余额
	宏观政策支持力度
风险类指标	财政赤字
	财政赤字与区域生产总值比值
	工业企业整体资产负债率
	银行类金融机构不良贷款余额
	银行类金融机构不良贷款率
	城镇登记失业率
	生态环境评价

　　我们对中部六省2011年的数据进行研究，数据来源于中经网统计数据库、2011年中国统计年鉴和2011年中国金融年鉴。鉴于一些指标需要专家打分得出，所以本文没有选择该指标。如果 N 个指标之间满足一定的数量恒等关系，我们选择其中的 $N-1$ 个指标[1]。本文选择的指标包括：区域生产总值、社会消费品零售总额、固定资产投资总额、工业企业单位数、工业企业资产合计、工业企业主营业务收入、银行类金融机构存款余额、银行类金融机构贷款余额、财政赤字与区域生产总值比值、工业企业整体资产负债率、银行类金融机构不良贷款率、城镇登记失业率。

　　在对各省数据进行正向标准化处理后，我们通过SPSS软件对数据进行因子分析，我们在选择公共因子时，将默认的特征根值设定为大于1，在此基础上提取公共因子，可以得到三个公共因子。

---

　　① 比如，财政赤字与区域生产总值比值＝财政赤字/区域生产总值，如果知道其中两个指标，就可以得到第三个指标，所以可以舍弃第三个指标。

表 5 - 4　　　　　　　　　　因子解释原指标总方差情况

公共因子	初始特征根			旋转前的因子载荷平方和			旋转后的因子载荷平方和		
	特征根	方差贡献率	累计方差贡献率	特征根	方差贡献率	累计方差贡献率	特征根	方差贡献率	累计方差贡献率
1	7.446	62.048	62.048	7.446	62.048	62.048	7.353	61.271	61.271
2	2.442	20.348	82.397	2.442	20.348	82.397	2.470	20.585	81.856
3	1.330	11.080	93.476	1.330	11.080	93.476	1.394	11.620	93.476
4	0.633	5.274	98.750						
5	0.150	1.250	100.000						
6	$4.358E-16$	$3.632E-15$	100.000						
7	$3.085E-16$	$2.571E-15$	100.000						
8	$8.416E-17$	$7.014E-16$	100.000						
9	$-4.122E-17$	$-3.435E-16$	100.000						
10	$-7.438E-17$	$-6.198E-16$	100.000						
11	$-1.456E-16$	$-1.214E-15$	100.000						
12	$-2.245E-16$	$-1.871E-15$	100.000						

根据表 5 - 4，可以知道在进行正交旋转以后的三个公共因子对于原指标向量总方差的贡献率分别为 61.27%、20.59%、11.62%。接着我们可以得到各个省在旋转后的各公共因子的得分，并且以公共因子对原指标的方差贡献率为权数，最终可以得到各个省信贷成长环境的综合得分和综合排名。

表 5 - 5　　　　　　　　　　因子分析法评价结果

省份＼评价结果	F1 得分	F2 得分	F3 得分	综合得分	综合排名
河南	1.651	-0.040	1.107	1.132	1
山西	-0.692	-1.616	0.004	-0.756	6
湖北	0.621	-0.551	-1.163	0.132	2
湖南	-0.147	0.821	-1.108	-0.050	4
安徽	-0.289	1.167	0.069	0.071	3
江西	-1.143	0.219	1.090	-0.529	5

我们通过熵权法来对各个省信贷成长环境进行综合评价，根据计算公式（3 - 6）和公式（3 - 7），得到各指标的熵值以及权重如表 5 - 6 所示。

表 5-6   指标熵值与权重

指标	熵值	权重
区域生产总值	0.972	0.096
社会消费品零售总额	0.964	0.125
固定资产投资	0.975	0.087
工业企业单位数	0.947	0.182
工业企业资产合计	0.974	0.089
工业企业主营业务收入	0.964	0.125
银行类金融机构存款余额	0.990	0.034
银行类金融机构贷款余额	0.988	0.042
财政赤字与区域生产总值比值（倒数）	0.997	0.010
工业企业整体资产负债率（倒数）	0.958	0.144
银行类金融机构不良贷款率（倒数）	0.983	0.058
城镇登记失业率（倒数）	0.998	0.008

注：反向指标由于需要经过正向化才可以与正向指标一起使用，本文正向化的方法是对反向指标取倒数，因此本文在反向指标后面备注"倒数"。

根据表 5-6 可以知道，工业企业单位数的指标权重最大，达到 0.182；城镇登记失业率（倒数）的指标权重最小，仅为 0.008。根据各指标的权重以及实际指标值，我们得到各个省信贷成长环境的综合得分与综合排名如表 5-7 所示。

表 5-7   熵权法评价结果

评价结果 省份	综合得分	综合排名
河南	1.431	1
山西	0.623	6
湖北	1.145	2
湖南	1.037	3
安徽	1.013	4
江西	0.752	5

我们比较因子分析法和熵权法得到的排名结果，除了湖南和安徽在排名上有次序上的变化之外，其余省份的排名完全一致，两者互为佐证，说明因子分析法和熵权法在区域信贷成长环境评价上还是比较可靠的。

5.3.2 经济资本的区域配置

我们假设商业银行在各个区域存量贷款的期望 RAROC 值分别为 $E(r_1)$, $E(r_2)$, $\cdots E(r_m)$, 那么商业银行信贷资产组合的期望 RAROC 值为

$$E(r) = w_1 E(r_1) + w_2 E(r_2) + \cdots + w_m E(r_m) \qquad (5-22)$$

其中, $w_1, w_2, \cdots w_m$ 分别是各个区域配置经济资本占总经济资本的比重。各区域信贷资产的收益与风险是相互关联的, 商业银行信贷资产组合 RAROC 值的方差是:

$$\mathrm{VaR}(r) = \sum_{i=1}^{m} w_i^2 \sigma_i^2 + 2 \sum_{i=1}^{m} \sum_{j=1}^{m} w_i w_j \sigma_{ij}^2 \qquad (5-23)$$

其中, σ_i^2 为区域 i 的 RAROC 值的方差, σ_{ij}^2 为区域 i 和区域 j 的 RAROC 值的协方差, m 为区域数。商业银行需要将整体 RAROC 值的波动控制在可承受的范围内, 本报告的商业银行经济资本区域优化配置模型, 是在控制银行信贷资产组合整体 RAROC 值波动的情形下, 实现 EVA 的最大化。我们令各区域信贷资产期望 RAROC 的向量为 $R = (E(r_1), E(r_2), \cdots E(r_m))^T$, 各区域经济资本配置比重向量为 $W = (w_1, w_2, \cdots w_m)^T$, 各区域信贷资产 RAROC 的方差协

方差矩阵为 $\Theta = \begin{pmatrix} \sigma_{1,1}^2, \sigma_{1,2}^2, \cdots \sigma_{1,m}^2 \\ \sigma_{2,1}^2, \sigma_{2,2}^2, \cdots \sigma_{2,m}^2 \\ \cdots \\ \sigma_{m,1}^2, \sigma_{m,2}^2, \cdots \sigma_{m,m}^2 \end{pmatrix}$, $1 = (1,1,\cdots 1)^T$。则决策优化模型可以

表述为

$$\max W^T R \qquad (5-24)$$
$$\mathrm{st.}\ W^T \Theta W = \sigma^{2*}$$
$$W^T 1 = 1$$
$$w_i \geqslant 0, i = 1, \cdots m$$

其中, σ^{2*} 为商业银行可以容忍的整体信贷资产 RAROC 波动方差。但是, 这个模型有个缺陷, 就是仅仅追求整体 RAROC 最大化, 以此来追求短期的 EVA 的最大化, 而忽视外部环境的因素, 而外部因素决定了 EVA 的长期成长空间, 因此我们需要将外部环境因素引入该优化决策模型。我们赋予风险收益的权重为 β_1, 外部信贷成长环境的权重为 β_2, $\beta_1 + \beta_2 = 1$, 这样银行一方面可以顾及短期的整体信贷资产 RAROC 最大化目标; 另一方面又可以通过考虑区域信贷成长环境来兼顾 EVA 成长空间最大化的目标, 保证增长的可持续性。

我们对各区域信贷业务期望 RAROC 进行标准化:

$$r_i^* = \frac{E(r_i)}{\sum_{i=1}^{m} [E(r_i)]} \qquad (5-25)$$

标准化后的期望 RAROC 向量为 $R^* = (r_1^*, r_2^*, \cdots r_m^*)^T$。

我们假设各个区域的信贷成长环境得分为 g_i，我们对该得分进行标准化：

$$g_i^* = \frac{g_i}{\sum_{i=1}^{m} g_i} \qquad (5-26)$$

由此得到标准化后的区域信贷成长环境得分向量为 $G^* = (g_1^*, g_2^*, \cdots g_m^*)^T$。正如第 3 章中提到，熵权法区域综合得分均为正，综合得分差异几乎完全遵从于区域信贷成长环境的实际优劣差异，因此本模型中，我们引用的信贷成长环境得分是通过熵权法得到的综合得分。我们建立兼顾银行区域 RAROC 与区域信贷成长环境的经济资本优化配置模型。

$$\max \beta_1 W^T R^* + \beta_2 W^T G^* \qquad (5-27)$$

$$\text{st. } W^T \Theta W = \sigma^{2*}$$

$$W^T 1 = 1$$

$$w_i \geqslant 0, i = 1, \cdots m$$

不同类型的商业银行，有着不同的发展战略和风险偏好，赋予风险收益的权重 β_1 和外部信贷成长环境的权重 β_2 会有差异。比如一些中小银行，存量信贷规模相对较小，短期内的发展速度对于它们来说至关重要，因此它们赋予短期风险收益的权重相对较高，赋予区域信贷成长环境的权重相对较低。全国性大型商业银行的经营战略更为稳健，风险收益的权重 β_1 和外部信贷成长环境的权重 β_2 会更为均衡。

我们基于假设的数据进行实证分析，假设有三个区域，$\beta_1 = \beta_2 = 0.5$，$R^* = \left(\dfrac{2}{7}, \dfrac{1}{7}, \dfrac{4}{7}\right)^T$，$G^* = \left(\dfrac{2}{9}, \dfrac{1}{3}, \dfrac{4}{9}\right)^T$，$\Theta = \begin{pmatrix} 0.15 & 0.05 & 0.15 \\ 0.05 & 0.2 & 0.1 \\ 0.15 & 0.1 & 0.4 \end{pmatrix}$，$\sigma^{2*} = 0.2$。我们利用 Matlab 软件对模拟的数据进行最优化求解，最后得到各区域最优的经济资本配置比重为 $(0.209, 0.257, 0.534)$，最优解为 0.385。

5.4 基于信贷结构调整视角的 RAROC 阈值动态调整

我们也可通过 RAROC 阈值的动态调整来促进信贷结构调整目标的实现。通过改变某个行业的 RAROC 准入阈值能够改变该行业的新增贷款，从而达到了信贷结构调整的目的。假设某行业某业务①贷款占总贷款的比重为 ω_0，规划目标是未来时间点 T 的比重为 ω_T。目前的总贷款为 A，则该类贷款为 $A \times \omega_0$，假设未来贷款总量增速为 v，则 T 年后此类新增贷款为 $A(1+v)^T \omega_T - A\omega_0$。

假设在时间段 $[-t, 0]$，该类贷款一直实行的阈值为 $RAROC^*_{[-t,0]}$，该类贷款在这段时期任一时间点的信贷需求为 D，则这段时间里的总信贷需求为 $D \times t$。在时间段 $[-t, 0]$，该类贷款的 RAROC 值概率密度分布函数为 $f_{[-t,0]}(x)$，图 5-2 为银行实际受理的贷款申请 RAROC 值分布，商业银行在时间段 $[-t, 0]$ 受理的此类贷款中符合阈值要求的数量为 $(\int_{RAROC^*_{[-t,0]}}^{+\infty} f_{[-t,0]}(x)dx) \times D \times t$。

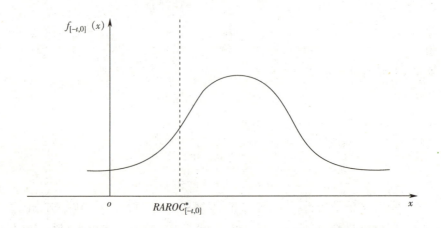

图 5-2　银行实际受理的信贷申请 RAROC 值分布

假设未来时间段 $[0, T]$，该类贷款任一时间点的信贷需求为 $D \times \tau$，τ 为未来时间段 $[0, T]$ 平均任意时点的信贷需求相对于时间段 $[-t, 0]$ 平均任意时点信贷需求的变化系数，则在未来时间段 $[0, T]$ 里的总信贷需求为 $D \times \tau \times T$。如果在未来时间段 $[0, T]$ 里实行 RAROC 阈值为 $RAROC^*_{[0,T]}$，该类贷款在时间段 $[0, T]$ 里的概率密度分布函数为 $f_{[0,T]}(x)$，则商业银行在时间段 $[0, T]$ 受理的此类贷款中符合阈值要求的数量为 $(\int_{RAROC^*_{[0,T]}}^{+\infty} f_{[0,T]}(x)dx) \times D \times \tau \times T$。

我们假设各时间段新增某类贷款与该时间段受理该类贷款中符合阈值要求的数量成正比，行业过去时间段 $[-t, 0]$ 该类新增贷款为 Φ，未来时间段 $[0, T]$ 需要新增的贷款为 $A(1+v)^T \omega_T - A\omega_0$。根据比例关系，我们有：

---

① 包括项目贷款、流动资金和贸易融资，同一个行业不同业务的平均 RAROC 差别较大。

$$\frac{(\int_{RAROC^*_{[-t,0]}}^{+\infty} f_{[-t,0]}(x)\,dx) \times D \times t}{(\int_{RAROC_{[0,T]}}^{+\infty} f_{[0,T]}(x)\,dx) \times D \times \tau \times T} = \frac{\Phi}{A(1+v)^T \omega_T - A\omega_0} \quad (5-28)$$

最后得到:

$$RAROC^*_{[0,T]} = F^{-1}\left\{ 1 - \frac{(\int_{RAROC^*_{[-t,0]}}^{+\infty} f_{[-t,0]}(x)\,dx) \times t \times [A(1+v)^T \omega_T - A\omega_0]}{\tau \times T \times \Phi} \right\}$$

$$(5-29)$$

其中，$F^{-1}(\cdot)$ 为概率密度函数 $f_{[0,T]}(x)$ 累积分布函数的反函数。

我们以工商银行电力供应行业流动资金贷款为例[1]，假设 2012 年里新申请的电力供应行业流动资金贷款 RAROC 值满足正态分布[2]，均值为 45%，标准差为 25%。未来五年公路产业项目贷款的 RAROC 值概率密度函数仍保持正态分布，均值为 50%，标准差为 26%。2012 年电力供应行业流动资金贷款新增为 200 亿元，计划未来五年需要新增电力供应行业流动资金贷款 1 200 亿元。假设未来五年 τ 为 1.1，即未来五年平均任意时点的信贷需求是 2012 年平均任意时点信贷需求的 1.1 倍。2012 年实行的电力供应行业流动资金贷款 RAROC 阈值为 20%，通过 Excel 求解均值为 45%、标准差为 25% 正态函数截至 20% 的累积分布函数值为 0.1587，公式为 NORMDIST（20%，45%，25%，TRUE），银行实际受理的信贷需求为 RAROC 值大于或等于 20% 的信贷需求，占总信贷需求的 0.8413。

根据计算公式（5-29），为了实现未来五年的信贷规划目标，需要将电力供应行业流动资金贷款的阈值调整为

$$RAROC^*_{[0,T]} = F^{-1}\left(1 - \frac{0.8413 \times 1 \times 1\,200}{1.1 \times 5 \times 200}\right) = F^{-1}(0.0822) = 14\%$$

$$(5-30)$$

$F^{-1}(0.0822)$ 在 Excel 软件中的求解公式为 NORMINV（0.0822，50%，26%）。为了实现信贷结构调整的目标，需要将电力供应行业流动资金贷款的 RAROC 阈值从 20% 下降为 14%。由于外部环境在不断变化，包括市场利率水平和企业整体经营状况的变化等，因此未来五年中的电力供应行业流动资金贷款的 RAROC 值概率密度分布也可能出现新的变化。商业银行必须时刻关注外部环境的变化，对 RAROC 阈值进行动态的调整。

---

[1] 数据与实际值有所差异。

[2] 申请贷款的 RAROC 值一般服从正态分布，而商业银行实际通过的贷款的 RAROC 值由于剔除了阈值不达标的申请，因此不服从正态分布，这里只考虑受理的贷款申请。

由于 RAROC 值与内部资金转移价格密切相关，因此当内部资金转移价格出现变化时，RAROC 值将出现相关性变化，这时可能影响到 RAROC 阈值管理的效果，在设置 RAROC 阈值时必须考虑到内部资金转移价格变化对 RAROC 值的影响。行业政策也可能与 RAROC 阈值管理出现叠加效应，行业政策的一个重要内容就是对行业中的企业实行准入限制，这在一定程度上将改变符合条件的信贷需求，因此在进行 RAROC 阈值设置时必须考虑到行业政策可能对信贷需求产生的影响。正是因为 RAROC 阈值管理可能与其他管理工具出现叠加效应，因此基于信贷结构调整视角的 RAROC 阈值管理所要考虑的因素更加复杂。

6 商业银行信贷结构调整过程中的信用风险控制

6.1 现代商业银行信用风险控制的基本手段

6.1.1 全面信用风险管理的理念

所谓全面信用风险管理,是指商业银行对表内外资产和业务可能承担的信用风险进行全面度量、监测和控制。现代商业银行的资产负债表中涉及信用风险的不仅仅是信贷资产,商业银行所持有的国债、金融债、企业债以及资产支持债券都面临着债券所对应客户的信用风险。不仅仅如此,在表外业务中,商业银行的担保类业务、承诺类业务以及金融衍生类业务都让商业银行承担客户或交易对手的信用风险。现代商业银行承担着越来越多的金融资产服务业务①,这类业务的信用风险由委托客户承担,商业银行不承担信用风险,但是当融资对象出现违约时,商业银行有可能面临声誉风险;商业银行出于道义上的责任,也可能需要为委托客户进行有限度的信用风险管理,提前进行风险的甄别、融资客户的准入以及后期风险的监测。正是由于现代商业银行业务的日益多元化,以往仅关注信贷资产的传统信用风险管理模式已经不能满足现代商业银行信用风险管理的需求,商业银行需要引入全面信用风险管理的理念。

6.1.2 内部评级体系

信用风险管理良好的银行应该具备完善的内部评级体系,以保证风险管理的效率和质量。内部评级体系包括内部评级数据库、内部评级模型、IT 系统以及配套相关制度。内部评级数据库应该做到数据的客观真实,时间段上应该持续一个经济周期,至少要五到十年。内部评级模型包括初级法和高级法,选取初级法或高级法必须与商业银行自身的发展情况和风险管理能力相适应。商业银行需要建立起一套与内部评级相配套的 IT 管理系统,并将内部评级结果

---

① 金融资产服务业务是一个比较新的概念,简单地说,金融资产服务是指商业银行接受客户委托,商业银行提供的以客户资产为载体,以货币进行计价的服务类业务。这类业务不计入银行资产负债表,但也不属于监管口径所规定的表外业务,不承担主要信用风险和市场风险,但能为商业银行带来业务收入。金融资产服务业务包括:资产管理、代理信托计划、代理金融交易、债券承销、资产托管、委托贷款等。

与业务流程紧密结合，成为一个嵌入式的管理工具。要保证内部评级的结果得到有效运用并在银行信用风险管理中发挥实质性的作用，就必须有完善的配套制度，明确评级流程、部门职能分工以及内部评级结果在准入、审批、资产配置、绩效考核和贷后监管各环节的应用。

6.1.3　关联客户的统一授信

现代企业发展的一个重要方向就是集团化和综合化经营，母公司通过股权控制的方式以最小的资本控制最多的资源，实现规模经济和范围经济。集团的下属企业可能分散于不同的区域和行业，但都是受控于一个母公司，商业银行在面对这类客户时，如果通过分别授信，既消耗过多成本，也容易造成对于单一集团客户的过度授信，因此必须实现对于集团客户的统一授信，集团企业的贷款占用该集团的授信额度。当然很多企业之间往往没有股权上的直接从属关系，但是在业务上联系非常紧密，受到共同风险因子的影响。比如汽车生产企业与上游有紧密关系的零部件供应商以及下游有紧密关系的经销商，这些企业属关联企业，受共同风险因子的影响；再比如一些企业之间相互担保或者发行集合债，这些企业也是实质上的关联客户，相互担保和发行集合债对于单户企业可能出现增信的情形，容易出现融资过度，而所有企业汇总在一起的信用等级并没有明显变化。因此，对于存在明显关联关系的企业，也需要进行统一授信，这样可以降低单一风险因子对于贷款的过度影响。

6.1.4　完善明确的审批标准

建立完善明确的审批标准对于商业银行保持统一的风险偏好，执行统一的风险战略至关重要。在一笔涉及信用风险业务的审批时，需要考虑的因素有：（1）授信资金用途与还款来源，对于资金用途不符合自身风险偏好或预期还款来源完全没有保障的信用风险业务申请不予同意；（2）借款人、交易对手和抵押品当前的风险状况（包括风险特性和风险总量），及其对经济形势和市场变化的敏感程度；（3）借款人的还款记录以及预期未来的还款能力。总之，审批标准一旦建立，银行就应该基于客户的充分信息作出是否同意信用风险业务的决策。在审批过程中也必须保持审批人的客观和独立，对于一些涉及与银行关系密切的公司或个人，必须采取审批过程中的风险隔离措施，涉及关联对象的重大交易应该经过董事会的同意，并且向银行监管部门报告备案。

6.1.5　完备的政策体系

信贷政策是商业银行控制信用风险的重要手段，也是商业银行应对外部环境变化、实现信贷结构调整和经营转型的重要工具。商业银行的信贷政策可以划分为行业、产品、客户和区域政策，各种政策相互交叉，构建了商业银行政策体系。商业银行需要针对不同行业的特点、行业的发展情况以及国家的产业政策制定行业的准入标准和行业贷款的风险管理要求。随着国民经济主体之间资金往来的日益紧密，对金融产品提出了更丰富的要求，商业银行涉及信用风险的产品也更加丰富和多元，对于这些产业也需要专门的政策对之进行风险的控制；同时对于不同细分的客户群，他们的风险特征也有所差异，因此需要制定针对细分客户群信用风险控制的客户政策。商业银行的区域政策是一个综合性的信贷政策，它集合了行业、产品和客户的政策元素，根据区域的特殊情况，因地制宜，对于一些行业、产品和客户政策进行区域的调整和整合。

6.1.6 集中度约束

商业银行的信贷向发达地区、优势行业和大型企业适度集中，能够节约经营成本，实现规模效应，获取更大的利润空间，降低所面临的常规风险。但是，再好的市场和企业，也应该有限度地涉入。商业银行在审视自己信贷资产集中度问题时不能仅仅将视野局限在对于单个区域、行业和客户的基本面分析，应该时刻关注极端风险可能带来的损失，从降低极端风险的角度来降低信贷资产的集中度。现实中我们也发现，长尾市场的特征越来越明显，我们的商业银行仅仅服务好重点区域、行业和企业是远远不够的，新的利润增长点和风险分散点往往在于市场的长尾部分，零售贷款就是其中的一个重要的突破口。此外，集中度管理需要与商业银行的风险偏好和经营战略相适应，并通过限额管理的工具将银行账户、交易账户以及表内外业务的多维度集中度风险控制在可承受的范围之内。

6.1.7 利率定价

定价机制是银行和客户最核心的关系纽带，在未来市场化的利率体系下，对价格、成本、风险的精细化管理，是商业银行构建可持续盈利能力的核心。商业银行通过利率定价，一方面可以为各类客户建立不同的定价引导机制，有利于商业银行的差异化经营的形成；另一方面可以把成本控制和风险管理的理念，通过定价机制传导到银行各个部门和人员，使银行经营进入一个低成本、高效率、风险适度的良性循环。商业银行利率定价能力建设，是一个涉及商业银行信贷业务的系统工程。在存款利率的确定上，商业银行要深入分析资金的供需状况和资金成本，包括货币市场的流动性变化和债券收益率的变化，根据期限结构确定合理的存款利率；在贷款利率的确定上，商业银行要参考存款利率、宏观经济运行状况、行业发展以及客户自身的风险，按照收益覆盖成本和风险的原则，在市场基准利率的基础上，综合考虑风险补偿、费用分摊、利率优惠以及提前还款、违约和展期等导致的价格调整的因素来确定贷款利率，减少利率和风险不匹配造成的损失。

6.2 商业银行信用风险定价

6.2.1 利率市场化后商业银行存款定价博弈分析

2012 年 6 月 7 日，央行宣布将存款利率浮动区间的上限调整为基准利率的 1.1 倍，贷款利率浮动区间的下限调整为基准利率的 0.8 倍，这被外界解读为利率市场化的进一步尝试。随着未来存款利率浮动区间的逐步放开，商业银行在存款定价上存在着新一轮的博弈。

(1) 假设有两家商业银行 A 和 B，资金转移不存在成本。我们先引入商业银行最高存款利率的概念，假设商业银行贷款利率为 r_L，存款利率为 r_S，总存款为 M，商业银行把所有存款均发放贷款，商业银行的经营成本为 C，商业银行所能给出的最高存款利率是盈亏平衡点的存款利率，即最高存款利率 r_S^* 满足：$(r_L - r_S^*)M - C = 0$。如果两家商业银行能够提供的最高存款利率不相同，那么商业银行之间的价格联盟是不可能形成的。假设银行 A 能够提供的最高存款利率大于银行 B 可以提供的最高存款利率，那么 A 银行将提供比 B 银行高的存款利率，资金将从 B 银行转移至 A 银行，直至 B 银行破产，A 银行将占领 B 银行的市场。

(2) 假设两家商业银行 A 和 B，资金不存在转移成本。两家商业银行能够提供的最高存款利率同为 r_S^*，利率市场化改革初期，它们协商以共同的利率 $r_0(r_0 < r_S^*)$ 去吸收存款。在单次博弈情形下，商业银行 A 和 B 将面临"囚徒困境"。银行 A 和 B 的决策收益矩阵如表 6-1 所示。

表 6-1　　　　银行 A 和 B 的收益矩阵

	A 银行保持存款利率 r_0	A 银行提高存款利率至 r_1
B 银行保持存款利率 r_0	两家银行获利为 $\frac{1}{2}(r_L - r_0)q$	A 银行获利为 $(r_L - r_1)q$，B 银行获利为零
B 银行提高存款利率至 r_1	B 银行获利为 $(r_L - r_1)q$，A 银行获利为零	两家银行获利为 $\frac{1}{2}(r_L - r_1)q$

其中，q 表示社会存款规模，且满足 $(r_L - r_1)q > \frac{1}{2}(r_L - r_0)q > \frac{1}{2}(r_L - r_1)q$。当两家银行都保持存款利率 r_0 时，两家银行平分存款，获取相同的利润 $\frac{1}{2}(r_L - r_0)q$；当其中一家银行提高存款利率至 r_1 时，该银行获取利润为 $(r_L - r_1)q$，而另一家银行由于存款流失，获取利润为零；当两家银行都提高存款利率至 r_1 时，两家银行平分存款，获取的利润降低至 $\frac{1}{2}(r_L - r_1)q$。由于都担心

对方会率先提高存款利率，这一博弈矩阵的纳什均衡解为 (r_L, r_1)，最后两家银行利润均为 $\frac{1}{2}(r_L - r_1)q$。

在无限次博弈情形下，由于意识到任何一方提高存款利率将使得另一家银行提高存款利率，最终使得自身利润下降，两家银行有可能形成价格联盟，将存款利率维持在 r_0 的水平。

（3）在无限次博弈情形下，当银行数量增加时，形成价格联盟的成本在增加，价格联盟的不稳定程度也在增加。形成价格联盟的一个重要成本就是谈判成本，当银行数量增加时，谈判成本是呈加速增加的趋势。我们假设有 N 家银行，则需要谈判的次数是 $(N-1)!$，①谈判成本为 $C((N-1)!)$，$C(\cdot)$ 是一个增函数。谈判所增加的收益仅仅为 $(r_m - r_0)q$，其中 r_m 为市场均衡存款利率，r_0 为协商提供的存款利率。当 $(r_m - r_0)q \leqslant C((N-1)!)$ 时，价格联盟的谈判就没有意义，而价格联盟也不可能形成，商业银行被迫接受市场均衡的存款利率水平。价格联盟的稳定程度也是随着银行数量的增加呈加速下降的趋势，这主要源于银行之间的信息不对称。我们假设有 N 家银行，则商业银行的信息链条数为 $(N-1)!$，不稳定程度为 $D((N-1)!)$，$D(\cdot)$ 也是一个增函数。随着信息链条的增加，整个价格联盟的信息不对称程度增加，就更有可能出现内部成员不遵守价格协议的现象，而一旦出现这种情况，将使其他成员纷纷效仿，价格联盟有可能崩溃而面临新的价格谈判。随着价格联盟崩溃的次数增加，新建的价格联盟内部成员之间的信任度也不断降低，存款利率最终逐渐回归市场均衡存款利率水平。

（4）当然，资金的转移是存在成本的，这样的成本可以是商业银行通过综合化的服务和差异化的经营使得存款客户能够在存款利息的基础上获取其他的额外收益，比如工资结算、财富管理和投资咨询等。即使两家银行的存款利率不同，但是只要附加在存款上的其他服务所带来的收益能够弥补利率上的差异，仍然不会出现大规模的存款转移现象。未来，随着存款利率浮动上限继续提高，商业银行存款利率有可能继续上浮，但总体来看，小型商业银行的存款利率仍将大于大型商业银行的存款利率，这正是源自于大型商业银行综合性的金融服务所带来的价差。

6.2.2 利率市场化改革条件下商业银行贷款定价的思考

6.2.2.1 国际通行的贷款定价模型汇总

（1）成本导向定价模型

成本导向定价模型是比较传统的定价模型，它的主要思想是认为价格是由

---

① ！表示阶乘符号。

成本与目标利润组成。商业银行的成本包括筹资成本、经营成本和风险成本等，筹资成本包括银行存款利率、发行债券的利率以及同业拆借利率；经营成本包括银行职员的工资费用、办公场所日常经营费用等；风险成本是指某笔贷款可能存在的违约损失。商业银行的目标利润率基于股东意愿基础上的资本利润率。最终商业银行的贷款利率公式为

$$贷款利率 = \frac{贷款的边际}{筹资成本} + \frac{边际经}{营成本} + \frac{边际风}{险成本} + \frac{目标}{利润率} \qquad (6-1)$$

成本导向定价模型的优点在于简单直观，能够比较清晰地将贷款利率进行分解，缺点是对于单笔贷款，很难将该笔贷款的成本分解到筹资和经营中去，而且该模型也忽略了同业竞争的压力以及客户可能给银行带来综合收益等因素。

（2）优惠利率领导模型

商业银行对于不同的信用等级的客户实行不同的贷款利率，对于最优惠的贷款客户将给予最优惠的贷款价格，对于其余客户则采取在这个最优惠利率上增加一定的风险溢价得到，这个风险溢价取决于客户相对于最优质客户的超额风险。

$$贷款利率 = 最优惠利率 + \frac{相对最优质客户的}{超额风险溢价} + \frac{期限风险}{溢价} \qquad (6-2)$$

（3）市场基准利率领导模型

市场基准利率领导模型是目前国际商业银行普遍采取的贷款利率定价模型，商业银行的贷款利率是在市场基准利率的基础上加上客户的信用风险溢价和贷款的期限风险溢价。一般来说，基准利率可以是国债利率或同业拆借利率。

$$贷款利率 = 基准利率 + 信用风险溢价 + 期限风险溢价 \qquad (6-3)$$

（4）客户盈利性分析模型

一个客户对于商业银行的贡献是多维度的，包括利息收入、存款业务、结算、咨询及其他中间业务收入，因此在分析每笔贷款的定价时应该考虑到客户与银行的整体关系。只要商业银行对客户的整体收益率达到银行预期的目标利润水平，贷款申请就可以被批准。

$$对客户的整体收益率 = \frac{\left(\dfrac{对客户提供贷款和}{其他服务的收入} - \dfrac{对该客户提供贷款和}{其他服务的费用}\right)}{客户实际使用的贷款资金净额}$$

$$(6-4)$$

（5）基于 RAROC 的贷款定价模型

RAROC 在信贷决策过程中的另一个应用就是贷款定价，我们知道：

$$RAROC = \frac{r_L - r_S - oc - el}{EC} \times A \qquad (6-5)$$

其中，r_L 为贷款利率，r_S 为资金成本，oc 表示经营费用率，el 表示预期损失率，A 为贷款资金。对于不同的行业和不同业务类型的贷款，$RAROC$ 值有个最低的要求 $RAROC^*$，根据式（6-5）我们可以得到：

$$RAROC = \frac{r_L - r_S - oc - el}{EC} \times A \geqslant RAROC^* \qquad (6-6)$$

因此有：

$$r_L \geqslant \frac{EC}{A} RAROC^* + r_S + oc + el \qquad (6-7)$$

6.2.2.2 最优惠利率报价机制对商业银行贷款定价的影响

（1）最优惠利率报价机制概述

最优惠利率报价机制（Prime Rate）以美国最具代表性，该机制起源于美国大萧条时期。美联储要求各主要商业银行（资产规模排名前25名）定期报送其给予最高信用等级客户短期贷款的最优惠利率，由美联储将这些数据汇总，最后将其中最具代表性的利率值作为最优惠利率及时向外界公布。不同商业银行给出的最优惠利率通常差别不大，而且不同银行的最优惠利率往往同时进行调整，因此美联储公布的最优惠利率变动频率也比较低。

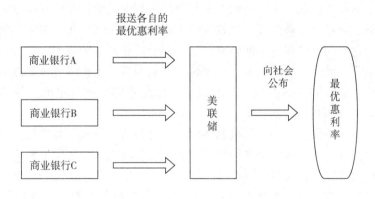

图 6-1 最优惠利率报价机制

美联储及时公布商业银行最优惠利率，其主要作用有以下几点。第一，及时向外界公布商业银行最优惠贷款利率能够有效地引导贷款价格向合理均衡的价格回归，防止商业银行因为争夺客户资源过度降低贷款利率，避免商业银行为挤压竞争对手而进行的恶性、非理性竞争；第二，最优惠利率成为货币政策调控在利率传导过程中的重要一环，比如，美联储通过联邦基金利率影响最优惠利率进而影响商业银行的其他贷款利率，使利率传导的科学性和有效性大大增强，利率引导资源配置的效率大大提高；第三，最优惠利率作为一种市场利率，也起着价格发现的作用，对于一些定价能力弱的小型商业银行来说，该利率是比银行同业拆借利率更为直接有效的贷款定价基准利率，商业银行的贷款利率可以在这个基础上根据客户信用等级和贷款期限变化进行适度溢价。

（2）最优惠利率报价机制对商业银行贷款定价的影响

最优惠利率报价机制并不是商业银行简单的价格联盟，商业银行之间有可能会在最优惠利率上进行某种有限的协商，但是这种协商无法形成真正的价格垄断。在一个双寡头垄断的市场中，在无限次博弈的情形下，价格联盟将比较稳固地实现。但是随着竞争性商业银行数量的增加，形成价格联盟的成本成几何级倍数在增加，包括谈判成本和维护成本，而如果价格联盟所带来的收益无法弥补这样的成本，价格联盟就无法实现。价格联盟就如同一个微妙的生态系统，任何一个成员的违约举动都有可能出现蝴蝶效应，导致整个系统的崩溃。此外，央行公布的最优惠利率比银行各自单独确定的最优惠利率具有更大的黏性，这是因为央行公布的最优惠利率是大部分银行采用的最优惠利率，单个商业银行最优惠利率的变化对该数值影响不大，除非是整个银行体系的资金状况确实出现变化，央行公布的最优惠利率才会调整。

商业银行贷款定价的原则是收益在覆盖资金成本、风险成本、营业成本和税收成本基础上获取必要的利润。实行最优惠利率报价机制后，商业银行的贷款定价除了满足上述条件外，贷款定价的策略可能出现分化。对于小型商业银行来说，它们的定价将更多地以央行公布的最优惠利率为依据，实行价格跟随的定价策略；而对于大型商业银行来说，它们的贷款定价将更多地以市场基准利率（比如银行同业拆借利率）为依据，在此基础上进行定价，并形成自己的最优惠利率和其他贷款利率。

在我国，最优惠利率报价机制的实行，受益最大的银行客户是大型企业特别是大型国有企业，这些企业的议价能力本来就较强，在最优惠利率定期或不定期公布的情况下，这些企业有了一个新的议价锚，基本上都会要求银行进一步降低贷款利率。对于中型企业而言，在大型企业融资需求日渐降低的情形下，最优惠利率报价机制对降低他们的贷款利率仍然存在一定的促进作用。对于小型企业来说，由于议价能力较弱，实行最优惠利率报价机制对于这类企业贷款利率的影响较小。

最优惠利率报价机制实行后，是否会出现新的风险呢？这种风险是存在的，其中最大的风险就是银行贷款利率不能完全覆盖信用风险，这种情况在小型商业银行最具有普遍性。在利率市场化完全实现后，由于缺少了利差的保护，小型商业银行更有可能向高风险客户发放贷款，以获取更高的贷款收益，面临的信用风险有可能普遍增大。最优惠利率报价机制实行后，小型商业银行将采取跟随定价的策略，贷款利率有可能不能完全覆盖信用风险。

6.2.2.3　商业银行贷款定价的思考

（1）利率市场化改革条件下商业银行贷款定价的基本思路

第一，推进贷款利率定价稳健、有步骤放开。

随着利率市场化改革的逐步推进，商业银行对贷款利率浮动管理的限制也应该逐步放开。在分行新发放贷款整体收益率达到要求的前提下，逐步放开对单笔贷款利率浮动的要求。对于商业银行来说，利率放开应该本着从点到面、由易到难的原则。对于一些风险比较低的贷款，比如短期的流动资金贷款，由于单笔贷款的资金额度不大，利率管理可以先行放开；对于涉及金额较大，期限较长的贷款，由于定价难度大，可以考虑暂不放开。

第二，总行整体管理、分行自主定价、风险收益均衡的原则。

利率市场化条件下仍然要坚持总行对分行利率定价的管理与指导原则，这种管理与指导由以前的直接管理转变为间接管理，比如在利率市场化前，总行通常对一些行业的贷款定价进行直接的干预，如房地产贷款利率不得低于法定基准利率的一定幅度，当实现完全的利率市场化后，法定基准利率已经消失，这时总行可以通过确定本行的最优惠利率、内部资金转移价格管理或 RAROC 阈值管理来对分行贷款定价利率进行间接管理。前台营销部门对市场利率、行业和企业情况的变化最为敏感，因此给予分行更大的自主定价权是商业银行应对利率市场化改革的一个重要举措，当然对于一些不良率较高的分行也可以适当控制其利率定价的权限。分行的自主定价必须要在保证风险收益均衡的前提下，不断提高风险收益水平。

第三，激励机制与约束机制相结合。

分行贷款自主定价必须坚持激励机制与约束机制相结合。激励机制能够促使前台部门不断增强贷款议价能力，提高贷款的综合收益水平；约束机制能够保证前台部门的贷款利率保持在合理的范围内，不能仅仅为追求高的贷款收益而忽视了风险的底线，将贷款投向过高风险的客户或行业。

（2）利率完全市场化条件下大型商业银行贷款定价的基本方法

利率市场化完全实现后，法定基准利率完全失效，大型国有商业银行的贷款定价机制应该考虑四个因素：第一个因素是市场基准利率；第二个因素是内部资金转移价格；第三个因素是 RAROC 阈值刚性控制下的最低利率；第四个因素是基于商业银行最优惠利率的风险溢价。

步骤一，市场基准利率。利率市场化后，必须选择新的市场基准利率来取代法定基准利率进行贷款定价。西方银行确定基准收益率一般以 LIBOR 或国债收益率作为参照。随着中国金融市场的发展，市场上出现了一些市场化的基准收益率曲线，比如 SHIBOR 收益率曲线、国债收益率曲线，短期的 SHIBOR 收益率曲线经过管理层的一番力推后，已经开始有了一些市场化基准收益率的雏形。一旦市场化的基准收益率曲线逐渐形成，商业银行就有了一个定价的最基本价格，外币业务参照 LIBOR 利率，本币业务参照 SHIBOR 利率，国际上通行的一般是以 3 个月或 6 个月的市场基准利率为定价基础，在此基础上加上风险溢价和期限溢价。

步骤二，内部资金转移定价。商业银行内部资金转移价格的定价是为了将流动性风险与信用风险相隔离，实现分行自主定价的基础上对流动性风险的集中管控，商业银行可以根据自身的流动性状况针对贷款期限和贷款规模对内部点差作出一定的调整，但不需要对行业或具体的客户作出调整，以防止与信用风险管理过程中 RAROC 阈值管理效果相冲击。如果将来贷款利率完全市场化，那么商业银行的内部资金转移价格就可以完全以市场基准利率为基础进行定价，如果是以 3 个月的 SHIBOR 为定价基础，各个期限的贷款内部资金价格是在这个基础上根据期限的不同增加内部点差，期限越长，点差越大。

步骤三，RAROC 阈值刚性控制下的最低利率。根据麦考莱久期得到每笔贷款的实际期限为

$$D = \frac{\sum_{i=1}^{N} i \times \frac{CF(M,R)_i}{(1+r)^i}}{\sum_{i=1}^{N} \frac{CF(M,R)_i}{(1+r)^i}} \qquad (6-8)$$

D 表示贷款的久期，$CF(\cdot)$ 表示每期的现金流，它是贷款利率 R 和还款方式 M 的函数，r 是折现率。将该期限对应到内部资金配置价格，内部资金价格是贷款利率 R 和还款方式 M 的函数。[①] 引入内部资金转移价格的 RAROC 计算公式如下：

$$RAROC = \frac{\frac{利息}{收入} + \frac{费用}{收入} - \frac{营业}{成本} - \frac{内部资金}{转移价格} - \frac{风险}{成本}}{\frac{信用风险}{经济资本} + \frac{操作风险}{经济资本}} \qquad (6-9)$$

可见 RAROC 阈值也是贷款利率 R 和还款方式 M 的函数，根据信用风险管理以及信贷结构调整的要求，我们可以对 RAROC 阈值进行动态调整，根据 $RAROC(M,R) \geqslant RAROC^*$，在确定还款方式的前提下，能够得到每笔贷款的最低指导利率。

----

① 内部资金转移价格应该根据每笔贷款的实际还款期限的变化而进行调整，因为两笔贷款即使名义还款期限是一致的，但是由于还款方式不同，其实际还款期限也是不同的。

步骤四，基于商业银行最优惠利率的风险溢价。商业银行确定自身最优惠贷款利率，最优惠利率是商业银行给予 AAA 级客户一年期贷款的最优惠利率。

$$最优惠利率 = SHIBOR(12 月) + \frac{AAA 级客户的}{风险溢价} \qquad (6-10)$$

前台在最优惠贷款利率基础上，根据风险溢价的原理自主计算每笔贷款的市场利率。

$$贷款利率 = 最优惠贷款利率 + 客户的信用风险溢价 + 期限溢价 +$$
$$产品溢价 + 贷款用途调整 + 贷款权利调整 \qquad (6-11)$$

如果式（6-11）计算得到的市场利率仍低于 RAROC 阈值的刚性控制得到的最低贷款利率，应该继续提高贷款利率，或改变还款方式，增加抵押或担保，满足最低贷款利率要求。

步骤五，特殊情况的弹性处理，并落实领导责任。在坚持总行对利率风险、流动性风险以及信用风险的整体管理的基础上，充分给予分行自主定价权，对于一些特殊情况也可以进行弹性处理。比如，对于一些大型龙头企业，这些企业的议价能力较强，他们能够接受的利率无法达到根据 RAROC 阈值刚性控制的最低要求利率，这时可以给予分行一定的权限，低于 RAROC 阈值一定的范围的贷款业务经主管行长同意后可允许发放，并落实责任人的签批责任，在分行权限范围之外的业务则需要报总行审批。

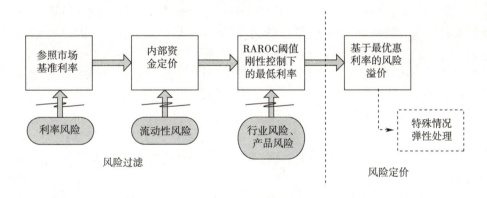

图 6-2　贷款利率定价流程

6.3　小微企业贷款的信用风险控制

6.3.1　风险投资与商业银行——谁更适合小微企业融资

拓展小微企业贷款是商业银行应对强资本约束、利率市场化和金融脱媒的必然选择。《商业银行资本管理办法（试行）》已于 2013 年 1 月 1 日起正式施行，办法规定符合条件的小微企业债权风险权重为75%，低于一般企业债权风险权重的100%，小微企业贷款相较于一般企业贷款的监管资本占用较少，从资本节约的角度而言，商业银行需要大力拓展小微企业贷款。随着利率市场化改革和金融脱媒的深化，商业银行也必须大力拓展小微企业贷款，以提高贷款议价能力，保持利差的相对稳定。

从美国、英国等世界发达经济体来看，商业银行和风险投资公司都是小微企业融资的重要渠道。商业银行是现代经济最为重要的金融机构之一，其历史可以追溯到公元前的古巴比伦时期。风险投资的出现则要晚许多，19世纪末，美国的一些私人银行通过对钢铁、石油和铁路等新兴行业的投资获得高额回报，这是风险投资最早的雏形。20世纪70年代后，风险投资开始在美国和世界各地迅速发展，大量风险投资公司不断涌现。传统商业银行和风险投资公司有着很大的区别，这主要体现在以下几个方面。

第一，从资金来源来看。商业银行的贷款资金大部分来源于债权融资，包括储户存款、同业存款、同业拆借、金融债券等，股权融资占其经营资金的比重较小；风险投资公司的资金绝大部分来源于股东的股权投资。

第二，从契约关系来看。商业银行的债务人与商业银行没有就商业银行贷款或投资范围建立明确的契约协议，更不可能承担由此产生的过大风险，资金的安全性对于商业银行来说是第一位的；风险投资公司的契约中已经将投资的范围以及风险明确告知公司股东。

第三，从投资对象来看。在低存款利率的情况下，银行债权人特别是储户自然不会允许商业银行进行过高风险的债权投资和放贷行为，因此商业银行的主要资产是对企业和政府的债权，主要针对成熟行业的大中型企业；风险投资公司的主要资产是对初创期企业和特别是新兴行业初创期企业的股权投资。

第四，从风险控制来看。商业银行更加关注企业的偿债现状，包括企业的资产、负债、现金流以及抵押物情况，对企业成长性的关注程度较低；风险投资公司并不太看重企业当前的偿债能力，主要关注的是企业的成长性和发展前景。

第五，从退出机制来看。商业银行债权的退出主要依靠债务人偿还本息的方式实现，随着金融市场的发展，资产证券化和贷款交易等退出方式也得到广泛运用；风险投资公司则主要通过回购协议、在一级市场或二级市场上进行股权转让来收回投资。

第六，从风险回报来看。商业银行的主要资产是对外的债权，并且许多债权都是有担保的，其风险相对较低，收益率也相对较低；风险投资公司大多数的投资是无担保、高风险的投资，并且很多都是投资于高技术创业企业，即使在发达国家高技术企业的创业成功率也只有20%～30%，较高的风险也意味着较高的风险回报。

企业在初创期的融资一般是通过自有资金来实现，部分创新能力较强、业务模式先进的企业能够争取到风险投资公司的支持。在企业的成长初期，一般会继续争取风险投资公司的资金支持或争取商业银行的贷款支持，但商业银行的贷款一般需要抵押、商业担保或者政府担保①。随着小企业的进一步成长，一些小企业会选择在公开市场募集资金或者继续向商业银行融资。从美国的实践经验来看，对于初创期小微企业的贷款，大部分商业银行并没有过多涉及，以硅谷银行为代表的少数科技银行是例外，这主要是因为创业企业的风险较大，大部分企业在几年后都将消失，且缺乏有效抵押物；但对于成长期的小企业，美国的大型商业银行和社区银行都有广泛涉及，以富国银行为代表。

当今世界上的金融体系存在着三种模式，第一种是资本市场高度发达，同时社会信用体系建设也比较完善，如美国和英国；第二种是资本市场发展受文化、制度和历史因素的制约发展比较缓慢，但社会信用体系建设比较完善，如德国、法国、日本；第三种是资本市场发展受文化、制度的因素发展出现困境，同时社会信用体系建设也不完善。无论资本市场发达与否，小微企业融资难都是各国面临的普遍难题。传统的商业银行并不能完全满足小微企业融资需求，主要是由于这类企业的资产少、规模小，缺乏充足有效的抵押物，并且由于财务信息不健全存在着比较大的信息不对称。风险投资公司也无法完全满足小微企业的融资需求，原因在于风险投资公司所投资的企业一般是高新技术或新兴行业的部分创业企业，并且由于要进行分散化的投资，不可能完全满足单个创业企业的资金需求。

传统的商业银行和风险投资公司在解决小微企业融资方面都存在着自身的优势和劣势；商业银行具有资金上的优势，但是对企业前景的判断和市场信息的敏锐度落后于风险投资公司；风险投资公司恰恰相反，其资金规模较商业银行而言相对较小，因此不可能对小微企业进行大范围、无限制的资金支持，但是对企业前景的判断和市场信息的敏锐度要优于商业银行。从所支持企业的发展阶段来看，风险投资公司一般支持的是初创期的企业，而商业银行一般是支持成长期和成熟期的企业，但是企业的初创期和成长期并没有严格清晰的界限。商业银行和风险投资公司在优劣势上是互补的，这也使得商业银行与风险投资公司之间的合作成为可能，并将促进社会融资效率的提高和金融系统性风险的降低。

---

① 比如在美国，联邦小企业管理局会为一些优质小企业贷款提供担保，这些小企业在商业银行获得的贷款利率一般比大企业高2～4个百分点。

6.3.2 "硅谷银行"小微企业贷款信用风险控制案例分析

硅谷银行金融集团（SVB Financial Group）是全球科技型中小企业金融服务的典范，它成立于 1982 年，在成立之初是一家传统的商业银行，后来逐渐转变为专门为科技型小微企业提供贷款、股权投资、投资咨询等多种融资服务的金融集团。截至 2012 年末，集团已经拥有约 228 亿美元的资产和近 1 500 名员工，主要业务集中在美国，拥有 28 家美国境内分支机构以及 6 家国际分支机构。

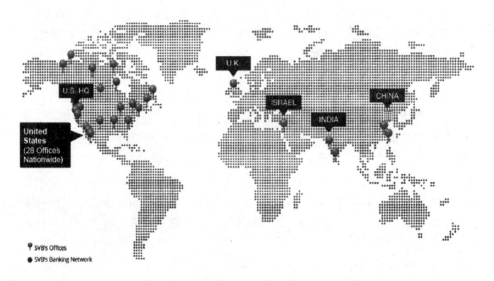

图 6-3　硅谷银行全球分支机构分布图

硅谷银行金融集团旗下包括硅谷银行（Silicon Valley Bank，SVB），硅谷银行资本公司（SVB Capital）、硅谷银行分析公司（SVB Analytics）和硅谷银行私人银行（SVB Private Bank）等。硅谷银行主要向处于各种发展阶段的科技型小微企业提供信贷服务，同时也为风险投资公司提供贷款业务，2012 年其收入占整个集团收入的 70% 以上。硅谷银行资本公司主要负责对风险投资公司、私募股权公司的股权以及一些独立项目的投资与管理；硅谷银行分析公司主要负责分析和评级业务；硅谷银行私人银行主要负责为高端客户提供私人银行服务。

硅谷银行金融集团的贷款主要涉及的行业有清洁能源、信息科技、生命科学、风险投资与私募股权、高端酒业以及社区建设①等行业或领域。截至 2012 年末，硅谷银行金融集团的总贷款约 90 亿美元，贷款分布如下：

---

① 社区建设领域是指社区住房与环境优化。

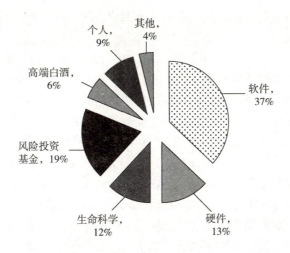

图6-4 2012年末硅谷银行金融集团的贷款结构

在过去的30年中,硅谷银行金融集团仅在1992年加州房地产危机时有过一次较小的亏损。在2000年网络泡沫破灭和2008年金融危机时,该集团虽然盈利也曾大幅下降,但均实现了正利润。该集团的资产质量也保持着非常好的水平,截至2012年末,其不良贷款率仅为0.42%。

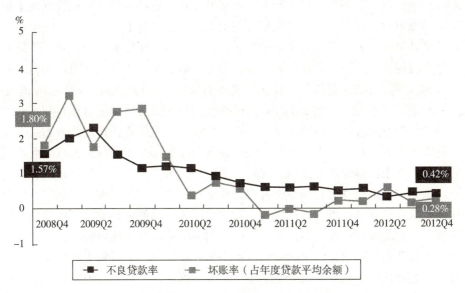

图6-5 硅谷银行金融集团贷款质量变化

硅谷银行2009年、2010年、2011年连续三年被福布斯评为全美十佳银行,其在小企业贷款方面的风险控制经验值得中国商业银行借鉴学习。总结起来说，硅谷银行金融集团在提供小企业金融服务时对风险的控制，有以下几个比较重要的做法。

第一，依托于"硅谷"丰富的优质客户资源。要做好一家科技银行，一个关键的因素是需要有丰富而优质的客户池。如果客户过于分散，科技银行的信息收集和甄别成本就会更高。客户的集中将给科技银行带来规模效应，也便于科技银行把握住区域内科技型小微企业的经营特点和风险点，提供统一标准化的金融产品和服务。硅谷是 20 世纪 60 年代中期依托于微电子技术高速发展而逐步形成的，该区域有许多具有雄厚科研力量的美国一流大学，如斯坦福、加州大学伯克利分校等，拥有微软、思科、英特尔、惠普、苹果等大公司，更拥有 10 000 家以上以高技术的中小公司群为基础，融科学、技术、生产为一体。硅谷银行金融集团产生之初就是依托于硅谷区域内的诸多科技型中小企业的金融需求，随后其业务逐渐拓展到全美，在一些主要经济体都有其合作金融机构，硅谷银行金融集团在硅谷区域的信贷业务为其在其他区域的业务拓展及风险控制提供了丰富的经验。

第二，客户选择与甄别。硅谷银行金融集团所选择的客户一般是非传统行业的中小企业，这些行业有个共同的特点就是创新能力强、技术含量高、发展前景好、市场需求广。我们从硅谷银行金融集团所提供金融服务涉及的行业来看，这些行业一般都是高科技行业，高端酒业也具有独特的技术和较强的定价能力，而风险投资公司和私募股权公司更是一个朝阳行业，这些行业的中小企业即使是风险较大，但是其未来的成长性也比一般传统行业更高，其还款能力也比一般传统行业中小企业的还款能力更强。硅谷银行不涉及房地产项目，仅涉及社区建设的建筑贷款，在其总贷款中不到 2%。除此之外，硅谷银行金融集团甄别客户的另一个重要手段是与风险投资公司展开广泛的合作，与其有实质性合作的风险投资公司在全美达到 600 多家。风险投资公司比普通的商业银行对于客户的选择更加专业，硅谷银行发放贷款的一个重要前提是该企业不但要满足硅谷银行自身的行业选择偏好，更重要的是获得风险投资公司的资金支持。依托于风险投资公司的专业客户选择能力，硅谷银行能够更好地进行客户甄别，发现具有增长潜力的好项目，及时掌握投资界的最新动态和风险投资公司投资企业的最新状况，估计企业所面临的风险和回报，从而使硅谷银行敢于向那些被其他贷款机构否决的新兴行业小微企业提供贷款融资服务。在这种投贷联动的模式中，硅谷银行金融集团、风险投资公司、创业公司三者都获得帕累托改进效应。借由风险投资公司过滤固然是一道屏障，但硅谷银行对风险投资公司签下的项目并非照单全收，还会加上自己的审核程序，平均剔除约五成的不合格客户，实现在客户中优中选优。

第三，根据客户的发展阶段提供不同的金融服务。硅谷银行金融集团对不同发展阶段的企业提供不同类型的金融服务，既能比较好地满足企业的金融需求，也能更好地实现自身的风险控制。硅谷银行将企业划分为三类，分别是初创期企业、成长期企业和全球化企业，初创期企业年收入在 500 万美元以下，成长期企业年收入在 500 万~750 万美元之间，而达到全球化标准的企业的年收入则设定为 750 万美元以上。针对三种不同成长阶段的企业，硅谷银行量身定制分别提供 SVB 加速器（SVB Accelerator）、SVB 增长（SVB Growth）、SVB 企业金融（SVB Corporate Finance）三种不同的金融服务，满足不同阶段企业发展的融资和服务需求。对于初创期的企业，硅谷银行金融集团一般提供的是中长期的创业贷款，帮助企业扩展网络并依靠其与风险投资公司的密切联系为企业寻找潜在投资者；对于成长期的企业，硅谷银行金融集团主要为其提供流动资金贷款和供应链融资；对于全球化标准的企业，一般提供的是金融咨询服务和全球现金管理等金融服务。

第四，创新风险抵押方式，并设置单笔贷款限额。硅谷银行发放贷款并不是一定需要抵押，但是抵押将有助于降低企业获得硅谷银行贷款的难度和成本。硅谷银行对于贷款的抵押方式也比较灵活，一般来说，由于客户群中很多企业都是以智力资源为主的初创期科技型企业，这类企业的固定资产较少，因此硅谷银行金融集团允许企业通过专利抵押的方式来获得贷款，并且硅谷银行金融集团一般会与客户签订一个补充协议，如果公司无法归还贷款，专利将归硅谷银行金融集团处置，专利处置①后的硅谷银行享有受偿的第一顺位。随着企业的营业收入逐渐增加，硅谷银行允许企业用应收账款代替专利作为抵押。针对科技型小微企业，硅谷银行有着严格的单户贷款限额管理，无论再好的企业，所获得的贷款最高额不超过 5 000 万美元，限额管理在很大程度上降低了硅谷银行的贷款集中度，实现了贷款风险的尽可能分散。

第五，贷款收益必须覆盖风险成本，集团收益的实现采取债权与股权相结合的方式。硅谷银行主要业务针对的是早期的科技型企业，因此其一般要收取比较高的贷款利率。获取贷款利息只是贷款收益的其中一部分，硅谷银行也意识到逆向选择和道德风险的存在，贷款利率不可能无限提高，因此硅谷银行的贷款利率也有上限。在发放贷款时，硅谷银行经常会与申请贷款企业签订协议，企业承诺给予硅谷银行部分认股期权，数量大约占企业总股本的 1% ~2%，由硅谷银行金融集团持有，在企业公开上市或者被收购时，硅谷银行金融集团将行使权利，获取价差收益。同时，对于一些发展前景特别好的企业，硅谷银行金融集团也会安排硅谷银行资本公司进行股权投资，在企业上市和被收购时，获取一个较高的资本增值收益。硅谷银行金融集团是通过贷款为杠杆

---

① 美国有一个比较发达的专利转让市场，有很多大企业经常会收购一些小企业的知识产权。

撬动一个债权、股权以及期权的综合收益，一般来说能够实现一个非常可观的风险收益。

第六，专业化的人才队伍。硅谷银行由于很多业务涉及的是高科技领域，对于专业的要求非常高，因此硅谷银行的人才队伍中不仅仅包括金融、精算等领域的人才，还有许多技术分析型人才。硅谷银行建立了相关行业的分析团队，团队成员具有资深的行业从业经验，一般跨越两个以上不同的领域，如生命科学和清洁能源，并有具体从事过相关行业或领域的工作经验，这就使得硅谷银行专业化优势十分突出。专业化的人才队伍既能为企业提供咨询服务，也能对贷款申请企业各个发展阶段的生产状况、经营风险、专利技术和产品市场前景进行一个综合的评判。基于专业知识的基础上，硅谷银行确定贷款额度、还款期限、利率定价、抵押条件、贷后管理措施等。同时，硅谷银行也保持与客户企业频繁的接洽，向客户提供经营与投资咨询的过程也保证了硅谷银行对于客户的高度了解，这也是其降低风险的重要手段。

第七，集团各子公司之间的风险隔离以及业务上的协同效应。硅谷银行金融集团是一个面向科技型中小企业，以银行贷款为主业，提供多元化金融服务的金融集团。硅谷银行金融集团的债权投资和股权投资是严格分离的，分别由硅谷银行和硅谷银行资本公司提供，在资金使用、绩效评价和风险控制上独自管理和运作，硅谷银行并不进行股权投资，涉及股权投资一般是由硅谷银行资本公司去执行，硅谷银行分析公司负责向客户提供研究成果和评级相关业务，各个子公司之间能够在业务上互相协作，实现集团利益的最大化，但是在风险上又是完全隔离的。

第八，建立起与风险投资公司的密切联系。硅谷银行金融集团从成立之初就建立起与风险投资公司的密切联系，这种密切联系实现了业务拓展和风险控制上的双赢。风险投资公司可以帮助硅谷银行提供客户资源，筛选优质企业，硅谷银行金融集团能够为风险投资公司提供新的资金来源并且进行资金管理，两者是优势互补的关系。具体来说，硅谷银行金融集团通过四方面来加强与风险投资机构的合作：一是硅谷银行金融集团的大部分机构网点都是布置在知名的风险投资公司的附近，两者在人员和信息上有着广泛而深入的交流与合作；二是硅谷银行金融集团为许多风险投资公司和私募股权公司提供贷款业务；三是硅谷银行金融集团的子公司可以对风险投资公司进行股权投资，这使硅谷银行金融集团与许多风险投资机构成为利益共同体；四是建立风险投资咨询顾问委员会，制定了与风险投资公司合作的长期战略规划，确保与风险投资公司的密切联系。

6.3.3 商业银行控制小微企业贷款风险的新思路

大银行和小银行在客户划分上没有天然的分工，却有着天然的比较优势。

大银行资产规模庞大，对大企业贷款有着规模优势，集中放贷能够极大节省信息收集的成本，这使许多大银行不愿意去做小企业贷款；小银行资产规模小，对大企业放贷将极大消耗其有限的资金，并且在议价上也没有优势，因此小银行更愿意去做小企业贷款。当然，这种现象也不是一成不变的。

小微企业贷款特别是科技型小微企业贷款有着一些独特之处，更多的时候，小微企业贷款的风险并不仅仅是依靠度量模型去进行判断。小微企业刚成立不久，没有现金流或只有少量现金流，没有多少固定资产，度量模型难以对小微企业进行风险的度量，因此才有了社区银行关系型贷款的概念，通过与客户建立起长期的、全方位的关系来对客户的发展前景和风险进行评价。但是仅仅依靠这些还不够，商业银行在控制小微企业贷款风险时还必须从更多的方面作出努力与改善。

第一，更加关注小微企业经营者本人的信用状况和综合素质。在实践中我们发现，小微企业贷款的风险状况与经营者本人的信用状况密切相关，因此，对小微企业贷款风险控制的一个重要手段就是关注经营者本人的信用状况。对于经营者出现过违约或违法记录的小微企业贷款必须谨慎对待；当经营者信用卡或个人贷款出现违约时，应该迅速对相应的小微企业贷款采取风险保全措施，停止发放剩余的贷款。对于小微企业而言，其未来的发展在很大程度上取决于经营者的综合素质，因此在审核小微企业贷款时，也需要将经营者的综合素质，包括教育背景、性格特质、从业经历等考虑在内，通过对经营者本人综合素质的评估来过滤部分风险。

第二，设立小微企业贷款专营机构。商业银行特别是大型商业银行一直习惯于向大企业和大项目发放贷款，其体制机制、业务流程在很多方面都无法满足小微企业对贷款的灵活需求。商业银行设立小微企业贷款专营机构，可以通过专业的机构、专职的队伍、创新的业务和高效的审批，降低小微企业贷款信息收集与风险甄别成本，提高决策效率，满足小微企业贷款"小量、频繁、快速"的业务需求，为小微企业客户提供"更加贴切、更加便捷"的产品和服务。

第三，探索与风险投资公司的业务合作。风险投资公司对于小微企业的理解更加专业而有深度，它们更善于在诸多企业中发掘出最具潜力的企业。商业银行加强与风险投资公司的合作是一个双赢的选择，一方面风险投资公司对小微企业并非在资金支持上没有边界，当风险投资公司无法完全满足创业企业的资金需求时，商业银行的贷款能够补充这部分缺口；另一方面，商业银行也能够依靠风险投资公司实现客户的筛选与甄别，获得风险投资公司资金支持的小微企业可以更容易获得商业银行的贷款或者得到更低的银行贷款利率。未来这种"商贷＋风投"的模式可能会成为小微企业特别是科技型小微企业贷款的一个重要方式，在政策允许的前提下，商业银行在发放小微企业贷款的同时，可通过贷款协议让集团子公司得到一部分小微企业的股票认购期权或者贷款转换期权。

第四，依托某个大的科技园区或专业市场，设计针对园区和市场内小微企业的专属信贷产品。科技型小微企业必须有一个比较成熟的外部创业环境，一个大的科技园能够促进资源、信息、人才等的整合与共享，有助于这些企业的创业成功，比如北京的中关村科技园和上海的张江科技园等。商业银行可以依托于某个大的科技园区，先行先试，将贷款的目标客户定位为科技园区内的高科技企业，设计符合园区内小微企业融资需要和风险特征的信贷产品。依托于比较大的专业市场，贸易型小微企业也能够有比较稳定的成长环境，比如华强北电子市场、义乌小商品市场等，商业银行也可以针对这些专业市场内的小微企业设计专门的信贷产品。商业银行要加强与科技园区管委会、专业市场管理部门、企业协会的沟通合作，通过座谈、调查走访等方式，加深对园区或市场内小微企业的了解，防止出现风险的"盲区"。

第五，围绕核心企业，发展供应链融资。供应链融资能够有效地解决商业银行和小微企业之间信息不对称的问题，通过核心企业对上下游企业的信用甄别和信用增级，商业银行对小微企业发放贷款或提供其他融资服务的风险控制成本大大降低。供应链融资模式信用风险控制的重点是对核心企业信用风险的控制、对供应链上原材料和产品的监管以及对产品未来市场前景的判断，从管理上更加强调商业银行总分行之间、分行与分行之间以及商业银行与核心企业之间信息的共享和协同，电子供应链应该是未来的一个重要发展方向。

第六，探索知识产权抵押贷款模式。商业银行要建立知识产权评估机制以及知识产权抵押贷款的分类准入标准，并可与企业签订贷款违约时知识产权处置的优先受偿协议。商业银行也可以探索"政府部门＋商业银行＋评估中介"的知识产权抵押贷款模式，由政府部门比如知识产权局向银行推荐拥有较高价值知识产权的企业，资产评估机构对知识产权的价值进行评估，商业银行根据资产评估机构的评估结果对企业发放贷款，政府对小微企业贷款进行贴息或担保，这当然是比较理想的模式，但需要多方面的共同推进。

第七，加强专业人才队伍的建设。硅谷银行之所以敢于支持早期阶段的高科技企业，并在风险管理上成果斐然，关键在于它拥有一支熟悉高科技企业特点和经营规律的专家队伍，这点是目前我国商业银行在拓展小微企业贷款时最为薄弱的环节。如果我国商业银行要在小微企业贷款领域有所建树，并实现高效的风险控制，必须要加强相关行业特别是高科技行业的专业人才引进，加强实业、技术与金融复合型人才队伍的建设，提高对小微企业发展前景以及主要风险点的把控能力。

　　第八，建立信息化银行。小微企业贷款的主要问题就是信息不对称，因此其风险控制的关键点是尽可能更全面地掌握有关信息。首先是要对商业银行内部现有信息进行充分的整合、挖掘和分析，包括小微企业的资金流向、企业刷卡和交易记录、企业经营者个人账户的交易和结算记录，建立预警模型，寻找潜在风险点；其次要拓展新的信息渠道，建立与同业的信息沟通和共享机制，探索建立商业银行自己的 B2C 和 B2B 平台，根据平台上企业的交易信息，对企业提供有针对性、风险可控的融资服务；最后要建立对海量信息的快速处理能力，这是"大数据时代"批量化小微企业贷款信用风险控制对商业银行的必然要求。

　　小微企业贷款的风险控制是商业银行在经营转型和向金融"深水区"迈进过程中不得不面对的问题，为此，商业银行需要在风险控制的方式和措施上作出新的调整，同时更加关注宏观经济波动对小微企业经营的影响。总体来看，未来商业银行在小微企业贷款领域是大有可为的。

7 结　　论

结构性风险是商业银行面临的最为重要的综合性风险。结构性风险是指由于内部各个部分占比不合理而产生的风险。商业银行面临的各种风险包括信用风险、市场风险、流动性风险甚至操作风险等都与内部结构的不合理密切相关，内部结构不合理可能导致各种风险的集中爆发。对于商业银行来说，如何保持内部结构与外部环境的匹配，更加注重内部结构的均衡与协调，对于实现商业银行的持续健康发展至关重要。

没有对所有商业银行最优的信贷结构，只有最适合自己的信贷结构。商业银行对于外部形势变化会有一个一般性的判断，对于行业的现状和发展趋势也会有一个一般性的认识，基于这些一般性的判断可以得到信贷结构的一般优化配置比重。商业银行的信贷结构必须与自身的风险偏好和经营战略相契合，由于每个商业银行的风险偏好和经营战略不同，因此每个商业银行最适合自身的信贷结构和一般优化配置比重并不一致，这体现了差异化经营的因素。

商业银行基于信贷资源配置的行业评价必须以信贷需求为基础。商业银行是一个市场化运作的金融机构，因此其信贷资源的配置必须符合市场的规律，信贷的行业结构必须与经济中的行业结构相匹配，不能过度偏离，因此信贷需求应该是资源配置所应该考虑的首要因素。总体来说，商业银行评价一个行业大体可以遵循以下四个步骤：总量分析；结构性分析；前瞻性分析；风险偏好和经营战略匹配性分析。总量分析是信贷资源配置的基础，商业银行根据其余三个维度对总量分析基础上的信贷资源配置进行调整。前三个维度是商业银行基于对行业的共同判断，体现的是商业银行经营共性的因素；第四个维度则是基于自身的风险偏好和经营战略对行业进行匹配性评价，体现得更多的是商业银行经营的差异化和个性化的因素。

对金融机构投放的贷款将逐渐成为未来商业银行贷款组合中的一个重要组成部分。从未来发展趋势看，随着金融市场的发展，商业银行与其他金融机构的资金往来将不仅仅停留在结算拆借上，未来商业银行对同业的长期贷款以及对非银行金融机构的贷款将迅速增加。从国际同业来看，汇丰、花旗和富国的贷款组合中都将对金融机构的贷款作为一个单独的部分进行管理，并且在贷款组合中占有相当的比重。从国内同业来看，中国银行的年报中已经将金融业贷款作为其贷款行业组合的一个部分进行表述。无论是从业务发展的要求还是与国际接轨的需要，或是风险特殊性的角度，商业银行有必要尝试将对金融机构投放的贷款作为一个单独部分进行管理。

RAROC 阈值的动态调整可以促进信贷结构调整目标的实现，同时需要考虑到其与其他管理工具的叠加效应。通过改变某个行业的 RAROC 准入阈值能够改变该行业的新增贷款，从而达到了信贷结构调整的目的。由于 RAROC 阈值与内部资金转移价格密切相关，因此当内部资金转移价格出现变化时，RAROC 阈值将出现相关性变化，这时可能影响到 RAROC 阈值管理的效果，在设置 RAROC 阈值时必须考虑到内部资金转移价格变化对 RAROC 阈值的影响。行业政策也可能与 RAROC 阈值管理出现叠加效应，行业政策的一个重要内容就是对行业中的企业实行准入限制，这在一定程度上将改变符合条件的信贷需求，因此在进行 RAROC 阈值设置时必须考虑到行业政策可能对信贷需求产生的影响。

探索与风险投资公司的业务合作以及信息化银行建设是未来商业银行控制小微企业贷款信用风险的重要手段。风险投资公司对于小微企业的理解更加专业而有深度，它们更善于在诸多企业中发掘出最具潜力的企业。商业银行加强与风险投资公司的合作是一个双赢的选择，一方面风险投资公司对小微企业并非在资金支持上没有边界，当风险投资公司无法完全满足创业企业的资金需求时，商业银行的贷款能够补充这部分缺口；另一方面，商业银行也能够依靠风险投资公司实现客户的筛选与甄别，获得风险投资公司资金支持的小微企业可以更容易获得商业银行的贷款或者得到更低的银行贷款利率。小微企业贷款的主要问题就是信息不对称，因此其风险控制的关键点是尽可能更全面地掌握有关信息。为了更加高效地控制小微企业贷款信用风险，商业银行需要实现从银行信息化到信息化银行的转变，对现有信息进行充分整合、挖掘和分析，拓展新的信息渠道，并建立对海量信息的快速处理能力。

参 考 文 献

[1] 查尔斯·史密森：《信贷资产组合管理》，北京：中国人民大学出版社，2006。

[2] 迟国泰、董贺超、孙秀艳：《基于多期动态优化的银行资产组合决策模型》，载《系统工程理论与实践》，2007（2）。

[3] 黄宪、马理、代军勋：《资本充足率监管下银行信贷风险偏好与选择分析》，载《金融研究》，2005（7）。

[4] 贾春新：《国有银行与股份制银行资产组合配置的差异研究》，载《经济研究》，2007（7）。

[5] 姜建清：《银行信贷退出理论和实践研究》，载《金融研究》，2004（1）。

[6] 姜建清：《在信贷结构调整上进一步形成共识》，载《中国城市金融》，2011（8）。

[7] 娄飞鹏：《硅谷银行支持高科技企业发展的成功模式及其原因探秘》，载《金融与经济》，2012（7）。

[8] 李菁、王宗军、王治：《商业银行信贷资产组合优化研究》，载《统计与决策》，2005（22）。

[9] 李卫东、刘畅、郭敏：《结构调整、贷款集中度与价值投资：我国商业银行信贷投向政策实证研究》，载《管理世界》，2010（10）。

[10] 石晓军：《Logistic 违约率模型最优样本配比与分界点的模拟分析》，载《数理统计与管理》，2006（6）。

[11] 魏国雄：《信贷风险管理》，北京：中国金融出版社，2008。

[12] 吴青：《信用风险的度量与控制》，北京：对外经济贸易大学出版社，2008。

[13] 吴世农、卢贤义：《我国上市公司财务困境预测模型研究》，载《经济研究》，2001（6）。

[14] 王兆红、詹伟、肖冬荣：《熵权优化的多指标动态权重决策法》，载《统计与决策》，2008（8）。

[15] 许敏：《商业银行信贷资源的行业配置方法研究》，载《新金融》，2011（9）。

［16］薛薇：《基于 SPSS 的数据分析》，北京：中国人民大学出版社，2006。

［17］鲜文铎、向锐：《基于混合 Logit 模型的财务困境预测研究》，载《数量经济技术经济研究》，2007（9）。

［18］约翰·赫尔：《风险管理与金融机构》，北京：机械工业出版社，2010。

［19］张金清：《金融风险管理》，上海：复旦大学出版社，2009。

［20］张守川、任宇宁、邓庭：《商业银行风险偏好设置与传导——基于巴塞尔协议视角的研究》，载《国际金融研究》，2012（1）。

［21］Acharya V., Hasan I. and Saunders A., Should Banks Be Diversified? Evidence from Individual Bank Loan Portfolios ［J］. The Journal of Business, Vol. 79, No. 3 （May 2006）, pp. 1355 – 1412.

［22］Akerlof G. A., The Market for "Lemons": Quality Uncertainty and the Market Mechanism ［J］. The Quarterly Journal of Economics, Vol. 84, No. 3 （Aug., 1970）, pp. 488 – 500.

［23］Altman E. I., Corporate Bond and Commercial Loan Portfolio Analysis ［R］. Working Paper, New York University Salomon Brothers Center.

［24］Andersen L. C. and Burger A. E., Asset Management and Commercial Bank Portfolio Behavior: Theory and Practice ［J］. The Journal of Finance, Vol. 24, No. 2, （May, 1969）, pp. 207 – 222.

［25］Basel Committee on Banking Supervision, Range of Practices and Issues in Economic Capital Modelling ［R］. Working Paper, 2008.

［26］Gordy M., A Risk – Factor Model Foundation for Ratings – Based Bank Capital Rules ［J］. Journal of Financial Intermediation, 2003 （12）, pp. 199 – 232.

［27］Crouhy M., Galai D. and Mark R., A Comparative Analysis of Current Credit Risk Models ［J］. Journal of Banking and Finance, 2000 （24）, pp. 59 – 117.

［28］Jacob N. L., A Limited – Diversification Portfolio Selection model for the Small Investor ［J］. The Journal of Finance, Vol. 29, No. 3 （Jun., 1974）, pp. 847 – 856.

［29］Klein M. A., Differential Commercial – Bank Portfolio Allocation Differential Commercial – Bank Portfolio Allocation ［J］. The Journal of Finance, Vol. 25, No. 4 （Sep., 1970）, pp. 944 – 945.

［30］Longstaff F. A. and Schwartz E. S., A Simple Approach to Valuing

Risky Fixed and Floating Rate Debt [J]. The Journal of Finance, Vol. 50, No. 3 (Jul. , 1995), pp. 789 – 819.

[31] Michael Koehn, Anthony M. , Santomero Regulation of Bank Capital and Portfolio Risk Regulation of Bank Capital and Portfolio Risk [J]. The Journal of Finance, Vol. 35, No. 5 (Dec. , 1980), pp. 1235 – 1244.

[32] Mao, Models of Capital budgeting, E – V VS E – S [J]. The Journal of Financial and Quantitative Analysis, Vol. 4, No. 5 (Jan. , 1970), pp. 657 – 675.

[33] Merton R. , On the Pricing of Corporate Debt: The Risk Structure of Interest Rates [J]. The Journal of Finance, Vol. 29, No. 2 (May, 1974), pp. 449 – 470.

[34] Rosenberg J. V. and Schuermann T. , A general Approach to Integrated Risk Management with Skewed, Fat – tailed Risks [R]. Federal Reserve Bank of New York, Staff Reports 185, 2004.

[35] Russell W. R. , Commercial Bank Portfolio Adjustments [J]. The American Economic Review, Vol. 54, No. 3 (May, 1964), pp. 544 – 553.

[36] Sharpe W. E. , A Simplified Model of Portfolio Analysis [J]. Management Science, Vol. 9, No. 2 (Jan. , 1963), pp. 277 – 293.

[37] Stanhouse B. , Commercial Bank Portfolio Behavior and Endogenous Uncertainty [J]. The Journal of Finance, Vol. 41, No. 5 (Dec. , 1986), pp. 1103 – 1114.

致　　谢

时光如白驹过隙，转眼间两年的博士后研究生活即将画上句号。幸得良师挚友，并从事自己感兴趣的研究，让我在工商银行的平台上锻炼成长。春华秋实，两年磨一剑，点点滴滴，感慨良多。本报告不仅仅是我个人的研究成果，更凝聚了许多人对我的关心、支持和鼓励。在此，我要对他们中的每一位致以最衷心的感谢！

首先，感谢我的博士后名誉指导老师，中国工商银行首席风险官魏国雄先生。在课题的研究过程中，有幸得到魏首席的指导，他作为一流银行家的高瞻远瞩和敏锐洞察力为我指明了研究探索前沿问题的方向。魏首席学识渊博、治学严谨、谦和儒雅、言语睿智，为我树立了做人处事的榜样，让我终身受益。

感谢我的行内指导老师，中国工商银行信贷与投资管理部总经理刘子刚先生。感谢刘总监在我博士后研究过程中为我提供的良好工作和研究条件，以及对我贯穿始终的悉心指导和殷切鼓励。他深厚的专业素养、开阔的眼界和严谨刻苦的工作作风值得我一生学习。

感谢我的行外指导老师，中国人民大学财政金融学院的赵锡军教授。他在金融学领域造诣精深，见解独到，待人平和，诲人不倦。他孜孜不倦的学术追求、乐观豁达的人生态度对我影响深远。

感谢中国工商银行城市金融研究所的詹向阳总监、樊志刚副所长、刘彪副所长和博士后工作管理处黄旭副处长，他们为工作站的博士后们创造了良好的环境，保证了博士后学习工作的顺利完成。同时还要感谢为我的研究课题提供极大支持和帮助的信贷与投资管理部的领导和同事们，特别是苏宗国副总经理、郑琇煊处长、陆辕副处长、刘超副处长、李夺副处长以及张炎、王飞、何册。感谢风险管理部的陈阳副处长以及王冬师姐，他们给予我宝贵的帮助。我还要把特别的感谢给予与我朝夕相处的博士后同事们，他们的热情、团结和聪明才智为我两年的博士后生活增添了许多绚丽的色彩和难忘的回忆。

最后，我还要特别感谢家人长期以来对我的包容和支持，他们无私的爱激励我勇敢面对挫折与失败，一路前行。